Hartmut Berghoff
Moderne Unternehmensgeschichte

Hartmut Berghoff

Moderne Unternehmens-geschichte

Eine themen- und theorieorientierte Einführung

2., aktualisierte Auflage

DE GRUYTER
OLDENBOURG

ISBN 978-3-11-042818-6
e-ISBN (PDF) 978-3-11-043167-4
e-ISBN (EPUB) 978-3-11-043949-6

Library of Congress Cataloging-in-Publication Data
A CIP catalog record for this book has been applied for at the Library of Congress.

Bibliografische Information der Deutschen Nationalbibliothek
Die Deutsche Nationalbibliothek verzeichnet diese Publikation in der Deutschen
Nationalbibliografie; detaillierte bibliografische Daten sind im Internet über
http://dnb.dnb.de abrufbar.

© 2016 Walter de Gruyter GmbH, Berlin/Boston
Einbandabbildung: © cobis_infinite/Fotolia.com
Druck und Bindung: CPI books GmbH, Leck
♾ Gedruckt auf säurefreiem Papier
Printed in Germany

www.degruyter.com

Inhalt

Einleitung

Als Arbeitgeber, Steuerzahler und Produzenten sind Unternehmen zentrale Bausteine der modernen Welt. Politische Systeme und ihre Bürger befinden sich in einer elementaren Abhängigkeit von ihren Leistungen und Arbeitsplätzen. Unternehmen haben an erster Stelle eine ökonomische Funktion. Sie sind selbstständige Wirtschaftseinheiten, die Produkte erzeugen und eine spezifische Rechtskonstruktion besitzen. Sofern sie sich nicht im öffentlichen Eigentum befinden, können sie auf längere Sicht nur existieren, wenn sie zahlungsfähig bleiben. Darüber hinaus streben private Unternehmen in kapitalistischen Volkswirtschaften nach Gewinnen. Diese profitorientierten, erwerbswirtschaftlichen Organisationen sind zugleich auch soziale und kulturelle Handlungsfelder. Sie organisieren einen großen Teil der gesellschaftlich notwendigen Arbeit und sind Arenen symbolischer Interaktion sowie der Austragung von Interessengegensätzen. In ihnen bilden und artikulieren sich organisatorische und soziale Hierarchien. Schließlich stehen Unternehmen in einem ständigen Austausch mit den sie umgebenden Märkten und politischen Systemen, aber auch mit der sozialen und kulturellen Umwelt.

Trotz eines beträchtlichen Aufschwungs des Faches hat die Unternehmensgeschichte in Deutschland bislang weder in der Ökonomie noch in der Geschichtswissenschaft einen zentralen Stellenwert. In der Volkswirtschaftslehre geraten Firmen im abstrakten Kosmos makroökonomischer Analysen leicht aus dem Blick, während die Betriebswirtschaftslehre zumeist nur eine verkürzte, gegenwartsbezogene Perspektive auf ihren Gegenstand besitzt. Im Mainstream der Geschichtswissenschaft und in der Soziologie sind nach der kulturalistischen Wende Fragen der materiellen Fundierung historischer Prozesse vorübergehend aus der Mode gekommen.

Das vorliegende Lehrbuch ist aus Vorlesungen erwachsen und will dem Mangel an Einführungen in die Unternehmensgeschichte abhelfen. Die wichtigste Zielgruppe sind Studierende historischer und ökonomischer Fächer, aber auch soziologischer, politik- und kulturwissenschaftlicher Studienrichtungen. Es sollen sich weiterhin diejenigen mit den zentralen Fragestellungen und Erkenntnissen der Unternehmensgeschichte vertraut machen können, die sich aus anderen Gründen für das Fach interessieren. Es richtet sich also auch an Archivare und Museumsfachleute, an Mitarbeiter und Führungskräfte von Unternehmen und nicht zuletzt an die interessierte Öffentlichkeit. Gegenüber Wissenschaftlern der angrenzenden Disziplinen versteht sich das Buch als Angebot, die Relevanz der Unternehmensgeschichte für ihre genuinen Erkenntnisinteressen zu entdecken. Vor allem sollen die Ergebnisse der überaus regen Forschung der letzten Jahrzehnte für das deutschsprachige Publikum gebündelt dargestellt werden.

Konzeptionell verfolgt diese Einführung dezidiert ein methodisches Anliegen, denn Unternehmensgeschichte kann auf Dauer nur dann wissenschaftlich fruchtbar sein, wenn sie interdisziplinär und theoriegeleitet vorgeht. Sie muss die Eigenlogik des Gegenstands verstehen, also sowohl mit einschlägigen ökonomischen als auch historischen und soziologischen Ansätzen vertraut sein. Gerade in der Kombination unterschiedlicher Zugangsweisen und dem Überspringen unzeitgemäßer Fächergrenzen besteht das große Potenzial und die Faszination des Faches.

Die ältere Tradition der Unternehmensgeschichte, Fakten zusammenzustellen und Quellen sprechen zu lassen, hat zwar durchaus Verdienste, ist jedoch schon lange an ihre Grenzen gestoßen. Ohne Rückgriff auf übergeordnete Fragestellungen, mögen sie der Theorie, aktuellen Diskussionen der Öffentlichkeit oder allgemeinen Anliegen der Forschung entstammen, gerät die Geschichte von Unternehmen A oder B leicht zu einer selbstgenügsamen Miniatur für Insider. Wissenschaftlich weiterführende Studien suchen dagegen stets das Allgemeine im Besonderen der jeweiligen Fallstudie. Leider gibt es in der traditionellen Unternehmensgeschichtsschreibung viele Negativbeispiele von Autoren, die einer buchstäblichen „Betriebsblindheit" erliegen, die den Blick auf andere Firmen, den historischen Kontext und relevante theoretische Fragen verstellt.

Diese Einführung versteht sich als Plädoyer für eine theoriegeleitete Unternehmensgeschichte, die gleichwohl anschaulich und quellennah bleiben soll. Im Interesse der Anschlussfähigkeit muss sie stets vom Einzelfall abstrahieren und übergeordnete Fragen aufgreifen bzw. entwickeln. Besonders vielversprechend ist das Theorieangebot der Neuen Institutionenökonomie, auf deren Begriffe und Leitfragen die Kapitel immer wieder zurückgreifen. Zugleich enthält dieses Buch ein offensives Bekenntnis zum reflektierten Eklektizismus, zur Offenheit für unterschiedlichste Anregungen aus anderen Schulen der Ökonomie, der Organisationssoziologie, der Ethnologie sowie aus allen Bereichen der Geschichtswissenschaft. Diese Interdisziplinarität macht gerade den besonderen Reiz der Unternehmensgeschichte aus. Sie ist multidimensional angelegt und kennt keinen engen Kanon.

Daher ist dieses Werk thematisch breit angelegt. Zeitlich konzentriert es sich auf das 19. und 20. Jahrhundert. Vor der Industrialisierung gab es zwar auch schon Unternehmen in Form von Handelskompanien, Reedereien oder den sogenannten „Gewerkschaften" im Bergbau. Diese Firmen blieben jedoch Außenseiter in einem Wirtschaftssystem, dessen überwiegende Handlungslogik nicht die des Marktes war. Die Menschen produzierten vieles, was sie benötigten, selbst. Die auf „gesicherte Nahrung" ausgerichteten Zunftregeln verhinderten, dass aus dem städtischen Handwerk eine große Zahl dynamischer Gewerbebetriebe hervorging. Die Befriedigung eines relativ statischen Bedarfs markierte für viele Menschen eine Schranke, die sie nicht unbedingt durchbrechen wollten. Naturalabgaben und Dienstverpflichtungen in der Landwirtschaft unterbanden einen marktvermittelten Tausch von Arbeit und Geld und banden die Arbeitskräfte sowohl in räumlicher als auch sozialer Hinsicht. Traditionalismus und Ständewesen ließen der Erwerbswirtschaft insgesamt wenig Entfaltungsraum.

Erst im 19. Jahrhundert wurden diese Schranken auf breiter Front gesprengt. Die seitdem zu beobachtende Dynamisierung der Weltwirtschaft wurde und wird maßgeblich von Unternehmen getragen. Die hier vorgestellten Unternehmen des 19. und

20. Jahrhunderts sind Basiseinheiten, nicht mehr Außenseiter der sie umgebenden Wirtschaftssysteme. Daher setzt dieses Buch um 1800 ein und verfolgt die jeweiligen Themen bis zum Beginn des 21. Jahrhunderts.

Kein einzelnes Buch, schon gar nicht ein einführendes, kann beanspruchen, alle Aspekte der Unternehmensgeschichte zweier Jahrhunderte zu behandeln. Daher sind einschränkende Bemerkungen vorauszuschicken. Das Buch verfolgt zwar eine internationale Perspektive, beschränkt sich aber auf die westliche Welt. Im Mittelpunkt stehen Beispiele aus Deutschland, Großbritannien und den USA. Inhaltlich konzentriert es sich auf ausgesuchte, theoretisch fundierte Themenfelder von zentraler Bedeutung. Sie werden nicht umfassend, sondern überblicksartig dargestellt. Detaillierte Ausführungen zu einzelnen Branchen waren nicht möglich. Literaturhinweise ermöglichen jedoch bei Bedarf eine vertiefende Lektüre. Aus Gründen der Lesbarkeit wurde auf Fußnoten und detaillierte Nachweise verzichtet. Stattdessen findet sich die wichtigste benutzte Literatur am Ende jedes Teilkapitels.

Die Gliederung folgt nicht der Chronologie, sondern einem systematischen Prinzip. Die Kapitel bauen zwar aufeinander auf, sind aber auch jeweils für sich zu verstehen. Auf Ausführungen über die Relevanz der Unternehmensgeschichte folgt ein rein theoretisches Kapitel, das sich aus dogmengeschichtlicher, ökonomischer und sozialwissenschaftlicher Sicht zunächst mit der Funktion des Unternehmers in der Volkswirtschaft befasst und dann die verschiedenen Ansätze vorstellt, die zu erklären versuchen, warum es die Unternehmung als Institution gibt. Kapitel 3 fragt nach den Veränderungen des Organisationsdesigns von Großunternehmen und nach dem Verhältnis von Strategie und Unternehmensstruktur seit der Industrialisierung. Zugleich setzt sich dieses Kapitel ausführlich mit den Thesen Alfred Chandlers auseinander, der wie kein anderer die Unternehmensgeschichtsschreibung des 20. Jahrhunderts geprägt hat.

Es folgen zwei Kapitel, die sich mit besonderen Unternehmenstypen befassen und ihren historischen Wandel nachzeichnen. Sowohl das „mittelständische" (Kapitel 4) als auch das „multinationale" (Kapitel 5) Unternehmen besitzt heute einen großen Stellenwert, ersteres aufgrund seiner Häufigkeit und letzteres aufgrund seiner ökonomischen Macht. Kapitel 6 analysiert Unternehmen als Institutionen, in denen Werte und Deutungsmuster wirkungsmächtig sind. Das gilt sowohl im Binnenraum des Unternehmens, in dem es eine eigene Kultur ausprägt und ethische Grundfragen zu beantworten hat, als auch für das Außenverhältnis gegenüber Kunden und Zulieferern. Verdichten sich die Beziehungen zu anderen Firmen zu Netzwerken, sind Fragen der vertrauensvollen Kooperation und der kulturellen Kompatibilität von entscheidender Bedeutung. Alle drei kulturellen Phänomene, Unternehmenskulturen, -ethiken und Netzwerke, werden exemplarisch in ihrem historischen Wandel beschrieben. Kapitel 7 skizziert die politische Geschichte der Unternehmer seit 1800, kann sich aber aufgrund der Bedeutung nationaler Unterschiede nur mit dem deutschen Fall befassen. Dieser ist insofern von besonderem Interesse, da er allein im 20. Jahrhundert Unternehmer mit fünf unterschiedlichen politischen

Systemen konfrontierte. Wie verkrafteten sie diese Umbrüche, und welche Rolle spielten sie in ihnen? Inwieweit passten sie sich den neuen Staatsformen an, inwieweit trugen sie selbst zu deren Ausgestaltung bei? Neben der allgemeinen, nationalen Ebene werden zwei spezielle Bereiche von immenser Bedeutung vorgestellt, nämlich die Tarif- und die Kommunalpolitik. Danach schlägt Kapitel 8 zwei wichtige Kapitel der Sozial- und Kulturgeschichte des Wirtschaftsbürgertums auf. Aus welchen gesellschaftlichen Gruppen stammten die Unternehmer, wie hoch waren die Chancen des sozialen Aufstiegs, und wie veränderte sich die Rekrutierung im Laufe von 200 Jahren? Auf diese eher sozialgeschichtlichen Fragen folgen Ausführungen zur Bedeutung des kulturellen Faktors „Geschlecht". Welche Rolle spielten Unternehmerinnen und Unternehmerfrauen? Wie verschoben sich ihre Rollen und ihr Einfluss im 19. und 20. Jahrhundert? Es folgt die Thematisierung zweier entgegengesetzter Pole der Wertschöpfung, nämlich der Produktion und der Vermarktung. Kapitel 9 behandelt die Bedeutung technischer Innovationen, das Aufkommen der Massenproduktion und die Entwicklung alternativer Produktionsregime vom Handwerk bis zur flexiblen Spezialisierung in Netzwerken. Kapitel 10 untersucht, wie die Produkte den Konsumenten nähergebracht werden, physisch und psychisch. Es handelt von den Methoden und Strategien des Absatzes, von der Werbung als zentraler Form der Kommunikation über Produkte und vom Einzelhandel als Vermittler zwischen Produzenten und Konsumenten. Kapitel 11 schließt mit einem kurzen Rückblick auf die Geschichte des Faches Unternehmensgeschichte und einem Wegweiser zur wichtigsten Literatur die Darstellung ab.

Die Arbeiten an diesem Buch begannen in einer sehr hektischen Phase meines Lebens. Manche grundlegende Publikation wurde in den Zügen und Flugzeugen gelesen, mit denen ich zwischen meinen verschiedenen Wohnungen und Arbeitsplätzen in Tübingen, Berlin, Koblenz und Göttingen hin und her gehetzt bin. Der Abschluss des Manuskripts konnte nur gelingen, da mir das Wissenschaftskolleg zu Berlin im Studienjahr 2002/03 die Möglichkeit bot, in eine ruhige, weitgehend vom akademischen Tagesgeschäft ungestörte Arbeitsatmosphäre einzutauchen. Dafür möchte ich dem Rektor dieser wunderbaren Institution, Dieter Grimm, und seinen stets hilfsbereiten Mitarbeitern herzlich danken.

Uwe Spiekermann, Thomas Welskopp, Gerald Feldman, Kathleen Thelen, Ralf Richter und Anne Sudrow lasen das Manuskript ganz oder in Teilen und gaben wertvolle Ratschläge, ohne meine Verantwortung für Schwächen und eventuelle Fehler zu schmälern. Michael Wobring danke ich für die Anfertigung der meisten Grafiken. Die Studenten der Humboldt Universität Berlin, der Wissenschaftlichen Hochschule für Unternehmensführung in Koblenz (WHU) und der Georg-August-Universität Göttingen haben mir durch ihre Fragen und Anregungen wertvolle Hinweise gegeben. Kurt Berghoff, Maren Janetzko und Ingo Köhler halfen beim Korrekturlesen. Tim Eyßel erstellte das Register.

Abschließend möchte ich allen Mitarbeitern der Lehrstühle und Institute in Tübingen, Berlin und Göttingen danken, die mich auf vielfältige Weise unterstützten und mit mir über die Inhalte des Buches diskutiert haben. Konstruktive Kritik und Anmerkungen aller Art sind weiterhin stets willkommen.

Für die zweite Auflage wurde der Text gründlich durchgesehen und an einigen Stellen ergänzt bzw. verändert. Die Literaturhinweise wurden vollständig überarbeitet und aktualisiert. Ich habe dem Verlag De Gruyter Oldenbourg für die Bereitschaft zu danken, dieses Werk neu aufzulegen. Mein persönlicher Dank geht an Martin Rethmeier, Dr. Stefan Giesen und Annette Huppertz für die stets angenehme und effiziente Zusammenarbeit. Christel Schikora unterstützte mich beim Korrekturlesen der zweiten Auflage.

Weitere Einführungen in die Unternehmensgeschichte

Jeremy, David J., A Business History of Britain 1900–1990s, Oxford 1998.
recht ausführlich, didaktisch gut aufbereitet, systematische Gliederung, Schwerpunkt auf Großbritannien
Pierenkemper, Toni, Unternehmensgeschichte. Eine Einführung in ihre Methoden und Ergebnisse, Stuttgart 2000.
konzentriert auf Deutschland im 19. Jahrhundert, systematische Gliederung, umfangreiche Literaturangaben
Wilson, John F., British Business History, 1720–1994, Manchester 1995.
chronologische Gliederung, knapp, anspruchsvoll, Schwerpunkt auf Großbritannien
Boyce, Gordon u. Ville, Simon, The Development of Modern Business, Houndmills 2002.
didaktisch gut aufbereitet, viele Illustrationen und Abdrucke von Dokumenten, Schwerpunkt auf Großbritannien, USA, Australien und Japan
Blaszczyk, Regina Lee u. Scranton, Philip B. (Hg.), Major Problems in American Business History. Documents and Essays, Boston 2006.
problemorientiertes Arbeitsbuch, mit vielen Quellen
Jones, Geoffrey u. Zeitlin, Jonathan (Hg.), The Oxford Handbook of Business History, Oxford/New York 2008.
umfangreicher Sammelband, zentrale Ansätze und Themen von diversen Autoren behandelt, wendet sich v. a. an fortgeschrittene Unternehmenshistoriker
Landes, David S.; Mokyr, Joel u. Baumol, William J. (Hg.), The Invention of Enterprise. Entrepreneurship from Ancient Mesopotamia to Modern Times, Princeton, N.J. 2010.
Überblick über die Unternehmensgeschichte seit der Antike, umfangreicher Sammelband, Beiträge diverser Autoren
McCraw, Thomas K., American Business, 1920–2000. How it Worked, Wheeling 2000.
stichwortartige Einführung in die Unternehmensgeschichte der USA nach dem Ersten Weltkrieg, lexikonähnliche Auflistung vieler Branchen und Firmen

1 Vom Sinn und Nutzen der Unternehmens-geschichte

1.1 Für Ökonomen und Praktiker in Unternehmen

Einer der erfolgreichsten Unternehmer des 20. Jahrhunderts, Henry Ford (siehe Abbildung 1.1), soll einmal gesagt haben: „History is bunk." – zu Deutsch: „Geschichte ist Quatsch." Der Pionier der Massenmotorisierung erhöhte durch den Einsatz des Fließbands die Produktivität so sehr, dass Autos billig genug für den Massenmarkt wurden und nicht mehr länger nur den Reichen vorbehalten blieben. Er hat die Welt verändert, ohne sich um Geschichte zu kümmern.

Abb. 1.1: Henry Ford und sein legendäres Modell T (1921).

Gleichwohl ist Fords Geringschätzung der Geschichte zu widersprechen. Ford selbst hat – geblendet vom phänomenalen Erfolg seiner Innovation – übersehen, dass der Wandel eine Grundtatsache des Wirtschaftslebens ist, und an dem einmal eingeschlagenen Kurs festgehalten. Seine statische Geschäftspolitik hätte sein Unternehmen fast ruiniert. Allgemein ausgedrückt schult die Beschäftigung mit der Geschichte das Auge für die Ursachen und Folgen von Veränderung. Sie demonstriert daneben eindringlich, dass sich das Tempo des Wandels im Laufe der Geschichte beschleunigt hat. Wer das ignoriert, ist nicht gut auf die Anforderungen der Zukunft vorbereitet, die Unternehmen in immer kürzeren Intervallen zum „management of change" zwingen. Im Einzelnen besitzt historisches Wissen für Ökonomen in Wirtschaft, Wissenschaft und öffentlichen Institutionen fünf Funktionen:

1.1.1 Orientierungsfunktion

Die historische Bedingtheit der Gegenwart ist unbestreitbar. Alle Menschen sind das Produkt ihrer Geschichte. Niemand fängt bei Null an. Wir werden schon in bestimmte Konstellationen hineingeboren. Jeder Mensch hat eine individuelle Lebensgeschichte hinter sich, die für seine Zukunft wichtig ist, ohne dass damit alles vorherbestimmt wäre. Wer Pläne für die Zukunft macht, bezieht immer bewusst oder unbewusst Erfahrungen der Vergangenheit mit ein. Niemand käme auf die Idee, seine Vergangenheit vollständig vergessen zu wollen. Ganz im Gegenteil. Wir pflegen sie durch Andenken, Fotoalben, Tagebücher usw. Die Auseinandersetzung mit ihr dient der Bestimmung des eigenen Standorts.

Was für Individuen gilt, lässt sich auch auf Organisationen und ganze Gesellschaften übertragen. Sie sind ebenfalls das Produkt ihrer Geschichte. Wenn man diese Geschichte ignoriert, erschwert man sich die Orientierung. Man braucht länger, um die aktuelle Konstellation zu verstehen. Viele Zustände haben nur eine einzige Ursache, nämlich das Gewicht der Tradition. Das erfährt jeder, der neu in eine Organisation eintritt. Vieles ist nicht zu verstehen ohne einen Blick in die jeweilige Geschichte, etwa die vielen ungeschriebenen Regeln. Das soll nicht heißen, dass man „heilige Kühe" nicht schlachten soll, aber man muss wissen, warum sie heilig sind, um rational über ihre künftige Existenzberechtigung urteilen zu können.

Wer sich nicht für die historischen Wurzeln seines aktuellen Handelns interessiert, schneidet sich von führungsrelevantem Wissen ab und erschwert sich die Bestimmung seines aktuellen Standpunkts. Die meisten Fusionen scheitern bekanntlich. Die Angehörigen der zusammengeführten Firmen haben keine gemeinsame Vergangenheit und schaffen es daher oft nicht, sich auf eine gemeinsame Zukunft zu einigen. Sie denken in anderen Kategorien und handeln unbewusst in anderen Routinen, die sich nicht per Fusionsvertrag einander angleichen lassen. Der „clash of cultures" ist vorprogrammiert. Unternehmenskulturen sind in besonderer Weise ein Produkt der Geschichte und eben daher auch kaum kurzfristig zu verändern. Es bedarf großer Anstrengungen, historisch geprägte Trägheitsmomente zu überwinden. Viele Manager haben diese Zusammenhänge ignoriert und dadurch große Schäden verursacht.

Die Wirkungsmacht der Wirtschaftsgeschichte tritt uns auch in sogenannten Pfadabhängigkeiten entgegen. Vor allem bei der Technologie werden wir dauernd mit

Fakten konfrontiert, die aus der Vergangenheit stammen und schon längst nicht mehr technisch optimal sind oder es nie waren, aber unsere gegenwärtigen Handlungsspielräume einengen. Technische Standards sind das Paradebeispiel. Einmal gesetzt, werden sie von Generation zu Generation weitergeschleppt. Sie sind nur sehr schwer und unter hohen Kosten zu verändern.

Die ersten fünf Buchstaben unserer Computertastatur sind QWERT. Warum lauten sie nicht ABCDE? Das wäre übersichtlicher. Die Ursache liegt bei der mechanischen Schreibmaschine des 19. Jahrhunderts. Bestimmte Buchstaben, die in der Sprache häufig unmittelbar aufeinander folgten, durften auf der Tastatur nicht nebeneinander liegen, weil sie sich sonst ineinander verhakten. Daher müssen die Finger heute auf den Computertastaturen bei fast jedem Wort hin- und herspringen. Eine Umstellung würde alle Nutzer verwirren. Daher bleibt man auf dem vor über 100 Jahren eingeschlagenen Pfad. Die Computertechnik bietet ein gutes Beispiel für Pfadabhängigkeiten. Die durch Microsoft-Betriebssysteme gesetzten Standards haben lange die gesamte Softwareentwicklung dieser Welt geprägt.

Frühere Weichenstellungen zeitigen immense Konsequenzen für die Gegenwart. Die meisten Bahntrassen wurden unter den Bedingungen des 19. Jahrhunderts angelegt und sind für moderne Schnellzüge zu kurvenreich. Vielfach orientieren sie sich auch noch an heute bedeutungslosen politischen Grenzen. Die Standardspurbreite von 1,435 Metern geht auf pferdebetriebene Bergwerksbahnen vor fast 200 Jahren zurück, und doch müssen heutige Hochgeschwindigkeitszüge in diesen Gleisen bleiben. Eine Verbreiterung sämtlicher Tunnel und Trassen wäre zu teuer. Investitionen mit hohen „versunkenen Kosten" sind faktisch irreversibel. Sie führen zum Ausschluss besserer Alternativen. Die Geschichte hat Fakten geschaffen, mit denen wir leben müssen. Ökonomische Akteure operieren unter Handlungsbeschränkungen, die historische Ursachen haben.

1.1.2 Identitätsstiftung und -sicherung

Nur wer weiß, woher er kommt, kann ein eigenes Profil entwickeln und die Zukunft bewusst gestalten. „Zukunft braucht Herkunft" (*Odo Marquard*). Gerade in einer sich rasch verändernden Welt ist die Identitätswahrung ein großes Problem. Austauschbare, gesichtslose Unternehmen tun sich schwer damit, Kunden und Mitarbeiter an sich zu binden. Ohne ein aus dem Wissen um die eigene Identität erwachsendes starkes Selbstbewusstsein können weder klare Ziele noch die dazu passenden Strukturen und Stile ausgeprägt werden. Wofür ein Unternehmen steht, was es von anderen unterscheidet und was seine spezifischen Stärken sind, ergibt sich u. a. aus seiner Geschichte.

Viele Unternehmen geben mittlerweile beträchtliche Summen für die Pflege ihrer Geschichte aus. Sie stellen Archivare und Historiker ein und beauftragen Forscherteams mit der professionellen Aufarbeitung ihrer Geschichte. Der Blick auf die

Geschichte dient auch der Pflege der Corporate Identity, durch die Mitarbeiter und Kunden an das Unternehmen gebunden werden und eine Standortbestimmung mit Blick auf künftige Aufgaben möglich wird.

Leistungen früherer Zeiten bieten zwar keine Garantie für künftigen Erfolg, aber doch Anreize, es den Vorgängern gleichzutun oder diese zu überbieten. In einer Zeit, in der die Fluktuation der Beschäftigten zunimmt, kann eine spezifische, historisch gewachsene Unternehmenskultur den Mitarbeitern ein Wirgefühl vermitteln und die Botschaft transportieren, dass es etwas Besonderes ist, für eben dieses Unternehmen zu arbeiten. Geschichte enthält also Motivationsressourcen nach innen.

Nach außen unterstützt sie ein bestimmtes Image. Viele aktuelle Leistungspotenziale sind ja historisch gewachsen. Aus Patenten und Marken, eingespielten Beziehungen zu Lieferanten und Stammkunden, langfristig gereiften Qualifikationsprofilen und der Reputation ergeben sich Wettbewerbsvorteile. Der Goodwill, d. h. der über materielle Vermögensposten wie Maschinen und Immobilien hinausgehende Wert eines Unternehmens, ist v. a. das Produkt seiner Geschichte. Daher spielt diese auch in der Kommunikationspolitik vieler Branchen eine zentrale Rolle. Das gilt besonders für qualitativ hochwertige, teure Produkte, für die ein langfristig aufgebautes Image ein kardinales Verkaufsargument ist.

„History sells"

„Nur noch wenigen Traditionsunternehmen ist es vergönnt, am Ursprungsort ihres Erfolges zu wirken – in einem historischen Gebäude, in dem man sich gern alter Werte besinnt. Die typischen Merkmale Langescher Uhrmacherkunst gehen zurück auf Ferdinand Adolph Lange, der 1845 seine privilegierte Stellung als königlich-sächsischer Hofuhrmacher aufgab, um im Erzgebirge die deutsche Feinuhrmacherei zu begründen. In Glashütte bildete er junge Burschen zu kunstfertigen Uhrmachern aus und erfand wegweisende Konstruktionen und Fertigungsmethoden."
(Werbeanzeige des Herstellers handgefertigter Uhren A. Lange & Söhne, in: Der Spiegel, 11/2002, S. 126f.)

Unternehmensgeschichte im Dienst der Identitätsstiftung und Imagepflege steht allerdings nicht selten im Gegensatz zum wissenschaftlichen Erkenntnisinteresse, wahre und überprüfbare Aussagen zu treffen. Mythen und Legenden haben sich in der Praxis durchaus als Mittel der Identitätsstiftung bewährt. Solange sie Sinn ergeben, können sie eine hohe Funktionalität entfalten. Es gibt aber auch viele Fälle, in denen der Mythos des Firmengründers und seine angeblich ewig gültigen Erfolgsrezepte die Entwicklung gelähmt haben. Ein kritischer Blick in die Geschichte hätte die Legende zerstört und ein differenziertes Bild mit vielfältigeren Gestaltungsmöglichkeiten entworfen.

Oft folgt aus der unmittelbaren Instrumentalisierung der Historie für geschäftliche Zwecke eine selektive Sichtweise. Bestimmte Fakten, die nicht in das gewünschte Bild passen, werden ausgeblendet. Andere Aspekte dagegen erhalten ein zu großes Gewicht. Wenn die Deutsche Bank ihre Kompetenzen im Geschäftsfeld „Mergers & Acquisitions" herausstellen will, spricht sie nicht über ihre Mitwirkung an der „Arisierung" jüdischer Unternehmen im Nationalsozialismus oder über die von ihr betreuten, dann aber gescheiterten Fusionen. Volkswagen verkauft seine Autos nicht mit dem Hinweis darauf, dass ausländische Zwangsarbeiter das heutige Werk vor 1945 unter z. T. menschenunwürdigen Bedingungen aufgebaut haben. Unternehmensberatungen schweigen sich über die Zahl ihrer Klienten aus, die den Gang zum Konkursrichter antreten mussten. Misserfolge und Fehler, politisches und ethisches Versagen sind nicht der Stoff, aus dem Festschriften gemacht werden.

Die Wissenschaft hat dagegen eine kritische Aufgabe und ist zuerst der Suche nach Wahrheit verpflichtet. Sie darf sich nicht den Selbstdarstellungsinteressen der Unternehmen unterordnen. Es gehört zu den positiven Entwicklungen der letzten Jahrzehnte, dass sich die Polarisierung zwischen akademischer und unternehmensnaher Geschichtsschreibung abgeschwächt hat und viele Firmen auf wissenschaftlich fundierte Festschriften Wert legen. Die Deutsche Bank, VW, Allianz u. a. haben aus Sorge um ihre Reputation und nicht zuletzt auf Druck der ausländischen Öffentlichkeit unabhängige, international anerkannte Historiker mit der Aufarbeitung ihrer Geschichte beauftragt – trotz und wohl gerade wegen erheblicher Belastungen im „Dritten Reich". Die kommunikationspolitische Botschaft lautet: „Wir sind ein modernes, weltoffenes Unternehmen, das sich seiner Vergangenheit ohne Vorbehalte stellt. Mehr können wir als Nachgeborene nicht tun, auch wenn wir die Geschichte gern ungeschehen machen würden." In viel Fällen hat sich diese Strategie bewährt, auch geschäftlich. Anstatt in der Öffentlichkeit an den Pranger gestellt zu werden, wurden die Bemühungen um eine ehrliche Aufarbeitung auch der Schattenseiten der eigenen Geschichte allgemein anerkannt. Eine emotionale, lange von Ideologie und Vorurteilen geprägte Diskussion wurde versachlicht.

Allerdings sind nach wie vor viele Unternehmen nicht bereit, ihre Archive unabhängigen Forschern zu öffnen. Sie bleiben der unguten Tradition treu, Festschriften von ihren PR-Abteilungen oder willfährigen Autoren schreiben zu lassen. Halbwahrheiten, Auslassungen und Klischees werden mit historischen Tatsachen zu einem farbenfrohen, auf Hochglanzpapier gebannten Potpourri zusammengefügt. Wer solche „Hofgeschichtsschreibung" gegen den Strich liest, erfährt im Einzelfall immer noch manch instruktive Tatsache. Ein weiterführender Beitrag zur Identitätsbildung des Unternehmens steht allerdings nicht zu erwarten. In der Regel scheuen gerade die Unternehmen die ehrliche Auseinandersetzung mit ihrer Geschichte, die auch sonst die Zeichen der Zeit nicht erkannt haben und offene Diskussionen vermeiden.

1.1.3 Lehrfunktion

Die Denkfigur der Geschichte als Lehrmeisterin der Gegenwart ist ebenso verbreitet wie hochproblematisch. Die Hoffnung trügt, mit Hilfe der Geschichte universell anwendbare Erfolgsrezepte zu gewinnen, denn sie wiederholt sich niemals, sondern erzeugt permanent Neues. Trotzdem strebten die ersten Unternehmenshistoriker an, durch Fallstudien erfolgreicher Firmen die zentralen, gleichsam „ewigen" Geheimnisse des Geschäftslebens entdecken zu können.

In der frühen Militärgeschichte existierten ähnlich naive Vorstellungen. Man brauche bloß vergangene Kriege zu studieren, um die Strategien für künftige Schlachten zu perfektionieren. Dabei übersah man, dass sich die Militärtechnologie laufend veränderte. Was für Reiter mit Säbeln galt, konnte für Panzerfahrer und MG-Schützen keine Geltung mehr beanspruchen und schon gar nicht für Computerspezialisten, die aus Bunkern heraus Hightechkriege führen. Analog dazu kann man heute keinem Unternehmer empfehlen, eine in der Vergangenheit erfolgreiche Strategie einfach fortzuschreiben oder zu kopieren. Die Umweltbedingungen ändern sich zu dynamisch, um allgemeingültige Modelle aus der Vergangenheit abzuleiten. Die Geschichte kann die gegenwärtige Generation nicht aus ihrer Verantwortung für ihr Handeln entlassen. Der Manager, der die Geschichte seines Unternehmens und seines Marktes gut kennt, ist gegenüber weniger gebildeten Konkurrenten im Vorteil, muss aber am Ende doch seine eigene Entscheidung unter Bedingungen großer Unsicherheit treffen.

Der Historiker *Jacob Burckhardt* schrieb einmal, dass die Beschäftigung mit Geschichte nicht „klug für heute", sondern „weise für immer macht". Mit dieser etwas pathosbeladenen Formulierung meinte er das, was wir heute Bildung nennen. Wer einmal in der Börsengeschichte den relativ beständigen Wechsel von überschießenden Erwartungen und schockartiger Ernüchterung kennengelernt hat, dürfte wohl kaum vom Zusammenbruch des Neuen Marktes im Jahr 2000/01 und der Finanzkrise des Jahres 2008 überrascht worden sein. Wer sich mit den Konsequenzen des Eisenbahnbaus oder der Weltkriege auf das Wirtschaftswachstum beschäftigt hat, ist gegen simple ökonomische Modelle mit einigen wenigen Variablen gefeit. Er hat nämlich die Komplexität und Vielschichtigkeit der empirischen Realität kennengelernt und ist in der Lage, genau danach auch in seiner Gegenwart zu suchen und die „Widerspenstigkeit der Realität" (*Hans-Ulrich Wehler*) gegenüber einfachen Erklärungen zu erkennen. Es geht also um Kritikfähigkeit und Distanz, um Denken in langfristigen Perspektiven.

Praktiker, aber zunehmend auch prominente Wirtschaftswissenschaftler beklagen, dass ein enges, hoch spezialisiertes und stark theoretisiertes Studium an den Hochschulen die Ausbildung dieser intellektuellen Fähigkeiten erschwert. *Maurice Allais*, der 1988 den Nobelpreis für Ökonomie erhielt, spricht sich daher für die Einbeziehung der angrenzenden Sozialwissenschaften, insbesondere der Geschichte aus, um eine Rückbindung der Ökonomie an die reale Welt sicherzustellen.

Plädoyer für eine ganzheitliche Ökonomie: Maurice Allais
Die Ökonomie ist „heute so weit fortgeschritten und in verschiedenste Bereiche der Analyse hineingedrungen, daß sie immer mehr zur Spezialisierung in verschiedene Richtungen neigt. [...] Diese Spezialisierung ist notwendig. [...] Dennoch ist es von äußerster Bedeutung, die Bemühungen um eine Synthese aufrechtzuerhalten. Fortschritt in jedem der Einzelbereiche setzt einen breitangelegten Gesamtüberblick voraus. [...] Die Anwendungsmöglichkeiten der Volkswirtschaft finden natürlich unweigerlich ihren Niederschlag in der Politik, so daß der Wirtschaftswissenschaftler auch weitreichende Kenntnisse auf den Gebieten von Soziologie, Politik und Geschichte haben muß.

Die Geschichte der Wissenschaften läßt erkennen, daß der Fortschritt immer dann am schnellsten war, wenn zwischen verschiedenen Disziplinen Brücken geschlagen wurden. [...] Seit der Zeit von Walras und Pareto ist es gang und gäbe, die starke gegenseitige Abhängigkeit zwischen verschiedenen Phänomenen herauszustellen, die das Leben der Gesellschaft charakterisieren. Werden diese Zusammenhänge aber nicht als Ganzes betrachtet, lassen sie sich auch nicht begreifen."
(Maurice Allais, Richtig ist die Empirie, in: Wirtschaftswoche, 4.11.1988, S. 119–124.)

Die Auseinandersetzung mit der Wirtschaftsgeschichte fördert die Entwicklung ganzheitlicher Perspektiven. Zugleich erweist sie sich als wirksamer Schutz vor falschen Heilslehren, seien es Ideologien von links oder rechts, elegante Modelle einer realitätsfremden Theorie oder flotte Erfolgsrezepte selbst ernannter Managementgurus, die mehr auf ihren eigenen Vorteil achten als auf den ihrer Kunden. Die geschichtliche Betrachtung enthüllt die kurze Halbwertszeit ihrer zumeist teuren Ratschläge. Empfahlen sie Unternehmen um 1970 noch die Risikominimierung durch Diversifizierung, verkündeten sie in den 1990er-Jahren die Konzentration auf Kernkompetenzen. In den 1980er-Jahren erklärten selbst ernannte Managementapostel Japan zu dem ökonomischen Vorbild schlechthin. Alles schien dort besser zu sein: Lean Production, die Managementstrukturen und die enge Kooperation der Firmen in den fest gefügten Keiretsu-Netzwerken. Wenig später galt Japan angesichts seiner lang anhaltenden Strukturkrise als Beispiel für Verkrustung und Ineffizienz. Populärmedien, Politiker und andere „schlimme Vereinfacher" ziehen ständig unzulässige historische Analogieschlüsse, um zweifelhafte Projekte zu legitimieren. Eine nach wissenschaftlichen Standards durchgeführte kritische Analyse hat dagegen die Aufgabe, einem solchen Missbrauch zu widersprechen.

Direktes Lernen ist noch am ehesten ex negativo möglich, nämlich aus den Fehlern der Vergangenheit. Das Wissen um sie schützt zuweilen vor ihrer Wiederholung. So haben die Zentralbanken aus früheren Börsenzusammenbrüchen ihre Schlüsse gezogen und ihr einst krisenverschärfendes Verhalten verändert. Die Erfahrungen der Hyperinflation und der Arbeitskämpfe der Weimarer Republik verliehen in der Bundesrepublik der Geldwertstabilität und dem sozialen Frieden einen hohen Stellenwert.

1.1.4 Trainings- und Korrekturfunktion

Die Wirtschaftsgeschichte ist ein ideales Trainingsfeld für den Umgang mit Komplexität, die in der theoretischen Ausbildung zu kurz kommt. In der Welt jenseits von Hörsälen, Bibliotheken und Modellen müssen Ökonomen stets mit komplexen Phänomenen umgehen. Die Modelle der theoretischen Ökonomie erziehen zum streng logischen Denken in genau abgegrenzten Feldern. Jedes Modell funktioniert mithilfe von Prämissen und berücksichtigt nur eine begrenzte Anzahl von Variablen. Die Neoklassik geht etwa davon aus, dass die ökonomischen Akteure allwissend sind, ihren Eigennutzen maximieren wollen und rational in Hinblick auf dieses Ziel entscheiden.

Tatsächlich sind Informationsstand und Rationalität aber eingeschränkt, und der Eigennutzen konkurriert mit anderen kulturell geprägten Prinzipien wie Fairness und Reziprozität, sodass „im richtigen Leben" Entscheidungen viel schwieriger als im Lehrbuch sind. Auch werden sie nicht, wie von der Neoklassik vorausgesetzt, sofort umgesetzt, sondern es kommt typischerweise zu einer keineswegs unerheblichen und in der Realität z. T. äußerst spannenden zeitlichen Verzögerung, z. B. zwischen einem Verkaufskontrakt und der tatsächlichen Lieferung bzw. Bezahlung.

Dieses Beispiel zeigt, wie wichtig die zeitliche Dimension ist und wie schwer sich die neoklassische Ökonomie damit tut, sie in ihre abstrakte Modellwelt zu inkorporieren. Vieles wird konstant gehalten, was sich tatsächlich dynamisch verändert, etwa Umweltbedingungen und die Präferenzen der Akteure. In Diktaturen gelten andere Spielregeln als in Demokratien, in gelenkten Volkswirtschaften andere als auf freien Märkten. Die Menschen verändern ihre Präferenzen in Abhängigkeit von ihren Erfahrungen, Umwelten und Werten. Menschen in armen Gesellschaften haben andere Wünsche als Wohlstandsbürger.

Ökonomie als historisch informierte Sozialwissenschaft: Robert Solow

„A modern economy is a very complicated system. Since we cannot conduct controlled experiments on its smaller parts, or even observe them in isolation, the classical hard-science devices for discriminating between competing hypotheses are closed to us. [...] Moreover, all narrowly economic activity is embedded in a web of social institutions, customs, beliefs, and attitudes. Concrete outcomes are indubitably affected by these background factors, some of which change slowly and gradually, others erratically. [...] Economic history can offer the economist a sense of the variety and flexibility of social arrangements and thus, in particular, a shot at understanding a little better the interaction of economic behavior and other social institutions."

(Robert M. Solow, Economic History and Economics, in: American Economic Review 75, 1985, S. 328–331.)

Daher betont *Robert M. Solow*, der 1987 mit dem Nobelpreis für Ökonomie ausgezeichnet wurde, den Nutzen der Verankerung ökonomischen Denkens in historischen und sozialkulturellen Kontexten. Für ihn bringt die Wirtschaftsgeschichte ein Stück weit Realitätsnähe in die Ökonomie zurück, die im abstrakten Modell zwangsläufig verloren geht. Sie lehrt, dass reale Märkte alles andere als perfekt sind und menschliches Verhalten oft nicht voraussagbar ist. Die Unternehmensgeschichte kann anhand von Fallstudien etwa über die Einführung neuer Produkte oder den Umbau von Konzernen eine konkrete Vorstellung von der großen Herausforderung dieser Aufgaben vermitteln, insbesondere von den zu überwindenden Widerständen. Eine makroökonomisch ausgerichtete Wirtschaftsgeschichte dagegen ermöglicht ein ganzheitliches Verständnis wirtschaftlicher Prozesse, das in den Partialanalysen einzelner Teilzusammenhänge durch die ökonomischen Spezialdisziplinen verloren gegangen ist.

Die Wirtschaftsgeschichte ist zwar auch ein theoriegeleiteter Wissenschaftszweig, arbeitet aber doch im Wesentlichen nah an der Empirie. Sie will wahre, überprüfbare Aussagen über die Vergangenheit treffen. Sie erzeugt u. a. große Mengen an Daten, z. B. Reihen betrieblicher oder volkswirtschaftlicher Kennziffern. Mit ihrer Hilfe lassen sich auch die Modelle der Ökonomie überprüfen, die ja von sich behaupten, allgemeingültig zu sein. Hier hat die Wirtschaftsgeschichte eine wichtige Korrektur- und Zulieferfunktion.

Gerade weil Komplexität ein Kennzeichen allen Wirtschaftens ist, sollte man den Umgang damit trainieren. Die Geschichte hält einen großen Erfahrungsschatz bereit. Er umschließt die Erfahrung Hunderter Emerging Markets, Start-ups, Börsencrashs, Fusionen, strategischer Allianzen und Bankrotte. Wie verändern sich die Bedingungen unternehmerischen Handelns im Krieg oder in Diktaturen? Wie überleben Firmen in einer Mangelwirtschaft, und wie florieren sie in Zeiten des Booms? Welchen Einfluss üben Ideologien, Dogmen und Werte aus?

In der Geschichte kann man gut das Zusammenspiel von Ursachen und Wirkungen, von makro- und mikroökonomischen Akteuren studieren, ohne dass sich die historischen Konstellationen jemals genau so wiederholen werden. Der heutige Betrachter lernt aber, worauf er achten muss, welche Informationen für die eigene, möglicherweise ganz andere Entscheidung wichtig sind. Letztlich geht es um konkretes und differenziertes Denken.

1.1.5 Kreativitätsfunktion

Die Beschäftigung mit der Geschichte zeigt, dass die Welt früher eine andere war. Nichts bleibt so, wie es ist. Alle Dinge sind im Fluss. Auch künftig wird nichts so bleiben, wie es heute ist. Nichts muss so bleiben, wie es ist. Selbstverständlichkeiten werden infrage gestellt. Die historische Betrachtung vermittelt eine konkrete Anschauung von der Veränderbarkeit der Welt und den Gestaltungsspielräumen, die jede Generation hat.

Selbst die Begegnung mit älteren Epochen, die wir nicht mehr als unmittelbare Vorperiode unserer eigenen betrachten können, ist hilfreich, weil die Konfrontation mit dem „frappierend anderen" unseren Horizont erweitert, neue Anregungen und Ideen vermittelt und damit auch die Chancen eigener, kreativer Ansätze eröffnet. Es ist verblüffend und faszinierend zugleich, zu erfahren, wie etwa die Fernkaufleute des Mittelalters auf extrem unvollkommenen Märkten agierten und große Schwierigkeiten meisterten. In gewisser Weise ist der Blick in die weiter zurückliegende Vergangenheit wie eine Reise in eine andere Kultur, oder genauer, wie eine Zeitreise. Beides hilft, die eigene Situation mit anderen Augen zu sehen und gefährliche „Betriebsblindheiten" zu vermeiden. Die Geschichte birgt unseren kollektiven Fantasievorrat. Sie ist ein großes Reservoir an Ideen und Alternativen.

Schließlich sollte nicht unerwähnt bleiben, dass die Auseinandersetzung mit Geschichte jenseits aller Nutzenfunktionen an sich spannend ist und Spaß machen kann. Historische Bücher verkaufen sich auch außerhalb der Wissenschaft gut. Selbst im viel gescholtenen Fernsehen haben historische Themen einen hohen Stellenwert. Viele Menschen betrachten die Auseinandersetzung mit ihnen als interessante

Freizeitbeschäftigung. Auch das mag ein Anreiz für die Beschäftigung mit der Unternehmensgeschichte sein.

Weiterführende Literatur

Fear, Jeffrey R., Thinking Historically about Organizational Learning, in: Meinolf Dierkes u. a. (Hg.), Handbook of Organizational Learning and Knowledge, Oxford 2001, S. 162–191.
Schneider, Dieter, Managementfehler durch mangelndes Geschichtsbewußtsein in der Betriebswirtschaftslehre, in: Zeitschrift für Unternehmensgeschichte 29, 1984, S. 114–130.
Lindenlaub, Dieter, Unternehmensgeschichte, in: Zeitschrift für Betriebswirtschaft 53, 1983, S. 91–123.
Bucheli, Marcelo u. Wadhwani, Rohit Daniel, Organizations in Time. History, Theory, Methods, Oxford 2014.

1.2 Für die historische Forschung

Seit der Industrialisierung gibt es in der westlichen Welt praktisch niemanden mehr, der nicht als Mitarbeiter oder Konsument tagtäglich mit Unternehmen in Berührung kommt. Die meisten Menschen verbringen in ihnen den Großteil ihrer Lebensarbeitszeit. Als Konsumenten sind sie in einer hochgradig arbeitsteilig organisierten Wirtschaft auf Güter und Dienstleistungen von Unternehmen angewiesen. Mit anderen Worten: Die Menschen leben mit und von Unternehmen und ihren Produkten.

Gewinnorientierte Unternehmen sind Basiseinheiten moderner, arbeitsteilig organisierter Gesellschaften. Der Nationalökonom *Werner Sombart* sah im „Erwerbsprinzip", d. h. im Überschreiten der „Bedarfsbefriedigung" mit dem Ziel der „Vermehrung einer Geldsumme", und im „ökonomischen Rationalismus", d. h. in der Plan-, Zweck- und Rechenhaftigkeit, die wesentlichen Merkmale des kapitalistischen Unternehmens. Es wird wie alle historischen Phänomene durch fünf Dimensionen bestimmt, nämlich durch ökonomische, soziale, kulturelle, juristische und politische Faktoren.

1.2.1 Unternehmen als ökonomischer Motor der Geschichte

Als ökonomische Akteure besitzen Unternehmen auf zwei Ebenen eine eminente historische Bedeutung. Zum einen entscheiden sie über die Leistungsfähigkeit ganzer Volkswirtschaften und damit letztlich auch über außenpolitische Machtchancen des jeweiligen Landes. In den Unternehmen finden Wertschöpfungs- und Innovationsprozesse statt, von denen der Wohlstand einer Gesellschaft abhängt. Ein Land ohne unternehmerische Talente und profitable Firmen ist und bleibt arm. In den Firmen werden Investitionsentscheidungen mit makroökonomischen Konsequenzen getroffen. Die Unternehmensgeschichte hat daher die mit hochaggregierten Daten zur gesamten Volkswirtschaft arbeitende Wirtschaftsgeschichte zu ergänzen. Ohne Wissen über das Verhalten von Unternehmen, ihre Zwangslagen und Spielräume lässt sich weder der Boom noch die Krise eines Landes verstehen. Der Niedergang der Weimarer Wirtschaft und die politische Haltung der Unternehmer gegenüber der ersten deutschen Demokratie kann ohne einen Blick auf die Unternehmensebene nicht adäquat nachvollzogen werden.

Auf der zweiten Ebene rücken die Unternehmen nicht als makroökonomische, sondern als mikroökonomische Größen ins Blickfeld. Hier geht es nicht um ihren Beitrag zum Sozialprodukt, sondern sie treten als individuelle Einheiten des Wirtschaftsprozesses mit jeweils eigenen Zielen auf. Wie schaffen es Unternehmen, in Bereichen erfolgreich zu sein, in denen andere scheitern? Wie sichern sie das in kapitalistischen Systemen mit gnadenloser Härte exekutierte Mindestkriterium ihrer Existenzberechtigung, nämlich ihre Zahlungsfähigkeit?

Unternehmerisches Handeln schafft materielle Fakten, die den Machbarkeitsrahmen sozialer, makroökonomischer, politischer und kultureller Prozesse markieren und permanent verschieben. Die Eisenbahn förderte im 19. Jahrhundert in jeder Hinsicht das Zusammenwachsen der deutschen Territorien und veränderte die Raum- und Zeitwahrnehmung. Ohne Autos würden unsere Städte und Landschaften anders aussehen. Mit ihrer massenhaften Verbreitung erweiterten sich die Wahlmöglichkeiten der Menschen im Berufsleben wie in der Freizeit. Radio und Fernsehen veränderten die Politik und das Konsumverhalten von Grund auf. Ohne die gewaltigen, in den Betrieben erarbeiteten Produktivitätssprünge hätte sich die Lebensarbeitszeit in Deutschland im 20. Jahrhundert nicht halbieren und die Freizeit zu einem zentralen Lebensinhalt werden können. Technische, zumeist in Unternehmen zur Serienreife gebrachte und von ihnen vermarktete Innovationen sind ein Motor der Geschichte. Sie verändern das Leben, zuweilen einschneidend und irreversibel. Sie konfrontieren die Menschheit mit neuen Optionen und entgrenzen die Spielräume der Machbarkeit.

Diese Überlegungen richten sich gegen die momentane Entökonomisierung der Geschichtsbetrachtung, die in einem merkwürdigen Kontrast zur rasanten Ökonomisierung aller Lebensbereiche steht. In einer Zeit, in der immer mehr historische Studien den Eindruck vermitteln, dass Diskurse und Praktiken, intellektuelle Theorien und kulturelle Konstrukte allein den Gang der Geschichte bestimmen, ist die Rückbesinnung auf die ökonomischen Grundlagen historischer Prozesse unverzichtbar. Geschaffen werden sie maßgeblich von Unternehmen, den neben Haushalten zentralen mikroökonomischen Akteuren.

1.2.2 Unternehmen als soziale Interaktionsfelder

Unternehmen sind Arenen der sozialen Verortung. Es macht einen großen Unterschied, ob man in der Pförtnerloge oder der Vorstandsetage sitzt, ob man am Fließband oder im Konstruktionsbüro arbeitet. Einkommen und Status sind in westlichen Gesellschaften noch immer primär von der Stellung im Beruf abhängig, d. h. für die meisten Menschen von ihrem Rang in betrieblichen Hierarchien. Wer letztlich welche Position einnimmt, entscheidet sich nicht allein in den Firmen, sondern wird ganz wesentlich vom Elternhaus und der Ausbildung mitbestimmt. Jedoch gibt es in Unternehmen auch Aufstiegskanäle, die solche Eingangskonstellationen relativieren. Sie waren und sind einflussreiche Ausbildungsinstitutionen. In Deutschland wurde lange das Militär als „Schule der Nation" bezeichnet. Auf Unternehmen trifft dieses Schlagwort in noch viel stärkerem Maße zu. Sie sind die entscheidenden außerhäuslichen und außerschulischen Institutionen der sekundären Sozialisation großer Teile der Jugend, die hier mit den Anforderungen des Berufslebens vertraut gemacht wird. Dabei geht es zum einen um fachliche Qualifikationen. Zum anderen werden grundlegende Normen und soziale Praktiken der Arbeitsgesellschaft vermittelt. Hier erlernt man Umgangs- und Kommunikationsstile, aber auch die Einordnung in Hierarchien und Kollektive.

Unternehmen gestalten Lebenswelten, zuerst direkt am Arbeitsplatz, dann aber auch im privaten Bereich. Um 1900 entstanden vielfach in der Nähe großer Industriewerke relativ geschlossene Milieus. Die Werkssiedlung oder der an den Betrieb angrenzende Stadtteil verkörperte diese alltagskulturellen Prägungen, die weit über das Werkstor hinaus reichten. Hier gab die Fabriksirene den Takt des Lebens an. Wohn- und Lebensformen, Freizeitverhalten, Habitus und Mentalität korrespondierten mit einem bestimmten Arbeitgeber. „Kruppianer" zu sein, „beim Bosch" oder „beim Daimler zu schaffen", war geradezu identitätsstiftend, bedeutete auf jeden Fall mehr, als nur „einen Job" zu haben.

Betriebliche Sozialpolitik griff direkt in das Privatleben der Beschäftigten ein. Unternehmerische Pensionskassen, Kranken- und Invaliditätsversicherungen, Konsum- und Sportvereine, Sparkassen, Urlaubsangebote und Wohnungen förderten nicht nur die Bindung an den Arbeitgeber, sondern prägten auch unternehmensbezogene Lebensformen und Einstellungen. In den Vereinen traf der Arbeiter abends seinen Meister oder Ingenieur wieder, der ihm tagsüber als Vorgesetzter gegenübertrat.

Unternehmen sind machtdurchwirkte, hierarchisch gegliederte Organisationen. In solchen Herrschaftsgebilden kommt es zwangsläufig zu Interessengegensätzen. Arbeitsbedingungen und Entlohnung etwa waren selten unumstritten und gaben oft Anlass zu Verteilungskämpfen. Sind die Manager nicht mit den Kapitaleignern identisch, können auch auf dieser Ebene massive Zielkonflikte auftreten.

1.2.3 Unternehmen als kulturschaffende Institutionen

In der Arbeitswelt fungieren Unternehmen als Kristallisationspunkte von Werten und Normen, die für die jeweilige Gesellschaft als ganze eine erhebliche Bedeutung besitzen. Sie wirken bis weit in das Privatleben der Firmenangehörigen hinein und verleihen Status und Identität. Gleichzeitig gehen von ihnen auch hohe Anforderungen und Zumutungen aus. Das heutige Lebensmuster des hochmobilen, „flexiblen Menschen" (*Richard Sennett*), der sich nicht mehr in den festen Mauern relativ konstanter räumlicher und soziokultureller Milieus geborgen fühlen kann, entspricht im wesentlichen den Anforderungen der Wirtschaft. Der kürzlich in Mode gekommene Begriff der Ich-AG bzw. des Selbstunternehmers meint den individualistischen Einzelkämpfer, der unbeschwert, aber auch ungeschützt von sozialen Bindungen sein Leben in Analogie zum Konzept des Shareholder-Value gestaltet.

Unternehmen prägen aber auch auf ganz andere Weise den Lebensstil von Millionen Menschen. Produktpolitik und Werbekampagnen verstärken und erzeugen massenwirksame Bilder vom guten Leben, die Werte und Identitäten nicht unberührt lassen (siehe Abbildung 1.2). Vorstellungen von Glück und gesunder Körperlichkeit werden in der fortgeschrittenen Konsumgesellschaft stark von Vermarktungsstrategien v. a. der Lebensmittel-, Kosmetik-, Sportartikel- und Modebranche geprägt. Die Unterhaltungsindustrie erfindet und verstärkt Moden, die andere Branchen begierig aufgreifen. Egointensive Produkte wie Autos, Schmuck und Modeartikel sind für die Konstruktion und Artikulation von Identität unverzichtbar. Die vielfältigen mit Produkten assoziierten Symbole werden von den einzelnen Verbrauchern gezielt für die Gestaltung ihres vermeintlich persönlichen, tatsächlich aber industriell präformierten Lebensstils eingesetzt. Markenbewusstsein ist heute kein Randphänomen konsumversessener Minderheiten, sondern ein tief in der Mitte der Gesellschaft verankertes Alltags- und Orientierungswissen.

Schließlich engagieren sich Unternehmen auch noch in einem eher konventionellen Sinn kulturell. Vom großbürgerlichen Mäzenaten zum modernen Stifter war es ein langer Weg. Zugleich gibt es direkte Kontinuitätslinien wie den Wunsch, etwas für das Allgemeinwohl zu tun, „bleibende Werte" zu hinterlassen, sich selbst darzustellen und den eigenen Reichtum zu legitimieren. Seit dem 19. Jahrhundert traten Geschäftsleute als Förderer der Künste und Wissenschaften, aber auch im sozialen Bereich hervor. Die persönliche Zuwendung wurde im Laufe der Zeit zumeist in Form einer Stiftung institutionalisiert. In der Gegenwart operieren einige der größten Organisationen der Wissenschaftsförderung wie die Volkswagen- und die Bertelsmann-Stiftung, die Ford- und die Rockefeller-Foundation sowie der Leverhulme-Trust mit Kapitalien, die zuvor in den betreffenden Konzernen erwirtschaftet worden sind. Mit großen Variationen im Einzelfall eröffnen sich Unternehmen Chancen, ihre Weltsicht zu verbreiten und die von ihnen wahrgenommenen Prioritäten in den Vordergrund zu rücken.

1.2.4 Unternehmen als rechtliche Einheiten

Unternehmen benötigen für ihr Funktionieren nicht nur eine stabile rechtliche Umwelt, in der Eigentumsrechte, vertragliche Abmachungen und Forderungen

So wurde eine Familie glücklich...

Sind diese vier nicht zu beneiden: Gemeinsam gehen sie ihren Weg auf der Sonnenseite des Lebens, frohen Herzens meistern sie die Probleme des Alltags! Mutter versteht es, einen modernen Haushalt zu führen. Auch wenn das Wirtschaftsgeld knapp ist, für die Familie ist ihr wirklich nur das Beste gut genug. Deshalb gehört ihr Vertrauen der Quelle. Millionen Familien in Deutschland — eine verschworene Gemeinschaft treuer Quelle Kunden — nutzen seit Jahren die Vorteile des modernen Quelle-Systems.

In jedem zweiten Haus in Deutschland wohnt ein Quelle-Kunde. Überzeugen Sie sich selbst, daß Quelle dieses Vertrauen verdient. Schreiben Sie noch heute eine Postkarte an das Großversandhaus Quelle Abt. W 15 in Fürth und fordern Sie kostenlos den fast 300 Seiten starken neuesten Quelle-Katalog mit über 5000 wirklich preisgünstigen Angeboten.

Auf Wunsch erhalten Sie auch gratis den Quelle-Foto-Freund mit Kameras und Fotozubehör aus aller Welt.

Denken Sie modern!
Kaufen Sie modern!
Kaufen Sie bei Quelle!

Quelle

69/365

Abb. 1.2: Anzeige des Versandhauses Quelle (1960).

gewaltfrei durchgesetzt werden können. Die Durchsetzungen von Rechtsnormen ist keineswegs selbstverständlich. Dazu müssen ihnen die Behörden Geltung verschaffen, damit die Unternehmen Gesetze beachten. Wie reagieren Unternehmen, wenn das Staaten nicht gelingt oder diese es, etwa in Diktaturen, gar nicht versuchen? Wie operieren sie unter nicht rechtsstaatlichen Bedingungen oder gar in gescheiterten Staaten?

Schließlich sind Unternehmen selbst juristische Einheiten, aus deren Verfasstheit (*governance*) sich zentrale Handlungsparameter ableiten. Wer hat im Unternehmen das Sagen? Wer kontrolliert die Handelnden? Welche Publikationspflichten bestehen? Wie sind die Bücher zu führen? Wie werden interne und externe Konflikte geregelt? Arbeits-, Mitbestimmungs-, Tarif- und Kartellrecht sind wesentliche Faktoren der Unternehmensführung. Garantiert der Staat den Schutz geistigen Eigentums, wie er es seit dem späten 19. Jahrhundert zunehmend durch Patent- und Warenzeichenrecht tat, schafft er besondere Anreize für Innovationen? Wie ist die Haftung des Unternehmens und seiner Eigentümer geregelt? Zwischen einem Einzelkaufmann, einer GmbH und Aktiengesellschaften bestehen erhebliche Unterschiede. Die sie betreffenden Regeln haben sich im Laufe der Zeit geändert und ausdifferenziert, oftmals als Reaktion auf das Versagen früherer Standards.

So war die Zahl der Aufsichtsratsmandate in Deutschland bis zur Weltwirtschaftskrise unbegrenzt, was die Effektivität der Kontrolle einschränkte. Jakob Goldschmidt saß in mehr als 100 Aufsichtsräten. Ihm entging eine schwere und folgenreiche Bilanzfälschung in dem Unternehmen Nordwolle, das Hauptgläubiger der von Goldschmidt als allein haftendem Gesellschafter geleiteten und im weiteren Verlauf zusammengebrochenen Danat-Bank war. Als Reaktion auf diesen Missstand begrenzte die sogenannte *Lex Goldschmidt,* genauer eine Notverordnung der Regierung Brüning, 1931 die Zahl der Aufsichtsratsmandate auf 20 pro Person. Zugleich wurde erstmals eine Pflichtrevision des Jahresabschlusses durch einen externen, unabhängigen Prüfer vorgeschrieben und damit der Berufsstand des modernen Wirtschaftsprüfers geschaffen. Das 1934 verabschiedete *Reichsgesetz über das Kreditwesen,* der Vorläufer des Kreditwesengesetzes führte die uns heute bekannte, ständig verfeinerte Bankenaufsicht ein, weil das Fehlen einer solchen Instanz vor 1931 erheblich zum Ausbruch der Bankenkrise und damit zur Verschärfung der Weltwirtschaftskrise beigetragen hatte.

Der Glass-Steagall Act aus dem Jahr 1933 zog eine andere Lehre aus der Krise, indem er für die USA die Prinzipien des Trennbankensystems, d. h. der Trennung zwischen dem Einlagen- und Kreditgeschäft (*commercial banking*) auf der einen und dem Wertpapiergeschäft (Investmentbanking) auf der anderen Seite, vorschrieb. Damit sollte der Eigenhandel der Geschäftsbanken unterbunden werden, der in den Jahren 1929 bis 1933 das amerikanische Bankensystem destabilisiert hatte. Der Glass-Steagall Act wurde mehrfach modifiziert und schließlich 1999 gänzlich abgeschafft, um die Wettbewerbsfähigkeit der US-Geschäftsbanken zu erhöhen. Vieles deutet darauf hin, dass dieser Schritt die Fehlentwicklungen, die in die große Finanzkrise von 2007/08 führten, begünstigte. 2009 und 2010 scheiterten Versuche, Teile des Glass-Steagall

Act wieder einzuführen. Der Dodd–Frank Act von 2010 schränkt jedoch den Eigenhandel von Banken ein.

Fragen der Compliance (Gesetzestreue und Regelkonformität) haben in den
letzten Jahrzehnten in der Managementpraxis erheblich an Bedeutung gewonnen.
Auf die Vielzahl der Missstände und ihre sich verändernde Bewertung in der Gesellschaft wurde etwa in Deutschland mit Gesetzesänderungen reagiert, die 1998 und
2002 das Zahlen von Bestechungsgeldern im Ausland durch deutsche Firmen krimi-
nalisierten. Zuvor waren diese dunklen Geldflüsse unter der Rubrik „nützliche Auf-
wendungen" sogar steuerlich absetzbar, d. h. de facto als ein staatlich begünstigtes
Instrument der Wirtschaftsförderung anerkannt.

In den USA reagierte der Sarbanes-Oxley Act von 2002 auf die großen Bilanzskan-
dale bei Enron, Worldcom u. a. Das Gesetz brachte eine drakonische Verschärfung der
Bilanzrichtlinien. Es erweiterte die Prüf- und Berichtspflichten erheblich, verstärkte
die Unabhängigkeit und Aufsicht der Wirtschaftsprüfer und schützte Informanten im
eigenen Unternehmen, sogenannte Whistleblower. Am gravierendsten wirkte sich
die Einführung einer unmittelbaren persönlichen Verantwortlichkeit der zuständigen Vorstände für die Bilanzen aus. Sie wurden mit individuellen Strafandrohungen
von bis zu 5 Mio. Dollar und 20 Jahren Gefängnis konfrontiert. Korruption war direkt
betroffen, da sie ja stets auch zu inakkuraten Bilanzen führt. Vielen Topmanagern
stand 2002 Panik ins Gesicht geschrieben. Lange verdeckte Probleme drangen an die
Oberfläche. Juristen bekamen viel Arbeit, und es kam zu einer beträchtlichen Zahl
von Selbstanzeigen. In den Unternehmen begann ein Prozess des Umdenkens und
der Restrukturierung. Compliance-Abteilungen schossen ebenso aus dem Boden wie
hoch spezialisierte Beratungs- und Anwaltskanzleien.

Unternehmenshistoriker haben die rechtlichen Rahmenbedingungen unternehmerischen Handelns zu kennen. Sie müssen neben der allgemeinen Regulierung
insbesondere die Governance-Struktur von Unternehmen verstehen. Die Wahl einer
bestimmten Rechtsform unter vielen möglichen Varianten von der Aktiengesellschaft
europäischen Rechts, der Societas Europaea (kurz: SE), bis zur Kommanditgesell-
schaft, vom Einzelkaufmann bis zur Stiftung, von einer Holding bis zum Verbund
rechtlich selbstständiger Firmen stellt eine Grundsatzentscheidung mit weitreichenden Konsequenzen dar. Trotzdem werden in der Unternehmensgeschichte rechtshis-
torische Fragestellungen bislang zumeist ebenso sträflich vernachlässigt wie in der
Rechtswissenschaft das Thema „Unternehmensrechtsgeschichte".

1.2.5 Unternehmen in der politischen Geschichte

Unternehmer und Unternehmen sind wichtige politische Akteure. Die große Bedeutung, die sie als Arbeitgeber und Steuerzahler besitzen, eröffnet ihnen erhebliche
Machtchancen. In einigen Fällen verfügen nur sie über hochspezifisches Know-how,
das für Herrschaftszwecke zentral ist. Man denke etwa an Rüstungsgüter, aber auch an

Kommunikationssysteme. Solche Abhängigkeiten verleihen den betreffenden Firmen gegenüber den Regierenden eine starke Position. Abgesehen von den Privilegien gefragter Staatslieferanten, versuchen Unternehmen, bei der Ausgestaltung ihrer geschäftlichen Rahmenbedingungen mitzureden, d. h. die Handels-, Steuer-, Wirtschafts- und Sozialpolitik zu beeinflussen. Neben konkreten, eher kurzfristigen Initiativen betreiben sie auch ein mittel- bis langfristig angelegtes „Agenda Setting", d. h. sie bringen über ihre Vertreter und Stiftungen Themen in die öffentliche Diskussion, die für sie wichtig sind, wie z. B. im Deutschland der 1990er-Jahre die Reform des Bildungswesens und des Sozialstaats.

Großunternehmen gehen mit ihrem politischen Gewicht recht unterschiedlich um. Während die einen Diskretion bevorzugen, treten andere selbstbewusst an die Öffentlichkeit. So bemühten sich deutsche Unternehmen etwa jahrelang, ihre Spenden an Parteien zu verbergen. Auf der anderen Seite des Spektrums stehen die auf diesem Gebiet viel abgeklärteren USA, in denen solche Spenden kein Aufsehen erregen. Auf die Spitze getrieben hat die Betonung der politischen Rolle der Unternehmerschaft der Chef des größten US-Fahrzeugherstellers. 1952 postulierte er vor dem Streitkräfte-Ausschuß des Senats: „What is good for General Motors is good for the country." Aus der Geschichte kennen wir sogar Beispiele von Staaten, die Unternehmen de facto gehörten, wie die sprichwörtlichen Bananenrepubliken Lateinamerikas. Noch 1954 war die United Fruit Company stark genug, um den amerikanischen Geheimdienst CIA zu einer Beteiligung an einem Putsch in Guatemala zu veranlassen. Bis zur ersten Hälfte des 19. Jahrhunderts gewährte die britische Krone einzelnen Geschäftsleuten und Unternehmen Monopole für den gesamten Handel mit jeweils einer Kolonie. Ohne die Geschichte dieser Firmen ist die politische Geschichte der betreffenden Länder nicht zu verstehen.

Seit dem 19. Jahrhundert hat die politische Bedeutung von Unternehmen stetig zugenommen. Die These vom 21. Jahrhundert als „Jahrhundert der Unternehmen" mag überzogen sein. Angesichts der ökonomischen Proportionen am Ende des 20. Jahrhunderts wird sie jedoch verständlich. Tabelle 1.1 listet die 100 größten ökonomischen Einheiten der Welt im Jahr 1999 auf, wobei Volkswirtschaften mit dem Bruttoinlandsprodukt (BIP), also den im Inland erstellten Leistungen, und Unternehmen mit den Umsätzen berücksichtigt wurden.

Die Ergebnisse sind verblüffend. Unter den 100 größten Wirtschaftseinheiten der Welt befanden sich 1999 nur 49 Volkswirtschaften, dagegen aber 51 Unternehmen. Nach 22 Volkswirtschaften von den USA bis zur Türkei lag General Motors auf Platz 23 vor einem Land wie Dänemark. DaimlerChrysler als größtes deutsches Unternehmen war nach diesem Kriterium bedeutsamer als Polen und Griechenland; Volkswagen, Siemens und Sony größer als Ungarn, Pakistan oder Neuseeland. Zudem wuchsen die aufgeführten Firmen in den 1980er- und 1990er-Jahren schneller als die Weltwirtschaft insgesamt.

Unterschiedlichste Transmissionsmechanismen verwandeln ökonomische in politische Macht. Oben wurde bereits der Hebel angesprochen, den Monopolanbieter

Tab. 1.1: Die 100 größten ökonomischen Einheiten der Welt (1999).

1	**USA**	8.708,9	51	**Kolumbien**	88,6
2	**Japan**	4.395,1	52	AXA	87,6
3	**Deutschland**	2.081,2	53	IBM	87,5
4	**Frankreich**	1.410,3	54	**Singapur**	84,9
5	**Großbritannien**	1.373,6	55	**Irland**	84,9
6	**Italien**	1.150,0	56	BP Amoco	83,6
7	**China**	1.149,8	57	Citigroup	82,0
8	**Brasilien**	760,3	58	Volkswagen	80,1
9	**Kanada**	612,0	59	Nippon Life Insurance	78,5
10	**Spanien**	562,2	60	**Philippinen**	75,4
11	**Mexiko**	475,0	61	Siemens	75,3
12	**Indien**	459,8	62	**Malaysia**	74,6
13	**Südkorea**	406,9	63	Allianz	74,2
14	**Australien**	389,7	64	Hitachi	71,9
15	**Niederlande**	384,8	65	**Chile**	71,1
16	**Rußland**	375,3	66	Matsushita Electric Ind.	65,6
17	**Argentinien**	281,9	67	Nissho Iwai	65,4
18	**Schweiz**	260,3	68	ING Group	62,5
19	**Belgien**	245,7	69	AT&T	62,4
20	**Schweden**	226,4	70	Philip Morris	61,8
21	**Österreich**	208,9	71	Sony	60,1
22	**Türkei**	188,4	72	**Pakistan**	59,9
23	General Motors	176,6	73	Deutsche Bank	58,6
24	**Dänemark**	174,4	74	Boeing	58,0
25	Wal-Mart	166,8	75	**Peru**	57,3
26	Exxon Mobil	163,9	76	**Tschechien**	56,4
27	Ford Motor	162,6	77	Dai-Ichi Mutual Life Ins.	55,1
28	Daimler Chrysler	160,0	78	Honda Motor	54,8
29	**Polen**	154,1	79	Assicurazioni Generali	53,7
30	**Norwegen**	145,4	80	Nissan Motor	53,7
31	**Indonesien**	141,0	81	**Neuseeland**	53,6
32	**Südafrika**	131,1	82	E.On	52,2
33	**Saudi-Arabien**	128,9	83	Toshiba	51,6
34	**Finnland**	126,1	84	Bank of America	51,4
35	**Griechenland**	123,9	85	Fiat	51,3
36	**Thailand**	123,9	86	Nestlé	49,7
37	Mitsui	118,6	87	SBC Communications	49,5
38	Mitsubishi	117,8	88	Credit Suisse	49,4
39	Toyota Motor	115,7	89	**Ungarn**	48,4
40	General Electric	111,6	90	Hewlett-Packard	48,3
41	Itochu	109,1	91	Fujitsu	47,2
42	**Portugal**	107,7	92	**Algerien**	47,0
43	Royal Dutch / Shell	105,4	93	Metro	46,7
44	**Venezuela**	103,9	94	Sumitomo Life Insur.	46,4
45	**Iran**	101,1	95	**Bangladesch**	45,8
46	**Israel**	99,1	96	Tokyo Electric Power	45,7
47	Sumitomo	95,7	97	Kroger	45,4
48	Nippon Tel & Tel	93,6	98	Total Fina Elf	45,0
49	**Ägypten**	92,4	99	NEC	44,8
50	Marubeni	91,8	100	State Farm Insurance	44,6

Bruttoinlandsprodukt bzw. Umsatz in Mrd. $, Länder in Fettdruck.

von Gütern besitzen, auf die der Staat angewiesen ist. Ähnliche Kräfteverhältnisse ergeben sich, wenn prosperierende Konzerne Arbeitsplätze in strukturschwache Regionen zu bringen versprechen. Vielfach spielen Verbände eine Schlüsselrolle. Sie bündeln die Interessen ihrer Mitglieder und tragen deren Wünsche an die politischen Entscheidungsträger und die Ministerialbürokratie heran. In der Bundesrepublik ist die Mitwirkung der Verbände in Gesetzgebungsverfahren durch die Gemeinsame Geschäftsordnung der Bundesministerien geregelt. Sie sehen laufende Konsultationen mit Verbandsvertretern vor, die daneben in Beiräten der Ministerien ihren Einfluss geltend machen können. Ein Großteil des Lobbyismus spielt sich aber hinter verschlossenen Türen ab. In Berlin unterhalten die wichtigsten deutschen Unternehmen „Verbindungsbüros" in der Nähe von Parlament und Ministerien. In Washington konzentrieren sich im berühmten K-Street-Korridor solche „government relation offices". 1999 waren dort oder in unmittelbarer Nachbarschaft 94 der 200 größten Unternehmen der Welt präsent.

Die finanzielle Unterstützung von Parteien und einzelnen Politikern ist seit dem 19. Jahrhundert gang und gäbe. Ein weiteres Instrument des Lobbyismus ist die Entsendung von Unternehmensvertretern in Parlamente und Verwaltungen. Firmen können Politikern lukrative Nebeneinkünfte in Aufsichtsräten und Beiräten oder in Form von Beraterhonoraren verschaffen. Schließlich schafft auch das persönliche Vertrauen und der direkte Zugang zu Amtsträgern Einfluss. So scharte der erste Kanzler der Bundesrepublik in seinem sogenannten „Küchenkabinett" exponierte Unternehmer um sich. Der politische Einfluss von Unternehmern beschränkt sich aber nicht nur auf die unmittelbare Wahrung geschäftlicher Interessen. Vielmehr sind ihre Handlungsweisen auch durch weltanschauliche Überzeugungen und lebensweltliche Prägungen motiviert.

Ohne die autonome Gestaltungskraft des Politischen anzweifeln und der Politik pauschal Käuflichkeit attestieren zu wollen, lässt sich doch konstatieren, dass Unternehmer leichter als andere soziale Gruppen Gehör finden und sie etwa auf den Gang der deutschen Geschichte einen erheblichen Einfluss ausgeübt haben. Diese wäre anders verlaufen, wenn nicht der Bankier Gerson Bleichröder, der Berliner Vertreter des multinationalen Rothschild-Imperiums, den aufsteigenden Stern der preußischen Politik und späteren Reichskanzler Otto von Bismarck beraten und die Finanzierung der drei Einigungskriege, aus denen 1864–1871 das Deutsche Reich hervorging, sichergestellt hätte. In welche Richtung wäre die Außenpolitik des Kaiserreichs gegangen, wenn es nicht die Krupp'sche Waffenschmiede gehabt hätte? Deren Kanonen hatten ja schon 1870/71 einen wichtigen Anteil am Sieg über Frankreich und somit an der Reichsgründung. Was wäre passiert, wenn die deutsche Wirtschaft mehrheitlich die Weimarer Demokratie akzeptiert hätte oder der Kölner Bankier Freiherr von Schröder im Januar 1933 kein geheimes Treffen zwischen Franz von Papen und Adolf Hitler eingefädelt hätte? Besaß das NS-Regime genug Kraft für einen mehrjährigen Krieg ohne die Unterstützung der deutschen Wirtschaft? Was wäre aus der Bundesrepublik geworden, wenn nicht der gewiefte Hermann Abs (Deutsche Bank)

1952 im Londoner Schuldenabkommen eine moderate Reglung der deutschen Auslandsschulden ausgehandelt hätte.

Um das politische Verhalten der Unternehmer zu verstehen, ist es unverzichtbar, die Eigenlogik ihres Handelns nachzuvollziehen, die sich zu einem großen Teil aus ihren ökonomischen Zielen herleitet. Ohne Kenntnis der wirtschaftlichen Zwänge und Interessen der Unternehmerschaft bleibt jede Betrachtung ihres politischen Verhaltens an der Oberfläche oder anfällig für Pauschalurteile. Auch deshalb steht das politische Wirken der Unternehmer nicht im Vordergrund dieses Bandes, sondern ihr betriebliches Handeln.

Unzweifelhaft lässt sich jeweils die Wirtschafts-, Sozial-, Kultur- und Politikgeschichte eines Unternehmens schreiben. Integrative Ansätze, die diese vier Achsen der historischen Realität einbeziehen, besitzen den großen Vorzug, wirkungsmächtige Aspekte nicht einfach auszublenden und die Multidimensionalität historischer Prozesse zu erfassen. Andererseits kann es geboten sein, die vier Dimensionen ungleichgewichtig oder nur einzelne von ihnen zu behandeln. Gleichwohl sollte man die Vielschichtigkeit des Gegenstands nicht aus dem Auge verlieren und das Unternehmen auf ein Finanzierungs- oder Organisationsproblem, eine Herrschaftsinstitution oder einen politischen Akteur reduzieren. Ohne breite Ansätze, die sowohl von der Theorie als auch von allgemeinen historischen Fragestellungen inspiriert sind, leistet die Unternehmensgeschichte keinen Beitrag zur Klärung makrohistorischer Transformationsprozesse und verspielt folglich ihre Anschlussfähigkeit an die allgemeine Geschichtswissenschaft. Diese ist ihrerseits auf eine leistungsfähige Unternehmensgeschichtsschreibung angewiesen, will sie nicht zentrale Bausteine der modernen Welt ignorieren.

Weiterführende Literatur

Fridenson, Patrick, Business History and History, in: Geoffrey Jones u. Jonathan Zeitlin (Hg.), The Oxford Handbook of Business History, Oxford u. a. 2008, S. 9–36.

Plumpe, Werner, Perspektiven der Unternehmensgeschichte, in: Günther Schulz (Hg.), Sozial- und Wirtschaftsgeschichte. Arbeitsgebiete, Probleme, Perspektiven. 100 Jahre Vierteljahrschrift für Sozial- und Wirtschaftsgeschichte, Stuttgart 2004, S. 403–425.

Lipartito, Ken, Culture and the Practice of Business History, in: Business and Economic History 24, 1995, S. 1–41.

Welskopp, Thomas, Der Betrieb als soziales Handlungsfeld. Neuere Forschungsansätze in der Industrie- und Arbeitergeschichte, in: Geschichte und Gesellschaft 22, 1996, S. 118–142.

Berghoff, Hartmut, Zwischen Kleinstadt und Weltmarkt. Hohner und die Harmonika 1857–1961. Unternehmensgeschichte als Gesellschaftsgeschichte, 2. Aufl. Paderborn 2006, S. 13–27.

Pahlow, Louis, Unternehmensrechtsgeschichte. Methoden und Perspektiven, in: Zeitschrift für Neuere Rechtsgeschichte 36/1/2, 2014, S. 83–102.

Norbert Horn u. Jürgen Kocka (Hg.), Recht und Entwicklung der Großunternehmen im 19. und 20. Jahrhundert, Göttingen 1979.

Berghoff, Hartmut u. Mutz, Mathias, Missing Links? Business History and Environmental Change, in: Jahrbuch für Wirtschaftsgeschichte/Economic History Yearbook/2, 2009, S. 9–21.

Berghoff, Hartmut u. Rome, Adam (Hg.), Green Capitalism? Exploring the Crossroads of Environmental and Business History, Philadelphia 2017.

Plumpe, Werner, Unternehmen, in: Gerold Ambrosius, Dietmar Petzina u. Werner Plumpe (Hg.), Moderne Wirtschaftsgeschichte. Eine Einführung für Historiker und Ökonomen, München 1996, S. 47–66.

Dahléna, Marianne u. Larsson, Mats, Business History and Legal History, in: Business History 56/1, 2014, S. 54–70.

2 Warum gibt es Unternehmer und Unternehmen?

2.1 Statisten oder Titanen? – zur Funktion des Unternehmers

2.1.1 Randfigur der Mainstream-Ökonomie

Die Vernachlässigung des Unternehmers in der ökonomischen Theorie hat eine lange Geschichte. Die Gründungsväter der *klassischen Nationalökonomie* widmeten ihm nur wenig Aufmerksamkeit. Wie im 18. Jahrhundert allgemein üblich, gingen sie von den drei Produktionsfaktoren Boden, Arbeit und Kapital aus. Dementsprechend teilten sie die Bevölkerung in Landbesitzer, Arbeiter und Kapitalisten ein, die jeweils von Grundrenten (Pachtzahlungen), Löhnen und Kapitalerträgen lebten. Dass es eine Figur gibt, die weder Kapitalgeber noch Arbeiter ist, sondern zwischen beiden steht und dort eine wichtige Vermittlungsfunktion ausübt, gehörte nicht zu den gängigen Konzepten. *Adam Smith* (1723–1790) bezog sich auf den als Kapitalisten definierten „undertaker", nicht aber auf Unternehmer als aktive Gestalter des Wirtschaftslebens. In seinem 1776 vorgelegten Hauptwerk „The Wealth of Nations" betonte er stattdessen das Wirken der „unsichtbaren Hand", jener Ordnungsmacht des sich selbst regulierenden Marktes, die er als die Summe aller Entscheidungen der Anbieter und Nachfrager definierte. Dieser Mechanismus stelle quasi automatisch Gleichgewichtspreise her und sichere eine effiziente Verteilung knapper Güter. Für Smith sind alle Marktteilnehmer prinzipiell gleichrangig, wodurch kein Platz für Unternehmer mit einer besonderen Verantwortung bleibt. Smith wies ebenso wie *David Ricardo* (1772–1823) und die gesamte englische Klassik dem Unternehmer keine spezifische Funktion zu, sondern lenkte den Blick auf den Gesamtmechanismus. Sein Handeln betrachtete er als automatische Reaktionen auf Marktsignale. Sie zu deuten, erforderte offensichtlich keine hervorstechende Kompetenz.

Auch für *Karl Marx* (1818–1883) regelte „der stumme Zwang der ökonomischen Verhältnisse" letztlich alles. Er zwingt gesichtslose und beliebig austauschbare Unternehmer, „ökonomische Charaktermasken", zur Ausbeutung der Arbeiterschaft. Diese erhalte lediglich Löhne, die das Überleben auf niedrigstem Niveau sichern. Den darüber hinausgehenden „Mehrwert" eigne sich der Unternehmer an. Seine Tätigkeit bezeichnet Marx als „unproduktiv", denn gemäß der Arbeitswertlehre ist nur der Faktor Arbeit zur Wertschöpfung in der Lage, nicht aber ihre Koordination oder die Organisation von Ein- und Verkauf. Unternehmer wie auch die gesamte Distributionssphäre schaffen keine Werte. Sie sind letztlich Statisten im Kapitalverwertungsprozess und exekutieren die vorgefundenen „Naturgesetze der Produktion". Ihre Rolle ist aber nur eine vorübergehende, denn am Ende der kapitalistischen Phase der Weltgeschichte stehe die „Expropriation der Expropriateure". Marx besaß ein deterministisches Geschichtsbild, ging also davon aus, dass es für die Geschichte eine Art im Vorhinein festgelegten Ablaufplan gebe. Akkumulation, Konzentration und

Zentralisation des Kapitals, Verelendung des Proletariats, Zuspitzung der Klassenkonflikte und schließlich die revolutionäre Überwindung des Kapitalismus folgten zwangsläufig aufeinander. Die alles überragende Zielperspektive ist der Übergang zum Sozialismus, der keine privaten Unternehmer mehr benötigt und die Ausbeutung der „Produzenten" beendet.

Um 1870 trat in der Ökonomie ein grundlegender Paradigmenwechsel ein. Sie befasste sich jetzt verstärkt mit mikroökonomischen Fragen der Preisbildung. Die von *Carl Menger* (1840–1921), *William S. Jevons* (1835–1882) und *Léon Walras* (1834–1910) begründete *Grenznutzenschule* leitete den Wert eines Gutes nicht mehr wie die Klassiker aus den Produktionskosten, insbesondere aus der in sie eingeflossenen Arbeit, ab, sondern aus der subjektiven Einschätzung des Käufers (subjektive Wertlehre). Damit rückte dessen individuelle Ausgabenentscheidung ins Zentrum. Sie ist abhängig von seiner Präferenzskala und der Dringlichkeit der jeweiligen Bedürfnisse. Die Angebotsseite, und damit der Unternehmer, blieb fast vollständig ausgeblendet.

Die *neoklassische Nationalökonomie* baute direkt auf der Grenznutzenschule auf. *Alfred Marshall* (1842–1924) gelang eine Synthese der klassischen Angebots- und neuen Nachfrageökonomie. Sowohl Angebot als auch Nachfrage ergaben sich für ihn aus der Addition individueller Preis-Mengen-Vorstellungen und deren Verhältnis zueinander. Unter dem Begriff „Elastizität" diskutierte er die Reaktionen der Nachfrager auf Verhaltensvariationen der Anbieter und umgekehrt. Der Markt ist definiert als ein Mechanismus zur Zuteilung knapper Ressourcen. Da alle ihren Grenznutzen maximieren wollen, wird der Markt in ein statisches Gleichgewicht überführt. Sowohl Grenznutzenschule als auch neoklassische Gleichgewichtstheorie benötigen zwar den Unternehmer als „decision maker", aber seine Rolle ist relativ unwichtig. Da die Neoklassik den freien Zugang aller zu allen Informationen ebenso wie die Allgegenwart perfekter Konkurrenz voraussetzt, sind unternehmerische Entscheidungen einfach. Diese Prämissen trivialisierten den unternehmerischen Entscheidungsprozess und drängten ihn an den Rand der Mainstream-Ökonomie.

Auch *John Maynard Keynes* (1883–1946) trug wenig zur Unternehmertheorie bei. Obwohl er den Unternehmer vereinzelt als Entscheidungsinstanz, Kapitaleigner, Gewinnberechtigten und Risikoträger bezeichnete, lag sein Hauptinteresse auf der makroökonomischen Ebene. Seine revolutionäre Leistung bestand in der Erklärung von Stagnation und der Entwicklung von Strategien ihrer Überwindung. Dabei stellte er den Staat als antizyklischen Investor in den Mittelpunkt. Staatliche Ausgabenprogramme sollten zusammen mit niedrigen Zinsen und einer erhöhten Geldmenge krisenüberwindende Multiplikatoreffekte erzeugen und die private Investitionsneigung erhöhen. Der Unternehmer taucht wiederum nur als Reagierender auf, der die Signale des nunmehr zentral manipulierten Marktes aufnimmt.

Der als Reaktion auf den Keynesianismus in den 1960er-Jahren entwickelte *Monetarismus* besitzt ebenfalls keine explizite Unternehmertheorie. Sein Hauptvertreter *Milton Friedman* (1912–2006) wandte sich gegen den Interventionsstaat und vertraute auf Preis- und Mengeneffekte möglichst freier Märkte. Der Monetarismus setzte auf Deregulierung, Subventionsabbau, Steuersenkungen und v. a. auf eine stetige, restriktive Geldmengenpolitik mit dem Ziel der Inflationsbekämpfung. Sobald diese Rahmenbedingungen vorlägen, werde der Wachstumsmotor quasi von selbst anspringen. Obwohl der Monetarismus die Befreiung des Unternehmers von staatlicher Bevormundung und drückenden Lasten fordert, weist er ihm keine besondere Rolle zu, sondern vertraut im Wesentlichen auf die Selbstheilungskräfte des freien Marktes unter den Bedingungen monetärer und finanzpolitischer Stabilität.

2.1.2 Erste Ansätze ökonomischer Unternehmertheorien

Die Vernachlässigung des Unternehmers im ökonomischen Mainstream blieb zu keiner Zeit unwidersprochen. Der 1734 verstorbene Kaufmann und Bankier *Richard Cantillon* war einer der ersten Theoretiker, der den Unternehmer als unverzichtbar für das Funktionieren von Märkten beschrieb. Er gleiche Diskrepanzen zwischen Angebot und Nachfrage aus, kaufe zu einem ihm bekannten Preis, verkaufe aber zu einem ungewissen Preis. Als Ausgleich für das damit verbundene Risiko erhalte er den Gewinn. Ansonsten besäße er keinen Anreiz, das unsichere Geschäft auf sich zu nehmen.

Die Vorstellung des Unternehmers als Risikoträger und Spekulant findet sich auch bei anderen *Physiokraten*, die im 18. Jahrhundert erste makroökonomische Kreislaufmodelle entwickelten. Sie setzten sich damit von den unscharfen Begriffen der Umgangssprache wie „Abenteurer", „Projektemacher" oder schlicht „Kaufleute" ab. Der französische Begriff „entrepreneur" bezeichnete zunächst Anführer militärischer Expeditionen, seit ca. 1700 auch Architekten und Bauunternehmer, die für den Staat Straßen, Festungen, Häfen und Manufakturen bauten. Das Allgemeine Preußische Landrecht von 1794 sprach von „Künstlern und Fabrikanten", wobei letztere auch Arbeiter und Gesellen, nicht aber zünftige Handwerker oder Kaufleute sein konnten. Erst im 19. Jahrhundert setzte sich in Deutschland das Wort „Unternehmer" im Sinne eines aktiven Gestalters als Gegenbegriff zum passiven Kapitalisten (Investor) durch.

Wie Cantillon definierte auch der zur klassischen Ökonomie zu zählende *John Stuart Mill* (1806–1873) die Funktion des Unternehmers v. a. als Risikoträger. Mill suchte nach einer theoretischen Legitimation von Gewinnen. Diesen Gedanken griff im 20. Jahrhundert *Frank Knight* (1885–1972) in seiner 1921 veröffentlichten Risikotheorie auf. Die Bereitschaft, nicht kalkulierbare und daher auch nicht zu versichernde Unsicherheiten auf sich zu nehmen, sei Voraussetzung jeder Marktwirtschaft. Da die Produktion immer stattfinde, bevor die genaue Nachfrage bekannt ist, müsse der Unternehmer einen Endpreis spekulativ antizipieren. Damit werde seine Arbeit zur Marktprognose bzw. zum Glücksspiel. Mit dem Gewinn verfüge der Kapitalismus über ein Mittel, Menschen zur Übernahme wirtschaftlicher Verantwortung zu bewegen. Risikoaverse Personen zögen dagegen eine abhängige Beschäftigung vor.

Jean Baptist Say (1767–1832) ist dem klassischem Liberalismus zuzurechnen und v. a. durch das nach ihm benannte Theorem bekannt geworden, demzufolge sich jedes Angebot seine Nachfrage selbst schafft. Da bei jeder Produktion Einkommen erzielt werden, existiere immer genügend Kaufkraft, um eine allgemeine Überproduktion zu verhindern. Gleichwohl wies er 1803 dem Unternehmer eine spezifische Funktion zu. Er koordiniere den Einsatz der Produktionsfaktoren. Er sei als Entscheidungsträger und Organisator die zentrale Person im Produktionsprozess und stelle damit das Angebot her, das dann auf dem Markt seine Abnehmer findet. Der Unternehmer spielt also auf der Angebots- und der Nachfrageseite, als Produzent und Arbeitgeber, eine wichtige Rolle. Er muss „Urteilsvermögen, Ausdauer und Wissen über die Welt und das Geschäftsleben besitzen." Er beherrscht die Kunst der „Beaufsichtigung und Verwaltung" und schafft durch Einkommenseffekte Nachfrage. Sein Kapital stammt in der Regel aus Eigenmitteln oder Krediten. Knight und Say betonten ganz unterschiedliche Eigenschaften, nämlich Risikobereitschaft und Organisationsfähigkeit. Gemeinsam war ihnen, dem Unternehmer einen festen, gleichwohl noch nicht zentralen Platz zuzuweisen.

2.1.3 Heroische Sicht der Historischen Schule

Diesen Schritt vollzog erst die *Historische Schule der deutschen Nationalökonomie*, die in der zweiten Hälfte des 19. Jahrhunderts in Opposition zur klassischen englischen Ökonomie eine aus der historisch-empirischen Analyse erwachsende Theorie postulierte, die den ungezügelten Marktkräften misstraute und dem Staat eine große Verantwortung für Wirtschaft und Gesellschaft zuwies.

Hans von Mangoldt (1824–1868) knüpfte eher an Cantillion als an Say an, als er 1855 den Unternehmergewinn theoretisch zu erklären versuchte. Nicht in erster Linie die organisatorische Leistung rechtfertige den Profit, sondern die Betriebsführung auf eigene Gefahr, d. h. die Übernahme spezifischer Risiken. Der Profit hat nach Mangoldt zwei Komponenten, nämlich erstens den Unternehmerlohn als Vergütung für die geleistete Arbeit und zweitens eine „Tüchtigkeitsrente" für das übernommene Risiko und die erfolgreiche Unternehmensführung. Auch gesamtwirtschaftlich erfülle der Unternehmer eine ungemein wichtige Aufgabe, denn er bewirke die „Verwohlfeilerung" (Verbilligung), „Vervollkommnung" und „Erweiterung der Production". Daher empfahl Mangoldt den Unternehmern, „in dem Bewußtsein einer [...] selbst geschaffenen Wirksamkeit" mit Stolz und Sendungsbewusstsein auf ihre Tätigkeit zu schauen. Die „öffentliche Meinung" gestehe ihnen „gegenüber den bloßen Arbeitern und den Capitalisten ein besonderes Ansehen" zu. Man halte sie „für nützlichere Mitglieder der Gesellschaft".

Gustav von Schmoller (1838–1917) (siehe Abbildung 2.1), der dem jüngeren Zweig der Historischen Schule angehörte, definierte den Unternehmer als den Motor wirtschaftlichen Wachstums schlechthin. Für ihn war er v. a. kreativer Innovator, der neue

Produkte oder Verfahren schafft. Zugleich verkörpere er aber auch das hässliche Gesicht des Kapitalismus. Dieser hartherzige, materialistische Menschentypus habe seine Seele an den Mammon verkauft. Das Hauptbuch sei ihm die „Bibel", die Börse seine „Kirche" und das Geld sein „Gott". Schmoller, wie große Teile der im „Verein für Socialpolitik" organisierten deutschen Ökonomen, machten die Unternehmer für die katastrophalen Lebensbedingungen der großstädtischen Industriearbeiterschaft verantwortlich.

Abb. 2.1: Gustav von Schmoller (1838–1917).

Werner Sombart (1863–1941) schrieb Unternehmern eine spezifische psychische Konfiguration zu, die durch das Nebeneinander von „Kalkulation und Spekulation, von Verstandesschärfe und Phantasiefülle [...] entsteht." Ohne diese besonderen Menschentypen hätte sich der Kapitalismus nicht durchgesetzt. „Im Anfang war die schöpferische Tat [...] eines wagenden, unternehmenden Mannes, der beherzt den Entschluß faßt, aus den Gleisen der herkömmlichen Wirtschaftsführung herauszutreten." Für Sombart war die subjektive Motivdisposition des Unternehmers, sein Ehrgeiz, Profitstreben, Arbeitsdrang und seine Rechenhaftigkeit das entscheidende Antriebsaggregat der Volkswirtschaft. Der Unternehmer nimmt dabei Züge eines Universalgenies an, das gleichzeitig Erfinder, Entdecker, Eroberer, Organisator und Kaufmann ist. „Ohne ihn geschieht nichts [...] Alle anderen Produktionsfaktoren [...] befinden sich ihm gegenüber im Verhältnis der Abhängigkeit, werden durch seine schöpferische Tat erst zum Leben erweckt."

Ähnlich wie Sombart betonte auch *Max Weber* (1864–1920), einer der Gründungsväter der modernen Soziologie, die inneren Antriebskräfte des Unternehmers als die entscheidenden Zündfunken des Wachstums, dem immer die Zerstörung eines statischen Gleichgewichts vorausginge. Unternehmer sind dadurch definiert, dass sie in ihren Firmen über die höchste Autorität, d. h. über Befehlsgewalten und Sanktionsmittel verfügen. Im Frühkapitalismus durchbrachen sie die traditionellen, „gemächlichen" und sporadischen Geschäftspraktiken und ersetzten sie durch eine expansive, regelgebundene und kontinuierliche Betriebsführung. Entscheidend waren für Weber nicht technische Innovationen oder Investitionen, sondern der

„Geist des Kapitalismus". Dieser manifestiere sich in „innerweltlicher Askese", der „Rationalisierung des Lebens" und einem spezifischen Arbeitsethos. Unternehmer seien „in harter Lebensschule aufgewachsene, wägend und wagend zugleich, vor allem aber nüchtern und stetig, scharf und völlig der Sache hingegebene Männer".

Woher stammten die spezifischen Charaktermerkmale? Nach Weber sind sie auf die Außenseiter- und Minderheitenstellung vieler früher Unternehmer zurückzuführen. Besonders betonte er die religiösen Antriebskräfte, die der Protestantismus v. a. in seiner calvinistischen Variante besessen habe. Zu diesem von seinen religiösen Ursprüngen zunehmend abgelösten, aber in den Habitus des Geschäftsmanns quasi implantierten Normenensemble gehörten die positive Bewertung des Diesseits und der dort vollbrachten Arbeit, Selbstdisziplin und Fleiß sowie die Abkehr von magischen Vorstellungen („Entzauberung der Welt"). Rastlose Berufsarbeit, Konsumverzicht und strenge Sittlichkeit seien ursprünglich Reaktionen auf den religiösen Leistungsdruck des Protestantismus gewesen, dann aber säkularisiert worden. Für Weber bereiteten solche Vorstellungen den idealen geistigen Nährboden für Unternehmer, die ihre Geschäfte als „Berufung" betrieben. Mit diesen Überlegungen wollte Weber erklären, warum die Industrialisierung nicht in katholischen Ländern oder in der außereuropäischen Welt begonnen hatte.

2.1.4 Schumpeters „Superunternehmer"

Der ökonomische Mainstream, der v. a. in den angloamerikanischen Ländern definiert wurde, hat diese aus Deutschland kommenden Ansätze weitgehend ignoriert. Rezipiert wurden sie jedoch von *Joseph A. Schumpeter* (1883–1950), der nach einem kurzen Zwischenspiel als österreichischer Finanzminister (1919) an den Universitäten Bonn und Harvard lehrte. Schumpeters Unternehmertheorie wird bis heute häufig zitiert, aber auch regelmäßig fehlinterpretiert. Für Schumpeter war Wachstum Folge grundlegender Innovationen, die er nicht nur als Erfindungen im Sinne von Neuentdeckungen definierte, sondern auch als Neukombinationen bereits bekannter Komponenten.

Innovation als „Durchsetzung neuer Kombinationen" nach Schumpeter
1. Herstellung eines neuen Gutes oder einer neuen Qualität eines Gutes (Beispiel: Erfindung des Autos bzw. seine Verwandlung vom Luxusgut zum Massenprodukt).
2. Einführung neuer Produktionsmethoden als Folge technisch-wissenschaftlicher Entdeckungen oder eines neuen Verfahrens der Kommerzialisierung (Beispiel: Einführung des Fließbands bzw. Absatz qua Leasing anstelle des Verkaufs).
3. Erschließung eines neuen Absatzmarkts (Beispiel: Eindringen in einen ausländischen Markt bzw. Gewinnung neuer Käuferschichten).
4. Eroberung einer neuen Bezugsquelle von Rohstoffen oder Halbfabrikaten (Beispiel: Erschließung neuer Ölquellen oder neuer Zulieferer, um Abhängigkeiten und Preisdiktate auszuschließen).
5. Neuorganisation des Marktes (Beispiel: Errichtung von Kartellen oder Durchbrechung von Monopolen).
(Joseph A. Schumpeter, Theorie der wirtschaftlichen Entwicklung, München 1935, S. 100f).

Bei allen Innovationsarten ist es irrelevant, wer die technische Grundlage geschaffen hat. Unternehmer brauchen nicht Erfinder zu sein. Ausschlaggebend ist ihre Entscheidung, Ressourcen für die Umsetzung von Innovationen einzusetzen. Ein solcher Unternehmer muss kein Risiko übernehmen, sondern kann es an den Kapitalgeber delegieren. Der Kern der Unternehmerfunktion ist das Treffen strategischer Entscheidungen, durch die sich die Konfiguration des Faktoreneinsatzes durchschlagend verändert und große Wachstumseffekte ausgelöst werden. Schumpeter interessierte sich nicht für kleine Innovationen wie verbesserte Gewinde oder leisere Motoren. Ihm ging es um bahnbrechende Veränderungen mit strukturellen Großeffekten. Er sprach von der „Andersverwendung des Produktionsmittelvorrates", durch die Unternehmer die ganze „Volkswirtschaft in neue Bahnen" zwingen und gigantische Wellen des Wachstums auslösen, welche die von den bisherigen Kombinationen erzeugte Dynamik bei Weitem übertreffen.

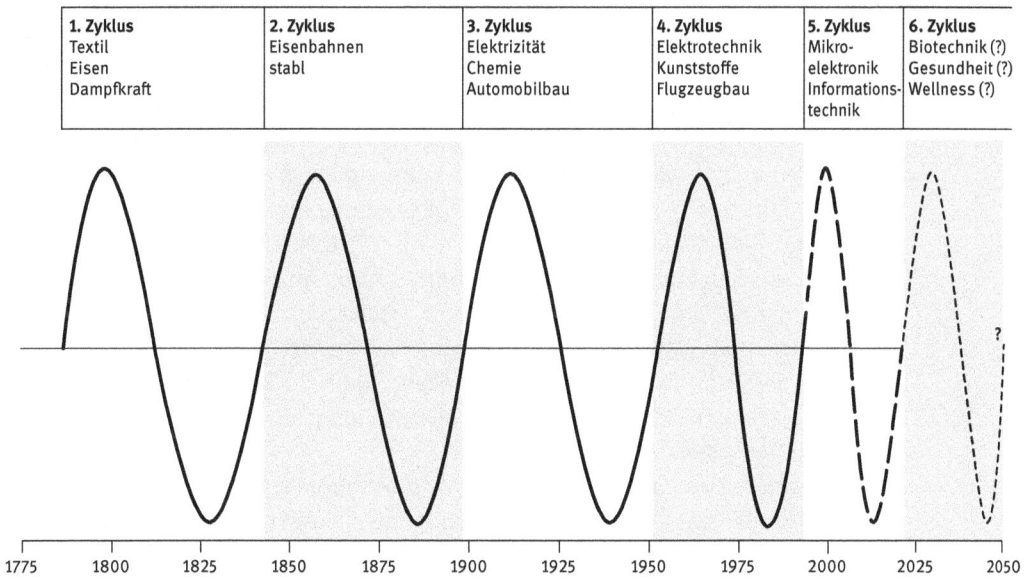

1. Zyklus	2. Zyklus	3. Zyklus	4. Zyklus	5. Zyklus	6. Zyklus
Textil Eisen Dampfkraft	Eisenbahnen stabl	Elektrizität Chemie Automobilbau	Elektrotechnik Kunststoffe Flugzeugbau	Mikro- elektronik Informations- technik	Biotechnik (?) Gesundheit (?) Wellness (?)

Abb. 2.2: Die langen Wellen wirtschaftlichen Wachstums und ihre Basisinnovationen nach Kondratieff.

Nach der von dem russischen Ökonomen *Nikolai D. Kondratieff* (1892–1938) entwickelten und seitdem mehrfach modifizierten Theorie der langen Wellen zerfällt die Wirtschaftsgeschichte seit dem 19. Jahrhundert in fünf von Basisinnovationen ausgelöste Phasen. Jeder Zyklus umspanne 50–60 Jahre und bestehe aus einer Aufstiegsphase, in der die jeweiligen Innovationen ein hohes Wachstum garantieren, und einer Abstiegsphase, in der ihre Dynamik nachlasse. Abbildung 2.2 enthält ebenso übersichtlich wie vage die entsprechenden Branchen, d. h. zu Beginn der

Industrialisierung die schwerindustriellen Innovationen sowie die revolutionären Spinn- und Webtechniken (siehe Abbildung 9.1). Ab 1850 übernahmen v. a. die Eisenbahnen die Führungsrolle, seit dem Ende des 19. Jahrhunderts die Elektro-, Chemie- und Autoindustrie, nach der Mitte des 20. Jahrhunderts Elektronik und Kunststoffe und schließlich Mikroelektronik und Informationstechnologien. Der sechste Zyklus könnte, so Prognosen, von den Zukunftsbereichen Biotechnologie, Wellness und Gesundheit angetrieben werden.

Nach Kondratieff bestimmen solche Innovationszyklen die großen Konturen der Konjunktur. Die Krise der Zwischenkriegszeit sei etwa durch das Auslaufen der Dynamik des Elektro- und Chemiesektors verursacht gewesen, die Stagnation der 1970er-Jahre maßgeblich durch das Fehlen neuer Grundlageninnovationen, die dann erst in den 1980/90er-Jahren auftraten. Empirisch lassen sich solche langen Wellen mit einem maßgeblichen Einfluss auf die Weltkonjunktur aber nicht nachweisen.

Da schumpetersche Unternehmer Innovationsschübe mit massiven strukturellen und konjunkturellen Folgen auslösen, sind sie die eigentlichen Träger des Fortschritts. *Arthur H. Cole* (1889–1974), der zusammen mit Schumpeter 1948 das „Research Centre in Entrepreneurial History" in Harvard gründete, sah im Unternehmertum (Entrepreneurship) sogar einen vierten Produktionsfaktor. Daher sollte sich die Ökonomie v. a. mit den Bedingungen von Innovation und Entrepreneurship befassen. Einige davon nannte Schumpeter selbst. Ein dynamischer Unternehmer schwimmt „gegen den Strom" und trifft daher auf die Widerstände träger Besitzstandswahrer. Die Masse orientiere sich laut Schumpeter am Gewohnten, das in ihr „ruht, wie der Eisenbahndamm im Boden." Der Unternehmer dagegen verlässt den „Bezirk der Routine". Um Unsicherheit und Widerstände zu überwinden, benötigt er besondere Charaktermerkmale wie Führungsqualitäten, Risikobereitschaft, Rücksichtslosigkeit und Egoismus. „Er ist ganz besonders traditions- und beziehungslos [...], der Bahnbrecher des modernen Menschen."

Er kümmert sich nicht darum, dass seine Innovationen gewachsene Verhältnisse über den Haufen werfen. Er betreibt einen Prozess der „kreativen Zerstörung" und bannt so die Gefahr der Stagnation. Dynamische Innovationstätigkeit produziert auch Verlierer des Fortschritts. Nach Schumpeter waren es „nicht die Postmeister, welche die Eisenbahnen gründeten." Die Post besaß ja das Monopol für den Personen- und Güterverkehr durch ihre Kutschen, schaffte es aber nicht, die neue Kombination von Dampfmaschine, Schienen und kutschenähnlichen Wagen zu entwickeln. Tatsächlich stammen wichtige Innovationen oft nicht von den etablierten Kräften, sondern von ehrgeizigen Außenseitern. Kutschenbauer und Eisenbahningenieure haben nicht das Auto entwickelt, ebenso wenig wie IBM den PC.

Der schumpetersche Unternehmer ist kein Hedonist. Luxus und Genuss bedeuten ihm nichts. „Er schafft rastlos, weil er nicht anders kann, er lebt nicht dazu, um sich des Erworbenen genießend zu erfreuen." An dieser Stelle ist der Rückgriff auf die Historische Schule deutlich. Angetrieben wird der schumpetersche Unternehmer von drei Motiven, nämlich erstens vom Willen, „ein privates Reich zu gründen", d. h. Macht zu akkumulieren, zweitens vom Ehrgeiz, kämpfen und siegen zu wollen, und drittens von der Freude am Gestalten. Dieser Unternehmer trägt unverkennbar Züge eines Titanen. Seine Innovationen verändern die Welt. Nur wenige Menschen werden diesem Kriterium gerecht. Daher grenzt Schumpeter auch den Unternehmer von der Mehrzahl der betrieblichen Führungskräfte ab. Im Gegensatz zum Unternehmer, dem mehr „Energie [...] als dem Durchschnittsmenschen eigen ist", steht für Schumpeter der sogenannte „Wirt", der betriebliche Routinevorgänge abwickelt. Die Veränderung von Verkaufspreisen oder die Farbgebung von Produkten ist für Schumpeter keine unternehmerische Tätigkeit. Für ihn sind die meisten Geschäftsleute nur „Wirte", denn Unternehmer zu sein, sei kein Beruf, sondern kreatives Verhalten in seltenen Sternstunden der Genialität. Zwangsläufig werde jeder Unternehmer nach einer innovativen Phase zum „Wirt", da „niemand dauernd Unternehmer sein könne, wie er es auch nicht ausschließlich sein könne." Das Kriterium ist einfach zu anspruchsvoll. In der Tat sind alle diejenigen, die wir landläufig Unternehmer nennen, weder Genies noch verändern sie täglich die Welt. Vielmehr plagen sie sich überwiegend mit Alltagsproblemen herum.

2.1.5 Entscheidungs- und informationstheoretische Ansätze

Eine alternative Denktradition, die aus der *Österreichischen Schule der Nationalökonomie* hervorgegangen ist, betrachtet den Unternehmer nicht wie Schumpeter als Quelle makroökonomischen Wandels, sondern als einen Akteur, der geschickt auf externen Wandel reagiert. Ausgangspunkt der Überlegungen sind die Beobachtungen, dass es auf dem Markt aufgrund von zeitlichen und räumlichen Unterschieden des Angebots und der Nachfrage Ungleichgewichtszustände gibt, die große Profitpotenziale eröffnen. Um sie zu realisieren, kommt es darauf an, diese Chancen wahrzunehmen, also zu bemerken, dass es aufgrund einer Fehlernte in Land A sinnvoll ist, Getreide aus Land B anzukaufen, bevor auch dort der Preis steigt. Dasselbe gilt für Arbitragegeschäfte aller Art, etwa an Wertpapier- und Produktenbörsen. Hier ist Schnelligkeit gefragt. Auf diese Weise bringt der Unternehmer den Markt wieder in ein Gleichgewicht, wohingegen er bei Schumpeter Gleichgewichte zerstört.

Für *Friedrich A. von Hayek* (1899–1992, Nobelpreis 1974) (siehe Abbildung 2.3) und *Israel M. Kirzner* (geb. 1930) zeichnete sich der Unternehmer durch die Fähigkeit aus, Informationen rasch zu sammeln und auszuwerten. Er muss nichts prinzipiell Neues hervorbringen, aber extrem aufmerksam und flink sein, um seine Chancen zu sehen und zu nutzen. Er benötigt intime Kenntnisse seiner Märkte und einen Blick für zukünftige Entwicklungen. Kirzner sprach von „alertness toward the discovery of as yet unperceived opportunities and their exploitation". Letztlich wird der Unternehmer zum Spekulanten, der Arbitragegeschäfte macht, womit diese Theorie im Kern bei der Risikoträger-These Cantillons stehenbleibt.

Abb. 2.3: Friedrich A. von Hayek (1899–1992).

Einen weiter gehenden Ansatz, der die Überlegungen Schumpeters und der Österreichischen Schule zusammenführt, vertritt Mark Casson (geb. 1945). Er stellt die Urteilsfähigkeit in den Mittelpunkt und beschreibt den Unternehmer als „jemanden, der sich auf Entscheidungen über die Koordinierung knapper Ressourcen" spezialisiert habe. Der Innovator muss einschätzen können, ob seine Innovation überhaupt ein Marktpotenzial besitzt. Der Kaufmann und Spekulant muss beurteilen, wo Preisdifferenziale auftreten und welche Gewinnchancen sich daraus ergeben. Ständen Informationen den Akteuren wie im klassischen und neoklassischen Marktmodell kostenlos und in vollendeter Perfektion zur Verfügung, käme es auf diese Kompetenzen gar nicht an. Jeder besäße sie, und Fehleinschätzungen wären ausgeschlossen. Diese Vorstellung ist realitätsfremd. In der Praxis haben Unternehmer mit Unsicherheit und den Mühen ihrer Verringerung zu tun. Die Gewinnung und Auswertung von Informationen ist ihr Kerngeschäft, Wissen ein Produktionsfaktor. Jedoch bleibt es immer unvollständig, und daher müssen Unternehmer Entscheidungen unter Bedingungen von Unsicherheit fällen. Der Grad der Unsicherheit differiert aber von Fall zu Fall und damit auch die Qualität der Entscheidung.

Unternehmerdefinition nach Casson
Unternehmer sind „Spezialisten [...], die über die Fähigkeit verfügen, Informationen mit Aussicht auf Gewinn zu synthetisieren, indem sie Daten, Konzepte und Ideen auswerten, deren Bedeutung anderen Menschen nicht immer bewußt ist. Sie schaffen Organisationen, die wir Unternehmen nennen, um diese Informationen entsprechend ihren Bedürfnissen zu verwerten, und knüpfen soziale Netzwerke, um Informationsströme [...] in ihre Organisationen zu lenken. In dem Maße, in dem eine Volkswirtschaft wächst und sich ihre Struktur [...] verändert, kann sich auch der Informationsfluß neue Wege suchen."
(Mark Casson, Der Unternehmer. Versuch einer historisch-theoretischen Deutung, in: Geschichte und Gesellschaft 27, 2001, S. 525.)

Da der Unternehmer nach Casson ein Entscheidungsspezialist ist, besitzt er Vorteile gegenüber Nichtspezialisten. Er entscheide besser als diese, weil er über gehaltvollere

Informationen verfügt oder dieselben Informationen besser interpretiert. Zudem unterscheidet Casson zwischen guten und schlechten Unternehmern. Erstere treffen richtige Entscheidungen, während letztere auf Grundlage derselben Informationen Fehlurteile fällen.

Die spezifischen Fähigkeiten des Unternehmers, Urteilsvermögen und Entscheidungskompetenz, erlauben ihm eine erfolgreiche Allokation seiner Ressourcen entweder durch die Anpassung an Marktveränderungen (Kirzner) oder durch die Initiierung solchen Wandels (Schumpeter). Wird der Markt von der Neoklassik als gegebener Automatismus betrachtet, ist er bei Casson Ergebnis unternehmerischer Arbeit. Bevor der Markt funktioniert, muss ihn der Unternehmer konstituieren. Im Zentrum seiner Arbeit steht die Informationsverarbeitung, wofür der Unternehmer analytische Fähigkeiten, Fantasie, Weitsicht, Weltkenntnis und kommunikative Kompetenz benötigt.

Der Entscheidungsprozess ist nach Casson hochkomplex. Es müssen Optionen und Ziele spezifiziert und Entscheidungsregeln entwickelt werden. Der Informationsfluss ist so zu organisieren, dass die Daten zu vertretbaren Kosten handhabbar sind. Es folgt ihre Evaluation und Interpretation. Die eigentliche Entscheidung erfordert die Setzung von Präferenzen, die sich aus der persönlichen Werteskala des Unternehmers ergeben. In der Regel rangieren die Sicherung von Status und Macht sowie die Erhöhung von Konsumchancen durch Einkommenszuwächse an der Spitze. Cassons Unternehmer ist zumeist auch Kapitaleigner und daher Risikoträger. Profite sind Einkommen, das die überdurchschnittlichen Fähigkeiten und das Risiko des Unternehmers prämiert, aber auch die geleistete „mentale Arbeit".

Die Konzentration auf den Entscheidungsprozess zeichnet auch die Unternehmerdefinition von *Fritz Redlich* (1892–1978) aus, die den Vorteil eines breiteren und daher für empirische Arbeiten besser geeigneten Ansatzes hat. Redlich charakterisiert Unternehmer allein durch ihre Entscheidungskompetenz in strategischen, d. h. wesentlichen Fragen. „Der Unternehmer [...] bestimmt die Zielsetzung des Unternehmens, seine Struktur und seine Stellung im Markt." Damit sind Grundsatzentscheidungen über Leitbilder, die Produktpalette oder die Marktpositionierung gemeint. Im Gegensatz dazu stehen taktische Entscheidungen, die bei der Umsetzung von Strategien anfallen. Eine strategische Entscheidung ist etwa der Entschluss, in einem anderen Land ein Werk zu errichten. Die Überwachung der Bauarbeiten und die Einstellung der Mitarbeiter erfordern laut Redlich lediglich taktische Entscheidungen. Diese fallen in die Zuständigkeit nachgeordneter Führungskräfte, die nur innerhalb des vorgegebenen strategischen Rahmens disponieren dürfen. Sie selbst sind per definitionem nicht an der Strategiebildung beteiligt.

Redlich grenzt den Unternehmer auch vom Kapitalisten ab, der zwar Finanzmittel bereitstellt und damit ein Risiko trägt, aber nicht notwendigerweise über strategische Entscheidungskompetenzen verfügt. Der Vorstandsvorsitzende einer Aktiengesellschaft benötigt nicht eine einzige Aktie seines Arbeitgebers, um unternehmerische Entscheidungen zu treffen. Es ist für ihn auch nicht zwingend, taktische Entscheidungen zu fällen. Er kann sie delegieren und sich auf die Überwachung zurückziehen.

Einflusslose Kapitaleigner, oder stille Teilhaber gehören ebenso wenig zur Unternehmerschaft wie Angehörige des mittleren Managements. Die Dreiteilung Redlichs in Kapitaleigner, Unternehmer und nachgeordnete Führungskräfte erweist sich als sinnvoll, auch wenn sich die Funktionen in der Realität überlagern und in kleineren Unternehmen zuweilen von ein und derselben Person wahrgenommen werden. Festzuhalten bleibt: Nur wer die Befugnis besitzt, an strategischen Entscheidungen maßgeblich mitzuwirken, ist ein Unternehmer.

Am Ende dieser dogmengeschichtlichen Skizze stellt sich die Frage, welchen Anteil die Unternehmer an der bislang bekannten wirtschaftlichen Entwicklung hatten. Eine verbindliche Antwort scheitert an einem unlösbaren Messproblem. Wir wissen es nicht genau. Letztlich bleiben uns nur Plausibilitätsannahmen. Unabhängig davon, ob der Unternehmer als Risikoträger, Organisator, Erfinder, Innovator, Spekulant, Entscheidungsspezialist oder Stratege definiert ist, muss man ihm eine zentrale Funktion zusprechen. Ohne ihn blieben wesentliche Wachstumspotenziale unausgeschöpft. Niemand würde die Vielzahl der sich anbietenden Entwicklungsvarianten mit derselben Energie testen und das „offene Entdeckungsverfahren" (Hayek) des Marktes ähnlich hartnäckig anwenden. Insofern ist die Vorstellung von der Statistenrolle des Unternehmers unhaltbar. Die Historische Schule und Schumpeter haben zutreffend erkannt, dass unternehmerische Basisinnovationen die Welt von Grund auf verändert haben. Jedoch neigen sie dazu, den Faktor Entrepreneurship zu überhöhen und andere Antriebskräfte des Wachstums auszublenden. Auch der schumpetersche Superunternehmer kann auf sich allein gestellt – in der Wüste oder auf einer unbewohnten Insel – nicht viel bewegen. Es fehlen ihm Rohstoffe, Mitarbeiter, Kunden, Infrastrukturen und Institutionen. Deshalb ist der Unternehmer weder Statist noch Titan, sondern eine Schlüsselgröße der Wirtschaft neben anderen.

Weiterführende Literatur

Jaeger, Hans, „Unternehmer", in: Otto Brunner u. a. (Hg.), Geschichtliche Grundbegriffe, Bd. 6, Stuttgart 1990, S. 707–732.
Kurz, Heinz D., Geschichte des ökonomischen Denkens, München 2013.
Blaug, Mark, Economic History and the History of Economics, Brighton 1986, S. 219–229.
Jones, Geoffrey u. Wadhwani, R. Daniel Entrepreneurship, in: Geoffrey Jones u. Jonathan Zeitlin (Hg.), The Oxford Handbook of Business History, Oxford 2008, S. 501–528.
Casson, Mark, The Entrepreneur. An Economic Theory, Oxford 1982.
Redlich, Fritz, Der Unternehmer. Wirtschafts- und sozialgeschichtliche Studien, Göttingen 1964.
Issing, Otmar (Hg.), Geschichte der Nationalökonomie, 4. Aufl., München 2002.
Kolb, Gerhard, Geschichte der Volkswirtschaftslehre. Dogmenhistorische Positionen ökonomischen Denkens, München 1997.
Schneider, Dieter, Betriebswirtschaftslehre. Bd. 4: Geschichte und Methoden der Wirtschaftswissenschaft, München 2001.

Schanz, Günther, Eine kurze Geschichte der Betriebswirtschaftslehre, Konstanz 2014.
Hunt, Emery K. u. Lautzenheiser, Mark, History of Economic Thought: A Critical Perspective, Armonk, NY 2011.

2.2 Inseln der Hierarchie im Meer des Marktes? – zur Theorie der Unternehmung

2.2.1 Neoklassisches Unternehmen

Die *Neoklassik*, die bislang das ökonomische Denken dominiert hat, ist nicht nur außerstande, dem Unternehmer eine Funktion zuzuweisen, sondern kann auch die von ihm geschaffenen Institutionen nicht erklären. Warum gibt es überhaupt Unternehmen? Warum zeichnen sie sich durch unterschiedliche Größen und Strukturen aus?

Zu den Hauptprämissen der Neoklassik gehört die Modellierung wirtschaftlicher Prozesse unter Bedingungen perfekt funktionierender Märkte. Alle Marktteilnehmer besitzen vollständige Informationen über Preise, Güter und die Zustände der Welt. Sie verhalten sich rational, d. h. sie kennen ihren Nutzen und streben nach dessen Maximierung. Eigentlich ist jeder in der Lage, die richtigen Dinge zu tun. Nicht der kreative Unternehmer, sondern der Markt steht im Vordergrund. Auf ihm finden Transaktionen, d. h. Tauschakte, auf die denkbar effektivste Weise statt, denn er funktioniert kosten- und reibungslos, oder technisch ausgedrückt, es fallen auf ihm keine Transaktionskosten an. Der Preismechanismus ist das einzige und zumindest in der Theorie auch perfekt funktionierende Instrument zur Koordination verschiedener Tätigkeiten.

Definitionen

Transaktionen sind Tauschakte. Güter oder Rechte werden über eine technologisch separierbare Schnittstelle transferiert, sodass eine Aktivität endet und eine neue beginnt.

Transaktionskosten sind die Kosten für die Organisation von Tauschakten. Sie fallen für die Vorbereitung, Abwicklung und Durchsetzung einer Transaktion an. Sie sind diejenigen Kosten, die für Koordinationsleistungen aufgebracht werden.

Unter diesen Prämissen, die *Harold Demsetz* einmal zutreffend als „Nirwana-Trugschluß" bezeichnet hat, ist es in der Tat unmöglich, zu erklären, warum firmeninterne Prozesse nicht auf Märkten stattfinden. Würden sie tatsächlich kosten- und reibungslos funktionieren, gäbe es keinen Grund, Tauschakte in Firmen zu verlagern. Allenfalls wären Ein-Personen-Unternehmen denkbar, die über den Markt miteinander Transaktionen abwickeln. Die Menschen hätten keinen Grund, sich länger zu binden und in die Hierarchie eines Mehrpersonen-Unternehmens einzuordnen. Warum sollten letztere Personal anstellen, wenn sie dessen Leistung auf dem Markt kaufen können?

Der Ausweg der Neoklassik ist die Definition des Unternehmens als ein System mit sogenannten technischen Unteilbarkeiten. Kein Ein-Mann-Unternehmen könnte z. B. einen Hochofen oder ein Fließband betreiben. Viele Maschinen brauchen die gleichzeitige Aufmerksamkeit mehrerer Arbeiter. Diese Erklärung greift aber zu kurz, denn Unternehmen sind regelmäßig größer, als es technische Unteilbarkeiten zu erklären vermögen. Zudem lassen sich an komplexen technischen Systemen auch selbstständige Verkäufer von Arbeitskraft einsetzen.

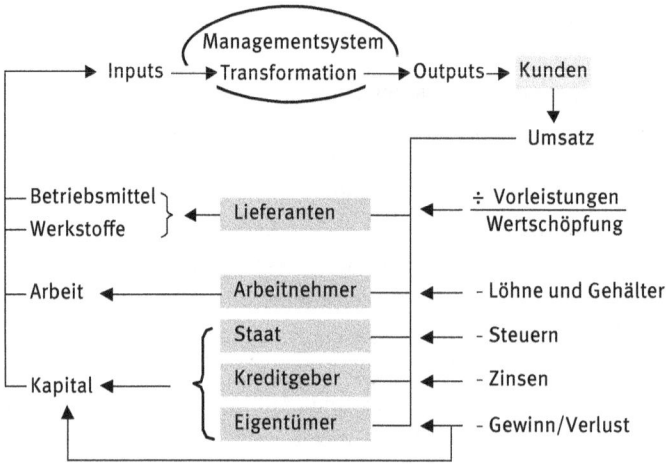

Abb. 2.4: Die neoklassische Unternehmung.

Folgt man der neoklassischen Definition, ergibt sich die in Abbildung 2.4 wiedergegebene Funktionsanalyse. Unternehmen transformieren Inputs (Faktoreinsätze) in Outputs (Produktionsausstöße), indem sie die Produktionsfaktoren Kapital, Arbeit sowie Rohstoffe und Vorprodukte kombinieren. Die Produkte werden an Kunden verkauft, wodurch Umsätze entstehen. Nach Abzug der Kosten für die Inputs und der zu zahlenden Steuern ergibt sich der Gewinn. Es gibt laut Neoklassik nur zwei Ziele, die Optimierung des Faktoreinsatzes und die Maximierung des Gewinns. Produktionsfunktion und Gewinngleichung beschreiben angeblich den Kern der institutionellen Logik des Unternehmens, das als eine Art Maximierungsautomat erscheint.

Tatsächlich verschleiert aber diese triviale Vorstellung alle wesentlichen Vorgänge unternehmerischen Handelns. Sie setzt die Wahl des Produkts als gegeben voraus und fragt nicht danach, ob das Unternehmen einen Abnehmer findet und ihm die benötigten Inputs zur Verfügung stehen. Schließlich wird die Illusion gepflegt, dass die in Abbildung 2.4 eingekreiste Transformation von Inputs zu Outputs kostenlos funktioniert. Es ist realitätsfremd, beim Managementsystem keine Kosten anzusetzen. Ebenso irrt die Vorstellung, dass die gesamte Arbeit, für die Löhne und Gehälter gezahlt werden, sowie alle Betriebsmittel und Werkstoffe in den Produktionsprozess eingehen. Sie werden in der Praxis teilweise fehlgeleitet oder zweckentfremdet. Es ist also keineswegs selbstverständlich, dass alle Firmenangehörigen dieselben Ziele verfolgen und miteinander kooperieren.

Der perfekt informierte Unternehmer braucht vermeintlich nur einen Strom von Inputs mit einem Strom von Outputs in Beziehung zu setzen und ein paar Maximierungsformeln anzuwenden, und schon hat er Erfolg. Ein solcher Unternehmer ist ein Schattengeschöpf ohne spezifische Funktion, wie sie die Vorstellung vom Innovator, Risikoträger oder Koordinator beinhaltet. Das Innenleben von Unternehmen bleibt im Dunkeln. Das neoklassische Unternehmen ist daher eine Blackbox.

2.2.2 Ronald Coase – „The Nature of the Firm"

Die Unternehmenstheorie der *Neuen Institutionenökonomie* wurde maßgeblich von *Ronald H. Coase* (1910–2013) (siehe Abbildung 2.5) begründet. Für seinen bahnbrechenden, aber lange nahezu unbeachteten Ansatz erhielt Coase 1991 den Nobelpreis. Sein grundlegender Aufsatz „The Nature of the Firm" war schon 1937 erschienen und wurde in den 1960/70er-Jahren quasi neu entdeckt. Coase erklärte die Existenz des Unternehmens damit, dass die Benutzung des Marktes Kosten verursacht. Die Anbahnung und Abwicklung von Geschäften ist nicht, wie von der Neoklassik angenommen, kostenlos zu haben, sondern mit erheblichem Aufwand verbunden. Die Tauschpartner müssen überhaupt erst einmal zusammenfinden und sich über die Art des Tauschobjekts und die Einzelheiten des Tauschakts verständigen. Es wird verhandelt. Der Preis ergibt sich keineswegs automatisch aus dem Verhältnis von Angebot und Nachfrage. Auch die Vertragserfüllung ist keine triviale Angelegenheit. Liefert der Verkäufer die vereinbarte Ware? Zahlt der Käufer den festgelegten Preis?

Tab. 2.1: Transaktionskosten der Marktnutzung (Marktnutzungskosten).

Kostenart	Problem	Lösung
ex ante		
1. Suchkosten	Verkäufer und Käufer ohne Kontakt	Werbung und Intermediation
2. Spezifikationskosten	Beschaffenheit des Tauschobjekts unklar	Verständigung über Eigenschaften, Einschaltung von Experten
3. Informationskosten	Intransparenz der Märkte	Preis- und Leistungsvergleiche
4. Verhandlungskosten	kein Konsens über Preise und Konditionen	Verhandlungen, Vertragsentwurf und -abschluss
ex post		
5. Überwachungskosten	Erfüllungsunsicherheit	Kontrollen und Qualitätsmessung
6. Durchsetzungskosten	uneingelöste Rechtstitel	Einschaltung Dritter zur Durchsetzung der Ansprüche

Tabelle 2.1 führt grob vereinfacht die wichtigsten Transaktionskosten der Markt-nutzung auf. Vor dem Tausch muss zunächst der Kontakt zwischen den Vertragspar-teien hergestellt werden. Dabei fallen Werbe- oder Vermittlungskosten an. Zweitens muss das Tauschobjekt exakt spezifiziert werden. Drittens haben Preis- und Leis-tungsvergleiche zu erfolgen. Viertens sind Verhandlungen zu führen, Preise und Konditionen festzulegen sowie Verträge abzuschließen. Diese Kosten werden auch Anbahnungs- und Vereinbarungskosten genannt. Nach dem Tausch ist fünftens die Vertragserfüllung sicherzustellen. Wurden die Qualitäts-, Termin- und Zahlungszusa-gen eingehalten? Sechstens sind Konflikte durch Hinzuziehung von Gerichten oder Schlichtern beizulegen. Möglicherweise treten auch noch Anpassungskosten hinzu, wenn sich während der Laufzeit der Vereinbarungen die Geschäftsgrundlage verän-dert, sodass etwa in Bezug auf Preise, Termine, Mengen oder Qualitäten neue Abma-chungen getroffenen werden müssen.

Abb. 2.5: Ronald Coase (1910–2013).

Die Transaktionskosten steigen mit dem Grad des Marktversagens. Je unvollkomme-ner ein Markt ist, desto geringer ist seine Transparenz und desto schwieriger gestal-ten sich Informationsbeschaffung oder Vertragsabschlüsse. Die unter Umständen sehr hohen Kosten der Marktnutzung können laut Coase dadurch gesenkt werden, dass man Tauschakte dem Marktgeschehen entzieht und sie in Firmen verlagert, in denen Weisungsbefugnisse die Tauschakte effektiver regeln als der unsichere Markt. Anstatt ständig Ärger mit unzuverlässigen Zulieferern wichtiger Inputs zu haben, produziert man diese selbst. Ein in die Hierarchie des Unternehmens eingebunde-ner Abteilungsleiter lässt sich im Konfliktfall einfacher disziplinieren als ein externer Zulieferer.

Betriebliche Hierarchien ersetzen die vielen unsicheren und teuren Verträge, die auf dem Markt geschlossen werden müssen. Stattdessen gibt es nur noch einen, relativ allgemeinen Vertrag, nämlich den Arbeitsvertrag. Anstatt etwa für eine bestimmte Leis-tung alle in Abbildung 2.4 aufgeführten Schritte zu durchlaufen, setzt der Auftraggeber darauf, mit eigenen, weisungsgebundenen Mitarbeitern schneller und billiger ans Ziel zu kommen. Denen kann er nämlich Befehle erteilen. Unternehmen sind demnach

„Inseln der Kommandowirtschaft" im Meer des Marktes. Autoritätsverhältnisse treten an die Stelle des Marktaustauschs. Die Internalisierung vor- und nachgelagerter Prozesse durch eine Fusion dient dazu, Transaktionskosten zu sparen.

2.2.3 Alchian und Demsetz

Den Ansatz, Unternehmen institutionell statt technisch zu erklären und die Aufmerksamkeit von der Produktionsfunktion auf die Organisationsstruktur zu verlagern, führten *Armen Alchian* (1914–2013) und *Harold Demsetz* (geb. 1930) weiter. Sie betonten, dass bestimmte Abläufe Teamarbeit erfordern. Als Beispiel führen sie das manuelle Beladen von Lastkraftwagen an. Da es keine Laderampe gibt, ist es sinnvoll, im Team zu arbeiten. Ein einzelner müsste immer wieder die Ladefläche hinauf- und herunterklettern. Er benötigt mehr als das Doppelte der Zeit, die er zusammen mit einem Kollegen aufwendet, der ihm die Kisten reicht. Es geht also um Synergieeffekte der Teamproduktion.

Es tritt aber sofort ein eklatantes Mess- und Bewertungsproblem auf. Insbesondere in größeren Teams lässt sich die Leistung des Einzelnen nicht exakt oder nur unter prohibitiven Kosten messen. Daher halten Individuen Leistung zurück und ruhen sich als Trittbrettfahrer auf Kosten des Kollektivs aus. Die Integration der Gruppe in ein Unternehmen löst dieses Problem durch eine zentrale Aufsichtsinstanz, die Weisungs- und Sanktionsbefugnisse besitzt und den Gewinn abschöpfen darf. Dieser Anreiz sorgt für eine bessere Koordination und eine wirkungsvollere Überwachung. Der Gewinnberechtigte, zumeist der Eigentümer, gibt sich alle erdenkliche Mühe, Arbeitszurückhaltung auszuschalten. Das Unternehmen hat eine höhere Kontroll- und Messkompetenz bei der Zurechnung von individuellen Leistungen und Kosten als die einzelnen Teammitglieder untereinander.

Das Unternehmen nach Alchian und Demsetz
In Unternehmen werden Inputleistungen von mehreren Individuen erbracht. Die Beaufsichtigung dieser Teamarbeit obliegt einer zentralen Leitungsinstanz (hier gedacht als Eigentümer), die fünf Rechte besitzt:
1. Anspruch auf Aneignung des Erfolgs (Residualeinkommen),
2. Kontroll- und Sanktionsbefugnisse in Bezug auf das Team (Recht zur Festlegung von Produktionsplänen, Prämien und Strafen),
3. Vertragsbeziehungen mit allen Teammitgliedern (Arbeitsverträge) und anderen Erbringern von Inputleistungen (Lieferantenverträge),
4. Recht, das Team zu verändern, d.h. Kündigungen und Einstellungen auszusprechen,
5. Befugnis, die Rechte 1–4 zu veräußern.
(Armen Alchian u. Harold Demsetz, Production, Information Costs and Economic Organisation, in: American Economic Review 62, 1972, S. 777–795.)

Das Unternehmen ist also im Kern eine Koordinierungsagentur, eine überlegene Lösung des Trittbrettfahrerproblems. Firmen sind ein Geflecht von Verträgen, deren Überwachung aufgrund der Möglichkeiten des Unternehmens effizienter ist als die Überwachung von Verträgen mit Externen oder die von Verträgen zwischen Externen. Firmen ersetzen Wettbewerb durch Kooperation, indem sie externe in interne Akteure verwandeln und in gemeinsame Strukturen einbinden. Das erlaubt ihnen, die Früchte von Interdependenz, Komplementarität und Synergien zu ernten.

Wenn Firmen diese Probleme so gut lösen, könnte man fragen, warum es überhaupt noch einen Markt gibt. Warum verlagert man nicht alle Tauschvorgänge in ein großes Unternehmen? Eine einzige, mit extrem großer Autorität ausgestattete Zentralinstanz hätte das Recht, alle zu kontrollieren und allen Weisungen zu erteilen. Dieses Szenario würde Zentralplanungswirtschaften ähneln, die sich aber als höchst ineffizient erwiesen haben. Auch im Kapitalismus gibt es klare Grenzen für das Größenwachstum von Unternehmen. Die marxsche Konzentrationstheorie hat sich als unzutreffend herausgestellt. Der „Mittelstand" wurde mitnichten von Konzernen verdrängt. Vielmehr scheint es systematische Gründe dafür zu geben, dass nicht alle Firmen gleich groß sind und es Grenzen der Internalisierung gibt.

Schon Coase betonte, dass die Ersetzung des Marktes durch die Hierarchie des Unternehmens (Internalisierung) nicht kostenlos ist und auch innerhalb von Firmen Reibungsverluste auftreten. „Naturally, a point must be reached where the costs of organising additional transactions within the firm are equal to the costs involved in carrying out the transaction in the open market [...] Secondly, it may be that [...] the entrepreneur [...] fails to make the best use of the factors of production."

Tab. 2.2: Transaktionskosten im Unternehmen (Organisationsnutzungskosten).

Kostenart	Problem	Lösung
1. Informationskosten	Komplexität der betrieblichen Abläufe	Informationssystem
2. Kommunikationskosten	Verständigungsschwierigkeiten	Kommunikationssystem
3. Leitungskosten	Aufgabenverteilung unklar	organisatorische Hierarchien
4. Überwachungskosten	Opportunismus/Vertragsbruch	Anreiz- und Kontrollsysteme
5. Durchsetzungskosten	uneingelöste Rechtstitel	Schlichtung/Einschaltung Dritter

Für die intern erbrachten Koordinationsleistungen fallen ebenfalls Transaktionskosten an. Tabelle 2.2 listet diese Organisationsnutzungskosten im Einzelnen auf. Ohne Informations- und Kommunikationssysteme können keine Synergien entstehen. Organisationssysteme regeln Zuständigkeiten und definieren Hierarchien. Noch wichtiger ist die Lösung der Principal-Agent-Problematik, also die Überwachung und Durchsetzung von Direktiven. Unter Opportunismus versteht man arglistigen Egoismus, der Absprachen bricht und andere schädigt, etwa durch Nachlässigkeit, unbegründete Krankmeldungen oder Unterschlagungen. Menschen tendieren offenbar dazu, sich auf Kosten anderer unfaire Vorteile zu verschaffen, insbesondere wenn Informationsasymmetrien vorliegen. Untergebene wissen regelmäßig mehr über ihren Aufgabenbereich als der Vorgesetzte und verfügen damit über Freiräume auch für Missbräuche. Daher müssen Anreiz- und Kontrollsysteme ein Verhalten erzeugen, das dem Unternehmensziel entspricht. Schließlich können innerbetriebliche Friktionen zu Konflikten und Rechtsstreitigkeiten führen.

Coase ging davon aus, dass die Kosten der Organisationsnutzung mit zunehmender Unternehmensgröße steigen und daher ein Punkt existiert, von dem an sich die weitere Ausdehnung des Unternehmens nicht mehr lohnt. Es gibt nicht nur Marktversagen, sondern auch Organisationsversagen. Entscheidend für die optimale Unternehmensgröße ist das Verhältnis von gesparten Marktnutzungskosten und zusätzlichen Organisationskosten. Eine Marginalkostenanalyse hat festzustellen, ab wann der Grenznutzen der Angliederung weiterer Einheiten deren Grenzkosten übersteigt. Von diesem Punkt an sind alle weiteren Transaktionen dem Markt zu überlassen.

2.2.4 Oliver Williamson

Wo aber verläuft die Grenze zwischen zu klein und zu groß? Wie findet man die optimale Unternehmensgröße bzw. Leistungstiefe? *Oliver Williamson* (geb. 1932) legte 1985 ein umfassendes Modell vor, das die Frage „make or buy?" (Eigenfertigung oder Fremdbezug) zu beantworten versucht. Demnach gibt es zwei Variablen, die darüber entscheiden, ob ein Tauschvorgang besser auf dem Markt oder in einem Unternehmen angesiedelt sein sollte, oder technisch gesprochen, welche Ordnungsstruktur (*governance*) vorzuziehen ist. Diese Variablen sind zum einen die Tauschfrequenz und zum anderen die Faktorspezifität, d. h. die Beschaffenheit des Tauschobjekts.

Tauschen zwei Partner Leistungen oder Güter nur selten aus, sind Marktlösungen wahrscheinlicher als die Internalisierung des Vorgangs. Der Inhaber eines kleinen Betriebs, dessen einziges Firmenfahrzeug einmal im Jahr zur Inspektion muss, sollte dafür keinen Mechaniker einstellen. Das Großunternehmen mit 800 Dienstwagen fährt u. U. mit einer eigenen Werkstatt besser. Unspezifische Leistungen, wie die Reinigung von Räumen, muss man nicht unbedingt selbst durchführen, sondern kann sie fremden Anbietern übertragen. Hochspezifische Leistungen wie die Entwicklung einer zentralen Innovation, etwa im Automobilbau die Motorenentwicklung, sollte man schon aus Wettbewerbsgründen im eigenen Haus durchführen. Hier ist es besser, die Ingenieure als Angestellte so einzubinden, dass ihre Patente dem eigenen Unternehmen gehören.

Es gibt sogar den Fall, dass Güter und Leistungen so speziell werden, dass sie keine alternative Verwendung haben und eine maximale Abhängigkeit der Tauschpartner entsteht. Partnerspezifische Investitionen machen – einmal getätigt – den Investor erpressbar. Man spricht auch von versunkenen Kosten bzw. irreversiblen

Investitionen. Nehmen wir z. B. eine Ölfördergesellschaft und einen Pipelinebetreiber. Ein neues Ölfeld wurde in einer entlegenen Gegend gefunden. Daraufhin errichtet der Ölförderer dort Bohrtürme und veranlasst den Pipelinebetreiber, Rohre zu verlegen. Beide Partner investieren hohe Summen in ein Projekt, das ohne den anderen wertlos ist. Man spricht von Einsperrungseffekten (*lock-in effects*), die beide Partner aneinander binden. Williamson entwirft folgendes Szenario: Nachdem die Kosten versunken sind und das Kapital immobilisiert wurde, schlagen die negativen Eigenschaften der Menschen durch. Egoismus und beschränkte Rationalität breiten sich aus. Beide Seiten fangen an, ihre jeweiligen Monopole auszunutzen. Die eventuell schon bestehenden Verträge werden angefochten oder nicht erfüllt, Nachforderungen erhoben. Der Ölförderer verlangt aberwitzig niedrige Durchleitungsgebühren, der Pipelinebetreiber verweigert zunächst jede Kooperation und fordert dann ein Vielfaches des üblichen Satzes. Beide Seiten erpressen sich im Extremfall solange, bis sie bankrott sind.

Laut Williamson ist in solchen Fällen die Internalisierung der Transaktion die Lösung. Ölgesellschaft und Pipelinebetreiber sollten fusionieren. Der Rückzug vom Markt durchbricht die destruktive Dynamik opportunistischer Akteure, die den Einsperrungseffekt auszunutzen versuchen. Sobald die Entscheidungsträger unter das Dach eines Unternehmens geholt worden sind, haben sie keine divergierenden Interessen mehr und hören auf, sich zu erpressen. Sie reagieren nicht mehr wie auf dem Markt primär auf Preissignale, sondern werden in interne Identifikations- und Kontrollmechanismen eingebunden. Sie wollen jetzt am Wohl des Gesamtunternehmens teilhaben.

Tab. 2.3: Effiziente Ordnungsstrukturen (*efficient governance*).

		Faktorspezifität		
		unspezifisch	gemischt	idiosynkratisch
Tausch-frequenz	niedrig	Markt (vollständige Verträge)	trilaterale Struktur (Rahmenverträge)	trilaterale Struktur (Rahmenverträge)
	hoch	Markt (vollständige Verträge)	bilaterale Struktur (relationale Verträge)	integrierte Struktur/ Unternehmen (relationale Verträge)

Williamson hat sein Konzept in einem Schema dargestellt, das aus Gründen der Anschaulichkeit und Vereinfachung lediglich sechs Konstellationen unterscheidet. Im linken Teil von Tabelle 2.3 werden völlig unspezifische Güter getauscht. Daher ist es egal, ob das selten oder oft passiert. Der Markt ist die beste Ordnungsstruktur. Es lassen sich vollständige, eindeutige Verträge abschließen. Da es unspezifische, standardisierte Produkte sind, lassen sich die Qualitätsanforderungen leicht spezifizieren und überprüfen. Ein Textilfabrikant sollte Schrauben kaufen, nicht selbst herstellen. Der Wettbewerbsdruck bürdet Betrügern hohe Risiken auf. Wenn sich

Schraubenlieferant A unkorrekt verhält, geht der Textilfabrikant zu B oder C. Hier stellt der Markt einen ziemlich effizienten Kontrollmechanismus dar.

Handelt es sich dagegen wie im mittleren Teil der Tabelle um relativ spezifische Tauschobjekte, etwa den Bau von Häusern, steigen Erfüllungsrisiko und wechselseitige Abhängigkeit. Zum einen sind nicht alle Details vorhersehbar und daher vertraglich fixierbar. Zum anderen kann der Markt nicht mehr so effektiv kontrollieren, denn es ist unmöglich, die Handwerker auszuwechseln, wenn das Haus halb fertig ist. Eine hohe Abhängigkeit ist entstanden, und es kann viel Streit geben. Daher schaltet man am besten einen Vermittler ein. Der typische Fall ist ein Architekt, der die Bauaufsicht führt. Wir haben also eine dreiseitige Kontrolle, zumindest sofern die Häufigkeit des Tausches gering ist.

Geht es nicht mehr um einzelne Häuser, sondern um Hunderte von Objekten, die ein Bauträger erstellen lässt, ist die Tauschfrequenz hoch. Hier sind daher bilaterale Strukturen vorzuziehen. Der Bauträger arbeitet eng mit einem Bauunternehmer zusammen. Das Interesse an der Fortsetzung der Geschäftsbeziehung lässt beide Seiten konstruktiv kooperieren. Die Partner bleiben eigenständig, regeln offene Fragen einvernehmlich und flexibel. Sie schließen unvollständige, sogenannte relationale Verträge, die vieles offenlassen. Nachverhandlungen führen in einem vertrauensvollen Klima zum Erfolg.

Ist das Tauschgut hochgradig spezifisch, im Extremfall einmalig, steigt die gegenseitige Abhängigkeit der Vertragsparteien. Tauschen sie nur selten, ist eine trilaterale Struktur, also die Hinzuziehung von unabhängigen Sachverständigen, am besten. Eine extrem teure Spezialmaschine oder ein wertvolles Gemälde würde niemand ohne die Zertifizierung durch externe Experten kaufen, zumal wenn ihm die technischen bzw. künstlerischen Kenntnisse fehlen. Allerdings kann auch hier – das deutet die gestrichelte Linie an – die Integration in ein Unternehmen vorzuziehen sein.

Schließlich empfiehlt Williamson immer dann die Internalisierung als optimale Lösung, wenn sowohl die Spezifität als auch die Tauschfrequenz hoch sind. Ein Pharmaunternehmen kann nicht ohne eigene Entwicklungsabteilung und festangestellte Spitzenwissenschaftler arbeiten. Zentrale, permanent benötigte und zudem hochspezifische Produkte wie die Motoren in der Autoindustrie sollten unter einem organisatorischen Dach hergestellt werden. Es gilt, die Gefahren von Einsperrungseffekten zu vermeiden. Beide Seiten können sich durch Opportunismus sehr schaden, haben aber ohne einander wenig zu gewinnen. Daher sollten sie in einer hierarchischen Organisation ihre Vorteile gemeinsam nutzen. Sie führt Kontrollen durch, profitiert aber von dem Loyalitätspotenzial, das aus der Corporate Identity erwachsen kann. Arbeitsverträge sind immer unvollständig, da sie schlechterdings nicht alle Details regeln können. Informelle, kulturelle Normen füllen diese Lücken auf und sind in kleineren Gemeinschaften wie Firmen wirksamer als in der Anonymität des Marktes.

Faktorspezifität ist also eine Schlüsselvariable für die Bestimmung der optimalen Unternehmensgröße. Sie tritt v. a. in drei Formen auf. Von Standortspezifität spricht man z. B., wenn zwei aufeinanderfolgende Produktionsstufen aufgrund hoher Transportkosten auf räumliche Nähe angewiesen sind, etwa ein Stahlwerk auf Kohlevorkommen oder eine Raffinerie auf Pipelines. Sachkapitalspezifität bedeutet, dass bestimmte Güter speziell aufeinander abgestimmt wurden und nicht alternativen Zwecken zuführbar sind. Eine Produktionsstraße, die nach den besonderen Vorgaben eines Automobilherstellers gebaut wurde und Chassis für dessen Spitzenmodell herstellt, lässt sich von niemand anderem sinnvoll nutzen. Humankapitalspezifität liegt vor, wenn Menschen besondere, nicht oder nur sehr schwer zu transferierende Qualifikationen besitzen. Vertreter haben oft eine besondere Beziehung zu ihren Kunden, die Detailkenntnisse und ein persönliches Vertrauensverhältnis einschließt. Für eine Versicherungszentrale, die keinen zweiten Vertreter mit genau diesen Fähigkeiten und Kontakten besitzt, ist es wichtig, diesen Mann eng an sich zu binden. Nach Williamson ist die Festanstellung mit Konkurrenzausschlußklausel der freien Mitarbeit auf Provisionsbasis vorzuziehen. Ein anderes Beispiel sind seltene Spezialqualifikationen wie das jahrelang ausgebildete Gehör von Stimmern im Musikinstrumentenbau oder die Kreativität von Modedesignern. Außerhalb ihres Metiers sind ihre Qualifikationen nahezu wertlos. Ohne sie wären ihre Firmen aber nicht in der Lage, hochwertige Instrumente und schicke Kleidungsstücke anzubieten.

Faktorspezifität bedeutet, dass Investitionen für eine bestimmte Verwendung bestimmt sind und keine oder nur wenige alternative Einsatzmöglichkeiten vorhanden sind. Mit dem Spezialisierungsgrad sinkt die Marktgängigkeit. Diese Konstellation stellt für den Investor eine erhebliche Gefährdung dar. Er wird sehr verwundbar, weil er nicht oder nur unter hohen Verlusten den Geschäftspartner wechseln kann. Dieser nutzt u. U. die Situation aus und versucht, sich die Wertdifferenz zwischen dem geplanten und dem alternativen Verwendungszweck anzueignen. Williamson argumentiert, dass solche Investitionen einen besonderen Schutz benötigen, der aus einem gemeinsamen organisatorischen Dach besteht. Dort ist die Opportunismusgefahr geringer als in der „Wildnis des Marktes". Auch für Williamson sind Unternehmen also Institutionen, die durch die Zähmung von Arglist und beschränkter Rationalität Transaktionskosten senken und eine effektivere Koordinationsleistung als der Markt erbringen.

2.2.5 Zwischenfazit und Kritik an der Institutionenökonomie

Die Konzepte der Neuen Institutionenökonomie markieren einen großen Fortschritt gegenüber der Neoklassik. Sie lenken den Blick auf Kernbereiche der Unternehmenspraxis, auf Transaktionskosten der Marktnutzung, Informations- und Kontrollkosten, Einsperrungseffekte, das Opportunismusproblem, das Organisationsdesign, Faktorspezifität und Tauschfrequenz sowie auf Markt- und Organisationsversagen. Allerdings zeichnen sie sich durch einen effizienzorientierten Reduktionismus aus. Sie tun so, als ob es immer nur darum ginge, die effektivste Lösung zu finden. Wer sich mit der Realgeschichte von Unternehmen befasst, weiß nur zu gut, dass ganz andere Faktoren eine Rolle spielen können. Manager gliedern ihren Firmen weitere Einheiten an, weil sie ihren Einfluss vergrößern, Marktmacht aufbauen oder einer Managementmode folgen wollen. Man muss mit persönlichen Vorlieben einzelner Akteure, mit Ehrgeiz und Neid, Machtversessenheit und Eitelkeit rechnen. Oft entfaltet auch die normative Kraft des Faktischen („das war bei uns schon immer so") eine übermächtige Wirkung, gegen die kein noch so plausibles Effizienzargument hilft.

Macht kommt in den institutionellen Modellen nicht vor. Es ist unrealistisch, dass sich alle Akteure prinzipiell frei entscheiden können und die Teammitglieder bei Demsetz und Alchian selbst beschlossen hätten, ihre Selbstständigkeit aufzugeben und sich angesichts ihrer Messprobleme als Lohnarbeiter einem „Aufpasserunternehmer" zu unterwerfen. Zudem prägen politische Rahmenbedingungen die Struktur von Unternehmen. Mitbestimmungs- und Wettbewerbsgesetze, Arbeits- und Steuerrecht beeinflussen die Wahl der Organisationsform. Viele Fusionen und Aufspaltungen sind nur auf politischen Druck hin zustande gekommen.

Schließlich steckt in den Modellen noch ein naiver Fortschrittsoptimismus, der die Neue Institutionenökonomie anfangs insgesamt auszeichnete. Sie verkündete nämlich zunächst, dass im Laufe der Geschichte effiziente Institutionen ineffiziente verdrängten. Mittlerweile ist sie vorsichtiger geworden und hat zumindest für die politische Sphäre herausgearbeitet, dass es teuer und schwierig ist, bestehende institutionelle Arrangements zu verändern. Das gilt aber auch für Firmen. Sie leben daher oftmals lange mit ineffizienten Strukturen und benötigen erst existenzielle Herausforderungen wie schwere Krisen, um Verkrustungen aufzusprengen.

2.2.6 Bürokratieansatz

Auch die Soziologie betont den hierarchischen Charakter des Unternehmens. Nach Weber sind alle großen Organisationen durch zentrale Steuereinheiten gekennzeichnet, die mithilfe von exakt definierten Zuständigkeiten, Sanktionsmitteln und „Befehlsgewalten" Ordnung und Dauerhaftigkeit schaffen. „Ein derart geordneter Betrieb soll Behörde heißen. Behörden in diesem Sinn gibt es in großen Privatbetrieben, Parteien, Armeen natürlich genau wie in ‚Staat' und ‚Kirche'." Unternehmen sind für Weber v. a. bürokratische Herrschaftsgebilde. In der Tat machten alle komplexen Großunternehmen im Zuge ihrer Entstehung die Erfahrung, dass sie ohne formalisierte Strukturen und bürokratisierte Abläufe im Chaos versunken wären. Bürokratische Verwaltungen ersetzten die persönliche, oft willkürliche Alleinherrschaft eines Unternehmers durch allgemeingültige, schriftlich niedergelegte Regeln. Sie gewährleisteten einen kontinuierlichen und regelgebundenen Geschäftsgang, der selbst nach dem Tod der beteiligten Personen weiterläuft. Zentrale Prinzipien bürokratischer Herrschaft sind Arbeitsteilung, die Formalisierung von Kontrolle durch die Definition von Instanzenzügen und Hierarchien, die Entpersönlichung und

Regelhaftigkeit von Abläufen, die Verschriftlichung („Aktenmäßigkeit") der Kommunikation und die Schlüsselstellung fachlich geschulter Verwaltungsstäbe („Beamte"). Für Unternehmen ist die Installation eines rationalen Rechnungswesens von zentraler Bedeutung (siehe Abbildung 2.6).

Dieser herrschaftssoziologische Ansatz ist unverzichtbar für die Analyse komplexer Großunternehmen, die in der Tat ohne das Herzstück ihrer „business administration" nicht denkbar sind. Insbesondere in Deutschland griffen die seit den 1870/80er-Jahren entstehenden Großunternehmen auf das bewährte Modell der öffentlichen Verwaltung zurück. Ohne Verschriftlichung und Formalisierung hätten sie ihr rasantes Wachstum nicht verkraftet, da es die Leistungsfähigkeit persönlich-patriarchalischer Führungsmethoden überstieg. Allerdings hat die Problembewältigungskapazität bürokratischer Verfahren, d. h. die Schaffung von Ordnung und die Sicherung von Herrschaft, ihren Preis. *Robert Merton* (1910–2003) wies auf die potenziellen Dysfunktionalitäten bürokratischer Strukturen und Prozeduren hin. Sobald sie zum Selbstzweck werden, ergeben sich gefährliche Verkrustungen und Ineffizienzen. Aufgeblähte Wasserköpfe und blinde Regeltreue verhindern flexible Reaktionen auf Umweltveränderungen.

Die Großunternehmen selbst haben diese Gefahren erkannt und bemühen sich seit dem Krisenjahrzehnt der 1970er-Jahre um die Umkehrung eines ca. 100-jährigen Trends, indem sie bürokratische Elemente abzubauen versuchen, kleinere Einheiten und flachere Hierarchien bilden und verstärkt auf unbürokratische Interaktionsformen setzen.

Neben dieser unverkennbaren Relativierung des Bürokratiemodells in der Praxis leidet es als theoretischer Ansatz an seiner mangelnden Anwendbarkeit auf die große Masse kleinerer Unternehmen. Insofern besitzt das Bürokratiemodell nur eine begrenzte Reichweite. Unternehmen sind mehr als administrative Institutionen.

2.2.7 Evolutionsökonomie

Die mit Analogien zur Biologie arbeitende Evolutionsökonomie definiert das Unternehmen als Organismus mit idiosynkratischen (einmaligen) Verhaltensroutinen. Unternehmen als Ganze besitzen bestimmte Fähigkeiten und Erfahrungen (*capabilities*), die nicht beliebig transferiert werden können und mehr sind als die Summe der Fähigkeiten der einzelnen Firmenangehörigen. Die „capabilities" machen das Besondere eines Unternehmens aus, das es von den anderen unterscheidet. Es handelt sich gleichsam um eine Art „genetischen Code", der die Individualität und Identität von Firmen ausmacht. Daher sind sie nicht beliebig reproduzierbar. Fähigkeiten, die einem Unternehmen einen komparativen Vorteil in einer bestimmten Branche verleihen, sind nicht oder nur schwer auf andere Tätigkeitsfelder zu übertragen.

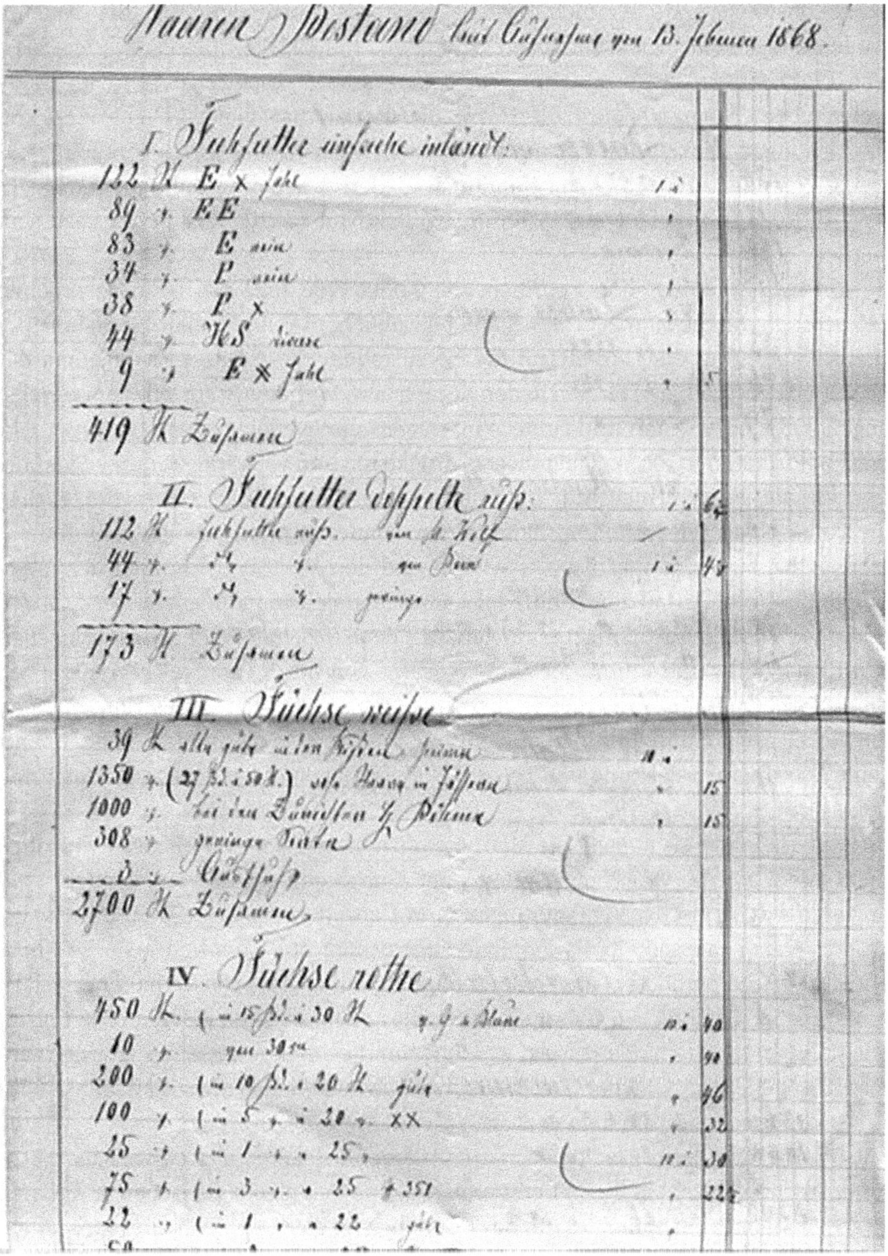

Abb. 2.6: Hauptbuch des Leipziger Rauchwarenhändlers Soter Keskari (1868).

Der evolutorische Ansatz versteht Firmen als Lebewesen, die über spezifische, für ihre Existenz grundlegende Informationen verfügen. Routinen, d. h. regelmäßige

Verhaltensweisen, denen nicht jeweils bewusste Entscheidungen der Akteure vorausgehen, sind gleichsam vorprogrammiert. Ein Großteil dieses Wissens lässt sich nicht einmal ausformulieren (*tacit knowledge*), geschweige denn an Dritte weitergeben. Niemand kann die Harmonie eines eingespielten Orchesters oder die Leistungsfähigkeit eines sich blind verstehenden Fußballteams wirklich erfassen, das Erfolgsrezept in einem Handbuch niederschreiben und darauf vertrauen, dass Dritte jemals zur Reproduktion der kollektiven Fähigkeiten in der Lage sein werden.

Unbewusst ablaufende Routinen von Kollektiven und das unausgesprochen Selbstverständliche sind zentral für alle betrieblichen Abläufe, aber keinesfalls per Dienstverordnung oder Arbeitsvertrag herzustellen. Sie werden als Ergebnis der Evolution der jeweiligen Firmen in den Köpfen bzw. Verhaltensmustern der Betriebsangehörigen gespeichert und zumeist qua Vererbung weitergegeben. Die Unternehmenskultur fungiert als Speicher dieser Fähigkeiten und verstärkt sie durch Symbole und Rituale. Es geht nicht nur um Spezialisierungsvorteile und Lerneffekte, d. h. die Vorzüge von Wiederholungshandlungen, sondern um das „Herz des Unternehmens", das aus dem spezifischen Wissen und den Verhaltensroutinen der Angehörigen besteht. Ansonsten könnte man Firmen gleichsam klonen. Dieses Konzept erklärt, warum die Diversifikation in gänzlich neue Geschäftsfelder einen kritischen Schritt darstellt, und knüpft an ältere Ansätze von *Edith Penrose* (1914–1996) an, die Unternehmen als Pool spezifischer Ressourcen definierte. Jedes Unternehmen entwickelt Regeln und Routinen, die mitunter gar nicht ausformuliert sind, aber für seine Koordinationsleistung und Leistungsfähigkeit von entscheidender Bedeutung sind.

Unternehmen als angepasste Mikroorganismen können und dürfen sich jedoch nicht allein auf die Vererbung vorhandener Kompetenzen verlassen, sondern sind angesichts dynamischer Veränderungen ihrer Umwelt einem Anpassungsdruck ausgesetzt. Daher müssen sie als lernende Organismen qua Mutation neue Routinen entwickeln und permanent die Funktionalität der Vererbung von Verhaltensmustern hinterfragen. Entsprechen die alten Routinen noch den aktuellen Anforderungen, oder müssen sie durch neue ersetzt werden? Nur die anpassungsfähigsten Unternehmen überstehen die Selektion. Der Wettbewerb entspricht also dem Überlebenskampf in der biologischen Evolution.

Der Nachteil dieser Analogie zur „natürlichen Selektion" der darwinschen Evolutionstheorie besteht in ihrem Determinismus und den mechanistischen Prämissen. Es scheint immer ein optimales, für das Überleben im Wettbewerb überlegenes Vorgehen zu existieren. Umweltsignale rufen angeblich genau eine vorhersagbare Anpassungsreaktion hervor. Es gibt eindeutige Signale und ebenso eindeutige Reaktionen. In der realen Welt existieren aber uneindeutige Signale und verschiedene Wege zum Erfolg. Würde das Prinzip des „survival of the fittest company" gelten, wäre die Mehrzahl der empirisch existierenden, suboptimal funktionierenden Unternehmen längst untergegangen.

2.2.8 Kontingenztheorie – situative Ansätze

Ohne biologische Analogien gelangt die *Kontingenztheorie* zu ähnlichen Aussagen, nämlich zur Abhängigkeit (Kontingenz) des unternehmerischen Handelns von externen und internen Kontexten. Man spricht auch von *situativen Ansätzen*. Sie weisen auf die ständige Veränderung der Umwelt hin und auf die Notwendigkeit zur Anpassung der Unternehmen. Vergrößert sich der Markt durch den Wegfall von Zollschranken oder Transportinnovationen, kann es sinnvoll sein, zu expandieren, Filialen zu eröffnen und den zusätzlichen Ausstoß in bislang nicht bearbeiteten Regionen anzubieten. Andere situative Faktoren können im Unternehmen selbst liegen, etwa die Qualifikation der Mitarbeiter, die eingesetzte Technologie oder die vorherrschende Unternehmenskultur.

Jedoch greift auch bei der Kontingenztheorie die Kritik, dass die Beziehung zwischen Umwelt und Unternehmen nicht einseitig ausfällt und unternehmerisches Handeln mehr als eine bloße Reaktion auf vorgegebene Signale ist. Vielmehr können Unternehmen auf die Ausgestaltung ihrer Umwelt aktiv Einfluss nehmen und auf bestimmte Herausforderungen mit unterschiedlichen Antworten reagieren, von denen jede für sich adäquat ist. Neuere Ansätze konzedieren die Existenz von Handlungsspielräumen, die bestimmte situative und kontextuale Konfigurationen eröffnen. Nicht alles ist möglich, aber es ist auch nicht alles festgelegt. Innerhalb einer durch die situativen Faktoren limitierten Bandbreite bestehen diverse Optionen. Strukturen (Umweltbedingungen), so der Soziologe *Anthony Giddens* (geb. 1938), haben zugleich ermöglichende (*enabling*) und begrenzende (*constraining*) Qualitäten.

2.2.9 Koalitionstheorie

Die Koalitionstheorie beschreibt das Unternehmen als Kollektiv individueller Akteure. *Richard M. Cyert* (1921–1998) und *James G. March* (geb. 1928) definieren das Unternehmen im Gegensatz zur Institutionenökonomie nicht als Effizienzmaschine und anders als Weber nicht als Ort von Rationalität. Vielmehr ist es eine Arena von Zielkonflikten, in der Akteure divergierende Interessen verfolgen. Obwohl Manager, Kapitaleigner und Arbeiter ganz andere Präferenzen besitzen, kooperieren sie miteinander, denn mit ihrem Unternehmen geht es allen besser als ohne. Das Unternehmen ist nach Cyert und March eine Koalition verschiedener Interessengruppen.

Eine Harmonisierung oder Angleichung der Ziele gelingt, da ein Mitglied der Koalition, zumeist der Unternehmer, ein Ziel vorgibt und dann alle anderen von der Vorteilhaftigkeit dieser Zielsetzung überzeugt. Es kommt zu Verhandlungen, die durch Prämien, aber auch Zwangsmaßnahmen beeinflusst werden. Im schlechtesten Fall zerbricht die Organisation durch Streiks, Aussperrungen oder Forderungen frustrierter Gläubiger. Im positiven Fall führen die Verhandlungen zu stabilen Zuständen, in denen es alle Koalitionäre als vorteilhaft erachten, Vereinbarungen einzuhalten.

In diesem Fall kann die Koalition nach außen als Einheit auftreten. Verändern sich Grundlagen durch einen Wandel der Umwelt, müssen Ziele und Kompromisse neu ausgehandelt werden.

Die Koalitionstheorie ist insofern realistisch, als der Konsens keineswegs selbstverständlich ist. Es gibt zahlreiche Beispiele dafür, dass kompromissunfähige Akteure durch Arbeitskämpfe oder überhöhte Ausschüttungen zugunsten der Kapitaleigner Unternehmen zerstört haben. Die Koalitionstheorie betont die Gestaltungs- und Koordinationsprobleme unter Bedingungen entgegengesetzter Interessen. Gleichwohl muss am Ende die Handlungsfähigkeit der Gesamtorganisation gewährleistet sein. Kritisch anzumerken ist, dass die Annahme relativ gleichgestellter Koalitionäre wirklichkeitsfremd ist. In der Realität verfügen sie über sehr unterschiedliche Machtressourcen.

Abb. 2.7: Stakeholder der Unternehmung.

Die Koalitionstheorie erweitert im Gegensatz zu Evolutionsökonomie und Kontingenztheorie die Mitglieder der Organisation über die Firmenangehörigen im engeren Sinn hinaus, denn auch externe Akteure greifen direkt in das firmeninterne Geschehen ein. Die Regierung lässt eine geplante Fusion scheitern. Die Banken verweigern Kredite. Kunden und Lieferanten wenden sich von dem Unternehmen ab oder bleiben eng mit ihm verbunden. Umweltschutz- und Verbraucherverbände organisieren einen Boykott, Gewerkschaften einen Streik, usw. Zwischen Unternehmen und Umwelt bestehen fließende Grenzen. *R. Edward Freeman* (geb. 1951) führte 1978 den Begriff „Stakeholder" ein, um den Managern klarzumachen, welchen Gruppen sie neben Aktionären, Kunden und Mitarbeitern ihre Aufmerksamkeit widmen müssen (siehe Abbildung 2.7). Freeman definiert Stakeholder als Individuen und Gruppen, die Einfluss auf die Ziele und die Zielerreichung eines Unternehmens besitzen bzw. von beidem betroffen sind.

Zieht man den Kreis der Stakeholder so weit und definiert das Unternehmen als offenes System, stellt sich die Konsensfindung als schwieriger Balanceakt dar. Zudem werden die Aufgaben des Managements sehr breit gefasst. Sie reichen vom Marketing bis zur Politik, von der Mitarbeiterführung bis zur Imagepflege gegenüber der Öffentlichkeit. Eine stabile Koalition kann nur gelingen, wenn die Anreize der Stakeholder zur Kooperation größer sind als die dafür von ihnen zu erbringenden Beiträge, was idealistisch gedacht sein mag. Allerdings ist es durchaus realistisch, von der Relevanz vieler verschiedener Akteure auszugehen. Ohne Arrangements, die Interessenkollisionen berücksichtigen und einen Minimalkonsens herstellen, kann das Unternehmen auf Dauer nicht überleben. Es geht in Unternehmen nicht nur um die Suche nach einer effizienten Organisationsmatrix, sondern auch um die Konstruktion sozialer Stabilität. Es bedarf besonderer Anstrengungen, damit sich die Stakeholder nicht gegenseitig blockieren.

Das Unternehmen als Austragungsort mikropolitischer Interaktion

„In Organisationen tobt das Leben. Weit von jenen anämischen [blutarmen, Anm. d. Verf.] Gebilden entfernt, die [...] unter den Namen ‚Organisationsstruktur' ihr schattenhaftes Dasein fristen [...], sind sie in Wirklichkeit Arenen heftiger Kämpfe, heimlicher Mauscheleien und gefährlicher Spiele mit wechselnden Spielern, Strategien, Regeln und Fronten. Der Leim, der sie zusammenhält, besteht aus partiellen Interessenkonvergenzen, Bündnissen und Koalitionen, aus side payments und Beiseitegeschafftem, aus Kollaboration und auch aus Résistance [...]

Die Machiavelli der Organisation sind umringt von Bremsern und Treibern, change agents und Agenten des ewig Gestrigen, Märtyrern und Parasiten, grauen Eminenzen, leidenschaftlichen Spielern und gewieften Taktikern: Mikropolitiker allesamt. Sie zahlen Preise und stellen Weichen, errichten Blockaden oder springen auf Züge, geraten aufs Abstellgleis oder fallen die Treppe hinauf, gehen in Deckung oder seilen sich ab, verteilen Schwarze Peter und holen Verstärkung [...] Daß es ihnen um die Sache nicht ginge, läßt sich nicht behaupten; aber immer läuft mit: der Kampf um Positionen und Besitzstände, Ressourcen und Karrieren, Einfluß und Macht."

(Willy Küpper u. Günther Ortmann, Mikropolitik – Das Handeln der Akteure und die Zwänge der Systeme, in: dies. (Hg.), Mikropolitik. Rationalität, Macht und Spiele in Organisationen, 2. Aufl., Opladen 1992, S. 7.)

Zentrale Themen der Unternehmensgeschichte sind demnach Allianzen und Rivalitäten, Machtausübung und Aushandlungsprozesse, Konflikte und deren Überführung in tragfähige Kompromisse. Damit wären Kernbereiche dessen benannt, was die Industriesoziologie unter dem Stichwort „Mikropolitik" diskutiert. Das Unternehmen ist aus dieser Perspektive ein machtdurchwirkter, von Interessendivergenzen bestimmter Komplex von Kooperations-, Kommunikations- und Herrschaftsbeziehungen, in dem sowohl formalisierte als auch informelle Verhandlungen und Verteilungskämpfe stattfinden. Entscheidend sind dabei nicht die Organisationsstrukturen, sondern die Handlungsmuster von Individuen und Gruppen in „mikropolitischen Dschungelkämpfen". Diese nutzen dabei nicht nur die in gegebenen Strukturen stets vorhandenen Spielräume, sondern verändern auch die Strukturen performativ (im Prozess).

2.2.10 Systemtheorie

An die Koalitionstheorie grenzen *systemtheoretische Ansätze* an, wie sie praxisnah von der St. Gallener Management-Schule und theoretisch von *Niklas Luhmann* (1927–1998) entwickelt worden sind. Sie orientierten sich ursprünglich an der Kybernetik, der aus der Biologie stammenden Lehre der Steuerung von Systemen. Diese Denkschule betrachtete das Unternehmen als ein aus vielen Einzelteilen bestehendes Sozialsystem, die durch Wirkungsketten und Regelkreise miteinander verbunden sind. Durch Soll-Ist-Vergleiche und Rückkopplungen erzeuge das System selbst Stabilität. Wie bei einer Heizungsanlage, deren Thermostat eine zu geringe Temperatur meldet und automatisch die Überprüfung der Ventile anordnet, lösen Störungsmeldungen festgelegte Prozeduren der Mängelbeseitigung aus. In anderen Worten, die Komplexität des Unternehmens schien gleichsam wie von einem Steuerpult aus beherrschbar zu sein. In solchen perfekten Input-Output-Maschinen kam der Mensch allenfalls als Störfaktor vor.

Dieses mechanistische Konzept verschwand seit den 1960er-Jahren zugunsten weitaus vielschichtigerer Vorstellungen. Systeme wurden nun als wandelbar, lernfähig und durchaus auch als instabil modelliert. An die Stelle von linearen Kausalketten und zentralen Steuereinheiten traten nun hochkomplexe Modelle. Indirekte interne und aus der Umwelt einfließende externe Effekte fanden Berücksichtigung. Nach *Fredmund Malik* (geb. 1944) ist das „Lenken eines Gesamtsystems" weder „ein wirtschaftliches noch ein technisches noch ein psychologisches [...] Problem. Es ist all das zusammen [...]" Die Ausgestaltung des Systems ist keineswegs die alleinige Aufgabe des Managements, sondern aller Firmenangehörigen.

Weiterhin wurde zwar die Selbstregelungsdynamik von Organisationen betont, nun aber ihre Steuerbarkeit von oben nach unten bestritten. Daher standen fortan auch nicht die formalen Organisationsstrukturen im Vordergrund, sondern die Interaktion und Kommunikation aller Akteure. Die jeweiligen Gruppen und Individuen verfügen über je eigene Ziele und Ressourcen. Analog zur Koalitionstheorie besitzt die Firmenspitze nicht die Möglichkeit zu Alleingängen. Der Begriff „systemisch" meint die gegenseitige Abhängigkeit aller Gruppen im Unternehmen, die autoritäre Weisungen ebenso problematisch macht wie langfristige Planungen. Neben Umweltveränderungen ist mit schwer zu kalkulierenden internen Situationsdynamiken zu rechnen.

Von einer stärker der soziologischen Theorie als der Managementpraxis verpflichteten Warte aus stellte auch Luhmann fest, dass Systeme nicht per se stabil sind, sondern eher zu existenzgefährdender Instabilität neigen. Erster und zentraler Schritt ihrer Stabilisierung ist die Definition einer eindeutigen „Innen/Außen-Differenz". Durch die Grenzziehung zwischen dem System und seiner Umwelt, zwischen Mitgliedern und Außenstehenden gewinnt es an Identität. Die selbst vorgenommene Demarkation eigenen Terrains dient der Reduktion von Komplexität, die in der Umwelt ein nicht zu bewältigendes Ausmaß erreicht. Die dort vorhandene, schier überbordende

Fülle der Möglichkeiten und Sichtweisen, letztlich die Angst vor Chaos und völliger Orientierungslosigkeit, schafft das Bedürfnis nach Entlastung durch Institutionen. Deren Grenzen und Strukturen dienen dazu, die Komplexität der Welt so weit herunterzufahren, dass man sie bewältigen kann. Obwohl die Organisation selbst auch eine gewisse Komplexität gewinnt, gründet sich ihre Identität und Vitalität auf dem Komplexitätsgefälle gegenüber der Umwelt. Unternehmen sind demnach „Inseln geringerer Komplexität" in einem Meer grenzenloser Unüberschaubarkeit und Unsicherheit. Systeme arbeiten die Komplexität der Umwelt klein und überführen sie auf fünf Arten in handhabbare, gleichsam domestizierte Realitäten.

1. *Subjektivierung*. Es findet eine Übersetzung der Phänomene der Umwelt in die Binnenlogik des Systems statt. Die Außenwelt wird gleichsam durch einen speziellen Filter wahrgenommen. Viele Erscheinungen werden als belanglos aussortiert und nicht weiter beachtet, andere auf systemrelevante Merkmale reduziert. Das System selektiert die Realität durch ein selbstentworfenes Raster und erzeugt so eine gewisse Ordnung, nämlich seine Lesart der Welt. Konsumgüterproduzenten befassen sich nicht mit allen Details postmoderner Lebensstile, sondern konzentrieren sich auf deren marktrelevante Auswirkungen. Nicht die Umwelt bestimmt das Handeln der Organisation, sondern die Vorstellungen der Organisation von der Umwelt. Sinnzuschreibungen und Deutungsmuster sind entscheidend.

2. *Institutionalisierung*. Bestimmte Handlungsmuster werden festgeschrieben, andere ausgeschlossen. Organisationscharts, Stellenpläne, Informationswege und Entscheidungsregeln strukturieren den Prozess der Absorption von Komplexität. Zugleich bilden sich für alle Prozesse Routinen aus, zu denen es keine Alternativen gibt. Die Beobachtung des Marktes wird einer Abteilung zugeschrieben, die diese Aufgabe mit bestimmten methodischen Verfahren erfüllt. Damit stülpt das System der Umwelt ein ordnungsstiftendes Schema über, verliert aber durch diese Festlegung zugleich Flexibilität und alternative Zugänge.

3. *Umweltdifferenzierung*. Man konzentriert sich auf bzw. kreiert Subumwelten und blendet andere Bereiche der Realität aus. Die Umwelt wird etwa in Beschaffungs-, Absatz-, Personal- und Finanzmärkte unterteilt. Dieser Ansatz erzeugt eine gewisse Übersichtlichkeit und erlaubt es, einer Vielzahl von Umweltbedingungen, die nicht diesen Kategorien zuzuordnen sind, indifferent gegenüberzutreten. Es handelt sich letztlich bloß um eine Redefinition der Umwelt, um einen Kunstgriff zur Absorption von Komplexität. Es mag ein Unternehmen durchaus entlasten, politisch-moralische Überlegungen bei Geschäften mit Diktatoren auszublenden oder ökologische Fragestellungen zu ignorieren. Auf lange Sicht kann sich aber solch eine verkürzte Sichtweise rächen, wenn Imageschäden und Boykottdrohungen auftauchen.

4. *Innendifferenzierung*. Es entstehen Subsysteme für bestimmte Funktionen, die Spezialisierungsvorteile und eine höhere Lern- und Anpassungsfähigkeit besitzen. Ein Unternehmen gründet etwa Abteilungen für Ein- und Verkauf, Rechnungs- und Personalwesen, die jeweils dazu neigen, das gesamte System von

ihrer eigenen Warte aus zu definieren, zugleich aber die anderen Teilsysteme und das Gesamtsystem entlasten. Die Kapazität für die Umwandlung externer, also unbeherrschbarer Komplexität in interne und damit beherrschbare Komplexität steigt. Allerdings erhöhen sich die Anforderungen an die Koordinierungs- und Kommunikationsleistung des Gesamtsystems.

5. *Flexibilisierung der Systemstrukturen.* Es kann geboten sein, die Strukturen des Systems elastisch zu halten und ihnen je nach Bedarf unterschiedliche Formen zu geben, etwa durch die kurzfristige Bildung von Projektgruppen. Entscheidend ist dabei, dass über die Unbestimmtheit der Systemstrukturen nicht die Handlungs-fähigkeit des Systems und seine Grenzziehung gegenüber der Umwelt verloren gehen. Ein Unternehmen, das nur noch aus flexiblen, sich temporär zusammen-findenden Ad-hoc-Gruppen besteht, hat u. U. keinen Zusammenhalt mehr und kann keine gemeinsamen Relevanzkriterien für die Reduktion von Komplexität benennen.

Die neuere Systemtheorie betont, dass es sich bei all diesen Vorgängen um Leistun-gen handelt, die das System selbst erbringt. Alle Systemoperationen beziehen sich auf früher getroffene Entscheidungen etwa über Ziele und Grenzen des Systems, über Relevanzraster, Organisationsstrukturen und Prozessroutinen. Das System ist daher selbstreferenziell, verweist ständig auf sich selbst. Da es anfangs auf keine vorge-fundenen Schablonen zurückgreifen kann, muss es sich selbst konstruieren. Es ist buchstäblich seine eigene Erfindung. Die Gründung eines Unternehmens erfordert die Entwicklung spezifischer Strukturen und Wahrnehmungsmuster.

Die Systemtheorie knüpft direkt an die biologische Theorie der Autopoiesis an, die das Leben als einen sich selbsterzeugenden und selbsterhaltenden Ordnungs-prozess begreift. Geschlossene, rekursive Systeme bestehen aus Einheiten, die durch ihre Interaktion das System erst erschaffen. Daneben gibt es Berührungspunkte zur konstruktivistischen Wissenssoziologie, die sich von der Vorstellung objektiver Realitäten verabschiedet hat und die subjektive Konstruktionsleistung der Akteure betont. Sinn und Wesen einer Organisation sind keine vorgegebenen Größen, sondern Ergebnisse eines Selbstentwurfs. Unternehmen sind demnach selbst erzeugte Hand-lungs- und Deutungsgemeinschaften, mithin soziale Konstrukte, deren Mitglieder gemeinsame Sinnhorizonte und Wahrnehmungsmuster, Strukturen und Routinen entwickeln.

2.2.11 Resümee – über den Stellenwert der Theorie

Wer am Ende dieses Durchgangs durch die Unternehmenstheorie eine autorita-tive Empfehlung für diesen oder jenen Ansatz erwartet, wird enttäuscht. Es gibt keine allgemeingültige, nicht einmal eine beste Theorie. Vielmehr haben wir es mit unterschiedlichen Angeboten und deren jeweiligen Vor- und Nachteilen zu tun. Sie sind je nach Bedarf und Fragestellung einsetzbar, mitunter auch kombinierbar. Ihre Aufgabe ist es nicht, bestimmte Ansätze zum Dogma zu erheben, sondern sie besitzen eine heuristische, forschungspragmatische Funktion. Die Theorieangebote sollen keine abschließenden Weisheiten verkünden, sondern Zugänge zur Empirie eröffnen, die ansonsten verstellt wären. Sie liefern mit ihren Begriffen und Konzepten erst die Instrumente, die scharf genug sind, um den Untersuchungsgegenstand analysierbar zu machen. Sie stellen idealtypische Modelle und Kategorien bereit, die zwar nicht der Realität entsprechen, aber doch nützliche Orientierungsmarken sind. Der Erkenntnisfortschritt stellt sich gerade beim Ausloten der Differenz von empirischem Befund und theoretischer Annahme ein.

Max Webers idealtypische Methode

„Der erheblichste Irrtum, in den manche […] Historiker noch immer verfallen, liegt darin ‚daß die Komplexität' und die ‚Flüssigkeit' der historischen Erscheinungen die Verwendung fester und präziser Begriffe nicht zulasse. […] Aber diese ungegliederte Mannigfaltigkeit der Fakta beweist doch nicht, daß wir unscharfe Begriffe bilden sollen, sondern umgekehrt: daß scharfe (‚idealtypische') Begriffe richtig angewendet werden müssen, nicht als Schema zur Vergewaltigung des historisch Gegebenen, sondern um den […] Charakter einer Erscheinung mit ihrer Hilfe dahin bestimmen zu können: inwieweit sie sich dem einen oder anderen Idealtypus annähert."

(Max Weber, Gesammelte Aufsätze zur Sozial- und Wirtschaftsgeschichte, Tübingen 1924, S. 280.)

Der alte historistische Standardeinwand gegen theoriegeleitetes Arbeiten lautet, dass es die Individualität der historischen Phänomene verbiete, generalisierende Begriffe und Konzepte zu verwenden. In Anlehnung an *Leopold von Ranke* (1795–1886) hieße es dann: „Jedes Unternehmen ist unmittelbar zu Gott", mithin so einmalig, dass man es nicht mit allgemeinen Kategorien, sondern nur als Unikat beschreiben kann. Tatsächlich ist kein Unternehmen genau wie ein anderes. Allerdings erschließt sich auch keine Unternehmensgeschichte von selbst. Um historische Quellen zum Sprechen zu bringen, sind Leitfragen zu stellen, die sich beim Studium anderer Fälle, allgemeiner Thesen und theoretischer Positionen entwickeln lassen. Man sollte also vor dem Einstieg in ein neues Thema den Forschungsstand und die einschlägigen Theorieangebote kennen.

Die Theorie darf keineswegs mit dem empirischen Befund verwechselt werden. Sie ist ein Hilfsmittel, ein Katalysator, der zur Empirie hinzugegeben werden muss, um wie im naturwissenschaftlichen Experiment Reaktionen auszulösen, d. h. den Blick für spannende Fragestellungen zu schärfen und den Quellen relevante Antworten zu entlocken. Da die Erkenntnisinteressen und Perspektiven (unternehmens-) historischen Arbeitens vielfältig sind, kann es auch keinen theoretischen Königsweg geben, sondern nur einen eklektischen Zugriff, der je nach Bedarf geeignete Theorieangebote einbezieht. Die Stärken und Schwächen der unterschiedlichen Unternehmenstheorien wurden bereits angesprochen. Deren Konzepte werden im weiteren Verlauf des Buches immer wieder aufgegriffen. Der im folgenden Kapitel angesprochene Wandel der Unternehmensstrukturen lässt sich z. B. ohne Rekurs auf die Transaktionskostentheorie nicht verstehen. Trotzdem vermag es eine institutionenökonomische Analyse allein nicht, die historische Komplexität der Organisationsentwicklung großer Unternehmen angemessen zu erfassen.

Weiterführende Literatur

Dunn, Malcom H., Die Unternehmung als ein soziales System. Ein sozialwissenschaftlicher Beitrag zur Neuen Mikroökonomie, Berlin 1998, S. 58–61.

Staehle, Wolfgang H., Management. Eine verhaltenswissenschaftliche Perspektive, 4. Aufl., München 1989, S. 21–64.

Schreyögg, Georg, Organisation. Grundlagen moderner Organisationsgestaltung, 4. Aufl. Wiesbaden 2006, S. 27–104.

Richter, Rudolf u. Furubotn, Eirik G., Neue Institutionenökonomie. Eine Einführung und kritische Würdigung, 3. Aufl., Tübingen 2003, S. 393–510.

Erlei, Mathias u. a., Neue Institutionen-Ökonomik, 2. Aufl., Stuttgart 2007, S. 69–245.

Kieser, Alfred, Erklären die Theorie der Verfügungsrechte und der Transaktionskostenansatz historischen Wandel von Institutionen?, in: Dietrich Budäus u. a. (Hg.), Betriebswirtschaftslehre und Theorie der Verfügungsrechte, Wiesbaden 1988, S. 301–323.

Kneer, Georg u. Nassehi, Armin, Niklas Luhmanns Theorie sozialer Systeme, 4. Aufl., München 2000.

Berghoff, Hartmut, Transaktionskosten: Generalschlüssel zum Verständnis langfristiger Unternehmensentwicklung? Zum Verhältnis von Neuer Institutionenökonomie und moderner Unternehmensgeschichte, in: Jahrbuch für Wirtschaftsgeschichte 1999/2, S. 159–176.

Langlois, Richard N. u. Robertson, Paul L., Firms, Markets and Economic Change. A Dynamic Theory of Business Institutions, London 1995, S. 7–17.

Nelson, Richard u. Winter, Sidney, An Evolutionary Theory of Economic Change, Cambridge/Mass. 1982, S. 51–136.

Neus, Werner, Einführung in die Betriebswirtschaftslehre aus institutionenökonomischer Sicht, 5. Aufl., Tübingen 2007, S. 89–141.

3 Unternehmensstrukturen im historischen Wandel

Alfred D. Chandler (1918–2007), der lange an der Harvard Business School gelehrt hat, ist der wohl bekannteste und einflussreichste Unternehmenshistoriker überhaupt. Sein seit 1962 in 20 Auflagen erschienenes erstes Großwerk „Strategy and Structure" markierte für das Fach einen Durchbruch. Chandler befasste sich nicht mehr ausschließlich mit einzelnen Firmen, sondern suchte nach allgemeinen Entwicklungsmustern. Dabei setzte er sich über etablierte Sichtweisen hinweg. Er beschrieb Unternehmen nicht mehr als Schöpfung genialer Persönlichkeiten, sondern konzentrierte sich auf ihr Organisationsdesign. Er definierte Firmen nicht mehr neoklassisch als technische Systeme, sondern analog zur Kontingenztheorie als organisatorische Antworten auf Chancen und Herausforderungen einer sich verändernden Umwelt. Mit der Industrialisierung ergab sich in immer mehr Branchen ein Zwang zur Größe, sodass Großunternehmen mit Zehntausenden Mitarbeitern entstanden, was die Konturen der Wirtschaft insgesamt veränderte. Insofern hat Chandler mit den Großunternehmen in der Tat ein zentrales Thema der modernen Industriegeschichte analysiert. Da er zudem beanspruchte, allgemeine Muster der Unternehmensentwicklung gefunden zu haben, stießen seine Arbeiten über Fächer- und Ländergrenzen hinweg auf großes Interesse.

3.1 Vom Kleinbetrieb zum Großunternehmen

3.1.1 Vom Start-up zur vertikalen Integration

Chandler lässt seine Ausführungen vor dem Durchbruch der amerikanischen Industrialisierung beginnen. Die „market-cum-technological environment" bot um 1840 folgendes Bild: Die meisten Märkte besaßen noch eine überschaubare Größe. Der Transport von Waren mit Fuhrwerken über schlecht befestigte Straßen war zu mühsam und teuer für überregionale Marktstrukturen. Vieles wurde von den Konsumenten noch selbst hergestellt oder bei benachbarten Handwerkern gekauft. Auch die verfügbare Produktionstechnologie limitierte die ökonomisch sinnvolle Firmengröße. Abgesehen von der Textil- und der Waffenindustrie ergab es in den meisten Branchen einfach keinen Sinn, größere Einheiten zu bilden.

Kleine Betriebe entsprachen um 1840 den vorherrschenden Umweltbedingungen traditioneller Techniken und einer weitgehend fragmentierten Volkswirtschaft. Es dominierten Firmen mit weniger als 50 Beschäftigten, deren Hauptenergiequellen Muskel-, Wind- oder Wasserkraft waren. Individuen oder einige Partner betrieben zumeist Einproduktunternehmen. Sie bzw. ihre Familien stellten das Kapital und in der unsicheren Gründungsphase oft auch die Arbeit zur Verfügung. Der Eigentümerunternehmer kümmerte sich um alles. Sofern es Mitarbeiter gab, arbeitete er Seite an Seite mit ihnen. Er verhandelte mit Lieferanten und Kunden, machte die Buchhaltung und betrieb die Produktentwicklung. Die drei grundsätzlich zu unterscheidenden Managementebenen fielen in seiner Person noch zusammen: 1. die strategische, auf der über Grundsatzfragen entschieden wird. Welche Produkte werden angeboten, welche Märkte bearbeitet? 2. Die funktionale Ebene führt einzelne übergreifende Aufgaben wie Verkauf oder Beschaffung aus. 3. Die operative Ebene widmet sich der Produkterstellung und der Distribution.

Der nächste Schritt der Unternehmensentwicklung bestand in einer funktionalen Differenzierung, d. h. der Eigentümer delegierte bestimmte Aufgaben. Leitende Angestellte waren jetzt für die Buchführung und Betriebsleitung, den Einkauf oder Verkauf zuständig. Auch auf der operativen Ebene bildeten sich verschiedene Abteilungen und eine Hierarchie mit Vorarbeitern oder Meistern aus (siehe Abbildung 3.1). Das Unternehmen gewann nun eine Struktur, die es tendenziell von der Person des Eigentümers unabhängig machte. Die Organisation gewann ein Eigenleben und konnte somit auch nach dem Tod des Gründers weiterexistieren.

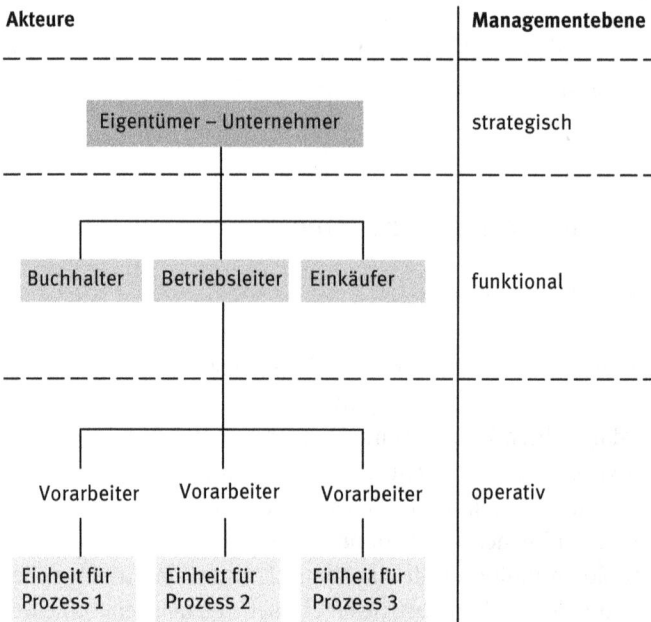

Abb. 3.1: Die Organisationsstruktur eines mittelgroßen Familienunternehmens.

Nach 1840 veränderten sich die Umweltbedingungen von Grund auf. Im Zuge der amerikanischen Industrialisierung kam es zu einer Transport-, Kommunikations- und Produktionsrevolution. Eisenbahn, Dampfschifffahrt und Telegrafie schufen die Voraussetzungen für die Herausbildung eines nationalen Marktes, den Millionen Einwanderer zudem ständig vergrößerten. Neue Massenproduktionstechnologien eröffneten den Firmen gewaltige Innovationschancen. Preiswerte Produkte konnten jetzt erstmals landesweit angeboten werden. Transportkosten und -zeiten schmolzen zusammen.

Viele Firmen reagierten auf diese Chancen mit dem Ausbau ihrer Kapazitäten. Sie wurden von regionalen zu nationalen Anbietern, von kleinen zu großen Unternehmen. In diesem Wachstumsprozess stellten sie sich schon bald die Grundfrage der Transaktionskostenökonomie: „Make or buy?" Sollten sie bei steil ansteigenden Umsätzen ihre Vorprodukte auf dem Markt kaufen oder sie selbst herstellen? Konnten sie sich noch auf die alten Absatzkanäle, d. h. den Groß- und Einzelhandel, verlassen, oder sollten sie eigene Distributionssysteme aufbauen?

Die Antwort lautete seit 1870 zunehmend, dass die Integration zentraler, unmittelbar vor- und nachgelagerter Aktivitäten sinnvoll war. Das rasch wachsende Geschäftsaufkommen erforderte eine stetige Neuanpassung der Beschaffungs-, Produktions- und Absatzkapazitäten. Die Stahlindustrie verschlang ungeheure Mengen an Kohle und Erzen, weshalb sich alle großen Hütten eigene Gruben zulegten, um den Markt- und Preisschwankungen zu entgehen und nicht durch Lieferengpässe gelähmt zu werden.

Rockefellers Standard Oil war ursprünglich nur eine Raffinerie, die Rohöl verarbeitete. Die Kosten einer Raffinerie steigen dramatisch, wenn sie nicht ihre volle Kapazität ausnutzt. Um den kontinuierlichen Zufluss an Rohöl sicherzustellen, stieg Standard in die Ölförderung ein. Als man im Ersten Weltkrieg auf immer größere Schwierigkeiten stieß, genügend Tankschiffe einzuchartern, kaufte Standard eigene Schiffe. Großanbieter von Lebensmitteln, etwa Fleischfabriken oder Obstgroßhändler, hatten ein ernstes Problem, wenn der Zwischenhandel ihre Ware nicht schnell genug in die Geschäfte brachte und die Nahrungsmittel verdarben. Auch überforderte viele Händler die Investition in die neue Kühltechnik, sodass die Produzenten eigene Kühlketten und Logistiknetze aufbauen mussten.

Die Folgen einer technischen Innovation: American Tobacco
Seit 1881 ermöglichte die neu erfundene Bonsack-Maschine die fabrikmäßige Produktion von Zigaretten. Bisher musste man sie von Hand drehen. Eine Spitzenkraft schaffte 3.000 pro Tag. Die Bonsack-Maschine kam aber um 1890 auf 120.000 pro Tag. James Duke erkannte als erster das kommerzielle Potenzial dieser Innovation und dominierte mit seiner Firma American Tobacco (später DAT: Dritish American Tobacco) innerhalb weniger Jahre den US-Markt. Er musste aber mehr als nur eine überlegene Technik ausspielen. Vielmehr benötigte er eine entsprechende Absatzorganisation. Denn der traditionelle Einzelhandel war zu langsam, um den Output der Bonsack-Maschinen effektiv zu verteilen. Auch hatte sich die Zigarette noch nicht gegenüber dem Kautabak und der Pfeife durchgesetzt, sodass massive Werbung nötig war, was Kramladen und Kiosk überforderte.

Daher baute Duke eine eigene Marketingorganisation auf, die dem Produktionsvolumen gewachsen war. Damit hatte man ein Problem gelöst. Was passierte aber, wenn Duke nicht genug Tabak bekam oder dieser nicht den Qualitätsanforderungen entsprach? Diese Unsicherheit wurde durch die Gründung von Einkaufbüros, Trockenhallen und Lagerhäusern in den Anbaugebieten verringert. Erst diese vertikale Integration gewährleistete den kontinuierlichen und schnellen Durchlauf durch die Wertschöpfungskette.

Extensives Wachstum erforderte ein hohes, gleichmäßiges Tempo in allen Teilen der Wertschöpfungskette einschließlich der Schnittstellen zur Außenwelt. Dieser „Hochgeschwindigkeitsdurchsatz" ließ sich aber oft nur durch die Internalisierung der Prozesse erreichen, denn ihre Synchronisierung misslang oft oder wurde sehr teuer, wenn man sich auf unabhängige Partner, d. h. auf den Markt, verließ. Technisch gesprochen kam es zu Marktversagen.

Diese Überlegungen lassen sich gut anhand von Williamsons Schema nachvollziehen (siehe Tabelle 2.3). In allen genannten Beispielen war die Tauschfrequenz hoch. Insofern ist eine Bedingung für die Integration erfüllt. Die Faktorspezifität variierte von Branche zu Branche. Bei der Kohle war sie gering, beim Tabak und Öl dagegen hoch, da hier besondere Qualitätsnormen erreicht werden mussten. Daher entschied man sich für eine vertikale, rückwärtsgerichtete Integration, d. h. für den Kauf von Lieferanten. Der Grund lag in der hohen Abhängigkeit von einer gesicherten, pünktlichen und preiswerten Bereitstellung zentraler Inputs. Bei der vorwärtsgerichteten Integration musste ein Abfluss der Waren sichergestellt werden, der dem Tempo der Massenproduktion, genauer, ihrem technischen Optimum, entsprach. Auf diese Weise entstanden die ersten Großunternehmen, die 10.000 und mehr Menschen beschäftigten.

3.1.2 Aufbau zentralisierter, funktional differenzierter Strukturen

Die Organisation der Firmen hielt aber mit ihrem Wachstum nicht Schritt. Die Entscheidungsträger waren zu sehr mit Detailfragen beschäftigt, um eine sinnvolle Struktur zu entwerfen, sodass schon bald gravierende Missstände auftraten. Die rechte Hand wusste nicht mehr, was die linke tat. Lähmung und Chaos breiteten sich aus. In den ungeplant entstandenen, immer unüberschaubareren Zusammenballungen von Kapital und Arbeit wurden die Zuständigkeiten zunehmend unklar. Standard Oil besaß bis 1921 keine zuverlässigen Informationen über die eigenen Lagerbestände. Zum Teil lagen die angegliederten Firmen Tausende von Kilometern auseinander.

Solche kritischen Punkte erreichten unterschiedliche Branchen zu jeweils anderen Zeiten, zumeist aber nach 1880/90. Die Firmen reagierten mit einer rigiden Zentralisierung (siehe Abbildung 3.2). Mengenwachstum und vertikale Integration riefen eine funktionale Ausdifferenzierung hervor. Der Eigentümer delegierte immer mehr Aufgaben an speziell dafür zuständige Manager oder auch an Komitees. Unter Umständen zog er sich bzw. seine Familie auch schon ganz aus dem Unternehmen zurück. Auf der mittleren Ebene wurden aus einzelnen Buchhaltern, Vertretern und Einkäufern ganze Abteilungen. Luhmann hätte diesen Vorgang als „Systemdifferenzierung" bezeichnet. Die operative Ebene gliederte sich nach Regionen, Werken oder Produktbereichen. Gemeinsam war ihnen, und das ist die eigentliche Innovation der zweiten Phase, die konsequente Ausrichtung auf die Führungsebene. Chandler spricht von der U-Form, der „unitary form". Bei der Unternehmensspitze liefen sämtliche Kommunikations- und Autoritätslinien zusammen. Es kam also zu einer extremen Zentralisierung.

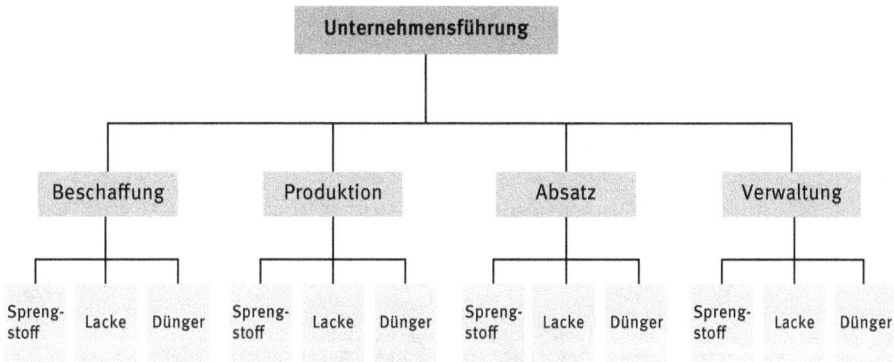

Abb. 3.2: Ein zentralisiertes, funktional gegliedertes Chemieunternehmen (U-Form).

Standen am Ende der ersten Phase Massenproduktionsvorteile, d. h. Skalenerträge, im Vordergrund, ging es in der zweiten Phase um Kostensenkung durch die Systematisierung zuvor weitgehend ungeplant gewachsener Strukturen. Die gewonnenen Ressourcen mussten rationaler genutzt, der organisatorische Wildwuchs gestutzt und die betrieblichen Abläufe effektiver auf die Fluktuationen der Märkte abgestimmt werden. Dazu gehörte die genaue Definition der Kommunikations- und Autoritätslinien durch die U-Form. Zum ersten Mal wurden überhaupt Organigramme gezeichnet, um jedem Mitarbeiter zu verdeutlichen, wo er sich im Räderwerk des Unternehmens eigentlich befand. Daneben waren Absatzprognosen gefragt, die große Datenmengen erforderten. Neu gegründete Abteilungen verbesserten daher die Informationsflüsse zugunsten der Firmenspitze. Ein stetiger Strom von Berichten und Statistiken bewegte sich von unten nach oben. Das Rechnungswesen wurde systematisiert, sodass die Entscheidungsträger einen laufenden Überblick über die finanzielle Situation bekamen. Bislang hatte es ausgereicht, am Ende der Rechnungsperiode einen Überschuss erwirtschaftet zu haben. Alles in allem kam es, ganz wie der webersche Bürokratieansatz voraussagte, zur Formalisierung, Systematisierung und Routinisierung der Abläufe. Vorschriften, Dienstwege und Formulare hielten Einzug und schufen eine funktionierende Hierarchie. Bis in die 1920er-Jahre hinein wurde die U-Form zum Standard der meisten Großunternehmen der USA. Skalenvorteile erlebten in der Kriegswirtschaft ihre Blütezeit, denn die Streitkräfte aller kriegsführenden Großmächte verlangten riesige Massen identischer Rüstungsgüter, die nach Prinzipien ausgestoßen wurden, die man schon in Friedenszeiten erprobt hatte. So baute Boeing ab 1941 für die US-Luftwaffe unzählige Bomber (siehe Abbildung 3.3.).

Abb. 3.3: Massenproduktion. Der Bau von B-32-Flugzeugen im Zweiten Weltkrieg in Texas.

3.1.3 Wachstum durch Diversifizierung

Die nächste Wachstumsschwelle wurde erreicht, als sich die Spielräume für Kostensenkungen durch organisatorische Verbesserungen erschöpften und die Märkte für das Kernprodukt gesättigt waren. Die Antwort hieß Diversifizierung. Sie begann zumeist mit angrenzenden Produktlinien. Angesichts ihrer Kühlketten lag es für die Fleischfabriken nahe, Milch- und Geflügelprodukte aufzunehmen. Der Kerosinproduzent Standard Oil nahm Schmieröl und das Zukunftsprodukt schlechthin, Benzin, hinzu.

Ergänzend oder alternativ konnte man auch in ganz neue Produktlinien diversifizieren. Besonders die Technologien der zweiten Industrialisierung ermöglichten es, völlig andere Kunden anzusprechen. Die Forschungs- und Entwicklungsabteilungen brachten ja laufend Produktinnovationen hervor. Elektrounternehmen begannen oft mit dem Großanlagenbau und nahmen dann die Herstellung von Straßenbahnen, Elektromotoren und Haushaltsgeräten hinzu. Chemieunternehmen entwickelten Pharmazeutika. Die Ölgesellschaften landeten früher oder später in der Petrochemie.

Alternativ oder parallel dazu konnte man die Kerntätigkeit ins Ausland ausdehnen, also regional diversifizieren. American Tobacco kaufte bereits in den 1890er-Jahren Zigarettenfabriken in Japan, Deutschland und Großbritannien. Die geografische und produktmäßige Diversifikation garantierte Wachstum, erhöhte aber auch die Komplexität der Organisation. In der Regel reagierte diese wie in der ersten Phase nicht oder erst mit Verzögerung auf die veränderten Anforderungen. Oft bildeten sich unglaubliche Missstände aus.

DuPont hatte ursprünglich nur Sprengstoffe hergestellt. Angesichts der großen, im Wesentlichen von Militäraufträgen abhängenden Nachfrageschwankungen diversifizierte DuPont in Produktlinien, deren Herstellung auf verwandten Ausgangsstoffen und Verfahren beruhen wie Kunst- und Farbstoffe, Lacke und Düngemittel. Dieser Prozess begann um 1908 noch recht vorsichtig, wurde aber seit 1917 energisch vorangetrieben, da absehbar war, dass die im Ersten Weltkrieg geschaffenen Kapazitäten in Friedenszeiten kaum auszulasten sein würden. Die Mitarbeiterzahl stieg im Krieg von 5.300 auf 85.000.

Nach der Diversifizierung erwies sich die funktionale Gliederung DuPonts zunehmend als inadäquat. Weiterhin regelten zentrale Abteilungen die Beschaffung, Produktion und den Absatz aller Produktlinien. So besaß die Marketingabteilung detaillierte Kenntnisse des Sprengstoffmarkts, nicht aber der Märkte für Dünger und Lacke. Hatte man Sprengstoff nur an wenige Großabnehmer verkauft, musste man für den Absatz von Lacken Millionen Endverbraucher direkt ansprechen, was die alte Verkaufsabteilung überforderte. Die Probleme in der Produktion waren dagegen aufgrund der technischen Ähnlichkeiten begrenzt. Allgemein wurde die Verwaltung als Folge der Diversifizierung sehr schwerfällig. Chandler spricht von einem Zusammenbruch der funktionalen U-Form. Die neuen Sparten erwirtschafteten 1920/21 so große Verluste, dass DuPont eine durchgreifende Organisationsreform vornahm.

Bei Standard Oil herrschte in den 1920er-Jahren ein chaotisches Gewirr von Komitees, deren Zuständigkeiten sich z. T. überschnitten. Die Struktur war das Resultat von persönlichen Vorlieben einzelner, Zufällen, rechtlichen Bedingungen und der ungeplanten Entwicklung. Im Zuge der Zentralisierung der zweiten Phase war zur Koordinierung der Produktion ein „Manufacturing Committee" gegründet worden, in das die verschiedenen Raffinerien ihre Leiter entsandten. Dort arbeiteten sie aber mehr gegen- als miteinander und hatten v. a. den Vorteil ihres jeweiligen Teilbetriebs vor Augen. Im Board saßen ebenfalls Spezialisten für die einzelnen Teilprozesse, nicht aber Generalisten mit dem Blick für das Ganze. Bewegung in die verkrusteten Strukturen brachten zwei Einbrüche der Autokonjunktur, die Überproduktion und Preisverfall verursachten. Standard Oil stellte in den 1920er-Jahren schmerzlich fest, dass es nicht gelang, die Produktion von Benzin rechtzeitig zu drosseln, also die Marktsignale vom Verkauf an die Produktion weiterzuleiten. Das Problem war nicht mehr zu leugnen.

3.1.4 Aufbau dezentralisierter, divisionaler Leitungsstrukturen

Solche Lähmungs- und Krisenerscheinungen traten in besonders gravierender Form auf, wenn völlig neue Produktlinien angegliedert wurden. Es kam zwangsläufig zur Doppelung oder, wie bei DuPont, zur Überlastung der alten funktionalen Einheiten.

Die Komplexität überstieg die Leistungsfähigkeit der U-Form. Immer mehr Berichte stapelten sich als Folge der strikten Zentralisierung auf dem Schreibtisch des Vorstands. Er verlor den Überblick und erstickte förmlich an der administrativen Überbürdung. Die Finanzabteilung war bei der Bitte um Mittelzuteilungen bestimmter Abteilungen nicht mehr in der Lage, diesen Wunsch adäquat zu beurteilen.

Die Lösung bestand in der Zerlegung des Gesamtunternehmens in kleinere Einheiten. Für jedes Produkt oder jede Produktgruppe, bei „multinationals" oft auch für jedes Land, entstand jeweils eine eigene, in sich funktional gegliederte Struktur, deren Vorstand dem Gesamtvorstand berichtete bzw. ihm auch angehörte.

Abb. 3.4: Ein dezentralisiertes, divisionalisiertes Chemieunternehmen (M-Form).

Zwischen den 1920er- und 1960er-Jahren setzte sich eine dem diversifizierten Unternehmen angemessene Organisationsstruktur durch, nämlich die dezentralisierte, divisionalisierte M-Form, d. h. „multidivision firm" (siehe Abbildung 3.4). DuPont schuf bereits 1921 Divisionen – zu Deutsch Sparten – für Sprengstoffe, Farben, Beschichtungsmaterialien, Lacke und Chemikalien/Folien. Alle Divisionen hatten ihre eigene, weitgehend autonome Verwaltung. Sie waren quasi selbstständige „Unternehmungen in der Unternehmung". Nach oben wurden nur die wichtigsten Informationen weitergeleitet. Über strategische Fragen der jeweiligen Sparte entschied die Führung der Sparte zusammen mit dem Gesamtvorstand. Auf diese Weise wurde wieder Überschaubarkeit hergestellt und die Firmenspitze entlastet, die sich jetzt auf Fragen von strategischer Bedeutung für das Gesamtunternehmen konzentrieren konnte und sich nicht mehr mit Detailberichten aus den einzelnen Abteilungen befassen musste.

Der Vorstand bekam die Zeit, aber auch die kondensierten Informationen, um eine weite, langfristige Perspektive zu entwickeln. Es trat grob vereinfacht eine Arbeitsteilung zwischen eher taktischen und spartenspezifischen strategischen Entscheidungen ein, die nun überwiegend auf der Divisionsebene gefällt wurden, und der Entwicklung der Strategie für das Gesamtunternehmen an der Firmenspitze.

Die Gewährung von Eigenverantwortung auf der Divisionsebene hatte v. a. zwei Vorteile. Die dort tätigen Führungskräfte konnten sich stärker als Zentralabteilungen auf die jeweiligen, nun eben weniger komplexen Aufgaben spezialisieren und arbeiteten als „Unternehmer im Unternehmen" mit einer größeren Motivation. Als Folge der weiteren Systemdifferenzierung entsprach die organisatorische Kontroll- und Koordinationskapazität wieder der Größe des Gesamtverbunds. Die M-Form setzte sich in den USA und weiten Teilen der westlichen Welt bis in die 1960er-Jahre als Standardmodell der Organisation von Großunternehmen durch.

3.1.5 „Structure follows Strategy"

In allen vier Phasen war die Organisationsentwicklung in der Regel nicht das Ergebnis vorausschauender Planung. Adäquate Strukturen wurden nicht von genialen Konzernbaumeistern im Vorhinein entworfen, sondern haben sich im laufenden Prozess herausgebildet. Meist kam es erst zu größeren Reformen, nachdem chaotische Missstände oder Krisen aufgetreten waren. Nicht Planung, sondern Reaktionen auf Probleme veränderten die Organisation. Das ähnelt den Vorstellungen der Evolutions- und der Kontingenztheorie, die Überleben als Resultat erfolgreicher Anpassung an sich verändernde situative Faktoren inner- und außerhalb des Unternehmens beschreiben.

„Structure follows Strategy" lautet die Hauptthese des ersten chandlerschen Werkes. Am Anfang steht die Strategiebildung als Antwort auf situative Faktoren. Das kann die Entscheidung für eine geografische Expansion oder die Erweiterung der Produktpalette sein. Erst danach stellt sich heraus, dass die vorhandene Struktur für den vergrößerten Geschäftsanfall nicht mehr angemessen ist. Es entstehen Lähmung und Chaos. Erst wenn der Schaden der Desorganisation zutage tritt, insbesondere in schweren Krisen, findet eine strukturelle Adaptation statt.

Reorganisationen ließen sich selten kurzfristig durchsetzen. Vielmehr vollzog sich der Umbau Schritt für Schritt. Bei Standard Oil zog er sich über Jahrzehnte hin und gelang nicht aus einem Guss. Zu groß waren die Widerstände im eigenen Haus. Oft musste der Generationswechsel abgewartet werden, bis es einen Schritt weiterging. Auch gab es offenbar nur ungenaue Vorstellungen von der künftigen Struktur, sodass viel ausprobiert wurde. Faszinierend ist es jedoch, dass am Ende sehr unterschiedliche Firmen zu relativ ähnlichen Lösungen kamen. Im ungeplant ablaufenden Evolutionsprozess setzten sich offensichtlich bestimmte Muster durch.

Im 20. Jahrhundert gab es bei den Großunternehmen lange einen klaren, empirisch nachweisbaren Trend in Richtung Diversifizierung und Divisionalisierung. Unter den 100 größten US-Unternehmen erhöhte sich zwischen 1909 und 1960 der Anteil derjenigen mit fünf und mehr Produktlinien von ca. einem Fünftel auf drei Viertel. Erst nach 1990 trat ein Gegentrend auf, als die Lehre von der Konzentration auf Kernkompetenzen zur Entflechtung von Großunternehmen führte.

3.1.6 Kritik an Chandler

Chandler behauptet, dass Erfolg von der effizienten Organisation von Größenvorteilen abhängt. Daher stelle die multidivisionale, dezentralisierte M-Form nicht nur für die USA die Ideallösung schlechthin dar. Diese starken Thesen provozierten Widerspruch. Chandlers Modell ist seinen Kritikern zu holzschnittartig, denn die vier Phasen seien nicht trennscharf voneinander abzugrenzen. Vertikale Integration und Diversifikation laufen z. T. gleichzeitig ab. Daneben schenkt Chandler Organigrammen eine zu große Bedeutung. Deren Linien entsprechen nicht wirklich den Prozessen. In der Realität werden Informationen oft abseits der Dienstwege ausgetauscht. Teeküchen und Golfplätze sind vielfach wichtiger als Schriftstücke. Zudem ist die Prämisse wirklichkeitsfremd, dass es in Firmen ausschließlich um Effizienz geht. Vielmehr ignoriert Chandler die Befunde der Koalitionstheorie, die mikropolitische Interessen und Strategien der Akteure in den Vordergrund stellt.

Abb. 3.5: Zwangsläufig? Die Verwandlung der Maschinenfabrik Augsburg vom Klein- zum Großunternehmen: 1845 ...

Kritiker haben Chandler weiterhin vorgeworfen, ein deterministisches Modell entworfen zu haben. Er postuliert ja einen Königsweg schlechthin, auf dem alle Großunternehmen früher oder später zur M-Form gelangen. Tatsächlich ist der Weg von Klein- zum Großunternehmen keineswegs zwangsläufig (siehe Abbildung 3.5 und 3.6) oder auch nur erstrebenswert. Tatsächlich gibt es unterschiedliche Wege zum Erfolg. Die neuere Organisationslehre betont das Vorhandensein von Gestaltungsspielräumen. Sogar eine bestimmte Strategie lässt unterschiedliche Organisationsformen zu. *Alfred Kieser* betont zu Recht, „daß zum einen innerhalb einer gegebenen Situation ein mehr oder minder breiter Korridor organisatorischer Lösungen realisierbar ist und daß zum anderen die Situation auch verändert werden kann, um gewünschte Organisationslösungen zu ermöglichen."

Zudem ist die These „Structure follows Strategy" unrealistisch, da sie von einer einseitigen Abhängigkeit der beiden Variablen ausgeht. Es gibt genügend Fälle, in denen die Strategie auf die vorhandene Organisation reagiert, d. h. nach dem in vorgefundenen Strukturen Machbaren fragt. Organisatorische Lösungen sind oft v. a. von den Vorlieben und Managementphilosophien der Entscheider abhängig, sodass nicht die strategische Neuausrichtung per se, sondern die Fluktuation des Leitungspersonals, insbesondere der Generationswechsel, den Anstoß zum „business re-engineering" gibt.

Richard Rumelt hat noch einen weiteren, überaus wichtigen, von Chandler übersehenen Faktor in die Diskussion eingeführt, nämlich die von Unternehmensberatern erzeugten Managementmoden. So divisionalisierten in den 1960er-Jahren auch Unternehmen, die nicht oder nur schwach diversifiziert waren. Hier bestand also kein Zusammenhang von Strategie und Struktur, sondern Ein-Produkt-Unternehmen wählten die M-Form, weil sie meinten, ansonsten den Zug der Zeit zu verpassen. Die Managementmode der Diversifizierung verführte in den 1960er-Jahren viele Unternehmen dazu, relativ sinnlose Firmenaufkäufe zu tätigen. 1960 übernahm etwa Grundig (Unterhaltungselektronik) die Triumph-Werke (Büromaschinen), nur um diese acht Jahre später wieder abzustoßen.

Abb. 3.6: … und 1900.

Beschränkte Rationalität (*bounded rationality*) ist also ein sehr nützliches Konzept, dass davor warnt, unternehmerisches Handeln ausschließlich mithilfe ökonomischer Zweck-Mittel-Kalküle verstehen zu wollen. Managementmoden besitzen nämlich einen ähnlichen Rationalitätsgehalt wie die Rocklängen oder die Farbwahl der textilen Mode. Sie sprechen v. a. den Herdentrieb der Entscheider an. Daher folgen die unter klangvollen Überschriften propagierten Moden wie „Theorie Y", „Lean Management", „total quality management" oder „balanced scorecard" im raschen Wechsel aufeinander, ohne dass immer ein sachlicher Hintergrund zu erkennen ist. Rumelt karikiert die Wirtschaft mit der Abwandlung der chandlerschen Formel: „Structure also follows fashion". Aber auch ohne Managementmoden lassen sich Unternehmer regelmäßig von sachfremden

Gründen leiten oder handeln allein „aus dem Bauch" heraus. Dass sich dabei gelegentlich Erfolge einstellen, die Organisationshandbücher nicht erklären können, verweist erneut auf die Debatte um die Unternehmerfunktion (siehe Kapitel 2.1).

3.2 Trennung von Kapitalbesitz und Unternehmensführung

In seinem 1977 vorgelegten zweiten Großwerk, „The Visible Hand", das 2002 in der 16. Auflage erschienen ist, bleibt Chandler seinem Leitthema „Stärke durch Größe" treu. Jedoch konzentriert er sich nicht wie in „Strategy and Structure" auf die nachholende Adaptation der Struktur an die Strategie. Die Realisierung von Produktivitätsfortschritten durch Organisationsleistung führt er nun v. a. auf personelle Veränderungen in den Spitzenpositionen zurück. Der Weg vom überschaubaren Kleinbetrieb zum multidivisionalen Großkonzern war nämlich im Regelfall gleichbedeutend mit dem Abschied vom Eigentümerunternehmer zugunsten des angestellten Managerunternehmers, der keine oder nur geringfügige Kapitalanteile an dem von ihm geführten Unternehmen besaß und nicht der Gründerfamilie angehörte.

Mit der Herausbildung integrierter Großunternehmen trat somit eine andere soziale Gruppe an die Schaltstellen der ökonomischen Macht. Ein neuartiger Akteurstyp, „a new subspecies of economic man", gelangte an die Spitze der US-Wirtschaft. Im Gegensatz zum traditionellen Eigentümerunternehmer, der mehrere Rollen gleichzeitig ausfüllte, also Kapitaleigner und damit Risikoträger war, strategische Ziele definierte und parallel dazu auf der funktionalen und anfänglich selbst auf der operativen Ebene wirkte, konnte sich der Manager überwiegend auf strategische Entscheidungen konzentrieren.

Bei den Managern sind drei Ebenen zu unterscheiden. Das Topmanagement ist v. a. für strategische Entscheidungen und die Konstruktion der Hierarchie verantwortlich, für das „organisation building". Es besitzt ferner die Aufsicht über das im funktionalen Bereich tätige mittlere, mit taktischen Aufgaben betraute Management. Hierzu würde man etwa Werks- und Abteilungsleiter zählen. Das untere Management hat zwar im operativen Bereich die Befugnis zu Anweisungen, führt aber nur wenige Mitarbeiter und ist dem mittleren Management gegenüber berichtspflichtig. Chandlers Argumente lassen sich in sieben zentralen Thesen zusammenfassen.

3.2.1 „The Visible Hand" in sieben Thesen

1. Die Internalisierung von Prozessen, d. h. die Verlagerung von Marktvorgängen in Unternehmen, führt zum schnelleren Fluss der Ressourcen durch die Wertschöpfungskette und zur Einsparung von Transaktionskosten.
In der frühindustriellen Wirtschaft mit ihren vielen kleinen Betrieben spielte der Markt für die Koordination ökonomischer Aktivitäten eine größere Rolle als in der entwickelten Industriegesellschaft. Durch die Internalisierung vieler Tauschakte

stiegen die organisatorischen Anforderungen an die Unternehmen. Die Entwicklung von funktionalen Strukturen und produktiven Routinen ermöglichten hohe Transaktionskosteneinsparungen. Such-, Informations- und Durchsetzungskosten sanken im Vergleich zu Markttransaktionen. Der Fluss der Ressourcen durch die Wertschöpfungskette wurde verstetigt und beschleunigt.

Ein vertikal integriertes Unternehmen wie das in den 1880er-Jahren gegründete Einheitspreisgeschäft Woolworth konnte die Waren schneller und billiger vom Hersteller zum Endverbraucher befördern als der Hersteller selbst oder der traditionelle Einzelhandel. Im mittleren Management gab es bei Woolworth für jede Produktgruppe einen Einkäufer, der sich in seinem Segment genau auskannte. Am anderen Ende der Wertschöpfungskette befanden sich 1909 bereits 318 Läden, deren regelmäßige Belieferung eine ausgeklügelte Logistik erforderte, einen ständigen Informations- und Warenfluss. Um Opportunismus und Nachlässigkeit in den über den ganzen Kontinent verstreut liegenden Geschäften auszuschließen, entstand ein flächendeckendes Kontrollsystem mit Bezirksleitern, Inspektoren und einem detaillierten Rechnungswesen. Das Topmanagement wertete die Arbeiten des mittleren Managements aus und legte auf dieser Basis die Strategie fest. Dieses sich selbst beobachtende System war herkömmlichen Vertriebsnetzen weit überlegen. Als Folge der Integration verschwand der Ärger mit den Zulieferern, da die Hierarchie klare Verhältnisse schuf.

2. Mit der Internalisierung stiegen Anforderungen und Aufstiegschancen der Manager. Nur dank einer funktionierenden Managementstruktur übertrafen Unternehmen die Koordinierungsleistung des Marktes.

Die „visible hand" angestellter Manager ersetzte die Koordinierungsleistung der „invisible hand" des Marktes. Nicht mehr die von Adam Smith beschworene Allokationsleistung der „unsichtbaren Hand" stand im Vordergrund, sondern die Leistung sichtbarer Akteure im Unternehmen. Ohne die Manager konnten die Vorteile von Integration und Synergien nicht wirksam werden. Die Managementintensität war eine Funktion der Kapitalintensität. Daher taucht der moderne Typus des angestellten Unternehmers zuerst in Branchen auf, die im Mittelpunkt der Produktions-, Transport- und Kommunikationsrevolution nach 1840 standen, d. h. bei Eisenbahngesellschaften sowie in der Grundstoff- und Schwerindustrie. Andere kapitalintensive Branchen wie die Chemie- und die Elektroindustrie sowie Hersteller von Massenkonsumgütern folgten. In Sektoren mit einer eher langsamen technologischen Entwicklung, kundenspezifischen Produkten, geringem Kapitalbedarf und kleinen Märkten bestand dagegen keine Notwendigkeit, auf Größe zu setzen und ausgefeilte Managementstrukturen zu entwickeln.

3. Manager verliehen Unternehmen Stabilität und erhöhten deren Wachstumsdynamik.
Sie steigerten die Dynamik und die Überlebensdauer von Unternehmen. Kleinere Firmen waren oft nicht sehr langlebig. Tod und Krankheit des Eigentümers und das

Fehlen von Nachwuchs bedrohten sie existenziell. Sie hatten sich noch nicht von einzelnen Personen emanzipiert und ein Eigenleben als Organisation gewonnen. Selbst wenn Söhne vorhanden waren, blieben diese oft hinter den Anforderungen zurück. Das Problem der traditionsreichen hanseatischen Familie Buddenbrook, deren Geschichte Thomas Mann beschrieb, war der Ausfall der dritten Generation. Der musisch und kulturell begabte Hanno konnte nicht wie sein Vater und Großvater im Kontor brillieren. Daran zerbrach das Unternehmen.

Ein ineffizienter Manager lässt sich im Gegensatz zu einem ungeeigneten Firmenerben entlassen. Zudem gibt es keinen Mangel an Managern. Wenn einer stirbt oder erkrankt, kann man ihn ersetzen. Es gibt einen Arbeitsmarkt für Führungskräfte, nicht aber für Söhne und Erben. Nicht mehr das diffuse, nicht unbedingt mit Leistungsfähigkeit einhergehende Kriterium der Verwandtschaft, sondern der Markt entschied in Managerunternehmen über die Vergabe von Führungspositionen. Es selektierte stärker nach Qualifikation und Leistung als das innerhalb einer Familie im Regelfall passiert. Die Fehleinschätzung der Potenziale der eigenen Kinder hat im Mittelstand den Generationswechsel vielfach zu einem Drama werden lassen und manches Unternehmen ruiniert. Das Managerunternehmen dagegen hat mit dieser Art von Nachfolgekrisen nicht in demselben Maß zu kämpfen. Es kann eher mit nüchternem Pragmatismus seine Führungskräfte aussuchen. Manager wissen, dass sie nur Einfluss auf Zeit haben. Sie kommen und gehen. Die von ihnen geschaffenen Institutionen aber bleiben. Manager verleihen Unternehmen Dauer, unabhängig von einzelnen Personen. Chandler misstraut also den Eigentümern und sieht in Managern langfristig denkende, hochqualifizierte und vertrauenswürdige Sachwalter des Unternehmens.

4. Manager professionalisierten die Unternehmensführung.
Eigentümerunternehmer waren oft Autodidakten, die in vielem unsystematisch und intuitiv handelten. Eine besondere Ausbildung für Führungspositionen besaßen sie meist nicht. Manager dagegen erlernten ihren Beruf, zunächst überwiegend in der Praxis. Sie durchliefen verschiedene Abteilungen und stiegen Sprosse für Sprosse die Leiter der betrieblichen Hierarchie hinauf. Zunehmend brachten sie aber auch aus Fachschulen und akademischen Institutionen eine theoretisch fundierte Schulung mit. Zudem bildeten sie sich durch Berufsverbände und Fachpublikationen fort, wobei viele Impulse von der in den 1870er-Jahren entstandenen und mit dem Namen *Frederick W. Taylor* (1856–1915) und dem Prinzip des „scientific management" verbundenen Rationalisierungsbewegung ausgingen. Sie ließ die im mittleren Management tätigen Ingenieure zunehmend verstehen, dass die von ihnen eingesetzten teuren Maschinen eine möglichst hohe Kapazitätsauslastung erforderten und jeder Leerlauf Kosten verursachte.

Gegen Ende des 19. Jahrhunderts gab es immer mehr Manager, die eine kaufmännische Ausbildungsstätte besucht hatten. An der University of Pennsylvania wurde

1881 die erste Business School der Welt eröffnet. Das Gründungskapital stellte der Zink-Fabrikant Joseph Wharton zur Verfügung. Die etablierten Universitäten waren eher skeptisch, weshalb sich die Gründung weiterer Business Schools verzögerte. 1898 folgten Berkeley und Chicago. 1898 wurde in Dartmouth die erste Business School für „postgraduates" eröffnet. 1908 nahm die Harvard Business School ihre Tätigkeit auf. 1914 entließen in den USA 30 solcher Institutionen an die 10.000 Absolventen pro Jahr.

Bereits 1820 wurde in Paris die Ecole Spéciale de Commerce et d'Industrie (seit 1852: Ecole Supérieure de Commerce) gegründet. In Wien gab es seit 1858 die Handelsakademie. Die erste deutsche Handelshochschule nahm 1898 in Leipzig den Lehrbetrieb auf. Auch in anderen deutschen Städten entstanden um 1900 zahlreiche Handelshochschulen, die wie Frankfurt und Köln (beide 1901 gegründet) oder Berlin (1906) und Mannheim (1908) später Universitäten angegliedert wurden, oder einen eigenen Universitätsstatus erhielten. Die akademische Ausbildung des Managementnachwuchses begann also schon im 19. Jahrhundert. Zum Standardmodell wurde sie aber erst nach den 1960er-Jahren. Lange gab es Vorbehalte gegen eine theoretische Ausbildung betrieblicher Führungskräfte, denn die Eigentümerunternehmer verstanden sich als „Naturtalente". Unternehmerisches Handeln und Denken schienen angeborene Charaktereigenschaften zu sein, die man nicht aus Büchern und in Hörsälen lernen kann. Mut, Kreativität und Dynamik seien entscheidend, nicht Theorie, Fachwissen und Diplome. Der Schimpfname für theoretisch geschulte Betriebswirte lautete „lateinische Kaufleute", was sie als praxis- und lebensferne Akademiker abstempelte. Vor den Betriebswirten eroberten aber andere Akademikergruppen Führungspositionen, v. a. Juristen und Techniker.

Technische Fachschulen existierten in Deutschland im Gegensatz zu den Handelshochschulen schon im 18. Jahrhundert. In der ersten Hälfte des 19. Jahrhunderts erhöhte sich ihre Zahl ganz erheblich. Bis zum frühen 20. Jahrhundert entwickelten sich die renommiertesten Fachschulen wie die Polytechnische Schule Karlsruhe (gegründet 1825) und die Gewerbeschule Berlin (gegründet 1821, ab 1831: Gewerbeakademie, ab 1879: TH Berlin-Charlottenburg) zu Technischen Hochschulen mit Universitätsstatus. Aus diesen Institutionen rekrutierte die Wirtschaft einen erheblichen Teil ihrer Führungskräfte. In den Vorständen und Zentralen der Großindustrie befanden sich unzählige promovierte Ingenieure. Die Topmanager des Ruhrbergbaus hatten mehrheitlich die staatliche Ausbildung als Bergassessoren durchlaufen.

Die Auswahl und Beförderung von Managern orientierte sich v. a. an den Kriterien von Ausbildung, Erfahrung und Leistung, während im Eigentümerunternehmen die Stellung im Familienverband der Kapitaleigner wichtig war. Manager näherten sich durch die zunehmende Verbesserung und Formalisierung ihrer Ausbildung dem Modell anderer Spezialistengruppen an, etwa Ärzten und Rechtsanwälten, für die spezifisches Fachwissen und anerkannte Zertifikate die Basis der Berufsausbildung sind.

5. Es gab einen zwangsläufigen Trend zur Trennung von Eigentum und Verfügungsmacht.
Großunternehmen erreichten früher oder später einen Punkt, an dem die Gründerfamilien als aktive Eigentümerunternehmer überfordert waren. Ursprünglich wurden alle Führungspositionen mit Familienangehörigen besetzt. Irgendwann überstieg die Zahl der zu besetzenden Stellen die der geeigneten Verwandten. Konnte man sich dann eine Zeit lang damit begnügen, die funktionale Ebene mit sachkundigen, familienfremden Managern zu besetzen und die besten in den Vorstand zu berufen, musste sich die Familie irgendwann ganz aus der Firmenleitung zurückziehen. Damit vollzog sich an der Spitze die folgenschwere Trennung von Kapitalmehrheit und strategischer Entscheidungskompetenz.

Die Ursachen lagen in der zunehmenden Komplexität der Aufgaben oder aber im Fehlen geeigneter Nachfolger beim Generationswechsel. Ferner konnte das Unternehmenswachstum den Kapitalbedarf dermaßen erhöhen, dass die familiären Ressourcen überfordert waren und Banken oder der Kapitalmarkt neue Mittel bereitstellen mussten. Es folgte oft die Umwandlung der Rechtsform in die der Aktiengesellschaft, die Entsendung von Bankenvertretern in den Aufsichtsrat oder den Vorstand. Wenn das Unternehmen florierte, konnte sich die Familie noch lange an der Spitze halten. Gab es Probleme, setzten die externen Kapitalgeber ihnen geeigneter erscheinende, familienfremde Führungskräfte ein. Die Unternehmensgeschichte kennt viele solcher „Rausschmisse" aus dem eigenen Haus.

An die Stelle der Gründer traten professionelle Manager, nicht Banker, die gar nicht die spezifischen Qualifikationen für die Führung etwa eines Stahlkonzerns besaßen, von mangelnder Zeit und fehlendem Interesse ganz zu schweigen. Die Banker betrachteten ihr Engagement als Investition, nicht als Beruf. Auf lange Sicht näherte sich die Position der Gründerfamilie derjenigen „normaler" Aktionäre an, die in dem Unternehmen v. a. eine Einkommensquelle sahen und nicht eine Führungsaufgabe. Ihnen fehlte die Zeit und die Kompetenz zur erfolgreichen Unternehmensführung. Die Trennung von Eigentum und Verfügungsmacht war damit abgeschlossen.

6. Manager verfolgten andere (bessere?) Unternehmensziele als Eigentümer.
Chandler behauptet, dass angestellte Unternehmer, also Topmanager, andere Entscheidungen als Eigentümerunternehmer trafen. Manager verfolgten langfristige Strategien, um ihren Arbeitsplatz abzusichern, während bei Kapitaleignern persönlich gefärbte Entscheidungen dominierten, oder gar ein Interesse an der kurzfristigen Maximierung von Ausschüttungen bestand. Über die ersten Jahrzehnte der 1846 gegründeten Maschinenfabrik Esslingen (siehe Abbildungen 3.7 und 3.8) schrieb *Volker Hentschel*: „Die Aktionäre betrachteten ‚ihre' Fabrik in erster Linie als Mittel zur Maximierung ihres gegenwärtigen Einkommens. Über die Höhe einer [...]

angemessenen Dividende wurde nie diskutiert. Stets wurde der volle Ertrag [...] verteilt. An finanzielle Vorsorge für die Zukunft des Unternehmens glaubten die Aktionäre nicht denken zu müssen."

Abb. 3.7: Maschinenfabrik Esslingen (Mitte des 19. Jahrhunderts).

Als Folge traten in der expansiv wachsenden Firma bedrohliche Liquiditätsengpässe auf. Erst unter dem Eindruck einer schweren Krise vollzog sich 1882 ein Lernprozess, und die Aktionäre besannen sich auf eine maßvollere Ausschüttungspolitik. In der Krise erhöhten auch die Banken ihren direkten Einfluss und setzten nicht zuletzt die Wahl eines neuen „Direktors", d. h. Vorstandsvorsitzenden, durch, der „weder durch Familienbeziehungen noch durch Aktienbesitz an das Unternehmen gebunden war."

Traditionen sind bis heute in vielen Familienfirmen „heilig" und lassen keinen Spielraum für Experimente. Der Gründer des Musikinstrumentenherstellers Hohner verfolgte am Ende des 19. Jahrhunderts eine Einproduktstrategie und beschränkte sich auf die damalige Produktinnovation der Mundharmonika. Seine Söhne dagegen sahen das Synergiepotenzial, das sich durch die zusätzliche Produktion des technisch verwandten Akkordeons ergab, mussten aber bis zum Tod des Vaters mit der Umsetzung ihrer Pläne warten. Die Söhne und Enkel des Gründers blieben ihrerseits so sehr auf diese beiden Produktlinien fixiert, dass es ihnen nicht gelang, erfolgreiche neue Produkte zu entwickeln, mit denen man in den 1960er- und 1970er-Jahren der schwindenden Nachfrage nach den eingeführten Instrumenten hätte begegnen können.

Abb. 3.8: Maschinenfabrik Essligen (1906).

Manager fühlten sich dagegen nicht in derselben Weise an Familientraditionen gebunden und profitierten auch nicht oder nur sehr bedingt von Kapitalentnahmen. Sie zogen es daher vor, Gewinne zu reinvestieren und so ihren Arbeitgeber langfristig zu stärken. Für sie besaß eine dauerhafte Stabilisierung ihrer Einkommen einen höheren Stellenwert als eine kurzfristige Erhöhung der Ausschüttungen. Daneben waren sie laut Chandler eher bereit zu diversifizieren, also Kapital für ganz neue Geschäftsfelder einzusetzen. Die größere Risikobereitschaft lässt sich darauf zurückführen, dass die Manager weniger traditionsverhaftet waren als die stärker mit der ursprünglichen Form des Unternehmens verwachsenen Eigentümer. Zudem trugen Manager im Fall des Scheiterns nicht die vollen finanziellen Konsequenzen, sondern überließen das den Kapitaleignern. Manager konnten das sinkende Schiff verlassen und an anderer Stelle anheuern. Der Eigentümerunternehmer ging im Zweifelsfall mit unter.

7. Managergeführte Unternehmen wurden zum Standardmodell und machten die Manager zur einflussreichsten Gruppe der Gesellschaft.
Managergeführte Großunternehmen errangen in kapitalintensiven Branchen eine so große Bedeutung, dass sie eine marktbeherrschende Stellung gewannen und zusammengenommen die Volkswirtschaft dominierten. Managergeführte Firmen wurden zum Standardmodell des amerikanischen Großunternehmens schlechthin. Bereits 1929 leiteten Manager 44 % der 200 größten Unternehmen der USA. Bezogen auf die Kapitalisierung betrug die Quote sogar 58 %. Bis 1963 stiegen die beiden Werte auf ca. 85 %. Rein eignergeführte Personalgesellschaften waren 1963 gar nicht mehr zu verzeichnen.

Mit der Dominanz der Manager und des von ihnen geschaffenen Unternehmenstypus stellte sich auch die Frage nach der Legitimation ihrer Macht. Gerade weil sie in den USA eine so große Bedeutung gewannen, formierten sich dort ausgeprägte

Ressentiments gegen die Manager und die von ihnen geführten Großunternehmen, denen man einen Missbrauch ihrer marktbeherrschenden Stellung vorwarf. Die vor dem Zweiten Weltkrieg systematischste Anti-Monopol-Gesetzgebung entstand nicht zufällig in den USA. Aber auch in anderen Ländern gab es massive Vorbehalte gegen managergeführte Großunternehmen. Die NSDAP knüpfte an agrarromantische und mittelständische Wunschbilder an, als sie Aktiengesellschaften angriff und Personalgesellschaften förderte. Der persönlich verantwortliche „Betriebsführer" schien vertrauenswürdiger zu sein als der vom „anonymen Finanzkapital" abhängige Manager.

In der Wissenschaft wurde sehr intensiv über das Phänomen der „Macht ohne Eigentum" (*Adolf A. Berle*) diskutiert. Offensichtlich gab es auf der einen Seite eine zunehmende Konzentration des Eigentums in den Händen weniger, auf der anderen Seite einen Ausschluss der Arbeiter und Eigentümer von der direkten Kontrolle des Produktivvermögens. Die strategischen Entscheidungsbefugnisse konzentrierten sich bei wenigen Topmanagern, deren überproportionaler Einfluss auf die Wirtschaft und die Gesellschaft in keiner Weise legitimiert sei. Die „Managerial Revolution" lief nach *James Burnham* auf einen tiefgreifenden Elitenwechsel hinaus. Inwieweit ist die faktisch unkontrollierte wirtschaftliche Macht persönlich nicht haftbarer Funktionseliten mit einem demokratischen Staatswesen vereinbar? Chandler befasst sich nicht mit solchen politischen Fragen. Er argumentiert allein mit volks- und betriebswirtschaftlichen Effizienzgewinnen, die der Managerkapitalismus ermögliche und ihn gegenüber dem „personal capitalism" der Eigentümerunternehmer oder auch dem Finanzkapitalismus der Großbanken als überlegenes Modell ausweise.

3.2.2 Vorbehalte gegenüber der Glorifizierung von Managern

Negativurteile über Manager haben eine lange Tradition. Schon Adam Smith schrieb vor mehr als 200 Jahren: „Es steht nicht zu erwarten, daß die Verwalter des Geldes anderer Leute mit der gleichen Sorgfalt zu Werke gehen wie die Teilhaber an einer eigentümergeführten Firma, die ja mit ihrem eigenen Geld arbeiten. [...] Vernachlässigung und Verschwendung" seien daher untrügliche Kennzeichen von Managerunternehmen. Nur dort, wo die Aufgaben der Manager auf uniforme Routinen ohne größere Spielräume reduziert werden können, empfahl der Gründungsvater der modernen Volkswirtschaftslehre den Einsatz von Nichteigentümern an der Unternehmensspitze. In der frühen Firmengeschichtsschreibung wurde die Abwesenheit des Eigentümers und die Übertragung seiner Aufgaben an einen Verwalter häufig als Krisenursache gedeutet. „Disorder, negligence and mismanagement were the natural results of the absence of the principal", hieß es in einer 1835 veröffentlichten Geschichte der britischen Baumwollindustrie über einen Konkurs.

In der Theorie nimmt die Principal-Agent-Problematik einen zentralen Stellenwert ein, und nicht zufällig wird sie zumeist anhand des Interessengegensatzes von Eigentümern (Aktionären) und den von diesen beauftragten Managern (angestellten

Vorständen) erläutert. Manager steigern ihren Lebensstandard, indem sie überhöhte Repräsentationsausgaben veranlassen, von denen sie bzw. ihre Familien profitieren. Die Möglichkeit zu Unterschlagungen und Bilanzmanipulationen ergibt sich ebenfalls aus ihrer Befugnis, über fremde Vermögenswerte zu disponieren. Da sie weder maßgeblich am Risiko noch am Gewinn beteiligt sind, besteht die Gefahr von Opportunismus.

Aus koalitionstheoretischer Sicht fällt auf, dass Chandler in „The Visible Hand" nur zwei Personengruppen behandelt, nämlich Eigentümer und Manager. Die Arbeiter, mithin die Mehrheit der Belegschaft, werden kaum eines Wortes gewürdigt. Ebenso vermisst man die Gewerkschaften, die Politik, die öffentliche Verwaltung und andere in Abbildung 2.7 berücksichtigte Stakeholder, deren Verhalten die Organisationsentwicklung nachhaltig beeinflusst. Auch die Trennung von strategischen Entscheidungen an der Spitze und taktischen Routinevorgängen weiter unten in der Hierarchie ist nicht immer eindeutig. Der Begriff „diffused entrepreneurship" bezeichnet die Tatsache, dass nachgeordnete Statusgruppen zündende Ideen haben oder strategische Weichenstellungen vorbereiten. Wenn die Spitzenmanager schlau sind, lassen sie sich von ihren Mitarbeitern belehren. Die Selbsteinschätzung der Topmanager, strategische Entscheidungen allein zu treffen, ist also kritisch zu hinterfragen. In dieser Hinsicht ist das Modell von Casson, das Delegation im Entscheidungsprozess zulässt, realistischer.

In managergeführten Firmen sind die Kapitaleigner nicht per se von der Unternehmenssteuerung ausgeschlossen. Wo sie große Anteile hielten, sich für das Unternehmen interessierten oder einfach sehr kompetent waren, nahmen sie durchaus erheblichen Einfluss bis in das Tagesgeschäft hinein, auch wenn das von den formalen Strukturen nicht vorgesehen war. *Robert F. Freeland* betont am Beispiel von General Motors, dass quasi hinter den Kulissen ständig Verhandlungen bzw. Konflikte zwischen Kapitaleignern und dem allmächtig erscheinenden Alfred P. Sloan liefen. Erstere waren stets in der Lage, bei strategischen Grundsatzfragen ihr Veto einzulegen. Nur von außen betrachtet, sorgten U-Form und Managerherrschaft für eine reibungslose Unternehmenssteuerung.

Im Gegensatz zu Chandlers Annahmen professionalisierten sich nicht nur familienfremde Manager. Auch Unternehmenserben besuchten im 20. Jahrhundert vermehrt Fach- und Hochschulen, sammelten externe Managementerfahrungen und öffneten sich gegenüber Schulungs- und Beratungsangeboten. Gleichwohl waren sie selten einer so harten Auslese ausgesetzt wie angestellte Unternehmer, die sich auf dem Arbeitsmarkt für Führungskräfte durchsetzen mussten. Zweifelhaft ist auch die These, dass Manager generell über einen längeren Zeithorizont verfügten. Im 19. Jahrhundert lässt sich zwar durchaus, wie bei der Maschinenfabrik Esslingen, das Drängen von Eigentümern auf schnelle Ausschüttungen nachweisen. Der Regelfall war das aber keineswegs – eher ein „Anfängerfehler" unerfahrener Aktionäre. Eigentümer stabiler Familienunternehmen bezogen dagegen oft die dynastische Dimension mit ein und dachten an die nächsten Generationen. Auch die Kinder und Enkel sollten noch von der Firma profitieren und der eigene Name in die Geschichte eingeschrieben werden. Werner Siemens formulierte sein Ziel als Unternehmer einmal in Worten, die der Unternehmertheorie Schumpeters sehr nahe kamen. Siemens wollte „ein Weltgeschäft à la Fugger" gründen, „welches nicht nur mir, sondern auch meinen Nachkommen Macht und Ansehen in der Welt gäbe [...]" Es ging ihm also um die Gründung eines privaten Imperiums für seine Familie.

Allerdings gab es auch Managerdynastien, in denen die jeweiligen Leitungspositionen vererbt wurden. So wurde der Nachfolger von Emil Rathenau bei der AEG sein Sohn Walther, der spätere, 1922 ermordete Außenminister der Weimarer Republik. Solche Managerdynastien sind insgesamt aber recht selten. Daher besitzen Manager, verglichen mit klassischen Familienunternehmern, zumeist kürzere Zeithorizonte. Im Negativfall spekulieren Manager auf den Frühruhestand und verschieben unpopuläre Maßnahmen bis zum Zeitpunkt nach ihrem Ausscheiden. Sie wollen sich Ärger ersparen, obwohl Eile geboten wäre. Zudem gibt es Fälle, in denen Manager im Gegenzug für hohe Abfindungen die ihnen anvertrauten Unternehmen verkaufen, wie 2000 bei der feindlichen Übernahme von Mannesmann durch Vodafone.

Traditionelle Unternehmen sind keineswegs per se kurzlebig. Chandler übersieht, dass viele der von ihm als vorbildlich diskutierten US-Firmen noch lange familiengeführt gewesen waren. *Philip Burch* geht davon aus, dass ca. 40–50 % der größten Industrieunternehmen der USA um 1940 noch von Familien kontrolliert wurden und ihr Anteil bis 1965 nur auf 36 % fiel. In Deutschland gibt es sehr stabile, langlebige Familienunternehmen wie etwa den Oetker-Konzern. Manche von ihnen sind in der vierten (Miele) oder fünften (Freudenberg) Generation erfolgreich. Es gibt also deutlich mehr „personal capitalism" als Chandler meint, und er ist zudem wesentlich leistungsstärker.

3.3 Ursprünge des modernen Managements

3.3.1 Vorindustrielles Erbe

Zwar trifft es zu, dass Manager erst nach 1840 als eine in sich differenzierte Großgruppe auftauchten. Allerdings wäre es falsch, in ihnen eine neue Erscheinung des Industriezeitalters zu sehen. Vielmehr gab es aus zwei Gründen Vorläufer, wie *Sidney Pollard* (1920–1998) herausgearbeitet hat. Zum einen waren auch in der vorindustriellen Wirtschaft Eigentümer nicht bereit oder in der Lage, ihr Betriebsvermögen selbst zu verwalten. Zum anderen gab es schon Organisationen, deren Komplexität die Delegation von Verfügungsmacht notwendig machte.

Großgrundbesitzer besaßen oftmals nur ein geringes Interesse an ihren Ländereien, hielten sich lieber in Städten oder an Höfen als auf dem langweiligen Land auf und übertrugen daher Verwaltern (*estate agents*) die Verantwortung. Diese sammelten Pachtzahlungen und Naturalabgaben der Bauern ein, organisierten die Feldarbeit und den Absatz, führten die Bücher und vertraten den Eigentümer vor Gericht. Trotz der Größe der Güter hielt sich der administrative Aufwand in Grenzen. Der

Verwalter hatte nur wenige Mitarbeiter, die mit dem „middle" oder „lower management" vergleichbar wären. Zum Teil gehörten, wie in Großbritannien oder in Oberschlesien, Bergwerke, Hütten, Ziegeleien und andere frühindustrielle Betriebe zum
adligen Landbesitz. Diese Werke beaufsichtigten ebenfalls die Verwalter, die dann
schrittweise zu Industriemanagern wurden.

Im vorindustriellen Gewerbe existierten Manufakturen, d. h. zentralisierte Produktionsstätten mit mechanischen Hilfsmitteln, die sich meist durch geringe Komplexität und Kapitalintensität auszeichneten. Deutlich unübersichtlicher war der
besonders im Textilgewerbe verbreitete Verlag, bei dem ein Unternehmer (Verleger)
Heimarbeitern Material ausgab (vorlegte) und die Fertigprodukte gegen Lohn oder
Kaufpreis einsammelte. Beschaffung, Absatz und Qualitätskontrolle und der ständige Kampf gegen die Materialunterschlagung fielen beim Verleger an, auch wenn
er noch kein integriertes Unternehmen führte. Großverleger waren nicht in der Lage,
mit bis zu 5.000 und mehr Heimarbeitern persönlich umzugehen. Daher stellten sie
Assistenten und Buchhalter, Lagerverwalter und Verkäufer ein. Sie hatten dieselben
Überwachungs- und Koordinierungsaufgaben wie Fabrikmanager, ohne jedoch über
den Vorteil der räumlichen Zentralisierung zu verfügen. Während sich viele Verleger
im Laufe der Industrialisierung zu Fabrikanten entwickelten, wurden ihre leitenden
Mitarbeiter zu Managern.

Auf großen Baustellen und Bergwerken, aber auch in vielen frühindustriellen
Fabriken reduzierte „subcontracting" organisatorische Komplexität. Die Verantwortung wurde an selbstständige Subunternehmer delegiert, die ihren Bereich gerade
noch überschauten oder mit wenigen Aufsehern auskamen. Man erprobte so die Delegation von Entscheidungsbefugnissen und Managementhandeln, obwohl der Subunternehmer, anders als der industrielle Manager, direkt an den Risiken und Gewinnen
beteiligt war. In einigen Branchen wie der Bauwirtschaft hat sich das „subcontracting" bis in die Gegenwart gehalten. Der aktuelle Trend zu Outsourcing und Dezentralisierung ist eine Rückkehr zu älteren Formen der Arbeitsorganisation.

Die Nachteile des „subcontracting" lagen schon im 18. und 19. Jahrhundert auf
der Hand. Es mangelte am Blick für das Ganze und an der Abstimmung mit den
anderen Gruppen. In den Bergwerken vernachlässigten die nur an kurzfristigen Erträ-
gen interessierten Subunternehmer den Erhalt der Infrastruktur. Oftmals versuchten
sie, aus ihren Beschäftigten das Maximum herauszupressen, was zu Streiks und Auf-
ständen führte. Das „subcontracting" förderte weder die Ausbildung stabiler Arbeitsbeziehungen noch die Entstehung einer qualitätsorientierten Unternehmenskultur.

Weitere Modelle für die Koordinierung großer Menschenmassen bzw. die Bewältigung komplexer Verwaltungsaufgaben stellten Militär und Bürokratie bereit. Sie
hatten ausgeklügelte Systeme mit eindeutig festgelegten Autoritäts- und Kommuni-
kationskanälen ausgebildet. Verstöße gegen die Dienstordnung wurden mit harten
Disziplinarmaßnahmen geahndet. Auch wenn hier das erwerbswirtschaftliche
Gewinnstreben fehlte, bildete sich ein Führungs- und Verwaltungswissen aus, das
direkt und indirekt für den Aufbau formalisierter Hierarchien in Großunternehmen

genutzt werden konnte. Die frühen Managementtheoretiker rezipierten militär- und verwaltungswissenschaftliche Schriften. Ehemalige Offiziere und Beamte wirkten besonders in Deutschland am Aufbau der Industrie mit und übertrugen Methodik und Sprache ihrer Herkunftsgebiete auf die Wirtschaft.

Der ehemalige Offizier Werner Siemens (1816–1892) über Führung

„Genaue vorherige Organisation, persönliche Verantwortlichkeit und strengste Kontrolle müssen absolut zur Anwendung kommen [...] Ferner soll jeder wissen, was er zu tun hat und wofür er verantwortlich ist."

(Zit. n. Jürgen Kocka, Management und Angestellte im Unternehmen der Industriellen Revolution, in: Rudolf Braun u. a. (Hg.), Gesellschaft in der industriellen Revolution, Köln 1973, S. 177f.)

1855 wurde etwa bei Siemens & Halske (einer der Vorläufer der heutigen Siemens AG) William Meyer zum „Oberingenieur und Prokuristen" berufen. Als erster Mann hinter den Eigentümern legte er die Grundsteine für das Managementsystem der aufstrebenden Firma. Meyer war zuvor Artillerieoffizier und Beamter in der preußischen Telegrafieverwaltung gewesen. Führungs- und Organisationsaufgaben „fallen mir nicht schwer, ich bin daran gewöhnt."

Schließlich waren die großen Überseehandelsgesellschaften des 17. und 18. Jahrhunderts in gewisser Weise Vorläufer moderner Managerunternehmen. In der Tat besaßen die in den Niederlanden, in England und Frankreich beheimateten, durch Monopole ihrer Regierungen privilegierten Aktiengesellschaften schon ein funktional differenziertes Management. Die englische East India Company betrieb um 1740 von London aus mehrere, geografisch weit verstreut liegende Fabriken in Asien, ein umfassendes System von Einkäufern und Schiffen und erwirtschaftete für die damalige Zeit außergewöhnlich hohe Umsätze. Als Antwort auf die Komplexität ihrer Operationen schuf sie formalisierte, funktional differenzierte Leitungsstrukturen.

Die niederländische Oostindische Compagnie besaß eine Vielzahl von Kontoren, Lagerhäusern und Produktionsstätten in den Niederlanden und in Indien. An ihrer Spitze standen die „Heeren Zeneventien" (die 17 Herren) als eine Art Generaldirektion. Darunter befanden sich sechs unabhängige Kammern, von denen Amsterdam die größte und einflussreichste war. Sie hatte 25 Direktoren, deren Zuständigkeiten sich auf folgende Ressorts verteilten: Beaufsichtigung der Packhäuser/Einkauf, Finanzwesen, Rechnungsrevision, Schiffsausrüstung. Um 1720 beschäftigte allein die Amsterdamer Kammer 16 Buchhalter, 28 Handelsgehilfen und 1.200 Arbeiter. In Indien setzte die Compagnie Gouverneure, Direktoren und Faktoreivorsteher ein. Ihnen arbeitete eine nach Gehalt und Status penibel abgestufte Hierarchie mit sechs Stufen zu: Oberkaufleute, Kaufleute, Unterkaufleute, Oberassistenten und Buchhalter, Assistenten und schließlich Unterassistenten.

Sombart sah in den „Überseeaktiengesellschaften" die „Vorbilder für die [...] spätere Organisation vieler großer Geschäfte." Allerdings handelte es sich um staatlich privilegierte, nur im kolonialen Kontext denkbare Monopolisten, die ihre

Führungspositionen häufig aus dem personellen Pool der Eigentümer und ihrer Familien besetzten. Daher entstanden oligarchische Strukturen, die städtische Eliten und bestimmte Familiendynastien bevorteilten. Trotz der Größe der Organisation bestand also vielfach eine Identität oder zumindest große Affinität zwischen Eigentümern und Führungskräften.

Die Mehrzahl der kleineren Aktiengesellschaften der vorindustriellen Zeit besaß eine „stark persönliche Färbung". Das typische vorindustrielle Handelshaus war ebenso wie die meisten Banken noch mit wenigen leitenden Angestellten zu steuern. Zudem stammten diese in der Regel aus dem Kreis der Kapitaleigner oder deren Familien. Im 18. Jahrhundert beschäftigten die bedeutendsten Kaufmannskontore nicht mehr als 20 bis 30 Personen. Selbst die größten Banken fanden mühelos in einzelnen Gebäuden Platz, in denen zugleich der Chef wohnte. Noch zu Beginn des 19. Jahrhunderts besaßen Handelshäuser durchweg ein „persönlich-patriarchalisches Gepräge". Prinzipal und Angestellte lebten oft unter einem Dach. Vielfach „begann das Tagewerk mit einem Gebet im Familienkreis, an dem auch Lehrlinge und Gehilfen teilnahmen."

3.3.2 Pionierrolle der Eisenbahnen

Der kardinale Unterschied aller Vorläufertypen zum modernen Großunternehmen bestand in der Größe der Organisation, der Anzahl der Manager und im Strukturierungsgrad der Hierarchie. Ein hochdifferenziertes modernes Managementsystem bildete sich in Reinkultur zum ersten Mal bei den großen Eisenbahngesellschaften des 19. Jahrhunderts aus. Ihre Pionierrolle ergab sich zunächst aus ihrem Kapitalbedarf, der alle bis dahin vorstellbaren Dimensionen sprengte. Die Investitionsvolumina überstiegen die einer Plantage oder einer Fabrik um das Vielfache. In den USA gab es 1893 16 Eisenbahngesellschaften mit einer Kapitalisierung von jeweils über 200 Mio. Dollar. Ihre Streckenlängen lagen zwischen 2.000 und 9.000 Meilen. In Preußen absorbierten die Eisenbahninvestitionen in ihrer Hochphase (1851–1879) zwischen 12 und 26 % der gesamtwirtschaftlichen Investitionen. In einzelnen Phasen (1865–1869 und 1875–1879) investierten die Eisenbahnen sogar mehr als alle Gewerbe- und Industrieunternehmen Deutschlands zusammen.

Angesichts dieser gigantischen Summen waren Individuen und einzelne Familien überfordert. Daher entstanden Aktiengesellschaften, die das Kapital bei einer Vielzahl von Investoren einsammelten. Der Handel mit Eisenbahnaktien und -anleihen war der entscheidende Treibsatz für den Aufstieg der Berliner Börse und der New Yorker Wall Street. Den Aktionären fehlte in der Regel die Zeit und v. a. die Kompetenz, um ihre Kapitalien selbst verwalten zu können. Die fachlichen Anforderungen in technischer, administrativer und kaufmännischer Hinsicht waren extrem hoch. Vor allem benötigte die Eisenbahn an verschiedenen Stellen höchst unterschiedliche Qualifikationsprofile, die nicht in einzelnen Familien, sondern nur auf Arbeitsmärkten für Fachkräfte abrufbar waren.

Lokomotiven, Waggons, Brücken, Tunnel und Tausende Kilometer Bahndämme mussten vor dem Verkauf der ersten Fahrkarte bezahlt werden. Daher begannen die Gesellschaften meist mit hohen Schulden. Die Einnahmen erreichten erst nach einer längeren Betriebszeit den Kostendeckungspunkt (Break-even-Point). Zudem fielen sie in kleinen und kleinsten Beträgen an, nämlich in Form von Millionen Fahrkarten und Frachtaufträgen. Die Verschuldung und die Unmenge an finanziellen Transaktionen erforderten ein ebenso flächendeckendes wie leistungsstarkes Finanzmanagement.

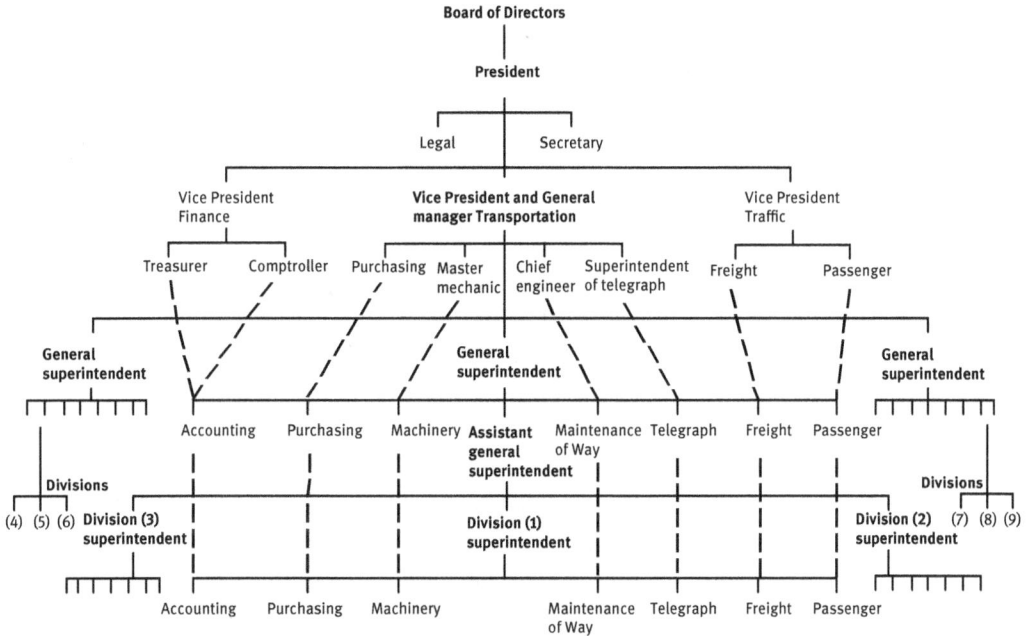

Abb. 3.9: Organigramm einer großen US-Eisenbahngesellschaft (um 1870).

Die schiere Größe und Komplexität der Gesellschaften stellten gigantische organisatorische Herausforderungen dar. Die Pennsylvania Railroad war 1891 mit 110.000 Beschäftigten der größte Arbeitgeber der Welt. Bei der London & North Western Railway arbeiteten 1914 über 77.000 Menschen, bei der französischen Chemin de Fer du Nord 56.000. Die 1920 gebildete Deutsche Reichsbahn war mit über 1 Mio. Beschäftigten der größte Arbeitgeber Deutschlands. Die Eisenbahn ist ein hochkomplexes und dazu noch gefährliches Transportsystem, das viele geografisch voneinander getrennte Einheiten besitzt. Es gilt, Tausende von Streckenkilometern, Lokomotiven, Bahnhöfen, Weichen, Bahnübergängen, Schaltzentralen und Lagern zu betreiben, zu kontrollieren und zu vernetzen. Zahllose Abfahrtszeiten sind aufeinander abzustimmen. Waggonpools müssen kreuz und quer durch das Land bewegt werden und zu einem bestimmten Zeitpunkt an einem bestimmten Ort eintreffen. Wenn Schranken nicht pünktlich schließen oder Weichen falsch gestellt sind, passieren grauenvolle Unfälle. Sicherheit erfordert hohe technische, aber auch organisatorische Standards. Bezeichnenderweise waren es Unfälle und der daraus resultierende Druck der Öffentlichkeit, die in der Anfangszeit den Ausbau und die Systematisierung der Leitungsstrukturen erzwangen.

Als Reaktion auf diese Herausforderung entstanden in den USA erstmals Megaorganisationen vom Typ M-Form. Abbildung 3.9 enthält ein vereinfachtes Schema eines multidivisionalen, stark funktional gegliederten Stab-Linien-Systems, das sich die meisten Eisenbahngesellschaften bis in die 1870er-Jahre hinein zulegten. An der Spitze standen ein „board of directors" und ein Präsident. Hier liefen alle Linien zusammen. Die auf dieser Ebene tätigen „executives" verkörperten den neuen Typus des professionellen Managerunternehmers in Reinkultur. Unterstützt wurden sie von einem „central office" genannten Stab, der keine direkten Weisungsbefugnisse besaß. Er arbeitete der Firmenspitze zu und beriet sie bei allgemeinen Fragen, damit sie sich auf strategische Entscheidungen konzentrieren konnte. In der Praxis verschwammen aber Stabs- und Linienaufgaben.

Ein amerikanischer Eisenbahnvorstand über Management (1855)
„The adoption of a system [...] which will not only enable the General Superintendent to detect errors immediately, but will also point out the delinquent."
(Zit. n. Alfred D. Chandler, The Visible Hand. The Managerial Revolution in American Business, Cambridge/ Mass. 1977, S. 102.)

Drei Vizepräsidenten waren für die Ressorts Finanzen, Beschaffung/Infrastruktur und Verkauf zuständig. Ihnen unterstanden jeweils funktional differenzierte Abteilungen. Die Ebene darunter leiteten die „general superintendents", die ebenfalls über funktional gegliederte Abteilungen verfügten und denen mehrere, in diesem Fall drei Divisionen, d. h. Regionen, unterstanden. Denen stand jeweils ein „division superintendent" vor, der erneut eine funktional gegliederte Verwaltung überwachte, deren Linien bis hinunter zum einzelnen Bahnwärter und Fahrkartenverkäufer reichten.

Der Dualismus von Stabsstellen und Linieninstanzen setzte sich auf den jeweiligen Ebenen fort, d. h. auch die Vizepräsidenten, „general" und „division superintendents" besaßen Stäbe für allgemeine Angelegenheiten. Mit der Umsetzung eines solchen Modells, das erstmals 1857 von der Pennsylvania Railroad eingeführt wurde, waren die Zeiten informeller Aufgabenzuweisung vorbei. Von nun an existierten für Kommunikationswege, Verantwortlichkeiten und Hierarchien eindeutige, in Handbüchern und Grafiken festgehaltene Reglungen. Jeder Mitarbeiter wusste, wem er zu berichten und zu gehorchen hatte bzw. wen er kontrollieren und beurteilen musste. Ein formalisierter, kontinuierlicher Informationsfluss zwischen den Einheiten wurde institutionalisiert. Die schriftliche Dokumentation aller Geschäftsvorgänge, Statistiken und Einsatzpläne für Zehntausende Mitarbeiter hielt die Gesamtorganisation zusammen und ließ sie eine ungeheure Koordinationsleistung erbringen. Diesem erfolgreichen Vorbild folgten bald schon Unternehmen ganz anderer Branchen.

3.4 Skalenerträge, Synergien und Wettbewerbsvorteile von Nationen

In der Diskussion um die internationale Wettbewerbsfähigkeit dominierten lange makroökonomische Erklärungsmuster. Chandler und *Michael Porter* (geb. 1947) näherten sich diesem Thema dagegen von den Unternehmen her. Für Porter, ebenfalls Harvard Business School und zeitweiliger Berater des amerikanischen Präsidenten, ist die Produktivität der Unternehmen entscheidend für nationale Wettbewerbsvorteile. Porter hebt dabei v. a. auf die Einbettung der Firmen in eine effizienzfördernde Umwelt ab. Dazu zählen die Beziehungen zu regionalen Zulieferern, Kunden und Forschungseinrichtungen sowie ortsgebundene Qualifikationsprofile. Entscheidend ist für Porter die Fähigkeit von Firmen, sich in ein Arrangement von solchen Vorteilen einzuklinken bzw. dieses nach ihren Bedürfnissen zu formen.

Unternehmen und nationale Stärke

„Since firms play a central role in the process of creating competitive advantage, the behavior of firms must become integral to a theory of national advantage. [...] The question is how a nation provides an environment in which its firms are able to improve and innovate faster than foreign rivals in a particular industry."

(Michael Porter, The Competitive Advantage of Nations, 2. Aufl., London 1998, S. 20f.)

In seinem 1990 erschienenen dritten Grosswerk „Scale and Scope" verfolgt Chandler eine engere Perspektive als Porter und betrachtet fast ausschließlich die innere Struktur der Firmen, weil er dort den Kern ihrer Stärke vermutet. Zunächst fasst er seine Version der Geschichte der Großunternehmen noch einmal zusammen und präzisiert zugleich die Konzepte, mit deren Hilfe er die Vorzüge dieses Firmentyps begründet. Dabei führt er einige hilfreiche Leitbegriffe ein.

3.4.1 „SST-economies" – Generalschlüssel zum Erfolg?

Der Erfolg der Konzerne basiert auf Größenvorteilen (siehe Abbildung 3.10), die Chandler jetzt als „SST-economies" bezeichnet. Dabei unterscheidet er drei Komponenten:

1. *Economies of scale*, zu Deutsch: Skalenerträge. Mit steigender Ausstoßmenge sinken bei vielen Gütern die Stückkosten bis zu einem gewissen Punkt, da sich die Fixkosten auf immer mehr Einheiten verteilen (Stückkostendegression). Wer möglichst nah an diesem technischen Optimum produziert, profitiert von der

sogenannten Minimalkostenkombination und hat massive Vorteile gegenüber Konkurrenten mit einer suboptimalen technologischen Konstellation und entsprechend höheren Kosten.

2. *Economies of scope* sind Verbundvorteile (*economies of joint production and distribution*), die Synergieeffekte ermöglichen. Dabei geht es um die bessere Auslastung bestehender Kapazitäten durch die Integration zusätzlicher Produkte. Bayer, BASF und Hoechst hatten sich nach der Entdeckung von Anilin zunächst ausschließlich auf die Herstellung synthetischer Farben spezialisiert. Als in den 1880er-Jahren die Nachfrage nach Farben stagnierte, stiegen sie in die Produktion von Pharmazeutika ein. Diese Diversifikation lag nahe, da für Medikamente Abfallstoffe und Zwischenprodukte der Farbenherstellung notwendig sind. So gewannen die Chemieunternehmen ein zweites Standbein und verfolgten eine langfristig sehr erfolgreiche, auf der systematischen Nutzung von Synergien basierende Wachstumsstrategie. Für die Stahlwerke des Ruhrgebiets war es sinnvoll, die Abwärme des Hochofens als billige Energiequelle zu nutzen und die im Verhüttungsprozess als Abfall anfallende Thomas-Schlacke als Dünger zu verkaufen. Wichtig ist immer ein verbindendes Element, wie gemeinsame Rohstoffe, Verfahren oder auch Vertriebsstrukturen. Allfinanzkonzepte sehen heute den Verkauf von Bankprodukten durch Versicherungsvertreter und umgekehrt vor. Beide Seiten profitieren von den Kundenkontakten des jeweils anderen Partners.

3. *Transaction-cost economies*: Die Internalisierung des Ressourcenflusses reduziert Transaktionskosten besonders in Bezug auf die Beschaffung zentraler Rohstoffe und Vorprodukte und die Vermarktung eigener Produkte, wenn sich der Markt als zu teuer oder zu unzuverlässig erweist. Erfolgreiche Unternehmen investierten gleichzeitig oder zeitnah auf allen Ebenen. Chandler benutzt den Begriff des „three-pronged investment" (Dreizackinvestition), um die Interdependenz von Ausgaben für Produktionstechnologie, Marketing und Management herauszustellen. Scheitern wird, wer nur auf Skalenerträge und Synergien in der Produktion setzt, parallel dazu aber Vermarktungs- und Organisationskapazitäten nicht ausbaut. Um Verbundvorteile zu nutzen, muss die Koordination der Teilprozesse effektiv funktionieren. Kapitalintensive Firmen sind besonders auf eine hohe Kapazitätsauslastung angewiesen und benötigen einen schnellen Fluss der Ressourcen durch die Wertschöpfungskette („Hochgeschwindigkeitsdurchsatz"). Das chandlersche Idealunternehmen produziert in großen Serien mit minimalen Stückkosten, sichert sich durch die systematische Nutzung von Synergien eine hohe Kapazitätsauslastung und verfügt über eine effektive Managementstruktur, die das Zusammenspiel der betrieblichen Teilprozesse organisiert.

Abb. 3.10: Größenvorteile. Krupp nahm 1929 die mit 15.000 Tonnen größte Schmiedepresse der Welt in Betrieb.

3.4.2 Expansionsstrategien

Wie erreichen Unternehmen die notwendige Größe, um die von Chandler diagnos-
tizierten Vorteile ausspielen zu können? Abgesehen von der Marktdurchdringung,
d. h. der Erhöhung des Absatzes pro bestehendem Abnehmer, sind vier Varianten zu
unterscheiden:

1. der Aufkauf von Firmen mit identischen oder ähnlichen Produkten (*horizontale
   Integration*),
2. die Internalisierung vor- und nachgelagerter Produktionsstufen (*vertikale Integration*), wie es bei Hüttenwerken der Fall ist, die sich Erzbergwerke und metall-
   verarbeitende Betriebe angliedern,
3. die Marktentwicklung durch *geografische Expansion*. 2002 eröffnete z. B. Starbucks erste Niederlassungen in Deutschland, nachdem die Kaffeekette die USA
   mit einem dichten Netz von 4300 Filialen überzogen hatte.

Abb. 3.11: Verbundvorteile. Zwei Stahlwerke auf dem Gelände der Thyssen-Zeche Deutscher Kaiser in
Duisburg.

4. die *Diversifizierung* in Geschäftsfelder mit Verbindungen zu vorhandenen Kapazitäten; Automobilhersteller gingen zum Bau von LKW und Bussen über, um „economies of scope" zu nutzen. Abbildung 3.11 veranschaulicht Verbundvorteile bei
   Thyssen. Daneben kann ein Unternehmen lateral in Geschäftsfelder diversifizieren, die mit der eigenen Kernkompetenz nichts zu tun haben. Hauptmotiv ist hier
   meist die Risikostreuung, nicht die Effizienzsteigerung. Auf diese Weise entstanden

v. a. in den 1960er- und 1970er-Jahren Mischkonzerne, sogenannte Konglomerate, die nicht in das Chandler'sche Schema passen, gleichwohl aber z. T. bemerkenswerte Erfolge erzielten. Der britische Hanson-Trust gehörte zu den größten Konzernen des Landes und betätigte sich in technologisch zumeist anspruchslosen Bereichen, in denen große Marktanteile zu erreichen waren. Der Konzern vereinte zeitweilig so unterschiedliche Produkte wie Zigaretten, Kohle, Zement und Ziegelsteine. Richard Branson versammelt unter dem Markendach Virgin Tonstudios und Musikläden, aber auch eine Fluglinie und eine Eisenbahngesellschaft. In Deutschland ist die Oetker-Gruppe ein überaus erfolgreiches Konglomerat, das Nahrungsmittel produziert, aber auch Brauereien, Hotels und eine Reederei betreibt. Dagegen erwies sich in den 1990er-Jahren der Versuch Edzard Reuters, den traditionsreichen Automobilhersteller Daimler-Benz zu einem „integrierten Technologiekonzern" umzubauen, der ein breites Spektrum von der Eisenbahntechnik bis zur Raumfahrt und von Mobilfunkdiensten bis zum Flugzeugbau abdecken sollte, als eines der größten Desaster der jüngeren deutschen Unternehmensgeschichte.

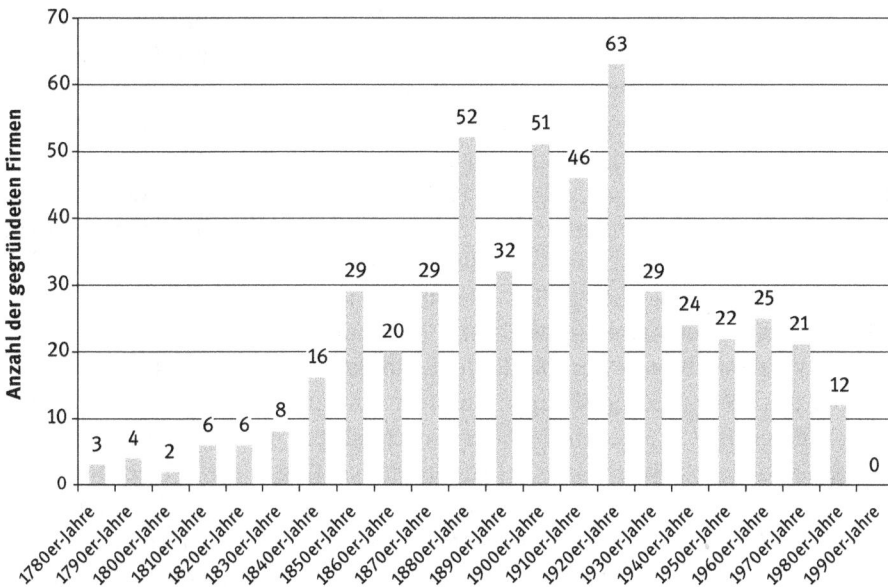

Abb. 3.12: Gründungsjahrzehnte der 500 umsatzstärksten US-Unternehmen (1994).

Die Firmen, die Größenvorteile zuerst nutzten, wurden häufig in ihren jeweiligen Branchen Marktführer und blieben es auch für längere Zeit. Chandler spricht von „firstmover advantages". Damit meint er, dass die Nachzügler es schwer haben, das von dem „first mover" besetzte Feld zu erobern. Dabei seien nicht primär exklusives technisches Wissen oder Patente ausschlaggebend, sondern die erstmalige systematische

Anwendung der „SST-economies" auf dem jeweiligen Gebiet. Der neu gegründete, kleine Konkurrent eines Großunternehmens hat so gewaltige Kostennachteile, dass er im Kerngebiet des „first mover" kaum konkurrenzfähig werden kann. Die Existenz erfolgreicher „first movers" an sich stellt schon eine Markteintrittsbarriere dar. Sie sind schon weit auf der Lernkurve für ihre spezifische Aktivität vorangeschritten, während ein Neueinsteiger noch mit Anlaufproblemen kämpft. Mit den daraus resultierenden Kostendivergenzen begründet Chandler die Tatsache, dass viele um 1900 entstandene Industriegiganten wie die Ölmultis, DuPont oder General Motors bis heute überlebt haben und auf ihrem Gebiet eine dominante Rolle spielen. Abbildung 3.12 untermauert die These von den Vorteilen der „first movers" empirisch, denn mehr als ca. 80 % der 500 umsatzstärksten US-Unternehmen des Jahres 1994 wurden vor 1950 gegründet. Die Mehrzahl entstand sogar zwischen 1870 und 1920.

3.4.3 Made in USA – „managerial capitalism"

Unter diesen konzeptionellen Prämissen hat Chandler die jeweils 200 größten Unternehmen in den USA, Großbritannien und Deutschland miteinander verglichen. Für die USA fand er seine bisherigen Ergebnisse bestätigt. Die dortigen Großunternehmen hätten früh und extensiv „SST-economies" genutzt, sich zu multidivisionalen Managerunternehmen entwickelt und die USA seit dem späten 19. Jahrhundert zur stärksten Volkswirtschaft der Welt gemacht. Branchen, in denen dieser Firmentyp dominierte, wiesen zwischen 1880 und 1948 ein signifikant höheres Wachstum auf als kleingewerblich strukturierte Sektoren. Daraus schließt Chandler, dass die „giant corporations" die eigentlichen Wachstumslokomotiven der USA gewesen seien. Zudem begannen diese Firmen, ihre „first-mover advantages" international auszuspielen und auf diese Weise den Wohlstand ihres Landes zu mehren.

Das Wettbewerbsrecht der USA förderte die Herausbildung von Großunternehmen, da der 1890 erlassene Sherman Antitrust Act Kartelle verbot. Fusionen boten danach die einzige Chance, den Wettbewerb nachhaltig zu beschränken. Als Ergebnis entstanden oligopolistische Marktstrukturen, da das Gesetz auch Monopole untersagte. Wenn also ein Unternehmen eine marktbeherrschende Stellung erreichte, wurde es im Interesse der Verbraucher aufgespalten. Das passierte 1911 der Standard Oil, die ca. 90 % der amerikanischen Kerosin-Produktion kontrollierte. Im selben Jahr folgte die Aufspaltung von DuPont. Das De-facto-Monopol der Bell-Telefongesellschaft (AT&T) wurde 1984 durch die Bildung der regionalen „Baby Bells" zerschlagen. Microsoft kämpfte 2002 erfolgreich gegen ein ähnliches Schicksal.

Aus diesem Grund gab bzw. gibt es in vielen Branchen zwar kein marktbeherrschendes Unternehmen, sondern es dominieren wenige sehr große Firmen, wie in der Elektroindustrie bis in die 1990er Jahre Westinghouse und General Electric, bei Softdrinks bis heute Coca-Cola und Pepsi-Cola sowie in der US-Autoindustrie traditionell Ford, General Motors und Chrysler. Im Gegensatz zur Wirtschaftstheorie beurteilt

Chandler solche Oligopole positiv. Sie seien das Fundament der ökonomischen Stärke der USA im 20. Jahrhundert gewesen. Daher sieht er im „managerial capitalism" amerikanischer Spielart auch ein überlegenes Modell für alle anderen Industriestaaten.

3.4.4 „Personal capitalism" – der Niedergang des britischen Pioniers

Dem vermeintlichen Vorbild USA stellt Chandler das britische Modell des *personal capitalism* entgegen. Der Anteil des Vereinigten Königreichs an der Weltindustrieproduktion sank zwischen 1880 und 1928 von ca. 23 auf 10 %, während derjenige der USA von knapp 15 auf über 39 % stieg. Deutschland legte in dieser Zeit von 8,5 auf fast 12 % zu. Den Niedergang der um 1870 noch weltweit führenden Industrienation Großbritannien führt Chandler primär auf das Versäumnis zurück, rechtzeitig auf „SST-economies" und Dreizackinvestitionen zu setzen. Ähnlich hoch entwickelte Organisationssysteme wie in den USA fehlten den unzureichend integrierten britischen Großunternehmen.

Das illustriert ein Vergleich der führenden Zigarettenhersteller beider Länder. American Tobacco stellte den Prototyp eines integrierten Konzerns dar, den ein hochdifferenzierter Managerstab führte. In einem New Yorker Hochhaus liefen alle Fäden zusammen. 1901 begann das Unternehmen, auf den britischen Markt zu drängen, auf dem bis dahin viele kleinere Firmen miteinander konkurrierten. Erst angesichts der übermächtigen Bedrohung schlossen sich 18 britische Zigarettenhersteller zu Imperial Tobacco zusammen. Der neue Konzern kontrollierte ca. 90 % des britischen Marktes. Die Integration vollzog sich aber nur an der Spitze. Im „executive committee" saßen Vertreter aller Teilfirmen und legten v. a. Preise und Budgets fest. Die früher selbstständigen Unternehmensteile regelten alles andere nach wie vor eigenhändig, die Produktion ihrer jeweiligen Marken, den Vertrieb und die Werbung. Die Teilunternehmen konkurrierten sogar weiterhin miteinander.

Die Konzernzentrale blieb klein, denn sie hatte nur wenige Aufgaben. Eine übergeordnete Koordination fand nicht statt. Niemand bemühte sich darum, Synergien und Skalenerträge systematisch auszunutzen. Im Grunde genommen handelte es sich um eine defensive Allianz befreundeter Firmen. Statt einer straffen Stab-Linien-Organisation gab es eine eher föderative Struktur, die es den früheren Eigentümern erlaubte, ihre zu Teilbetrieben gewordenen Firmen ohne allzu starke Einmischung der Zentrale weiterzuführen.

Bei Imperial waren insgesamt nur wenige Manager mit Leitungsaufgaben betraut. Bis weit in das 20. Jahrhundert hinein gaben in Großbritannien allgemein die Familien der Firmengründer den Ton an. Anders als in den USA waren diese selten bereit, die Firmenleitung in familienfremde Hände zu legen. In Imperials Führungsgremium saßen daher bis 1960 zumeist Verwandte der Gründer. Sie hatten v. a. die Interessen ihres eigenen Unternehmensteils vor Augen, wachten eifersüchtig und angetrieben vom Familienstolz über ihre Partikularinteressen und vererbten ihre Sitze an ihre Söhne und Schwiegersöhne. Die extremsten Fälle föderativer Konzerne gab es im

Textilsektor. Die Calico Printers' Association, eine 1899 aus 59 Firmen hervorgegangene Holding, hatte einen Board mit 84 Mitgliedern. Entsprechend schwierig gestaltete sich die Entscheidungsfindung. Die Konzernzentrale bestand aus wenig mehr als einem Sitzungssaal und einer kleinen Verwaltung. Laut *John Wilson* handelte es sich um „a study of disorganisation", mithin um ein Unternehmen, das an „overcapitalisation and undermanagement" litt.

Manager waren unter diesen Bedingungen seltener an der Firmenspitze zu finden als in den USA. Auch das mittlere Management besaß einen deutlich geringeren Umfang. In der britischen Gesellschaft genossen Manager ein niedrigeres Sozialprestige als in den USA. Überall schlug ihnen Misstrauen entgegen, und selbst hochrangige Manager wurden um 1900 noch offiziell „company servants" genannt. Die Hochschulen verachteten lange Zeit die Wirtschaft und förderten die Professionalisierung des Managements nur unzureichend. Die Wirtschaft ihrerseits hielt wenig von akademisch gebildeten Führungskräften, denen sie die Qualifikation für die Praxis absprach. Sie galten als „booksie boys [...] with not a [...] foot on terra firma". Noch lange war man der Überzeugung, dass „Unternehmer geboren, nicht aber ausgebildet" werden. Man pflegte einen regelrechten „cult of the amateur".

Das familiengeführte Großunternehmen Courtaulds war bis 1919 der weltweit führende Hersteller von Kunstfasern, dem textilen Zukunftsmaterial schlechthin. In der Zwischenkriegszeit fiel Courtaulds gegenüber DuPont und anderen Konkurrenten zurück. Anstatt massiv in Forschung und Entwicklung zu investieren, sammelte das Familienunternehmen Reserven an und schüttete z. T. Dividenden von 30 % und mehr aus. Die anhaltende Kontrolle der Familie verhinderte laut Donald Coleman den Aufbau einer leistungsfähigen Firmenzentrale: „[...] thought for the future was inadequate. The [...] firm concentrated on its one product as though demand for it were eternal." Eine kleine Zahl völlig überlasteter Führungskräfte „wholly failed to see the implications of chemistry and to set up a serious research effort."

Obwohl sich das Unternehmen vorsichtig gegenüber Hochschulabsolventen öffnete, wurde es noch in den 1930er-Jahren als „autocratic familiy business" geführt.

Vielen britischen Unternehmerfamilien waren persönliche Macht und Dividendeneinnahmen wichtiger als Wachstumschancen. Sie agierten weniger aggressiv als das Management in den USA und schreckten vor größeren Investitionen zurück. Technologische Rückständigkeit war eine der gravierendsten Folgen. Auf Auslandsmärkten vertrauten britische Firmen oft selbstständigen Kaufleuten, wodurch sie gegenüber integrierten Vertriebsorganisationen ausländischer Konkurrenten ins Hintertreffen gerieten. Wichtige Chancen der sogenannten „zweiten industriellen Revolution" wurden nicht genutzt. Obwohl die britische Textilindustrie vor 1914 der weltweit größte Nachfrager nach Farbstoffen war, blieb sie mangels geeigneter Angebote im eigenen Land auf deutsche Einfuhren angewiesen. 1914 marschierten die britischen Soldaten daher mit Uniformen in den Krieg, die mit Farbstoffen von Bayer und BASF gefärbt worden waren.

Als Gründe für dieses „Versagen" gibt Chandler die Erfolgsverwöhntheit der ersten Industrienation der Welt an, das entspannte Ethos des Gentleman-Generalisten und die ausgeprägte Tradition des aktiven Familienunternehmertums. Ferner besaßen standardisierte Massenprodukte auf dem viel kleineren und stärker sozial segmentierten Binnenmarkt eine geringere Bedeutung als in den riesigen USA mit ihrer relativ homogenen Nachfrage.

Chandlers Großbritannienbild blieb nicht unwidersprochen. Kritiker merkten an, dass britische Firmen auch ohne sklavische Kopie des US-Modells ein erhebliches Wachstum realisierten und der Bedeutungsverlust des kleinen Landes am Rande Europas angesichts einer steigenden Zahl neuer Industriestaaten unvermeidlich war. Aufgrund der niedrigeren Facharbeiterlöhne und der Nachfrage nach spezifischeren Produkten hätten sich viele der vermeintlich „rückständigen" Produktionsmethoden noch lange als adäquat und profitabel erwiesen. Warum sollten sie sich also an einem Muster orientieren, das gar nicht zum eigenen Land passte? Die frühe kapitalistische Entwicklung Großbritanniens hatte ferner v. a. im Handel und in der Distribution viele kleinere Anbieter hervorgebracht, sodass leistungsfähige Marktstrukturen existierten. Somit hätten die in dieser Hinsicht ursprünglich weniger entwickelten USA an einem relativen Marktversagen gelitten und Aktivitäten internalisieren müssen, die der britische Markt mit niedrigeren Transaktionskosten bereitstellte.

Schließlich gab es in Großbritannien auch erfolgreiche, gut geführte Großunternehmen. In der um 1900 reichsten Gesellschaft der Welt nutzten Konsumgüterunternehmen wie Cadbury und Rowntree (Schokolade), Guinness und Watneys (Bier), Lever Brothers (Seife, Kosmetika, ab 1929 Unilever) entschlossen die sich bietenden Chancen. Der Einzelhandel erwies sich als besonders innovativ, sodass sich hier zahlreiche landesweite Ketten etablierten, die Strategien der Rückwärtsintegration verfolgten und sich Fabriken angliederten, um stets mit Produkten in der gewünschten Qualität versorgt zu sein.

Vickers, Pilkington, BP, Shell und Glaxo waren weitere erfolgreiche britische Großunternehmen. Chandler selbst erwähnt den 1926 aus der Fusion von fünf Firmen hervorgegangenen Chemieriesen Imperial Chemical Industries (ICI), bei dem die einzelnen Unternehmensteile tatsächlich zu einer Einheit zusammenwuchsen. Obwohl an der Spitze Repräsentanten der alten Eigentümerfamilien standen, gaben sie professionellen Managern Entfaltungsraum und drängten Familienegoismen zurück. Nach 1926 zentralisierte die Firmenspitze zunächst das neue Unternehmen, um schon 1929/30 eine erneute Restrukturierung, diesmal in Richtung der M-Form, vorzunehmen. Die einzelnen Produktsparten erhielten mehr Eigenverantwortung. ICI baute enge Verbindungen zu Universitäten auf, was die Innovationskraft erhöhte und die Rekrutierung fähiger Wissenschaftler und Manager erleichterte.

Sir Alfred Mond, der erste ICI-Chairman, über Großfusionen
„The real problem of rationalization and merging of big enterprises consists in effective central control with sufficient elasticity lower down to allow action to be neither arrested nor delayed."
(Zit. n. Leslie Hannah, The Rise of the Corporate Economy, London 1983, S. 81.)

Allerdings handelte es sich bei ICI um eine Ausnahme, da der Anstoß zur Fusion von der britischen Regierung ausging. Ganz entgegen ihrer sonstigen Zurückhaltung intervenierte sie nach der schmerzhaften Erfahrung vom Beginn des Ersten Weltkriegs, als sie bei rüstungsrelevanten Chemieprodukten von Importen abhängig gewesen war. Mitte der 1920er-Jahre stand erneut zu befürchten, dass die britische Chemieindustrie den Anschluss an die internationale Entwicklung verlieren könnte. 1925 hatten sich die wichtigsten deutschen Chemieunternehmen zur IG Farben mit 111.150 (1928) Beschäftigten zusammengeschlossen. Die ICI-Fusion war eine direkte Reaktion auf die „deutsche Bedrohung".

Vor 1939 übernahm in Großbritannien außer ICI nur Unilever die M-Form vollständig. *Leslie Hannah* hat die Zwischenkriegszeit als „golden age of directoral power" beschrieben, in dem die oft aus den Eigentümerfamilien stammenden Vorstände nicht bereit waren, Verfügungsgewalt an die ihnen untergeordneten Leiter einzelner Unternehmensteile zu delegieren. Selbst dort, wo divisionale Strukturen entstanden, wurde das damit verbundene organisatorische Rationalisierungspotenzial nicht ausgeschöpft.

3.4.5 Made in Germany – kooperativer Managerkapitalismus

Das dritte von Chandler untersuchte Modell liegt zwischen dem amerikanischen und dem britischen. In Deutschland habe sich in der Industrialisierung ein leistungsstarker „co-operative capitalism" („kooperativer" oder „organisierter Kapitalismus") herausgebildet, in dem Unternehmen sich nicht primär als Konkurrenten gegenübertraten, sondern sich außerhalb des Marktes abstimmten. Auch Porter sieht in ihm den Hauptgrund der industriellen Stärke Deutschlands. Dabei sind vier Kernelemente zu unterscheiden:

1. *Enge Beziehungen zum Staat* und seinen Behörden; Zollschutz und Subventionen, Bürgschaften und Garantien, Wirtschafts- und Regionalförderung, Absprachen und „konzertierte Aktionen" waren und sind bis heute charakteristisch für das deutsche Modell (siehe Kapitel 7).

2. Als Reaktion auf die Krise der 1870er-Jahre entstand ein hochdifferenziertes *Verbandswesen*. Die Verbände fungierten einerseits als Lobbyorganisationen gegenüber Parlamenten und Behörden. Andererseits wirkten sie innerhalb der Wirtschaft konsensbildend und regulierten z. T. auch die Marktbedingungen. Verglichen mit der angelsächsischen Welt handelte es sich bei Deutschland um eine hochgradig durchorganisierte Gesellschaft. Bis heute besteht für alle Unternehmen eine Zwangsmitgliedschaft in den Industrie- und Handelskammern.

3. Nach der Gründerkrise bildeten sich vermehrt *Kartelle*, die eine „ruinöse" Konkurrenz verhindern sollten. Bis 1911 entstanden in Deutschland über 500 solcher vertraglichen Absprachen selbstständiger Unternehmen, die v. a. Preise, Quoten und Konditionen festlegten, um den Wettbewerb auszuschalten oder zu

manipulieren. Allerdings erwiesen sich längst nicht alle Kartelle als wirksam oder dauerhaft. Viele standen nur auf dem Papier oder lösten sich schon bald wieder auf. Funktionierende Kartelle hatten z. T. sogar gemeinsame Vertriebsorganisationen wie das starke Rheinisch-Westfälische Kohlensyndikat, das 1893 80–90 % des gesamten Ruhrkohleabsatzes kontrollierte.

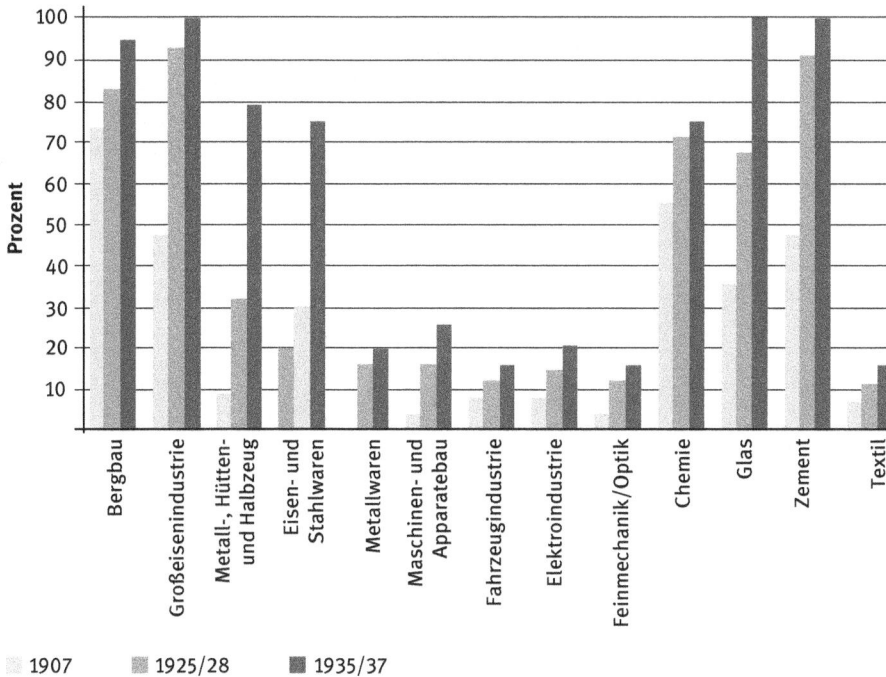

Abb. 3.13: Kartellierte Produktion in Deutschland in Prozent der jeweiligen Branche (1907–1937).

Im Gegensatz zu den USA genossen Kartelle den Schutz der Gerichte. Sie wurden nicht als illegale Absprachen zulasten der Allgemeinheit, sondern als gültige privatrechtliche Verträge behandelt. Kartellmitglieder, die gegen die Abmachungen verstießen, konnten vom Staat zur Einhaltung von Kartellvereinbarungen gezwungen werden. Das Reichsgericht bestätigte 1897 diese Rechtspraxis. Abbildung 3.13 weist die Zunahme der kartellierten Produktion in der Zwischenkriegszeit nach. In einigen Branchen wie dem Bergbau oder der Glas- und Zementindustrie gab es bis 1935/1937 praktisch keine freie Konkurrenz mehr. In der Schwer- und der Chemieindustrie lag die kartellierte Produktion bei über 70 % des Gesamtausstoßes.

Abbildung 3.14 enthält die geschätzte Zahl der Industriekartelle im Zeitraum von 1875 bis 1977. In den 1870er-Jahren setzte die Kartellierung ein und wurde in den 1880/90er-Jahren trotz der Besserung der gesamtwirtschaftlichen Lage zum Massenphänomen. Der Trend hielt bis 1914 an. 1924 verschlechterte die Währungsstabilisierung die deutschen Exportchancen dramatisch, da das seit 1918 im Zuge der Inflation betriebene Exportdumping nicht mehr möglich war. Die verstärkte Kartellierung bot anscheinend einen Ausweg, der auch von der Politik positiv bewertet wurde. Kartelle schienen – da waren sich die parlamentarischen Parteien einig – Ordnung in die chaotischen Märkte zu bringen.

In der Weltwirtschaftskrise kam es zu einem Rückschritt, da unter der Existenzbedrohung ihrer Mitglieder viele Kartelle zerbrachen. Das NS-Regime förderte jedoch Kartelle wie keine andere deutsche Regierung. In vielen Bereichen entstanden Zwangskartelle. Der Kartellierungsgrad, d. h. die Quote kartellierter Waren an der Gesamtproduktion, hatte um 1910 noch ca. 25 % betragen. In den 1930er-Jahren erreichte er ca. 50 %. Die Diktatur sah in den Kartellen nicht nur einen Ordnungsfaktor, sondern auch ein Mittel zur Kontrolle der Wirtschaft unter dem Primat der Rüstung.

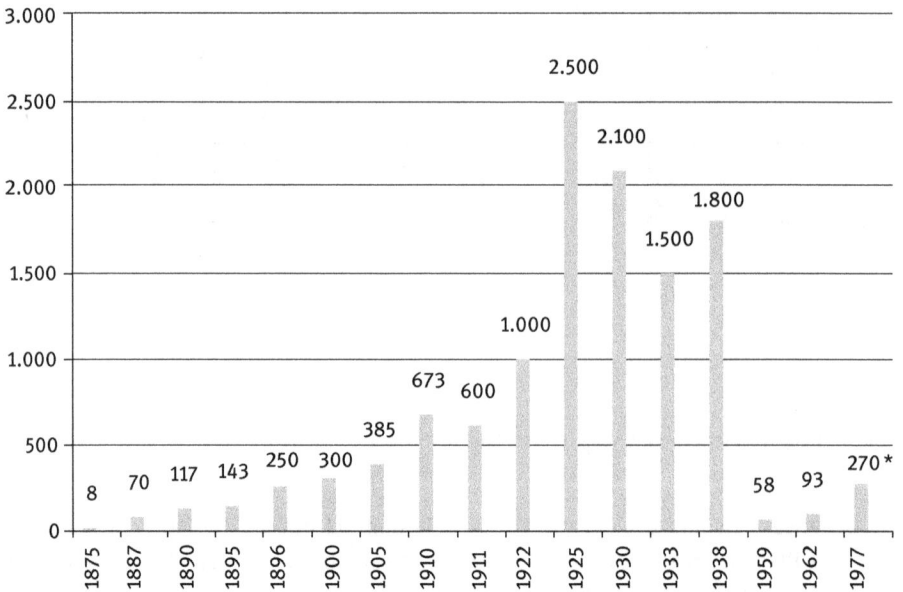

*Auch Kartelle außerhalb der Industrie

Abb. 3.14: Geschätzte Anzahl der Industriekartelle in Deutschland (1875–1977).

Nach 1945 kam es zu einem Paradigmenwechsel. Auf Drängen der USA wurden Kartelle zunächst verboten, da sie der US-Tradition entsprechend als „Verschwörung zulasten der Verbraucher" und Fremdkörper in einer Marktwirtschaft galten. Das Kartellgesetz von 1957 hielt am Verbot fest, erlaubte jedoch eine lange Reihe von Ausnahmen. Zwischen 1957 und 1982 hat das Bundeskartellamt 716 Anträge erhalten und davon 316 genehmigt. Nach der Ölkrise suchten Unternehmen wieder verstärkt in Kartellen Schutz vor wirtschaftlichen Wechsellagen. Viele Kartelle funktionieren, obwohl sie illegal sind, wie etwa die Submissionskartelle der Bauwirtschaft.

Kartelle stabilisieren Märkte und Gewinne auf Kosten der Kunden, die künstlich erzeugte Überpreise zahlen. Chandler beurteilt das deutsche Kartellwesen jedoch insgesamt positiv, da es die Unternehmer nicht zu Selbstzufriedenheit und Erschlaffung verleitet habe. Vielmehr erlaubten ihnen die Übergewinne im Inland, auf Auslandsmärkten niedrigere Preise zu stellen. Der Weltmarkt war für die deutsche Wirtschaft allein schon aufgrund des relativ kleinen Binnenmarkts immer sehr wichtig. Der auf ihm herrschende Wettbewerb ließ die Kartelle nicht zu Lähmungsagenturen werden, sondern sorgte für anhaltenden Konkurrenzdruck. Da deutsche Exporteure mit vielfachen Diskriminierungen im Ausland konfrontiert waren, sieht Chandler in ihrer Kooperationsbereitschaft im Inland eine legitime Strategie, sich für den Konkurrenzkampf in feindlichen Umwelten zu stärken.

4. Die *Banken* spielten in Deutschland eine ungleich größere Rolle als in den USA, in denen der Kapitalmarkt entwickelter war. In Großbritannien kümmerten sich die Banken kaum um die Industriefinanzierung, sondern widmeten sich dem lukrativeren Geschäft mit Auslandsanleihen. Die deutschen Universalbanken wirkten dagegen zum einen als Kapitalgeber und Vermittler langfristigen Investitionskapitals, zum anderen als Verbindungsglieder zwischen den Firmen etwa durch die Präsenz in Aufsichtsräten. Aus dieser Position heraus ergriffen sie nicht selten die Initiative zu Kartellen, Allianzen oder Fusionen. Die enge Beziehung eines Unternehmens zu einer Bank ist ein deutsches Spezifikum. Das Wort „Hausbank" ist daher auch nicht in andere Sprachen zu übersetzen.

Unter diesen Rahmenbedingungen wuchsen in Deutschland besonders seit der Liberalisierung des Aktienrechts im Jahr 1870 sehr große Unternehmen heran, v. a. in der Schwerindustrie, aber auch im Chemie- und Elektrosektor. Entstehende Imperien wie Krupp, Thyssen, Siemens, AEG, BASF, Bayer und Hoechst investierten zielstrebig in Produktions-, Marketing- und Managementkapazitäten und nutzten „first-mover advantages". Wie ihre amerikanischen Konkurrenten diversifizierten sie systematisch. 1907 waren nur fünf der 100 größten deutschen Firmen undiversifiziert. Nur zwölf hatten nicht vertikal integriert, d. h. eigene Beschaffungs- oder Vertriebseinheiten angegliedert.

Obwohl in den Großunternehmen familienfremde Führungskräfte eine erhebliche Rolle spielten und das deutsche Bildungswesen für hochqualifizierten Managementnachwuchs sorgte, ist es irreführend, wenn Chandler vom „cooperative managerial capitalism" spricht. Bis 1914 standen an der Spitze der meisten deutschen Großunternehmen nämlich noch Angehörige der Gründerfamilien. Sie behielten insgesamt wesentlich mehr Einfluss als in der US-Industrie. Der „personal capitalism" hielt sich auch in Deutschland lange und nicht selten im Gewand der Aktiengesellschaft. Seit den 1920er-Jahren rückten aber verstärkt leitende Angestellte in Toppositionen vor.

In einem Vergleich der 100 größten Industrieunternehmen Deutschlands und der USA weisen *Jürgen Kocka* und *Hannes Siegrist* nach, dass die Diversifikation in Deutschland 1907 weiter vorangeschritten war als in den USA. Im Gegensatz zu Chandler, der vorrangig effizienztheoretisch argumentiert, resultierte für sie der „Zug zur Größe, zur Integration und zur Diversifikation [...] aus den Bedingungen aufzuholender Rückständigkeit." Deutschland war ja ein Spätentwickler, der seine Industrie in wenigen Jahrzehnten aus dem Boden stampfen musste und nicht auf eine ähnlich leistungsfähige gewerblich-kommerzielle Infrastruktur wie der britische Pionier zurückgreifen konnte. Expandierende Unternehmen kamen also nicht umhin, Beschaffungs- und Absatzfunktionen selbst zu übernehmen. Eine „mangelhaft entwickelte gesamtwirtschaftliche Arbeitsteilung legte so ein [...] höheres Maß an innerbetrieblicher Arbeitsteilung zwingend nahe. [...] Zur Diversifikation drängte die rückständige Situation ebenfalls: Wenig entwickelte und wenig durchsichtige Absatzmärkte ließen es [...] geraten erscheinen, auf mehr als auf einem Bein zu stehen." Siemens illustriert anschaulich die Spezifika des deutschen Modells. Die 1847 in einem Berliner Hinterhof eröffnete mechanische Werkstatt (siehe Abbildung 3.15) wuchs in wenigen Jahrzehnten zu einem international operierenden Konzern heran, der elektrotechnische Basisinnovationen nutzte. Die Chancen der Diversifizierung waren mit den Händen zu greifen. Wer einmal das technische Know-how und eine hochkarätige Entwicklungsabteilung besitzt, bringt nahezu zwangsläufig Innovationen in angrenzenden Feldern hervor. Vom Telegrafenbau – hier war Siemens „first mover" – kam Siemens zum Unterwasserkabel, zu Messinstrumenten und zum Telefon. Der Bau von Elektromaschinen schuf die Kompetenz, Straßenbahnen und Fahrstühle zu entwickeln. Siemens errichtete auch ganze Kraftwerksanlagen, produzierte aber zugleich Kleinmaterialien wie Kabel und Schalter.

Bis 1913 wuchs Siemens zu einem diversifizierten Großkonzern mit knapp 82.000 Beschäftigten zusammen. 1876 waren es erst 950 gewesen. 1897 begann der Aufbau des größten zu einem Unternehmen gehörenden industriellen Komplexes der Welt, der seit 1913 Siemensstadt hieß. Diese ungeheure Wachstumsdynamik und die mit der Diversifizierung entstehende Komplexität ließ sich nicht mehr mit einem patriarchalischen Führungsstil beherrschen. Lange hatte die Familie das Unternehmen dominiert, doch schon bei 2000 Mitarbeitern konnte Werner Siemens nicht mehr jeden Firmenangehörigen mit Namen ansprechen und sich um alles persönlich kümmern. Auch saßen irgendwann praktisch alle Verwandten in Leitungspositionen.

Die Antwort auf die Herausforderung bestand in der Anstellung familienfremder Führungskräfte und im Aufbau eines funktional differenzierten mittleren und unteren Managements. Das gelang bei deutschen Großunternehmen allgemein rasch, da sie auf das bewährte Modell der staatlichen Bürokratie zurückgreifen konnten. Der Beamtenapparat wurde in Deutschland bis vor wenigen Jahrzehnten geradezu verehrt. Unternehmer wünschten sich im Kaiserreich nichts sehnlicher als den Titel „Kommerzienrat", der zu nichts berechtigte, aber die Anerkennung des Staates und die soziale Gleichstellung mit höheren Beamten signalisierte.

Abb. 3.15: Ursprung des Hauses Siemens. Hinterhofwerkstatt in Berlin, Schöneberger Straße 19.

Bei Siemens und anderen Großunternehmen kopierte man die Organisationsprinzipien der Bürokratie. Die Berliner Unternehmenszentrale hieß „Oberbehörde", die Angestellten „Privatbeamte". Sie gliederten sich in „Oberbeamte, Unterbeamte und Hülfsbeamte". Abbildung 3.16 gibt Einblick in ein Konstruktionsbüro von Siemens vor dem Ersten Weltkrieg. Das mittlere und untere Management war ungemein stolz darauf, als Angestellte beamtenähnliche Privilegien wie die praktische Unkündbarkeit und die laufbahnmäßige Beförderung zu genießen. Zu den nicht nur von Siemens übernommenen Kommunikations- und Systematisierungstechniken des preußischen Behördenwesens gehörten: Geschäftspläne, Instanzenzüge, Arbeitsordnungen, Formulare, Stempel, Umlaufmappen, das Prinzip der Schriftlichkeit und Aktenkundigkeit aller Vorgänge und eine ausgeklügelte Registratur. 1913 wurde die Verwaltung in Siemensstadt zentralisiert. Der neue Verwaltungskomplex war größer als jedes Gebäude der Reichsregierung. Auf 66.000 qm arbeiteten 3.000 „Privatbeamte". Sie bewältigten 1,3 Mio. Postein- und -ausgänge pro Tag. Auf diese Weise koordinierten sie die Tätigkeit von 168 Zweigwerken, Vertretungen und Büros in 49 Ländern.

Siemens gelang sowohl die Divisionalisierung als auch die Integration der verschiedenen Sparten. Schwach- und Starkstromtechnik waren seit 1903 organisatorisch in unterschiedlichen Unternehmen, Siemens & Halske und Siemens-Schuckert, angesiedelt. Die Firmen, die durch personelle Überschneidungen in den Leitungsgremien zusammengehalten wurden, strukturierten sich intern nach Produktgruppen. Die einzelnen Sparten, die oft in separaten Werken angesiedelt waren, besaßen eine erhebliche Autonomie. Sie verfügten über ihre eigene Rechnungsführung, ihren eigenen Vertrieb und eigene Verwaltungen und Topmanager. Zugleich blieben die Sparten in das Gesamtunternehmen eingebunden. Direktionen, Ausschüsse und Zentralbüros übten eine zentrale Kontrolle aus, forderten Berichte an und gaben Anweisungen nach unten. Zentrale Stabsstellen wie die Finanzverwaltung oder das Personalreferat erfüllten Aufgaben für das gesamte Unternehmen. Die wissenschaftlich-technische Zentralstelle bündelte die Forschung und Entwicklung. Die Zentralwerksverwaltung koordinierte die Produktion in den verschiedenen Werken, und die Zentralverkehrsverwaltung stimmte alle Vertriebsaktivitäten ab. In begrenztem Umfang wurden auch bereits interne Märkte geschaffen, sodass zwischen den einzelnen Werken eine gewisse Konkurrenz herrschte.

Insgesamt entstand eine Struktur, die dem von Chandler favorisierten Modell des hochintegrierten und zugleich dezentralisierten, multidivisionalen Großunternehmens nahe kam und die extensive Nutzung von „SST-economies" erlaubte. Zusammengehalten und koordiniert wurde Siemens von einer nach dem Vorbild des Behördenwesens organisierten Verwaltung und von Managern, die einschlägige Fach- und Hochschulen durchlaufen hatten. Das deutsche Management profitierte ungemein von der Tradition der Bürokratie und des Bildungswesens. Auf beiden Gebieten war Deutschland weltweit führend gewesen. Die behördenähnliche Organisation der deutschen Unternehmen hat sich in vielen Fällen bis in das letzte Drittel des 20. Jahrhunderts gehalten.

Wie gestaltete sich das Verhältnis von Siemens zur Konkurrenz, insbesondere zur AEG, dem zweiten großen Namen der deutschen Elektroindustrie? Deren Gründung (1883–1887) als reines Managerunternehmen weist sie als Ausnahmeerscheinung aus. Um die Glühlampen-Patente des genialen Erfinders Thomas A. Edison zu nutzen und Deutschland mit elektrischem Licht zu versorgen, hatte Emil Rathenau ohne nennenswerten Kapitalbesitz, aber mit tatkräftiger Unterstützung diverser Banken das Unternehmen gegründet, dem er als Generaldirektor vorstand. Schon bald schob sich die Deutsche Bank in den Vordergrund, die im Aufsichtsrat saß und als Hausbank fungierte. Da sie in derselben Funktion Siemens betreute, konnte sie einen harten Konkurrenzkampf ihrer beiden Klienten vorerst verhindern.

So kaufte Siemens ein Zwölftel der AEG-Aktien und unterzeichnete 1887 ein Abkommen, das der AEG Exklusivrechte für die Errichtung von Beleuchtungsanlagen und die Herstellung von Glühlampen sicherte. Im Gegenzug musste die AEG alle Maschinen und Vorprodukte für die Beleuchtungstechnik von Siemens beziehen. Der Vertrag wurde 1894 aufgelöst. Die Zusammenarbeit setzte sich aber trotzdem fort, was sich u. a. in der gemeinsamen Gründung von Firmen für neue Anwendungsgebiete der Elektrotechnik niederschlug. 1913 entstand Telefunken (Radio) und 1919 Osram (Glühlampen).

In der Beziehung von Siemens zur AEG spiegeln sich zentrale Merkmale des „kooperativen Kapitalismus", nämlich der große Einfluss der Banken, die erheblichen Spielräume von Managern und die vertrauensvolle Zusammenarbeit mit der Konkurrenz. Hinzu kamen Überkreuzverflechtungen durch gegenseitige Kapitalbeteiligungen und Aufsichtsratsmandate. Siemens war 1932 in den Aufsichtsräten von 128 anderen Aktiengesellschaften vertreten, die AEG sogar in 174. Allerdings sorgten v. a.

Abb. 3.16: Siemens-Ingenieure im Konstruktionsbüro (1910).

Bankiers (*big linkers*) über ihre zahlreichen Aufsichtsratsmandate für Informationsflüsse und kooperative Beziehungen.

3.4.6 Größenvorteile oder Größenwahn? – Kritik an Chandler

Chandler hat ein hilfreiches Schema für die Analyse von Großunternehmen entwickelt. Ohne seine Konzepte von den „SST-economies" bis zu den „first-mover advantages" lässt sich ihre Geschichte nicht verstehen. Großunternehmen sind zweifelsohne zentrale Bausteine der modernen Welt. Sie dominieren u. a. die Schwer-, Öl-, Automobil-, Chemie- und Computerindustrie sowie den Finanzsektor. Durch Fusionen und Allianzen bauen sie ihren Einfluss ständig aus.

Chandler hat aber die Perspektive unangemessen verengt und die Bedeutung von Großunternehmen maßlos überschätzt. Letztlich erlag er einem logischen Zirkelschluss. Wer sich ausschließlich mit erfolgreichen Großunternehmen befasst, hat noch lange keinen schlüssigen Beweis für einen kausalen Zusammenhang von Größe und Erfolg. Chandler konzentriert sich auf kapital- und energieintensive Branchen mit relativ homogenen Produkten. Hier kommen Skalenerträge und Synergien tatsächlich in besonderer Weise zum Tragen. Arbeitsintensive Sektoren, in denen kein vergleichbarer Zwang zur Größe bestand, oder deren Produkte sich gegen Standardisierungen sperrten, fehlen gänzlich. In ihnen spielen ganz andere Eigenschaften eine Rolle, insbesondere die Qualifikation der Mitarbeiter.

In der Debatte um die Wettbewerbsfähigkeit von Nationen ist Chandlers Konzentration auf managergeführte Konzerngiganten in mehrfacher Hinsicht problematisch. Oligopole und bürokratisierte Hierarchien lassen sich auch als Kennzeichen ökonomischer Ineffizienz deuten. Daneben ist die empirische Basis der chandlerschen Argumentation einseitig. Je 200 große Industrieunternehmen sind nicht identisch mit der gesamten Volkswirtschaft. Dynamische kleinere und mittlere Unternehmen (KMUs) können einen großen Unterschied machen. Es ist daneben unzulässig, sich nur mit Industriefirmen zu beschäftigen. Gerade Großbritannien hatte große Stärken im Dienstleistungsbereich und müsste bei dessen Einbeziehung wesentlich positiver beurteilt werden.

Chandlers Charakterisierung der deutschen Entwicklung ist zwar weniger umstritten als seine Darstellung Großbritanniens. Zugleich muss hervorgehoben werden, dass Deutschland bis heute das klassische Land familiengeführter KMUs ist und sich bei den Großunternehmen die M-Form erst nach 1960 durchgesetzt hat. Zentrale Kennzeichen des „kooperativen Kapitalismus" lassen sich auch in anderen europäischen Ländern nachweisen. Allgemein bestehen noch enorme Forschungslücken, insbesondere was die Organisation deutscher Großunternehmen angeht. Die Megakonzerne IG-Farben und Vereinigte Stahlwerke besaßen sicher nicht die vorbildliche Struktur, die ihnen Chandler zuschreibt. Es handelte sich vielmehr um Lösungen, die der Not der Weimarer Republik entsprungen waren. Die Koordination der zahlreichen Betriebsteile bereitete den Zentralverwaltungen erhebliche Schwierigkeiten. Bezeichnenderweise wurde in der Bundesrepublik nie der Versuch einer Wiederherstellung dieser nach 1945 von den Alliierten aufgelösten Konzerne unternommen.

Es rächt sich, dass Chandler die Unternehmensumwelt weitgehend ausblendet. Die Politik (siehe Kapitel 7) kommt bei ihm kaum vor. So fehlt in seinem Deutschland-Kapitel der Nationalsozialismus. Potente Faktoren wie die Wirtschaftspolitik, ganz zu schweigen vom Wettbewerbs-, Steuer- oder Mitbestimmungsrecht, sucht man vergeblich. Die durch den Ersten Weltkrieg in Europa ausgelösten Umbrüche werden ignoriert. Die 1937 gegen die Interessen der privaten Schwerindustrie gegründeten Reichswerke Hermann Göring waren mit 600.000 Beschäftigten zeitweilig das größte Industrieunternehmen Europas. Nichts wäre abwegiger, als seine Geschichte mit „SST-economies" erklären zu wollen, denn es handelte sich um ein rein rüstungs- und autarkiepolitisches Projekt des NS-Regimes bzw. im Krieg um ein Instrument zur Ausplünderung der besetzten Länder. Es lassen sich unzählige Beispiele von Fusionen in Krisenbranchen anführen, bei denen es primär um die Überlebenssicherung ging und nicht um die Erhöhung der Effizienz. Man denke nur an die Formierung der Ruhrkohle AG auf dem Höhepunkt der Bergbaukrise im Jahr 1969. Neben der Existenzsicherung können auch steuerrechtliche Vorteile, bessere Chancen des Lobbyismus, die Angst vor feindlichen Übernahmen oder die Verbesserung des Zugangs zum Kapitalmarkt den Ausschlag für das Streben nach Größe geben.

Allgemein beurteilt Chandler die Entwicklung der europäischen Unternehmen durch eine amerikanische Brille. Er idealisiert das US-Modell, ohne die unterschiedlichen

Umweltbedingungen in den anderen Ländern zu berücksichtigen. Als Folge nationaler Grenzen und tiefer Klassenunterschiede waren die Märkte in Europa viel kleiner und in sich differenzierter. Die amerikanische Einwanderergesellschaft wurde dagegen weniger von Traditionen oder gar ständischen Überhängen geprägt. Deshalb und aufgrund der rasch zunehmenden Größe des US-Markts fanden dort homogene Massenprodukte eher Abnehmer als in Europa, was den Aufbau gigantischer Produktionskapazitäten nahelegte. Die Arbeiterschaft in den USA zeichnete sich verglichen mit Europa durch ein deutlich geringeres Qualifikationsniveau und höhere Löhne aus. Das begünstigte den Einsatz kapitalintensiver Maschinen, während die höheren Qualifikationen und niedrigeren Löhne der Europäer andere Formen der Produktion begünstigten. Schließlich sprach auch der Reichtum an natürlichen Ressourcen in den USA für einen extensiven, kapitalintensiven Umgang mit Rohstoffen und Energie. Wo Rohstoffe knapp und die Strukturen kleinräumig sind, muss man anders wirtschaften. Insofern ist es ein kardinaler Fehler, die Unternehmen aller drei Länder an denselben Kriterien zu messen. Welchen Wert hat ein simples Ranking, bei dem der wettbewerbsorientierte amerikanische Managerkapitalismus an der Spitze steht, das wenig wettbewerbsintensive deutsche Kooperationsmodell den zweiten Platz einnimmt und der vermeintlich hoffnungslose britische „personal capitalism" das Schlusslicht trägt?

Eines der gravierendsten Probleme seiner Arbeiten ist es, dass Chandler den empirischen Nachweis der Überlegenheit größerer Firmen schuldig bleibt. An keiner Stelle vergleicht er die Eigenkapitalrenditen oder den „return on investment". Wir wissen nicht einmal, ob die viel kritisierten britischen Unternehmen wirklich weniger rentabel waren als ihre hochgelobten amerikanischen Konkurrenten. Empirischen Tests der Größenvorteile haften gewaltige methodische Probleme an. Obwohl sich viele Wissenschaftler eingehend mit diesen Fragen befasst haben, fehlt bislang eine abschließende Klärung. Einige Studien sehen einen positiven Zusammenhang von Größe und langfristigem Erfolg, andere bestreiten ihn. Selbst dort, wo Größe und Stärke zusammentreffen, sind die Ursachen nicht immer eindeutig. *Naomi Lamoreaux* und andere haben gegen die Gleichsetzung von Leistungskraft und Größe eingewandt, dass letztere auch mit Marktmacht korrelieren kann und das effizienztheoretische Konzept der „SST-economies" zu einseitig ansetzt. Unternehmen streben nämlich häufig nicht nach Größe, um produktiver zu werden, sondern um den Wettbewerb auszuschalten.

Chandler verliert des Weiteren kaum Worte über die Gefahren der Größe. Riesige Firmenzentralen können zu kostspieligen Wasserköpfen degenerieren, administrativen Leerlauf und Blockaden erzeugen. Die Untersuchung *Sukkoo Kims* über die US-Industrie enthüllte, dass zwischen 1958 und 1987 die Zahl der Beschäftigten in Firmen mit mehr als einer Betriebsstätte (*multiunit firms*) um 31 % zunahm, während der Umfang des für die Koordination zuständigen Personals um 69 % wuchs. Die Managementkosten stiegen also überproportional und lagen möglicherweise sogar über den eingesparten Marktnutzungskosten. Von einer gewissen Ausbaustufe an verwaltet sich ein Apparat v. a. selbst. Die von Chandler gepriesenen US-Eisenbahn-gesellschaften mit ihrer hoch entwickelten Bürokratie sind ja nicht gerade ein Beispiel für Anpassungsfähigkeit – ganz im Gegenteil. In den USA gibt es sie heute kaum noch. Der Massenmotorisierung hatten sie wenig entgegenzusetzen.

Josef Schumpeter prognostizierte, dass der Kapitalismus seine Dynamik als Folge des Siegeszugs von Großunternehmen verlieren werde. Der Innovationsprozess des genialen Einzelunternehmers werde von bürokratisierten Apparaten erstickt. Zudem könne die Konzentration wirtschaftlicher Ressourcen in immer wenigeren und immer größeren Einheiten die Legitimation des Kapitalismus unterhöhlen. Tatsächlich konzentrierten antikapitalistische Ideologen von links und rechts ihre Angriffe auf das „Monopolkapital". In der Weimarer Republik wurden die Konzerne zu Symbolen der Bedrohung und zum Feindbild der radikalen Parteien. Das NS-Regime übte auf Kapitalgesellschaften erheblichen Druck aus und förderte deren Überführung in Personalgesellschaften. Die meisten Konzerne blieben jedoch verschont und arrangierten sich mit den neuen Machthabern, die sie für die rasche Aufrüstung brauchten. Das Feindbild „Großunternehmen" lebte auch nach 1945 fort. Die Großunternehmen schienen die Hauptschuld am Aufstieg des NS-Regimes zu tragen, weshalb ihre Zerschlagung notwendig sei, um Frieden und Demokratie zu sichern. Die Dekonzentration war daher eines der Hauptziele der Siegermächte des Zweiten Weltkriegs. Die „soziale Marktwirtschaft" der Bundesrepublik wandte sich stets gegen die voranschreitende Konzentration, ohne sie in der Praxis verhindern zu können.

Allerdings hat die Wirtschaft selbst im letzten Drittel des 20. Jahrhunderts die Gefahren von Größe erkannt. Nach 1973 – unter dem Eindruck der Stagflation nach der Ölkrise und der verschärften internationalen Konkurrenz – verflüchtigte sich das blinde Vertrauen in Größe. Überall in der westlichen Welt begannen die durchschnittlichen Unternehmensgrößen zu sinken. Flache Hierarchien und Ad-hoc-Projektgruppen ersetzten komplexe Instanzenzüge, um die Kommunikation zu vereinfachen und zu beschleunigen. Interne Märkte konfrontierten vormals integrierte Abteilungen mit der Konkurrenz externer Anbieter. Ein gänzlich neues Zeitalter der Unternehmensorganisation brach an.

Literatur zum schnellen Einstieg

Chandler, Alfred D., The Enduring Logic of Industrial Success, in: Harvard Business Review 1990, S. 130–140.

Schmitz, Christopher, The Growth of Big Business in the United States and Western Europe, 1850– 1939, London 1993.

Kocka, Jürgen, Industrielles Management: Konzeptionen und Modelle in Deutschland vor 1914, in: Vierteljahrschrift für Sozial- und Wirtschaftsgeschichte 56, 1969, S. 332–372.

Wilson, John F., British Business History, 1720–1994, Manchester 1995, S. 62–132.

Lamoreaux, Naomi R.; Raff, Daniel M. G. u. Temin, Peter, Beyond Markets and Hierarchies: Toward a New Synthesis of American Business History, in: American Historical Review 108, 2003, S. 404–433.

Dies., Economic Theory and Business History, in: Geoffrey Jones u. Jonathan Zeitlin (Hg.), The Oxford Handbook of Business History, Oxford 2008, S. 37–66.

Literatur zur Vertiefung

Chandler, Alfred D., Strategy and Structure. Chapters in the History of the Industrial Enterprise, Cambridge/Mass. 1962.

Chandler, Alfred D., The Visible Hand. The Managerial Revolution in American Business, Cambridge/Mass. 1977.

Chandler, Alfred D., Scale and Scope. The Dynamics of Industrial Capitalism, Cambridge/Mass. 1990.

Pollard, Sidney, The Genesis of Modern Management. A Study of the Industrial Revolution in Great Britain, London 1965.

Kocka, Jürgen, Unternehmensverwaltung und Angestelltenschaft am Beispiel Siemens 1847–1914, Stuttgart 1969.

Braudel, Fernand, Sozialgeschichte des 15.–18. Jahrhunderts, Bd. 2: Der Handel, Stuttgart 1986, S. 475–500.

Kieser, Alfred u. Kubicek, Herbert, Organisation, 3. Aufl., Berlin 2015.

Freeland Robert F., The Struggle for Control of the Modern Corporation. Organizational Change at General Motors, 1924–1970, Cambridge 2001.

McCraw, Thomas K., Alfred Chandler. His Vision and Achievement, in: Business History Review 82/2, 2008, S. 207–226.

Cassis, Youssef, Big Business, in: Geoffrey Jones u. Jonathan Zeitlin (Hg.), The Oxford Handbook of Business History, Oxford 2008, S. 171–193.

4 Totgesagte leben länger – der Mittelstand

4.1 Überleben und Renaissance des Mittelstands

4.1.1 Persistenz kleiner Unternehmen

Kleine und mittelgroße Unternehmen (KMUs) schienen lange Zeit dem Untergang geweiht zu sein. Einen starken Einfluss übte dabei die marxistische Konzentrationstheorie aus. Ihr zufolge liegt es in der Entwicklungslogik des Kapitalismus, dass die „Chefs ganzer industrieller Armeen" die „bisherigen kleinen Mittelstände" vernichten. 1891 lautete der erste Satz des Erfurter Programms der SPD: „Die ökonomische Entwicklung der bürgerlichen Gesellschaft führt mit Naturnotwendigkeit zum Untergang des Kleinbetriebs." Allen Kassandrarufen zum Trotz stellten Großunternehmen aber immer nur eine verschwindend kleine Minderheit an der Gesamtheit aller Firmen. 1907 gab es im Deutschen Reich lediglich 1.494 Betriebe mit mehr als 500 Beschäftigten, dagegen aber 151.511 mit 11 bis 500 Mitarbeitern. Erstere beschäftigten 1,6 Mio. Menschen, letztere 6,3 Mio. Kleinbetriebe mit bis zu 10 Beschäftigten wurden am häufigsten (3,3 Mio. Betriebe u. 6,5 Mio. Beschäftigte) gezählt. Nicht Siemens oder Krupp waren die typischen Unternehmen des Kaiserreichs, sondern unspektakuläre Firmen kleiner bis mittlerer Größe. Die Bedeutung der Großunternehmen hat seitdem zwar merklich zugenommen, ohne allerdings die quantitative Dominanz der KMUs zu durchbrechen.

99,3% aller mehrwertsteuerzahlenden Unternehmen

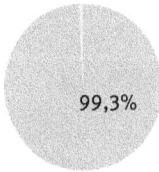

44,8% aller mehrwertsteuerpflichtigen Umsätze

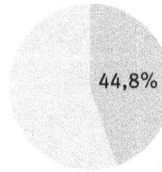

69,3% aller Beschäftigten

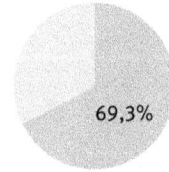

99,3%

44,8%

69,3%

80% aller Auszubildenden

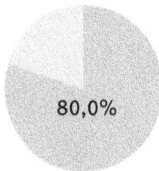

57,0% der Bruttowertschöpfung

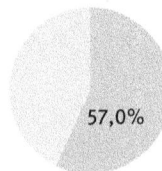

46,0% der Bruttoinvestitionen

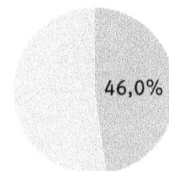

80,0%

57,0%

46,0%

Abb. 4.1: Kleine und mittelgroße Unternehmen in Deutschland (1999).

1999 stellten 3,2 Mio. KMUs, definiert als Firmen mit weniger als 500 Mitarbeitern, 99,3 % aller Unternehmen. In ihnen arbeiteten ca. 20 Mio. Menschen, d. h. mehr als zwei Drittel aller abhängig Beschäftigten. Sie betreuten vier Fünftel aller Auszubildenden und erwirtschafteten ungefähr die Hälfte aller Umsätze und der gesamten Wertschöpfung (siehe Abbildung 4.1).

In den USA besaßen Großunternehmen seit der Mitte des 19. Jahrhunderts durchweg höhere Beschäftigtenanteile als in Deutschland. 1963, als die Großunternehmen den Zenit ihrer Bedeutung erreichten, arbeiteten 47 % aller beschäftigten Amerikaner in Firmen mit mehr als 500 Mitarbeitern, während es in der Bundesrepublik 1961 nur knapp 30 % aller Beschäftigten waren. Nach *Philip Scranton* entfielen zwischen 1880 und 1939 auf US-Großunternehmen nur 10 bis 20 % der Industriekapazität. Von dieser Minderheit sollte man nicht auf die gesamte Industrie schließen. Die Zoologie befasst sich auch nicht nur mit Elefanten und ignoriert alle kleineren Tierarten als uninteressante Defizitwesen, die es nicht geschafft hätten, Elefanten zu werden. Für Chandler sind KMUs ja Mängelwesen, weshalb er deren Überlebenskraft und Bedeutungszugewinn seit den 1970er-Jahren nicht erklären kann.

4.1.2 Komplementarität, Nischenstrategien und Vorteile der KMUs

KMUs befinden sich in einem komplementären Verhältnis zu Großunternehmen. Viele Großunternehmen sind auf die Zusammenarbeit mit KMUs angewiesen. Oft stehen sie sogar im Zentrum ganzer Netzwerke von KMUs. Hinter jedem großen Automobilproduzenten befinden sich unzählige hoch spezialisierte, zumeist mittelständische Zulieferer. Ferner sind die meisten Märkte einfach zu klein, um Großunternehmen auslasten zu können. Die Nachfrage ist zu spezifisch oder, wie beim Handwerk, regional gebunden. Erfolgreiche Mittelständler setzen häufig auf ausgesprochene Nischen. Oftmals verlegen sie sich auf Segmente, die für Großunternehmen unattraktiv sind. So haben sich Bosch und Siemens 1967 zusammengeschlossen, um Küchengeräte für den Massenbedarf der Privathaushalte zu produzieren. Dagegen hat sich die Firma Winterhalter Gastronom auf Geschirrspülautomaten für Hotels und Restaurants spezialisiert. Während sich verschiedene Massenproduzenten auf den rasch expandierenden Markt für Heimwerkzeuge stürzten, beschränkten sich die Familienunternehmen Fein und Stihl auf hochwertige Handwerker- und Industriewerkzeuge.

Obwohl kein genereller Nexus zwischen Unternehmensgröße und Produktivität besteht, besitzen KMUs in ihren Schwerpunkten offenbar komparative Vorteile gegenüber Großunternehmen. Entscheidungsprozesse laufen schneller und unkonventioneller ab. Ohne langen Planungsvorlauf wird schnell und flexibel auf Marktsignale reagiert. Dienstwege sind kurz und informell. Der Chef regelt manches per Zuruf, was in Großunternehmen in Sitzungen und Rundschreiben kommuniziert wird. Die Kreativität von Individuen kann unmittelbar umgesetzt werden. Mitarbeiter und Eigentümer sind hoch motiviert. KMUs können zusätzliche Ressourcen mobilisieren, wie etwa Kapital und die Arbeitskraft von Familienangehörigen. Mit anderen Worten, die Kosten der Organisationsnutzung sind niedrig.

Bleibt man bei Scrantons Bild aus der Zoologie, so hat sich die Artenvielfalt als sinnvoll erwiesen. Die meisten Tiere des Dschungels sind schneller und flexibler als die Elefanten, die aber dank ihrer Größenvorteile bestimmte Aufgaben wie den Lastentransport am besten verrichten können. Es wäre also ein Irrtum, ausschließlich auf große oder kleine Lebewesen zu setzen. Entgegen jeder Vorstellung einer generellen Überlegenheit ist die Komplementarität der verschiedenen Unternehmenstypen zu betonen.

4.1.3 Trendwende nach 1970

Warum kehrte sich der Jahrhunderttrend zugunsten von Großunternehmen um, sodass KMUs seit 1970 in allen wichtigen Industrieländern auf dem Vormarsch sind? Der Umbruch hat zahlreiche Ursachen, die mit dem Auslaufen des hohen Nachkriegswachstums und dem Auftauchen neuer internationaler Konkurrenten zusammenhängen. Die alten, typischerweise in großen Einheiten organisierten Industrien Schiffbau, Kohle und Stahl gerieten in eine Strukturkrise. Daneben reduzierten Rationalisierungsmaßnahmen allenthalben den Personalbedarf und ließen frühere Großbetriebe schrumpfen. Ferner spiegelt sich in diesen Zahlen auch der Übergang zur Dienstleistungsgesellschaft wider, da die durchschnittliche Betriebsgröße im Dienstleistungssektor signifikant geringer ist als in der Industrie. Schließlich gibt es auch statistische Artefakte, denn das Ende der Vollbeschäftigung ließ die Scheinselbstständigkeit aufblühen und unrentable Kümmerbetriebe entstehen.

Mit der Rückkehr der Massenarbeitslosigkeit begann die Suche nach Strategien ihrer Überwindung. Aus diesem Grund entdeckte die Politik die KMUs als Hoffnungsträger und legte entsprechende Förderprogramme auf. In den 1980er- und 1990er-Jahren kam es auch zu einer Renaissance des Unternehmertums (siehe Abbildung 4.2), die eng mit dem EDV-Boom korrespondierte. Die Zahl der Selbstständigen stieg merklich an. „There is no business like your own business", behauptete ein Autoaufkleber in den USA, der die kulturelle Aufwertung des Unternehmerberufs widerspiegelte.

Michael Piore und *Charles Sabel* begründen den Trendbruch der 1970er-Jahre mit dem „Ende der Massenproduktion", der das neue Paradigma der „flexiblen Spezialisierung" (siehe Kapitel 9.3) gefolgt sei. Mit dem Rückgang der Nachfrage nach uniformen Massenprodukten zugunsten speziellerer Kundenwünsche und mit dem Aufkommen mittelstandsfreundlicher, hochflexibler Fertigungstechniken in Form elektronikgesteuerter Maschinen sei die Zeit der industriellen „Dinosaurier" zu Ende gegangen und eine neue Epoche kleinerer Hightechbetriebe angebrochen.

Die Großunternehmen selbst stießen durchgreifende Veränderungen an und schlugen in den 1980/90er-Jahren vermehrt Fragmentierungsstrategien ein. Es kam zur Zerlegung von Firmen in unabhängige Einheiten (*demerger*), zum Verkauf von

Divisionen (*divestiture*) und zur Ausgliederung von Aktivitäten, die nicht zum Unternehmenskern zählten (*spin-off* bzw. *outsourcing*). Unklar ist, ob es sich dabei wirklich um einen Trendbruch handelt oder um eine Fortsetzung der bisherigen organisatorischen Entwicklung. Man könnte nämlich in der M-Form nur eine Zwischenstufe der Dezentralisierung sehen, die ihre Fortsetzung in der Ausgliederung aus dem Unternehmensverband fand. Demnach wäre der große Entwicklungsbruch der Übergang von der zentralisierten U-Form zur dezentralen M-Form gewesen. Unabhängig davon, wie man diese These bewerten mag, ist unverkennbar, dass die Divisionalisierung relativ autonome „Unternehmen im Unternehmen" erzeugte, die sich wie Module leicht ausgliedern ließen.

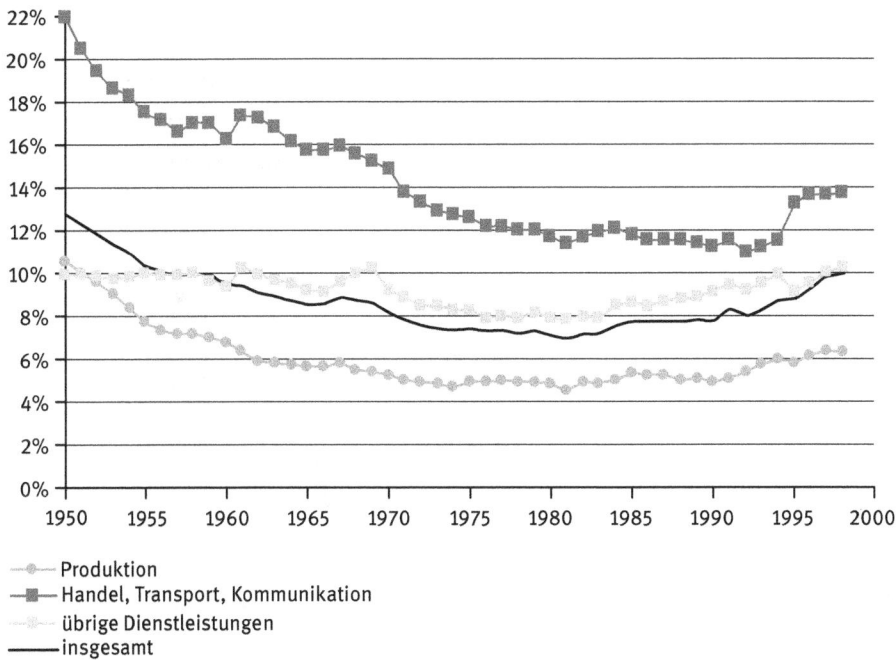

Abb. 4.2: Selbstständigenquote in Westdeutschland (1950–1998).

Die Betonung des Shareholder-Value führte dazu, dass viele Firmen versuchten, ihre Renditen durch die Konzentration auf das Kerngeschäft zu erhöhen. Anstatt Risiken und Ertragspotenziale zu streuen, wurde alles auf die „eine Karte" gesetzt, bei der man die größten komparativen Vorteile sah. Daneben handelte es sich um eine Korrektur der z. T. überzogenen Diversifizierung, die besonders in den USA viele Firmen in den 1960er-Jahren in Bereiche geführt hatte, von denen sie wenig verstanden und in denen sie keine „economies of scale" realisierten. Vor diesem Hintergrund begann eine gewaltige Welle von Restrukturierungen, d. h. Firmenteile wurden im großen Stil verkauft bzw. hinzugekauft.

4.1.4 Fünf Fusionswellen

Abbildung 4.3 enthält die Zahl der Fusionen pro Jahr, an denen amerikanische Unternehmen beteiligt waren. Sie illustriert das ungeheure Ausmaß der Veränderungen, die sich im späten 20. Jahrhundert vollzogen. Die erste Fusionswelle wurde u. a. von der Krise der US-Wirtschaft in den 1890er-Jahren und dem Streben nach der Realisierung von „SST-economies" ausgelöst. Die zweite Welle beruhte dagegen auf dem Boom der US-Wirtschaft, auf der Diversifizierung und der Verschärfung der Antikartellgesetze. Die dritte Fusionswelle reagierte auf die sich eintrübenden Wachstumsaussichten der 1960/70er-Jahre, auf die viele Firmen mit einer zuweilen planlosen Diversifizierung und Bildung von Konglomeraten antworteten.

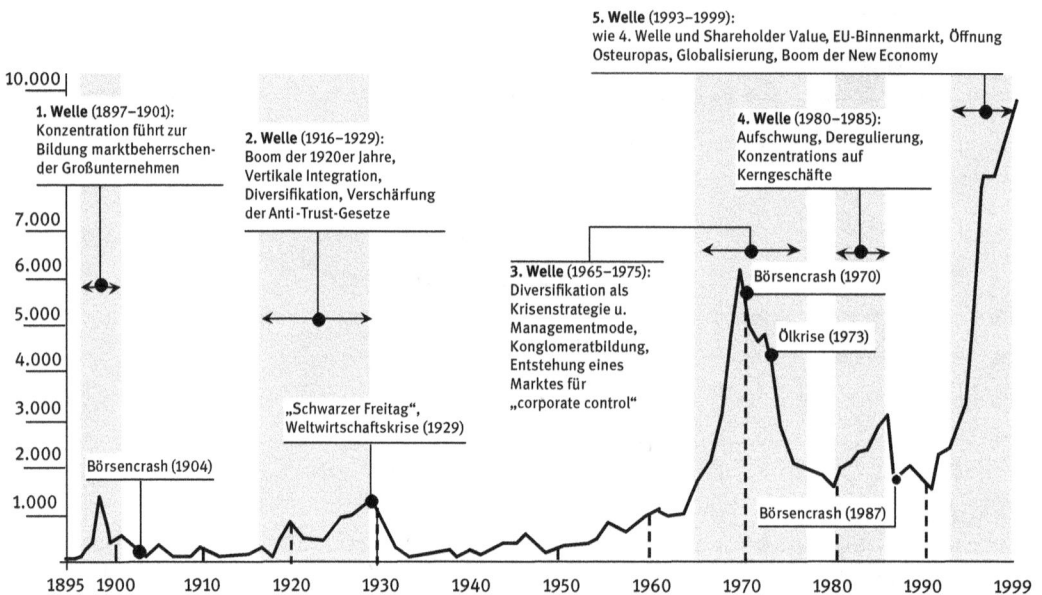

Abb. 4.3: Fusionen unter Beteiligung amerikanischer Unternehmen (1895–1999).

Die vierte und die fünfte Welle bewegten sich in völlig anderen Dimensionen als die Vorgänger. Noch nie wurden so viele Fusionen vollzogen. In den frühen 1980er-Jahren wirkten die Überwindung der Stagflation und die neoliberale Deregulierung als Hauptantriebskräfte. Hinzu trat der Wandel der Managementmode, die jetzt das Gegenteil ihrer bisherigen Weisheit empfahl. Im Zeichen der Konzentration auf Kernkompetenzen wurden nun im großen Stil Firmenteile verkauft, die diesem Kriterium nicht entsprachen. Daneben verfolgte man Strategien der horizontalen Integration, d. h. man stärkte durch Zukäufe den Kernbereich.

Eine entscheidende Voraussetzung für die Leichtigkeit, mit der Unternehmensteile zur handelbaren Ware mutierten, war die Entstehung eines Marktes für „corporate control". In den 1960/70er-Jahren gründeten Banken vermehrt Abteilungen für „mergers and acquisitions", die bis dahin selbst in Investmentbanken selten zu finden waren. Das Aufkommen von Pensions- und anderen Investitionsfonds, die kein primäres Interesse an der langfristigen Firmenentwicklung besaßen, führte zu einer ausgeprägteren Renditeorientierung. Des Weiteren rissen sogenannte „corporate raiders" Unternehmen mit spielerischer Leichtigkeit auseinander und verkauften deren als unterbewertet angesehene Sparten. Ihnen ging es allein um Spekulationsgewinne, nicht aber um sinnvolle Organisationsstrukturen. Am Ende stand die in den Börsencrash von 1987 einmündende Ernüchterung.

In der fünften Welle der 1990er-Jahre, die nach der Überwindung der allgemeinen Krise zu Beginn des Jahrzehnts und der Öffnung Osteuropas einsetzte, wirkten die Faktoren der 1980er-Jahre weiter. Hinzu kamen die voranschreitende Globalisierung und weltweite Deregulierung sowie die Vollendung des EU-Binnenmarkts. Die New Economy ließ große Mengen kleiner Firmen entstehen, die binnen kurzer Zeit gleich mehrfach verkauft wurden oder aber selbst als Käufer auftraten. Das Konzept des Shareholder-Value erhöhte den Druck, einzelne weniger rentable oder auch nur vorübergehend ertragsschwache Unternehmensteile abzustoßen. Die Investmentbanken organisierten einen immer besser funktionierenden Markt für solche Transaktionen. Wer eine Sparte abstoßen oder hinzukaufen wollte, fand nun ein breites Angebot hoch bezahlter Dienstleister vor, die den Vorgang von Anfang bis Ende routiniert betreuten und die Vertragsparteien umfassend berieten.

Im letzten Drittel des 20. Jahrhunderts vollzogen sich in der Wirtschaft der westlichen Welt tiefgreifende Veränderungen. Der aus der globalen Konkurrenz erwachsende Anpassungsdruck erreichte bislang unbekannte Ausmaße. Diese Umbrüche führten zur Reduktion der durchschnittlichen Unternehmensgrößen, zur Verschlankung von Organisationsstrukturen, zum verstärkten Zugriff auf externe Leistungsanbieter (*subcontracting*) und zur Weiterentwicklung kooperativer Praktiken ohne vollständige Integration (Netzwerke, Franchising). Die immensen Fortschritte der Kommunikationstechnik (EDV, Internet) erleichterten die organisationsüberschreitende Koordination. Der Zulieferer des Automobilherstellers wurde online mit dem zentralen Rechner seines Kunden verbunden und konnte Veränderungen der benötigten Stückzahlen bestimmter Komponenten in Sekundenschnelle registrieren und die Teile just in time liefern. Gegenüber der Eigenfertigung bestand kommunikationstechnisch kein Nachteil mehr. Die Informationskosten, sprich Marktnutzungskosten, verringerten sich dramatisch und eröffneten KMUs neue Chancen.

4.2 Sind kleinere Unternehmen effizienter?

4.2.1 Hoffnungs- und Leistungsträger „Mittelstand"?

Mit den Krisen der 1970er-Jahre erfuhren KMUs eine dezidierte Aufwertung. Sie galten nicht mehr länger als antiquierte Auslaufmodelle, sondern als dynamische Hoffnungsträger. Unter dem euphorischen Motto „small is beautiful" wurde Mittelstandsförderung zum Königsweg der Wirtschaftspolitik erhoben, obwohl zwischen Rhetorik und tatsächlicher Politik eine große Kluft besteht und die Großunternehmen bis heute bevorzugt werden.

Die Förderung von KMUs hat nicht nur Wachstums-, sondern auch gesellschaftspolitische Gründe. In Deutschland sieht man seit dem 19. Jahrhundert im Mittelstand die „goldene Mitte" zwischen den beiden Polen der industriellen Klassengesellschaft. Ihm traut man das Ausbalancieren der Gegensätze zwischen Proletariat und Großkapital zu. Im Mittelstand reagiert weder lebensbedrohliche Armut noch „anonymes Kapital", sondern persönliche Leistung. Der verantwortliche Eigentümerunternehmer bürgt mit seiner ganzen Person einschließlich seiner Familie für die Kontinuität des Unternehmens und bietet seinen Beschäftigten Schutz und Sicherheit jenseits der kalten Zwänge des Marktes. Nach unten verkündet die Mittelstandsideologie, dass sich jeder hocharbeiten kann. Der Mittelstand, so seine Fürsprecher, garantiere eine breite Eigentumsstreuung und funktionierenden Wettbewerb, geschäftliche Solidität, soziale Stabilität sowie in der politischen Sphäre Freiheit und Demokratie.

Leider hat sich die Unternehmensgeschichte bislang erst sporadisch mit KMUs befasst. Die wenigen empirischen Studien haben aber bereits gezeigt, dass es nicht sinnvoll ist, von „dem Mittelstand" zu sprechen, denn er zeichnet sich durch eine ausgeprägte Heterogenität aus. Die Größe und Bandbreite der mittelständischen Wirtschaft verbietet es, generelle Aussagen zu treffen. So gibt es keine allgemeine Abhängigkeit von der Unternehmensgröße auf der einen Seite und der Produktivität, Wachstumsdynamik und Rentabilität auf der anderen. Die dazu durchgeführten Untersuchungen widersprechen einander und sind mit erheblichen methodischen Problemen behaftet. Statistiken der Forschungsaufwendungen und der Patente deuten darauf hin, dass ein Großteil der so erfassten Innovationen in Großunternehmen erbracht wird. Betrachtet man einzelne Firmen, lassen sich aber leicht Gegenbeispiele finden. Siemens war in den späten 1980er-Jahren – gemessen an der absoluten Zahl der Patente – das innovativste Unternehmen der Welt. Zwischen 1985 und 1991 entfielen auf 100 Mitarbeiter 10 Patente, beim mittelständischen Dübelhersteller Fischer dagegen 234 Patente. Wer war eigentlich innovativer, Siemens, mit der größeren absoluten Zahl an Patenten, oder Fischer, mit mehr Patenten pro Kopf?

Die meisten KMUs entsprechen keineswegs dem Image des hochinnovativen Mittelstands. Viele sind als Zulieferer standardisierter Teile oder im Extremfall als Lohnfertiger von wenigen Großkunden abhängig, die ihnen häufig das Know-how bzw. sogar die Maschinen zur Verfügung stellen. Als in den 1970/80er-Jahren programmierbare NC- bzw. CNC-Maschinen die Bedeutung der Serien- und damit auch der Betriebsgröße relativierten, also ausgesprochen mittelstandsfreundliche Techniken zur Verfügung standen, kamen diese überproportional häufig in Großunternehmen zum Einsatz. Im Dienstleistungsbereich konzentrierten sich viele KMUs auf das nur bedingt innovative Reinigungsgewerbe, auf die Alten- und Krankenpflege oder die Gastronomie. Viele waren auch im Einzelhandel und im Handwerk tätig.

4.2.2 Hightech-Start-ups

In der Diskussion um die Vorzüge der KMUs stehen zumeist zwei Firmentypen im Vordergrund, die keineswegs für den gesamten gewerblichen Mittelstand repräsentativ sind. Zum einen junge Technologieunternehmen, die sich anfangs auf sehr kleine Teilmärkte konzentrieren und hoffen, mit einer bestimmten Innovation den Durchbruch zu schaffen. Diese Strategie birgt ein hohes Potenzial, aber auch extreme Risiken. Die Eigentümer verfügen über wenig Kapital und Erfahrung und zunächst weder über ein marktgängiges Produkt noch einen festen Kundenstamm. Daher sind sie hochgradig konkursgefährdet. Die Begeisterung für die New Economy bezog sich genau auf solche kleinen Start-ups mit hohem Entwicklungspotenzial. Das Ende der Euphorie nach dem Absturz des TecDax von 9.000 auf knapp 300 Indexpunkte (2000–2002) ist ein deutliches Warnsignal gegen die generelle Überschätzung kleinerer Technologieunternehmen.

Allerdings kommen aus diesem Bereich auch spektakuläre Erfolgsmeldungen. 1975 gründete Bill Gates Microsoft und schuf einen Software-Giganten buchstäblich aus dem Nichts. 1976 folgten Steven Wozniak und Steven Jobs mit Apple, die mit billigen Computern für jedermann und benutzerfreundlichen Oberflächen den EDV-Markt revolutionierten. Silicon Valley wurde zum schillernden Vorbild. In Deutschland gründeten 1972 fünf ehemalige IBM-Mitarbeiter das Unternehmen SAP, das sich auf Softwaremodule spezialisierte, die Prozesse in Organisationen sowie über deren Grenzen hinweg integrieren. Aus einem Kleinunternehmen mit 9 Mitarbeitern (Ende 1972) entwickelte sich der drittgrößte unabhängige Softwarehersteller der Welt, der 2000 nahezu 27.000 Menschen in mehr als 50 Ländern beschäftigte. Im Rückblick auf das 19. Jahrhundert wird man unschwer Firmen wie Bosch und Carl Zeiss, Siemens und Bayer in die Kategorie der Start-ups eingruppieren, die sich dank ihrer technologischen Kompetenz von kleinsten Anfängen zu imponierender Größe emporgearbeitet haben.

Ähnlich spektakulär verlief der Aufstieg von Nixdorf, nämlich von einer kleinen Kellerwerkstatt zu einem der größten europäischen Computerhersteller. Nach dem Abbruch seines Physik- und BWL-Studiums schuf Heinz Nixdorf aus seinem 1952 in Essen gegründeten Labor für Impulstechnik die Nixdorf Computer AG in Paderborn und wurde zum deutschen Pionier der dezentralen Datenverarbeitung (siehe Abbildung 4.4). In einer Zeit, in der die führenden Computerhersteller hauptsächlich

Großrechner entwickelten, konzentrierte sich Nixdorf auf den Zukunftsbereich der „mittleren Datentechnik". Seinem anwenderorientierten Konzept entsprechend offerierte Nixdorf auf Kundenwünsche zugeschnittene Hard- und Software sowie entsprechende Schulungsangebote. Nixdorf war Ende der 1970er-Jahre in der Bundesrepublik Marktführer bei mittleren EDV-Systemen und viertgrößter europäischer Computerhersteller.

Abb. 4.4: Heinz Nixdorf (1925–1986).

In den 1980er-Jahren änderte sich jedoch der EDV-Markt von Grund auf, als u. a. Apple und IBM den Markt für kleinere Rechner entdeckten. Der Homecomputer und der Personal Computer (PC) machten kompakte Rechner zum individuell verfügbaren, unabhängig von Zentralrechnern operierenden Alltagsprodukt. Zunächst profitierte auch Nixdorf von diesem Boom und brachte 1985 mit dem Nixdorf 8810/25 einen der ersten tragbaren PCs auf den Markt, der ca. 8.000 DM kostete und 8 kg wog, was ihm den Namen „Schlepptop" einbrachte (siehe Abbildung 4.5). Die Nixdorf-Aktie erlebte ein Kursfeuerwerk. Zwischen 1966 und 1976 stieg der Umsatz von 28 auf 686 Mio. DM. Zwei Jahre später wurde die Milliarden-Grenze durchbrochen.

1986 wies die Nixdorf Computer AG fast 4 Mrd. DM Umsatz aus und zählte mehr als 23.000 Mitarbeiter in 44 Ländern. Die Presse verkündete: „Der Vorstandsvorsitzende Dr. Luft wagte [...] die kühne Prognose, den Umsatz bis 1990/1991 zu verdoppeln. Dieser Voraussage liegt das schon zur Tradition gewordene Umsatzwachstum von 20 Prozent pro Jahr zugrunde." Entgegen dieser vollmundigen Ankündigung geriet Nixdorf in eine tiefe Krise und musste 1990 von Siemens gerettet werden. Es folgte die Eingliederung in die Siemens Nixdorf Informationssysteme AG. Auch der neue Eigentümer hatte an Nixdorf wenig Freude. 1999 brachte Siemens seine Neuerwerbung in das Gemeinschaftsunternehmen Fujitsu-Siemens ein. Überlebt hat der Name Nixdorf nur im Bereich Kassensysteme und Geldautomaten. 1999 verkaufte Siemens diese Sparte, die seitdem unter dem Namen Wincor-Nixdorf firmiert.

Die Ursachen des unrühmlichen Endes der Nixdorf AG sind vielfältig. Zum einen handelte es sich um eine für familiengeführte Firmen typische Nachfolgekrise. Der

Gründer, der das Unternehmen persönlich aufgebaut und geprägt hatte, erlag 1986 bei einem Kundentreffen auf der Cebit im Alter von 60 Jahren einem Herzinfarkt. Nach diesem unerwarteten Schicksalsschlag fand sich keine geeignete Persönlichkeit, die den engagierten Erfinderunternehmer hätte ersetzen können. Der unkonventionelle Patriarch hatte sich getreu seines Grundsatzes „Verwaltung kostet nur Geld" nicht um den Aufbau von Organisationsstrukturen gekümmert, die mit dem stürmischen Wachstum hätten Schritt halten können.

Abb. 4.5: Man nannte ihn „Schlepptop": der Nixdorf 8010/25.

Zum anderen hatte sich die Nischenstrategie überlebt. Aus der „mittleren Datentechnik" war ein umkämpfter Massenmarkt geworden, der sich durch raschen Preisverfall, steigende Entwicklungskosten und immer kürzere Innovationszyklen auszeichnete. Um hier überleben zu können, brauchte man viel Kapital und große Forschungskapazitäten. Daneben wirkte sich der Börsencrash von 1987 aus, der zu Absatzstockungen führte. In dieser neuen Umwelt konnte das Familienunternehmen trotz seiner zwischenzeitlich erreichten Größe nicht mehr mithalten. Die Geschichte der Nixdorf AG illustriert somit sowohl die Chancen als auch die Grenzen eigentümergeführter KMUs.

4.2.3 Qualitätsproduzenten

Im Gegensatz zu kometenhaft aufsteigenden Technologiefirmen kultivieren Qualitätsproduzenten über lange Zeiträume spezifische Wettbewerbsvorteile. Sie verfolgen Nischenstrategien auf kleinen, von ihnen beherrschbaren Märkten. Salopp gesprochen versuchen sie, „ein großer Fisch in einem kleinen Teich" zu sein. Ihre komparativen Vorteile liegen in Qualität, Erfahrung, Kundendienst, langjährigen Kundenbeziehungen, hoch spezialisierten Facharbeitern, starken Marken, einzigartigen Produkten und in Patenten begründet. In regionalen Nischen spielt die Kundennähe eine wichtige Rolle.

Die Stärken des deutschen Mittelstands liegen in Sektoren, die Qualitäts- und Spezialprodukte honorieren. Dort konzentrieren sich die Firmen auf sehr spezielle Marktsegmente, in denen sie ihre komparativen Vorteile besonders gut zur Geltung bringen können. Porter bezeichnet diese Strategie als „focused differentiation". *Herman Simon* hat Anfang der 1990er-Jahre mehr als 500 hochspezialisierte Weltmarktführer aus dem Mittelstand identifiziert, die in ihrem jeweiligen Marktsegment in Europa an der Spitze oder global zumindest auf Platz zwei standen. Drei Viertel davon befanden sich in Familienbesitz. Die meisten beschäftigten zwar mehr als 500 Personen, wurden aber aufgrund ihrer Struktur und strategischen Ausrichtung dem Mittelstand zugeordnet.

Zu diesen Firmen zählt z. B. die 1946 gegründete Hauni. Der Marktführer für Zigarettenmaschinen liefert weltweit als einziger Hersteller komplette Systeme zur Tabakverarbeitung. Er begann mit der Herstellung von Tabakschneidegeräten für das manuelle Drehen von Zigaretten, erhielt aber bereits 1952/53 den Auftrag für die Einrichtung einer Zigarettenfabrik in Burma. In den 1990er-Jahren besaß Hauni (8.000 Mitarbeiter, 2001) einen Weltmarktanteil von ca. 90 %. So gut wie keine Filterzigarette der Welt wird ohne Hauni-Maschinen bzw. zumindest ohne von Hauni entwickelter Technologie hergestellt. Im Rückblick beschrieb ein Manager die Position wie folgt: „Wir bestimmten die Regeln. Die Kunden kamen wie Pilger nach Hamburg, um unsere Maschinen zu erhalten."

Überlegenes technologisches Know-how erklärt auch den Erfolg der in den 1950er-Jahren gegründeten Böwe Systec (1.773 Mitarbeiter, 2000). Der Hersteller moderner Hochleistungsschneide- und Kuvertiersysteme (*paper management*) bot bereits Mitte der 1970er-Jahre ein System an, das 12.500 Kuvertierungen pro Stunde schaffte. Kiekert ist der weltweit führende Hersteller von Automobilschließsystemen. In den 1970/80er-Jahren machte die 1857 als Schlosserei gegründete Traditionsfirma einen Entwicklungssprung, als sie die rein mechanischen Schließsysteme durch elektronische Zentralverriegelungen ersetzte und als neuen Standard etablierte. Kiekert wurde zum Systempartner aller namhaften Autoproduzenten, die den Spezialisten mit Hilfe langfristiger Entwicklungs- und Lieferverträge an sich banden. 1987 kam es zu einem erfolgreichen Management-Buy-out. Bis 1999 verfünffachte sich der Umsatz. In diese Reihe gehören noch zahlreiche andere Firmen des Spezialmaschinenbaus wie Heidelberger Druckmaschinen (Offsetmaschinen), König & Bauer (Gelddruckmaschinen), Baader (Fischverarbeitungsmaschinen, 90 % Weltmarktanteil), Barth (Kaffeeröstmaschinen, 70 %), Trumpf (Blechstanzmaschinen), Ex-Cell-O (Sonderfräs- und Schleifmaschinen) und Krones (Etikettiermaschinen).

Weniger ein technischer Vorsprung als vielmehr ein selbst erzeugter, generationsübergreifender Produktmythos erklärt den Erfolg der 1877/80 von Margarete Steiff gegründeten Stofftierfabrik. Die hohe Qualität der Tiere mit dem „Knopf im Ohr" und geschickte Werbung erklären den hohen Bekanntheitsgrad der Marke. Die Produkte genießen Kultstatus und erzielen als Sammlerstücke Höchstpreise. Eine in vielem vergleichbare Geschichte besitzt die 1859 von dem Klempner Theodor F. W. Märklin eröffnete Firma für Blechwaren, aus der nach dem frühen Tod des Gründers dessen Frau und Söhne einen weltweit erfolgreichen Spielwarenhersteller machten (siehe Abbildung 4.6). Nach 1891 kristallisierten sich detailgetreue Modelleisenbahnen als das bis heute erfolgreiche Kernprodukt heraus, dessen Qualität Märklin vor Preiswettbewerb schützt. Klubs, Sammlerbörsen, enge Beziehungen zum Fachhandel und die vom Vater auf den Sohn übertragene Markentreue der Kunden sichern Märklin eine nahezu unangreifbare Stellung im Spielzeugmarkt.

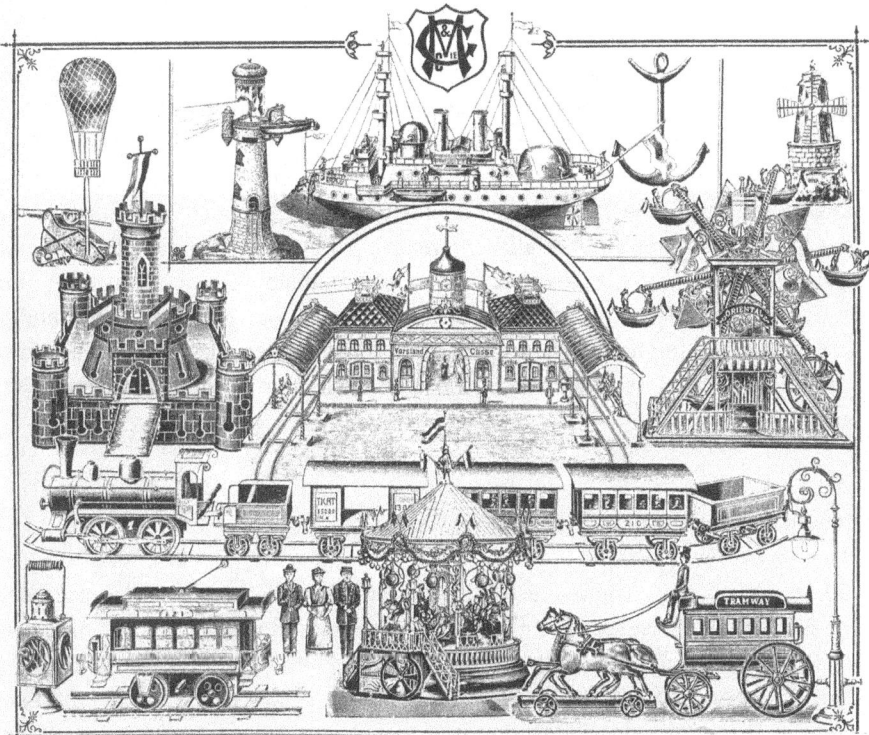

Abb. 4.6: Märklin-Werbung (um 1900).

Giesecke & Devrient ist eine der größten privaten Druckereien von Banknoten. Neben der technologischen Kompetenz profitiert das 1852 gegründete Unternehmen in diesem sicherheitssensiblen Geschäftszweig von der Reputation als absolut zuverlässiger und seriöser Anbieter. Ein solcher Ruf lässt sich nur langfristig aufbauen. Insofern sind die gewachsenen Verbindungen zu den Zentralbanken der Welt ein unschätzbarer Wettbewerbsvorteil. Aus dieser Position heraus hat sich Giesecke & Devrient neue zukunftsträchtige Geschäftsfelder erschlossen wie Kreditkarten, Smartcards sowie Systemlösungen für die Bereiche elektronischer Zahlungsverkehr, Personenidentifizierung, Multimedia und Internetsicherheit.

Die Liste erfolgreicher Qualitätsproduzenten ließe sich nahezu beliebig fortsetzen. Unbestritten gehören Firmen wie Aesculap (Chirurgische Instrumente), Hensoldt (Ferngläser), Dürr (Autolackieranlagen), Hella (Scheinwerfer), Dräger (Medizintechnik), Groz-Beckert (Strick- und Nähnadeln), Mettler-Toledo, Bizerba und Sartorius (Waagen), Grohe (Sanitärarmaturen), Putzmeister (Betonpumpen), Scheufelen (Spezialpapiere), Haribo (Gummibärchen) oder Jungheinrich (Lager- und Materialflusstechnik) zu den Namen, die gemeint sind, wenn von der „Stärke des deutschen Mittelstands" die Rede ist.

Aufgrund ihrer Spezialisierung haben die genannten Firmen sehr unterschiedliche Profile. Allerdings zeichnen sie sich grosso modo durch folgende acht Gemeinsamkeiten aus: 1. die Spezialisierung auf wenige Technologien, Produkte oder Kunden, 2. die Positionierung im oberen Marktsegment, um Preiswettbewerb zu vermeiden, 3. eine hohe Exportorientierung, um „economies of scale" zu nutzen, die sich auf dem Binnenmarkt nicht ergeben würden, 4. dauerhafte Kundenbeziehungen, die über Generationen hinweg Bestand haben, 5. eine hohe Fertigungstiefe, um Spezialkompetenzen abzuschirmen und Qualitätsstandards zu sichern, 6. Beharrlichkeit und langfristige Orientierung, 7. ein eher moderates Expansionstempo, „Wachstum um jeden Preis" wird abgelehnt, und 8. geringe Diversifikation. Wo sie auftritt, handelt es sich meist um unmittelbar angrenzende Geschäftsfelder. Das Wachstum erfolgt primär im Bereich der Kernkompetenz und speist sich überwiegend aus eigenen Ressourcen.

4.2.4 Risiken der Spezialisierung

So eindrucksvoll die Zusammenstellung von 500 kleinen Weltmarktführern auch ist, so nachdrücklich ist vor ihrer Überschätzung oder ihrer Gleichsetzung mit „dem Mittelstand" zu warnen. Die Strategie der „focused differentiation" wird immer dann gefährlich, wenn sich die Strukturen kleiner Märkte schlagartig ändern, wenn der technische Fortschritt Qualitätsvorsprünge gegenüber Massenproduzenten verringert oder Außenseiter aggressiv in bislang ruhige Nischen eindringen. Dies bestätigen die verheerenden Erfahrungen der bundesdeutschen Kamera-, Uhren- und Unterhaltungselektronikproduzenten, die bis auf wenige Ausnahmen nach 1970 vom Markt verschwanden. Der Übergang von mechanischen zu digitalen Technologien, der damit einhergehende Preisverfall und die Entwertung lange gereifter Qualifikationsprofile haben viele Traditionsfirmen überfordert. Weder schnelle technische Innovation noch scharfer Preiswettbewerb, weder aggressives Marketing noch zielstrebige Diversifikation gehörten zu ihren Stärken.

SABA – Niedergang eines Mittelständlers

Der Unterhaltungselektronikproduzent SABA hatte in den 1950er-Jahren noch stark vom Radio- und Fernsehboom der Nachkriegszeit profitiert, geriet dann aber durch die Entstehung eines globalen Massenmarkts unter Druck. Bei gängigen Radios und Fernsehern konnte SABA nicht mehr mit den Großkonzernen und Versandhäusern mithalten, welche die Preise gnadenlos in den Keller trieben. Hermann Brunner-Schwer, der damalige SABA-Chef erinnerte sich, dass „der Rückzug in eine Marktnische" ein potenzieller Ausweg gewesen wäre. „Einer unserer Direktoren machte mir den Vorschlag, aus der Massenproduktion auszusteigen und nur noch wenige, besonders luxuriöse Modelle für eine besonders anspruchsvolle Käuferschicht herzustellen. [...] Doch was hätte ein solcher Schritt bedeutet? Eine [...] Entlassung des größten Teils der [...] Belegschaft [...]" Angesichts der langen Verwurzelung von Saba in Villingen, der langjährigen und oft auch mehrgenerationellen Betriebszugehörigkeit der Arbeiter und der Ehrfurcht vor dem Erbe der Vorfahren kam dieser betriebswirtschaftlich rationale Schritt nicht in Frage. Als Alternative bot sich die Flucht nach vorn an, d. h. eine massive Expansion, um mit den Großen konkurrieren zu können. Eine nachhaltige Erhöhung des Eigenkapitals oder eine Allianz mit einem der Konkurrenten schied ebenfalls aus, da beides „zwangsläufig zum Ende des unabhängigen Familienunternehmens" geführt hätte.

Die Diversifikation in neue Geschäftsfelder trug hilflose Züge. Zudem schlugen dabei familiäre, für die Betriebsführung sachfremde Motive durch. Bei SABA sollte der Bruder des Firmenleiters, Hans Georg Brunner-Schwer, der in der Geschäftsführung mangels Eignung nur eine Nebenrolle spielte, durch die Zuweisung einer eigenen Sparte entschädigt werden. Ansatzpunkt für diesen Versuch, zugleich den Familienfrieden und den Fortbestand der Firma zu sichern, war die Musikbegeisterung Hans Georgs. SABA gründete 1963 ein eigenes Schallplattenlabel und wollte anspruchsvolle Jazz-Musik an einen exklusiven Kreis von Kennern verkaufen. Das gesamte Konzept war wenig durchdacht und entsprach v. a. persönlichen Vorlieben des Bruders. Ohne Presswerk und eigenen Vertrieb und v. a. ohne publikumswirksame Interpreten war es nicht möglich, dem angeschlagenen Hersteller von Radio-, Fernseh- und Bandgeräten ein neues Standbein zu verschaffen. Die SABA-Schallplatte blieb somit eine Liebhaberei und erfreute sich nur in Sammlerkreisen einer gewissen Popularität.

Verwandtschaftliche Rücksichtnahmen und die Angst vor dem Einfluss Familienfremder waren folgenschwere Restriktionen im Überlebenskampf. Auf sich allein gestellt, geriet SABA immer stärker in den Strudel und wurde 1968 an den US-Konzern GTE verkauft, der sich 1980 wieder von SABA trennte. Der neue Eigentümer, der französische Konzern Thomson-Brandt, erwarb zugleich die ebenfalls angeschlagenen Traditionsfirmen Nordmende, Dual und Telefunken, ohne dass er den weiteren Niedergang im nun von asiatischen Billiganbietern dominierten Markt aufhalten konnte. Am Ende blieb eine Vertriebsgesellschaft, die unter dem eingeführten Markennamen Importgeräte verkauft. Mit verblüffender Offenheit stellte Brunner-Schwer in seinen Memoiren fest: „Im Übrigen herrschte bei uns ein ähnliches Denken wie bei vielen Familienbetrieben. Nicht die Maximierung von Gewinnen stand im Vordergrund, sondern der Erhalt des Unternehmens. Allerdings vergaß man dabei, daß das eine mit dem anderen untrennbar verbunden ist."

(Hermann Brunner-Schwer u. Peter Zudeick (Hg.), SABA. Bilanz einer Aufgabe. Vom Aufstieg und Niedergang eines Familienunternehmens, Brühl-Moos 1990.)

Nischenstrategien sind auch gefährlich, wenn der Patentschutz ausläuft oder die Nische infolge veränderter Konsumgewohnheiten schrumpft. Letzteres erlebte die Musikinstrumentenindustrie in den 1950/1960er-Jahren, als sich der Anteil der aktiv musizierenden Bevölkerung dramatisch verringerte. Hohner als eine der größten Firmen der Branche fand keine adäquate Antwort, experimentierte ohne Erfolg mit halbherzigen Diversifikationsversuchen innerhalb und außerhalb der Musikbranche und begann eine leidvolle Talfahrt in eingefahrenen Bahnen. Die Mitarbeiterzahl sank von über 4.000 (1952) auf 1.280 (1986).

Die Geschichte von SABA belegt, wie dicht die besonderen Leistungspotenziale und Problemzonen familiengeführter Unternehmen beieinander liegen. 1838 war das Unternehmen als Uhrenfabrik gegründet worden. Als Reaktion auf die Krise des Uhrengewerbes wandte es sich Mitte des 19. Jahrhunderts der Metallverarbeitung zu. Nach dem Ersten Weltkrieg erkannte es früh die mit dem Radio verbundenen Chancen und stieg bereits 1923 in diese neue Branche ein. Bereits 1935 war SABA hinter Telefunken der zweitgrößte deutsche Radiohersteller und unterhielt Filialen in 13 Ländern. In den 1960er- und 1970er-Jahren war das Unternehmen aber nicht mehr in der Lage, eine adäquate Antwort auf die Umweltveränderungen zu finden und sich gegenüber der billigeren Konkurrenz zu behaupten. Generalisierende Aussagen über die Leistungsfähigkeit des Mittelstands lassen sich also selbst in Bezug auf ein Unternehmen nicht treffen.

4.3 Vom klassischen zum neuen Mittelstand

Es gibt ungefähr 200 verschiedene Definitionen „mittelständischer Unternehmen". Häufig werden Beschäftigtenobergrenzen von 500 oder 1.000 genannt, aber auch diverse Umsatzzahlen. In jedem Fall handelt es sich um relativ willkürliche Werte. Größere Firmen, die ihrer inneren Verfasstheit nach das Profil typischer Familienunternehmen besitzen, werden mit einer gewissen Berechtigung ebenfalls zum Mittelstand gezählt. Das macht das Thema „mittelständische Wirtschaft" so schwierig und unüberschaubar. Ihre Bandbreite reicht vom Schraubenhändler Würth (38.600 Mitarbeiter, 2002) und dem Werkstoffunternehmen Heraeus (10.200, 2000) bis zum winzigen Start-up und dem Handwerker an der Ecke.

4.3.1 Klassischer Mittelstand

Will man sich dem heterogenen Phänomen „Mittelstand" nähern, hilft ein Blick auf seine kulturelle und strukturelle Verfasstheit weiter als jedwede Kennziffern. Dabei ist zwischen klassischem und neuem Mittelstand zu unterscheiden. Die Trennungslinie zwischen ihnen ist weder in zeitlicher noch sachlicher Hinsicht starr. Vielmehr läuft seit den 1970er-Jahren ein Prozess, in dessen Verlauf viele seit der Industrialisierung bemerkenswert stabil gebliebene Merkmale des klassischen Mittelstands abgelöst wurden bzw. werden. In den einzelnen Firmen ereigneten sich diese Umbrüche früher oder später, oder stehen sogar noch aus.

Im 19. Jahrhundert entstand – natürlich mit vielfältigen Varianten – ein erstaunlich langlebiges Modell des mittelständischen Unternehmens, das sich durch fünf Merkmale auszeichnet:

1. Mittelständische Firmen waren typischerweise *eignergeführte Familienunternehmen*. Kapitalmehrheit und Leitung befanden sich in einer Hand oder in wenigen Händen, die durch verwandtschaftliche Beziehungen aneinander gebunden waren. Dadurch entstand einerseits eine zuweilen prekäre Abhängigkeit der Firmen von den biologischen Gegebenheiten ihrer Eigentümer, wie sie deren Gesundheit, Kinderzahl, Alter oder Tod darstellen. Andererseits erübrigte sich das Principal-Agent-Problem oder wurde einer effizienten Lösung zugeführt. Die heikle Übertragung von Verfügungsrechten der Eigentümer auf Dritte entfiel entweder im Fall der Identität von Eigentümern und Verfügungsberechtigten, oder wurde bei der Übertragung auf Verwandte qua Familienräson mit geringen Transaktionskosten durchgeführt.

2. Es galt das *Prinzip der generationsübergreifenden Kontinuität*. Im Mittelstand traten im Regelfall die Söhne der Gründer die Nachfolge an, aber auch Schwiegersöhne, Brüder, Cousins oder vereinzelt auch Ehefrauen und Töchter. Man betrachtete das Unternehmen als gemeinsames Erbe, von dem starke ideelle Bindungskräfte ausgingen. Richard Hengstenberg formulierte sein Ethos als Familienunternehmer 1972 wie folgt: „Das Geschaffene soll keine Eintagsfliegen-Existenz haben, es soll etwas [...] die Zeiten Überdauerndes sein. [...] Der beste Baugrund dafür ist die Familie. [...] Die der menschlichen Natur mitgegebene Sorge um die Nachkommenschaft [...] motiviert das Streben, die eigene Leistung von vornherein auf Dauer anzulegen. Und zugleich gibt die Hoffnung, daß die Nachfolger das Begonnene fortsetzen [...] werden, der eigenen Arbeit einen Sinn über den Tag und den Tagesgewinn hinaus."

3. Zumeist herrschte der *Herr-im-Hause-Standpunkt*, d. h. ein patriarchalisch-autoritärer Führungsstil gepaart mit dezidiertem Misstrauen gegenüber Außenstehenden. Das Führungspersonal stammte in der Regel aus dem eigenen Haus. Die Finanzierung erfolgte überwiegend aus eigenen Mitteln, was mittelstandsspezifische Wachstumsschwellen erzeugte. Externen Beratern und der engeren Kooperation mit anderen Firmen stand man reserviert gegenüber. Es herrschte eine gewisse Belagerungsmentalität, die oft mit hohen Eigenkapitalquoten, geringer Transparenz und einem autokratischen Führungsstil kantiger Unternehmerfiguren einherging.

4. Die Abwehrhaltung gegenüber allen, die von außen kamen, korrespondierte mit der *engen Bindung zu den internen Akteuren*. Paternalistisch geprägte Arbeitsbeziehungen kultivierten ein hohes Maß an gegenseitiger Loyalität. Geschäftsführung und Beschäftigte standen sich nahe und waren aufeinander angewiesen. Im Regelfall gab es lange, oftmals arbeitslebenslange Betriebszugehörigkeiten. Der Chef kannte die Mitarbeiter und war vielleicht sogar mit ihnen per Du. Direkte und informelle Kommunikation, flache Hierarchien und ein ausgeprägtes Zusammengehörigkeitsgefühl garantierten Flexibilität und Motivation. Die Mitarbeiter ließen sich etwa problemlos zu kurzfristig angesetzter Mehrarbeit am Wochenende mobilisieren. Reinhard Wirtgen, der Gründer des gleichnamigen

Weltmarktführers für das Recycling von Straßenbelägen, gab zu Protokoll: „Wenn freitags ein dringendes Problem auftrat, haben wir es oft über das Wochenende gelöst. [...] An den Wochenenden haben wir unsere Konkurrenten geschlagen."

5. Eines der wichtigsten Kennzeichen mittelständischer Firmen war die *Einbeziehung außerbetrieblicher, sachfremder Motive* ihrer Eigentümer. Persönlicher Ehrgeiz und Selbstständigkeitsstreben, dynastische Verpflichtung und soziale Verantwortung standen bei ihrer Selbstdefinition im Vordergrund, entpuppten sich jedoch als überaus ambivalente Werte. Die langfristige Existenzsicherung rangierte vor der kurzfristigen Renditeorientierung, verhinderte allerdings auch die Wahrnehmung neuer Chancen. In alteingesessenen Qualitätsunternehmen erwies sich die Tradition als Erfolgsrezept oder aber als Hemmschuh.

Letzteres haben SABA und Hohner eindrucksvoll gezeigt. Ersteres illustriert das 1876 gegründete Feinkostunternehmen Hengstenberg (750 Mitarbeiter, 2002). Noch 1972 verkündete der Chef: „Tradition – das ist das Festhalten an den bewährten Geschäftsprinzipien, [...] das ist das Verbleiben in einem bestimmten Produktionsbereich". Dieses Diversifizierungsverbot basierte auf der Erfahrung einer knapp 100-jährigen, erfolgreichen Konzentration auf ein relativ eng um Essig und Sauerkraut gruppiertes Qualitätssortiment. Eine solche Unternehmensphilosophie hat sich bei der in der vierten Generation familiengeführten Hengstenberg GmbH lange bewährt. Auf Märkten, die im Gegensatz zur sauren Feinkost einem hektischen Wandel unterliegen, kann ein solcher Ansatz gravierende Anpassungsblockaden erzeugen.

4.3.2 Ursachen des Wertewandels nach 1970

Die großflächige Erosion dieses Ensembles von Praktiken und Normen begann erst in den 1970er-Jahren, überlebte also die großen politischen Zäsuren des 20. Jahrhunderts zumindest im westlichen Teil Deutschlands weitgehend unbeschadet. Der Abschied vom klassischen Mittelstand hat tiefgreifende Ursachen, die eng mit den ökonomischen und soziokulturellen Umbrüchen des späten 20. Jahrhunderts verzahnt sind. Die Globalisierung sowie die Verkürzung von Entwicklungs- und Produktlebenszyklen konfrontierten Mittelständler mit einem schärferen Wettbewerb und komplexeren Marktgeschehen. Sie hatten sich neuen Konkurrenten, Verfahren, Kapitalanforderungen und Kunden zu stellen. Die notwendigen Anpassungsleistungen überforderten jedoch ihre traditionellen Führungssysteme.

Daher begann sich der Mittelstand von seiner traditionellen „Herr-im-Hause-Mentalität" zu verabschieden und sich gegenüber externer Kompetenz in Form von Beratern, Beiräten sowie familien- und firmenfremdem Führungspersonal zu öffnen. In nicht wenigen Branchen traten Allianzen, Joint Ventures oder Netzwerke an die Stelle isolierter Firmen, die bislang als Einzelkämpfer agierten. Entwicklungskosten ließen sich immer seltener von einzelnen Firmen tragen, wodurch die Bereitschaft zur

Kooperation stieg. Mit der Notwendigkeit kapitalintensiver Investitionen wuchs der Einfluss von Banken, Fonds, Beteiligungsgesellschaften und Wagniskapitalgebern.

Definition

Wagniskapitalgeber (*venture capitalists*) sind risikobereite Investoren, die Kapital ohne Sicherheiten allein aufgrund zukünftiger Erwartungen bereitstellen. Im Gegensatz zu den USA spielten sie in Deutschland traditionell keine Rolle. Als in der Bundesrepublik um 1965 die ersten Wagniskapitalgesellschaften gegründet wurden, operierten sie auf einem randständigen, nur mühsam wachsenden Markt. Noch 1980 beliefen sich ihre Investitionen auf lediglich 500–600 Mio. DM, verteilt auf 700 Beteiligungsfälle. Danach beschleunigte sich das Wachstum merklich. 1990 wurden bereits 3,4 Mrd. DM, verteilt auf mehr als 2.000 Firmen, und 1995 6,3 Mrd. DM, verteilt auf 3.093 Beteiligungsfälle, investiert.
(Günter Leopold u. Holger Frommann, Eigenkapital für den Mittelstand. Venture Capital im In- und Ausland, München 1998.)

Hinzu traten vielfach strategische Neuausrichtungen, denn die Ziele wurden immer seltener unhinterfragt von der Vorgängergeneration übernommen. Der Shareholder-Value ging auch an Familienunternehmen nicht spurlos vorüber. Berater, Banken und Kapitalgeber trugen dieses Konzept an sie heran, aber auch die Gesellschafter selbst verlangten eine Erhöhung der kurzfristigen Renditen und verabschiedeten sich von der langfristigen Perspektive ihrer Vorgänger. Die Rolle als Mitglieder eines Familienkollektivs erschien ihnen zunehmend weniger schlüssig als die individueller Nutzenmaximierer. Dadurch entstand ein Druck auf die Erhöhung der kurzfristigen Renditen und Ausschüttungen, der den Charakter der Firmen nachhaltig veränderte.

Gleichzeitig wandelten sich die Präferenzen der Eigentümer. In der hedonistisch grundierten, auf individuelle Selbstentfaltung ausgerichteten „Erlebnisgesellschaft" (*Gerhard Schulze*) verlor der für den klassischen mittelständischen Unternehmer konstitutive „Handlungstypus der aufgeschobenen Befriedigung" von Konsumbedürfnissen an Bedeutung. Die „Erlebnisgesellschaft" ist der Gegenentwurf zur klassischen „Industrie- und Arbeitsgesellschaft". Grundlage des Wertewandels war die endgültige Überwindung des materiellen Mangels der Nachkriegszeit, der Generationswechsel und die wohlstandsbedingte Entgrenzung der Konsumoptionen.

Die „Erlebnisgesellschaft" ist eine Multioptionsgesellschaft, die dem einzelnen die Wahl zwischen verschiedenen Konsumstilen und Lebensentwürfen eröffnet. In diesem Kontext ist es für Erben von Familienunternehmen alles andere als selbstverständlich, durch den Eintritt in die Geschäftsführung die Kontinuität der Firma sicherzustellen. Die Vorstellung, in die Fußstapfen der Vorfahren zu treten, für ein Unternehmen zu leben sowie Teil einer Dynastie mit entsprechenden Verpflichtungen zu sein, erscheint vielfach als Hindernis auf dem Weg zur Erfüllung individueller Lebensentwürfe. Das klassische mittelständische Unternehmen lebte jedoch von der Überzeugungskraft solcher Konstrukte. In einer schnelllebigen „Zeit der Diskontinuitäten" verloren sie an Plausibilität und Verbindlichkeit.

4.3.3 Neuer Mittelstand

Die Entstandardisierung der Lebensstile lässt immer mehr Unternehmerfamilien in die Individualisierungsfalle geraten, d. h. es misslingt ihnen, eine einheitliche Linie zu finden und durchzuhalten. Wo nicht mehr die Familienräson den Ton angibt, sondern der individuelle Vorteil, sind Nachteile für das Unternehmen unvermeidbar. Interessendivergenzen schädigten in der jüngeren Vergangenheit Familienunternehmen ungleich häufiger als noch vor 20–30 Jahren. Spektakulären Anschauungsunterricht mit bühnenreifen Streitigkeiten boten in den 1990er-Jahren Villeroy & Boch, Bahlsen, Quelle, Herlitz, 4711 und Pelikan.

Erben, aber selbst Gründer betrachten es heute immer seltener als selbstverständlich, sich lebenslänglich an ein Unternehmen zu binden. Der frühe Rückzug aus dem Geschäft zugunsten von Familie und Freizeit ist eine Folge der „Erlebnisgesellschaft". Der Sozialtypus des Rentiers, jener Gattung begüterter Nichterwerbstätiger, erlebt eine Renaissance. Die Option, ein Unternehmen aufzubauen und nach ein paar Jahren zu verkaufen, ist kein ehrrühriges Randphänomen mehr. Der Mittelstandsbeirat des Bundeswirtschaftsministeriums vermerkte im Jahr 2000: „Die zu erwartende Unternehmerbiographie läuft nicht mehr wie früher auf ein generationsübergreifendes Lebenswerk hinaus, sondern beschränkt sich bestenfalls auf eine Generation, häufig sogar auf einen wesentlich kürzeren Zeitraum." Unternehmer zu sein, wird so zum vorübergehenden Lebensabschnitt.

In vielen alteingesessenen Familienunternehmen erwies sich der Generationswechsel als Wegscheide. Angesichts des Fehlens geeigneter Nachfolger in der eigenen Familie und den immer tiefer werdenden lebensweltlichen Gräben zwischen den Generationen wichen sie zunehmend von den traditionellen Nachfolgeregelungen ab. An ihre Stelle trat der Rückzug der Familie zugunsten anderer Entscheidungsträger, oft gepaart mit dem Verkauf der Firma oder dem Gang an die Börse. Daneben kam es zu Management-Buy-outs, d. h. dem Kauf durch leitende Angestellte des eigenen Hauses, und Management-Buy-ins durch externe Führungskräfte.

Diese Veränderungen führten in den meisten Fällen zur Professionalisierung des Managements. Mit der Identität von Eigentum und Unternehmenssteuerung brach dann jedoch eine tragende Säule des klassischen Mittelstandskonzepts weg. In der Folge gingen auch die typischen Vorteile verloren, so dass mit dem Principal-Agent-Konflikt ein aus Kapitalgesellschaften altbekanntes „Sorgenkind" auftauchte und sich die Probleme der optimalen Anreiz- und Überwachungsstrukturen über die verschiedenen Unternehmensgrößenklassen hinweg tendenziell anglichen. Die Familie wurde durch die Professionalisierung des Managements zunächst auf die Funktion des Kapitaleigners zurückgeworfen. Solange sie die Mehrheit der Anteile hielt, konnte sie einen relativ starken Einfluss bewahren. Aber auch hier lösten sich die alten Verhaltenskodizes auf. Erstens wurde der einstmals tabuisierte Verkauf von Anteilen an Familienfremde eine gangbare Alternative. Zweitens erhöhte der langfristig steigende Kapitalbedarf die Fremdkapitalquoten. Abbildung 4.7 enthält die Eigenkapitalquote sämtlicher deutscher Unternehmen. Aufgrund der quantitativen Dominanz der KMUs fallen die hier enthaltenen Großunternehmen nicht übermäßig ins Gewicht. Das Ergebnis ist eindeutig: Zwischen ca. 1960 und 2000 sanken die Eigenkapitalquoten relativ stetig von fast 40 auf knapp 19 %. Im internationalen Vergleich handelt es sich um recht niedrige Werte. Nach 2000 kam es aber zu einer Trendwende und die Quote erreichte 2013 wieder 29 %. Groß-, aber auch Familienunternehmen lagen im Durchschnitt über diesem Wert. Eine der Hauptursachen der Trendwende war die verschärfte Regulierung der Banken, deren Kreditrisiken begrenzt werden sollten. Die entsprechenden Regeln (Basel II) wurden 2004 veröffentlicht und waren ab 2007 in der EU verbindlich. Seit ihrer Formulierung achteten die Banken bei der Vergabe neuer Kredite darauf, dass kreditnehmende Unternehmen einen größeren Stabilitätspuffer in Form von Eigenkapital besaßen. Insbesondere KMUs haben darauf reagiert und ihre Eigenkapitalquoten merklich erhöht.

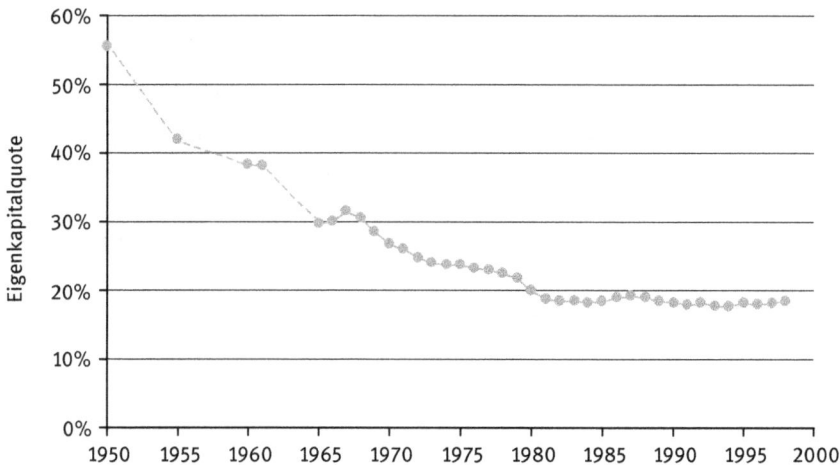

Eigenkapital in Prozent der bereinigten Bilanzsumme. Für 1937/38–1961 nur Aktiengesellschaften, ab 1965 alle Unternehmen. Änderung der statistischen Systematik 1962 und 1980. Ab 1990 nur Westdeutschland, ab 1994 inkl. Berlin

Abb. 4.7: Eigenkapitalquoten bundesdeutscher Unternehmen (1950–1998).

Die verstärkte Abhängigkeit von externem Fremdkapital diente Banken und anderen Finanzintermediären im letzten Drittel des 20. Jahrhunderts als Hebel zur Ausweitung ihres Einflusses. So drängten sie verstärkt auf die Professionalisierung des Managements und die Erhöhung der Transparenz. Auch führten notwendige Kapitalerhöhungen verstärkt zur Einwerbung von familienfremdem Eigenkapital. Die neuen Kapitaleigner pochten auf Mitspracherechte und erwarteten höhere Renditen als die Alteigentümer. Auf diesem Weg wurde die Familie tendenziell zu einer Gesellschaftergruppe unter anderen.

Verkäufe von Familienunternehmen an Außenstehende waren nicht nur kein Tabu mehr, sondern ließen sich auch auf dem rasch wachsenden Markt für Unternehmensbeteiligungen immer einfacher abwickeln. Der von KMUs traditionell selten beschrittene Weg an die Börse wurde 1986 durch die Novellierung des Börsengesetzes und die Börseneuphorie der späten 1990er-Jahre erleichtert. Während in den sechs Jahren von 1977 bis 1982 lediglich neun Familienunternehmen mit einem nominalen Emissionsvolumen von ca. 58 Mio. DM an die Börse gingen, waren es in den folgenden sechs Jahren (1983–1988) schon 91 Firmen und 977 Mio. DM.

Zugleich entstanden zahlreiche neue KMUs. Die Zahl der nicht landwirtschaftlichen Selbstständigen stieg in Westdeutschland zwischen 1981 und 1998 von 1,8 auf 2,8 Mio. Die Quote der Selbstständigen an allen Beschäftigten (siehe Abbildung 4.2) lag 1981 mit 6,9 % auf dem absoluten Tiefpunkt und erreichte 1998 9,9 %. Die neuen Bundesländer erlebten eine eindrucksvolle Renaissance des privaten Unternehmertums. Zwischen 1991 und 1998 verdoppelte sich dort die Selbstständigenquote von 4,6 auf 8,6 % und lag damit nur noch leicht unter dem Wert für Westdeutschland. Allerdings darf man den Erfolg der Neugründungen nicht überschätzen, da ihnen viele Liquidationen gegenüberstanden. Die Insolvenzstatistik weist einen Trend zu einer immer instabileren Gesamtstruktur aus. Die Quote der Insolvenzen hat sich in Westdeutschland in den 1990er-Jahren gegenüber den frühen 1960er-Jahren verachtfacht, seit 1970 mehr als vervierfacht. Viele der Neugründungen werden keine Jubiläen begehen können. Ihre Eigentümer bilden eine fluide, z. T. auch transiente Gruppe, die häufig nicht die Substanz oder auch den Ehrgeiz hat, die Führung eines Unternehmens zum Lebensberuf zu machen. Der „neue Mittelstand" weist also insgesamt wenig Gemeinsamkeiten mit seinem klassischen Vorgänger auf.

Weiterführende allgemeine Literatur

Colli, Andrea, The History of Family Business, 1850–2000, Cambridge 2003.

Berghoff, Hartmut, The End of Family Business? The Mittelstand and German Capitalism in Transition, 1949–2000, in: Business History Review 80/2, 2006, S. 263–295.

Colli, Andrea u. Rose, Mary B., Family Business, in: Geoffrey Jones u. Jonathan Zeitlin (Hg.), The Oxford Handbook of Business History, Oxford 2008, S. 194–218.

Fear, Jeffrey R., Straight outta Oberberg. Transforming Mid-Sized Family Firms into Global Champions 1970–2010, in: Jahrbuch für Wirtschaftsgeschichte 53/1, 2012, S. 125–169.

Loveman, Gary u. Sengenberger, Werner, The Re-emergence of Small-Scale Production: An International Comparison, in: Small Business Economics 3, 1991, S. 1–37.

Müller, Margit (Hg.), Structure and Strategy of Small and Medium-Size Enterprises since the Industrial Revolution, Stuttgart 1994.

Ward, John L., Perpetuating the Family Business. 50 Lessons Learned from Long-lasting, Successful Families in Business, Basingstoke 2004.

Fallstudien

Berghoff, Hartmut, Zwischen Kleinstadt und Weltmarkt. Hohner und die Harmonika 1857–1961. Unternehmensgeschichte als Gesellschaftsgeschichte, 2. Aufl., Paderborn 2006.

Berghoff, Hartmut u. Rauh, Cornelia, The Respectable Career of Fritz K. The Making and Remaking of a Provincial Nazi Leader, 1885–1980, Oxford 2015.

Boelcke, Willy A. (Hg.), Wege zum Erfolg. Südwestdeutsche Unternehmerfamilien, Leinfelden-Echterdingen 1996.

Lubinski, Christina: Familienunternehmen in Westdeutschland. Corporate Governance und Gesellschafterkultur seit den 1960er Jahren, München 2010.

Nieberding, Anne, Unternehmenskultur im Kaiserreich. J.M. Voith und die Farbenfabriken vorm. Friedr. Bayer & Co., München 2003.

Simon, Hermann: Hidden Champions des 21. Jahrhunderts: Die Erfolgsstrategien unbekannter Weltmarktführer, Frankfurt/M. 2007.

Lubinski, Christina; Fear, Jeffrey u. Fernandez Pérez, Paloma (Hg.), Family Multinationals. Entrepreneurship, Governance, and Pathways to Internationalization, London 2013.

Langenscheidt, Florian u. a., Lexikon der deutschen Weltmarktführer, Köln 2010.

Häberlein, Mark, Die Fugger. Geschichte einer Augsburger Familie (1367–1650), Stuttgart 2006.

5 Die Globalisierung des Unternehmens

5.1 Zur Theorie des multinationalen Unternehmens

5.1.1 Definition und Ausgangsfrage

Multinationale Unternehmen sind nicht per se Großunternehmen. KMUs haben aber geringere Chancen, sich über die Grenzen ihres Heimatlands hinaus auszudehnen. Leider weiß die Forschung bislang wenig über kleinere „multinationals". Allgemein sind multinationale Unternehmen unabhängig von ihrer Rechtsform, Struktur und Größe durch den Besitz von Betriebsstätten in mehr als einem Land bzw. durch die grenzüberschreitende Reichweite ihrer Organisation definiert. Sie tätigen *Direktinvestitionen* (DI), d. h. grenzüberschreitende Investitionen, die Kontroll- und Entscheidungsbefugnisse auf der Managementebene begründen. Davon zu unterscheiden sind Portfolioinvestitionen, die lediglich Renditeinteressen der Investoren widerspiegeln, diesen aber keinen Einfluss auf Strategie und operatives Geschäft eröffnen. Wo genau die Grenze zwischen beiden Investitionsarten verläuft, ist umstritten. Für einige Autoren reicht eine Beteiligungsquote von 10 % für eine Klassifizierung als DI aus, während andere 25 % für notwendig halten.

Um auf ausländischen Märkten aktiv zu werden, müssen Unternehmen nicht notwendigerweise DI tätigen. Vielmehr steht ihnen der Export bzw. Import, die Beauftragung von Repräsentanten oder die Vergabe von Lizenzen als Alternative offen. Im historischen Verlauf begannen Auslandsengagements in der Tat meist mit einer dieser Varianten, die ja die Einschaltung des Marktes und die Kooperation mit unabhängigen Geschäftspartnern beinhalten. Warum aber entschieden sich viele Firmen nach einer gewissen Zeit dafür, die ausländischen Geschäftsaktivitäten in die eigene Organisation zu integrieren? Weshalb nahmen sie die mit DI verbundenen Nachteile und Probleme auf sich und operieren in einer ihnen fremden Umwelt? Die Sprache und Kultur, das Rechtssystem und die Politik des DI-Ziellandes unterschieden sich ja z. T. erheblich vom Herkunftsland und erschwerten den Markteintritt.

5.1.2 Transaktionskostenansatz

Die Institutionenökonomie betont die überlegene Koordinationsfähigkeit des multinationalen Unternehmens im Vergleich zu grenzüberschreitenden Markttransaktionen. In der Tat machten viele Firmen die Erfahrung, dass sich die Zusammenarbeit mit eigenständigen Partnern im Ausland konfliktreich gestaltete. Aufgrund der geografischen Distanz gab es Verständigungs- und Abstimmungsprobleme. Informationsasymmetrien schufen Möglichkeiten für opportunistisches Verhalten, Betrug und Nachlässigkeit.

Im Rohstoffsektor bestand die Gefahr, von Monopolisten abhängig zu werden und dauerhaft Überpreise zahlen zu müssen. Repräsentanten und Lizenznehmer verfolgten Eigeninteressen, arbeiteten oft gleichzeitig auch für andere Firmen und gaben sich deshalb nicht dieselbe Mühe, wie man es von eigenen Mitarbeitern erwarten konnte. Oftmals tauchten Qualitätsmängel auf, die den Ruf des Lizenzgebers bedrohten. Daneben gab es Anlass zu der Befürchtung, dass sich die Lizenznehmer das spezifische Know-how aneigneten, um später mit eigenen Konkurrenzprodukten aufzutrumpfen. Daher führte die Gründung oder der Kauf eines ausländischen Tochterunternehmens insgesamt zu besseren Ergebnissen als Markttransaktionen, deren Risiken und Kosten infolge der geografischen und kulturellen Distanz ein nicht mehr tragbares Ausmaß erreichten.

Schließlich verweisen *Peter Buckley* und *Mark Casson* auf die besonderen Probleme beim Transfer immaterieller Ressourcen. Wissen und Erfahrung sind nur sehr schlecht über Märkte zu transferieren. Zwar kann man Lizenzen für die Benutzung eines Patents verkaufen, aber der Käufer ist dem Verkäufer nach Vertragsabschluss deutlich unterlegen. Die vom Verkäufer geleistete Entwicklungsarbeit hat nämlich einen Bestand an Erfahrungen erzeugt, der sich nicht in Form einer Patenturkunde formalisieren und an Fremde weitergeben lässt. Daher benötigt der Lizenznehmer u. U. langwierige Hilfen. Die Übertragung von spezifischem Wissen über Firmengrenzen hinweg kann so umständlich, teuer und nicht zuletzt gefährlich sein, dass eine interne Lösung vorzuziehen ist. Buckley und Casson haben auch empirisch nachgewiesen, dass um 1970 multinationale Unternehmen in forschungsintensiven Branchen einen höheren Internalisierungsgrad als in anderen Sektoren aufwiesen.

Die Institutionenökonomie definiert „multinationals" als überlegene Lösung für grenzüberschreitende Transaktionen. Es sind die Unvollkommenheiten internationaler Märkte, die Firmen zur Internalisierung der betreffenden Aktivitäten veranlassen. Auf dem Markt stießen die Unternehmen auf vielfältige Kooperationsprobleme und zu hohe Transaktionskosten. Manche Aktivitäten waren sogar ausschließlich innerhalb von Unternehmen möglich, da es etwa in unbewohnten Regionen keinen Markt gab und man niemanden etwa mit der Ausbeutung einer Erzmine beauftragen konnte.

5.1.3 Vorteile der Multinationalität

Außerhalb der Institutionenökonomie gibt es mittlerweile zahlreiche Theorien des multinationalen Unternehmens, obwohl die Ökonomie dessen Tätigkeit lange als banalen Akt reiner Kapitalarbitrage eingestuft hat. Demnach transferierten „multinationals" lediglich Kapital von niedrig- zu hochrentablen Ländern. Einen Umschwung brachte erst das 1960 erschienene Buch von *Stephen Hymer*, der feststellte, dass DI ganze Ressourcenbündel bewegen, die den „multinationals" im Ausland Vorteile und besondere Profitchancen verleihen. Aufbauend auf Hymer und den seit 1960 erfolgten, sehr umfangreichen, u. a. von *Charles Kindleberger*, *John Dunning*, *Mira Wilkens* und *Geoffrey Jones* durchgeführten empirischen Arbeiten lassen sich 14 spezifische Vorteile multinationaler Unternehmen benennen (siehe Tabelle 5.1).

Ein Teil der Ursachen für die Stärke multinationaler Unternehmen liegt bei ihnen selbst, bei den „ownership advantages": 1. der Besitz eines einmaligen oder überlegenen Produkts oder einer überlegenen Technologie. Um diesen monopolistischen Vorteil nicht zu gefährden, gibt man auch im Ausland die Kontrollrechte nicht aus der Hand. 2. Der Wettbewerbsvorteil kann in der Überlegenheit der Organisation begründet liegen. Es ist sinnvoller, diese Vorzüge ins Ausland zu transferieren, als sich mühsam und konfliktträchtig mit fremden Firmen abzustimmen. 3. Multinationale Unternehmen profitieren z. T. von einem privilegierten Zugang zu Kapitalmärkten. So fiel es britischen Unternehmen um 1900 leicht, in dem hoch entwickelten Londoner Finanzzentrum Mittel für DI in Lateinamerika oder Afrika zu beschaffen. In den Zielregionen und auch in anderen europäischen Ländern fehlten vergleichbare Finanzquellen. 4. „Multinationals" können größere, leistungsfähigere Anlagen auslasten, wenn sie für mehrere Märkte produzieren. Die erzielbaren Volumina steigen und damit die Skalenerträge. 5. Es ergeben sich Synergien, wenn Firmen die am Stammsitz entwickelten Innovationen in mehreren Ländern nutzen. 6. Ein Unternehmen kann Zugang zu Rohstoffen haben, die es nur an seinem Heimatstandort gibt. Es entwickelt daher ein spezifisches Know-how, das es u. U. in ein anderes Land transferiert. 7. „Multinationals" besitzen Vorteile aufgrund ihrer Multinationalität, nämlich die Möglichkeit, die Wertschöpfungskette auf verschiedene Standorte aufzuteilen und so die jeweiligen nationalen Stärken miteinander zu kombinieren. Sie konzentrieren etwa arbeitsintensive Prozesse in Niedriglohnländern und die Forschung in hoch entwickelten Staaten.

Tab. 5.1: Vorteile multinationaler Unternehmen.

1. unternehmensinterne Faktoren (*ownership advantages*)	2. Standortfaktoren am Zielort der DI (*locational factors*)
1.1. überlegene Technologie, Verfahren oder Produkte	2.1. tarifäre und nicht tarifäre Handelshemmnisse
1.2. leistungsfähigere Organisation	2.2. politische Investitionsanreize
1.3. privilegierter Zugang zu Kapital	2.3. Marktgröße, Kaufkraft, Dynamik im Zielland
1.4. Skaleneffekte (*economies of scale*)	2.4. Faktorausstattung (Rohstoffe, Qualifikationen)
1.5. Synergien (*economies of scope*)	2.5. niedrigere Faktorkosten (z. B. Löhne)
1.6. Zugang zu Rohstoffen am Heimatstandort	2.6. Kapitaltransferrestriktionen oder Wechselkursvorteile
1.7. internationale Aufteilung der Wertschöpfungskette	2.7. Risikoausgleich durch Standortmix

Ein zweites Set von Faktoren ist dagegen nicht auf der Seite des Unternehmens angesiedelt, sondern in den Zielländern der DI. Der Begriff „locational advantages" fasst sieben Standortfaktoren zusammen: 1. Multinationale Unternehmen unterlaufen Zollmauern und nicht tarifäre Handelshemmnisse durch die Produktion in demjenigen Land, das Importe erschwert. 2. Politische Anreize wie Subventionen oder Steuervorteile ziehen Firmen an ausländische Standorte. 3. Bestimmte Märkte können aufgrund ihrer Größe oder Wachstumspotenziale per se so interessant sein, dass man dort mit DI vertreten sein muss. Oft ist es sinnvoll, vor Ort zu produzieren, um die speziellen Anforderungen des Absatzmarkts wie den jeweiligen Geschmack oder auch den Wunsch der Käufer nach „einheimischen" Produkten zu erfüllen. 4. Die Faktorausstattung kann einen Standort interessant machen. Das gilt für die Verfügbarkeit bestimmter Arten von Personal, Know-how und Vorprodukten. „Multinationals" wählen einen ausländischen Standort, weil sie dort die benötigten Arbeitskräfte oder Zulieferer finden. Im Dienstleistungsbereich spielen Agglomerationen spezifischer Qualifikationen und die räumliche Konzentration von Informationen eine zentrale Rolle. Darauf basiert die Anziehungskraft internationaler Finanzzentren. Rohstoffe kann man nur dort fördern, wo der Zufall der Geologie entsprechende Vorkommen platziert hat. 5. Klassische Standortfaktoren wie das Kosten- und Lohnniveau sind von Bedeutung. Schwellenländer, in denen eine Arbeitstunde nur ein Hundertstel des Satzes eines Hochlohnlands kostet, zogen gegen Ende des 20. Jahrhunderts verstärkt DI für arbeitsintensive Prozesse an. 6. Multinationale Firmen unterlaufen Kapitaltransferrestriktionen und reagieren auf Veränderungen der Währungsrelationen. Unternehmen aus Ländern mit starken Währungen weichen an Standorte mit schwächeren Währungen aus, um die Wettbewerbsfähigkeit auf Exportmärkten in Drittländern zu verbessern. 7. Unternehmen teilen ihre Aktivitäten bewusst auf verschiedene Standorte auf, um länderspezifische Risiken, die aus ökonomischen und politischen Krisen erwachsen, auszubalancieren.

In der Praxis überschneiden sich diese 14 Ursachen natürlich. Ein weiterer vielbeachteter Ansatz stammt von *John Dunning*, der in seinem eklektischen Paradigma die bisher dargestellten Ansätze vereint. „Ownership advantages" (O) erklären, warum Firmen im Ausland investieren, „locational factors" (L), wo sie investieren, und die Institutionenökonomie (I), welche organisatorische Form sie wählen. Für die Kombination dieser Faktoren führt er den Begriff der OLI-Konfiguration ein. Wichtig für die historische Analyse ist die Einsicht, dass *OLI-Konfigurationen* nicht stabil sind, sondern sich im Zeitablauf und insbesondere als Folge von DI verändern. Bei den Standortfaktoren fallen Subventionen oft bald schon nach der Ansiedlungsphase weg. Steuern variieren ebenso wie Zölle, Wechselkurse und Faktorkosten. Die „ownership advantages" wandeln sich ebenfalls. Aus überlegener Technik wird Allgemeinwissen. Neue, besser positionierte Konkurrenten tauchen auf. Schließlich können sich auch infolge infrastruktureller oder kommunikationstechnischer Verbesserungen die Transaktionskosten des Marktes verringern, sodass sich bei den institutionellen Alternativen neue Relationen ergeben.

Einen völlig anderen, entscheidungspsychologisch orientierten Ansatz wählte *Yair Aharoni*, der von der Beobachtung ausging, dass viele Firmen gerade nicht nach den strengen Rentabilitätskalkülen der OLI-Konfiguration handelten, sondern trotz guter Chancen keine DI tätigten. Nach zahlreichen Interviews mit Führungskräften erklärte Aharoni diesen Befund mit der Ignoranz und Trägheit vieler Spitzenmanager, die sich nicht der Mühe einer Wirtschaftlichkeitsprüfung unterzogen, die Schwierigkeiten der DI überschätzten sowie international unerfahren und risikoavers waren.

Umgekehrt wurde die Entscheidung für DI oft von einzelnen, besonders engagierten Führungskräften durchgesetzt. Neben ökonomischen nahmen persönliche Gründe einen breiten Raum ein. Dazu zählten Auslandserfahrung, Ratschläge von Freunden, Prestigedenken, Reiselust und sogar der Wunsch, Entwicklungshilfe zu leisten. Daneben beobachtete Aharoni einen Mitläufereffekt, demzufolge deshalb im Ausland investiert wurde, da es andere Firmen vormachten. Das konnte sinnvoll sein, wenn man etwa wichtigen Kunden, Lieferanten oder Konkurrenten folgte. Jedoch gab es auch Entscheidungen, die eher Moden oder Eitelkeiten entsprangen. Auslandstöchter und ein durch die Welt jettendes Management schienen zuweilen der ultimative Nachweis von Modernität zu sein.

Zu den Vorzügen des Aharoni-Ansatzes gehört es, die Aufmerksamkeit auf die Mentalität der Entscheidungsträger zu lenken. Sie sind keine Maximierungsautomaten, sondern kulturell geprägte, subjektive Menschen mit Eigeninteressen. System- und koalitionstheoretisch gesprochen bemühen sie sich um die Durchsetzung ihrer persönlichen Deutungsmuster und Vorteile. Der Unternehmertheorie Cassons ist hinzuzufügen, dass es in betrieblichen Entscheidungsprozessen keineswegs vorrangig um die Auswertung objektiver Daten gehen muss. Die Stärke des OLI-Modells liegt darin, die dynamische Interaktion aller Faktoren und den Wandel im Zeitablauf zu betonen. Es zeigt, dass DI Firmen nicht nur nützen, sondern sie auch verändern. Dasselbe gilt für die Standorte, sodass sich die Parameter der Interaktion zwischen Unternehmen und Umwelt ständig neu konfigurieren.

5.2 Aufstieg und Funktionswandel der „multinationals"

5.2.1 „Multinationals" vor 1840

Das moderne multinationale Unternehmen ist ein Kind des ersten, in den 1840er-Jahren anlaufenden Globalisierungsschubs des Industriezeitalters. Gleichwohl gab es schon vorher einige wenige „multinationals". Manche Autoren ordnen die internationalen Kaufmanns- und Bankiersfamilien wie die Fugger dieser Kategorie zu, obwohl die umgeschlagenen Volumina und der lockere Zusammenhalt der Betriebsteile sie von späteren Unternehmen klar unterscheiden. Die großen, im kolonialen Kontext seit dem 16. Jahrhundert entstandenen Handelsgesellschaften wie die East India Company transferierten unter dem Schutz von Monopolen Waren über große Distanz. Zu diesen stärker integrierten Unternehmen gehörten häufig Plantagen, seltener Gewerbebetriebe. Kaum eines dieser Großunternehmen überlebte jedoch den Verlust seiner Monopolrechte im Laufe des 19. Jahrhunderts.

Mit der Vor- und Frühindustrialisierung gewann die Beschaffung ausländischer Rohstoffe an Bedeutung. Sie nahm häufig zunächst die Form kurzfristiger Projekte an, d. h. einzelne Europäer oder Investorengruppen beuteten eine Mine aus und zogen sich nach einer gewissen Zeit wieder zurück. In der ersten Hälfte des 19. Jahrhunderts verstetigten sich solche Aktivitäten. 1830 entstand die britische St. John d'el Rey Mining Company, die wie fünf andere britische Firmen brasilianische Goldfelder abbaute.

Die Gründung des Deutschen Zollvereins (1834) veranlasste Schweizer Baumwollfabriken zur Errichtung von Zweigwerken in Süddeutschland. Ansonsten blieb die verarbeitende Industrie noch unterrepräsentiert. Seit den 1820er-Jahren drangen britische Versorgungsunternehmen auf den Kontinent vor. Sie profitierten vom technischen Erfahrungsvorsprung im eigenen Land. Die Gasversorgung Berlins lag von 1821 bis 1846 in den Händen der Imperial Continental Gas Association, die sich auch in Belgien und in anderen Metropolen engagierte. Britische Banken eröffneten Niederlassungen in den Kolonien. Insgesamt bewegten sich die DI vor 1840 als Folge der rückständigen Transport- und Kommunikationsverhältnisse noch in einem recht bescheidenen Rahmen.

5.2.2 Erster Globalisierungsschub (1840–1914)

Mit der Intensivierung der internationalen Verflechtung kam es v. a. seit 1880 zu einer regelrechten Welle von DI. Die Neuinvestitionen stiegen bis 1914 so sehr an, dass sie Schätzungen zufolge ungefähr einem Drittel aller Auslandsinvestitionen entsprachen. Bezogen auf die globale Wirtschaftsleistung (Bruttosozialprodukt) ergäbe sich eine Quote von 9 %. Ein solcher Wert wurde erst wieder nach 1990 erreicht. Dieser Boom war nicht nur eine Folge der Logistik- und Kommunikationsrevolution, d. h. des Aufkommens dampfgetriebener Transportmittel und elektrischer Telegrafen, sondern hing auch eng mit den günstigen politisch-rechtlichen Rahmenbedingungen zusammen. Zwischen 1815 und 1914 wurden nur wenige, relativ kurze und begrenzte Kriege ausgefochten. Die „property rights" waren sicher, entweder aufgrund der internationalen Respektierung des Privateigentums oder aufgrund der kolonialen Situation, in der das Herkunftsland der DI das Zielland verwaltete. Sowohl für Kapital als auch für Menschen standen die Grenzen überwiegend offen. In der zweiten Hälfte des 19. Jahrhunderts bildeten sich zwei klassische Typen von „multinationals" heraus.

Erstens brachten industrielle Fertigungsunternehmen nach einer Anlaufphase im Heimatland ihre „ownership advantages" im Ausland zur Geltung. Das ungleichzeitige Tempo der Industrialisierung eröffnete unzählige Chancen für das Ausspielen technischer und organisatorischer Vorteile. Siemens gründete in vielen Ländern Telegrafenbaugesellschaften, da das Unternehmen zeitweilig als einziges diese Technik beherrschte. In England eröffneten Siemens Brothers, der englische Zweig des Unternehmens, 1863 im Londoner Stadtteil Woolwich eine Fabrik für Unterwasser-Telegrafenkabel, um von britischen Zuliefern unabhängig zu werden (siehe Abbildung 5.1). 1873 verlegte Siemens das erste Kabel zwischen Großbritannien und den USA und eröffnete damit eine neue Ära der Telekommunikation. Um 1914 stammt ungefähr die Hälfte aller transatlantischen Seekabel von Siemens. Die Weltmarktführer in der Farbenchemie, BASF, Bayer und Hoechst, begannen nach 1870 mit dem Aufbau von Auslandswerken. Ford eröffnete Fabriken in Kanada, England und Frankreich.

Abb. 5.1: Siemens-Kabelwerk in Woolwich an der Themse (1863).

Zweitens nutzten multinationale Unternehmen Standortfaktoren im Zielland, indem sie dessen natürliche Ressourcen ausbeuteten, d. h. Ölfelder, Bergwerke, Plantagen und Farmen betrieben. Viele dieser Firmen besaßen das Organisationsdesign der „free-standing company". Ohne Wachstumsphase im eigenen Land konzentrierten sich die meisten operativen Aktivitäten im Ausland. In der Heimat verfügten sie nur über ein kleines Hauptquartier. Die „ownership advantages" der „free-standing company" lagen v. a. beim Zugang zu Kapital und der Organisationskompetenz. Sie profitierten von Netzwerken befreundeter Investoren, Banken, Rechtsanwälte und Berater, die etwa in London ein Unternehmen gründeten, um eine Goldmine in Südafrika auszubeuten. Das Initiatorennetzwerk war von überragender Bedeutung, denn es schuf die Konzeption und mobilisierte das Kapital, auch wenn in London von dem Unternehmen kaum mehr als ein Firmenschild zu sehen war.

Technologische Vorsprünge spielten meist keine überragende Rolle, denn es handelte sich im Bergbau und in der Landwirtschaft um relativ simple Techniken, die sich leicht von einem europäischen in ein unterentwickeltes Land transferieren ließen. Bei den „locational factors" ist neben der Faktorausstattung die koloniale Herrschaft als politischer Anreiz zu nennen, die den Schutz der DI zur Not mit Waffengewalt garantierte. Sie ermutigte durch die Vergabe von Konzessionen und Monopolen DI und erschwerte oder verhinderte den Markteintritt von Firmen aus Drittländern oder den Kolonien selbst.

Nicht alle rohstoffausbeutenden Unternehmen waren „free-standing". Manche hatten sich vor ihren DI schon im Heimatland engagiert. Das gilt z. B. für die Standard Oil Company, die zuerst in den USA Öl gefördert und verarbeitet hatte. Das Auslandsgeschäft begann mit dem Export von Öl, der dann seit 1879 durch den Aufbau weltweiter Förder- und Raffineriekapazitäten ergänzt bzw. ersetzt wurde. Die DI ermöglichten es Standard, Transportkosten zu sparen, internationale Preisdifferenzen auszunutzen und den Wettbewerb auszuschalten. Um 1900 war Standard Oil ein hochkomplexer, multinationaler Konzern, der das weltweite Ölgeschäft dominierte. Nach der durch den US-Supreme Court 1911 erzwungenen Zerlegung gingen aus den 34 Nachfolgeunternehmen „multinationals" wie Esso, Chevron und Mobil hervor. Die europäischen Ölgesellschaften BP und Shell entsprachen dagegen ziemlich genau dem Modell der „free-standing company". Shell wurde 1897 von einer im Muschelhandel erfolgreichen Kaufmannsfamilie gegründet. Sie war in den Handel mit Öl eingestiegen und hatte in der niederländischen Kolonie Borneo ein großes Ölfeld gefunden. Royal Dutch Petroleum entstand 1890. Ausgangspunkt war eine Konzession zur Exploration von Ölvorkommen in der holländischen Kolonie Ostindien. Beide Firmen fusionierten 1907 zur Royal Dutch Shell, die zu 60 % in holländischer und zu 40 % in britischer Hand war.

Die 1881 gegründete Metallgesellschaft (2000–2005: mg technologies, heute GEA Group AG) war zunächst ausschließlich im Handel mit Metallen tätig. Aufgrund der großen Nachfrage diversifizierte sie in den Abbau, die Verhüttung und Veredlung von Kupfer, Zink und Blei. Zu diesem Zweck erschloss sie schon in den 1880er-Jahren Rohstoffquellen im Ausland und beteiligte sich an Bergwerken, Hütten, aber auch metallverarbeitenden Firmen in Mexiko, den USA und in Europa. Den Metallhandel wickelte man über die London Metal Exchange ab. Zudem finanzierte sich die Metallgesellschaft über den dortigen, sehr liquiden Finanzmarkt. 1906 gründete sie die Metallbank. 1889 entstand ein „Technische Abteilung" genanntes Großlabor, das die gelieferten Metalle analysierte. Deren metallurgische Expertise stellte einen zentralen „ownership advantage" der Metallgesellschaft dar, welche die Wertschöpfungskette vom Bergwerk über die Verhüttung bis zur Weiterverarbeitung und dem Handel global integrierte und daher unbedingt zuverlässige Qualitätskontrollen benötigte. Der Konzern eroberte bei Buntmetallen eine weltmarktbeherrschende Stellung. Die Kapitalanteile und Direktorposten der Konzerntöchter befanden sich überwiegend in den Händen der in Frankfurt und London beheimateten Familie Merton.

United Fruit war ursprünglich ein Bananenimporteur. Dabei erwies sich eine streng überwachte, synchronisierte Wertschöpfungskette als Schlüssel zum Erfolg. Bananen sind schnell verderblich und schädlingsanfällig. Nur ständige Kontrollen schon auf den Plantagen und eine geschlossene Kühlkette garantieren Qualität. Bananen, die man von unabhängigen Anbietern bezog, entsprachen häufig nicht den erwünschten Standards. Daher kaufte United Fruit große Plantagen in der Karibik sowie eigene Eisenbahnlinien und Reedereien, baute also eine integrierte Struktur vom Anbau über den Transport bis zum Vertrieb auf. Man zog es vor, die schwierigen Kontrollprobleme in der eigenen Organisation zu lösen, anstatt mit unzuverlässigen Fremden zu kooperieren. So gelang es United Fruit, eine starke Marke zu etablieren, die für Qualität bürgte. Die Verbraucher vertrauten ihr und waren bereit, für die Markenbanane einen höheren Preis zu zahlen als für No-Name-Produkte, deren Qualität sie nicht einschätzen konnten. United Fruit nutzte diesen Vorteil bereits vor 1914 auch in Europa. Aus ähnlichen Gründen erwarben Nahrungsmittelhersteller aus Europa und den USA Rinderfarmen in Lateinamerika. Die 1864 gegründete Liebig's Extract of Meat Comp. kaufte riesige Ländereien in Argentinien und Uruguay, auf denen sie Rinder züchtete. In eigenen Fabriken wurde das Fleisch vor Ort zu Fleischextrakt für Europa verarbeitet, um Transportkosten einzusparen.

Insgesamt entfielen 1914 55 % der weltweiten DI auf den Rohstoff- und Nahrungsmittelsektor, auf die verarbeitende Industrie dagegen nur 15 %. Das lag v. a. daran, dass viele dieser Investitionen verglichen mit Bergwerken oder der Ausbeutung von Ölvorkommen ein relativ geringes Finanzvolumen aufwiesen. Der Nähmaschinengigant Singer war aufgrund des frühen Zeitpunkts und der Höhe der DI eine Ausnahme. Angefangen hatte das Auslandsengagement mit einer lehrreichen, aber teuren Erfahrung. 1855 erteilte Singer dem Franzosen Charles Callebau eine Lizenz für den Bau und Verkauf von Singer-Nähmaschinen. Die Produktion lief nur mit massiver Hilfe Singers an. Kaum stand das Geschäft auf eigenen Beinen, begann der Ärger. Callebau weigerte sich, die vereinbarte Lizenzgebühr zu zahlen. Er ließ Singer sogar darüber im Unklaren, wie viele Nähmaschinen er produziert und verkauft hatte. Schließlich vertrieb er sogar auch Konkurrenzprodukte. Sein opportunistisches Verhalten sorgte dafür, dass Singer nie wieder einem ausländischen Produzenten eigene Patente anvertraute.

Im Auslandsvertrieb arbeitete Singer zunächst weiterhin mit unabhängigen Importeuren zusammen. Diese widmeten den Nähmaschinen aber nicht genügend Aufmerksamkeit, da sie auch andere Marken und Produkte führten. Sie hatten nicht genug Zeit und Interesse, einen umfassenden Kundendienst und ein zielgenaues Marketing zu betreiben. Vor allem weigerten sie sich, eigenes Kapital für Ratenzahlungsgeschäfte einzusetzen, die für den Verkauf von Nähmaschinen unverzichtbar waren. Daher setzte sich bei Singer die Erkenntnis durch, auch im Ausland das gesamte Geschäft selbst kontrollieren zu müssen. Es begann der Aufbau eines weltweiten Verkaufs- und Kundendienstnetzes (siehe Abbildung 5.2). Allein in Russland besaß Singer 1914 4.000 Servicestützpunkte und 27.000 Beschäftigte.

Abb. 5.2: Globale Produktvermarktung. Werbekarte für Singer-Nähmaschinen in Zululand (1892).

Als Singer 1867 seine Fabrik in Glasgow eröffnete, handelte es sich wohl um die erste industrielle DI eines US-Unternehmens. Ein wichtiges Motiv war die dynamisch wachsende Nachfrage nach Nähmaschinen im wohlhabenden Großbritannien. Singer exportierte aber bislang nur relativ wenige Maschinen dorthin, sodass sich Konkurrenten einen zunehmend größeren Marktanteil sicherten. 1866 schrieb der Leiter der britischen Verkaufsniederlassung voller Panik an die Zentrale in New York: „We are out of stock [...] I declare we are now in a worse position than any time before." Er verlangte die substanzielle Aufstockung der Lieferungen, da leer ausgegangene Kunden in Scharen zur Konkurrenz abwanderten, kaum dass er den Kontakt zu ihnen aufgebaut hatte. „We are harassed to death with agents and customers [...] I am powerless [...] We have beat[en] the bush and others are picking up the game." Die in Großbritannien benötigten Stückzahlen und die hohen US-Löhne sprachen für die Ersetzung des Exports durch eine eigene Produktionsstätte. An die Vergabe einer Lizenz dachte bei Singer nach den schlechten Erfahrungen in Frankreich niemand mehr. Die Weltmarktführerschaft Singers basierte auf einem technischen Vorsprung, der effizienten Verkaufsorganisation – v. a. der Perfektionierung des Ratenzahlungsgeschäfts – und dem flächendeckenden Kundendienst. Diese Stärken hatte man zunächst in den USA entwickelt und später auf andere Märkte übertragen. Es handelte sich um ein spezifisches und praktisch nicht an andere Firmen zu transferierendes Set von „capabilities". Daher zog Singer DI den zwar ausprobierten, aber auf Dauer ungeeigneten Alternativen von Export und Lizenzvergabe vor.

DI in der verarbeitenden Industrie entwickelten sich typischerweise aus Exportgeschäften, für die mit dem Anstieg der Verkaufszahlen, oder in den Worten Williamsons, mit der Zunahme der Tauschfrequenz, eine effizientere Organisationsform gesucht wurde. Oft ging es auch einfach darum, die Gewinnmarge zu erhöhen, die man bislang mit einem Intermediär geteilt hatte. Daneben sollte die Kundenbetreuung oder auch die Werbung intensiviert werden. Der erste Schritt bestand in der Gründung einer Vertriebsniederlassung, die an die Stelle des unabhängigen Importeurs trat. Lager und Werkstätten für Reparaturen und Wartungsarbeiten waren die Folge. Daran schloss sich die Gründung eines Werkes für die Montage von am Heimatstandort vorgefertigten Teilen an, aus dem schließlich eine vollwertige Zweigfabrik hervorging.

Vielfach spielten „first movers" überlegene technologische Kompetenzen aus. Zuweilen kam politischer Druck hinzu. Siemens besaß 1914 zehn ausländische Fabriken in fünf Ländern. Auf ihre Errichtung hatten z. T. die Auftraggeber gedrängt. Siemens-Kunden waren ja oft Staaten oder Postverwaltungen. Sie vergaben Großaufträge nur unter der Auflage, dass die Fertigung im eigenen Land stattfand. In die Kategorie der politischen Faktoren fallen auch Patentgesetze wie das kanadische von 1872 oder das britische von 1907, die den Patentschutz mit einem Ausführungszwang verbanden. Wer sein Patent in diesen Ländern effektiv schützen wollte, musste dort produzieren. Man spricht daher auch von „defensiven DI". Für die deutsche Elektroindustrie war der Zugang zu Kapital sehr wichtig. Da viele der Kunden in unterentwickelten Ländern nicht in der Lage waren, Telegrafen, Straßenbahnen und E-Werke sofort zu bezahlen, gründeten Siemens und AEG eigene Banken zur Absatzfinanzierung. Aus rechtlichen Gründen nahmen diese Institute, hinter denen u. a. deutsche Großbanken standen, ihren Sitz meist in der Schweiz oder in Belgien. Im Konsumgüterbereich, in dem Lever (Hygiene, Kosmetika) und Nestlé (Lebensmittel) tätig waren, spielten Marktnähe und die daraus resultierende Vertrautheit mit dem lokalen Geschmack eine zentrale Rolle. Da die Akzeptanz eines Massenpublikums unabdingbar ist, versuchten solche Firmen angesichts ansteigender nationalistischer Gefühle, als inländische Produzenten wahrgenommen zu werden. Das schlug sich auch in der Wahl von länderspezifischen Produktnamen nieder. So verschleierten sie den Umstand, dass sie aus dem Ausland stammten.

5.2.3 „Katastrophenzeitalter" (1914–1945)

Die Bilanz des von politischen und ökonomischen Krisen gezeichneten „Katastrophenzeitalters" der Jahre 1914 bis 1945 fiel für die „multinationals" ambivalent aus. Einerseits verschlechterten sich ihre Rahmenbedingungen erheblich. Die Turbulenzen dieses Zeitraums, insbesondere der zwei Weltkriege, verringerten die Berechenbarkeit langfristiger Investitionen. Deutsche Unternehmen verloren zweimal nahezu ihre gesamten DI. In der russischen Revolution kam es zur Enteignung sämtlichen ausländischen Kapitalbesitzes, was v. a. französische und belgische Firmen traf. Die Mobilität des Kapitals wurde zunehmend eingeschränkt. Seit den 1920er-Jahren zogen viele Unternehmen internationale Kartelle und Allianzen den unsicher und kompliziert gewordenen DI vor. Daher verringerte sich das Wachstum der DI im Vergleich zu der Zeit vor 1914.

Andererseits ist es bemerkenswert, dass die DI in den 1920er- und 1930er-Jahren trotz der tendenziell auseinanderfallenden Weltwirtschaft weiter wuchsen. Zwischen 1914 und 1938 verdoppelte sich der globale DI-Bestand, d. h. die akkumulierten DI. Der Zweite Weltkrieg brachte dann einen großen Rückschlag, u. a. durch den Komplettverlust der deutschen und japanischen DI. In den neuen sowjetischen Satellitenstaaten und in China wiederholten sich nach 1945 die Enteignungen der russischen Revolution.

Nach wie vor eröffneten technischer Fortschritt und internationale Entwicklungsunterschiede erhebliche Chancen für das Ausnutzen von „ownership advantages". So ließen sich viele international führende Firmen nicht von der ungünstigen weltpolitischen Konstellation abschrecken. Das galt insbesondere für US-Unternehmen, die in den 1920er-Jahren vom großen Boom ihres Binnenmarkts profitierten. Kein anderes Land tätigte in der Zwischenkriegszeit höhere DI als die USA, obwohl unter Einbeziehung der Altinvestitionen Großbritannien noch immer an der Spitze stand. Im Gegensatz zu den politischen Rahmenbedingungen verbesserten sich die internationalen Transport- und Kommunikationsverhältnisse. Die Fertigstellung des Panamakanals im Jahr 1914 verkürzte die Reise von New York nach San Francisco um 8.000 Meilen und verbesserte die internationale Anbindung. Der Ausbau der Telegrafen-, Telefon- und Eisenbahnnetze sowie das Aufkommen des Flugzeugverkehrs vereinfachte das Management über große Distanzen.

Neue Konsumprodukte wie elektrische Haushaltsgeräte und Autos, aber auch Investitionsgüter im Bereich der Chemie- und Elektroindustrie eröffneten große Wachstumspotenziale. In Deutschland siedelten sich Coca-Cola und Ford an. General Motors kaufte sich bei Opel ein. Entwicklungsländer in Lateinamerika und Asien zogen westliche Investoren an. Hohe Zölle schufen zusätzliche Anreize für die Verlagerung von Fertigungsstätten. Im Nahen Osten begann die Erschließung großer Ölfelder durch europäische und amerikanische Unternehmen. Schweizer, schwedische und niederländische Firmen profitierten von der Neutralität ihrer Regierungen im Ersten Weltkrieg. Sie konnten mit beiden Kriegsparteien kooperieren und sich manchen Startvorteil für die Nachkriegszeit sichern.

Deutsche Firmen dagegen erlitten durch den fast vollständigen, de facto entschädigungslosen Verlust ihrer DI gravierende Schäden. Am schwersten wog nicht die Enteignung von Gebäuden und Maschinen, sondern die Konfiskation immaterieller Güter wie Patente und Markenrechte. Bayer konnte in den USA seinen Namen erst wieder 1986 verwenden und musste dafür einen Kaufpreis von 1 Mrd. Dollar zahlen. Nach solchen schmerzvollen Erfahrungen hielten sich deutsche Firmen in den 1920er-Jahren eher zurück. Gleichwohl waren die Vorteile von DI in vielen Fällen so groß, dass es zu Rückkäufen und Neuinvestitionen kam. Deutsche Chemieunternehmen besaßen 1920 nur noch 24 der ursprünglich 153 (1913) ausländischen Produktionsstätten. Bis 1938 stieg diese Zahl wieder auf 144. Häufig wurden aber angesichts der außenpolitischen Unruhe Vertriebsniederlassungen und langfristige Verträge mit ausländischen Partnern kapitalintensiven Produktionsstätten vorgezogen.

Einschränkungen der Kapitalmobilität erzeugten ein neuartiges Phänomen, nämlich erzwungene DI. Das NS-Regime verwehrte ausländischen Firmen durch Devisenverkehrsrestriktionen, Gewinne in ihre Heimatländer zu transferieren. So war es sinnvoller, diese im Land zu reinvestieren. Zwischen 1929 und 1940 stiegen daher ausgerechnet die amerikanischen DI in Deutschland um fast 50 %. Umgekehrt passierte es deutschen Firmen, dass ihnen die Behörden Devisen für DI verweigerten. Das NS-Regime plante, künftig ausländische Unternehmen nicht mehr zu kaufen, sondern sie schlichtweg zu rauben. In den besetzten Territorien nahm diese Beutepolitik mit der systematischen Beschlagnahmung der Großunternehmen der jeweiligen Länder konkrete Züge an.

5.2.4 Wiederaufbau und Nachkriegsboom (1945–1973)

Nach 1945 verbesserten sich die Rahmenbedingungen für DI erheblich. In der westlichen Welt setzten die USA nach und nach die Liberalisierung des Außenhandels und die Lockerung von Devisenkontrollen durch. Internationale Kartelle verloren an Bedeutung. Die Eigentumsrechte wurden zumindest in der westlichen Welt wieder dauerhaft respektiert, büßten aber in den früheren Kolonien an Geltung ein. Der Ostblock errichtete zwar auch gegenüber multinationalen Unternehmen einen „Eisernen Vorhang", aber die Verbreitung bzw. Nachahmung amerikanischer Lebens- und Konsumformen schuf neue, rasch expandierende Märkte in Westeuropa. Schließlich stellte sich ein robustes Wachstum ein, das sogar die Dynamik der Zeit vor 1914 deutlich übertraf. Telefon, Telex und Düsenflugzeuge erleichterten die organisatorische Integration weit entfernter Unternehmensteile.

In den 1950er- und 60er-Jahren stammten die mit Abstand größten DI aus den USA. Die amerikanischen Firmen waren ihren ausländischen Konkurrenten gegenüber technologisch und organisatorisch klar überlegen. Die weltweit führenden Methoden des Managements (M-Form, Human Relations) und der Massenproduktion (Fordismus) stammten aus den USA. Neben diese „ownership advantages" traten politische Faktoren wie die Antitrust-Gesetze der USA, welche die Expansion im eigenen Land erschwerten. Anfangs behinderten noch recht hohe Zölle den Export und verursachten DI. Mit ihrem Sinken wurden ausländische Tochterunternehmen als Exportplattformen für Ausfuhren in Drittländer genutzt. Nach der EWG-Gründung wollten viele US-Unternehmen in der entstehenden europäischen Freihandelszone direkt vertreten sein, um deren hohe Außenzölle zu unterlaufen. Der weltweite Mangel an Dollars („Dollarlücke") schränkte anfangs noch die Möglichkeiten amerikanischer Exporte ein. Produzierten die US-Firmen dagegen im Ausland, konnten sie ihre Waren dort gegen lokale Währung absetzen. Schließlich waren auch die Löhne in Europa deutlich niedriger als in den USA.

Zugleich gab es starke Gegenkräfte, die DI erschwerten. Bis 1958 waren die meisten westeuropäischen Währungen nicht konvertibel. Der Kapitalverkehr unterlag noch immer großen Einschränkungen. Die einsetzende Dekolonisierung führte zu Enteignungen ausländischer Unternehmen. Die europäischen Länder konzentrierten sich vorerst noch auf ihren Wiederaufbau. In einigen Staaten wurden DI untersagt oder zumindest erschwert. Bis 1952 galt in der Bundesrepublik ein striktes Verbot von DI, denn das noch recht knappe Kapital sollte im eigenen Land bleiben. Ab 1952 waren auf Antrag Ausnahmen möglich. Ab 1956 entfiel die Einzelkonzessionierung bei Summen von weniger als 3 Mio. DM. In den 1960er-Jahren begann eine Politik der Förderung. Nicht zufällig unmittelbar nach der Rezession von 1966 schuf die Bundesregierung zusätzliche Abschreibungsmöglichkeiten für DI. 1969 griff dieser steuerliche Anreiz, und das Investitionsvolumen stieg sofort um 40 %. Zu der erhöhten Abschreibung trat der Effekt der DM-Aufwertung hinzu. Sie verteuerte deutsche Exporte und verbilligte den Kauf ausländischer Firmen um 9 %.

Big Blue in Deutschland

Der Rechen- und Büromaschinenhersteller IBM geht auf die 1896 von Herman Hollerith, dem Erfinder der Lochkartenmaschine, gegründete Tabulating Machine Company zurück und wurde 1924 nach mehreren Fusionen gegründet. Bereits 1910 organisierte die Auslandstochter Deutsche Hollerith-Maschinen GmbH (DEHOMAG) den Vertrieb importierter Maschinen in Deutschland und Südeuropa. Zu ihren wenigen Kunden zählten die Statistischen Landesämter und Großunternehmen wie Siemens und Bayer. 1918 eröffnete die DEHOMAG ihre erste Produktionsstätte in Deutschland. Die Zahl der Mitarbeiter stieg von 115 (1925) auf 1.119 (1935).

Der eigentliche Aufstieg IBMs fand in der Nachkriegszeit statt. Die US-Regierung hatte im Zweiten Weltkrieg die Datenverarbeitung massiv gefördert, was u. a. den großen Vorsprung der von IBM dominierten amerikanischen Computerindustrie erklärt. Nicht zuletzt für die Raumfahrtprogramme waren leistungsfähige Rechenmaschinen zwingend erforderlich (siehe Abbildung 5.3). Bereits 1949 verkaufte IBM seine Produkte in 58 Ländern. Bis 1970 entwickelte sich „Big Blue" mit 269.291 Beschäftigten zum größten Computerhersteller der Welt, der 40 % seines Umsatzes und 50 % seines Gewinns im Ausland erwirtschaftete, indem er v. a. seine „ownership advantages" ausspielte. Die konkrete Erfolgsstrategie bestand in der Entwicklung von Produktfamilien untereinander kompatibler Computer, Peripheriegeräte und Softwarepakete. Ein Meilenstein war 1964 die Einführung des Systems/360. Mit ihm etablierte IBM einen Standard, der einerseits den Weg zur Erschließung breiter Anwenderschichten eröffnete, andererseits IBMs Anteil am rasch wachsenden Weltmarkt auf ca. 70 % erhöhte.

Die IBM-Großrechner veränderte nicht nur die Datenverarbeitung von Grund auf, sondern auch IBMs Organisation. Arbeiteten die Auslandstöchter bis Ende der 1950er-Jahre relativ unabhängig voneinander und produzierten v. a. Büromaschinen für das jeweilige Land, erforderte die weltweit vertriebene Produktfamilie eine stärkere Arbeitsteilung. So wurden einzelnen Auslandstöchtern spezifische Aufgaben wie die Entwicklung bestimmter Prozessoren, Geräte und Programme zugewiesen, die dann weltweit zum Einsatz kamen. Die Gesamtverantwortung und Koordination lag weiter in den USA, während sich bei der Produktion mit Nordamerika und Europa bis 1970 zwei relativ gleichberechtigte regionale Schwerpunkte herausbildeten. Das deutsche Entwicklungszentrum in Böblingen spezialisierte sich auf die Entwicklung kleinerer Datenverarbeitungssysteme und Peripheriegeräte. Als besondere Aufgabe wurde die Halbleiterentwicklung als Ausgangsbasis für eine spätere Halbleiterproduktion in Deutschland etabliert. 1970 erzielte IBM Deutschland mit 22.459 Mitarbeitern einen Umsatz von 3 Mrd. DM.

Abb. 5.3: IBM-Großrechner (7094s) im Einsatz bei der NASA (ca. 1959).

Insgesamt kam es beim weltweiten DI-Bestand allein zwischen 1960 und 1973 zu mehr als einer Verdreifachung von 66 auf 211 Mrd. Dollar, von denen fast die Hälfte aus den USA stammte. Diese Werte entsprachen 4,4 bzw. 4,2 % des globalen Bruttosozialprodukts, d. h. die DI wuchsen fast genauso schnell wie die Weltwirtschaft. 1975 beschäftigten multinationale Unternehmen schätzungsweise 40 Mio. Menschen.

5.2.5 Zweiter Globalisierungsschub (1973–2000)

Seit den 1970er-Jahren wuchsen die DI weitaus schneller als Weltwirtschaft und Welthandel. 2001 beschäftigen fast 65.000 „multinationals" in 850.000 ausländischen Tochterunternehmen 54 Mio. Mitarbeiter. 1990 entsprach der DI-Bestand 8 % des globalen Sozialprodukts, 2001 sogar 20,6 %. Das durchschnittliche Wachstum der neu hinzukommenden DI betrug zwischen 1986 und 2000 pro Jahr bemerkenswerte 25,6 %.

Abbildung 5.4 vergleicht die Entwicklung der DI mit den Warenausfuhren und der Industrieproduktion der Welt. Seit 1985 wuchsen die Ausfuhren deutlich schneller als die Produktion. Die eindrucksvolle Zunahme der industriellen Exporte wirkt gegenüber dem explosionsartigen Anstieg der DI jedoch geradezu moderat. Nach 1990 überstiegen die Verkäufe ausländischer Tochterunternehmen erstmals die weltweiten

Exporte. 2001 lag ihr Wert doppelt so hoch wie derjenige der globalen Ausfuhren. Somit waren multinationale Unternehmen die wichtigste Organisationsform für die Bereitstellung von Waren auf ausländischen Märkten geworden und lösten die jahrhundertealte Vorrangstellung des Außenhandels ab.

Aus dem Bestand von 211 Mrd. Dollar globaler DI im Jahr 1973 wurden bis 2001 6,6 Billionen, die nun ihrer Herkunft nach stärker gestreut waren. Japan trat erstmals als bedeutender Investor hervor, der seinen Anteil zwischen 1960 und 1993 von 0,8 auf 13 % steigerte, dann jedoch leicht zurückfiel. Zugleich kam es zu einer Renaissance der europäischen DI. Großbritannien war gemessen am globalen DI-Bestand bis 1938 der wichtigste Einzelinvestor, hatte diesen Status aber nach 1945 an die zwischen 1950 und 1973 allein dominierende USA verloren. Die multinationalen Aktivitäten europäischer Firmen wuchsen seit 1973 besonders schnell. Bei den neuen DI lagen die späteren Mitgliedsstaaten der EU in den 1980er- und 1990er-Jahren vor den USA und überholten diese Mitte der 1980er-Jahre sogar beim Bestand. Zugleich kam es zu einer Vertiefung der europäischen Integration. Ein Großteil der DI der EU-Staaten ging nämlich in andere EU-Staaten. In den späten 1990er-Jahren schwächte sich die Bedeutung dieser DI-Ströme durch das Auftauchen neuer Zielgebiete in Asien und zu einem geringeren Teil auch in Osteuropa etwas ab.

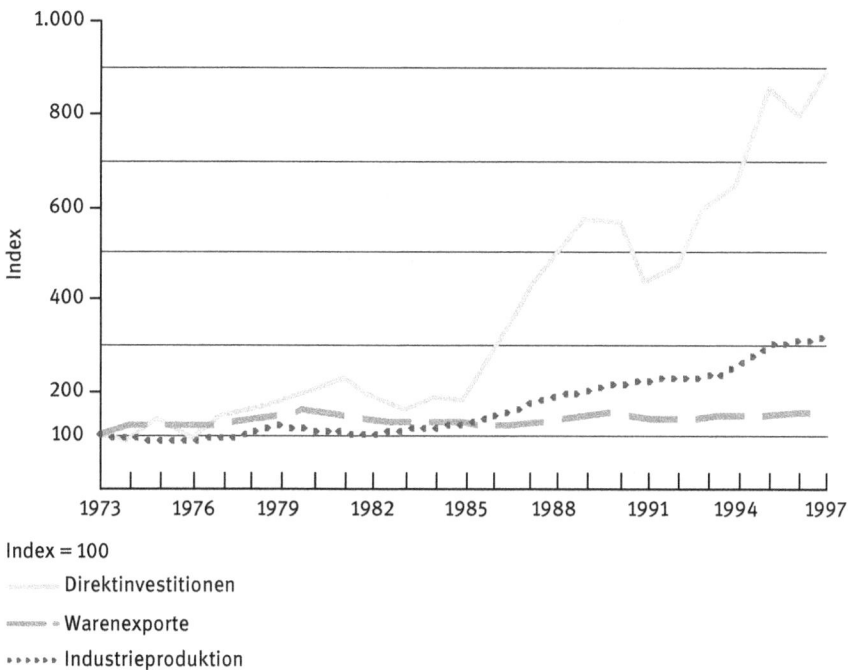

Index = 100

Direktinvestitionen

Warenexporte

Industrieproduktion

Abb. 5.4: Industrieproduktion, Warenhandel und Direktinvestitionen der Welt (1973–1997).

Der rasante Aufholprozess der europäischen Unternehmen nach 1970 geht auf das Ende des Rekonstruktionsprozesses ihrer Heimatländer zurück, denn dort mangelte es nun an Expansionschancen. Europa besaß einen großen Nachholbedarf und trat gleichsam mit kriegsbedingter Verspätung in das Rennen um die besten Standorte ein. Auch waren DI bislang politisch nicht erwünscht gewesen und durch restriktive Gesetze gebremst worden. Der bundesdeutsche DI-Bestand im Ausland (Outward-DI) stieg seit den 1960er-Jahren im Grunde vom Nullpunkt aus. Erst in den 1970er- und v. a. in den 1980er-Jahren gewann das Wachstum an Fahrt. Der Wert stieg von 3 Mrd. Dollar (1967) über 43 (1980) und 148 (1990) auf 443 (2000) und 1.258 Mrd. (2013).

Der DI-Boom seit ca. 1973 gehörte zu denjenigen Faktoren, die den Globalisierungsprozess am stärksten vorantrieben. Ihm lagen aufseiten der Herkunftsländer sechs Faktoren zugrunde: 1. Die 1970er-Jahre standen im Zeichen weltweiter Krisen. Eine Reaktion der Unternehmen war die verstärkte Suche nach neuen Märkten und Einsparpotenzialen. 2. In den westlichen Industrienationen zerbrach der Wachstumspakt der Tarifparteien, den diese in der Nachkriegszeit geschlossen hatten. Die Löhne stiegen steil an, und die Arbeitsbeziehungen wurden schwieriger, sodass ausländische Standorte mit niedrigeren Löhnen und schwächeren Gewerkschaften attraktiv erschienen. 3. Die westlichen Staaten reagierten auf die Krise mit dem weiteren Ausbau des Sozialstaats, sodass steigende Lohnnebenkosten und Steuerlasten Produktionsverlagerungen förderten. 4. Die alten Industrieländer verschärften ihre Umwelt- und Arbeitsschutzbestimmungen, was die Verlegung bestimmter Fertigungsprozesse in Länder mit laxeren Standards nach sich zog. 5. Im immer schärferen Wettbewerb gewannen internationale Kostendifferenzen an Bedeutung. DI dienten vermehrt der Sicherung von Wettbewerbsvorteilen durch international integrierte Wertschöpfungsketten. 6. Zwischen 1982 und 2000 kam es zu einem lang anhaltenden, nur kurzfristig unterbrochenen Börsenboom, den eine beispiellose Welle grenzüberschreitender Fusionen und Übernahmen begleitete. Hatten DI bislang überwiegend zum Aufbau neuer Betriebsstätten „auf der grünen Wiese" geführt, traten nach 1985 „mergers and acquisitions" in den Vordergrund. Börsen- und Übernahmeboom schaukelten sich gegenseitig hoch, da Aktien häufig als Akquisitionswährung dienten.

Daneben gab es fünf Gründe, die überwiegend aufseiten der Zielländer der DI bzw. allgemein beim Globalisierungsprozess lagen: 1. Es bildeten sich neue Wachstumsregionen wie Japan und die asiatischen Tigerstaaten Taiwan, Hongkong, Singapur und Südkorea aus, in denen Firmen aus den alten Industrieländern präsent sein wollten und mussten. Die Regierungen der neuen Industriestaaten schützten aber ihre jungen Industrien durch Handelsbarrieren, was westliche Firmen auf DI verwies. 2. Es verbilligten sich bei erheblichen Leistungssteigerungen Transport und Kommunikation. Die Kosten für Seefracht fielen v. a. durch die Containerisierung. Schnelle, geräumige Düsenjets und der Zerfall des Hochpreiskartells der staatlichen Airlines verwandelten das Flugzeug vom exklusiven Verkehrsträger zum Massentransportmittel. Die Kosten für internationale Telefonate sanken ebenfalls stark. 1965 tauchten

Satelliten als neue, leistungsstarke Informationstechnologie für kommerzielle Transaktionen auf. Die Preise für ihre Benutzung schmolzen bereits in den späten 1970er-Jahren zusammen. Das Fax setzte sich in den 1970er- und 80er-Jahren durch. In den 1990er-Jahren trat das Internet als globales, sehr preiswertes und hocheffizientes Informationssystem hinzu. Spezielle Software erlaubte den sekundenschnellen Zugriff auf weit entfernte Teile eines Unternehmens. Alles in allem vereinfachte und verbilligte sich die Integration von Prozessen über große Distanz. 3. Diese technologischen Fortschritte beschleunigten auch die Diffusion von Verfahrens- und Produktinnovationen, was die unautorisierte Imitation erfolgreicher Firmen erleichterte. Daher fiel es Exporteuren schwer, Wettbewerbsvorteile dauerhaft zu sichern. DI dienten ihnen als Mittel, diese Problematik zu entschärfen. Wer vor Ort produzierte, konnte Imitatoren effektiver entgegentreten bzw. deren Kostenvorteile nutzen. Nicht wenige Markenartikler kauften ihre Imitatoren kurzerhand auf. 4. Es entfielen auch die letzten Einschränkungen der Kapitalmobilität. Die Finanzwelt näherte sich wieder der Offenheit an, die sie vor 1914 besessen hatte. Die 1980/90er-Jahre standen im Zeichen von Deregulierung und politischer Förderung von DI. 5. Die globale Integration der Kapitalmärkte und das Prinzip des Shareholder-Value erhöhten den Druck auf die nun oft als zu niedrig angesehenen Renditen. Folglich suchten die Großunternehmen und jetzt zunehmend auch die KMUs nach Effizienzreserven und Einsparpotenzialen. DI waren eine zentrale strategische Antwort auf den verschärften Wettbewerbs- und Renditedruck.

5.2.6 Auf dem Weg zum globalen Unternehmen

Im Zuge des zweiten Globalisierungsschubs der industriellen Moderne veränderten sich nicht nur die Rahmenbedingungen, sondern auch die Strukturen und Schwerpunkte der „multinationals" selbst. Dabei sind primär fünf Tendenzen zu unterscheiden, die z. T. schon vor 1970 anliefen:

1. Rohstofforientierte DI verloren an Bedeutung. 1992 entfielen auf sie nur noch 11 % des weltweiten DI-Bestands. Infolge der Dekolonisierung hatten viele westliche Firmen ihren Zugriff auf die Rohstoffe verloren. Der Höhepunkt der Enteignungen lag in den frühen 1970er-Jahren. Die Ölförderländer steigerten so zwischen 1970 und 1979 ihren Anteil an der Weltölförderung von 10 auf 70 %. Waren DI lange stark durch die Austausch- bzw. Ausbeutungsverhältnisse von Industrienationen und unterentwickelten Ländern charakterisiert gewesen, intensivierte sich jetzt die Verflechtung der Industriestaaten untereinander, insbesondere zwischen der Triade USA, EU und Japan.

2. Der Schwerpunkt verschob sich von der Ausbeutung natürlicher Ressourcen zur industriellen Fertigung und mehr noch zu Dienstleistungen, deren Anteil am globalen DI-Bestand 1992 50 % betrug. Die verarbeitende Industrie lag mit 39 % auf dem zweiten Rang. 85 % der Dienstleistungs-DI konzentrierten sich in den

Sektoren Handel und Finanzen, die zugleich Schrittmacher und Hauptgewinner der Globalisierung waren.

3. Es entstanden globale Wertschöpfungsketten. Bislang lebten Tochterunternehmen von den komparativen Vorteilen ihrer Muttergesellschaft und waren daher oft nahezu deren Miniaturkopien. Schon in der Zwischenkriegszeit hatten viele ausländische Tochterunternehmen als Reaktion auf die damaligen Handelsrestriktionen begonnen, ihre Autonomie zu stärken und eigene Profile auszubilden. Dieser Prozess kulminierte nach 1970 mit der Errichtung arbeitsteiliger Strukturen, die zur weltweiten Kombination von Standorten mit unterschiedlichen komparativen Vorteilen führte. Eine Aktivität fand im Idealfall genau dort statt, wo die Faktorkosten für eben diese Aktivität am niedrigsten waren. Zum Beispiel verlagerte man arbeitsintensive, leicht zu erlernende Produktionsschritte in Niedriglohnländer, während Forschung und Entwicklung, Design, Management und Marketing an Standorten mit hoch qualifiziertem Personal konzentriert wurden.

Ergänzend nutzten die Firmen auch „economies of scale and scope" über Ländergrenzen hinweg. Am ausgeprägtesten lässt sich das in der Automobilindustrie verfolgen. Anstatt für jedes Land spezielle, vor Ort produzierte Modelle anzubieten, entstanden welt- oder zumindest europaweit einheitliche Modellpaletten. Einzelne ausländische Tochterunternehmen erhielten nun bestimmte Modelle zugewiesen, die sie in höheren Stückzahlen herstellten und in mehrere Länder lieferten. Viele Fusionen in der Automobilindustrie zielten auch auf „economies of scope" ab, also auf die Bündelung von Einkaufsmacht und Entwicklungskompetenz oder auf gemeinsame Vertriebsnetze. So hat DaimlerChrysler dank der Beteiligung an Mitsubishi eine gemeinsame Plattform für einen Geländewagen entwickelt, also ein bis dahin unterentwickeltes Marktsegment erschlossen.

Die Unternehmen stellten sich in der ganzen Welt ihre Standorte nach Effizienzkriterien zusammen, um von den spezifischen Vorteilen verschiedenster Arbeitsmärkte, Standorte und Steuersysteme zu profitieren. Dadurch kam bei den „ownership advantages" der siebte Vorteil des multinationalen Unternehmens (siehe Tabelle 5.1) zum Tragen, der überlegene Standortmix. Es ging nicht mehr primär um eine bessere Alternative zum Export oder um das Unterlaufen von Zöllen, sondern um eine optimale Ressourcenallokation in einer globalen Ökonomie. Die ausländischen Firmenteile waren nicht mehr nachgeordnete Satelliten, sondern als zentrale Effizienzinstrumente tragende Säulen der Gesamtstruktur. Diese Veränderungen korrespondierten mit dem Anstieg unternehmensinterner Im- und Exporte. Die Zweigbetriebe multinationaler Firmen tauschten untereinander immer mehr Waren und Dienstleistungen über nationale Grenzen hinweg aus. Entsprach diese Sonderform des Außenhandels um 1970 schätzungsweise 20 % des Welthandels, erreichte diese Quote in den 1990er-Jahren ca. 33 %. Multinationale Unternehmen wickelten also innerhalb ihrer jeweiligen Strukturen am Ende des 20. Jahrhunderts ein Drittel des globalen Handelsvolumens ab.

4. In dem Maße, in dem sich multinationale Unternehmen arbeitsteilig rekonfigurierten, löste sich auch die einst so klare Unterscheidung zwischen Mutter- und Tochtergesellschaft auf. Zunehmend verlagerten die Firmen zentrale Geschäftsbereiche an ausländische Standorte, oft sogar an mehrere verschiedene. Polyzentrische ersetzten monozentrische Strukturen. Dadurch entstand echte Multinationalität. Ein nationales Zentrum war immer schwieriger auszumachen und existierte u. U. auch gar nicht mehr. An die Stelle der klaren Autoritätsbeziehung zwischen Mutter und Tochter trat eine mehr partnerschaftliche, netzwerkähnliche Struktur. Die Töchter waren gleichsam erwachsen geworden und übernahmen Verantwortung. Solche „multinationals" definieren sich als Weltunternehmen, die auf dem gesamten Globus zu Hause sind und ihn als ein grenzenloses Ganzes betrachten. Wo sie ihre Standorte für bestimmte Prozesse platzieren, wird nicht mehr nach Kriterien der Nationalität festgelegt, sondern nach strategischen Gesichtspunkten. Ihre Führungskräfte rekrutieren sie nicht mehr nur in dem Ursprungs- bzw. Zielland der DI.

5. Schließlich verloren die Grenzen der Unternehmen an Trennschärfe. Die Konzentration auf Kernkompetenzen brachte die Delegation anderer Funktionen an selbstständige Zulieferer mit sich, zu denen sehr dauerhafte und enge Beziehungen entstanden. Ericsson, der weltgrößte Hersteller von Telekommunikationszubehör, reduzierte die Anzahl seiner Werke von 70 auf weniger als 10. Die wissensintensiven Prozesse verblieben im eigenen Haus, während die Produktion überwiegend „contract manufacturers" übernahmen. Von diesem Trend profitierten einige Schwellen- und Entwicklungsländer. Einer der in den späten 1990er-Jahren am schnellsten wachsenden „multinationals" war die in Singapur beheimatete Flextronics, deren Umsatz zwischen 1995 und 2002 von 448 Mio. auf 13 Mrd. Dollar geradezu explodierte. Sie hat sich darauf spezialisiert, Produkte, an denen andere Firmen Markenrechte besitzen, komplett herzustellen. Die Wertschöpfungskette ist global organisiert. Die technologisch anspruchsvollsten Produktionsschritte erfolgen im Silicon Valley oder in Schweden. Einfache, arbeitsintensive Prozesse werden in China, Brasilien, Mexiko sowie in Osteuropa durchgeführt.

Neben dem Trend zum Spin-off bzw. zum Outsourcing von Aktivitäten, die nicht zu den Kernkompetenzen gezählt werden, ist eine Zunahme strategischer Allianzen und anderer Kooperationsformen zu konstatieren, die keine Kapitalverflechtung voraussetzen. Häufig vereinbarten Firmen gemeinsame Forschungs- und Entwicklungsprojekte, um sich die besonders im Hochtechnologiesektor eskalierenden Kosten und Risiken zu teilen oder sich gegen Konkurrenten zu verbünden. In der Pharma- und Automobilindustrie proliferierten solche Arrangements in den 1990er-Jahren. Ford hat zwischen 1983 und 1996 allein 47 Abkommen mit Zulieferern und anderen Automobilherstellern in den USA, in Europa, Japan und Israel geschlossen. Solche, zuweilen nur temporären Allianzen und die Einbettung in Netzwerke ersetzten die einst so klaren Grenzen multinationaler Unternehmen durch fließende Übergänge und Grauzonen. Die Vereinten Nationen sprechen von „internationalen Produktionssystemen", die eben nicht deckungsgleich mit einzelnen multinationalen Unternehmen sind, aber von diesen koordiniert werden. Größe an sich ist offensichtlich auch für „multinationals" kein Vorteil mehr. Vielmehr geht der Trend in Richtung neuer Organisationsdesigns mit kleineren, flexibleren Einheiten. Deren Zusammenführung zu funktionierenden Systemen stellt eine zentrale Zukunftsaufgabe des Managements multinationaler Unternehmen dar.

Weiterführende Literatur

Jones, Geoffrey, Entrepreneurship and Multinationals. Global Business and the Making of the Modern World, Cheltenham 2013.

Jones, Geoffrey, The Evolution of International Business. An Introduction, London 1996.

Jones, Geoffrey, Multinationals and Global Capitalism. From the Nineteenth to the Twenty-First Century, Oxford 2005.

Dunning, John H., Multinational Enterprises and the Global Economy, Wokingham 1993.

Wilkins, Mira, The Emergence of Multinational Enterprise. American Business Abroad from the Colonial Era to 1914, Cambridge/Mass. 1970.

Wilkins, Mira, The Maturing of Multinational Enterprise. American Business Abroad from 1914 to 1970, Cambridge/Mass. 1974.

Perlitz, Manfred, Internationales Management, 4. Aufl., Stuttgart 2000.

Jones, Geoffrey u. Schröter, Harm G. (Hg.), The Rise of Multinationals in Continental Europe, Aldershot 1993.

Chandler, Alfred u. Mazlish, Bruce, Leviathans. Multinational Corporations and the New Global History, Cambridge 2005.

Dejung, Christof, Unbekannte Intermediäre. Schweizerische Handelsfirmen im 19. und 20. Jahrhundert, in: Traverse. Zeitschrift für Geschichte 17/1, 2010, S. 139–155.

6 Das Unternehmen als soziokulturelles Handlungsfeld

6.1 Janusgesicht der Unternehmenskultur

Unternehmen sind nicht nur organisatorische Systeme, sondern auch soziokulturelle Einheiten. In Anlehnung an *Clifford Geertz* versteht man unter „Kultur" ein Ensemble von Werten und Normen, Bedeutungen und Symbolen, Überzeugungen, Einstellungen und Traditionen, die der Verhaltenssteuerung, Sinnstiftung und Wahrnehmungsstrukturierung dienen. Nach *Edgar Schein* bewältigen soziale Systeme mit ihrer Kultur externen Druck und nutzen sie intern zur Integration ihrer Mitglieder. *Geert Hofsteede* spricht plakativ von der „software of the mind".

Lange taten sich Ökonomen schwer damit, kulturelle Phänomene ernst zu nehmen. Die traditionelle Geringschätzung sogenannter „weicher" Einflussfaktoren betrieblicher Interaktion durch die Betriebswirtschaftslehre und Wirtschaftsgeschichte wurde aber in den 1980er-Jahren überwunden. Der Perspektivwechsel hatte drei Gründe:

1. Die überlegene Dynamik der japanischen Wirtschaft in den 1980er-Jahren schien auf kulturspezifischen Managementformen zu basieren. Im Westen begann die hektische Suche nach einer Antwort auf die japanische Herausforderung. Optimierte Unternehmenskulturen versprachen die Mobilisierung brachliegender Produktivitätsreserven.

2. Durch die Zunahme transnationaler Fusionen (siehe Kapitel 5.2) traten markante Unterschiede der nationalen Wirtschafts- und Lebensstile ins Bewusstsein. Kleine Alltagsfragen erwiesen sich auf einmal als kompliziert. Wie wird kommuniziert? Wieviel Zeit widmet man dem Essen und dem Small Talk, ohne dass der Geschäftspartner beleidigt ist? Managementstile ließen sich nicht ohne Weiteres von einem Land ins andere exportieren. Da bis zu 80 % der betrieblichen Interaktionen unbewusst ablaufen, lösten kulturelle Konflikte gravierende Blockaden aus. „Cross-cultural management" erforderte besondere Kompetenzen und oftmals externe Beratung.

3. Westliche Unternehmen machten nach 1970 die Erfahrung, dass es immer schwieriger wurde, Mitarbeiter zu motivieren und an sich zu binden. Das hing v. a. mit dem Lebenszuschnitt in Wohlstandsgesellschaften zusammen, in denen monetäre Anreize wie Prämien und Lohnerhöhungen nicht mehr so stark wirkten wie unter Bedingungen des Mangels. Das Arbeitsethos der Nachkriegsgeneration, das vorrangig auf materielle Gratifikationen ausgerichtet war, verlor an Verbindlichkeit.

6.2 Konzept der Unternehmenskultur

Es wäre irreführend, in der Unternehmenskulturforschung einen völligen Neuansatz zu sehen. Vielmehr steht sie in der Tradition der Human-Relations-Ansätze, die seit den 1920er-Jahren in Reaktion auf die demotivierenden Wirkungen tayloristisch-bürokratischer Arbeitskontrollsysteme entstanden. Sie basierten auf der Erkenntnis, dass eine direkte Beziehung zwischen Arbeitszufriedenheit und Leistung, zwischen Betriebsklima und Engagement besteht. Gleichwohl erfasst das Konzept der Unternehmenskultur ein deutlich breiteres Themenspektrum.

Unternehmen werden als Miniaturgesellschaften angesehen. Viele Firmen betonen ihre Corporate Identity durch Zeichensysteme wie Logos oder Dresscodes. Sie pflegen Riten und Mythen, die sich z. T. auf ihre Gründer beziehen. Oftmals soll die Beschäftigung mit der eigenen Geschichte Legenden verfestigen. Die informelle, mündliche Tradierung wird durch eine Festschrift in eine offizielle Version der eigenen Geschichte transformiert. Andere Formen der schriftlichen Fixierung unternehmenskultureller Leitbilder sind die Formulierung von Führungsgrundsätzen, Firmenphilosophien und Merksätzen.

Die Unternehmenskultur besitzt Koordinierungs-, Integrations- und Motivationsfunktionen. Diese ungeschriebene Verfassung des Unternehmens vereinfacht die Abstimmung betrieblicher Abläufe. In dem Maße, in dem Firmenangehörige gemeinsame Werte und Routinen verinnerlicht haben, können sie ohne explizite Weisungen und strukturelle Vorgaben miteinander kooperieren. Sie wissen quasi automatisch, was zu tun und zu lassen ist, d. h. ohne im Organisationshandbuch nachzuschlagen und Besprechungen abzuhalten.

Soziale Systeme tendieren ab einer gewissen Größe zur Fragmentierung, sodass z. B. Abteilungen gegeneinander arbeiten. Eine starke Unternehmenskultur wirkt solchen zentrifugalen Tendenzen entgegen. Neben der Kohäsion sichert die Corporate Identity des Unternehmens auch die Motivation seiner Angehörigen, da sie in der Arbeit einen Sinn jenseits der Einkommenssicherung entdecken. Sie befriedigt das scheinbar universelle menschliche Bedürfnis nach Zugehörigkeit.

Es erübrigen sich viele Direktiven, deren Aufstellung und Überwachung hohe Transaktionskosten mit sich brächten. Die Prozesssteuerung erfolgt teilweise durch kulturelle Ressourcen. Allein mit Zwang und finanziellen Anreizen lässt sich das von den Mitarbeitern erwartete Verhalten nicht herstellen. Ein kollektives Selbstverständnis ersetzt aufwendige Detailregelungen, etwa bei der Durchsetzung von Qualitätsstandards. Solange Kontrollen nicht vollständig mechanisiert sind oder hinter jedem Mitarbeiter ein Vorgesetzter steht, ist ein Mindestmaß an intrinsischer Motivation und freiwilliger Loyalität unverzichtbar.

Die mikroökonomische Arbeitsmarkttheorie spricht vom „unvollständigen Arbeitsvertrag". Arbeitsverträge regeln eigentlich nur sehr wenig, im Wesentlichen die Bereitstellung der Arbeitskraft für eine bestimmte Zeit und zu einem bestimmten Preis, nicht aber die Qualität der Arbeitsleistung. Deren eben noch vertragskonformes

Minimum und die Erwartungen der Vorgesetzten liegen gewöhnlich weit auseinander. Dienst nach Vorschrift ist nicht von ungefähr ein effektives Mittel des Arbeitskampfs.

Unternehmenskultur stiftet nicht nur nach innen Kohäsion und Motivation, sondern wirkt auch nach außen. Sie schlägt sich im Umgang mit Kunden und in der Außenwahrnehmung des Unternehmens nieder. Es geht dabei um mehr als um ein einheitliches Erscheinungsbild, etwa durch die Verwendung bestimmter Farben und Symbole, nämlich um die von außen identifizierbare Identität des Unternehmens.

Evolutionsökonomisch gesehen handelt es sich bei der Unternehmenskultur um einen identitätsstiftenden Selbststeuerungsmechanismus, der eng mit firmenspezifischen „capabilities" verzahnt ist. Die Systemtheorie definiert sie als ein Mittel der Abgrenzung gegenüber der Außenwelt. Sie schafft Insider und befähigt sie, ihre eigene Welt zu konstruieren, externe Daten zu filtern und zu interpretieren sowie systemkonforme Reaktionsmuster auszuprägen. Die Koalitionstheorie sieht in der Unternehmenskultur ein Gegengewicht zu Gruppenegoismen. Sie schärft den Blick für das Ganze und erleichtert die Aushandlung von Kompromissen. Zugleich betont sie, dass Unternehmenskulturen nicht gestiftet oder vorgegeben werden, sondern das Resultat von Deutungs-, Gestaltungs- und Verhandlungsarbeit sind.

Vier Kriterien entscheiden über die Stärke einer Unternehmenskultur, die nicht per se mit ihrer Funktionalität gleichzusetzen ist: 1. *Prägnanz*: Die Werte und Orientierungsmuster müssen relativ klar und widerspruchsfrei sein, damit keine Verwirrung über angemessene Handlungsweisen entsteht. Ideal sind einfache Ziele oder Visionen, denen eine große Begeisterungskraft innewohnt. 2. *Verbreitungsgrad*: Je mehr Firmenangehörige die Unternehmenskultur teilen, desto stärker ist sie. Wenn nur eine Minderheit einbezogen ist oder mehrere konträre Teilkulturen aufeinandertreffen, bleibt die Kultur schwach. 3. *Verankerungstiefe*: Orientierungsmuster sind umso stabiler, je intensiver sie internalisiert werden und den Status des Selbstverständlichen und Authentischen gewinnen. Eine rein taktische Anpassung an die Vorgaben bei innerer Distanz oder sogar Ablehnung schwächt die Unternehmenskultur dagegen. 4. *Systemadäquanz*: Die kulturellen Inhalte müssen mit den Zielen und der Struktur des Unternehmens sowie der Praxis der Unternehmensführung vereinbar sein. Gravierende Widersprüche entziehen der Unternehmenskultur ihre Basis. Sie wird unglaubwürdig und verfällt.

6.2.1 Vier Kulturen nach Deal und Kennedy

Obwohl jedes Unternehmen seine spezifische Kultur ausprägt, ist es aus heuristischen Gründen sinnvoll, allgemeine Kategorien zu benennen. *Thomas Deal* und *Arthur Kennedy* verwenden ein Viererschema, das mit zwei Umweltvariablen operiert, nämlich dem Risikograd der geschäftlichen Aktivitäten und der Schnelligkeit, mit der unternehmerische Entscheidungen sichtbare Resultate produzieren. Für jede dieser Variablen ließen sie eine binäre Unterscheidung zu, nämlich: hoch oder niedrig bzw.

langsam oder schnell. Somit ergaben sich insgesamt vier Kulturtypen (siehe Abbildung 6.1):

1. *Machokultur*. In ihr sind abgebrühte Einzelkämpfer tätig, die regelmäßig hohe Risiken auf sich nehmen und schnell erfahren, ob ihre Kalküle aufgehen oder nicht. Die Medienbranche kommt dieser Kultur am nächsten.
2. In der *Saure-Wochen-schöne-Feste-Kultur* sind zwar die Risiken gering, aber die Rückmeldungen (Feedbacks) treffen mit hohem Tempo ein. In diesem Umfeld sind v. a. Verkaufsteams tätig, die sich durch Prämien zu Höchstleistungen anspornen lassen und Erfolge gemeinsam feiern.
3. In der *Risikokultur* fallen Entscheidungen schnell, „bei denen viel auf dem Spiel steht und deren Auswirkung erst Jahre später ersichtlich wird." Produktions- und Investitionsgüterproduzenten mit langen Entwicklungszeiten fallen in diese Kategorie. Wenn Boeing oder Airbus beschließt, einen neuen Flugzeugtyp zu konstruieren, dauert es mehr als fünf Jahre, bis sich Aussagen über den technischen und kommerziellen Erfolg treffen lassen. Entsprechend stabil und langfristig ausgerichtet müssen die Orientierungsmuster sein.
4. Die *Verfahrenskultur* kennt ebenfalls lange Zeithorizonte. Allerdings sind die Risiken gering. Die Mitarbeiter können die Folgen ihrer Entscheidungen nicht oder nur sehr spät einschätzen. Daher stehen Verfahrens- und Formfragen im Vordergrund. Bürokratische Routinen stabilisieren die Abläufe und schaffen den „wohlgeordneten Rahmen für Tätigkeiten, deren Ergebnisse vorhersehbar sein müssen." Staatsbetriebe, Versorgungsunternehmen, Versicherungen, Banken und Sparkassen sowie Firmen in stark regulierten Branchen neigen zu Verfahrenskulturen.

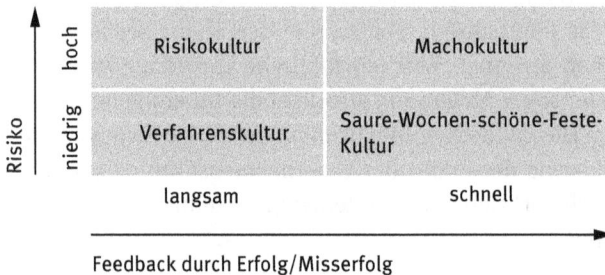

Abb. 6.1: Vier Unternehmenskulturen nach Deal und Kennedy.

6.2.2 Sechs Kulturen nach Matis

Im Gegensatz zu diesem recht holzschnittartigen Schema, das auf Beobachtungen aus den 1980er-Jahren zurückgeht, unterscheidet *Herbert Matis* sechs Unternehmenskulturen, die seit dem 19. Jahrhundert mit vielfältigen Variationen und Überschneidungen aufgetreten sind. Die ersten beiden Kulturtypen lehnen sich an das Modell der paternalistischen Familienwirtschaft an, das Landwirtschaft und Handwerk prägte. Der Unternehmer agiert wie der Paterfamilias. Die Mitarbeiter unterstehen als Angehörige seines Haushalts der Autorität des Unternehmers, profitieren aber auch von dessen Fürsorge und dem engen Zusammenhalt der kleinen Belegschaft. Das Leitmotto lautet: „Wir sind eine Familie". In der Industrialisierung sind tatsächlich viele Firmen aus dem Handwerk herausgewachsen, in dem die Gesellen selbstverständlich im Haushalt des Meisters lebten. Auch in manchen frühen Fabriken war das anfangs nicht anders. Zudem wurden die ersten Mitarbeiter unter Verwandten rekrutiert, sodass die Vorstellung einer erweiterten Großfamilie gar nicht so abwegig ist. Die Kontrolle des Privatlebens gehörte ebenso zu dieser Kultur wie die Unterstützung im Krankheitsfall.

1. Die *charismatische Expansionskultur* findet sich v. a. in jungen, von starken Persönlichkeiten gegründeten Firmen. Der Chef baut sie gleichsam um sich herum auf, ist mittendrin im Geschehen und wirkt für alle Mitarbeiter als Vorbild. Der Betrieb ist überschaubar, und es besteht ein enger persönlicher Kontakt zwischen den unterschiedlichen Statusgruppen. Die Rituale, Normen und Mythen stiften die charismatischen Gründer selbst. Um zentrale Innovation kreisen oft Legenden. Eine Eingebung, die Genialität des Unternehmers oder auch der Zufall habe den Grundstein gelegt. Coca-Cola soll angeblich nur dadurch zum erfolgreichsten Softdrink der Welt geworden sein, weil der Firmengründer John Pemberton 1886 aus Versehen zur Grundsubstanz kein klares, sondern mit Kohlensäure versetztes Wasser hinzugab und so ein ansprechender Geschmack entstand. Die Ähnlichkeit zu den Wundergeschichten von Religionsstiftern und Heiligen ist unübersehbar. Solche Legenden wirken weiter, auch wenn sich der Gründer längst zurückgezogen hat. Die von ihm geprägte Kultur, sein Vorbild und seine Werte haben sich in den Köpfen der Mitarbeiter festgesetzt.

2. Die *patriarchalische Stabilitätskultur* löst die charismatische Erfolgskultur häufig nach einiger Zeit ab. Das kleine Start-up ist ein konsolidiertes, eher langsam wachsendes Unternehmen geworden. Der dynamische Gründer hat sich zum würdevollen Patriarchen gewandelt, oder seine Nachfolger pflegen sein Andenken. Traditionen sind heilig. Rituale und Symbole halten sie lebendig. Vielfach sind die Werkstätten und Wohnhäuser der Gründer eine Art Pilgerstätten für die Nachkommen. Gräber, Denkmäler und historische Überlieferungen wie Briefe an die Kinder oder das Vermächtnis des Gründers haben ähnliche Funktionen. Das Erfolgsrezept der frühen Firmengeschichte wird mit wenigen Modifikationen fortgeschrieben. Die Mitarbeiter bleiben meist ihr Arbeitsleben lang in dem Unternehmen, das sie mit großzügigen Sozialleistungen an sich bindet. Auch wenn die größenbedingte Komplexität eigentlich einen hohen Grad der Arbeitsteilung erfordert oder sich die Managementhierarchien schon ausdifferenziert haben, sind einsame Entscheidungen des Patriarchen noch immer sakrosankt. Obwohl viele Aufgaben Zwischeninstanzen anvertraut worden sind, besteht der Patriarch in allem auf dem letzten Wort (siehe Abbildung 6.2).

Abb. 6.2: Robert Bosch (1861–1942) überprüft das Werkstück eines Lehrlings (1936).

Die von Organigrammen vorgegebenen Entscheidungsprozeduren verlieren an Relevanz, sobald eine Weisung von oben ergeht. Aufgrund der zunehmenden Größe der Belegschaft können die Mitarbeiter nicht mehr an Familienfesten der Unternehmerfamilie teilnehmen. Stattdessen bekommen sie Sonderzuwendungen oder freie Tage. Ältere Mitarbeiter halten die Erinnerung an die frühere Festkultur aufrecht und führen durch ihre Erzählungen die jüngeren in die Unternehmenskultur ein. Geschichten oder auch Legenden, die sich meist um Heldentaten des Gründers ranken, werden ebenfalls tradiert und gern in Festschriften aus Anlass eines Firmenjubiläums neu aufbereitet. Ist der Patriarch auch z. T. nicht mehr leibhaftig anwesend, wacht er – in Büsten und Ölgemälden verewigt – mit strenger Mine über die Gegenwärtigen. Eine generationsübergreifende Bindung von Unternehmer- und Arbeiterfamilien ist auch auf diese Weise sichergestellt. Ein typischer Fall ist Bosch. Der Mythos des Traditionsstifters Robert Bosch wurde noch lange nach dessen Tod gepflegt (siehe Abbildung 6.3). Die ihm nachfolgenden Manager Walz und Merkle waren nicht zufällig ebenfalls ausgesprochene Patriarchen.

Erzählungen aus Unternehmen

Robert Bosch soll einmal Sparsamkeit dadurch angemahnt haben, dass er eine Büroklammer vom Boden aufhob und einen Angestellten fragte, was das sei. Nachdem dieser die naheliegende Antwort gegeben hatte, korrigierte ihn der Patriarch: „Nein, das ist mein Geld."

HP drängt mit dem im Logo inkorporierten Imperativ „Invent" und der folgenden Sage die Mitarbeiter zu ständiger Innovation. Der Firmengründer Bill Hewlett sei eines Samstags ins Werk gekommen und fand das Materiallager verschlossen. Da er wünschte, dass die Ingenieure jederzeit die Möglichkeit zu freien Experimenten haben sollten, brach er das Vorhängeschloss mit einem Bolzenschneider auf und hinterließ einen Zettel: „Diese Tür bitte nie wieder abschließen. Danke. Bill."

---

3. Die in Deutschland besonders weit verbreitete *bürokratische Stabilitätskultur* orientiert sich am Modell der staatlichen Verwaltung. Nicht das persönliche Moment, sei es Charisma oder Patriarchalismus, sondern die Organisation selbst, ihre formalen Regeln und Strukturen, dominiert die Unternehmenskultur. Deal und Kennedy nennen sie „Verfahrenskultur". Auswahl und Bezahlung des Personals erfolgen nach formaler Qualifikation, nicht unbedingt nach Leistung. Äußerlichkeiten wie der Ausbildungsgrad und der Titel, die Größe des Büros und die Anzahl der Untergebenen spielen eine überragende Rolle. Die Hierarchien sind vielfach abgestuft und Dienstwege genau vorgegeben. Entscheidungen werden in Konferenzen getroffen. Es gibt schriftlich formulierte Leitlinien, gleichsam Gesetze und Ausführungsbestimmungen, an denen sich alle zu orientieren haben. Es gilt das Ressortprinzip, d. h. Zuständigkeiten werden nach sachlichen Kriterien abgegrenzt, und das der Aktenmäßigkeit, d. h. es wird im Wesentlichen schriftlich kommuniziert. Die Mitarbeiter bewegen sich in fest vorgeschriebenen Laufbahnschemata. Nach dem Senioritätsprinzip sind Vorgesetzte in der Regel älter als Untergebene.

Abb. 6.3: Erinnerungsort. Das Portal der Bosch-Villa, heute Sitz der Robert-Bosch-Stiftung.

4. Die *partizipative Qualitätskultur* findet sich v. a. in der „custom production" und in der „batch production" (siehe Kapitel 9.3), in denen eine Formalisierung und Verschriftlichung der Abläufe nicht sinnvoll ist. Stattdessen kommt es auf den unmittelbaren Kontakt der Mitarbeiter zueinander an. Sie arbeiten relativ autonom, engagiert, und machen regelmäßig Verbesserungsvorschläge. Das Management nutzt ihre Kreativitätspotenziale und verfolgt eine „Politik der offenen Tür". Wer die Abläufe verbessern will, findet jederzeit Gehör. Das Ethos der Wertarbeit schafft einen gemeinsamen Bezugspunkt. Zentrale Merkmale dieser Kultur sind: enge Kooperation, informelle Kommunikation und großes Engagement. Ein solches Miteinander funktioniert am besten in überschaubaren, handwerksähnlichen Einheiten. Postfordistische Konzepte der Massenfertigung wie halbautonome, ohne Fließband auskommende Gruppen nutzen solche Mechanismen.

5. Die *kostenorientierte Leistungskultur* basiert auf tayloristischen Prinzipien. Der Mitarbeiter wird als Homo oeconomicus angesehen, der durch materielle Anreize und penible Kontrollen zu maximaler Leistung geführt wird. Management bedeutet wie im Fordismus die Zurichtung der Menschen auf die Erfordernisse der Maschine. Der Arbeiter soll gleichsam ein Teil von ihr werden. Das ganze Unternehmen wird als eine „Megamaschine" interpretiert. Die Setzung der richtigen Anreize gewährleistet ihr reibungsloses Funktionieren, die Eliminierung von Leerzeiten und die Durchsetzung zumutbarer Pensen. Die emotionalen und sozialen Bedürfnisse der Menschen erscheinen v. a. als Störfaktoren. Die Kommunikation verläuft überwiegend von oben nach unten. Solche auf Kostenreduzierung angelegte Kulturen, die in der „mass production" und in der „bulk production" eine große Rolle spielten, können tiefe Frustrationen und erbitterte Konfrontationen erzeugen, denn den Mitarbeitern ist kaum zu vermitteln, dass zwischen ihnen und der Führungsetage Gemeinsamkeiten bestehen sollen. Destruktives Verhalten bis hin zur Sabotage ist die Folge.

6. *Teamorientierte Handlungskulturen* bildeten sich historisch am spätesten aus und basieren auf psychologischen Führungskonzepten. Diese setzten bei den Frustrationen an, die von bürokratischen und kostenorientierten Kulturen produziert wurden. Wer will schon gern ein Rädchen in der Maschinerie einer gigantischen Bürokratie oder eine Kostenstelle in einem technischen Großsystem sein? In den Human-Relations-Ansätzen und ihren Vorgängern wird der Mensch nicht als isolierter Nutzenmaximierer, der allein auf materielle Anreize reagiert, sondern als soziales Wesen betrachtet, das seine Motivation aus emotionaler Zufriedenheit bezieht. Seine Leistung hängt von Gefühlen, dem Betriebsklima und der Einbindung in Gruppen ab. Management ist also nicht primär Überwachung und Anordnung, sondern die Pflege zwischenmenschlicher Beziehungen am Arbeitsplatz. Die persönliche Selbstentfaltung der Mitarbeiter soll möglichst mit den Unternehmenszielen zusammenfallen. Jedoch neigen diese sozialtechnokratischen Ansätze dazu, menschliche Beziehungen zu manipulieren und zu instrumentalisieren.

Mit solchen motivationsorientierten Ansätzen hielt in den 1960er-Jahren die Gruppendynamik Einzug in Unternehmen. Das „Harzburger Modell" sprach sich für die Ablösung überholter autoritärer Führungsprinzipien durch Delegation und Eigenverantwortung aus. Die meisten neueren Managementmodelle wie das St. Gallener (siehe Kapitel 2.2) integrieren die Sozialpsychologie. Unternehmen werden als sich selbst organisierende Systeme aufgefasst, die nicht qua Autorität von oben nach unten gelenkt werden, sondern sich in der Interaktion aller Angehörigen entwickeln. Im Grunde genommen geht es mithilfe der Psychologie um die Wiederbelebung der Motivation, die in paternalistischen Kulturen und in der *partizipativen Qualitätskultur* noch urwüchsig vorhanden war, aber im Laufe der Unternehmensgeschichte abgenommen hat. Teamorientierte Kulturen finden sich in Firmen mit flachen Hierarchien und relativ selbstständigen Gruppen, die untereinander informell kommunizieren, eine konstruktive Handlungsdynamik entwickeln und einer Mannschaft im Spitzensport ähneln. Deals und Kennedys Saure-Wochen-schöne-Feste-Kultur der Verkäufer fällt in diese Kategorie.

6.2.3 Kritik am Konzept der Unternehmenskultur

Diese Typologien blieben ebenso wenig unwidersprochen wie das Konzept der Unternehmenskultur selbst. Es sind v. a. vier Einwände vorgebracht worden: 1. Es werde mit einem reduktionistischen Kulturbegriff operiert, der das Missverständnis nahelegt, Kultur sei ein beliebig instrumentalisierbares Werkzeug der Mitarbeiterführung und „Wertemanagement" von oben nach unten implementierbar. 2. Das Konzept sei zu zentralistisch, da es die in jeder komplexen, zumal hierarchischen Organisation zwangsläufig auftretende Ausbildung von Subkulturen unterschätze. 3. Zudem sei es harmonistisch, da es die Interessengegensätze der Stakeholder und v. a. den Verteilungskampf zwischen Kapital und Arbeit ignoriere (siehe Abbildung 6.4). 4. Es handele sich um ein hypothetisches Konzept, da sich der Zusammenhang von Unternehmenserfolg und Unternehmenskultur nicht empirisch messen lasse, sodass man letztlich bei Plausibilitätsannahmen stehen bleibt.

Diese Kritikpunkte sind nicht von der Hand zu weisen und treffen v. a. auf die oberflächliche Beraterliteratur zu. Auf der anderen Seite sind Modelle nie primär nach ihrem „Realitätsgehalt", sondern nach ihrem heuristischen Wert zu beurteilen. Bei einer kritischen Anwendung des Konzepts unter Einbeziehung der Warnungen ist der Erkenntniszugewinn deutlich höher als bei einer Streichung der Begriffe der Unternehmenskultur. Zudem hat die historische Forschung ja u. a. auch die Aufgabe, aktuelle Leitbilder und Thesen aufzunehmen und zu hinterfragen. Beides, der Nutzen des Konzepts und das kritische Potenzial, lässt sich anhand von drei historischen Fallstudien aus der empirischen Unternehmenskulturforschung konkretisieren.

Abb. 6.4: Teil derselben Kultur wie der Vorstand? „Kruppianer" am Puddelofen (1910).

6.2.4 Hohner

Beim Musikinstrumentenhersteller Hohner kam es wie in anderen arbeitsintensiven Veredelungsindustrien v. a. auf die hohe Qualität der überwiegend in „batches" gefertigten Produkte an. Die Facharbeiter waren das wichtigste Kapital und entsprechend sorgsam ging die Firmenspitze mit ihnen um. Die frühe Geschichte dieses Familienunternehmens lässt sich mit dem Begriff der *charismatischen Expansionskultur* beschreiben. Matthias Hohner baute sein 1857 gegründetes Unternehmen mithilfe naher Verwandter auf. Als er die ersten Arbeitskräfte von außerhalb anwarb, wohnten sie zunächst unter einem Dach mit der Fabrikantenfamilie. Es wurde Seite an Seite gegessen, gefeiert und v. a. gearbeitet. In den 1880er-Jahren begann sich infolge der wachsenden Belegschaft nach und nach eine *patriarchalische Stabilitätskultur* auszubilden, die diese Veränderungen durch spezielle Inszenierungen aufhalten bzw. überspielen wollte. Auch wenn man mit 410 Mitarbeitern (1887) kein Kleinbetrieb mehr war, pflegte man die mit ihm verbundene Tradition.

Arbeitete Hohner ursprünglich noch zusammen mit seinen „Gesellen" an der Werkbank, musste er sich nun immer mehr auf die Unternehmensführung konzentrieren. Als seine Herauslösung aus der Produktion endgültig geworden war, entwickelte Hohner Rituale, die genau das symbolisch negierten. So versammelte er die Stammbelegschaft im Hof, bevor eine Lieferung das Werk verließ, und schlug den ersten Nagel in die Transportkiste ein. Die Botschaft hieß: „Wir arbeiten Hand in Hand" und „Ich bin einer von Euch". Ihre Wirkung lässt sich nur schwer abschätzen, aber immerhin war vielen Arbeitern dieser Ritus noch 30–40 Jahre später präsent. Um die soziale Distanz zu vermindern, mussten Hohners Kinder eine Zeitlang in der Fabrik arbeiten. Zu Familienfesten wurde grundsätzlich auch die Stammbelegschaft eingeladen.

Der Paternalismus bekräftigte nicht nur Loyalitäten, sondern auch Hierarchien. Jede Feier und jedes Geschenk bestätigte die Rangordnung der Fabrik. Auf diese Gratifikationen hatte niemand einen Anspruch, sie lagen allein im Belieben des Chefs. Hinzu kamen Einschränkungen im Privatleben. So überwachte Hohner den Kirchbesuch und Lebenswandel der Arbeiter. Standen politische Wahlen an, „achtete" Hohner „streng darauf", dass alle ihre Pflicht erfüllten. „Wer gewählt hatte, durfte zwei Glas Bier trinken." Die patriarchalische Kultur schlug auch auf die Außendarstellung durch. Die Werbung verband die Produktqualität mit der hohnerschen Familienehre. So ließen sich die Fabrikanten auf vielen Plakaten abbilden und verbürgten sich persönlich für ihre Produkte.

Nach dem Generationswechsel lag die Tradition wie ein Schatten über dem Unternehmen. Abgesehen von neuen Marketingmethoden waren die Söhne eher bestrebt, die Kontinuität zu wahren, als sie zu durchbrechen. Da die Mitarbeiterzahl 1914 bereits 2.500 betrug, traten manche Veränderungen zwangsläufig ein. Wie andere Firmen reagierte Hohner auf die Entpersönlichung der Arbeitsbeziehungen mit der Gründung von Wohlfahrtsvereinen. Je länger der Tod „Vater Hohners" (1902) zurücklag, desto mehr wurde der Gründermythos ausgebaut. Seinen Geburtstag feierte man regelmäßig mit der Auszeichnung von Jubilaren und der Bewirtung der gesamten Belegschaft. Arbeiter mit mehr als 15 Dienstjahren erhielten außer einem Geldgeschenk ein „Diplom", das zu Hause einen Ehrenplatz neben dem Bild Hohners erhielt. Mit der Dauer der Betriebszugehörigkeit stiegen die Prämien und verringerte sich in den Sitzordnungen der Feiern die Distanz zum Direktorium.

Die patriarchalische Stabilitätskultur erwies sich lange als sehr erfolgreich. Jedoch erzeugte sie seit den 1920er-Jahren auch erhebliche Modernisierungsblockaden. Die Geschäftsführung wurde zwischen den Söhnen des Gründers und deren Nachkommen so aufgeteilt, dass möglichst jeder Zweig der Familie vertreten war. Das Binnenverhältnis der fünf Brüder wurde vom Senioritätsprinzip bestimmt. Der älteste Bruder übernahm quasi die Rolle des Vaters und verlangte von seinen Brüdern weitgehende Unterordnung. Das führte zu zahlreichen Konflikten, in deren Verlauf einige Brüder mehr als einmal knapp davor standen, aus dem Unternehmen auszuscheiden. Dass es doch nicht dazu kam, belegt erneut, welche starke Wirkung der „dynastische Kitt" entfaltete.

Wie in vielen paternalistischen Unternehmen zeichnete sich der Führungsstil durch eine Abneigung gegenüber der Formalisierung betrieblicher Abläufe und der Delegation strategischer Aufgaben aus. Der kaufmännische Apparat blieb klein und in vieler Hinsicht die Achillesferse des florierenden Unternehmens. 1907 standen den mehr als 2.000 gewerblichen Arbeitern lediglich 20 „Beamte" gegenüber. Das Rechnungswesen wies schwere Mängel auf. Es gab weder eine systematische

Arbeitsvorbereitung noch eine wirksame Kontrolle von Material- und Arbeitsaufwand. Leitungspositionen wurden fast ausschließlich mit Familienangehörigen besetzt.

Als in den 1920er-Jahren tayloristische Methoden eingeführt werden sollten und Elemente einer *kostenorientierten Leistungskultur* in die *patriarchalische Stabilitätskultur* einzudringen drohten, traf der neu eingestellte Betriebsingenieur auf eine geschlossene Abwehrfront von Arbeitern und Meistern. Dabei beriefen sie sich auf den Gründungsmythos. Mit den alten, von Matthias Hohner vorgegebenen Methoden waren sie groß geworden. Die gleichsam sakrosankte Tradition blockierte auch die Diversifizierung in neue zukunftsträchtige Produktlinien. Große Chancen wie der Einstieg in die „Boomprodukte" Radio und Fernseher wurden versäumt. Die Misserfolge diskutierte man nicht offen, da das den eigenen Mythos gefährdet hätte.

Um sich aus der anhaltenden Misere zu befreien, wagte sich Hohner 1968 zwar auf den expandierenden EDV-Markt, musste diesen Ausbruchsversuch aus dem Gefängnis der Vergangenheit aber bereits 1976 abbrechen. Mit einer ganz auf Tradition gepolten Belegschaft konnte man nicht in eine dynamische Hochtechnologie einsteigen. Der Weg zur teamorientierten Handlungskultur ließ sich mit dem vorhandenen Personal schlechterdings nicht beschreiten. Spezialisten von auswärts waren aber nicht in ausreichender Zahl zu bekommen. Neugründungen wie Nixdorf (siehe Kapitel 4.2), die ohne den Ballast einer 100-jährigen Geschichte mit Hohner konkurrierten, agierten erfolgreicher. Schließlich fehlte auch das Kapital, um gegen Giganten wie IBM bestehen zu können.

Überwogen bis ca. 1900 die Vorteile der *patriarchalischen Stabilitätskultur*, traten danach zunehmend ihre Nachteile zutage. Überdeckte der Erfolg des Kerngeschäfts noch lange die Problemzonen, wurde der Konservatismus dieser starken Unternehmenskultur seit Ende der 1920er-Jahre zu einem Hemmschuh, der nach 1953 maßgeblich zum Niedergang des Unternehmens beitrug.

6.2.5 Jaguar

Der Autoenthusiast William Lyons hatte mit einer teils charismatischen, teils qualitätsorientiert-handwerklichen Unternehmenskultur Jaguar zu einem führenden Hersteller sportlicher Luxuswagen gemacht. Durch zwei Verkäufe Jaguars an andere Automobilhersteller (1966 und 1968) und den sukzessiven Rückzug des autokratischen Gründers (1968–1972) geriet das Unternehmen in eine tiefe Krise. In dieser Zeit betrieb der neue Eigentümer British Leyland eine rigide Zentralisierung des Konzerns, unter dessen Dach u. a. so renommierte Firmen wie Rover, Austin, Morris und MG zusammengefasst wurden.

Jaguar verlor seine Eigenständigkeit. Ein- und Verkauf, Marketing und Rechnungswesen wurden nun in die Konzernzentrale verpflanzt. Dort hatten die Führungskräfte aber wenig Verständnis für die Besonderheiten der „batch production" exklusiver

Fahrzeuge. Sie waren Massenproduzenten und dachten in entsprechenden Kategorien. Daher machten sie jeden erdenklichen Fehler und entfremdeten die bislang loyale Mitarbeiterschaft Jaguars. Diese verstand sich als handwerkliche Elite, die für hohe Löhne Spitzenprodukte fertigte. Die Konzernzentrale wollte sie mit Leyland-Arbeitern gleichstellen, die Autos für den Massenmarkt produzierten. Letztlich sollte eine *partizipative Qualitätskultur* im Hauruck-Verfahren in eine *kostenorientierte Leistungskultur* verwandelt werden. In dem entstehenden Chaos wechselten sich zwischen 1972 und 1980 sieben Vorstandsvorsitzende ab.

Die ebenso dysfunktionale wie von den Beschäftigten bekämpfte Entwurzelung des Unternehmens schlug sich auch in symbolischem Handeln nieder, wie in der Entfernung des Jaguar-Zeichens vom Werksgelände. Das stattdessen benutzte Leyland-Logo wirkte auf die Arbeiter als Symbol der Niederlage und Entfremdung, hatte doch der springende Jaguar die Identität ihres Unternehmens verkörpert. Das Management unternahm kaum Anstrengungen, Verständnis für seine Position zu wecken, sodass beide Seiten kaum noch miteinander kommunizierten. Den Angriff auf ihren elitären Status und die ursprüngliche Kultur Jaguars quittierten die Mitarbeiter mit Wut und Loyalitätsentzug. Auf einmal stellten sich nie gekannte Qualitätsmängel ein. Die Gewerkschaften verzeichneten einen verstärkten Zulauf. Harte Arbeitskämpfe waren die Folge. Hinzu kamen die Auswirkungen zweier Ölkrisen und der Stagflation. Als British Leyland 1975 zur Abwendung eines gigantischen Konkurses verstaatlicht wurde, traten keine Verbesserungen ein. Vielmehr halbierten sich die Verkaufszahlen Jaguars zwischen 1975 und 1980.

1980 trat mit John Egan ein neuer Vorstandsvorsitzender an. Er begriff, dass sich Qualität und Produktivität nicht ohne das Engagement der Belegschaft erhöhen ließen. Teil seiner Sanierungsstrategie war die Wiederbelebung der ursprünglichen Qualitätskultur. Die eigenen Symbole wurden wieder gepflegt. Ausgestellte Oldtimer betonten die traditionelle Kernkompetenz. Eine „hearts-and-minds campaign" sollte die Arbeitsbeziehungen verbessern. Feste unter Einbeziehung der Mitarbeiter und ihrer Familien, Sportveranstaltungen und Ausflüge, aber auch bessere Informationsflüsse verringerten die Kluft zwischen Management und Belegschaft. Diese Maßnahmen leisteten unzweifelhaft einen Beitrag zur Rettung der Firma, die nun wieder Gewinne auswies und 1985 nach der Reprivatisierung Leylands selbstständig wurde. Allerdings waren damit nicht alle Probleme gelöst, denn Qualität, Absatz und Ertrag blieben in den späten 1980er-Jahren unbefriedigend. 1989 kaufte Ford Jaguar und musste angesichts der allgemeinen Krise zu Beginn der 1990er-Jahre mehr als ein Drittel der Belegschaft entlassen, bevor Jaguar wieder wuchs und traditionelle Leitbilder mit notwendigen Modernisierungsschritten verband. Auch in der Werbung nutzte Jaguar nun das Erbe der Geschichte: „Building on Jaguar's heritage, XK8 delivers a unique blend of style, luxury, refinement and craftsmanship." Im Gegensatz zum untergegangenen Leyland-Konzern hat Ford den Wert der eigenständigen Kultur des Tochterunternehmens begriffen.

6.2.6 Hongkong Shanghai Bank (HSBC)

Beim Cross-cultural-Management haben multinationale Unternehmen traditionell die Faktoren der Nationalität und ethnischen Zugehörigkeit als Strukturierungselemente eingesetzt. Die 1865 im kolonialen Kontext entstandene Hongkong Shanghai Bank (HSBC), eine typische britische Überseebank mit Filialen in Ost- und Südostasien, musste sich in einer fremden Umgebung behaupten und eine stabile Organisation aufbauen. Vor allem war es wichtig, Vertrauen zu gewinnen, einerseits das der überwiegend europäischen Kundschaft und andererseits das der eigenen Belegschaft, die z. T. in weit entfernten, nur schwer zu kontrollierenden Filialen arbeitete.

Als Antwort auf diese Herausforderung wurde die Belegschaft in drei Statusgruppen unterteilt. Auf der untersten Ebene arbeiteten ausschließlich Asiaten. Die Endstufe ihrer Karriereleiter war die Position des Kassierers. Auf der mittleren Ebene befanden sich Europäer, zumeist Portugiesen oder Briten, die vor Ort lebten und aufgewachsen waren. Ohne jede Aussicht auf eine Führungsposition und ohne Zeichnungsbefugnis konnten sie es bis zum Buchhalter bringen. Die Führungsebene dagegen sollte eine geschlossene Gesellschaft sein, die kulturelle Fremdheit zusammenschweißte. Das dazu benötigte Sozialkapital wurde quasi importiert. Ausschließlich Absolventen der britischen Eliteinternate, die eine mehrjährige Ausbildung in der Londoner Filiale der Bank absolviert hatten, kamen für Führungspositionen infrage. Der Wertekanon und Lebensstil der „public schools" wurde prägend für das Management. Die gemeinsame Sozialisation schuf eine homogene Kultur, die Sprache und Bildung, Umgangsformen und Freizeitaktivitäten (Rugby) sowie strikte, wenngleich informelle Regeln für die Interaktion in penibel abgestuften Hierarchien umfasste.

Das Privatleben der so vorbereiteten Gentlemen spielte sich in Hongkong fortan zwischen einer Art College (*bachelors' mess*) und diversen Klubs der europäischen Oberschicht ab. Nach einer Bewährungsphase von zehn bis fünfzehn Jahren rückten sie in höchste Führungspositionen ein, an die sich ein Ruhestand in Südengland anschloss. Dieses Lebensmuster schuf Verhaltenssicherheit und Kohäsion. Voraussetzung waren zwei Grundsätze der Bank, nämlich die lebenslange Anstellung und die interne Besetzung aller Toppositionen. Nur bei schweren Vergehen wurden Entlassungen ausgesprochen. Externe Bewerber hatten keine Chance. So konnte sich der Nachwuchs auf den sehr langen Karriereweg einlassen und darauf vertrauen, dass ein bestimmtes Verhalten prämiert werden würde.

Bis in die 1950er-Jahre hatte dieses stabilitätsschaffende Muster unverändert Bestand. Es folgte eine schrittweise Öffnung gegenüber anderen, zumeist westlichen Nationalitäten, die aber auch weiterhin in London ausgebildet werden mussten. Allerdings wurde der Versuch, die alte Führungskultur in einer sich stark ändernden Umwelt (Dekolonisierung, Globalisierung) zu bewahren, zunehmend künstlich. Auch in den meisten anderen multinationalen Firmen war es lange üblich,

Spitzenpositionen in den Auslandstöchtern ausschließlich mit Managern aus dem Land der Firmenzentrale zu besetzen. Erst in den 1980/90er-Jahren lockerte sich diese „nationalistische" Personalpolitik merklich auf.

Nationale Wirtschaftsstile literarisch verarbeitet: Lion Feuchtwanger

„Tüverlin, im Laufe des Gesprächs, fragte Herrn Potter, wie er sich die geringe Beliebtheit der Deutschen im Ausland erkläre. [...] Der Amerikaner wollte nicht recht antworten, meinte, jede Generalisierung werde schief. Da Tüverlin drängte, unterschied schließlich, mit vielen Vorbehalten, Mr. Potter das Geschäftsgebaren seiner englischen, seiner französischen, seiner deutschen Partner. Auf eine mündliche Zusicherung seiner Engländer könne er bauen. Von den Franzosen kriege er schwer eine Unterschrift: habe er sie aber, sei Verlaß darauf. Unter seinen deutschen Geschäftsfreunden könne er von der Mehrzahl eine Unterschrift besonders leicht kriegen: erweise sich aber das Geschäft hinterher als schlecht, dann deutelten sie an der Unterschrift herum und suchten sich mit metaphysischen Argumenten um den klaren Wortlaut des Vertrages zu drücken."

(Lion Feuchtwanger, Erfolg. Drei Jahre einer Provinz, Bd. 2, Berlin 1930, S. 126f.)

6.2.7 Gibt es nationale Unternehmenskulturen?

Jedoch sind die Probleme beim Aufeinandertreffen von Mitarbeitern, die in unterschiedlichen Ländern sozialisiert worden sind, keineswegs zu unterschätzen, wie Hofstede anhand von IBM-Niederlassungen in 40 Nationen belegt. Er arbeitete fünf Dimensionen kultureller Unterschiede heraus, die maßgeblich in den Familien und Schulen ausgeprägt werden, aber für Unternehmen von großer Bedeutung sind.

1. *Machtdistanz*: Damit ist die Größe der Kluft zwischen den Hierarchiestufen gemeint. Wie stark ist die Bereitschaft von Untergebenen, ihre Vorgesetzten von sich aus anzusprechen und ihnen zu widersprechen? Wird von Mitarbeitern Selbstständigkeit oder Kadavergehorsam erwartet? Sind Sozialbeziehungen eher autoritär oder konsultativ-kooperativ strukturiert? Werden Privilegien und scharf ausgeprägte Statusgrenzen als natürlich oder als Zumutung angesehen?

2. *Individualismus versus Kollektivismus*: Wie sehr ordnet man sich Kollektiven unter? Sind Harmonie und Konsens wichtiger als Selbstverwirklichung und Konfliktaustrag? Welchen Stellenwert haben Familienverbände? Wie sehr vertraut man auf Eigeninitiative oder auf gemeinschaftliche Lösungen? In Japan gibt es eine starke Identifikation mit der Gruppe. Mit der als lebenslänglich konzipierten Firmenzugehörigkeit geht eine starke emotionale Bindung einher. In den USA dagegen sind Mitarbeiter wesentlich individualistischer und mobiler.

3. *Sicherheitsbedürfnis*: Damit meint man das Gefühl der Bedrohung durch mehrdeutige, offene Situationen, die sich ja auch als Chance begreifen ließen. Ist man bereit, Vorschriften zu ignorieren, wenn sie in der gegebenen Situation sinnlos sind? Kann man mit informellen Absprachen besser leben als mit ausformulierten Verträgen? Ist die Einhaltung strikter, generalisierender Vorschriften, die

tendenziell zum Selbstzweck werden und den einzelnen von der Mühe eigener Abwägungen entlasten, wichtiger als Einzelfallentscheidungen mithilfe von Common Sense? Angst und Unsicherheit korrelieren mit der Hochschätzung rigider Formalismen.

4. *Weiblichkeit versus Männlichkeit*: Mit diesen problematischen, da an überkommenen Geschlechterklischees orientierten Begriffen will Hofstede sagen, dass in manchen Kulturen Werte wie materieller Erfolg, Aggressivität sowie Härte gegen sich und andere einen hohen Stellenwert einnehmen, während in anderen Ländern Eigenschaften wie Emotionalität, Empathie, Sanftheit, Freundlichkeit stärker gefragt und die Geschlechterbeziehungen eher partnerschaftlich organisiert sind.

5. *Zeithorizont*: Dieser Begriff meint die Länge der vorherrschenden Perspektiven. Denkt man überwiegend kurz- oder langfristig? Wird es als sinnvoll erachtet, momentanes Verhalten künftigen Zielen unterzuordnen? Kann man auf Resultate warten, oder müssen die Früchte der heutigen Arbeit sofort verspeist werden? Die in unterschiedlichen Ländern stark divergierenden Sparquoten sind gute Indikatoren. Hofstedes Untersuchung könnte auch als Plädoyer für die Rekrutierung von Mitarbeitern aus unterschiedlichen Kulturkreisen gelesen werden, da starke Unternehmen eine große Bandbreite von Verhaltensmustern benötigen. Diesem Vorteil steht aber das hohe Potenzial an Missverständnissen gegenüber, dessen Entschärfung interkulturelle Vermittlung und Kompetenz erfordert.

Insgesamt entwirft Hofstede zweifelsohne hilfreiche Kategorien. Sie bleiben jedoch viel zu holzschnittartig, da er Staaten als Bezugsgrößen gewählt hat, und mit nationalen Stereotypen operiert. Die Realität ist komplizierter, und zuweilen sind die Kulturen von Unternehmen in zwei Ländern nicht sehr verschieden, wenn sich ihre strukturellen Bedingungen wie die Branche, der Firmentyp und das Umfeld ähneln. Empirische Detailstudien haben wiederholt gezeigt, dass es keine homogenen nationalen Unternehmenskulturen über alle Branchen hinweg gibt. In ihrer Untersuchung der britischen und amerikanischen Baumwollindustrie des 19. Jahrhunderts weist etwa *Mary Rose* auf die Problematik nationaler Vergleiche hin und betont stattdessen die Notwendigkeit lokaler Zugriffe.

6.2.8 Allgemeine Resultate

Jenseits der Besonderheit dieser Fallstudien lassen sich drei generelle Ergebnisse der bisherigen Forschung benennen.

1. *Janusgesicht der Unternehmenskultur*: Starke Kulturen haben sich oft als wichtige Erfolgsfaktoren erwiesen. Wie eine Art Kompass erleichterten sie die Orientierung, Kommunikation und Entscheidungsfindung. Sie beförderten

Zusammenhalt und Motivation. Allerdings ging – systemtheoretisch gesprochen – die Reduktion von Komplexität mit dem Verlust von Flexibilität einher. Viele Handlungsalternativen wurden ausgeblendet, was so lange als Vorteil wirkte, wie der eingeschlagene Kurs zu den Umwelt- und Marktbedingungen passte. Da sich letztere jedoch veränderten, traten früher oder später Diskrepanzen auf. Langfristig überlebten Firmen nur dann, wenn ihre Kulturen reflexiv, d. h. diskutier- und veränderbar waren. Die Krux liegt darin, dass die Stärke von Unternehmenskulturen mit ihrer Verankerungstiefe korrespondiert. Nur wenn sie als Selbstverständlichkeit wahrgenommen werden, erfüllen sie ihre Funktion als Selbststeuerungsmechanismus. Wenn man sie hingegen ständig relativiert und revidiert, büßt sie an Wirkungsmacht ein. Dieses grundlegende Dilemma erklärt, warum es einfacher ist, neue Unternehmenskulturen aufzubauen, als alte anzupassen.

2. *Kulturtechnokraten haben es schwer*: Notwendige Veränderungen starker, dysfunktional gewordener Kulturen lassen sich nicht kurzfristig und per Order von oben durchsetzen. Im Gegensatz zu simplifizierenden Ratgebern ist die Unternehmenskultur keineswegs ein beliebig anpassbares Führungsinstrument, sondern ein historisch gewachsenes Phänomen mit beträchtlichen Trägheitsmomenten. Die Gründungsphase des Unternehmens ist prägend, denn in ihr wird das kulturelle Fundament gelegt, auf dem alle späteren Schritte aufbauen. Was in dieser Phase passiert, wirkt weit in die Zukunft hinein. Gerade starke Unternehmenskulturen produzieren daher sehr viel Starrheit.

Das Spannungsverhältnis zwischen dem instrumentellen und dem organischen Charakter der Unternehmenskultur eskalierte immer dann, wenn die Unternehmensspitze ad hoc „Kulturrevolutionen" durchsetzen wollte. Nach 1900, insbesondere in der Weimarer Republik, versuchten viele Firmen im Zuge notwendiger Rationalisierungen kurzfristig und meist ohne ausreichende Kommunikation von einer bürokratischen bzw. patriarchalischen Stabilitätskultur oder auch einer partizipativen Qualitätskultur zur kostenorientierten Leistungskultur umzuschwenken. Die Folge waren erbitterte Streiks, denn die Arbeiter fühlten sich übergangen und weigerten sich, nach dem Takt der Maschinen zu funktionieren und ihre Autonomie abzugeben. Kontrollzettel wurden aus Trotz nicht ausgefüllt und neue Abläufe boykottiert. *Thomas Welskopp* hat anhand der Weimarer Eisen- und Stahlindustrie gezeigt, wie der Konflikt zwischen dem theoretisch fundierten, technokratischen Herrschaftsanspruch der Ingenieure und der in der Praxis entstandenen kooperativen Arbeitskultur der Hochofencrews ein „vertrauensarmes, [...] sprachloses Klima" erzeugte und eine „optimale Nutzung der betrieblichen Leistungspotentiale" verhinderte. Zwei „antagonistische Arbeits- und Produktionskulturen" standen einander voller Ressentiments gegenüber. Die Kosten waren für beide Seiten ausgesprochen hoch.

Kulturtechnokratische Radikallösungen und „Schnellschüsse" stießen in der Regel auf den Widerstand der Betroffenen. Der ernüchternde Befund lautet, dass Menschen allgemein recht unflexibel sind, v. a., wenn sie längere Zeit Teil bestimmter Kulturen gewesen sind. Kulturwandel braucht Zeit und gelingt zuweilen nicht einmal in schweren Krisen. Häufig ist der Generationswechsel eine Voraussetzung, um ihn erfolgreich voranzutreiben.

3. *Erfolgreiche Führung erfordert kulturelle Sensibilität*: Unternehmenskulturen bestehen z. T. länger als die dazugehörenden Firmen. Wenn bei Fusionen Belegschaften komplett von dem neuen Eigentümer übernommen werden, kann es wie bei Jaguar zu einem „clash of cultures" kommen, weshalb ihre Überführung in separate Divisionen oft einer Zentralisierung vorzuziehen ist. Die Unverträglichkeit zweier gewachsener Kulturen stellt vielfach den Erfolg von Fusionen infrage. Die Angehörigen aus den verschiedenen Firmenteilen sprechen eine andere Sprache und folgen unbewusst anderen Routinen. Internationale Fusionen verschärfen diese Problematik zusätzlich. In der Vergangenheit hat sich wiederholt die mangelnde kulturelle Sensibilität des Managements als Kardinalproblem erwiesen. Oft beschränkte es sich auf rein technische oder kaufmännische Aspekte der Führung. Das Unternehmen erschien ihnen als eine Maschine, die man überholen oder austauschen musste. Ganzheitliches Management dagegen benötigt die Fähigkeit, die momentane Lage als Zwischenstation in einem längeren historischen Prozess zu begreifen. Auf dieser Grundlage sind dann notwendige Veränderungen unter Einbeziehung aller Firmenangehörigen anzustoßen. Die Mitarbeiter müssen gleichsam dort abgeholt werden, wo sie stehen, und dürfen nicht überfordert werden. Der Wandel muss ihnen erklärt und mit ihnen ausgehandelt werden. Ihr Wissen und ihre Ideen sollten in den schwierigen Transformationsprozess einfließen, denn gegen die Mitarbeiter kann er niemals gelingen. Die Unternehmenskultur gehört nicht allein dem Management, und es gibt keinen Schalter, um sie kurzfristig zu verändern. In diesen schwierigen Prozessen sind Kultur- und Geschichtsbewusstsein wichtige Aktivposten.

Weiterführende Literatur

Lipartito, Ken, Business Culture, in: Geoffrey Jones u. Jonathan Zeitlin (Hg.), The Oxford Handbook of Business History, Oxford 2008, S. 603–628.

Heinen, Edmund u. Dill, Peter, Unternehmenskultur. Überlegungen aus betriebswirtschaftlicher Sicht, in: Zeitschrift für Betriebswirtschaft 56, 1986, S. 202–218.

Schreyögg, Georg, Unternehmenskultur: Zur Unternehmenskulturdiskussion in der Betriebswirtschaftslehre und einigen Querverbindungen zur Unternehmensgeschichtsschreibung, in: Jahrbuch für Wirtschaftsgeschichte 1993/2, S. 21–35.

Welskopp, Thomas, Unternehmenskulturen im internationalen Vergleich – oder integrale Unternehmensgeschichte in typisierender Absicht?, in: Hartmut Berghoff u. Jakob Vogel (Hg.), Wirtschaftsgeschichte als Kulturgeschichte. Dimensionen eines Perspektivenwechsels, Frankfurt/M. 2004, S. 265–294.

Deal, Terrence E. u. Kennedy, Allan A., Corporate Cultures. The Rites and Rituals of Corporate Life, Reading/Mass. 1982.

Berghoff, Hartmut, Unternehmenskultur und Herrschaftstechnik. Industrieller Paternalismus: Hohner von 1857 bis 1918, in: Geschichte und Gesellschaft 23, 1997, S. 167–204.

Nieberding, Anne, Unternehmenskultur im Kaiserreich. J.M. Voith und die Farbenfabriken vorm. Friedr. Bayer & Co., München 2003.

Welskopp, Thomas, Das institutionalisierte Misstrauen. Produktionsorganisation und Kommunikationsnetze in Eisen- und Stahlunternehmen des Ruhrgebietes während der Zwischenkriegszeit, in: Clemens Wischermann u. a. (Hg.), Unternehmenskommunikation im 19. und 20. Jahrhundert. Neue Wege der Unternehmensgeschichte, Dortmund 2000, S. 199–225.

Hofstede, Geert, Cultures and Organizations. Software of the Mind, 2. Aufl., London 1997.

Schein, Edgar H., Organisational Culture and Leadership, 2. Aufl., San Francisco 1992.

Ravasi, Davide u. Majken, Schultz, Responding to Organizational Identity Threats. Exploring the Role of Organizational Culture, in: Academy of Management Journal 49/3, 2006, S. 433–458.

6.3 Unternehmensethik – erst der Gewinn, dann die Moral?

6.3.1 Bedeutung der Ethik

Nach *Milton Friedman* ist die Gewinnmaximierung der alleinige Daseinszweck von Unternehmen. Alles andere regele der Markt und der auf seine Kernaufgaben zurückgestutzte Staat. „The social responsibility of business is to increase its profits." Dieses Postulat der moralischen Indifferenz ist offenkundig realitätsblind, denn unternehmerisches Handeln lässt sich nicht von seinen gesellschaftlichen Folgen trennen. Die Stakeholder des Unternehmens sind zugleich auch Bürger, Privatpersonen und Konsumenten. Der Vorstand eines Chemieunternehmens hat im Interesse der Eigentümer Gewinne zu erwirtschaften, kann aber trotzdem nicht die gesundheitlichen Risiken seiner Tätigkeit für Mitarbeiter, Anwohner und sich selbst ignorieren.

Ein völlig rücksichtsloses Profitstreben löst soziale Zerfallsprozesse aus. In der Industrialisierung haben die westlichen Gesellschaften gelernt, dass die ungebremste Eskalation von Armut, Kriminalität und Umweltproblemen die Existenzgrundlage der Wirtschaft gefährdet. Ihre Antwort auf das Experiment eines weitgehend freien Marktes war der moderne Interventionsstaat und aufseiten der Unternehmen die Übernahme sozialer Verantwortung in vielfältigen Formen vom Mäzenatentum bis zu betrieblichen Sozialeinrichtungen. Ein Ergebnis dieses historischen Lernprozesses ist die Tatsache, dass in der Bundesrepublik das Grundgesetz Eigentumsrechte mit einer Gemeinwohlverpflichtung einschränkt. Es gibt weder innerhalb noch außerhalb von Unternehmen einen ethikfreien Raum, in dem Sachzwänge die Entscheidungsträger von ihrer moralischen Verantwortung entlasten.

Auch der betriebswirtschaftliche Erfolg ist eng an die Beachtung ethischer Grundsätze gekoppelt. Unternehmenskulturen basieren auf Werten. Kontrolldruck und monetäre Anreize allein reichen nicht aus, um Kohäsion und Orientierung zu stiften. Unethisches Verhalten, gewissenloser Egoismus in Form von Korruption und

Opportunismus verursachten immense Schäden. 1995 stürzte der Bankangestellte Nick Leeson die 1762 gegründete Barings Bank, die zeitweilig ganze Staatshaushalte finanziert hatte, durch heimliche Spekulationsgeschäfte in den Ruin. 2000/2001 rissen Bilanzfälschungen eine Schneise der Verwüstung durch die New Economy und ließen das Vertrauen der Anleger zusammenbrechen. Ungezügelter Eigennutz und blinde Gier entfalten eine destruktive Dynamik. „Ethical principles are the glue that holds a business system of free enterprise together. [...] Without ethical values a free society would become a jungle", verkündete 1979 John D. Rockefeller, prominenter Bankier und Enkel des Ölbarons. Es ist kein Zufall, dass Länder mit notorisch niedrigen ethischen Standards in der Regel ökonomisch rückständig sind. Allein die Korruption erweist sich in großen Teilen Afrikas und in vielen Nachfolgestaaten der UdSSR als massives Entwicklungshemmnis.

Letztlich werfen alle Handlungen Fragen nach deren Folgen für die Mitmenschen auf. Ethische Entscheidungen sind Grunddilemmata menschlicher Existenz. Eine theoretisch brillante Lösung ist es, Handlungsalternativen dem Universalitätstest zu unterziehen. Könnte man selbst mit den Folgen der eigenen Handlung leben? Was würde passieren, wenn sich alle so verhielten? Diesen von der Solidarität aller Menschen ausgehenden Grundsatz hat der Philosoph *Immanuel Kant* (1724–1804) in seinem kategorischen Imperativ klassisch formuliert: „Handle so, dass die Maxime deines Willens jederzeit zugleich als Prinzip einer allgemeinen Gesetzgebung gelten könnte."

6.3.2 Cadbury

In der Geschichte besaß die Religion eine größere Bedeutung als dieses elegante Prinzip. Sie bot Unternehmern v. a. im 19. und frühen 20. Jahrhundert ein stabiles ethisches Referenzsystem. Ein typisches Beispiel stellt Cadbury (1969–2008: Cadbury-Schweppes), dar. Gegründet worden ist der 2005 mit knapp 56.000 Mitarbeitern weltweit führende Getränke- und Süßwarenhersteller (heute nur noch Süßwaren) 1831 von Quäkern, d. h. Mitgliedern einer puritanischen Freikirche. Zu ihren Grundprinzipien gehörte das Laienpriestertum, Innerlichkeit und moralischer Rigorismus, strikter Antialkoholismus, tätige Nächstenliebe und ein ausgeprägtes Arbeitsethos. Das Konzept der „stewardship of wealth" besagte, dass irdischer Reichtum dem Menschen nur zur vorübergehenden Verwaltung anvertraut ist und dem Wohl der Schwächeren zu dienen hat. Politisch engagierten sich die Quäker gegen die Sklaverei und verweigerten sowohl den Eid als auch den Kriegsdienst.

Diese Leitwerte trugen die Cadburys wie Tausende andere religiöse Unternehmer der Zeit direkt in das Geschäftsleben hinein. Das betraf zunächst die Produktpolitik, denn man produzierte reine Trinkschokolade ohne gesundheitsgefährdende Zusatzstoffe als gottgefällige Alternative zu den verpönten alkoholischen Getränken. In der frühen Lebensmittelindustrie waren hygienische Missstände ein Kardinalproblem. George und Richard Cadbury setzten das „Evangelium der Reinheit" durch. Die im Werk penibel beachtete und nach außen überzeugend kommunizierte Botschaft lautete, dass ihre Schokolade hochwertig und gesund sei. Die Marke entfaltete daher eine hohe Zugkraft, und die Belegschaft wuchs von 20 (1861) auf 6.200 (1912).

Im Laufe dieses Aufschwungs verschob sich die ursprüngliche *charismatische Expansionskultur* Cadburys immer mehr in Richtung einer *patriarchalischen Stabilitätskultur*. Dazu gehörte die ausgeprägte soziale Fürsorge für die Mitarbeiter. In einer Zeit, in der die meisten städtischen Fabrikarbeiter in Slums unter lebensgefährlichen Bedingungen lebten, schuf das Unternehmen im Grüngürtel Birminghams die Arbeitersiedlung Bournville, die im ganzen Land als vorbildlich galt. Prägend für diese wertbasierte Unternehmenskultur war das Vorbild der Fabrikantenfamilie. Sie verkörperte Fleiß, Selbstdisziplin und Zuverlässigkeit, eben all das, was das Unternehmen auch von seinen Arbeitern verlangte. In der Firma setzte man auf Konsens, was den Gebräuchen der Quäker-Gemeinden entsprach, in denen jedes männliche Gemeindemitglied das Wort ergreifen durfte. Diskussion und Abwägung im größeren Kreis spielten dort eine große Rolle. Cadburys Vorschlagswesen und seit 1905 ein paritätisch besetztes „works committee" übertrugen diese Prinzipien auf das Unternehmen.

Gleichwohl geriet die Glaubwürdigkeit der religiösen Grundsätze wiederholt in Gefahr. Cadbury bezog z. B. den Großteil des Rohkakaos aus São Tomé, einer zu Portugal gehörenden Inselgruppe. 1901 tauchten Gerüchte auf, dass auf den dortigen Plantagen Sklaven arbeiteten. Cadbury befand sich in einem Dilemma: Nahm man die Vorwürfe ernst, und ging öffentlich auf sie ein, würde sich das Gerücht verbreiten und den eigenen Ruf schädigen. Zudem wollte man nicht die Rohstoffzufuhr gefährden. Schließlich war es schwierig, die Arbeitsbedingungen auf den westafrikanischen Inseln zu beurteilen. Andererseits konnte man diesen eklatanten Widerspruch zu den eigenen Prinzipien nicht tolerieren. Cadbury versuchte daher, den Fall diskret zu behandeln und den Sachverhalt durch die Entsendung von Vertrauenspersonen zu klären. Der Außenminister warnte aus Angst vor diplomatischen Verwicklungen mit Portugal vor vorschnellen Maßnahmen. Gleichwohl reduzierte Cadbury seit 1904 die Bestellungen aus São Tomé leicht und begann 1907, an der Goldküste (Ghana) eine alternative Rohstoffquelle zu erschließen.

1908/09 stellte sich endgültig heraus, dass es sich um formal freie Lohnarbeiter handelte, die aber de facto wie Sklaven behandelt wurden. Mittlerweile hatte die Presse den Fall aufgegriffen und dem Unternehmen Heuchelei vorgeworfen, das von einem „monstrous trade in human flesh and blood" profitierte. Es folgte eine Verleumdungsklage gegen die Zeitung. Derart im Kreuzfeuer der öffentlichen Kritik, reagierte Cadbury mit der Flucht nach vorn, und organisierte zusammen mit anderen Schokoladenherstellern einen Boykott von São Tomé, der die Goldküste groß ins Geschäft brachte. Schließlich beschloss man, die mit dem Kakao erzielten Gewinne der Jahre 1902 bis 1908 (1,3 Mio. Pfund) für soziale Zwecke zu verwenden. Auch wenn man Cadbury vorwerfen muss, nicht schnell und energisch genug gehandelt zu haben, fiel am Ende eine bemerkenswerte Entscheidung, die nicht nur auf externen Druck zurückzuführen ist. Die religiös sozialisierten Kapitaleigner, die ausschließlich der

Gründerfamilie angehörten, akzeptierten den Verzicht auf den ethisch angreifbaren Gewinn. Der persönlich bescheiden lebende George hielt großen Reichtum ohnehin für einen Fluch, was ihn aber nicht davon abhielt, ein beträchtliches Vermögen anzuhäufen.

6.3.3 Dr. Oetker

Zur selben Zeit bekannte sich Dr. August Oetker zu Werten, die nicht direkt religiös fundiert waren, sondern ein Gemisch hausväterlicher und bürgerlicher Leitbilder darstellten. Oetker hatte aus einer Apotheke eine der größten Firmen der deutschen Lebensmittelindustrie aufgebaut. Die entscheidende Produktinnovation war ein leicht zuzubereitendes Backpulver, das durch den Vertrieb in abgepackten Tüten bis 1914 zum bekannten Markenartikel wurde, der durch den weißen Kopf der „klugen Hausfrau" gegen Nachahmer geschützt wurde. Die Farbe Weiß sollte als Symbol für die Reinheit der Produkte und für die Klugheit der Kunden („heller Kopf") dienen (siehe Abbildung 6.5).

Der eindrucksvolle Aufstieg der Familie hatte im Haushalt eines Bäckermeisters begonnen, der keineswegs arm, aber auch nicht vermögend war. Es fiel ihm schwer, August den Besuch des Gymnasiums zu finanzieren. An das Abitur schloss sich eine Lehre, das Studium und schließlich die Promotion an. Dieser teils handwerkliche, teils akademisch-bildungsbürgerliche Hintergrund und die relativ bescheidenen Umstände der ersten Lebensabschnitte erklären, warum Fleiß, Sparsamkeit und Bildungsstreben im Wertekanon August Oetkers einen hohen Stellenwert einnahmen. Wie die Cadburys setzte er ganz auf das persönliche Vorbild. Er lebte den Mitarbeitern seine Maxime nicht nur vor, sondern brachte sie ihnen auch schriftlich durch zehn Merksätze näher, die sprachlich und durch die Symbolik ihrer Zahl an die zehn Gebote der Bibel anknüpften.

Abb. 6.5: „Helle Köpfe". Dr. Oetkers Markenzeichen (1905 und 1949).

Oetker hob auf säkularisierte, bürgerliche Kerntugenden ab. Über allem stand das Projekt einer detailliert geplanten Biografie, des „Abarbeitens" eines im Voraus entwickelten, schriftlich fixierten Lebensentwurfs. Das Gebot der Ehrlichkeit begründete er funktional, nämlich damit, dass sich Arglist nicht auszahle. Gerade für einen Lebensmittelhersteller war das Vertrauen der Verbraucher von höchster Bedeutung. Aber auch gegenüber Geschäftspartnern und Mitarbeitern war es unverzichtbar.

Dr. August Oetkers „Beherzigenswerte Worte" (1908)

Arbeite! Arbeite unter Anspannung aller Kräfte – und diese werden bald zunehmen. [...] Arbeite so, dass es dir Freude macht! [...] Mache aus deiner Arbeit einen Sport!

1. Verachte kein Geschäft! Die unendliche Wüste besteht aus Sandkörnern, das Weltmeer aus Tropfen und das All aus Atomen. [...]
2. Wage stets nur einen Teil, nie das Ganze. Teilverluste sind schon wieder einzubringen.
3. Sei sparsam! Sammle dir einen eisernen Bestand, der im Falle höchster Not dein Geschäft, deine Zukunft, selbst dein Leben retten kann. Streiche alle überflüssigen Ausgaben [...]
4. Führe Buch! Du musst stets in jedem Augenblicke über alles orientiert sein. [...]
5. [...] Du musst wissen, was du willst und dies in grossen Umrissen niederschreiben. Dann mache dir für jedes Jahr im voraus einen allgemeinen Plan, nach Monaten geteilt, und behalte stets das Hauptziel im Auge.
6. Lese! [...]
7. Lerne zu! Benutze jede Gelegenheit, um etwas zu lernen und dich über die verschiedenartigsten Verhältnisse zu orientieren, und wenn sie mit deinem Berufe auch nicht das mindeste zu tun haben. [...] Ganz besonders beschäftige dich mit den Naturwissenschaften. Versäume keinen wissenschaftlichen Vortrag, besuche Bibliotheken, Lesehallen, Ausstellungen, Museen und Sammlungen.
8. Benutze jede Minute! Die Zeit ist dein Kapital; jede Minute muß dir Zinsen tragen. [...] Zeit ist Leben; Zeitvernichtung ist Lebensvernichtung. [...]
9. Nur nichts unehrliches! Das trägt seine Strafen in sich selbst.

(Zit. n. Sidney Pollard u. Roland Möller, Dr. August Oetker (1862–1918), in: Jürgen Kocka u. Reinhard Vogelsang (Hg.), Bielefelder Unternehmer des 18. bis 20. Jahrhunderts, Münster 1990, S. 371f.)

Diese Werte bewährten sich in der Praxis. Sie waren typisch für Gründer, insbesondere des 19. Jahrhunderts. Spätestens in der zweiten Generation verschob sich jedoch die Perspektive. Häufig legten sie angesichts des erreichten sozialen Aufstiegs ihre Bescheidenheit ab, zumindest was die eigene Lebensführung anging. An die Stelle der engen Verbindung von persönlichem Vorbild und unternehmenskulturellen Leitbildern trat die „Tradition des Hauses". Sie konnte durchaus ein festes Fundament für ethische Grundsätze abgeben, auch wenn ihr herrschaftstaktischer Charakter nicht zu übersehen war.

Ob und inwieweit man unternehmensethische Selbstbekenntnisse für bare Münze nehmen darf, entscheidet sich im Einzelfall. Der Quäker Ernest Bader sah in der „stewardship of wealth" offenbar eine konkrete Handlungsanweisung, als er 1951 sein Chemieunternehmen einer Stiftung schenkte, deren Teilhaber seine Arbeiter waren. Auch in Deutschland haben verschiedene sozial engagierte Unternehmer wie Reinhard Mohn (Bertelsmann) die Eigentumsrechte ihrer Firmen gemeinnützigen Stiftungen übertragen, wobei steuerliche und philanthropische Motive nicht klar voneinander abzugrenzen sind. In der Tat stand der persönliche Reichtum für viele Unternehmer nicht an erster Stelle ihrer Werteskala.

6.3.4 Konfliktzonen und Dilemmata

Zugleich lassen sich unschwer Gegenbeispiele finden, in denen das Gewinnstreben zur Verletzung ethischer Normen führte, selbst wenn diese mit Nachdruck in der Öffentlichkeit vertreten wurden. Dr. Oetker verwendete lange Salizylsäure als Konservierungsmittel, obwohl Wissenschaftler vor möglichen Gesundheitsschäden gewarnt hatten, und sie in der Bierproduktion schon 1883 verboten worden war. Erst nach dem vollständigen Verbot von Salizylsäure (1908) zog Oetker die entsprechenden Produkte zurück. Die streng religiösen Eigentümer des britischen Asbestfabrikanten Turner & Newall behaupteten in den 1920/30er-Jahren wider besseres Wissens, dass sich ihre Arbeiter keinen Gefahren aussetzten. Viele von ihnen erkrankten später an Lungenkrebs und starben einen qualvollen Tod.

In europäischen Kolonien sowie in verbrecherischen Diktaturen wie dem NS-Regime (siehe Kapitel 7.2) haben viele Unternehmen die Menschenrechte ihrer Beschäftigten missachtet. In ihrer Obhut führten Zwangsarbeiter oft ein elendes Leben, dessen vorzeitiges Ende eine direkte Folge inhumaner Arbeitsbedingungen war. Der Nationalsozialismus eröffnete Firmen Spielräume, die sie in Rechtsstaaten nicht haben. Das betraf den Raub ausländischen und jüdischen Eigentums und den rücksichtslosen „Verschleiß von Menschenmaterial". Banken und metallurgische Spezialunternehmen – nicht nur in Deutschland – handelten bzw. arbeiteten im Zweiten Weltkrieg mit Gold, das KZ-Häftlingen gestohlen und z. T. aus ihrem Gebiss herausgebrochen worden war.

Nachlässigkeit und Profitgier haben wiederholt Umweltkatastrophen ausgelöst. Im italienischen Seveso setzte 1976 ein Tochterunternehmen des Baseler Chemiekonzerns Hoffmann-La Roche Dioxin frei, mit dem über 200.000 Menschen in Kontakt kamen. Das betroffene Gebiet musste für unbewohnbar erklärt werden. Mehrere Tausend Opfer – darunter Neugeborene – trugen schwerste gesundheitliche Schäden davon. 1984 kam es in der Pestizidfabrik des US-Multinationals Union Carbide im indischen Bhopal zu einer Explosion, die 500.000 Menschen hochtoxischen Gasen aussetzte. Die Zahl der Todesopfer lag Schätzungen zufolge bis 1999 bei 16.000, während Zehntausende an Langzeitfolgen leiden. Technische Mängel von Tankschiffen haben wiederholt Meere und Küsten durch auslaufendes Öl verseucht. Diese Beispiele reihen sich in eine lange Abfolge großer und kleiner Schädigungen der Umwelt ein. Die ökologische Sensibilität der Öffentlichkeit, und damit der Druck auf die Unternehmen, hat sich aber erst seit 1970 merklich erhöht.

Eine weitere potenzielle Konfliktzone zwischen ethischem und unternehmerischem Handeln betrifft die Produktqualität. 1958–1961 wurden weltweit ca. 10.000 stark missgebildete Kinder geboren, nachdem ihre Mütter das massiv beworbene

Schlaf- und Beruhigungsmittel Contergan der Firma Grünenthal eingenommen hatten. Durch schnelleres Handeln des Herstellers und der Behörden hätte das Ausmaß der Katastrophe verringert werden können. So wurde der Vertrieb des nicht sorgfältig genug getesteten Medikaments erst drei Jahre nach den ersten Missbildungsfällen eingestellt. Schließlich stellt mangelnde Gesetzestreue ein Grundproblem dar, etwa in Form von Vertragsbruch, Betrug, Korruption und Steuerhinterziehung. In den Unternehmen richten Machtmissbrauch und Opportunismus schwere Schäden an, man denke nur an Insidergeschäfte, Bilanzfälschung, Spesenbetrug, unberechtigte Krankmeldungen und maßlose Gehalts- und Abfindungszahlungen für Vorstände zulasten von Kapitaleignern und Belegschaft. Dabei sind die Maßstäbe alles andere als klar. Wo verläuft die Grenze zwischen Bestechung und der Übergabe eines Geschenks? In Diktaturen kann Gesetzestreue zutiefst unethisch sein.

Starke ethische Positionen beschwören z. T. Dilemmata herauf. Als Quäker lehnte George Cadbury Kriege grundsätzlich ab. Während des Burenkriegs (1899–1902) kaufte er daher mit den Daily News eine der wenigen Zeitungen, die sich gegen den Krieg aussprach. Neben dem Pazifismus wollte Cadbury auch die Sozialreform propagieren. Nach dem Kauf merkte er, dass für das wirtschaftliche Überleben der Zeitung Anzeigen für Alkoholika, Berichte über Pferderennen und Tipps für den englischen Volkssport „Wetten" zentral waren. Als Quäker lehnte er aber nicht nur Kriege und Alkohol ab, sondern auch jede Form des Glücksspiels. Daher untersagte er entsprechende Anzeigen und Wettseiten, was die Verluste der Daily News erhöhte.

Als er 1910 zwei weitere, ihm und seinen Idealen feindlich gestimmte Zeitungen kaufte, war die Prinzipientreue nicht mehr durchzuhalten. Sein moralisch inspirierter Wunsch, massenwirksam für Frieden und Sozialreform einzutreten, widersprach den Erwartungen der Leserschaft diametral. Ohne Wettseiten drohte den Neuerwerbungen der Konkurs. Dieses Dilemma löste Cadbury dadurch, dass er den Werten von Pazifismus und sozialer Gerechtigkeit Vorrang gegenüber der Wettfeindschaft einräumte. Im Gegensatz zu der weiterhin prinzipientreuen, defizitären Daily News ließ er den beiden neuen Zeitungen ihre Wettseiten, um seinen politischen Einfluss auszubauen. Diese heikle Entscheidung, die er schlechten Gewissens und in der Hoffnung auf eine künftige Erziehung der Leser getroffen hatte, brachte ihm scharfe Kritik, nicht nur vonseiten der Quäker, ein. Seine politischen Gegner verspotteten ihn als Heuchler.

6.3.5 Ethikwelle seit 1970

Ethische Fragen werden häufig erst von außen an Firmen herangetragen. Es ist gefährlich, wenn sie in Konflikt mit den Moralvorstellungen der Öffentlichkeit geraten und medienwirksam an den Pranger gestellt werden. Shell stritt 1995 in einem absurden Medienkrieg mit der Umweltschutzorganisation Greenpeace über die ökologisch am wenigsten schädliche Entsorgung einer von 600 Ölplattformen. Zeitweilig erschien Shell der Öffentlichkeit als brutaler Umweltverschmutzer, während später die Inszenierungstechniken von Greenpeace Empörung auslösten. Beide Seiten arbeiteten mit Fehlinformationen und fügten sich selbst große Imageschäden zu. Jedoch führte dieses Lehrstück Unternehmen eindrucksvoll die Notwendigkeit vor Augen, die ökologischen Folgen ihres Handelns zu bedenken und im Sinne des Stakeholder-Ansatzes den Dialog mit der Öffentlichkeit zu suchen.

Zwanzig Jahre zuvor hatte schon der Lebensmittelkonzern Nestlé die Erfahrung gemacht, dass ethische Indifferenz großes menschliches Leid und massive geschäftliche Probleme verursachen kann. Seit 1866 produzierte Nestlé Babynahrung, die sich im 20. Jahrhundert in Industrieländern als Alternative zum Stillen etablierte. Mit dem Geburtenrückgang in der westlichen Welt wandte sich der Marktführer in den 1960er-Jahren den Entwicklungsländern zu. Die Werbemethoden, mit denen diese Emerging Markets erschlossen wurden, ähnelten denen, die man seit 100 Jahren anwandte: die Abgabe kostenloser Proben und Aufklärungsbroschüren, die Ansprache von Hebammen und Ärzten sowie suggestive Werbung, die Gesundheit und Glück versprach.

Die gedankenlose Übertragung westlicher Marketingmethoden auf die Dritte Welt führte zu schrecklichen Konsequenzen, denn Nestlé hatte die dort herrschenden Bedingungen von Armut, Analphabetismus und mangelnder Hygiene in keiner Weise bedacht. Die Mütter verließen mit Probepackungen die Krankenhäuser. Da sie die Gebrauchsanweisung nicht verstanden und kein sauberes Trinkwasser für die Zubereitung besaßen, erkrankten viele Babys an schweren Durchfällen und starben an Dehydratation und Unterernährung. Es folgten Proteste und Medienkampagnen, die Nestlé als „baby killer" anklagten. 1977 riefen Kirchen-, Menschenrechts- und Entwicklungshilfeorganisationen einen weltweiten Boykott aus.

Nestlé wehrte sich zunächst durch Gegenkampagnen und die Verunglimpfung der Gegner. Der Erfolg blieb gering. Unter Druck begann das Unternehmen nach und nach, die Vorwürfe ernst zu nehmen. Es folgten Konsultationen mit der Weltgesundheitsorganisation (WHO) und dem Kinderhilfswerk der UNO (UNICEF), aus denen 1981 der WHO-Code-on-Marketing hervorging, der Direktwerbung für Babynahrung verbot. Werbung durfte Babynahrung nicht mehr idealisieren. Alle Packungen mussten das Stillen empfehlen. Zahlungen an Angehörige des Gesundheitswesens durften nur als Geschenke, nicht aber als Verkaufshilfen erfolgen. 1982 entstand eine unabhängige Kontrollkommission, die Nestlés Verhalten zunehmend als transparent und den Bestimmungen entsprechend beurteilte. 1984 wurde der Boykott in den meisten Ländern offiziell aufgehoben, ohne dass die Kritik an Nestlé verstummte. Mittlerweile hat sich die Debatte verkompliziert, da Stillen ein häufiger Übertragungsweg für das Aidsvirus geworden ist.

Davoser Manifest (1973)

„Aufgabe der Unternehmensführung ist es, Kunden, Mitarbeitern, Geldgebern und der Gesellschaft zu dienen und deren widerstreitende Interessen zum Ausgleich zu bringen. [...] Die Unternehmensführung muß für die zukünftigen Generationen eine lebenswerte Umwelt sichern. Die Unternehmensführung

muß das Wissen und die Mittel, die ihr anvertraut sind, zum Besten der Gesellschaft ausnutzen. [...] Die Dienstleistung [...] gegenüber Kunden, Mitarbeitern, Geldgebern und der Gesellschaft ist nur möglich, wenn die Existenz des Unternehmens langfristig gesichert ist. Hierzu sind ausreichende Unternehmensgewinne erforderlich. Der Unternehmensgewinn ist daher notwendiges Mittel, nicht aber Endziel der Unternehmensführung."
(European Management Forum (Hg.), European Management Symposium. Summary of Plenary Sessions, Davos 1973, S. 9f.)

Allgemein wuchsen im Gefolge der Studenten- und Ökologiebewegung die Akzeptanzprobleme der Unternehmen. Nicht zufällig gewann die Diskussion um die Unternehmensethik erst nach 1970 an Fahrt. Das vielbeachtete Davoser Manifest von 1973, in dem sich Spitzenmanager zu ihrer gesellschaftlichen Verantwortung bekannten, entsprang somit auch einer Verteidigungshaltung. In den 1980er-Jahren entstanden in den USA Forschungsinstitute und Zentren für unternehmensethische Fragen. Seitdem werden auch verschiedene Preise für „business ethics" verliehen.

Das vermehrte öffentliche Reden von der Ethik kann durchaus als ein Entlastungs- und Besänftigungsdiskurs angesichts eines eskalierenden Werteverfalls interpretiert werden. Percy Barnevik, Vorstands- und Verwaltungsratsvorsitzender von ABB in den 1980/90er-Jahren, wurde aufgrund seiner geschäftlichen Erfolge und seines medienwirksamen Eintretens für die gesellschaftliche Verantwortung des Managements mehrfach zum „Europäischen Manager des Jahres" gewählt und durfte UN-Generalsekretär Kofi Annan in unternehmensethischen Fragen beraten. Nach seinem Abschied von ABB geriet er 2001/02 in die Schlagzeilen, da er sich eine selbst genehmigte Abfindung in Höhe von 100 Mio. Euro hatte auszahlen lassen. Die Aktionäre fühlten sich betrogen, zumal ABB unter Barnevik zu einem Sanierungsfall geworden war. Unter dem Druck der Öffentlichkeit und seiner Nachfolger sowie angesichts eines drohenden Gerichtsverfahrens zahlte er 2003 „freiwillig" 60 Mio. Euro zurück.

Wie können Mitarbeiter auf unethisches Verhalten ihrer Vorgesetzten reagieren? Die Ratgeberliteratur empfiehlt das Whistleblowing. Anstatt Missstände stillschweigend zu akzeptieren, sollen Zeugen die Mauer des Schweigens durch die Einschaltung unverdächtiger Vorgesetzter sowie der Behörden oder Medien durchbrechen. Wie gefährlich solch ein Verhalten ist, mussten zwei Mitarbeiter eines Versorgungsunternehmens erfahren, das seine Kunden jahrelang durch leicht überhöhte Rechnungen schädigte. Nachdem sie ihren Vorgesetzten, dessen umsatzbezogener Gehaltsbonus sich durch korrekte Abrechnungen reduziert hätte, von dem Fehler unterrichtet hatten, wurden sie plötzlich versetzt und mit Pressionen konfrontiert. Gleichwohl häuften sich in den 1980/90er-Jahren Fälle, in denen Mitarbeiter durch interne Beanstandungen oder die Einschaltung von Behörden und Öffentlichkeit die Praktiken ihrer Unternehmen veränderten. In einem spektakulären Fall verhinderte 1997 ein Wachmann die rechtswidrige Vernichtung von Dokumenten der Schweizer UBS-Bank, die Konten jüdischer Kunden aus der Zeit des Holocaust auflisteten und mit denen

Angehörige Ansprüche auf die Einlagen, die sonst der Bank zugefallen wären, geltend machen konnten. Der Wachmann wurde entlassen, danach vorübergehend in den USA als Held gefeiert, bis der Fall in Vergessenheit geriet. Whistleblowing erfordert sehr viel Zivilcourage.

Angesichts der wachsenden Sensibilität der Öffentlichkeit im letzten Drittel des 20. Jahrhunderts entwickelte sich ethische Korrektheit zunehmend zu einem gewichtigen Verkaufsargument. Die Ökologiebewegung schuf einen expandierenden Markt nicht nur für Lebensmittel. Die Fair-Trade-Bewegung verkaufte mit wachsendem Erfolg Waren aus Entwicklungsländern und zahlte den dortigen Produzenten Preise, die über denen des Marktes lagen. Ethik-Fonds versicherten Anlegern, nur in moralisch einwandfreie Firmen zu investieren und z. B. Produzenten von Rüstungsgütern zu boykottieren. Markenartikler oder auch Einzelhändler übernahmen die Verantwortung für die gesamte Lieferantenkette und versprachen die Einhaltung bestimmter Umwelt- und Arbeitsschutzstandards. Seit den 1990er-Jahren gehört die Selbstverpflichtung von Unternehmen und Verbänden sowie das Aufstellen von Verhaltenskodizes zu den Standardstrategien, mit denen Firmen die Öffentlichkeit beruhigen und zugleich ihre eigene Position neu zu bestimmen versuchen.

Cadbury als Pionier der ethischen Unternehmensführung definiert sich heute als „corporate citizen" und führt „ethical business practices" als oberstes Unternehmensziel auf. Der „Corporate and Social Responsibility Report" berichtet über Grundsätze und Aktivitäten in den Bereichen Arbeits- und Kundenbeziehungen, Umweltschutz und Beschaffungspolitik sowie soziales Engagement. Cadbury bekennt sich zu einer Personalpolitik ohne Diskriminierung „on grounds of race, colour, ethnic or national origin, gender, sexual orientation, age, religion, marital status, or disability unrelated to the task". Für die gesamte Lieferantenkette toleriere Cadbury keine Form der Zwangsarbeit und respektiere das Recht aller Beschäftigten, sich legalen Gewerkschaften anzuschließen. Kinderarbeit dagegen lasse sich auch im 21. Jahrhundert nicht vermeiden, aber man stelle sicher, „that children are employed only under circumstances that protect them from physical risks and do not disrupt their education". Natürlich drängen sich sofort Fragen nach dem Realitätsgehalt und den Interpretationsspielräumen dieser Formulierungen auf. In der Offenheit kann man jedoch auch ein ehrliches Bemühen um Antworten auf schwierige Fragen vermuten. In einer Zeit des Wertepluralismus, in der sich allgemein verbindliche Normen nicht mehr glaubhaft aus Religionen ableiten lassen, ist das in der Tat ein schwieriges Unterfangen. Geschlossene, relativ klare Weltbilder, wie sie viele Pionierunternehmer der Industrialisierung noch besaßen, sind in der Unübersichtlichkeit postmoderner Gesellschaften abhandengekommen. Umso wichtiger ist der Versuch, trotzdem ethische Mindeststandards zu benennen und durchzusetzen. Die historische Erfahrung enthält ebenso reichhaltiges wie abstoßendes Anschauungsmaterial von dem Leid, das ethisch indifferentes Handeln von und in Unternehmen anrichten kann.

Weiterführende Literatur

Dellheim, Charles, The Creation of a Company Culture 1861–1931, in: American Historical Review 92, 1987, S. 13–44.

Jeremy, David J., Capitalists and Christians. Business Leaders and the Churches in Britain 1900– 1960, Oxford 1990, S. 142–152.

Ders., A Business History of Britain 1900–1990s, Oxford 1998, S. 526–559.

Oermann, Nils Ole, Wirtschaftsethik vom freien Markt bis zur Share Economy, München 2015.

Suchanek, Andreas, Unternehmensethik. In Vertrauen investieren, Tübingen 2015.

Van Aaken, Dominik u. Schreck, Philipp (Hg.), Theorien der Wirtschafts- und Unternehmensethik, Berlin 2015.

Korff, Wilhelm u. a. (Hg.), Handbuch der Wirtschaftsethik, Gütersloh 1999.

Megone, Chris u. Robinson, Simon J. (Hg.), Case Histories in Business Ethics, London 2002.

Tilly, Richard, Unternehmermoral und -verhalten im 19. Jahrhundert. Indizien deutscher Bürgerlichkeit, in: Jürgen Kocka (Hg.), Bürgertum im 19. Jahrhundert, Bd. 2, München 1988, S. 35–64.

Dunning, John H., Making Globalization Good. The Moral Challenges of Global Capitalism, Oxford 2003.

6.4 Netzwerke als vertrauensbasierte Kooperationsmechanismen

6.4.1 Eigenschaften von Netzwerken

Die Bedeutung von Werten lässt sich gut anhand von Netzwerken illustrieren. Im Gegensatz zur binären Welt der Institutionenökonomie, in der es nur die Wahl zwischen der Koordination ökonomischer Aktivitäten durch den Markt oder durch die Firmenhierarchie gibt, existieren zahlreiche fließende Übergänge (siehe Abbildung 6.6). Netzwerke gehören zu diesen hybriden Kooperationsformen zwischen Markt und Hierarchie, und besitzen spezifische Fähigkeiten zur Selbstkoordination. Anstatt Aktivitäten zu internalisieren, setzen die Unternehmen auf die enge Zusammenarbeit mit anderen Firmen, zu denen sie dauerhafte, symbiotische Beziehungen aufbauen.

Netzwerke verknüpfen Kompetenzen über Organisationsgrenzen hinweg und basieren auf dem Prinzip der lockeren Kopplung, das Kooperation und Eigenständigkeit kombiniert. Die Unternehmen im Netzwerk bleiben rechtlich selbstständig, gehen jedoch meist informelle Bindungen zueinander ein. Sie bleiben flexibel, da keine „in Zement gegossenen" Strukturen entstehen. Sie können von Mal zu Mal enger, weniger eng oder auch gar nicht zusammenarbeiten.

Netzwerke bündeln ohne formale Integration und rigide Strukturen Ressourcen über Firmengrenzen hinweg. Nicht vertragliche Praktiken wie der sprichwörtliche „Geschäftsabschluss per Handschlag" senken die Transaktionskosten. Informationen, Risiken und Innovationen werden geteilt. Vorleistungen sind ohne marktübliche Sicherheiten möglich. Im neoklassischen Marktmodell erbringt der Preismechanismus die Koordinationsleistung, im Unternehmen die Hierarchie bzw. die Unternehmenskultur. Das Netzwerk eröffnet einen flexiblen Mittelweg. Die lockere Kopplung formal selbstständiger Partner lässt viel Raum für Improvisation und Lernprozesse.

Netzwerke können Sozialkapital mobilisieren, Reziprozität (Gegenseitigkeit) einfordern, durchsetzbares Vertrauen stiften und den Blick für das Ganze schärfen. Zwar nutzen auch Unternehmen soziokulturelle Bindungskräfte, aber sie greifen zugleich auf Autorität, Arbeitsrecht und Kontrollmechanismen zurück. Der Preismechanismus verliert zugunsten eingespielter, formloser Abläufe an Bedeutung. Vieles bleibt in der Schwebe und wird informell geregelt. Dadurch ergeben sich große Effizienzgewinne, aber auch erhebliche Missbrauchspotenziale, sodass gegenseitiges Vertrauen von elementarer Bedeutung ist.

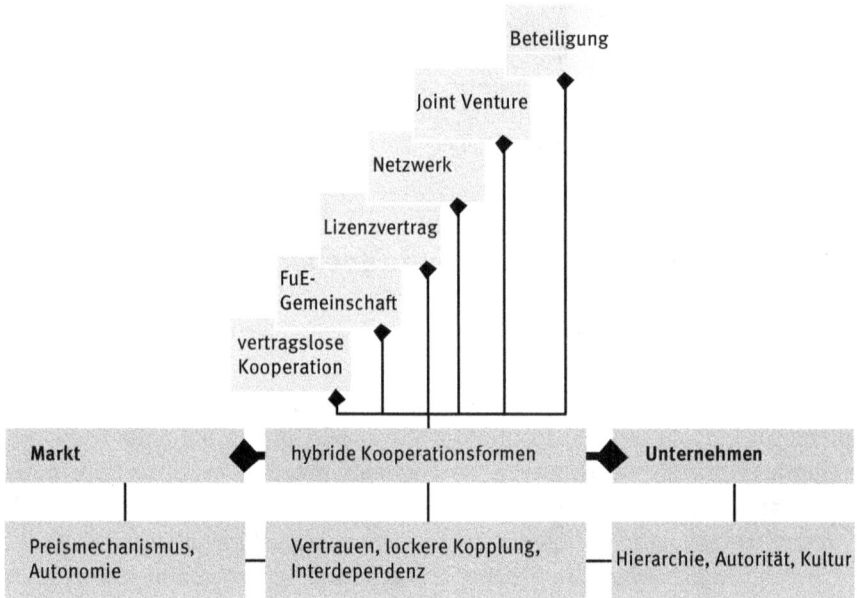

Beteiligung

Joint Venture

Netzwerk

Lizenzvertrag

FuE-Gemeinschaft

vertragslose Kooperation

Markt	hybride Kooperationsformen	Unternehmen
Preismechanismus, Autonomie	Vertrauen, lockere Kopplung, Interdependenz	Hierarchie, Autorität, Kultur

Abb. 6.6: Kooperationsformen zwischen Markt und Unternehmen.

Vertrauen stabilisiert unsichere Erwartungen. Die Akteure glauben den Versprechungen ihrer Partner, Vorleistungen durch spätere Gegenleistungen zu honorieren und die aus dieser Zeitdifferenz erwachsende Chance zur Schädigung nicht auszunutzen. Vertrauen reduziert nach *Kenneth Arrow* die Reibungsverluste der Gesellschaft. Institutionenökonomen sprechen von der Senkung der Informations-, Überwachungs- und Durchsetzungskosten, da aufwendige Recherchen und Kontrollen entfallen. Tabelle 6.1 fasst die Merkmalsausprägungen von Markt, Netzwerk und Unternehmen zusammen.

6.4.2 Epochengrenze Industrialisierung?

Netzwerke begleiteten den Kapitalismus von seinen frühsten Anfängen an. Die Seidenhändler des Mittelalters, die von China über Persien bis nach Nordeuropa reisten, ließen sich auf hohe Risiken ein, die vom Diebstahl bis zur Ermordung reichten. Niemand ging auf eine solche Reise, ohne sein Testament gemacht zu haben. Handel über große Distanz kam nur zustande, da die Kaufleute nicht, wie von der neoklassischen Theorie vorgesehen, atomisierte Akteure waren, sondern eng in vertrauensbasierten Beziehungsgeflechten kooperierten. Sie organisierten Karawanen und charterten gemeinsam Schiffe. In fremden Städten unterhielten sie Handelskontore, wo sie ihre Waren lagerten und eine sichere Herberge fanden. Sie schlossen sich in Gilden und Bruderschaften zusammen, die ihnen Schutz und gemeinsame Regeln gaben. Internationale Netzwerke befreundeter und oft auch verwandter Kaufmannsfamilien senkten das Betrugsrisiko. Solche institutionellen Arrangements erzeugten Berechenbarkeit und Sicherheit. Risiken und Informationskosten sanken.

Tab. 6.1: Idealtypischer Vergleich dreier Ordnungsstrukturen.

	neoklassischer Markt	Netzwerk	Unternehmen
Akteure	Individuen u. Unternehmen	Solidarverbände	Unternehmen und Individuen
Motive	individuelle Nutzenmaximierung	kollektive Nutzenmaximierung	individuelle Nutzenmaximierung
Kommunikations-mittel	Preise	wechselseitiger Informationsfluss	Anweisungen, Routinen
Koordination	Preismechanismus	Abstimmung durch lockere Kopplung	Hierarchie, Autorität, Unternehmenskultur
Normen	Eigentums- und Wettbewerbsrecht	soziale Normen, Gemeinsinn	Arbeitsrecht, Identifikation
Grund der Befolgung	Eigennutz, Gesetzestreue	Reziprozität, Vertrauen, Reputation, Eigennutz	Kontrolle, Gehorsam, Identifikation, Eigennutz

Lange dominierte die von Marx, aber auch von der klassischen und neoklassischen Ökonomie vertretene Vorstellung, dass sich mit der Industrialisierung das Marktprinzip auf breiter Front durchgesetzt habe. Traditionelle Sozialbeziehungen seien dem kalten Cash-Nexus zum Opfer gefallen. Adam Smith schrieb einmal, dass sich Unternehmer selten treffen, nicht einmal zu geselligen Zwecken. Wenn sie es doch täten, käme es früher oder später zu einer Verschwörung gegen die Allgemeinheit in Form von Kartellen. Dieses individualistische Bild der Wirtschaftsgeschichte könnte falscher nicht sein. Vielmehr hat sich der aufsteigende Kapitalismus nie allein auf den Preismechanismus verlassen, sondern ältere, nicht marktwirtschaftliche Bindungskräfte in seinen Dienst gestellt und zugleich neue Kooperationsformen geschaffen.

Mark Granovetter kritisiert mit seinem Embeddedness-Ansatz die Vernachlässigung soziokultureller Rahmenbedingungen durch die Ökonomie und betont die Bedeutung kooperativer Netzwerke, die Werte wie Vertrauen und Reziprozität nutzten bzw. schufen. Es geht also nicht um die Geschichte isolierter Marktteilnehmer, sondern um die der Überwindung von Interaktionsbarrieren und der Konstruktion kollektiver Arrangements.

6.4.3 Drei Arten von Netzwerken

Trotz fließender Übergänge empfiehlt es sich, drei Arten von Netzwerken zu unterscheiden.

Familie, Abstammung und Konfession
Schon im Mittelalter dienten verwandtschaftliche, ethnische, konfessionelle und regionale Solidaritäten zur Fundierung ökonomischer Netzwerke. Jedoch gewannen diese traditionellen Bindungskräfte mit der Entgrenzung der Märkte im 19. Jahrhundert stark an Bedeutung. Insbesondere in „low-trust environments", in denen staatliche Rechtsnormen wenig galten, eröffnete die Referenz auf gemeinsame Werte überhaupt erst die Chance zur ökonomischen Interaktion, ohne dass die Risiken untragbar wurden. Diese Kollektive verfügten über außermarktliche Sanktions- und Gratifikationsmechanismen wie den Ausschluss aus der Gemeinschaft oder die Zuteilung von symbolischem Kapital. Der gute Ruf besaß hier einen höheren Stellenwert als auf dem anonymen Markt, sodass er als wirksames Disziplinierungsmittel diente. Gravierende Verstöße gegen die zumeist ungeschriebenen Gesetze der Gemeinschaft hatten fatale Konsequenzen, bis hin zum Verlust sämtlicher sozialer und privater Unterstützung.

Unter solchen Systemen mit spezifischen Fähigkeiten zur Selbstverpflichtung ist an erster Stelle die Familie zu nennen. Für diesen generationsübergreifenden Solidarverband war das Prinzip aufgeschobener Reziprozität konstitutiv, da Erziehungsinvestitionen und Altersversorgung zeitlich weit auseinanderfielen. Die Salden zwischen den Familienmitgliedern waren lange unausgeglichen. Mit der Familienräson gab es ein Konstrukt, dass den Saldenausgleich jenseits der eigenen Lebenszeit akzeptabel machte und affektive Kräfte mobilisierte. Dabei genoss die Konsolidierung des Kollektivvermögens höchste Priorität.

Familien und Clans ermöglichten und stabilisierten ökonomische Interaktion über große Entfernungen. Führende Finanzdynastien wie die Rothschilds oder Barings entsandten je ein Familienmitglied in die wichtigsten Finanzzentren der Welt. Die rechtlich eigenständigen Siemens-Firmen in Deutschland, Russland und England arbeiteten im 19. Jahrhundert nur deshalb so reibungslos zusammen, weil sie von drei miteinander harmonierenden Brüdern geleitet wurden. Angesichts unterentwickelter Finanzmärkte spielten Bürgschaften und Kredite von Verwandten sowie Aussteuern und Erbschaften für die Unternehmensfinanzierung v. a. in der frühen Industrialisierung eine große Rolle. Strategische Allianzen separater Firmen wurden oft durch eine gezielte Heiratspolitik besiegelt oder angebahnt. Im Zeitraum von 1821 bis 1907 sicherten z. B. die vier führenden Kölner Bankiersfamilien Herstatt, Deichmann, Stein und Schnitzler ihre Kooperation durch insgesamt elf Eheschließungen ab.

Auch religiöse Bindungen erwiesen sich als ungemein wichtig. Die angelsächsischen Freikirchen (Nonkonformisten) wie Quäker oder Methodisten fungierten nicht nur als landesweite Heiratsmärkte, sondern gaben auch den Rahmen für viele kommerzielle Transaktionen ihrer Mitglieder ab. In diesen überschaubaren Gruppen vertraute man sich gegenseitig, half sich mit Krediten und tauschte wichtige Informationen aus. Einige wenige Quäkerfamilien wie die Rowntrees, Cadburys und Frys dominierten den gesamten britischen Schokoladenmarkt. Ökonomische Kooperation innerhalb religiöser „face-to-face communities" senkte das Betrugsrisiko bei überregionalen Geschäften, denn das Fehlverhalten eines Glaubensbruders wäre in dessen Heimatgemeinde nicht verborgen geblieben. In der jeweiligen Kirche, so die begründete Hoffnung, war man sich über grundlegende Normen einig. In solchen Netzwerken spielten gruppenspezifische Moralvorstellungen und Symbole, Bräuche und Habitualisierungen eine große Rolle. In der „ehrbaren Kaufmannschaft" gab es prozedurale Vorkehrungen für Regelverstöße. Der sich mit dem Fernhandel z. T. überschneidende Wanderhandel setzte Geheimsprachen und gruppenspezifische Codes ein. Ihre Funktion war die Verlegung von Transaktionen in eine kalkulierbare Sphäre mit nicht marktlichen Stabilisatoren. Wer gegen die Regeln verstieß, riskierte nicht nur seine Ächtung, sondern auch die seiner Familie im Heimatort.

Juden waren aufgrund der Diskriminierung ihrer christlichen Umwelt seit dem Mittelalter von vielen Berufsfeldern ausgeschlossen und besetzten daher ökonomische Nischen. Das führte sie insbesondere in den Finanzsektor, da die Kirche aufgrund des Zinsverbots Christen Kreditgeschäfte ursprünglich untersagt hatte. Ferner spezialisierten sie sich auf den Handel. In beiden Sektoren erlitten sie als Außenseiter nicht nur unsägliche Diffamierungen, sondern verfügten auch über komparative Vorteile in Form internationaler Verbindungen und der Unterstützung ihrer Glaubensgenossen. Hinzu kam eine durch die feindliche Umwelt geradezu erzwungene Leistungsorientierung, die neben der Vernetzung zu dem Sozialkapital gehörte, das die Überrepräsentation von Unternehmern jüdischer Abstammung in der ökonomischen Elite Deutschlands vor 1933 erklärt.

Religion und Ethnie hingen eng zusammen. Besonders eingewanderte Minderheiten reagierten auf ihre Ausgrenzung durch die Mehrheitsgesellschaft mit der Mobilisierung sozialer Ressourcen, die ihnen im Geschäftsleben Vorteile verschafften. Wer gegen die Spielregeln verstieß, gefährdete den einzigen Rückhalt, den er in der Fremde besaß. Im 19. Jahrhundert organisierten Inder in den östlichen und südlichen Teilen Afrikas den Fernhandel. Armenische Kaufleute besaßen weit gesponnene Netzwerke, die sich vom Nahen Osten bis nach England erstreckten. Griechische Kaufleute dominierten zeitweilig den Schwarzmeerraum. Europäische Unternehmerfamilien operierten in allen Teilen der Welt, v. a. in Nord- und Südamerika und im europäischen Ausland. Jüdische Familien bildeten den Kern einer „kosmopolitischen Bourgeoisie".

Die mächtigsten ethnischen Netzwerke der Gegenwart besitzen die Auslandschinesen im pazifischen Teil Asiens.

Das Sozialkapital einer ethnischen Diaspora basiert auf drei Pfeilern: 1. die Verfügung über ein spezifisches kulturelles Repertoire, 2. die Außendiskriminierung, die das Bewusstsein der eigenen Identität wachhält, und 3. der hohe Preis des Ausscherens aus der eigenen Gruppe. Daraus erwächst eine starke Präferenz für ökonomische Beziehungen zu Angehörigen der eigenen Gruppe und die Ausbildung intensiver ethnischer Solidaritäten. In deren Rahmen können z. B. Kredite vergeben werden, die jede Bank verwehrt. Jedoch treten auch Negativeffekte auf, wie das Trittbrettfahren, die Abkapselung von der Umwelt und Einschränkungen der individuellen Freiheit.

Strategische Netzwerke

Trotz fließender Übergänge empfiehlt es sich, die Instrumentalisierung traditioneller, aus der vormodernen Welt übernommener Solidarverbände von jenen Netzwerken zu unterscheiden, bei denen die ökonomische Funktionalität stärker im Vordergrund stand. Das Vertrauen beruht hier primär auf einer Art des Sozialkapitals, dessen Generierung bewusste Investitionen erfordert, wie etwa bei der Zusammenarbeit mit externen Partnern entlang der Wertschöpfungskette. In Kunden- und Lieferantennetzwerken schafft langjährige Kooperation Vertrauen. Zuverlässigkeit sowie eingespielte, formlose Abläufe senken Transaktionskosten. Ohne jeweils auf dem Markt lange nach dem preiswertesten Anbieter Ausschau zu halten, hohe Suchkosten zu zahlen und es mit ständig wechselnden, u. U. dubiosen Partnern zu tun zu haben, greifen die Akteure zur Klientelisierung. Damit sind Wiederholungsgeschäfte derselben Vertragsparteien gemeint, die das Vertrauenskapital nutzen, das aus der Erfahrung früherer und der Aussicht auf künftige Geschäfte erwächst. Nicht nur Unternehmen, sondern auch strategische Netzwerke kompensieren also Ineffizienzen des Marktes. Neben der Absicherung von Lieferantenbeziehungen dienen sie auch der Kooperation bei Forschung und Entwicklung sowie beim Marketing. Oft sind hier die Kosten für ein Unternehmen allein zu hoch.

Edward Lorenz hat die Lieferantennetzwerke britischer Werften und des französischen Maschinenbaus untersucht, in denen sich Vertrauen über lange Zeiträume Zug um Zug aufbaute. Man begann mit kleinen Transaktionen und dehnte das Geschäftsvolumen nach positiven Erfahrungen schrittweise aus. Ein wichtiges Element bestand in der Teilung von Risiken. So garantierten die Auftraggeber eine gewisse Abnahme für ein Jahr im Voraus. Dafür erhielten sie im Gegenzug nahezu feste Preise. Beide Seiten erlaubten einander kurzfristige Abweichungen von 10–15%, schufen gleichsam einen Flexibilitätspuffer. Die Netzwerkpartner verfügten über relativ zuverlässige Parameter für ein Jahr im Voraus. Auf dem Markt war diese Sicherheit nicht zu erhalten, auch wenn es in einzelnen Jahren rentabler gewesen wäre, aus dem Netzwerk auszuscheren. Unter solchen Bedingungen entstand langfristiges Vertrauen, das hochspezifische Investitionen ohne Angst vor opportunistischer Erpressung durch die Gegenseite sinnvoll machte.

Regionale Netzwerke

Die häufige Einbettung spezialisierter Lieferanten und ihrer Kunden in Netzwerke erklärt auch die ausgeprägte räumliche Konzentration ihrer Standorte. Regionale Cluster aufeinander bezogener bzw. konkurrierender Firmen befanden sich u. a. in der Baumwollindustrie in Lancashire, in der Uhrenindustrie im Schwarzwald und im Schweizer Jura, bei Spielwaren in Franken, Sachsen und Thüringen, im Maschinenbau in Sachsen und Berlin und in der Schuhindustrie in der Pfalz und der Nähe von Mailand. Diese Cluster wiesen eine aufeinander abgestimmte Produktionsstruktur auf. Die dortigen Firmen profitierten von den Ressourcen der Region. Dazu gehörten gemeinsame Ausbildungs- und Forschungsinstitutionen sowie spezialisierte Zulieferer, aber auch spezifische „labour pools" hochqualifizierter, meist regional gebundener Fachkräfte. Zum Teil wurden Spezialqualifikationen von einer Generation auf die nächste weitergegeben. Dadurch bewahrte man einen lokalen Wettbewerbsvorteil. Hohe Anforderungen lokaler Abnehmer und intensiver Wettbewerb sorgten für anspruchsvolle Qualitätsstandards. Aufgrund der Nähe waren die Transaktionskosten des Marktes, insbesondere Such- und Informationskosten, niedrig. Oft nutzten die Netzwerkpartner auch gemeinsame Absatzkanäle und das Image ihrer Region. „Solinger Messer" und „Parmaschinken" sind Synonyme für Qualität. Da bei schlechten Produkten der Ruf ganzer Regionen auf dem Spiel stand, entwickelten die Firmen gemeinsame Mechanismen der Qualitätskontrolle.

Regionale Netzwerke verfügten z. T. auch über Kammern und Verbände, die gemeinsame Anliegen koordinierten und die Firmen im politischen Raum unterstützen. Die regionale Massierung kleinerer Unternehmen einer Branche ermöglichte das Entstehen hochspezialisierter Zulieferer und firmenübergreifender Kooperation, die von gemeinsamen Entwicklungsarbeiten und dem Ausleihen von Maschinen und Werkzeugen bis zum Aufteilen von Großaufträgen und dem Austausch marktrelevanter Informationen reichte. Aus solchen Komplementäraktivitäten erwuchsen externe „economies of scale and scope", ein von Chandler völlig übersehenes Phänomen. Bei ihm begibt man sich entweder unter das Dach einer Organisation oder bleibt auf dem Markt. Das Netzwerk dagegen bietet Kooperation und Zuverlässigkeit auf der einen Seite sowie Flexibilität und Unabhängigkeit auf der anderen.

Interdependenz als Kennzeichen des Netzwerks

„Niemand ist in dieser Industrie völlig unabhängig, jeder ist an das Ganze durch ein außerordentlich dichtes Netz von Interessen, technischen Gegebenheiten und gemeinsamer Arbeitserfahrung gebunden. Jeder Unternehmer gibt etwas von seiner persönlichen Freiheit zugunsten der

Allgemeinheit auf. Diese allumfassende Verbundenheit ist es in der Tat, die der Schweizer Uhrenindustrie bei aller Verschiedenheit der Menschen und der Erzeugnisse ihren besonderen Charakter verleiht."
(Schweizer Uhrenkammer, Schweizer Uhrmacherkunst, La Chaux-De-Fonds o. J. (ca. 1950), S. 5).

In regionalen Netzwerken sind drei Unternehmenstypen zu unterscheiden:
1. *integrierte Anker*: Sie sind relativ groß, produzieren viele Komponenten selbst und sind auf wenige Spezialzulieferer angewiesen. Daneben nutzen sie die Fachkräfte und branchenspezifischen Institutionen der Region.
2. *Netzwerkfirmen*: Sie sind kleiner und hängen stärker von externen Partnern ab, von denen sie viele Vorprodukte beziehen und mit denen sie eng zusammenarbeiten. Im Gegensatz zu den „Ankern" wären sie allein nicht funktionsfähig. In der Textilbranche müssen Spinnereien, Webereien, Bleichen, Färbereien, Modedesigner, Wäschefabriken und Nähereien Hand in Hand kooperieren. Solche Netzwerke umfassen in der Regel verschiedene Produktionsstufen, sodass Ringe von Zulieferern entstehen. Besonders ausgeprägt treten sie in der Automobilindustrie auf. Daimler hat Hunderte von Zulieferern v. a. in Baden-Württemberg. Manche dieser Firmen „schaffen" seit über 80 Jahren für „den Daimler".
3. *spezialisierte Zulieferer*: Sie arbeiten den ersten beiden Firmentypen zu, sind meist klein und stellen eher Komponenten als Endprodukte her. Sie färben z. B. die Stoffe der Webereien oder liefern Konfektionären Knöpfe oder Kragen. Anker- und Netzwerkfirmen, die ganze Regionen dominieren, ziehen oft spezialisierte Zulieferer an. Aus deren Sicht müssen erstere vertrauenswürdig sein, denn die Spezifität der Investition erfordert Zuversicht in die Langfristigkeit und Vorteilhaftigkeit der Geschäftsbeziehung. Nach der Ansiedlung kann die Zulieferer ja u. U. ein „lock-in" im Sinne Williamsons erpressbar machen.

6.4.4 Mechanismen der Vertrauensgenese

Im 19. Jahrhundert dienten auch zivilgesellschaftliche Strukturen der Unterfütterung ökonomischer Beziehungen. Die aus dem Boden schießenden Vereine, aber auch Parteien, Kultur- und Wohltätigkeitsorganisationen boten Unternehmern Arenen der Selbstinszenierung, aber auch des Austausches von Informationen und der Anbahnung von Geschäften. Qua Gruppendruck und Reputationseffekten waren sie in der Lage, unsichere Erwartungen zu stabilisieren. Assoziationen, Handelskammern und Verbände verfügten zusätzlich über formalisierte Schlichtungs- und Sanktionsmechanismen wie Ehren- oder Schiedsgerichte.

Die große, bislang unterschätzte Bedeutung solcher vertrauensstiftenden Infrastrukturen betonen *Robin Pearson* und *David Richardson*, die Investorennetzwerke in der Frühindustrialisierung Englands untersucht haben. Diese Netzwerke funktionierten nur, wenn sie durch gemeinsame soziale, kulturelle oder politische Aktivitäten sowie verwandtschaftliche Verbindungen oder vorangegangene Geschäftsbeziehungen fundiert waren. Der lokale und branchenspezifische Zusammenhalt verlor zunehmend an Bedeutung, insbesondere wenn es sich um große, überregional bedeutende Großinvestitionen in Bereiche handelte, die nicht zum Kerngeschäft der Investoren zählten. Typischerweise war das der Fall bei Infrastrukturprojekten und Versicherungsgesellschaften von Textilkaufleuten. Die oben behandelten Solidarkreise waren – mit Ausnahme der Konfession – offenbar überfordert und machten andere Sicherungsstrategien notwendig.

Der Rückgriff auf das kollektive Sozialkapital von Assoziationen erleichterte den branchenübergreifenden Transfer spezifischen Wissens, den Ausschluss von Betrügern sowie die Zusammenführung von Erfahrung und Kapital. „One invested money in ventures only where one's fellow investors were known personally, and where they were deemed respectable, solid, and trustworthy [...]" Die Teilhabe an diesem Sozialkapital erforderte aber erhebliche Investitionen. Der Baumwollkaufmann Benjamin Braidley wandte 1824 pro Woche 36 Stunden „on matters totally unconnected with my own business" auf, um die Gründung einer Versicherung voranzutreiben. Dabei nahmen „social calls, charitable and educational work" neben der eigentlichen Gründung einen großen Teil seines Zeitbudgets ein. Diese Studie plädiert dafür, das klassische individualistische Bild der britischen Industrialisierung durch eine auf kollektives Handeln abhebende Interpretation zu ersetzen.

Reziprozität im Geschäftsleben
„You can settle any dispute if you keep lawyers and accountants out of it. They just do not understand the give-and-take needed in business."
(Amerikanischer Unternehmer um 1960, zit. in: Stewart Macaulay, Non-Contractual Relations in Business: A Preliminary Study, in: American Sociological Review 28, 1963, S. 61).

Netzwerke wurden auch durch Freundschaften stabilisiert, in denen das Ehrenwort mehr als alle Verträge galt. Strategische Allianzen, die sich eben nicht vollständig juristisch absichern ließen, wurden durch Männerfreundschaften initiiert und stabilisiert. Die Überkreuzbesetzung von Aufsichtsratsmandaten war Ausdruck solcher Beziehungsgeflechte. Am Ende reichte eine kurze Nachricht oder ein Gespräch im Golfklub, um ein Geschäft abzuschließen. Die Paraphierung der Verträge konnten Untergebene besorgen. Bei Streitigkeiten gelang eine informelle Schlichtung. Freundschaftsnetzwerke basieren auf der persönlichen Nähe von Unternehmern, die sich durch eine gemeinsame Ausbildung oder Dienstzeit beim Militär ergab und in studentischen Verbindungen, Alumnivereinigungen, Jagdgesellschaften usw. gepflegt wurde. Sie entstanden aber auch z. T. erst im Prozess, d. h. im Zuge des Auf- und Ausbaus kommerzieller Beziehungen. Solche Geschäftsfreundschaften wurden durch die Einbeziehung der Familien und den Austausch von Geschenken abgesichert.

6.4.5 Fallstricke im Netzwerk

Die historische Erfahrung warnt allerdings vor der Überschätzung der Netzwerke. In ihnen können Regelverletzungen und Opportunismus extreme Schäden anrichten, wenn nämlich Vertrauen missbraucht wird und keine anderen Absicherungsstrategien existieren. Nicht in allen Familien und ethnischen Minderheiten ging es immer harmonisch zu und wiederholt kippten die Vorteile soziokulturell fundierter ökonomischer Beziehungen in Nachteile um. Die individuelle Nutzenmaximierung obsiegte über die kollektiven Ziele der Sozialformation. Hinter der lockeren Kopplung verbargen sich nicht selten massive Machtgefälle, sodass der „Gemeinsinn" zur Fiktion wurde und starke Ankerunternehmen ihre Lieferanten an die Wand drückten. Für die Auto- und Computerindustrie sind Zulieferpyramiden mit einseitigen Preis- und Qualitätsdiktaten typisch.

Handelt es sich dagegen um relativ gleichrangige Mitglieder des Netzwerks, treten erfahrungsgemäß Abstimmungsprobleme auf. Es fehlen die im Unternehmen qua Hierarchie hergestellten klaren Autoritätsverhältnisse. Das heikle Management der Schnittstellen entscheidet über die Funktionsfähigkeit des Netzwerks. „Grenzgänger" müssen eingesetzt, Kommunikationsblockaden aufgelöst und aufwendige Verhandlungen geführt werden. Das textile Verlagswesen des 18. und 19. Jahrhunderts wurde nicht allein aufgrund technologischer Sachzwänge durch zentralisierte Fabriken ersetzt, sondern auch infolge von Koordinationsproblemen, die im Zuge der Expansion eskalierten. Die Fabrik ermöglichte nicht nur die Nutzung technischer, sondern auch organisatorischer Größenvorteile. Gerade wenn sich, wie bei den Verlagen in der Frühindustrialisierung, die Zahl der selbstständigen Akteure stark erhöht, kann die gestiegene Komplexität die vielgliedrige Struktur dysfunktional werden lassen.

Selbst gut funktionierende Netzwerke sind wiederholt zur Quelle von Erstarrung geworden. Ihre Selbstbezogenheit führte zur Unterschätzung von Umweltveränderungen und einem fatalen Sicherheitsgefühl, was die Zukunft ganzer Regionen gefährdete. Vor allem wenn sich technologische Entwicklungsschübe vollzogen, erwiesen sich eingespielte Abläufe eher als hinderlich, da sie wenig Raum für Neues ließen. Flexibilität im Binnenverhältnis kann paradoxerweise die externe Anpassungsfähigkeit schwächen.

Die Schwerindustrie des Ruhrgebiets und ihre Zulieferer haben den Rückgang der Nachfrage nach Stahl und Kohle in den 1960/70er-Jahren lange als konjunkturelles Problem fehlgedeutet. Hohe Investitionen in bestehende Geschäftsfelder und das erfolgreiche Buhlen um bestandssichernde Subventionen waren die Folge, sodass selbst die Zulieferer der Schwerindustrien weiter auf ihre todgeweihten Großkunden setzten und sich der Strukturwandel verzögerte. *Gernot Grabher* spricht von der „Falle rigider Spezialisierung", die ganze Regionen zum Opfer ihrer einstigen

Erfolgsbedingungen macht. Erst in den 1980er-Jahren beschleunigte sich der Umbau des Ruhrgebiets, und zahlreiche Stahlproduzenten wandelten sich zu Technologie-konzernen mit Schwerpunkten im Anlagenbau (Hoesch) oder in der Telekommunika-tion (Mannesmann, ab 2000 Vodafone).

Die Schattenseiten des Netzwerks lernte in den 1980er-Jahren auch der amerika-nische Werkzeugmaschinenbau kennen, der enge Bindungen zur Automobilindustrie besaß. Damit ging eine über Jahrzehnte verfestigte Orientierung an starren Formen der Automation einher, weshalb man es in den 1980er-Jahren versäumte, den Wandel zu flexiblen Technologien mit einem ähnlichen Tempo zu vollziehen wie die west-deutschen und japanischen Konkurrenten.

Die Schweizer Uhrenindustrie bietet ein besonders anschauliches Beispiel für die Vor- und Nachteile von Netzwerken. Um 1900 dominierte sie unangefochten den Weltmarkt. Abgesehen von wenigen integrierten Unternehmen herrschte eine hoch-gradige Arbeitsteilung vor. Das „Spezialistentum", d. h. Rohwerk- und Komponenten-hersteller, produzierte lediglich einzelne Teile. Da eine mechanische Uhr aus bis zu 200 Einzelteilen bestand, gab es erhebliche Spezialisierungsvorteile. Die ca. 2.000 Firmen (1960) verfügten über Facharbeiter mit hochspezifischen feinmechanischen Qualifikationen und reichem Erfahrungswissen. Die Abnehmer der Komponenten, die „Etablisseure", setzten die Teile zusammen und vermarkteten die fertigen Uhren über den Fachhandel.

„Spezialistentum" und „Etablissage" bildeten ein durch Kooperationsvereinba-rungen abgesichertes, sehr stabiles und ausdifferenziertes System. Die Bündelung spezifischer Ressourcen über Firmengrenzen hinweg ermöglichte die profitable Pro-duktion hochwertiger mechanischer Uhren. Aus dieser Struktur gingen nach 1918 mithilfe des Staates kartellartige Reglungen hervor. Das Uhrenstatut verbot etwa zwi-schen 1934 und 1961 die Aus- und Einfuhr von Komponenten und legte Gewinnmargen für alle Glieder der Wertschöpfungskette fest. Daher gelang es der Branche, den weltwirtschaftlichen Erschütterungen der ersten Hälfte des 20. Jahrhunderts relativ erfolgreich zu trotzen.

Die Schweizer Uhrenindustrie war keineswegs innovationsfeindlich, sondern brachte bemerkenswerte Verbesserungen auf dem eingeschlagenen technologischen Pfad hervor. Die mechanischen Uhren wurden kleiner, wasserdicht, präziser und erhielten einen automatischen Aufziehmechanismus. Jedoch machte dieses geschlos-sene Produktionssystem die Akteure blind für grundlegende Umbrüche. Als die Halb-leiter- und die Quarztechnik die Produktion in den 1970er- und 1980er-Jahren revolu-tionierte, hielten sie an der bewährten mechanischen Bauweise fest und gerieten in eine existenzgefährdende Krise. Auch die Chancen einer frühen Internationalisierung wurden im Hochlohnland Schweiz vertan. 1969 lehnte die Uhrenindustrie den Vor-schlag, eigene Fabriken im Ausland zu errichten ab, da dies der „Natur der Dinge" widerspreche und nur zu überhöhten Transportkosten führe.

Innovationsblockaden im Netzwerk
„Die mechanische Uhr war bis zur Rezession erfolgreich. Es gab einfach keinen Grund für die Elektro-
nik, wir kamen ja mit der Fertigung nicht einmal mit den Mechanikuhren nach. Warum sollten wir uns
dann mit der Elektronik selbst Konkurrenz machen?"
(Peter Renggli, Präsident der Allgemeinen Schweizer Uhrenindustrie, 1978, zit. in: Silke Deselaers,
Von der Defensive zur Aktion. Die Schweizer Uhrenindustrie im Wettbewerb mit ihren japanischen
Herausforderern, Dortmund 1996, S. 42).

Fernöstliche Außenseiter v. a. aus der Elektronikindustrie wie Seiko, Casio und
Citizen – allesamt integrierte Großunternehmen – nutzten die neuen Technologien,
um aggressiv in den Uhrenmarkt einzudringen. Bei stark verfallenden Preisen sank
der Weltmarktanteil der Schweiz zwischen 1970 und 1985 von 44 auf 15 %. Es kam zum
Massensterben vieler traditionsreicher Firmen. Zwei Drittel der Arbeitsplätze gingen
verloren. 1982 erhielt der Unternehmensberater Nicolas G. Hayek den Auftrag, die
beiden größten Uhrenfirmen abzuwickeln. Jedoch entwarf er – bezeichnenderweise
als Branchenfremder – eine erfolgreiche Sanierungsstrategie, indem er das Produkt
der Uhrenindustrie gleichsam neu erfand und mit der Swatch ein „Accessoire, das
zudem noch die genaue Zeit angibt", schuf. Hayek machte die Uhr zum Modeartikel und etablierte erstmals im Tiefpreissegment eine Marke. Die Schärfe dieses
Umbruches lässt sich an der dramatischen Aufwertung des Marketing (siehe Kapitel
10.1) ablesen, dessen Budget fast die Höhe der Produktionskosten erreichte, was den
Kraftakt verdeutlicht, mit dem die Marke Swatch zum Zeichen von Lebensfreude und
provokativem Modebewusstsein gemacht wurde. Ständig wechselnde Sortimente in
schrillen Farben machten sie zu einem hochrentablen „Kultprodukt".

Der vielbewunderte Turnaround hatte auch eine technische Grundlage. Preiswerte Kunststoffe wurden in die Fertigung eingeführt und durch den Einsatz der
neuartigen Mikrospritzgusstechnik hochproduktiv verarbeitet. Die Anzahl der Teile
reduzierte sich massiv. Insgesamt kostete die Produktion einer Swatch 1991 nur noch
7 Franken. Alles das wäre ohne den Abschied von der zersplitterten Netzwerkstruktur
zugunsten der Zentralisierung im eigenen Haus unmöglich gewesen. Unverkennbar
war die Schweizer Uhrenindustrie in ihrer traditionellen Form mit den anstehenden
Umbrüchen überfordert. Die fundamentalen Innovationsschübe erforderten integrierte Strukturen und wohl auch eine Art schumpeterschen Unternehmer, der als
Outsider nicht an die gewachsenen Strukturen gebunden war. Diese verhinderten
nämlich eine realistische Wahrnehmung der Bedrohung. Die meisten Uhrenindustri-
ellen verkannten lange die Dramatik der Situation und deuteten die neuen Techniken
als vorübergehende Modeerscheinungen.

Das fein ausbalancierte und nach außen abschirmende Netzwerk mit vielen
eigenständigen Akteuren erschwerte harte Schnitte und innovative „Aufbrüche zu
neuen Ufern", wie *Amy Glasmeier* feststellt: „While networks can and do promote
innovation within an existing technological system, historical experience suggests

that their fragmented [...] structure is subject to disorganisation [...] during periods of major technological change."

Es wäre also irreführend, in Netzwerken eine stets überlegene Variante zu sehen. Daher wird sich die Netzwerkökonomie künftig mitnichten in allen Branchen durchsetzen. Vermutlich werden Williamsons Kategorien der Faktorspezifität und Tauschfrequenz bei der Diskussion um die Bedeutung von Netzwerken eine wichtige Rolle spielen. Es spricht einiges dafür, dass sie bei einer mittleren Faktorspezifität die beste Lösung sind, während Unternehmen besser mit hoher und Märkte mit geringer Spezifität umgehen können.

Weiterführende Literatur

Mahnkopf, Birgit, Markt, Hierarchie und soziale Beziehungen. Zur Bedeutung reziproker Beziehungsnetzwerke in modernen Marktgesellschaften, in: Niels Beckenbach u. Werner van Treeck (Hg.), Umbrüche gesellschaftlicher Arbeit, Göttingen 1994, S. 65–84.

Hirsch-Kreinsen, Hartmut, Unternehmensnetzwerke – revisited, in: Zeitschrift für Soziologie 31, 2002, S. 106–124.

Fruin, W. Mark, Business Groups and Interfirm Networks, in: Geoffrey Jones u. Jonathan Zeitlin (Hg.), The Oxford Handbook of Business History, Oxford 2008, S. 244–267.

Berghoff, Hartmut u. Sydow, Jörg (Hg.), Unternehmerische Netzwerke. Eine historische Organisationsform mit Zukunft?, Stuttgart 2007.

Granovetter, Mark, Economic Action and Social Structure. The Problem of Embeddedness, in: American Journal of Sociology 91, 1985, S. 481–510.

Henning, Hansjoachim, Soziale Verflechtung der Unternehmer in Westfalen 1860–1914, in: Zeitschrift für Unternehmensgeschichte 23, 1978, S. 1–30.

Windolf, Paul, The Corporate Network in Germany (1896–2010), in: Gerarda Westerhuis u. Thomas David (Hg.), The Power of Corporate Networks: A Comparative and Historical Perspective, London 2014, S. 66–85.

Grunenberg, Nina, Die Wundertäter. Netzwerke der deutschen Wirtschaft 1942–1966, München 2006.

Gomez-Galvarriato, Aurora, Networks and Entrepreneurship: The Modernization of the Textile Business in Porfirian Mexico in: Business History Review 82/3, 2008, S. 475–502.

Glasmeier, Amy, Technological Discontinuities and Flexible Production Networks. The Case of Switzerland and the World Watch Industry, in: Research Policy 20, 1991, S. 469–485.

Grabher, Gernot, The Weakness of Strong Ties. The Lock-in of Regional Development in the Ruhr Area, in: ders. (Hg.), The Embedded Firm. On the Socioeconomics of Industrial Networks, London 1993, S. 255–277.

Lorenz, Edward H., Trust, Contract and Economic Cooperation, in: Cambridge Journal of Economics 23, 1999, S. 301–315.

Mosse, Werner E., The German-Jewish Economic Elite 1820–1935. A Sociocultural Profile, Oxford 1989.

Pearson, Robin u. Richardson, David, Business Networking in the Industrial Revolution, in: Economic History Review 54, 2001, S. 657–679.

7 Die politische Geschichte des Unternehmens

7.1 Wirtschaft und Staat im langen 19. Jahrhundert

7.1.1 Frühe Gewerbeförderung

Unternehmerisches Handeln war in der vorindustriellen Zeit in mannigfaltiger Weise obrigkeitlich reguliert. Die Städte überwachten Preise, regelten den Zugang zum Markt und garantierten die Exklusivität der Zünfte. Die Territorialstaaten versuchten, den Außenhandel in merkantilistische Bahnen zu lenken, d. h. Fertigwareneinfuhren abzuwehren und den Export von Überschussgütern zu fördern. Staatliche Unternehmen spielten eine erhebliche Rolle und beschnitten den Spielraum für private Initiativen.

Firmengründungen erforderten in der Regel eine Genehmigung. Konzessionen, Niederlassungsrechte für Zuwanderer sowie Privilegien wie Steuerbefreiungen, Subventionen und Monopole banden Unternehmer eng an die Gunst der Herrscher. Dasselbe galt für Hoflieferanten, die Luxuswaren oder Waffen lieferten. Ein Manufakturunternehmer, so *Jürgen Kocka*, benötigte neben Investitionskapital, geeigneten Arbeitskräften und technisch-organisatorischem Geschick „ein großes Ausmaß an diplomatisch-politischen Fähigkeiten, an Talent zur Intrige, Bestechung und Anpassung an die Obrigkeit. [...] Wenigstens kurzfristig entschied über den Bankrott eines Unternehmens nicht sein Mißerfolg auf dem Markt, sondern der Entzug der obrigkeitlichen Unterstützung [...] Die Politik der Behörden war oft wenig marktkonform, sprunghaft und schwer kalkulierbar."

In der Frühindustrialisierung benötigte die deutsche Wirtschaft die Unterstützung des Staates, um den Rückstand gegenüber England zu verringern. Preußen holte etwa 1815 die Brüder Cockerill nach Berlin, denen man eine Kaserne zur kostenlosen Nutzung übergab. Sie verpflichteten sich, dort zehn Jahre lang eine Wollspinnerei und eine Maschinenbau-Anstalt als offene Musterbetriebe zu betreiben und so den Technologietransfer zu fördern. Im Gegenzug ging 1825 das Kasernengelände in ihr Eigentum über. Die Erwartungen des Staates erfüllten sich. Die von den Brüdern gelieferten Textilmaschinen und die von ihnen angelernten Unternehmer brachten die Industrialisierung Berlins ein gutes Stück voran. Zuvor hatte die preußische Gewerbeförderung ebenfalls mit Erfolg auf staatliche Musterbetriebe wie die 1805 errichtete Königliche Eisengießerei gesetzt. Bis zur Entstehung privater Betriebe wie Egells-Woderb (1826) und Borsig (1837) gab es in Berlin niemanden, der gusseiserne Maschinenteile oder Brücken liefern konnte. Zudem durfte jeder Interessent den Betrieb besichtigen und sich die Verfahren im Detail erläutern lassen.

7.1.2 Liberalisierung von oben

Die Industrialisierung ist vielfach als Teil eines säkularen Prozesses beschrieben worden, der Zweckrationalität und Marktwirtschaft zum Durchbruch verhalf. Demzufolge müsste eigentlich die Politik aus unternehmerischer Sicht stark an Bedeutung verloren haben. Doch nichts wäre abwegiger, zumal in Deutschland. Zunächst galt es noch lange, durch politischen Druck die Fesseln der alten Ordnung abzustreifen. In diesen Kontroversen spielten Unternehmer wie die bekannten rheinischen Liberalen David Hansemann, Gustav Mevissen und Ludolf Camphausen eine überragende Rolle. Gegen die überkommenen Vorrechte des Adels und die Gängelung der Bürokratie, aber auch gegen die am Ideal der „gesicherten Nahrung" orientierten Handwerker postulierten sie das Prinzip der Legitimierung durch Bildung und ökonomischen Erfolg. Diese Schrittmacher der Industrialisierung verstanden sich als Boten des Fortschritts und forderten einen liberalen, von ihnen selbst auszugestaltenden Verfassungsstaat, der als Korrektiv eines ungezügelten Kapitalismus fungieren sollte. So wetterte Mevissen 1840 gegen die „Bevormundung" durch „ein sich weise dünkendes" Beamtentum. Dieses sei „in den Geschäften unpraktisch erzogen, [...] dadurch dem Leben entfremdet und von einem kleinlichen Sinn beherrscht." Die Zukunft gehöre dem Industriekapitalismus und dessen politischen Exponenten, „denn wo die Industrie als Macht stark ist, da ist auch politische Kraft und Freiheit." Selbst- und machtbewusst schlug er ein starkes Parlament vor, wobei ein Zensuswahlrecht die unbegüterte Bevölkerung ausschließen sollte.

Auf lange Sicht erzielte das Bürgertum beeindruckende Erfolge bei der Deregulierung der deutschen Wirtschaft. Der größte Liberalisierungsschub erfolgte zwischen den 1850er- und den frühen 1870er-Jahren, in denen es endgültig gelang, die Zünfte abzuschaffen und die Gewerbefreiheit durchzusetzen. Diese Schritte waren nicht nur Voraussetzung und zugleich Folge der Industrialisierung, sondern auch eine Konzession gegenüber dem Bürgertum, dessen systemverändernde Energien nach der gescheiterten Revolution von 1848 auf ein weniger gefährliches Tätigkeitsfeld umgeleitet werden sollten.

Einer der wichtigsten Deregulierungsschritte betraf den Bergbau. Unter dem Direktionsprinzip hatte sich der preußische Staat bislang zentrale Entscheidungskompetenzen vorbehalten. 1851 sprach das Miteigentümergesetz den Zechenleitungen das Recht zu, weitgehend autonom zu handeln. Das Allgemeine Preußische Bergbaugesetz setzte 1865 die privaten Verfügungsrechte vollständig durch. Das Aktiengesetz von 1867 erleichterte die Mobilisierung von Privatkapital für den Bergbau. Nicht zufällig stieg zwischen 1850 und 1865 die Steinkohleproduktion von jährlich 4,6 auf 18,6 Mio. Tonnen. Die unternehmerische Freiheit war eine der wichtigsten Voraussetzungen für die Entstehung der großen Privatzechen des Ruhrgebiets. 1862 trat in Preußen ein modernes Handelsgesetzbuch in Kraft. Der Norddeutsche Bund verabschiedete 1869 ein liberales Gewerberecht, das die unterschiedlichen Kodifikationen der Bundesstaaten ersetzte und seit 1872/73 in ganz Deutschland galt. In den 1860er-Jahren ging Preußen zu einer großzügigen Konzessionierung von Aktiengesellschaften über und beseitigte die staatliche Zinsfestsetzung. Das Aktiengesetz von 1870 hob die Konzessionspflicht für Aktiengesellschaften auf und schloss die letzte große Liberalisierungsrunde vor der Reichsgründung ab.

Gustav Mevissen: Liberaler Allroundunternehmer und Politiker

Der Kölner Gustav Mevissen (siehe Abbildung 7.1) zählte Mitte des 19. Jahrhunderts zu den einflussreichsten Unternehmern Deutschlands. Sein Vater hatte sich vom Handwerker zum Garnfabrikanten hochgearbeitet. Mevissen betätigte sich zunächst im Garnhandel, beteiligte sich dann aber an zahlreichen Textil-, Bergwerks- und Maschinenbauunternehmen an Rhein und Ruhr und leitete bedeutende Aktienbanken (Schaaffhausen'scher Bankverein, Darmstädter) und Versicherungen (Kölnische Rück, Agrippina, Concordia). Als Präsident stand er seit 1844 der Rheinischen Eisenbahngesellschaft vor. Als er 1880 nach der von ihm bekämpften Verstaatlichung aus dem Amt schied, besaß das Unternehmen 26 Linien mit einer Streckenlänge von 1.350 km.

Politisch gehörte Mevissen zu den führenden Köpfen des rheinischen Liberalismus. Als Vorkämpfer der Pressefreiheit gründete er mit anderen Gleichgesinnten 1842 die Rheinische Zeitung. Als Abgeordneter saß er im Vereinigten Preußischen Landtag (1847), in der Frankfurter Nationalversammlung (1848/49), im Erfurter Parlament (1850) und seit 1866 im Preußischen Herrenhaus. Er war von 1856 bis 1860 Präsident der Kölner Handelskammer und ab 1865 Beigeordneter der Stadt Köln. Er setzte sich aktiv und mit namhaften Spenden für die Gründung der 1901 eröffneten Handelshochschule in Köln ein, aus der 1919 die Universität hervorging.

1884 wurde Mevissen, der sich im Vormärz vehement gegen den Adel ausgesprochen hatte, selbst in den erblichen Adelsstand erhoben und nannte sich fortan Gustav von Mevissen. Der Mehrfachunternehmer und Politiker bedauerte es zeitlebens, nicht studiert, sondern im Alter von 15 Jahren das Gymnasium verlassen zu haben, um in der elterlichen Fabrik zu arbeiten. Dieses Manko glich er durch Reisen und Selbststudien in Geschichte, Ökonomie, Philosophie und Literatur aus. Seine Privatbibliothek umfasste ca. 15.000 Bände, die er der Kölner Hochschule vermachte.

Abb. 7.1: Gustav Mevissen (1815–1899).

(Klara van Eyll, Artikel „Gustav v. Mevissen", in: Neue Deutsche Biographie, Bd. 17, Berlin 1993, S. 277–281.)

7.1.3 Vorteile der Staatsnähe

Alle diese Maßnahmen werteten den Markt und die unternehmerische Eigeninitiative zulasten staatlicher Zugriffschancen auf. Gleichwohl blieb die Obrigkeit immer noch ein wichtiger Akteur. Ihre Unterstützung zu genießen, erwies sich weiterhin als gewichtiger Vorteil, vor allem, wenn man Geschäfte mit ihr machen wollte. Das wusste z. B. Werner Siemens, dessen Großkunden öffentliche Postverwaltungen, aber auch die Militärs waren. Schon zu Beginn seiner Laufbahn hatte er zielstrebig seine engen Kontakte zu staatlichen Stellen ausgenutzt. Als Mitglied der Telegrafenkommission wusste er frühzeitig von den Plänen des preußischen Generalstabs, die elektrische Telegrafie einzuführen. Diese Insiderinformation und die ihm erteilten Aufträge erwiesen sich für den erfolgreichen Start seines Unternehmens von größter Bedeutung.

Der Aufstieg Krupps war nicht nur mit Kanonen verbunden, sondern auch mit zivilen Produkten. Dabei stand der Führungssektor der deutschen Industrialisierung, der Eisenbahnbau, an vorderster Stelle. 1851 gelang Alfred Krupp seine wohl bedeutendste Erfindung, die Konstruktion eines nahtlosen Radreifens für die Eisenbahn. Die auch „Bandagen" genannte Ummantelung des Rades verhindert dessen Verschleiß und erhöht die Sicherheit. Seit 1854 setzte Krupp diese durch Patente geschützte, herkömmlichen Rädern weit überlegene Produktinnovation in großen Stückzahlen ab, was auch seinen exzellenten politischen Kontakten geschuldet war. So gelang es ihm 1860 durch persönliche Intervention bei Prinzregent Wilhelm, der im Folgejahr preußischer König wurde, das 1853 zunächst nur für acht Jahre bewilligte Patent auf insgesamt 15 Jahre auszudehnen und sich so einen entscheidenden Wettbewerbsvorteil zu sichern. Das zuständige Handelsministerium hatte den Antrag zunächst abgelehnt und dabei auf die Gewerbefreiheit und die Nützlichkeit von Konkurrenz verwiesen. Normalerweise gewährte das preußische Patentgesetz nur einen Schutz von fünf Jahren. In Krupps Eingabe von 1860 hieß es: Die „Lieferung von Kanonen für die Königlich Preußische Armee" sei „weniger als ein Geschäft und mehr als eine Ehrensache" zu betrachten. Auf der „Lieferung von Gußstahl-Reifen für Eisenbahnräder" dagegen ist „die Lebensfähigkeit meiner vorzugsweise dafür errichteten Anlagen begründet". Ohne Patentverlängerung, so die implizite Warnung, sei die Lieferung der von der Armee benötigten Rüstungsgüter gefährdet, was den Tatsachen widersprach. Gleichwohl wies Wilhelm den Handelsminister per Erlass an, das Patent „in Anerkennung der patriotischen Gesinnung" Krupps zu verlängern.

1859 hatte Krupp auch über den Prinzregenten seinen ersten Großauftrag für Kanonen akquiriert. Damit begann eine enge Partnerschaft von Staat und Unternehmen, die Krupp zum „Immediatvortrag" beim Monarchen berechtigte und seinem Unternehmen den Ruf der „Waffenschmiede des deutschen Reiches" einbrachte. Aus dieser Sonderstellung ergaben sich mannigfaltige Privilegien etwa bei der Vergabe von Aufträgen, der Preisstellung und wiederholt bei Patenten. Krupp trat gegenüber dem Staat zunehmend selbstbewusster auf. Als das Kriegsministerium 1862 Blöcke für Gussstahlkanonen benötigte und eine öffentliche Ausschreibung durchführte, reagierte er empört. „Ich habe ein Recht zu erwarten, daß man jedes Rohr von hier nimmt, denn ich bin vor Allem derjenige, der das Verdienst der Erfindung hat. Ich habe aus doppelten Gründen Recht darauf, daß man mit mir nicht feilscht und andere Nachahmer in gleichen Rang mit mir stellt und eine Submission anstellt [...] Sobald ein anderer Gußstahlfabrikant *eine* Kanone in Bestellung bekommt, liefere ich der ganzen Welt, was ich will [...]" Das tat er ohnehin, denn der Export seiner Rüstungsgüter wurde durch patriotische Gefühle nicht übermäßig behindert. Vor dem Preußisch-Österreichischen Krieg von 1866 drängte der preußische Kriegsminister darauf, dass Krupp seine Geschützlieferungen an Österreich einstellen möge. Daraufhin antwortete Krupp scheinheilig, er sei an bestehende Verträge gebunden: „Von den politischen Verhältnissen weiß ich sehr wenig; ich arbeite ruhig fort [...]" Zugleich ließ er den Kriegsminister süffisant wissen, dass er den österreichischen Auftrag zu einem Zeitpunkt angenommen habe, als die preußische „Marine meinen Gußstahl als Geschütz-Material mißachtete".

Gleichwohl hatte Krupp die preußische Regierung im Verfassungskonflikt massiv unterstützt. Bismarck regierte von 1863 bis 1865 ohne verfassungsmäßig bewilligten Etat, konnte also 1863/64 im Vorfeld des Krieges mit Dänemark eigentlich gar keine Kanonen kaufen. Krupp lieferte trotzdem und räumte dem Staat ungewöhnlich lange, mehrjährige Zahlungsziele ein. Der Kriegsminister lehnte dieses Geschäft ab, der König setzte es durch. Vorteile stellten sich also durchaus auf beiden Seiten ein. Zugleich entstand eine wiederholt auftretende Konstellation, in der Krupp zwar die Protektion des Staatsoberhaupts genoss, der Kriegsminister, seine Bürokraten und hochrangige Militärs jedoch die einseitige Abhängigkeit von einem Unternehmen für bedenklich hielten und sich zumeist erfolglos gegen eine Sonderbehandlung Krupps stellten.

7.1.4 Entstehung des Korporatismus

Nach der „Gründerkrise" von 1873 kam es zu einer Trendwende im Verhältnis von Staat und Wirtschaft. Stand die Wirtschaftspolitik der vorangegangenen zwei Jahrzehnte im Zeichen der Deregulierung, kehrte sich nun die Entwicklung um. Als Reaktion auf den Schock der Krise formierte sich in Deutschland ein moderner Interventionsstaat, der die privatwirtschaftlichen Interessen in seine eigenen Strukturen inkorporierte. In der engen Verschränkung von Staat und Privatwirtschaft sowie in der Kooperation der Unternehmer untereinander in Verbänden und Kartellen sieht Chandler die wichtigsten Kennzeichen des „kooperativen Kapitalismus" (siehe Kapitel 3.4). Andere Autoren verwenden die umstrittenen Begriffe „Korporatismus", „koordinierte Marktwirtschaft" bzw. „organisierter Kapitalismus". Ungeachtet aller terminologischen Subtilitäten steht außer Frage, dass in den 1870/80er-Jahren das Fundament des deutschen Wirtschaftssystems entstand, in dem Unternehmen, Verbände, Politik, Verwaltung und seit dem Ersten Weltkrieg auch Gewerkschaften eng miteinander kooperierten.

Der Staat engagierte sich auf immer mehr Gebieten. von der Zollpolitik bis zum Arbeitsschutz. Ursprünglich privat betriebene Eisenbahnlinien wurden verstaatlicht und als hochprofitable öffentliche Unternehmen betrieben. In den 1880er-Jahren begann unter Reichskanzler Bismarck der Aufbau einer umfassenden staatlichen Sozialversicherung. Auf die hygienischen Missstände in den Großstädten reagierten die Kommunen mit diversen Formen obrigkeitlicher Daseinsfürsorge von der Kanalisation bis zur Müllabfuhr, vom Gesundheitswesen bis zur Gasversorgung. In den meisten Städten ersetzten kommunale Betriebe private Anbieter, deren Dienste entweder nicht zufriedenstellend oder zu teuer waren. Es setzte sich die Erkenntnis durch, dass der Staat steuernd einzugreifen habe, um gravierende Fehlentwicklungen des Marktes zu korrigieren oder abzumildern. Diese Interventionen sollten sozialen Sprengstoff entschärfen und das Wirtschaftssystem stabilisieren. Die als Katastrophe wahrgenommene Gründerkrise hatte das naive Vertrauen in die Selbststeuerungsfähigkeit des Marktes beseitigt und den Ruf nach staatlichen Korrekturen laut werden lassen.

Unter diesen Bedingungen war es für Unternehmer unverzichtbar, sich politisch zu engagieren, wollten sie nicht mit Gesetzen konfrontiert werden, die ihren Interessen diametral widersprachen. Die Übernahme parlamentarischer Mandate stand dabei aber nicht im Vordergrund. Unternehmer stellten im Reichstag nur zwischen 5 und 14 % aller Abgeordneten. Zum wichtigsten Sprachrohr der Wirtschaft wurden ihre Lobbyorganisationen. In den 1870er-Jahren kam es zu einer Gründungswelle von Industrieverbänden. 1916 gehörten dem Centralverband Deutscher Industrieller, einem der zwei großen Dachverbände, 216 Einzelverbände an. Beim Bund der Industriellen (BDI), der v. a. die verarbeitende Industrie repräsentierte, waren es 204. Der Organisationsaufwand zeitigte schon bald handfeste Erfolge. So gelang es dem sogenannten „Langnamverein" der Eisen- und Stahlindustrie und den Agrarverbänden bis 1879, eine handelspolitische Wende zugunsten höherer Einfuhrzölle durchzusetzen. Ausfuhren wurden dagegen durch verbilligte Eisenbahntarife und Subventionen der Reedereien gefördert. Die Verbände bauten Verbindungen zu Politikern und höheren Beamten auf. Mithilfe von Parteispenden nahmen sie Einfluss auf die Kandidatenaufstellung der Parteien, deren Wahlchancen und häufig auch auf deren Abstimmungsverhalten. Hinzu kamen Eingaben, die Mitarbeit in Kommissionen, beratende und begutachtende Tätigkeiten in Gesetzgebungsverfahren sowie die Bereitstellung oder Vorenthaltung spezifischer Informationen.

Alfred Krupp – ein unpolitischer Unternehmer?

Alfred Krupp schlug 1878 eine ihm angetragene Kandidatur für den Reichstag aus, getreu seines alten Grundsatzes: „Wir haben keine Zeit für Lectüre, Politik und dergleichen." Stattdessen konzentrierte er sich auf sein Unternehmen. Es entsprach seinem Politikverständnis, sich öffentlich nicht zu exponieren. Einerseits wusste er, dass die Chancen der Einflussnahme mit der Offenlegung von Sonderinteressen sanken. Andererseits pflegte er die Illusion, dass es politische Neutralität gebe und er wie der Kaiser über dem „Gezänk" der Parteien stehen könne. In Berlin leistete für ihn Carl Meyer, Hauptstadt-Repräsentant der Firma, Lobbyarbeit. Er leitete Eingaben an den Reichstag und die Ministerialbürokratie weiter, bei der er zudem persönlich vorsprach. Auch Krupp trug direkt bei Ministern und hohen Beamten vor. Jedoch wollte er auf keinen Fall in öffentliche Auseinandersetzungen hineingezogen werden. Er wirkte lieber hinter den Kulissen und sprach sich z. B. gegen die großen

Kanalbauprojekte aus, da er in ihnen eine Konkurrenz für die Eisenbahnen, d. h. seine wichtigsten zivilen Großkunden, sah. Die Firma Krupp trat sowohl dem „Langnamverein" als auch dem Verband der Deutschen Eisenhütten- und Stahlindustriellen und dem Centralverband bei. Zunächst zögerte Krupp, denn er fürchtete den Verlust seiner Sonderstellung. Meyer gelang es aber doch, ihn vom Sinn der neuen Lobbyorganisationen zu überzeugen.

Nachdem Friedrich Alfred 1887 die Firmenleitung von seinem Vater übernommen hatte, wurde die bisherige Grundlinie im Wesentlichen beibehalten. Persönliche Kontakte zu höchsten Stellen, insbesondere zu Kaiser Wilhelm II., die Übertragung der Kärrnerarbeit in den Verbänden an hochqualifizierte Manager und professionelle Lobbyisten sowie die diskrete Einflussnahme hinter den Kulissen blieben weiterhin charakteristisch für den kruppschen Politikstil. Trotz seiner Abneigung gegen die politische Öffentlichkeit ließ sich der neue Chef 1893 eher widerwillig für eine Legislaturperiode in den Reichstag wählen, wo er sich aber nicht einer Fraktion anschließen mochte und sich in fünf Jahren nur einmal kurz zu Wort meldete.

(Barbara Wolbring, Krupp und die Öffentlichkeit im 19. Jahrhundert. Selbstdarstellung, öffentliche Wahrnehmung und gesellschaftliche Kommunikation, München 2000.)

Kann man für das Kaiserreich von einer Allmacht der Wirtschaft sprechen? Wurden die Politiker zu Marionetten des Kapitals? Keineswegs! Vielmehr entstand ein Spannungsfeld, das bei jeder Sachfrage andere Ergebnisse hervorbrachte. Das Unternehmerlager besaß ja keine einheitliche Interessenlage, sondern war in sich vielfach gespalten. Trotz seines hohen Organisationsgrads gelang es ihm nicht, den Aufbau einer staatlichen Gewerbeaufsicht und die Grundsteinlegung des Sozialstaats zu verhindern. Auch bei der Steuer- und Börsengesetzgebung setzte sich der Staat wiederholt über die Interessen der Geschäftswelt hinweg. Das Verhältnis von Wirtschaft und Politik glich daher in der Regel einem Tauziehen mit offenem Ausgang. Nur Dogmatiker behaupten, die Politik habe sich vom Kapital kaufen lassen, und nur Idealisten glauben, in der Politik sei es ausschließlich um Argumente und Überzeugungen gegangen.

7.1.5 Gegenwind (1890–1914)

Die Herausbildung des politischen Massenmarkts veränderte das Kaiserreich von Grund auf. Landesweit organisierte, zunehmend professionell geführte Parteien und die neu entstehende Massenpresse versuchten, die Bevölkerung mit agitatorischen Mitteln an sich zu binden und zu ideologisieren. Mit dem Aufstieg der Arbeiterbewegung polarisierte sich das Parteienspektrum. Die Gewerkschaften wurden nach der erzwungenen Unterbrechung des Sozialistengesetzes (1878–1890) zur Massenbewegung mit fast 3 Mio. Mitgliedern (1913). Bei den Reichstagswahlen stieg der Stimmanteil der SPD von 6,8 (1874) auf 34,8 % (1912). Insgesamt vergrößerte sich die politisch interessierte Öffentlichkeit und die Zahl derer, die den Mächtigen in Wirtschaft und Politik kritisch begegneten.

Vor diesem Hintergrund kam es u. a. zum Austrag von Grundsatzkonflikten zwischen Staat und Wirtschaft, die sich zwar nicht ständig, aber doch wiederholt als Kontrahenten gegenübertraten, wie die Hibernia-Affäre verdeutlicht. Das 1893 gebildete Rheinisch-Westfälische Kohlen-Syndikat (RWKS) hatte durch eine effektive Kartellierung höhere Preise durchgesetzt und den konjunkturanfälligen Ruhrbergbau saniert. Dieser geriet nun aus zwei Gründen in die Kritik. Zum einen wurde er wegen der sozialen Missstände in den Zechen angegriffen, zum anderen aufgrund seiner Preispolitik, die private Haushalte und die mittelständische Industrie benachteiligte. Da Kohle der zentrale Energieträger der deutschen Wirtschaft war, handelte es sich um eine Frage größter Tragweite. Der Staat agierte in diesem Konflikt gleichzeitig in mehreren Rollen, nämlich als Hüter des Allgemeinwohls gegen die Ausnutzung der Monopolmacht des RWKS, als Großabnehmer von Kohle (Marine, Eisenbahn) und schließlich als Konkurrent, denn Preußen betrieb im Saarland und Oberschlesien große staatliche Zechen.

Zunächst herrschte zwischen dem RWKS und dem Staat ein gutes Verhältnis, das sich u. a. in Vorzugstarifen bei der Eisenbahn ausdrückte, sich aber um die Jahrhundertwende erheblich eintrübte. Auslöser war der Konjunktureinbruch von 1901/02, auf den das Kartell mit der Absenkung der Förderquoten reagierte. Auf diese Weise wurde zwar das Preisniveau stabilisiert, jedoch auch ein künstlicher Mangel („Kohlenot") erzeugt, der die Kleinabnehmer am härtesten traf. Zudem verloren Bergleute ihre Arbeit. Daraufhin ging eine Woge der Empörung über die Kartellmacht durch das Land.

Der preußische Fiskus reagierte mit dem Ausbau des Staatsbergbaus und kaufte 1902 Grubenfelder mit einer Gesamtfläche von 212 qkm. Allerdings blieb sein Einfluss auf den Kohlenmarkt weiterhin minimal, weil die Felder noch nicht erschlossen waren. Daher strebte der Staat nach dem Erwerb bereits produzierender Zechen. Der Hibernia-Konzern (Herne), die siebtgrößte deutsche Aktiengesellschaft, war nicht nur hochprofitabel, sondern besaß auch Bergwerke zwischen staatlichen Gruben. Daher schien er ein ideales Objekt zu sein, um den fiskalischen Bergbau zu arrondieren und die Macht des RWKS zu schwächen. Handelsminister Theodor Adolf von Möller, der als Maschinenfabrikant die Anliegen der an preiswerter Kohle interessierten verarbeitenden Industrie kannte, wusste um die Aussichtslosigkeit eines offenen Vorgehens. Daher bereitete er hinter den Kulissen eine feindliche Übernahme vor und beauftragte die Dresdner Bank, heimlich Hibernia-Aktien zu erwerben und so dem Staat die Aktienmehrheit zu verschaffen.

Dieses Vorgehen blieb jedoch nicht unbemerkt und provozierte eine geschlossene Abwehrfront der gesamten Ruhrindustrie, ihrer Hausbanken, der lokalen Kommunen und Handelskammern und des Centralverbands, für den es sich um eine prinzipielle Frage handelte. Der Bankier Carl Fürstenberg (Berliner Handelsgesellschaft) fühlte sich an die Verstaatlichungen der Eisenbahnen unter Bismarck erinnert und sah im verdeckten Vorgehen Möllers einen hinterlistigen „Angriff des preußischen Fiskus auf altbestehende Privatrechte." Die Landtagsmehrheit unterstützte jedoch ebenso wie der BDI Möller. Die Verstaatlichung scheiterte letztlich, da die Alteigentümer 1904 durch eine Kapitalerhöhung die Quote des Staates verringerten und mithilfe ihrer Banken einen Börsenhandel mit den neuen „Schutzaktien" verhinderten.

„Das Interessanteste an dem ganzen Vorgang", so ein DVP-Landtagsabgeordne-ter 1905, war die Tatsache, „daß hier die Staatsgewalt zum ersten Male zusammen-geprallt ist mit der Industriegewalt der großen Kartelle und Syndikate." Zugleich trat der manifeste Interessengegensatz zwischen Grundstoff- und Fertigwarenindustrie offen zutage. Vor allem aber zeigte die Hibernia-Affäre, dass der Staat keine Mög-lichkeit besaß, seine wirtschaftspolitischen Ziele gegen den vereinten Widerstand der Großindustrie und ihrer Banken durchzusetzen. Schließlich erwies sich die ein-flussreiche Theorie des Sozialdemokraten *Rudolf Hilferding* (1877–1941) als unzutref-fend, der von einer einseitigen Herrschaft des „Finanzkapitals" über die Industrie ausging. Tatsächlich wehrten die Industriellen in diesem Fall den Übernahmever-such der Dresdner Bank mithilfe anderer Kreditinstitute ab. Allgemein verstanden sie es, die Konkurrenz unter den Banken auszunutzen und ihre Eigenständigkeit zu wahren. Ein in sich geschlossenes, hegemoniales „Finanzkapital" existierte nur in den Schriften Hilferdings, nicht aber in der Realität des Kaiserreichs und späterer Epochen.

Auch Krupp geriet in den 1890er-Jahren zusehends in die Defensive. Als Mam-mutkonzern mit fast 40.000 Beschäftigten wurde das Unternehmen für immer mehr Kritiker zum Symbol eines ungezügelten Kapitalismus, der sich durch Willkür und Profitsucht der Unternehmer sowie deren enge Kooperation mit den politischen Eliten zulasten des Allgemeinwohls auszuzeichnen schien. Krupp geriet nun wieder-holt wegen seiner Rüstungsgeschäfte in die Kritik. Nicht wenige Beobachter glaub-ten, das Unternehmen habe der deutschen Flottenrüstung um 1900 entscheidende Anstöße gegeben, d. h. sich mit politischen Mitteln einen neuen Markt erschlossen und letztlich das Reich zum Ersten Weltkrieg gedrängt. Auch in der historischen For-schung war diese Interpretation lange verbreitet. Tatsächlich lag aber die Initiative für die Flottenrüstung beim Reichsmarineamt, dem Reichskanzler sowie beim Kaiser und dessen Umfeld. Diesen treibenden Kräften gelang es, die Schwerindustrie zur Flottenpropaganda heranzuziehen, die sich jedoch auch nicht lange bitten ließ. So warb Krupp Mitglieder für den Flottenverein und spendete namhafte Beträge.

Den vielfach erhobenen Vorwurf, das Reich mit überteuerten Panzerplatten für Kriegsschiffe geschädigt und die Monopolstellung skrupellos ausgenutzt zu haben, hat mittlerweile *Michael Epkenhans* widerlegt. Die Preise und Reinerlöse waren zwar sehr hoch, lagen aber keineswegs über dem international üblichen Niveau. Die Gewinnspannen bei Panzerplatten betrugen 50–60 %, während andere Kriegsmaterialien 30 % und zivile Produkte 10–20 % einbrachten. Krupp hatte auf Drängen des Reichsmarineamts 1890/91 erhebliche Investitionen in den Aufbau der Panzerplattenfertigung gesteckt und war damit von der schwer zu kalkulierenden Rüstungspolitik abhängig geworden. So litt das Panzerplattenwalzwerk in den 1890er-Jahren zunächst noch unter einer niedrigen Auslastung. Die stattlichen Gewinnspan-nen kompensierten somit hohe Anlaufkosten und Risiken.

Krupps 1896 erfolgte Übernahme der maroden Germaniawerft in Kiel ist eben-falls als Schachzug mit dem Ziel fehlgedeutet worden, eine Monopolposition in der einsetzenden Flottenrüstung aufzubauen. Der Zeitablauf legt diese Lesart tatsächlich nahe. 1897 beschloss der Reichstag eine starke Vergrößerung der Flotte, und prompt folgten Großaufträge an die Krupp-Werft. Damit lag der Verdacht einer direkten politischen Beeinflussung nahe. Auch betriebswirtschaftlich schien es für einen Stahlproduzenten sinnvoll zu sein, einen Großabnehmer von Stahl zu integrieren. Tatsächlich war das Direktorium aber gespalten. Warnende Stimmen erhoben sich gegen den Kauf der defizitären Germaniawerft. Bereits früher hatte sich Krupp wegen der hohen Kosten gegen den Kauf einer Werft ausgesprochen. Zudem wollte sich das Unternehmen, das seinen Schwerpunkt eindeutig bei zivilen Produkten hatte, nicht noch stärker auf den volatilen Rüstungssektor einlassen. Den Ausschlag für den dann doch erfolgten Kauf gab offensichtlich ein Gespräch Krupps mit dem Kaiser, der ihn in diese Richtung drängte. Allerdings hatte man in Essen wenig Freude an der Werft, die bis 1914 meistens Verluste schrieb. Bei Handelsschiffen liefen hohe Defizite auf, und die Gewinnspannen im Kriegsschiffbau waren relativ gering. Das Reichsmarineamt spielte nämlich die verschiedenen Werften gegeneinander aus, und besaß mit drei staatlichen Werften einen effektiven Trumpf.

In das Klima eines sich verschärfenden Klassenkampfs passte es auch, dass sich die Arbeiterpresse 1902 des Privatlebens des homosexuellen Friedrich Alfred Krupp annahm und einen Skandal erzeugte. Homosexualität war nicht nur strafbar, sondern auch sozial geächtet. Keine Enthüllung war geeigneter, um die gesellschaftliche Existenz eines Großbürgers zu zerstören. Für die SPD-Parteizeitung, den „Vorwärts", passte Krupps Privatleben ganz ins Bild einer maroden höheren Gesellschaft: Ein autoritärer Fabrikherr frönt dekadenten Lastern hinter der Maske des Ehrenmanns. Ein mit Details gespickter Artikel brachte den Stein ins Rollen. Obwohl es Krupp gelang, den „Vorwärts" zwei Tage nach Erscheinen beschlagnahmen zu lassen, und eine Verleumdungsklage anstrengte, erwies sich der Schaden als irreparabel. Am 22. November 1902 starb Friedrich Alfred Krupp im Alter von 48 Jahren, offiziell an einem Schlaganfall. Viele Indizien sprechen jedoch für einen Selbstmord. Jedenfalls wurde auf eine Obduktion verzichtet und der Sarg umgehend versiegelt. Den Trauerzug führte Wilhelm II. an, der von „Mord" sprach und Sondergesetze gegen die sozialdemokratischen „Vaterlandsverräter" forderte. Die Werksleitung verlangte daraufhin von den Arbeitern, durch eine Unterschrift dem Kaiser zuzustimmen. Als einige langjährige „Kruppianer" sich weigerten und umgehend entlassen wurden, sah sich die SPD in ihrer Einschätzung der Arbeitsverhältnisse bei Krupp bestätigt. In der Folge gewann sie im Ruhrgebiet an Rückhalt, wo sie zunächst einen schweren Stand gehabt hatte.

7.1.6 Korporative Kriegswirtschaft (1914–1918)

Im Ersten Weltkrieg gerieten Staat und Wirtschaft in ein Nahverhältnis zueinander. Je länger dieser totale Krieg dauerte, der die Mobilisierung aller Ressourcen erforderte,

desto stärker musste das gesamte Wirtschaftsleben auf die militärischen Erfordernisse umgestellt werden. Je größer die Engpässe bei Waffen, Munition und Lebensmitteln wurden, desto mehr schwoll die staatliche Regulierungstätigkeit an. In diesem
Prozess verwandelte sich die Marktwirtschaft in eine Kriegsverwaltungswirtschaft.
Konflikte ergaben sich v. a. aus der Tatsache, dass die Unternehmen weiterhin in pri-
vatem Eigentum blieben, aber die Verwendung ihrer Produktionsmittel zunehmend
staatlichen Vorschriften unterlag.

Aufgrund der eklatanten Unterschätzung der benötigten Mengen an Kriegsma-
terial fehlte anfänglich ein Planungs- und Lenkungsapparat. Er entstand erst im
Laufe des Krieges, wobei der Staat die Unterstützung der Wirtschaft benötigte. So
wies zu Kriegsbeginn Walter Rathenau die Militärs darauf hin, dass ein gravierender
Rohstoffmangel bevorstehe. Rathenau selbst baute 1914 die Kriegsrohstoffabteilung
im Kriegsministerium auf. Den dringend benötigten Unterbau erhielt sie durch die
Umwandlung von Verbänden und Kartellen in Reichsstellen oder Kriegsgesellschaf-
ten, in denen Beamte und Vertreter der Wirtschaft gemeinsam versuchten, Ordnung
in das Chaos zu bringen. Die Organisationen der Wirtschaft gerieten dadurch, so
Hans-Peter Ullmann, in eine „eigenartige Zwitterstellung. Sie waren teils Selbstver-
waltungsorgane der Wirtschaft, teils übten sie unter öffentlicher Aufsicht hoheitliche
Aufgaben aus."

Am Ende des Krieges gab es ca. 200 gemischtwirtschaftliche Kriegsgesellschaf-
ten. Ihre Aufgabe bestand in der Beschaffung und Verteilung von Rohstoffen nach
kriegswirtschaftlichen Prioritäten und in der Koordinierung der Produktion, wobei sie
zu einschneidenden Zwangsmaßnahmen wie Beschlagnahmungen greifen durften.
Die Kriegschemikalien AG war ein von der Regierung kontrolliertes Konsortium der
26 wichtigsten Chemieunternehmen. Die entstehenden Strukturen benachteiligten
kleinere Firmen, zumal wenn sie exportorientiert und rüstungsfern waren. Großunternehmen mit engen Kontakten zu Militär und Bürokratie hatten dagegen erhebliche
Vorteile. So vollzog sich – übrigens nicht nur in der deutschen Chemieindustrie – ein
starker Konzentrationsprozess. 1916 schlossen sich u. a. Bayer, BASF und Hoechst zu
einer Interessengemeinschaft zusammen.

Es würde zu kurz greifen, in der zunehmenden korporativen Verschränkung von
Staat und Wirtschaft lediglich eine kriegsbedingte Sonderkonstellation zu sehen.
Sie baute auf dem „organisierten Kapitalismus" deutscher Spielart auf und strahlte
weit in die Nachkriegszeit aus. In nicht wenigen Bereichen entstanden institutionelle Lösungen, die der Leistungsfähigkeit der deutschen Wirtschaft zugutekamen
und zukunftsweisende Strukturen schufen. Das galt für die nach 1918 weiterverfolgte
Rationalisierung und Standardisierung. Im Deutschen Normenausschuß (1917) und
dem Ausschuß für wirtschaftliche Fertigung (1918) arbeiteten Industrielle, Beamte
und Wissenschaftler Hand in Hand. Der Druck des Krieges ließ sie Barrieren kollektiven Handelns überwinden und demonstrierte die Vorteile gegenüber einem isolier-
ten Vorgehen. So brachte die firmenübergreifende Kooperation und die direkte Einbeziehung externer Wissenschaftler Innovationen hervor, die ohne diese Umstände

nicht oder erst wesentlich später eingetreten wären. Die Überwindung gravierender Engpässe in der Munitions- und Düngemittelproduktion durch das Haber-Bosch-Verfahren der Salpeterherstellung (Ammoniaksynthese) gelang nur durch einen Kraftakt der BASF, an deren Investitionen sich der Staat beteiligte. Zudem durften andere Chemieunternehmen das Verfahren anwenden. Fritz Haber war als Chemiesachverständiger des Kriegsministeriums direkt an der industriellen Nutzung seines Verfahrens beteiligt.

Verhandlungsauftakt. Brief der BASF an das Kriegsministerium 1916

„Wir legen Wert darauf, Ihnen [...] zu versichern, daß wir gerne bereit sind, auf Einladung der Reichsregierung uns die Einrichtung der mitteldeutschen Fabrik [Leuna] zur Aufgabe zu machen und zur Verhandlung nach Berlin zu kommen. Bevor dies geschieht, müssen wir jedoch wissen, was das Reich will und ob es bereit ist, das Risiko auf sich zu nehmen, welches die Errichtung einer solchen Fabrik im Hinblick auf den immerhin beschränkten Markt mit sich bringt und welches von uns als einer in erster Linie zur Wahrung privatwirtschaftlicher Interessen berufenen Unternehmung nicht getragen werden kann."
(Zit. in: Gottfried Plumpe, Die I.G. Farbenindustrie AG. Wirtschaft, Technik und Politik 1904–1945, Berlin 1990, S. 74.)

Um die Modalitäten der Risikoaufteilung wurde hart gerungen. Bevor die BASF 1916 dem Drängen Habers und der Militärs zum Bau eines neuen Ammoniaksynthesewerks in Leuna nachgab, verlangte sie die Übernahme aller Kosten und Risiken durch das Reich. Das Reichsschatzamt schlug dagegen ein Modell vor, bei dem das Reich Eigentümer und die BASF Betreiber der neuen Anlage sein würde, was das Unternehmen entschieden ablehnte. Haber tadelte die BASF wegen der „scharfen Betonung des rein privatwirtschaftlichen Standpunktes". Letztlich einigte man sich auf einen Kompromiss. Die BASF erhielt einen Vorzugskredit und erhebliche Zuschüsse zu den Baukosten.

Die gegenseitige Durchdringung von Wirtschaft, Wissenschaft, Verwaltung und Politik blieb auch nach 1918 ein markantes Kennzeichen Deutschlands, das nicht erst im Krieg Gestalt angenommen hatte, sondern dessen Wurzeln bis in die Gewerbeförderung der Industrialisierung zurückreichten. Allerdings trat in dem Augenblick, in dem Staat und Wirtschaft einander am nächsten kamen, die Unvereinbarkeit ihrer jeweiligen Systemrationalitäten am stärksten hervor. Während Politiker und Behördenvertreter die mangelhafte Opferbereitschaft und Vaterlandsliebe der Wirtschaft kritisierten, hätte es der Handlungslogik der Unternehmer zutiefst widersprochen, vorhandene Spielräume nicht zu nutzen oder gar dem betriebswirtschaftlichen Zweck ihrer Tätigkeit abzuschwören.

So kann es nicht überraschen, dass sich das Verhältnis von Wirtschaft und Staat im Krieg als Abfolge ständiger Konflikte und Koordinationsprobleme darstellt. Trotz der Unterstützung aggressiver, annexionistischer Kriegsziele durch die Mehrheit der Unternehmerschaft war der Alltag jenseits patriotischer Sonntagsrhetorik von ganz und gar prosaischen Auseinandersetzungen geprägt. Es wurde um Subventionen und

Preise, um die Freistellung von Arbeitern und die Zuteilung von Rohstoffen gestritten. Die Firmen unterwarfen sich keineswegs den Wünschen der Militärs. Anfangs waren sie nicht bereit, ihre Betriebe auf die Rüstungsproduktion umzustellen, da man von einem kurzen Krieg ausging. Warum sollten sie in Kapazitäten investieren, die bald nicht mehr benötigt würden? Warum sollte man Kunden vergraulen und gewohnte Geschäftsabläufe aufgeben? Die Unternehmer gehörten 1914 keineswegs zu den Kriegstreibern, sondern sahen dem Konflikt überwiegend mit Sorge entgegen. „Im allgemeinen war ihnen der Krieg ungelegen, denn er störte ihren Außenhandel, führte zu Arbeitslosigkeit und entzog ihnen [...] viele Facharbeiter [...]", fasst *Gerald Feldman* ihre Einstellung zusammen.

7.1.7 Kriegswirtschaftliche Konfliktzonen

Bald schon häuften sich Verstöße gegen kriegswirtschaftliche Vorschriften. Rohstoffe wurden versteckt oder zweckentfremdet, um für die zivile Produktion nach dem Kriegsende vorbereitet zu sein. Feindliche Staaten belieferte man z. T. über den Umweg der neutralen Länder mit Gütern, die von den militärischen Beschaffungsstellen dringend benötigt wurden. Vom Fronteinsatz zurückgestellte Arbeiter kamen nicht selten in der zivilen Produktion zum Einsatz. Richard Merton, Vorstand der Metallgesellschaft und zugleich Berater des Kriegsamts, verfasste 1917 eine „Denkschrift über die Notwendigkeit eines staatlichen Eingriffs zur Regelung der Unternehmergewinne und Arbeiterlöhne". Der sozial engagierte Industrielle, der als aktiver Offizier den Krieg auch aus der soldatischen Perspektive kannte, warf seinen Unternehmerkollegen vor, die kriegsbedingte „Konjunktur nach Kräften auszunutzen" und „nur in geringem Maße irgendwelche ethischen Motive wie Opfersinn, Vaterlandsliebe u. dgl." zu besitzen. Sie treibe „fast ausschließlich der Verdienstanreiz, die Wurzel aller guten und bösen Kräfte" an.

Der Vorwurf überhöhter Preise stand ständig im Raum. Behördlich administrierte, in Abstimmung mit den Firmen festgelegte Preise hatten den Marktmechanismus als Korrektiv von Überpreisen ausgeschaltet.

Der Fall Daimler – Der größte Rüstungsskandal des Ersten Weltkriegs

Als der Stuttgarter Fahrzeug- und Motorenhersteller Daimler 1916 und 1917 Dividenden in Höhe von 35 bzw. 30 % ausschüttete, kamen die Vorwürfe von „Kriegsgewinnlertum" und „Preistreiberei" auf. Zudem hatte sich Daimler geweigert, alle Kapazitäten in den Dienst der Rüstung zu stellen und trotz großer Rückstände bei Militärgütern weiterhin PKW und Schlepper produziert. Im Reichstag wetterte Gustav Noske (SPD) Anfang 1918 gegen „die erpresserische Ausnutzung der Notlage des Reiches" und „die übergroße Geduld der Heeresverwaltung". Selbst die bürgerlich-konservative Presse sprach angesichts des Hungers in der Bevölkerung von einem „Profitrausch". In einigen Werken streikten die Arbeiter. Es folgte die Einsetzung einer Kommission, die Daimlers Preispolitik überprüfen sollte. Das Unternehmen verweigerte jedoch die Offenlegung seiner Kalkulationen. Um ein Exempel zu statuieren, wurde Daimler im März 1918 unter die Aufsicht einer Militärkommission gestellt. Gegen den dispensierten Vorstandsvorsitzenden Ernst Berge wurde wegen Landesverrats ermittelt. Dieser Vorwurf erwies sich aber als haltlos.

Nach der langwierigen Durchsicht der Bücher wurde Daimler von den Vorwürfen des Betrugs und der Erpressung freigesprochen. Bei einzelnen Produkten traten jedoch Gewinnspannen von bis zu 185 % der Selbstkosten zutage. Zu einem eindeutigen Urteil sah sich die Kommission gleichwohl außerstande. Sie stellte 1919 fest: „Wenn die Firmenleitung auf Erzielung hoher Preise [...] bedacht war, so geschah das mit Recht, soweit dabei vorsichtigerweise die Tendenz steigender Materialpreise und Arbeitslöhne, wie auch die vielen anderen Risiken des Krieges und die Kosten der Wiederumstellung [...] auf das Friedensgeschäft zu berücksichtigen waren, mit Unrecht, soweit ein gesunde kapitalistische Interessen übersteigender Überschuß erzielt wurde, der vom in der Notlage befindlichen Staat zu tragen" war. Deutlicher kann man den Widerspruch von kriegs- und betriebswirtschaftlicher Logik nicht auf den Punkt bringen. Bis 1923 versuchte das Reich, von Daimler eine Entschädigung zu erhalten. Eine entsprechende Klage scheiterte aber vor Gericht. Mittlerweile steckte Deutschland in den Wirren der Inflation, sodass sich die Öffentlichkeit für den Fall kaum noch interessierte und der vom Fiskus geforderte Betrag von 150 Mio. Mark zur Lappalie geworden war. Zudem hatte sich die Bedeutung der Gewinne und Rücklagen aus dem Krieg längst relativiert. Der plötzliche Wegfall der Heeresaufträge, riesige Umstellungsprobleme, im Krieg aufgebaute Überkapazitäten, die Enteignung der Auslandsorganisationen und die allgemeine Misere hatten Daimler in eine tiefe Krise gestürzt, die man 1924–1926 durch die Fusion mit dem Mannheimer Konkurrenten Benz zu überwinden versuchte.

(Birgit Buschmann, Unternehmenspolitik in der Kriegswirtschaft. Die Daimler-Motoren-Gesellschaft, Stuttgart 1998, S. 100–172.)

Zudem zerstörte die anlaufende Inflation jede Transparenz der Wertrelationen. Schließlich setzten die Militärs nach der Kriegswende von 1916 darauf, den Rüstungsausstoß ohne Rücksicht auf die Kosten hochzufahren. Die Überdehnung und Verschwendung der Ressourcen ließ die Kriegswirtschaft, so Feldman, zu einer „Form des volkswirtschaftlichen Selbstmordes" degenerieren. Unter dem Eindruck von Hunger und Massenelend hatten bei Kriegsende beide Handlungslogiken, sowohl die der politisch-militärischen Führung als auch die der Privatwirtschaft, jeden Rückhalt in der Bevölkerung verspielt. Massenstreiks in den Betrieben, Hungerproteste in den Straßen und Meutereien in den Kasernen läuteten 1918 den Zusammenbruch des entkräfteten Kaiserreichs ein. Das politische System hatte ausgedient, und auch die privatkapitalistische Ordnung stand zur Disposition.

Weiterführende Literatur

Abelshauser, Werner, Umbruch und Persistenz: Das deutsche Produktionsregime in historischer Perspektive, in: Geschichte und Gesellschaft 27, 2001, S. 503 523.

Epkenhans, Michael, Zwischen Patriotismus und Geschäftsinteresse. F. A. Krupp und die Anfänge des deutschen Schlachtflottenbaus 1897–1902, in: Geschichte und Gesellschaft 15, 1989, S. 196–226.

Kerkhof, Stefanie van de, Krieg als Unternehmenskrise? Wahrnehmung und Verhalten schwerindustrieller Unternehmer und Manager im Ersten Weltkrieg und in der Nachkriegszeit, in: Jahrbuch für Wirtschaftsgeschichte 55/2, 2006, S. 31–61.

Feldman, Gerald D., Die sozialen und politischen Grundlagen der wirtschaftlichen Mobilmachung Deutschlands 1914–1916, in: ders., Vom Weltkrieg zur Wirtschaftskrise. Studien zur deutschen Wirtschafts- und Sozialgeschichte 1914–1932, Göttingen 1984, S. 13–35.

Gall, Lothar, Krupp. Der Aufstieg eines Industrieimperiums, Berlin 2000.

Bleidick, Dietmar, Die Hibernia-Affäre. Der Streit um den preußischen Staatsbergbau im Ruhrgebiet zu Beginn des 20. Jahrhunderts, Bochum 1999.

Hopbach, Achim, Unternehmer im Ersten Weltkrieg. Einstellungen und Verhalten württembergischer Industrieller im „Großen Krieg", Leinfelden-Echterdingen 1998.

Kocka, Jürgen, Unternehmer in der deutschen Industrialisierung, Göttingen 1975.

Ullmann, Hans-Peter, Interessenverbände in Deutschland, Frankfurt/M. 1988.

Wellhöner, Volker u. Wixforth, Harald, Unternehmensfinanzierung durch Banken – Ein Hebel zur Etablierung der Bankenherrschaft? Ein Beitrag zum Verhältnis von Banken und Schwerindustrie in Deutschland während des Kaiserreichs und der Weimarer Republik, in: Dietmar Petzina (Hg.), Zur Geschichte der Unternehmensfinanzierung, Berlin 1990, S. 11–33.

Wixforth, Harald u. Ziegler, Dieter, Bankenmacht. Universal Banking and German Industry in Historical Perspective, in: Youssef Cassis u. a. (Hg.), The Evolution of Financial Institutions and Markets in Twentieth-Century Europe, Aldershot 1995, S. 249–272.

Bösch, Frank, Krupps „Kornwalzer". Formen und Wahrnehmungen von Korruption im Kaiserreich, in: Historische Zeitschrift 281, 2005, S. 337–379.

Baten, Jörg u. Schulz, Rainer, Making Profits in Wartime. Corporate Profits, Inequality, and GDP in Germany During the First World War, in: Economic History Review 58, 2005, S. 34–56.

7.2 Zwischen Diktatur und Demokratie – die Systemumbrüche des 20. Jahrhunderts

7.2.1 Rückversicherung in der Revolution

Nach der Ausrufung der Republik am 9. November 1918 war der Fortbestand des privatkapitalistischen Wirtschaftssystems alles andere als sicher. Mit der Gemeinwirtschaft, einer Weiterentwicklung der Kriegswirtschaft, und der von breiten, vornehmlich linken Kräften geforderten Sozialisierung standen ernsthafte Alternativen im Raum. Dass sie nicht verwirklicht wurden, hatte v. a. zwei Gründe: erstens die etatistische Einstellung der sozialdemokratischen Führer und ihre Unfähigkeit, radikale Eingriffe in die Textur der Gesellschaft entschieden anzugehen und im taktisch günstigen Moment durchzusetzen. Zweitens verteidigten die Großunternehmen ihren Besitzstand hartnäckig und mit beachtlichem Geschick. Bereits am 15. November 1918 hatten Arbeitgeber und Gewerkschaften das nach ihren Spitzenvertretern Hugo Stinnes und Karl Legien benannte Abkommen über die Zentralarbeitsgemeinschaft unterzeichnet. In ihm akzeptierten die Unternehmer erstmals die Gewerkschaften offiziell als „berufene Vertreter der Arbeiterschaft" und fanden sich mit der betrieblichen Mitbestimmung, dem Achtstundentag und Tarifverträgen ab.

Die Schnelligkeit, mit der dieser Sozialpakt noch vor einer Entscheidung über die künftige Staatsform zustande kam, erklärt sich aus der schon im Rahmen der Kriegswirtschaft praktizierten Kooperation von Gewerkschaften und Unternehmern. Die

Arbeitgeber kamen den ungeliebten Gewerkschaften so weit entgegen, da die politische Entwicklung zunehmend unkalkulierbar wurde und kein anderer einflussreicher Partner zur Verfügung stand. Mit dem Stinnes-Legien-Abkommen wollten beide Tarifparteien ihre Existenz sichern, bevor die Politik die Initiative übernahm, beide Lager schwächte oder sie gar für überflüssig erklärte.

Als Preis für die um 1914 noch unvorstellbaren Konzessionen verlangten und erhielten die Unternehmer die Garantie ihrer Eigentumsrechte. Dieser Basiskompromiss über die künftige Wirtschafts- und Sozialordnung überstand die bürgerkriegsähnlichen Wirren zu Jahresbeginn 1919, denn mit den Gewerkschaften traten auch die Mehrheitssozialdemokraten für diesen sozialpartnerschaftlichen Grundkonsens ein und verteidigten ihn mit Waffengewalt gegen die revolutionäre Massenbewegung. Zudem wusste die Regierung, dass den Unternehmern eine Schlüsselrolle für die Bewältigung der Kriegsfolgen zukam. Millionen von der Front heimgekehrte Arbeiter benötigten Brot und Arbeit, sollte Deutschland nicht vollends im Chaos versinken.

Allerdings stand der Weimarer Basiskompromiss auf tönernen Füßen. Nachdem alle Sozialisierungsbestrebungen und planwirtschaftlichen Ansätze endgültig vom Tisch waren, zerfiel der Konsens. Aus Sicht der Unternehmer gewann nun die Revision der während der Revolution notgedrungen gemachten Zugeständnisse höchste Priorität. Spätestens nach der Währungsstabilisierung von 1923 stellte sich für sie die Frage immer dringlicher, ob die Kosten des Kompromisses, die sich in der Inflation noch leicht aufbringen ließen, künftig tragbar seien. Die Antwort fiel zunehmend negativ aus, da die Unternehmer die von den Gewerkschaften bzw. dem staatlichen Zwangsschlichter durchgesetzten Löhne für überhöht hielten.

7.2.2 Republikfeindschaft und -skepsis

Dieser Konflikt erklärt teilweise, warum die meisten Unternehmer ein distanziertes Verhältnis zur Weimarer Republik besaßen. Dem Kaiserreich gegenüber waren sie mehrheitlich loyal eingestellt gewesen. Es hatte ihnen eindrucksvolle Aufstiegschancen und erheblichen Wohlstand gebracht. Mit diesem Staat konnten sie sich im Großen und Ganzen identifizieren, auch wenn es – zumal im Krieg – zahlreiche und zunehmende Konflikte gab. Die Repräsentanten der Republik dagegen schienen nicht nur die Schuld an der Kriegsniederlage und den bedrückenden Bedingungen des Versailler Friedensvertrags zu tragen, sondern stärkten auch in einem noch nie dagewesenen Ausmaß die Rechte der Arbeiterschaft und die Eingriffsmöglichkeiten des Staates in Interna der Unternehmen. Die Regulierungsdichte nahm sprunghaft zu. Ständige politische Instabilität, dauernde Regierungswechsel und das Fehlen einer klaren Autorität verunsicherten die Wirtschaft.

Der Wohlfahrtsstaat besaß in Weimar Verfassungsrang und erforderte eine intensivere fiskalische Abschöpfung. Die erzbergersche Finanzreform von 1920 ließ die steuerliche Belastung der Unternehmen spürbar steigen und schuf die Grundlage für eine Erhöhung der Staatsquote, die das Doppelte des Vorkriegsstands erreichte. Schließlich taumelte die Weimarer Wirtschaft von einer Krise zur nächsten. Das Volkseinkommen erreichte erst spät und nur kurzfristig, nämlich 1928, das Niveau von 1913. Unter der Ägide dieses Staates häuften sich in bedrohlicher Weise Problemlagen, die das Kaiserreich vor 1914 nicht gekannt hatte: Inflation, Haushaltsdefizite, Wachstumsschwäche, Massenarbeitslosigkeit, niedrige Gewinne und politische Instabilität. Alles das schien an der vermeintlichen ökonomischen Inkompetenz der Regierenden zu liegen. Schließlich gehörte mit der SPD eine Partei zu den tragenden Kräften der Republik, die für die meisten Unternehmer den politischen Gegner schlechthin verkörperte und die sich wiederholt für die „Überwindung des kapitalistischen Wirtschaftssystems" durch die Vergesellschaftung der Produktionsmittel aussprach.

Allerdings war die Unternehmerschaft keineswegs ein homogener Block. Der Braunkohlen-Industrielle und stellvertretende Vorsitzende des Reichsverbands der deutschen Industrie (RDI), Paul Silverberg, bekannte sich 1926 in einer sensationellen Rede zur Republik und empfahl bei aller scharfen Kritik die Kooperation mit den Gewerkschaften und sogar die Regierungsbeteiligung der SPD. In neueren Branchen wie der Chemie- und Elektroindustrie sowie im exportorientierten Maschinenbau fand die Rede ein positives Echo, während die von einer Strukturkrise gezeichnete Schwerindustrie mit Empörung reagierte.

Festzuhalten ist auch, dass zwischen der Wahrnehmung und der Realität der Weimarer Wirtschaftspolitik eine große Kluft bestand. So waren die immer wieder laut beklagten hohen Steuern und Löhne keineswegs die Hauptursache der Ertragseinbrüche der Eisen- und Stahlindustrie, die in Verkennung aller Marktsignale ihre Kapazitäten in der Krise erhöhte, da sie von einer Rückkehr zu vergangener Größe ausging. Sie brachte sich daher durch Fehlrationalisierungen und den Aufbau von Überkapazitäten selbst um die Chance einer wirtschaftlichen Gesundung und trieb die Preise weiter in den Keller. Anstatt streng betriebswirtschaftlich vorzugehen und die hausgemachten Krisenursachen abzustellen, konzentrierte sie sich auf externe Schuldzuweisungen an die Gewerkschaften und den Weimarer Staat.

Dieser Sozialstaat war keineswegs antikapitalistisch eingestellt. So machte er von der Möglichkeit der Verfassungsartikel 153 und 156, private Unternehmen zu verstaatlichen, keinen Gebrauch und tolerierte die Bildung von Kartellen. Immer wieder war er auch zu erheblichen Unterstützungsleistungen zugunsten der Industrie bereit, die im Kaiserreich im Gegensatz zur reichlich bedachten Landwirtschaft kaum direkte Subventionen erhalten hatte. So zahlte das Reich hohe Entschädigungen für die Betriebe, die in den im Krieg verlorenen Reichsteilen lagen. Die rheinisch-westfälische Industrie erhielt 1924 die gigantische Summe von 700 Mio. RM als Ersatz für die im Ruhrkampf gegen die französische Besatzung erlittenen Schäden. Grenznahe Unternehmen bezogen aus wehr- und regionalpolitischen Gründen erhebliche Subventionen. In der Inflation nahmen die Zechen über neue korporative Instanzen wie den Reichskohlen- und den Kali-Rat direkt Einfluss auf die Preisgestaltung. Der RDI sowie einzelne Großunternehmer wie etwa Paul Reusch (Gutehoffnungshütte, GHH), Hugo Stinnes und Albert Vögler (Vereinigte Stahlwerke, VSt) besaßen einen erheblichen politischen Einfluss, für den es im Kaiserreich keine Entsprechung gegeben hatte. Angeschlagene Großunternehmen konnten sich auf Hilfen aus Steuermitteln verlassen. 1925 flossen Krupp in einer spektakulären Stützungsaktion des Reiches ca. 40 Mio. RM zu. Für die Exportförderung standen erhebliche Mittel zur Verfügung. Die gesamte industrielle Ausfuhrförderung stieg zwischen 1926 und 1928 von 300 auf 600 Mio. RM. 1931 stellte das Reich allein für das in der Weltwirtschaftskrise ungemein wichtige „Russengeschäft" 1 Mrd. RM zur Verfügung.

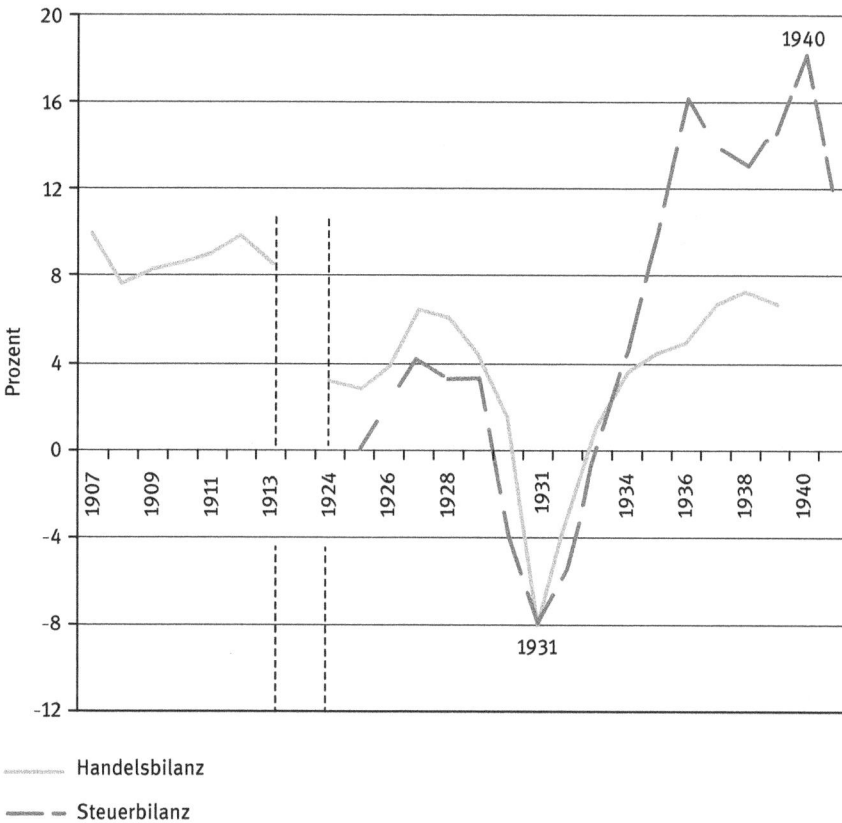

Abb. 7.2: Eigenkapitalrente der deutschen Industrieaktiengesellschaften nach publizierter Handelsbilanz und rechtskräftig veranlagter Steuerbilanz (1907–1913 und 1924–1941) (in %).

Die von *Mark Spoerer* anhand der publizierten Bilanzen erhobenen Werte belegen allerdings, dass die Eigenkapitalrenditen der deutschen Industrieaktiengesellschaften (siehe Abbildung 7.2) zu keiner Zeit an das Niveau der letzten Jahre vor 1914 heranreichten. Selbst 1927, im besten Jahr Weimars, lagen sie noch deutlich unter dem Durchschnitt der Vorkriegszeit. In den meisten Jahren zwischen 1924 und 1933 erreichten sie nicht einmal die Hälfte dieser Benchmark. In der Weltwirtschaftskrise stürzten die Renditen tief in den negativen Bereich. Nimmt man dieses grundlegende betriebswirtschaftliche Faktum als Barometer für die politische Einstellung der Unternehmer, verwundert es nicht, dass sie der Weimarer Demokratie mehrheitlich skeptisch bis ablehnend gegenüberstanden und sich höchstens zu einer bedingten, taktisch motivierten Loyalität durchrangen.

7.2.3 Selbstzerstörung der Republik

Nicht nur bei den wirtschaftlichen Eliten dominierte eine Art diffuser Nostalgie, eine Sehnsucht nach der Rückkehr zu den aus Sicht der 1920er-Jahre paradiesischen Zuständen des Kaiserreichs. Auf jeden Fall strebten die meisten Unternehmer einen autoritären Staat an, der Ordnung unabhängig von der „unberechenbaren Masse" schaffen und die Belange der Wirtschaft ernster nehmen sollte. Daher stärkten sie in der Weltwirtschaftskrise die rechtskonservativen Feinde der Republik, ohne jedoch auf die zunächst mit großer Distanz betrachtete NSDAP zu setzen. Zwar lassen sich leicht Ausnahmen republikfreundlicher Unternehmer finden, aber die deutsche Wirtschaft unternahm als wichtige, einflussreiche soziale Gruppe in der Staatskrise der Jahre 1930–1933 keine spürbare Anstrengung zur Verteidigung der Demokratie.

Abgesehen von Einzelfällen wie den Stahlindustriellen Fritz Thyssen und Albert Vögler, den Bankiers Hjalmar Schacht und Kurt von Schröder sowie dem jüdischstämmigen Paul Silverberg gab es 1931/32 kaum jemanden in der deutschen Wirtschaftselite, der sich offen für die NSDAP aussprach. Als der mittelständische Fabrikant Wilhelm Keppler 1932 einen „wirtschaftspolitischen Beraterkreis" NSDAP-naher Unternehmer gründete, schlossen sich ihm nur sehr wenige Geschäftsmänner an, die zudem überwiegend der zweiten und dritten Garde der Großindustrie oder dem Mittelstand entstammten, also politisch bedeutungslos waren. Daher fielen auch die Spenden aus der Wirtschaft für die NSDAP insgesamt bescheiden aus. Schacht, der als ehemaliger Reichsbankpräsident beste Kontakte zu führenden Bankiers und Industriellen besaß, vermochte es nicht, größere Summen zu akquirieren. Abgesehen von den namhaften Zuwendungen des frühen Förderers Fritz Thyssen gingen hauptsächlich kleinere Rückversicherungsspenden ein, die Unternehmen allen Parteien rechts von der SPD zukommen ließen. Für den Aufstieg der NSDAP von der Splitter- zur Regierungspartei besaßen die Spenden der deutschen Wirtschaft keinen entscheidenden Einfluss. Traditionell standen die Unternehmer der rechtsliberalen Deutschen Volkspartei am nächsten, die in der Endphase der Republik in der Bedeutungslosigkeit verschwand.

Die meisten Unternehmer hielten vor 1933 Distanz zur NSDAP, da sie die aus „einem obskuren Münchner Hinterzimmerverein" (*Hans-Ulrich Thamer*) hervorgegangene

Partei abstoßend unseriös fanden. An deren Spitze stand ein dubioser „Bierkeller-demagoge", der nach großbürgerlichen Maßstäben eine gescheiterte Existenz war und zeitweilig im Obdachlosenasyl gelebt hatte. Zudem verstand sich die NSDAP als national-*sozialistische* Partei und drosch antikapitalistische Phrasen. Ihr Wirtschafts-programm versprach die Verstaatlichung der Banken und Versicherungen, die Her-auslösung Deutschlands aus dem Weltmarkt und die Unterordnung der Wirtschaft unter diffuse politische Ziele. Diese Aussagen waren wirklich nicht dazu angetan, im Unternehmerlager große Begeisterung auszulösen. Hugo Stinnes jun. distanzierte sich nach zeitweiligen Sympathien von Hitler und schrieb im September 1932: „Leider hat man sich getäuscht, die Radikalinskis haben Oberwasser bekommen, und jetzt sind die Nazis wirkliche Nationalkommunisten, die man entschieden bekämpfen muß."

7.2.4 Arrangement mit dem Nationalsozialismus

Nach der Ernennung Hitlers zum Reichskanzler reihten sich die meisten Unternehmer reibungslos in das NS-Regime ein. Die Diktatur prämierte politisches Wohlverhalten in Form von Posten, Prestige und geschäftlichen Vorteilen. Arbeitsbeschaffung und Aufrüstung versprachen und verschafften Aufträge. Selbst das westliche Ausland bewunderte den schnellen Abbau der Arbeitslosigkeit und sprach vom „deutschen Wirtschaftswunder". Tatsächlich stiegen die Gewinne nach dem „profit squeeze" der Weimarer Jahre wieder deutlich an (siehe Abbildung 7.2). Spoerers Pionierarbeit, die erstmals die Steuerbilanzen der Firmen ausgewertet und mit ihren publizierten Han-delsbilanzen verglichen hat, konnte nachweisen, dass die deutschen Industrieakti-engesellschaften in der zweiten Hälfte der 1930er-Jahre „Traumrenditen" von durch-schnittlich über 13 % erwirtschafteten. 1940 wurden sogar knapp 18 % erreicht. Die NSDAP liquidierte mit den Gewerkschaften sowie mit der SPD und der KPD starke Gegenspieler der Unternehmer, garantierte den Bestand des Privateigentums und stärkte die unternehmerische Autorität in den Betrieben.

Neben Opportunismus und handfeste Interessen trat zuweilen die nackte Angst. Jeder wusste, wie gefährlich es war, sich offen gegen das Regime zu stellen. Daher neigten auch jene, die mit Teilbereichen der NS-Politik unzufrieden waren, zu unauffälliger Anpassung, die partiellen Widerspruch nicht ausschloß. Es erwies sich aber als sicherer, Druck nachzugeben und die offiziell freiwillige, tatsächlich aber abgepresste „Adolf-Hitler-Spende der deutschen Wirtschaft" aufzubringen. Die NSDAP ging 1933 zu rabiaten Methoden der Spendenbeschaffung über. Die Partei lud ein, und nach Reden von NS-Funktionären erhob sich Schacht mit dürren Worten: „Und nun, meine Herren, an die Kasse." Im April 1933 wurde die Geschäftsstelle des RDI von SA-Trupps besetzt und der Rücktritt des „jüdischen" Geschäftsführers sowie zweier ebenfalls „nichtarischer" Präsidiumsmitglieder, darunter Silverberg, erzwun-gen. Die Drohung des Regimes mit Gewalt war allgegenwärtig und erübrigte in vielen Fällen deren tatsächliche Anwendung.

Illusionen des Sommers 1933

„Die Übernahme des Reichswirtschaftsministeriums durch Herrn Dr. Schmitt [Generaldirektor der Allianz] ist weder von Seite [sic!] des Reichskanzlers noch von seiner Seite als eine vorübergehende Sache gedacht; im Gegenteil hoffen wir, daß er 10 bis 20 Jahre lang auf diesem Posten bleiben wird. Wir leben ja glücklicherweise nicht mehr in einem demokratischen Staat, in welchem das Schicksal des Kabinetts von wechselnden Majoritäten abhängig wäre." Schmitt habe „ebenso wie in seiner gestrigen Rede an die Spitzen der Wirtschaft, so auch in eingehenden privaten Unterhaltungen mit mir seinem absoluten Optimismus [...] und seiner immer steigenden Bewunderung für die großen staatsmännischen Eigenschaften des Reichskanzlers Hitler Ausdruck gegeben. Wir können deshalb mit vollstem Vertrauen in die Zukunft blicken [...]"

(Brief des Generaldirektors der Münchner Rückversicherung Wilhelm Kisskalt an einen schwedischen Kollegen, 14.7.1933, zit. in: Gerald D. Feldman, Die Allianz und die deutsche Versicherungswirtschaft 1933–1945, München 2001, S. 107.)

Schließlich darf man auch die Faktoren „Hoffnung" und „Begeisterung" nicht übersehen. Nach der raschen Abfolge gescheiterter Regierungen konnte es – so meinten viele – eigentlich nicht mehr schlimmer kommen. Hitler trat energisch auf und versprach eine bessere Zukunft. Das beeindruckte nicht wenige Deutsche. Warum sollte man ihm nicht eine Chance geben, nachdem sich die Alternativen Weimars verschlissen hatten? Der linke Flügel der NSDAP verlor ja ab 1932 stark an Bedeutung, und die Ausschreitungen der SA gegen Unternehmer im Frühjahr und Sommer 1933 blieben Episoden. Nachdem die NSDAP das Gewand der staatstragenden Partei übergestreift hatte, schienen stabile Verhältnisse garantiert. Zudem wähnte sich die Wirtschaft selbst an den Schaltstellen der Macht und hoffte, den so lange eingeforderten Primat der Wirtschaft über die Politik umsetzen zu können. So jedenfalls interpretierten viele Unternehmer die im Juni 1933 erfolgte Berufung des erst wenige Wochen zuvor in die NSDAP eingetretenen Allianz-Generaldirektors Kurt Schmitt zum Wirtschaftsminister. Aus heutiger Sicht erschreckt die politische Kurzsichtigkeit, wenn nicht gar Blindheit, mit der die meisten Unternehmer 1933 auf einen Anpassungs- und Anbiederungskurs einschwenkten. Mit ihrer Ignoranz gegenüber dem wahren Wesen des Nationalsozialismus standen sie in der deutschen Gesellschaft jedoch keineswegs allein.

7.2.5 Männer der Wirtschaft in Hitlers Kabinett

Mit der Etablierung des Regimes verschob sich die gerade beschriebene Konstellation. Auf die „Flitterwochen" folgte schon bald ein alles andere als erfreulicher Alltag, der von zahlreichen Konflikten bestimmt war und in eine zumindest innere Abkehr vieler Unternehmer vom Regime mündete. Die Hoffnung Schmitts, eine solide, von Fachkompetenz getragene Wirtschaftspolitik machen zu können, entlarvte sich schon nach wenigen Monaten als naiver Trugschluss. Die Aufrüstung hatte für Hitler ohne Rücksicht auf Kosten und vorhandene Ressourcen höchste Priorität. Nach grundsätzlichen Kontroversen mit Hitler und der NSDAP ließ sich Schmitt im Sommer 1934 von seinem Regierungsamt beurlauben und trat im Januar 1935, offiziell aus gesundheitlichen Gründen, zurück, widmete sich aber umgehend wieder Führungsaufgaben in der Assekuranz.

Schmitts Nachfolger, Hjalmar Schacht (siehe Abbildung 7.3), kam ebenfalls aus der Wirtschaft (Danat-Bank), verfügte aber bereits über erhebliche politische Erfahrung. Als Reichswährungskommissar hatte er 1923 maßgeblichen Anteil an der Überwindung der Inflation gehabt und war von 1923 bis 1930 Reichsbankpräsident gewesen. 1933 übertrug Hitler seinem Anhänger Schacht erneut dieses wichtige Amt. Der internationales Ansehen genießende Schacht, der das Vertrauen der deutschen Wirtschaft besaß, präsentierte sich einerseits als zuverlässiger Gefolgsmann und versicherte Hitler, im Gegensatz zu Schmitt keine Skrupel zu haben und die deutsche Aufrüstung selbst zum Preis der Währungszerrüttung voranzutreiben. Bereits 1933 hatte er zusammen mit Siemens, Krupp, GHH und Rheinmetall ein System von Finanzwechseln (Mefo-Wechsel) geschaffen, welches das tatsächliche Ausmaß der defizitären Rüstungsfinanzierung des Reiches verschleierte. 1934 entwarf er mit dem „Neuen Plan" ein System der Außenhandels- und Devisenlenkung, das Ressourcen in den Rüstungssektor umleitete.

Abb. 7.3: Der Bankier neben dem „Führer". Hjalmar Schacht (1877–1970).

Andererseits wollte der Finanzakrobat eine konservative Mäßigung der NS-Wirtschaftspolitik durchsetzen und eine Überdehnung der Ressourcenbasis verhindern. Zumindest auf mittlere Sicht sollte die Aufrüstung solide finanziert, d. h. ihr Tempo gedrosselt werden. Dieses Festhalten an ökonomischen Prinzipien auch gegen politische Vorgaben brachte Schacht nach 1935 ins Abseits. Als 1936 der Vierjahresplan die volkswirtschaftlich untragbare Beschleunigung der Kriegsvorbereitung anordnete, wurde diese Aufgabe nicht dem Wirtschaftsministerium übertragen, sondern einer neuen Sonderbürokratie unter Leitung des Hitler völlig ergebenen, fachlich unbeschlagenen Hermann Göring. Schacht blieb vorerst zwar im Amt, verlor aber entscheidende Kompetenzen. Folgerichtig trat er 1937 als Wirtschaftsminister zurück. 1938 weigerte er sich in seiner Eigenschaft als Reichsbankpräsident, neue Mefo-Wechsel auszustellen, da er in dem finanzpolitisch bedenklichen Trick nur eine vorübergehende Maßnahme sah und auf eine Konsolidierung der umlaufenden Wechsel drängte, um der Inflationsgefahr zu begegnen. Über diesen Konflikt verlor er im Januar 1939 sein Amt als Reichsbankpräsident. Schacht gehörte jedoch bis 1943 als einflussloser Minister ohne Geschäftsbereich dem Kabinett an, das ohnehin kaum noch zusammentrat. Aufgrund lockerer Kontakte zum Widerstand wurde Schacht 1944 verhaftet und erlebte das Kriegsende im KZ Flossenbürg.

7.2.6 Divergenzen und Konflikte

Einem anderen frühen Förderer Hitlers erging es nicht viel besser als Schacht. Fritz Thyssen distanzierte sich nach der Ermordung der SA-Führer („Röhm-Putsch") und führender Konservativer im Jahr 1934 von den Zielen der NSDAP, auch wenn er zunächst weiter an Parteimitgliedschaft und Reichstagsmandat festhielt. Seine Zusammenarbeit mit einem „jüdischen" Bankier oder die Unterstützung der Familie des inhaftierten Pfarrers Martin Niemöller weisen auf die zunehmende Distanz zum Regime hin. Zum endgültigen Bruch kam es erst 1939, als sich Thyssen in einem offenen Telegramm mit den Worten „Ich bin gegen den Krieg" weigerte, zur Reichstagssitzung am 1. September zu erscheinen und dort dem Überfall auf Polen zuzustimmen. Daraufhin verließ er Deutschland, wurde aber im Vichy-Frankreich verhaftet und Ende 1940 nach Deutschland ausgeliefert. Sein Vermögen beschlagnahmte der NS-Staat bereits 1939, und erlangte damit Einfluss auf die Vereinigten Stahlwerke, die bereits zwischen 1937 und 1939 Opfer von Teilenteignungen und erzwungenen Verkäufen geworden waren. Gemeinsam mit seiner Frau wurde Thyssen bis Kriegsende in verschiedenen KZs festgehalten.

Viele der Unternehmer, die keine exponierten Staats- und Parteiämter bekleideten und nicht mit dem NS-Regime um die Methoden beim Erreichen eines gemeinsamen Zieles stritten, sahen sich ganz anderen Problemen gegenüber, denn die Absichten des Dritten Reiches widersprachen immer häufiger ihren ureigensten betriebswirtschaftlichen Interessen. Die Autarkiepolitik, mit der sich Deutschland vom Weltmarkt „befreien" sollte, zerstörte gewachsene Handelsverflechtungen. Unternehmen verloren ihre ausländischen Geschäftspartner. Die Exportchancen verschlechterten sich, da sie hochwertige Rohstoffe nicht mehr einführen bzw. verwenden durften und daher die gewohnte Qualität nicht mehr liefern konnten. Die Textilindustrie musste z. B. Baumwolle durch minderwertige Ersatzstoffe ersetzen.

Daneben fraß sich eine ausufernde Bürokratie in immer mehr Bereiche der Wirtschaft. Rohstoff- und Devisenbewirtschaftung, Preisbildung, Arbeitskräftelenkung, Außenhandelskontrollen usw. sollten Ressourcen aus dem zivilen in den militärischen Bereich lenken. Auf diese Weise wurde die Allokationseffizienz immer geringer, und die Unternehmer mussten immer mehr Zeit und Energie auf den Kampf mit den Behörden verwenden. Sie ertranken förmlich in der Flut der Formulare und Verordnungen. Selbst Rüstungsproduzenten beklagten sich über den gegenüber einer marktwirtschaftlichen Koordination unverhältnismäßigen Aufwand, der nicht einmal ihnen eine ausreichende Versorgung mit Rohstoffen garantierte. Tendenziell verschlechterten sich die Chancen auf Zuteilungen mit der Distanz zum Rüstungssektor. In der Textilindustrie wurden sogar Produktionsverbote ausgesprochen. 1942 verfügte Hitler die Einstellung aller „Friedensplanungen", um den Rüstungsausstoß zu erhöhen. Die Unternehmen unterliefen jedoch dieses Verbot, da für sie das Ende der Rüstung so oder so absehbar war.

Offene Kritik eines Unternehmers

Auf einer Veranstaltung des Reichsstands der Deutschen Industrie wagte es der Unternehmer Bruno Uhl, die ausufernde Verordnungspraxis des NS-Werberats offen zu kritisieren. 1936 wurde die Rede sogar ohne weitere Konsequenzen in einer Fachzeitschrift gedruckt. Uhl klagte, „daß diese Werberatsbestimmungen in ihrem teilweisen Kanzleiton auf den Laien unübersichtlich und kompliziert wirken. Nur derjenige kann sie verstehen, der es sich Mühe und Zeit kosten läßt, sie wirklich eingehend zu studieren. Die Zeit können jedoch Wirtschaftler sehr schwer aufbringen [...]"
(Deutsche Werbung 1936, S. 537f.)

Im Dritten Reich intensivierte sich auch der fiskalische Zugriff. Zugleich wurde die Gewinnverwendung reguliert. Für Dividenden galten Höchstgrenzen. Die Kapitallenkung führte zur Austrocknung der Finanzmärkte. Die Forderungen des Regimes, privatwirtschaftliche Rentabilitätskalküle, den „Eigennutzen", zugunsten des von ihm definierten „Gemeinnutzens" zu vernachlässigen, richteten sich gegen den Kern der unternehmerischen Handlungslogik. So übte der NS-Staat Druck auf Firmen aus, in autarkierelevante Großprojekte zu investieren, obwohl die dazu erforderlichen technischen Verfahren unausgereift waren und sich im Frieden nicht rechneten. 1934 wurden Braunkohlezechen in eine „Pflichtgemeinschaft" zur Herstellung synthetischen Benzins aus Kohle gezwungen. Als sich die Schwerindustrie weigerte, die eisenarmen inländischen Erze zu verhütten, stampfte das Regime mit den Hermann-Göring-Werken in Salzgitter einen gigantischen Staatskonzern aus dem Boden und schreckte auch vor brutalen Enteignungen nicht zurück. Die einst so mächtigen „Ruhrbarone" mussten erkennen, so *Gerhard Th. Mollin*, „daß das Privateigentum seine legitimatorische Kraft für die Verfügungsgewalt über industrielle Produktionsmittel auch für die größten [...] Unternehmer eingebüßt hatte. Dafür gewann eine neue Geltungsgrundlage immer mehr Bedeutung, die [...] in der Übereinstimmung mit den Zielen der politischen Führung" bestand und Parteibuchunternehmern erhebliche

Karrierechancen eröffnete. Diesen Typus verkörperte der Generaldirektor der Reichs-werke, Paul Pleiger, ein „dynamisch-brutaler Ideologe von proletarischer Herkunft", der es dem alten Industrieadel zeigen wollte, in Reinkultur. Insgesamt kam es in zen-tralen Sektoren der Wirtschaft zu einer „Politisierung des Kapitalismus bis an die Grenzen seiner Negation".

Auch wer sich vorbehaltlos auf die Rüstungsproduktion einließ, stieß auf erhebli-che Schwierigkeiten. Die Militärs waren weder in der Lage, langfristige Angaben über die benötigten Waffen zu machen, noch eine gleichmäßige Auslastung der Kapazi-täten zu gewährleisten, die Unternehmen speziell für sie schaffen oder freihalten sollten. Erhebliche Subventionen und andere Konzessionen des Staates glichen diese Nachteile jedoch aus und erlaubten den Firmen z. T. hohe Extragewinne.

Neben die privaten Unternehmen, die hartnäckig betriebswirtschaftlichen Kal-külen treu blieben, traten staatliche und parteieigene Firmen. Der Aufbau einer Fabrik für einen preiswerten „Volkswagen" wurde der Automobilindustrie entzogen, da sie angesichts von Rohstoffengpässen von der geradezu verwegenen Idee Hitlers keineswegs begeistert war und das Projekt jahrelang verzögert hatte. Schließlich wurde es der Deutschen Arbeitsfront übertragen, die im späteren Wolfsburg das Volkswagenwerk errichtete, aber praktisch keine zivilen Autos mehr produzieren konnte.

Die SS baute sich auf der Grundlage der Arbeitskraft der KZ-Häftlinge ein eigenes Wirtschaftsimperium auf, das nach einem siegreichen Krieg zu einer gefährlichen Konkurrenz für die Privatwirtschaft hätte werden können. Im Krieg schritten diese Bestrebungen v. a. in den besetzten Territorien rasch voran. In Oswald Pohls SS-Wirt-schaftsverwaltungshauptamt arbeiteten allein in der Berliner Zentrale bis zu 1.500 Personen. Nach dem „Endsieg" wollte die SS die Zahl ihrer Häftlinge auf 12 Mio. stei-gern und mit ihnen ein Industrieimperium errichten, um auch in wirtschaftlicher Hinsicht ein „Staat im Staate" zu sein. Bis 1945 sorgten die mörderische Ineffizienz der Häftlingsarbeit und die groteske Inkompetenz der SS-Funktionäre dafür, dass die hochdefizitäre SS-Wirtschaft von wenigen Ausnahmen abgesehen der Privatwirt-schaft noch nichts anhaben konnte.

Angesichts der vielen Reibungen zwischen NS-Regime und Privatwirtschaft stellt sich die Frage, warum Hitler nicht viel entschiedener auf den Aufbau von Staats- und Parteiunternehmen gedrängt hat. Zum einen hätte dieses Vorgehen, zumal in den ersten Jahren seiner Herrschaft, ein hohes politisches Risiko dargestellt. Zum anderen kann man eine Volkswirtschaft nicht kurzfristig und ohne gravierende Leistungsrückgänge umbauen. Die evolutionsökonomische Unternehmenstheorie (siehe Kapitel 2.2) weist darauf hin, dass spezifische Kompetenzen, Routinen und „capabilities" Zeit benötigen, um heranzureifen. Zwar hatte das Regime die Macht, in politisch besonders favorisierten Sektoren neue Firmen aus dem Boden zu stamp-fen, musste dafür aber einen extrem hohen Preis auch in Form von Ineffizienzen zahlen, den nur eine ruinös wirtschaftende, verbrecherische Diktatur aufbringen konnte.

7.2.7 Verstrickungen und Verbrechen

Der wirtschaftspolitische Lenkungsapparat zeichnete sich gegenüber der Privatwirtschaft durch das Nebeneinander gemeinsamer und divergierender Interessen aus. Wie schon im Ersten Weltkrieg nutzte der Staat die Verbände, und übertrug ihnen Lenkungsaufgaben, mit denen er selbst überfordert war. Die zu „Wirtschaftsgruppen" umbenannten Verbände gerieten dadurch in eine Zwitterstellung. Einerseits waren sie Befehlsempfänger, andererseits immer noch Lobbyisten. Durch diese eigentümliche Symbiose von privatwirtschaftlicher und staatlicher Sphäre sicherte sich das Regime das Expertenwissen der Wirtschaft. Diese zog jedoch aus ihrer Doppelrolle handfesten Nutzen in Form erheblicher Spielräume. Die Kontrolle der Chemiewirtschaft im Vierjahresplan oblag praktisch der IG Farben, denn sie stellte große Teile des Personals der zuständigen Abteilung der Vierjahresplanbehörde. Ob es als Staatsdiener oder Industriemanager handelte, ist letztlich kaum zu entscheiden. Vielfach agierte ein und dieselbe Person in einer Doppelfunktion. *Dietmar Petzina* spricht zutreffend von der „quasi-öffentlichen Herrschaft eines Konzerns".

1942 trat das von Albert Speer organisierte System der „Selbstverantwortung der Wirtschaft" an die Stelle der schwerfälligen Rüstungsplanung der Militär- und Ministerialbürokratie. Die Firmen wurden nun immer mehr zu eigenverantwortlichen Organisatoren der Rüstungsproduktion und verstrickten sich dadurch immer tiefer in die Verbrechen des Nationalsozialismus. Zwar erhöhte sich durch den Übergang zur Selbstkoordination und die Erhöhung der Gewinnchancen der Rüstungsausstoß ganz erheblich. Zugleich entstand aber ein administratives Chaos eigener Art, denn die Anforderungen der neuen Instanzen widersprachen sich zunehmend. Zudem darf nicht übersehen werden, dass dieser letzte ökonomische Kraftakt des Regimes große Opfer in Form geschundener Belegschaften und buchstäblich zu Tode gearbeiteter Zwangsarbeiter in Kauf nahm.

Die Unternehmen verwalteten sich keineswegs selbst, sondern wurden immer rigider in ein umfassendes Rüstungsprogramm eingebunden. Speer und seine Mitarbeiter griffen rücksichtslos in die Betriebe ein und schreckten auch nicht mehr davor zurück, bei Lieferverzögerungen die Firmenleitung zu übernehmen oder unbequeme Werksleiter kurzerhand zu verhaften. *Werner Abelshauser* hat auf den propagandistischen Gehalt der speerschen Formel hingewiesen. „Mit Selbstverwaltung im eigentlichen Sinne hatte diese Organisation [...] nichts gemein. Tatsächlich handelte es sich um die Diktatur der sechstausend dynamischsten, regimetreuesten und durchsetzungsfähigsten Manager, Techniker und Ingenieure aus der Privatindustrie über die Privatindustrie."

Speer war keineswegs der rationale Technokrat, zu dem er sich nach 1945 stilisierte. Er war, getrieben von unbändigem persönlichen Ehrgeiz, Teil eines verbrecherischen und zutiefst irrationalen Systems, das nicht nur auf Terror basierte, sondern auch Menschen mit der Aussicht auf Beute sowie Karrierechancen und Zuwendungen ohne Rechtsgrundlage, oftmals direkter Bestechung, akquirierte. So erhielten viele hochrangige Militärs extrem hohe, steuerbefreite Zulagen zu ihrem Gehalt sowie willkürlich verteilten Großgrundbesitz.

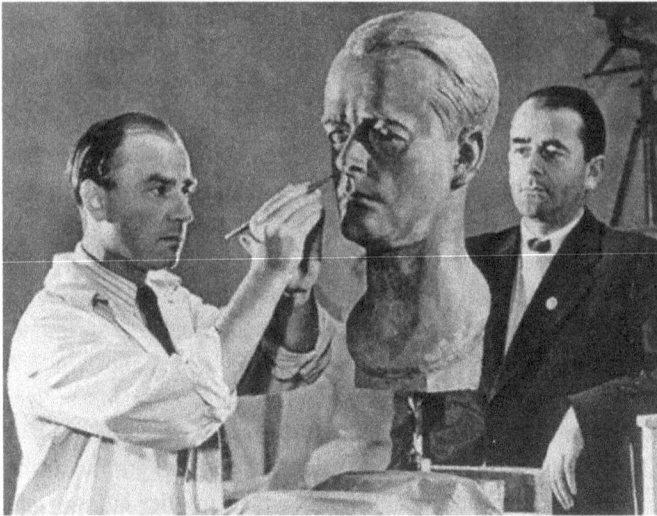

Abb. 7.4: Für die Ewigkeit und die Eitelkeit. Arno Breker (1900–1991) erstellt eine Büste Albert Speers (1905–1981).

Auch Speer trug direkt zur Aushöhlung staatlicher Regelhaftigkeit bei. Für Arno Breker, den prominentesten Bildhauer des Dritten Reiches, schuf Speer in seiner Funktion als Generalbauinspektor für die Reichshauptstadt Berlin Steinbildhauerwerkstätten, um ihm zu teuren Aufträgen ohne Genehmigungsverfahren verhelfen zu können. Die Werkstätten wurden bis 1945 unter sehr hohen Kosten erweitert, um Prestigebauten und Monumentalkunst für das untergehende Reich zu schaffen. In ihnen arbeiteten bis zu 50 Kriegsgefangene und Zwangsarbeiter. Das Jahreseinkommen Brekers scheint 1942 bei einer Million RM gelegen zu haben, einer für damalige Verhältnisse ungeheuer hohen Summe. Hitler prahlte damit, dass er persönlich dafür gesorgt habe, dass Breker nur mit einen „Freundschaftssatz" von 15 % besteuert wurde. 1940 hatte er zudem Breker ein Rittergut geschenkt. Breker seinerseits schuf u. a. Büsten des Reichspräsidenten Paul von Hindenburg, Adolf Hitlers und Albert Speers (siehe Abbildung 7.4).

Verlockungen dieser Art, v. a. die Aussicht auf Staatsaufträge, Privilegien und soziale Aufwertung, sprachen auch zahlreiche Unternehmer an. Pauschalurteile über die Rolle der Unternehmer im NS-Regime sind aber fehl am Platz. Sie konnten sowohl zu Opfern und Bedrängten als auch zu Tätern und Komplizen werden. Manche lernten das Regime von mehreren Seiten kennen, wie Schacht und Thyssen. Einige mutige Unternehmer, wie der spätere Krupp-Manager Berthold Beitz oder der Fabrikant Oskar Schindler, retteten unter hohem persönlichen Risiko Tausenden Juden das

Leben, indem sie diese unter Täuschung der Behörden zu kriegswirtschaftlich unentbehrlichen Arbeitskräften erklärten. Andere reagierten mit schwachem Protest oder zumeist mit Schweigen auf die Verfolgung von Mitarbeitern und Kollegen. Nicht wenige nutzten den mörderischen Antisemitismus auch zur persönlichen Vorteilnahme. Das Regime bot Unternehmern, aber auch anderen Sozialgruppen, Chancen zur Bereicherung, die sie in anderen politischen Systemen nicht gehabt hätten. Nur mithilfe guter Verbindungen zum Staats- und Parteiapparat ließen sie sich nutzen. Aufträge wurden immer seltener durch offene Bieterverfahren erteilt. Im NS-Regime blühte die Korruption, und die üblichen Verwaltungs- und Geschäftsgrundsätze gerieten immer mehr in Vergessenheit. Die „Arisierung" des jüdischen Vermögens ist eines der beschämendsten Kapitel der Unternehmensgeschichte dieser Zeit. Wenngleich es auch Ausnahmen anständigen Verhaltens wie faktische Treuhänderschaften im Interesse der Verfolgten gab, nutzten viele die Notlage jüdischer Geschäftsleute zum preiswerten Erwerb von Grundstücken und Firmen aus. Banken und Wirtschaftsprüfer stellten ihre Expertise in den Dienst dieses gewaltigen Vermögenstransfers, gerade so, als ob es sich dabei um ganz normale Geschäfte handelte. Tatsächlich wirkten sie mit an einem staatlich gedeckten Raub in Tateinheit mit Erpressung und kassierten reichen „Hehlerlohn" in Form von Provisionen. Aus den Akten spricht eine kalte Geschäftsmäßigkeit, mit der nicht nur die Behörden, sondern auch die „arischen" Unternehmer die Fälle abwickelten. Ihren Vermögenszuwachs mussten sie jedoch mit dem NS-Regime teilen, das Sonderabgaben und „freiwillige" Spenden einforderte.

Schließlich versprachen die besetzten Territorien üppige Beute. Die Wirtschaftsgruppen schickten an ihre Mitglieder Listen mit lohnenden Übernahmeobjekten. Allerdings war unklar, ob und zu welchen Konditionen das Reich diese Beute übereignen würde. Vorerst wurde meist die Rechtsform der Treuhänderschaft gewählt, bei der kein Eigentumsübertrag stattfand, sondern ein Betriebsführungsvertrag geschlossen wurde, durch den die „Paten" aber eine Art Anwartschaft auf einen späteren Kauf zu erlangen glaubten.

7.2.8 Distanzierung und business as usual im Untergang

Von der Stichhaltigkeit dieses Kalküls konnten sich die deutschen Unternehmer jedoch nicht mehr überzeugen, da die territoriale Expansion des Regimes 1942/43 endete und es fortan v. a. Rückzugsgefechte führte. Im Sommer 1944 erreichte die Rüstungsproduktion ihren Höhepunkt, während mit der sowjetischen Großoffensive im Osten und der Landung der Briten und Amerikaner in der Normandie die Verteidigung Deutschlands begann. Die alliierte Luftüberlegenheit ließ das Reich seit Ende 1944 in wirtschaftlicher Agonie versinken. Die meisten Unternehmer hatten spätestens nach dem Schock von Stalingrad an der Jahreswende 1942/43 begriffen, dass die Tage des Regimes gezählt waren und nun Vorbereitungen für die Zeit danach getroffen werden mussten.

1943 begann ein schleichender Loyalitätsentzug, der angesichts der damit verbundenen Gefahr im Verborgenen vonstattengehen musste. Zunehmend drückten sich die Firmen davor, in Projekte zu investieren, für die nach dem Krieg keine Verwendung bestand. Überall begannen die vom Regime verbotenen Friedensplanungen. Die Unternehmensziele verschoben sich jetzt von der Gewinnerzielung zur Existenzsicherung. Die Firmen bildeten heimliche Rohstoffrücklagen, sicherten ihre Maschinen durch Auslagerungen, verhinderten den Zerfall der Stammbelegschaften und brachten zentrale Unterlagen in Sicherheit. Für die zerfallende Kriegswirtschaft bedeuteten diese substanzerhaltenden Maßnahmen eine weitere Schwächung. *Klaus-Dietmar Henke*, der die amerikanische Eroberung im Detail untersucht hat, schreibt über die Phase seit dem Sommer 1944: „Das ehedem imponierende Schiff sank jetzt, und gerade die Männer der Wirtschaft waren umsichtig und vernünftig genug, sich so rechtzeitig und unauffällig von Bord zu begeben, daß es dem Kapitän und seinen letzten Getreuen normalerweise verborgen blieb." Vereinzelt wurden aber auch Exempel statuiert.

Die Unternehmer verstanden es mit großem Geschick, die Errichtung von Verteidigungsstellungen der Wehrmacht in der Nähe ihrer Betriebe oder gar auf dem Werksgelände zu vermeiden. Ferner boykottierten sie den selbstzerstörerischen „Nerobefehl" und verhinderten z. T. mit Waffengewalt die Vernichtung ihres Produktivvermögens, ohne damit – wie sie nach 1945 hartnäckig behaupteten – zu antifaschistischen Widerstandskämpfern zu werden. Sie hatten sich vielmehr lange mit diesem Staat arrangiert und auch von ihm profitiert, verweigerten nun aber die Teilnahme am letzten, selbstmörderischen Amoklauf eines Regimes, das am liebsten alle Deutschen mit in den Untergang gerissen hätte.

Ein anderes Verhalten der Unternehmer in dieser Übergangsphase mag angesichts des Ausmaßes der humanitären Katastrophe Bestürzung auslösen, entsprach aber ganz und gar der betriebswirtschaftlichen Handlungslogik. Mit großer Energie widmeten sich die Firmen dem Inkasso ausstehender Rechnungen besonders gegenüber dem Reich, an dessen künftige Zahlungsfähigkeit man nicht mehr glaubte. So schrieb der Generaldirektor der GHH, Hermann Kellermann, im Mai 1945 an seinen Vorgänger Paul Reusch, dass er „außerordentlich froh und glücklich" darüber sei, dass es ihm gelungen war, „mit der Marine Anfang April [ihre] ganze Rechnung glattzustellen", sodass die zum GHH-Konzern gehörende Deutsche Werft „reichsseitig keine Verluste erleidet." Angesichts des Zusammenbruchs des regulären Bankverkehrs breitete sich in den letzten Wochen des „Tausendjährigen Reiches" ein reger „Inkassotourismus" aus. Während die deutschen Städte im Bombenhagel versanken, wurden in den Unternehmen mit Hochdruck Rechnungen geschrieben und von Mitarbeitern in bar abkassiert. Krupps Berthawerk sandte im März und April wiederholt Angestellte nach Berlin und Eckernförde, um ausstehende Subventionen und Rechnungsbeträge von Reichsbehörden persönlich abzuholen. Tatsächlich konnten sie so noch insgesamt 20 Mio. RM einnehmen. Erst im Mai kamen diese Geldtransporte zum Erliegen. Vielfach misslang aber der vor dem Untergang des Reiches angestrebte Kontenausgleich.

Henke bescheinigt der Mehrzahl der Ruhrindustriellen unmittelbar nach der Kapitulation einen „ungetrübte[n] Elan und Optimismus" sowie „unbekümmerten, politisch beinahe unbedarft zu nennenden Wiederaufbauaktionismus". Natürlich gab es Ausnahmen, wie Albert Vögler, der sich das Leben nahm, oder politisch stark belastete Geschäftsleute, die flohen. Die meisten Unternehmer waren aber bis zum Herbst 1945 im business as usual befangen „und von ihrer eigenen Unentbehrlichkeit bei der Bewältigung der Zusammenbruchskrise" überzeugt. Sie blieben vor Ort, dienten sich den neuen Machthabern an und begannen, zusammen mit den Besatzungsbehörden das Chaos zu beseitigen. Der Vorstand der Vereinigten Stahlwerke ordnete, so ein Protokoll vom 18. Mai 1945, die „Hereinholung von Aufträgen mit aller Energie" an. Die Konzernlenker gingen davon aus, ihre Firmen und Posten nahtlos in die neue Zeit zu überführen. Allerdings wurden sie bald eines Besseren belehrt. Ein ähnlich reibungsloser Regimewechsel wie 1933 sollte ihnen diesmal nicht vergönnt sein.

7.2.9 Vom Unternehmer zum Klassenfeind – SBZ/DDR

In der sowjetisch besetzten Zone, der späteren DDR, kam es seit 1945 zu Enteignungen. Unternehmer galten als Klassenfeinde des entstehenden „Arbeiter- und Bauernstaates", Großunternehmer pauschal als „Naziaktivisten und Kriegsverbrecher". Bereits 1948 entfielen auf Volkseigene Betriebe und Sowjetische Aktiengesellschaften 61 % der Industrieproduktion. 1950 waren es 76 %. Sämtliche Banken und Versicherungen sowie der Großhandel wurden verstaatlicht. Nischen des privaten Unternehmertums blieben vorerst in Teilen der mittelständischen Industrie, im Einzelhandel und im Handwerk bestehen. Allerdings wurden auch diese Bereiche fest in die entstehende staatliche Planwirtschaft eingebunden. Die Zuteilung von Material und andere Vorgaben beschnitten die Spielräume für private Initiativen, die sich umso mehr in die Schattenwirtschaft verlagerten. Im weiter wachsenden Staatssektor waren die strategischen Entscheidungskompetenzen in der „Staatlichen Planungskommission" bzw. im Politbüro gebündelt. Die mittelständischen Fabrikanten versuchten sich mit der SED-Diktatur zu arrangieren, mussten jedoch erleben, wie sie spätestens in den frühen 1970er-Jahren zum Eintritt in Volkseigene Betriebe gezwungen und mit lächerlichen Entschädigungen abgespeist wurden. Damit verloren sie ihr Eigentum. Sofern die Belegschaft zustimmte, durften sie als Betriebsleiter im Amt bleiben, was durchaus nicht selten geschah. Zum Teil gelang es Unternehmern auch, vor der faktischen Enteignung unauffällig Teile ihres Kapitals aus den Firmen zu ziehen, und auf dieses Weise einen privilegierten Lebensstandard abzusichern. 1972 betrug der Anteil privater Unternehmen an der industriellen Produktion 0,1 %. Auch die anderen Nischen privaten Unternehmertums wurden immer kleiner. 1971 hatten noch ca. 1.600 industriell produzierende Produktivgenossenschaften des Handwerks und mehr als 5.000 halbstaatliche Industrieunternehmen ca. 10 % der Industrieproduktion erbracht, bevor auch hier die zwangsweise Umwandlung in „Volkseigentum" erfolgte.

7.2.10 Verunsicherung im Westen

In Westdeutschland schien ebenfalls ein tiefgreifender Umbau der Wirtschaft anzustehen. Die Sozialisierung der Großkonzerne wurde anfangs sowohl von der SPD als auch der CDU unterstützt. Die Entflechtung von Industrie und Großbanken gehörte, wie die Dekartellierung, zu den zentralen, im Potsdamer Abkommen vom August 1945 niedergelegten Zielen der alliierten Siegermächte. Wenig später, im Herbst 1945 wurden die Ruhrkonzerne von den mittlerweile zuständigen Briten beschlagnahmt und ihre Vorstände verhaftet. Diese einst so mächtige Wirtschaftselite fand sich in erbärmlichen Viererzellen und Sträflingskleidung in einem Lager in Bad Nenndorf wieder, wo sie monatelang verhört wurden. Hatten sie noch vor kurzem in luxuriösen Villen residiert und Zehntausende Mitarbeiter geführt, mussten sie jetzt in ungeheizten Zellen auf blankem Holz schlafen und allerlei Schikanen über sich ergehen lassen. Abends wurden die „Ruhrbarone" durchsucht und nackt in die Zellen getrieben.

In den Unternehmen des Ruhrgebiets übernahmen Treuhänder der britischen Besatzungsmacht das Kommando und begannen, die geplanten Demontagen, Entflechtungen und Liquidationen vorzubereiten.

Am Boden

Hans-Günther Sohl (1906–1989), stellvertretender Vorstand der Vereinigten Stahlwerke, wurde am 1.12.1945 aus dem Schlaf heraus ohne Nennung von Gründen verhaftet, zusammen mit anderen Spitzenmanagern in Ketten per LKW nach Bad Nenndorf verbracht und monatelang sowohl von der Außenwelt als auch seiner Familie völlig isoliert. Unter den, laut Sohl, „entwürdigenden Umständen" nahm er in sechs Monaten 25 kg ab und durfte sich glücklich schätzen, nach drei Monaten zum Straßenfegen eingeteilt zu werden, was ihm das Privileg verschaffte, im Müll Speisereste zu ergattern. Ein Zellengenosse überlebte die Haft nicht. Nachdem auch Spitzenvertreter der deutschen Hochfinanz eingeliefert worden waren, verrichtete Sohl zusammen mit Hermann J. Abs von der Deutschen Bank Feldarbeiten. Diese Lagererfahrung hat zweifelsohne auf lange Sicht den Zusammenhalt der westdeutschen Wirtschaftselite gestärkt, die in Bad Nenndorf u. a. Zukunftspläne diskutierte.

1946 folgte die Verlegung in deutlich komfortablere Lager. Am 17.5.1947 wurde Sohl „ohne jede Vorankündigung" entlassen. Beruflich stand er vor dem Nichts und handelte zunächst mit Dachpfannen und Dünger, um seine Familie über Wasser zu halten. Zu diesem Zeitpunkt mochte es ihm wohl schwer vorstellbar gewesen sein, dass er bald schon wieder zur Unternehmerelite des Landes zählen sollte, und als langjähriger Vorstandsvorsitzender von Thyssen und Präsident des Bundesverbands der Deutschen Industrie (1972–1977) höchstes Ansehen genießen würde.
(Toni Pierenkemper, Hans-Günther Sohl: Funktionale Effizienz und autoritäre Harmonie in der Eisen- und Stahlindustrie, in: Paul Erker u. Toni Pierenkemper (Hg.), Deutsche Unternehmer zwischen Kriegswirtschaft und Wiederaufbau. Studien zur Erfahrungsbildung von Industrie-Eliten, München 1999, S. 53–107.)

Mit der Firma Krupp (siehe Abbildung 7.5), dem Symbol der Rüstungswirtschaft schlechthin, sollte dem deutschen Militarismus ein für alle Mal der Garaus gemacht werden. Die Briten, welche die Essener Zentrale am 16.11.1945 beschlagnahmten, waren entschlossen, „to destroy the firm as such and, particularly, to render the enormous parent works in Essen incapable of any further activity." Der Treuhänder, Douglas Fowles, versammelte zu seinem Amtsantritt die im Werk verbliebenen Mitarbeiter der zweiten Führungsebene um sich. In seiner Ansprache deutete er auf das Fenster und verkündete eine erschütternde Botschaft: „Da draußen, meine Herren, wird nie mehr ein Schornstein rauchen. Wo einmal das Stahlgusswerk stand, werden Sträucher, Wiesen und Parks sein. Die britische Militärregierung hat beschlossen, mit Krupp für immer Schluss zu machen."

Bereits wenige Wochen später meldete Fowles gegenüber seinen Vorgesetzten Zweifel an der Entscheidung an, „weil sie eine ganze Stadt ruiniert" und die Besatzungsbehörden Krupp benötigten. Die Militärregierung teilte diese Einschätzung keineswegs und schritt mit der „Austilgung der Firma Krupp" voran. Unternehmensteile wurden ausgegliedert, wichtige Produktionsanlagen trotz heftiger Proteste demontiert oder zerstört. Die Gussstahlfabrik sah 1949 „nach Sprengungen vieler Fundamente teilweise wie eine Mondlandschaft aus." Für die Betriebsteile, die vorerst bestehen blieben, galten rigide Produktionsbeschränkungen.

Abb. 7.5: Werden die Schlote jemals wieder rauchen? Blick auf die August-Thyssen-Hütte AG (um 1935).

7.2.11 Kontinuität der Besitzverhältnisse

Insgesamt blieb aber das Ausmaß der tatsächlichen Struktureingriffe in die deutsche Wirtschaft weit hinter den Vorgaben des Potsdamer Abkommens zurück. Vor allem die USA sahen angesichts des heraufziehenden Kalten Krieges seit 1947 in Westdeutschland zunehmend nicht mehr den zu schwächenden Gegner von gestern, sondern den aufzubauenden Verbündeten von morgen. Sie brauchten eine Bastion gegen den Kommunismus und ein attraktives Modell einer Konsumgesellschaft. Zudem erforderte der Wiederaufbau Westeuropas zwingend die Revitalisierung der westdeutschen Wirtschaft.

Für dieses Vorhaben besaß das Ruhrgebiet eine so zentrale Bedeutung, dass die Demontagen längst nicht den ursprünglich geplanten Umfang erreichten. Trotz anhaltender Bedenken der Briten und Franzosen kam es weder zu Enteignungen noch zur dauerhaften Zerschlagung gewachsener Konzernstrukturen. Die 1926 als Krisenmaßnahme gegründeten Vereinigten Stahlwerke lösten sich 1951–1953 in die 13 Ursprungsfirmen auf. Bei ihnen und anderen Firmen wurde der Kohle-Stahl-Verbund durch die formale Ausgliederung von Konzernteilen zwar auf dem Papier aufgelöst, jedoch arbeitete man in der Praxis wie bisher zusammen. Krupp erhielt die niemals eingelöste, sondern mit Rückendeckung der Bundesregierung unterlaufene Auflage, bis 1959 seine Bergwerke und das Hüttenwerk Rheinhausen zu verkaufen. Tatsächlich stellten viele gerade entflochtene Unternehmen die alten Strukturen durch Fusionen wieder her. Die Vereinigten Stahlwerke lebten jedoch ebenso wenig wie die IG Farben wieder auf. Der Chemiekonzern wurde 1952 nicht wie ursprünglich geplant in 22, sondern nur in 13 Einheiten aufgespalten, wobei die vier sehr starken „Farbennachfolger" Bayer, BASF, Cassella und Hoechst entstanden. Die drei größten Banken (Dresdner, Deutsche und Commerzbank) wurden zunächst in 30 Regionalbanken zerlegt, bevor sich diese bis 1952 zu neun Instituten rekonzentrierten und 1957/58 die ursprünglichen drei Institute wieder bestanden. In anderen Branchen gab es überhaupt keine nennenswerten Eingriffe. Alles in allem dominierte strukturelle Kontinuität, nachdem 1945 die Entflechtung aller Firmen mit mehr als 3.000 Beschäftigten und 1947 immerhin noch aller mit mehr als 10.000 angepeilt worden war.

Bei der Dekartellierung konnten die USA das von ihnen verhängte strikte Kartellverbot nicht auf Dauer stellen, da der traditionelle Widerstand der deutschen Unternehmer gegen einen „zügellosen Wettbewerb" zu stark war. So wurde die Ausarbeitung einer deutschen Wettbewerbsordnung Gegenstand langwieriger Debatten. Das erst 1957 verabschiedete Kartellgesetz stellte einen Kompromiss dar zwischen den Unternehmerverbänden und dem auf Liberalisierung drängenden Wirtschaftsminister Ludwig Erhard. Es sprach ein prinzipielles Kartellverbot aus, nur um es durch einen langen Katalog von Ausnahmen faktisch zu durchlöchern.

7.2.12 Juristische und politische Rehabilitation

Die apokalyptischen Menschheitsverbrechen des Nationalsozialismus erforderten eine Bestrafung der Schuldigen. Nach Abschluss des Nürnberger Prozesses gegen die Hauptkriegsverbrecher, der sich gegen die Partei-, Militär- und Staatsführung gerichtet hatte, fanden 1947/48 zwölf Nachfolgeprozesse gegen deutsche Funktionseliten statt. Drei davon brachten Unternehmer auf die Anklagebank, nämlich Führungskräfte von IG Farben, Krupp und Flick. Ihnen wurde u. a. die Vorbereitung eines Angriffskriegs, die Ausplünderung besetzter Gebiete und die Versklavung von Zwangsarbeitern vorgeworfen. Neben Freisprüchen ergingen zahlreiche Verurteilungen in Bezug auf die letzten beiden Anklagepunkte. Bei den Krupp-Managern staffelten sich die Haftstrafen von sechs bis zwölf Jahren, bei der IG Farben von 18 Monaten bis zu acht Jahren und bei Flick von 30 Monaten bis zu sieben Jahren.

Die willkürliche Auswahl der Firmen und Personen, die kaum nachvollziehbare Strafbemessung, Verfahrensfehler, die Uneinigkeiten der Richter sowie die Uneinsichtigkeit vieler Deutscher führten dazu, dass die Urteile in Westdeutschland allgemein als „Siegerjustiz" galten. Zudem wurde für die Amerikaner zunehmend deutlich, dass die Stärkung des neuen Bündnispartners nicht ohne die Mitarbeit der alten Funktionseliten erfolgen konnte. So kam es bald schon zu ersten Amnestien. Der prominenteste Häftling, Alfried Krupp von Bohlen und Halbach, der 1948 wohl in erster Linie aufgrund seines symbolträchtigen Namens zu zwölf Jahren Gefängnis und der Einziehung seines gesamten Vermögens verurteilt worden war, wurde 1951 durch den neuen, wirtschaftsnahen US-Hochkommissar McCloy zusammen mit anderen Industriellen begnadigt. Insgesamt hatte er seit 1945 sechs Jahre hinter Gittern verbracht. Mit der vorzeitigen Haftentlassung erfolgte die Rückübertragung des Vermögens.

Die mithilfe von Fragebögen und gerichtsähnlichen Tribunalen betriebene Entnazifizierung sollte eine flächendeckende politische Säuberung gewährleisten. Im Laufe dieses Massenverfahrens verschob sich die Stoßrichtung zunehmend von der Säuberung zur Rehabilitierung. Am Ende lief es de facto auf eine Amnestie hinaus, in der Unternehmer wie andere Gruppen kaum Berufsverbote oder Konfiskationen hinzunehmen hatten, und trotz z. T. erheblicher Belastungen mit kleineren Geldstrafen oder befristeten Sühnemaßnahmen wie dem Verlust des Wahlrechts davonkamen. Zu ihrer Verteidigung stellten sie sich als Opfer eines totalitären Staates dar, der ihnen keine Wahl gelassen hätte. Freunde, Kollegen und Geistliche entlasteten sie durch Gefälligkeitsaussagen („Persilscheine"). Im Zeichen des Kalten Krieges und einer um sich greifenden Amnesie neigte man dazu, diese dubiose Lesart der historischen Abläufe zu akzeptieren.

7.2.13 Stützen der Bonner Republik

In Westdeutschland unterblieb ein dauerhafter Eingriff in die Eigentumsrechte und eine soziale Marginalisierung der Unternehmer. Beide Tatsachen erklären jedoch noch nicht hinreichend, warum die Wirtschaft der westdeutschen Demokratie die Loyalität entgegenbrachte, die sie der Weimarer Republik verweigert hatte, und überhaupt zum ersten Mal in der deutschen Geschichte ein parlamentarisches System akzeptierte.

Nach Henke durchliefen die wirtschaftlichen Eliten in der Übergangsphase zwischen Drittem Reich und Bundesrepublik einen schmerzhaften Lernprozess. Auch wenn die Entnazifizierung im Ergebnis für sie glimpflich ausging, seien sie mit jahrelanger Unsicherheit, einer temporären Stigmatisierung und z. T. auch Inhaftierung und Berufsverboten konfrontiert gewesen. Die individuelle Schockerfahrung und kollektive Legitimationskrise hätten daher tiefe Spuren hinterlassen. Die Diskussion um das „neue Unternehmerbild" zwang nicht nur zu einer Auseinandersetzung mit der Vergangenheit, sondern auch zum Neuentwurf ihrer gesellschaftlichen Rolle. Angesichts des ökonomischen Erfolgs des neuen Staates war es überaus attraktiv, sich in ihn als dessen „Leistungsträger" zu integrieren. Angesichts der deprimierenden Erfahrungen der vergangenen 30 Jahre und der abschreckenden Entwicklung Osteuropas gab es zu diesem Kurs letztlich keine Alternative. Inwieweit es sich dabei um ein tatsächliches Umdenken oder eine taktische Kehrtwende handelte, hinter deren Oberfläche erhebliche Verhaltenskontinuitäten bestanden, ist umstritten.

Volker Berghahn hat die These der voranschreitenden, allerdings erst um 1970 abgeschlossenen Amerikanisierung der deutschen Wirtschaft aufgestellt. Trotz der Fortdauer überkommener Dispositionen habe sich v. a. in der verarbeitenden Industrie und der jüngeren Managergeneration ein Bruch mit autoritären Denkweisen vollzogen, und das Leitbild des sozial verantwortlichen, politisch liberalen Unternehmers durchgesetzt, das direkt an das Konzept der „human relations" anknüpfte. Durch Studienreisen in die USA sowie geschäftliche und private Kontakte sei die Orientierung an der reichsten Wirtschaftsnation der Welt nach und nach identitätsbildend geworden.

Paul Erker wandte dagegen ein, dass es „kein Umdenken und kaum ein Nachdenken" gegeben habe. Amerikanisierte Führungskräfte waren „die Ausnahme, pragmatisch vorgehende Manager [...] dagegen die Regel." Dieser Sichtweise zufolge vollzog sich ein entscheidender Wandel erst um 1970, als in den Vorstandsetagen ein Generationswechsel anstand und die Bundesrepublik ihre ersten Krisen erlebte, in der die „trotz aller Amerika-Reisen vorherrschende [...] nationale Binnenorientierung und manageriale Selbstzufriedenheit" die Wettbewerbsfähigkeit schwächten.

Wie immer man das Verhältnis von Umbrüchen und Kontinuitäten gewichten mag, die Unternehmer nahmen – bei aller Kritik im Einzelnen – den demokratischen Staat an. Er garantierte ihre Eigentumsrechte, obwohl das Grundgesetz Enteignungen nicht ausschließt und eine Sozialbindung des Eigentums fordert. Im Kampf gegen die Eingriffe der Besatzungsmächte fanden die Unternehmer bei der Bundesregierung und ihren Ministerien tatkräftige Unterstützung. Ferner konnten die alten Verbände rasch wieder gegründet werden, jetzt natürlich als private Lobbyvereinigungen. In der Korea-Krise (1950–1952) wuchsen ihnen in enger Abstimmung mit den Behörden sogar wieder wirtschaftspolitische Planungs- und Kontrollfunktionen zu. Sie bewährten sich als Transmissionsriemen, die ökonomische Interessen in den politischen Prozess einspeisten. Sie waren von Anfang an akzeptierte Gesprächspartner und wiederholt einflussreiche Berater von Regierung, Administration und Parlamentariern.

In den 1960er-Jahren lag die Zahl der Industrieverbände bei 5.000 bis 7.000. Der Bundesverband der Deutschen Industrie (BDI) vertrat – ganz im Gegensatz zum schwerindustriell dominierten RdI – stärker auch kleinere Firmen und die Belange der Fertigwarenindustrie. Er umfaßte 1980 ca. 100.000 Firmen mit 8 Millionen Beschäftigten. Wohl am wichtigsten ist die Tatsache, dass die Bundesrepublik mit der Sozialen Marktwirtschaft ein überzeugendes, wenngleich in der Praxis sehr dehnbares ordnungspolitisches Konzept besaß. Mit ihm verbanden die Unternehmer nahezu optimale Wachstumsbedingungen, hohe Gewinne und eine historisch beispiellose Wohlstandsmehrung, die eine schmerzlose Entschärfung sozialer Konfliktlagen erlaubte.

Der Rat der Unternehmer war aufseiten der Regierungen stets gefragt. Adenauers Kanzlerdemokratie erleichterte ihren Lobbyismus ganz erheblich. Einflussreiche Unternehmer wie Hermann Josef Abs (Deutsche Bank), Fritz Berg (BDI) und der Privatbankier Robert Pferdmenges hatten Direktzugang zum Kanzler, der ihre Vorschläge oft, aber auch nicht immer umsetzte. Der Geschäftsführer des BDI traf zeitweilig fast wöchentlich mit Adenauers Staatssekretär Globke zusammen. Gleichwohl fiel die Bilanz für die Wirtschaft zwiespältig aus. So stehen aus unternehmerischer Sicht Erfolge wie ein laxes Kartellrecht neben Misserfolgen wie der Montanmitbestimmung, der DM-Aufwertung und der Expansion des Sozialstaats. Auch Adenauers Nachfolger haben, allerdings mit unterschiedlichen Akzenten, die Unternehmer als wichtige Gesprächspartner akzeptiert und sich um die Berücksichtigung ihrer Anliegen bemüht.

Die SPD befand sich im Bundestag bis 1966 ununterbrochen in der Opposition. Mit dem Godesberger Programm von 1959 und mehr noch in der politischen Praxis in verschiedenen Landesregierungen hatte sie ihren Frieden mit dem kapitalistischen System gemacht, das aus ihrer Sicht zwar reformbedürftig, aber nicht mehr abzuschaffen war. Die Unternehmer optierten auch nach Godesberg zumeist für die CDU/CSU oder die FDP. Im Wahlkampf von 1972 unterzeichneten 62 prominente Industrielle einen Aufruf gegen die Wirtschafts- und Sozialpolitik der sozialliberalen Regierung Willy Brandts, den sie in ganzseitigen Zeitungsanzeigen veröffentlichten.

Der Wirtschaft gelang es, direkt und indirekt in überregionalen Parlamenten, in Ministerien und sogar in Regierungen vertreten zu sein. Wiederholt bekleideten Unternehmer oder wirtschaftsnahe Lobbyisten exponierte Ämter. Mit Helmut Kohl stieg ein ehemaliger Lobbyist des Industrieverbands Chemie über die rheinland-pfälzische Landespolitik zum Bundeskanzler auf. Während der Kanzlerschaft Kohls (1982–1998) rückten Wirtschaft und Regierung wieder näher zusammen, was durch die Enthüllung diverser Skandale allgemein bekannt wurde.

7.2.14 Spenden, Skandale und Subventionen

Parteispenden gehörten auch in der Bundesrepublik zu den in großem Umfang und oft unter Missachtung von Steuerrecht und Parteiengesetz eingesetzten Mitteln des Lobbyismus, wobei die Wirtschaft eindeutig CDU/CSU und FDP bevorzugte. Als Gegenleistungen erhielt man Einfluss auf Personalentscheidungen, nützliche Kontakte oder auch Gefälligkeiten, die bis zur Vorteilsnahme reichten. Adenauer unterhielt mithilfe seines Spendenbeschaffers Pferdmenges verdeckte Sonderkonten, die er gezielt zum Ausbau seiner innerparteilichen Macht einsetzte. Helmut Kohl führte dieses System fort und baute es sogar aus. Das Bundesverfassungsgericht erklärte 1979 die Praxis der verdeckten Spendenabwicklung über getarnte Fördergesellschaften für illegal. Es folgte der Flick-Skandal, der eine Lawine von Ermittlungen auslöste. Das Unternehmen Flick hatte in den 1970er-Jahren v. a. CDU und FDP, aber auch der SPD insgesamt zweistellige Millionenbeträge heimlich zukommen lassen. Dabei ging es nicht nur um Steuerhinterziehung, sondern es wurde auch der Verdacht der Korruption ausgesprochen. 1975 hatte Flick Daimler-Benz-Aktien für 1,9 Mrd. DM an die Deutsche Bank verkauft, und die FDP-Wirtschaftsminister hatten ihm 900 Mio. DM fällige Steuern weitgehend erlassen. Als nach 1982 die Vorgänge bekannt wurden, reagierte die neue christliberale Koalition mit dem Versuch einer rückwirkenden Amnestie für Spendendelikte, der aber angesichts öffentlicher Entrüstung scheiterte. Ohne jemals völlig aufgeklärt zu werden, führte der Skandal 1984 zum Rücktritt von Bundestagspräsident Rainer Barzel (CDU) und Wirtschaftsminister Otto Graf Lambsdorff (FDP). 1987 wurden Lambsdorff und sein Vorgänger wegen Steuerhinterziehung zu Geldbußen verurteilt, jedoch vom Vorwurf der Bestechlichkeit freigesprochen. Das Ansehen des ebenfalls aus Flicks schwarzen Kassen bedachten Bundeskanzlers Kohl, der sich auf Gedächtnislücken berief, nahm ebenso wie das Ansehen der Großunternehmen schweren Schaden.

Ende der 1990er-Jahre riefen verdeckte Parteispenden erneut Empörung hervor. Angesichts der Größenordnung und der geschickten Tarnung lag wiederum ein Korruptionsverdacht nahe. Es ging um den Verkauf von 112.000 bundeseigenen Wohnungen, den Export von Panzern nach Saudi-Arabien und die Privatisierung des ostdeutschen Leuna-Chemie-Komplexes zusammen mit der Minol-Tankstellenkette zugunsten des französischen Elf-Aquitaine-Konzerns. Im Gegenzug – so hartnäckige, aber bislang unbewiesene Anschuldigungen – seien Spenden an die Partei des Bundeskanzlers Kohl geflossen. Sein Nachfolger Gerhard Schröder (SPD) setzte sich ab 1998 mit einem betont wirtschaftsfreundlichen Kurs zum Ziel, die überkommene Frontstellung der Unternehmer gegen seine Partei aufzubrechen. In seiner Regierungszeit breitete sich eine neue Form des Lobbyismus jenseits der traditionellen Verbandsarbeit aus. Kommerzielle Vermittler (Public-Affairs-Berater) beschafften zahlungskräftigen Interessenten gegen Honorar Gesprächstermine mit Regierungsmitgliedern, was einen weiteren Schritt in Richtung Entideologisierung und Kommerzialisierung der Politik darstellte.

7.2.15 Transformation der DDR-Wirtschaft

Nach 1989/90 stand in Ostdeutschland die Transformation einer Zentralplanungs- in eine Marktwirtschaft an. Die Bewältigung dieser kolossalen Aufgabe überforderte den Staat, der daher Experten aus der Privatwirtschaft direkt in den Prozess einband. Die Treuhandanstalt, deren Aufgabe die Privatisierung bzw. Abwicklung des „volkseigenen" Produktivvermögens war, besetzte die meisten ihrer Schlüsselpositionen mit befristet abgeordneten Führungskräften der Wirtschaft. De jure vertraten sie die Ziele des Staates, de facto aber oft ihre persönlichen Interessen sowie die ihrer Unternehmen, in die sie später zurückkehrten. Der Raum für Loyalitätskonflikte und Manipulationen war ausgesprochen groß, zumal anfangs klare Strukturen und effektive Kontrollmechanismen fehlten. Welchen Preis setzte man für ein Kombinat an, wenn das eigene Unternehmen der Käufer war? Wer erhielt den Zuschlag, wenn sich mehrere Interessenten meldeten? Welche Sanierungssubventionen sollten vor dem Verkauf in ein Objekt fließen? Bilanzfälschung und Unterwertverkauf sowie das Ausnutzen von Insiderwissen zählten zu den häufigsten Delikten innerhalb der Treuhand.

Die größten Subventionen im Einigungsprozess flossen in das Chemiedreieck bei Halle, für dessen Modernisierung die Treuhand und ihre Nachfolgerin, die Bundesanstalt für vereinigungsbedingte Sonderaufgaben (BvS) bis 1998 insgesamt 31,4 Mrd. DM aufwendeten. Unermessliche Altlasten und veraltete Produktionsanlagen hätten eigentlich eine weitgehende Stilllegung nahegelegt. Da aber die Bundesregierung eine Industriebrache im ehemaligen Chemiezentrum der DDR vermeiden wollte, und Bundeskanzler Kohl 1991 eine Bestandsgarantie für den Standort abgegeben hatte, traten wirtschaftliche hinter politischen und sozialen Überlegungen zurück.

Vereinigungskriminalität. Der Fall Wärmeanlagenbau Berlin (WBB)

„Anfang 1991 interessierte sich die Deutsche Babcock AG für den einstigen DDR-Monopolisten für Heizkraftwerke und Fernwärmeleitungen. Sie schickte daher ihren damaligen Prokuristen, Michael Rottmann, nach Berlin, um die Situation der WBB zu analysieren. Dort angekommen, verbündete sich Rottmann mit den beiden WBB-Geschäftsführern sowie zwei Schweizer Staatsbürgern und malte die wirtschaftliche Situation der WBB so schwarz, dass Babcock das Interesse verlor. Gleichzeitig präsentierte er der Treuhandanstalt einen angeblich solventen Käufer in Gestalt des Schweizer Unternehmens Chematec, welches wohl damals schon hoch verschuldet war und schließlich für zwei Mio. DM die WBB erwarb. Dabei übte sie aber nur eine Strohmannfunktion für Rottmann und seine Mittäter aus.

Zum damaligen Zeitpunkt belief sich der tatsächliche Wert der WBB [...] auf rund 68 Mio. DM, wobei die WBB über liquide Mittel in Höhe von rund 150 Mio. DM sowie etliche lukrative Grundstücke verfügte. Bereits unmittelbar nach dem Kauf wechselte Rottmann in die Geschäftsführung der WBB und begann zusammen mit seinen Komplizen, die Guthaben über ein undurchsichtiges Firmengeflecht auf andere Konten zu transferieren, Grundstücke zu veräußern und Hypotheken aufzunehmen. Auf diese Weise sollen Rottmann und Komplizen der WBB insgesamt rund 150 Mio. DM entzogen haben; übrig blieb hingegen ein Schuldenberg in Höhe von 100 Mio. DM."

(Kai Renken u. Werner Jenke, Wirtschaftskriminalität im Einigungsprozess, in: Aus Politik und Zeitgeschichte 2001, B 32–33, S. 29.)

In der Folgezeit kam es zu dem schon angesprochenen, umstrittenen Verkauf von Leuna/Minol an Elf Aquitaine, bei dem die Treuhand den Bau einer neuen Raffinerie im Wert von 5,9 Mrd. DM zur Hälfte finanzierte und zusätzlich 1,2 Mrd. DM Bundes- und Landesmittel flossen.

Dow Chemical erhielt 1995/97 den Olefinverbund. Das US-Unternehmen errichtete ein großes Forschungszentrum, akzeptierte eine Betriebspflicht für 1.800 der einst 26.000 (1990) Arbeitsplätze bis 2008 bzw. 2013 sowie einen Kaufpreis von 550 Mio. DM. Dafür entschuldete die BvS das zu übernehmende Unternehmen, verpflichtete sich bis 2000 zur Übernahme potenzieller Verluste und steuerte 85 % (3,9 Mrd. DM) der Neuinvestitionen der Jahre 1995–2000 bei. Mithilfe dieser Steuergelder errichtete Dow modernste Anlagen und stärkte seine Marktposition in Europa. Vielen Kritikern erschien dieser Aufwand unverantwortbar zu sein. Der „Spiegel" errechnete eine Subvention von 5 Mio. DM pro garantiertem Arbeitsplatz. Dagegen stehen die hohen Sanierungskosten der kontaminierten Standorte, die ohnehin angefallen wären, und die schwer zu kalkulierenden Folgen der Verarmung einer ganzen Region.

Die Aufarbeitung der ebenso schwierigen wie umstrittenen Arbeit von Treuhand und BvS hat gerade erst begonnen und wird zweifellos zu wirtschaftspolitischen und -ethischen Grundfragen führen, die auch für frühere Phasen nie eindeutig zu beantworten waren: Wo verläuft die Grenze zwischen legitimem Gewinnstreben und der Übervorteilung der Allgemeinheit? Wie nah dürfen sich Politik und Wirtschaft kommen? Korruption mag ein Extremfall solcher Nähe sein, Seltenheitswert wird man ihr trotzdem nicht bescheinigen können. Aber auch unterhalb der Schwelle justiziabler Delikte gibt es intransparente Gemengelagen von engen Kontakten und informellen Hilfen, die mit dem Konzept einer Sozialen Marktwirtschaft nicht in Einklang zu bringen sind.

Weiterführende Literatur

Blaich, Fritz, Staatsverständnis und politische Haltung der deutschen Unternehmer 1918–1930, in: Karl Dietrich Bracher u. a. (Hg.), Die Weimarer Republik 1918–1933. Politik. Wirtschaft. Gesellschaft, Bonn 1987, S. 158–178.

Feldman, Gerald D., Politische Kultur und Wirtschaft in der Weimarer Zeit: Unternehmer auf dem Weg in die Katastrophe, in: Zeitschrift für Unternehmensgeschichte 43, 1998, S. 3–18.

James, Harold, Deutschland in der Weltwirtschaftskrise 1924–1936, Stuttgart 1988, S. 166–197.

Berghoff, Hartmut; Kocka, Jürgen u. Ziegler, Dieter (Hg.), Business in the Age of Extremes. Essays in Modern German and Austrian Economic History, Cambridge 2013.

Gall, Lothar (Hg.), Krupp im 20. Jahrhundert. Die Geschichte des Unternehmens vom Ersten Weltkrieg bis zur Gründung der Stiftung, Berlin 2002.

Finger, Jürgen; Keller, Sven u. Wirsching, Andreas, Dr. Oetker und der Nationalsozialismus. Geschichte eines Familienunternehmens 1933–1945, München 2013.

Erker, Paul u. Pierenkemper, Toni (Hg.), Deutsche Unternehmer zwischen Kriegswirtschaft und Wiederaufbau. Studien zur Erfahrungsbildung von Industrie-Eliten, München 1999.

Berghahn, Volker R., Unternehmer und Politik in der Bundesrepublik, Frankfurt/M. 1985.

Frei, Norbert u. Schanetzky, Tim (Hg.), Unternehmen im Nationalsozialismus. Zur Historisierung einer Forschungskonjunktur, Göttingen 2010.

Rauh, Cornelia u. Berghoff, Hartmut, In jedem System zukunftsfähig? Der Unternehmer Fritz Kiehn, in: Werner Plumpe (Hg.), Unternehmer – Fakten und Fiktionen, München 2014, S. 257–278.

Schanetzky, Tim, Regierungsunternehmer. Henry J. Kaiser, Friedrich Flick und die Staatskonjunkturen in den USA und Deutschland, Göttingen 2015.

Scherner, Jonas, Das Verhältnis zwischen NS-Regime und Industrieunternehmen. Zwang oder Kooperation?, in: Zeitschrift für Unternehmensgeschichte 51, 2006, S. 166–190.

Bösch, Frank, Macht und Machtverlust. Die Geschichte der CDU, Stuttgart 2002, S. 156–190.

Karlsch, Rainer u. Stokes, Raymond, Die Chemie muss stimmen 1990–2000. Bilanz des Wandels, Berlin 2000.

7.3 Marktwirtschaft versus Sozialpartnerschaft? – Arbeitsbeziehungen im Wandel

7.3.1 „Freie" Arbeitsverträge

Hauptkennzeichen der kapitalistischen Umgestaltung der Arbeitswelt im Zuge der Industrialisierung war die Herauslösung des Einzelnen aus ständischen, kollektiven Bindungen und seine Überantwortung an den Arbeitsmarkt, auf dem nicht mehr feudale, an die Person gebundene Pflichten zählten, sondern das Verhältnis von Angebot und Nachfrage. Der Geldlohn trat an die Stelle von Naturalien und Nebenleistungen, wie sie etwa Handwerker in Form von Kost und Logis im Haushalt des Meisters erhielten. Dieser Wandel prägte sich am stärksten bei der Fabrikarbeit aus, die mit ihrer strengen Disziplin und der rigiden strikten Abschottung vom Privatleben für viele Betrachter den Idealtyp entfremdeter Arbeit verkörperte.

Die Liberalisierung des Arbeitsmarkts basierte auf dem individualistischen Konzept, das Arbeitsverträge als freiwillig geschlossene Abkommen gleichberechtigter Partner interpretierte. Tatsächlich erwies sich die liberale Vorstellung der „Vertragsfreiheit" als Fiktion, hinter der sich massive soziale Unterschiede und eklatante Missstände verbargen, die den sozialen Frieden und in letzter Konsequenz die kapitalistische Wirtschaftsordnung gefährdeten. Daher drängte der Staat durch Arbeitsschutzgesetze die schlimmsten Exzesse der Vertragsfreiheit zurück, etwa Kinderarbeit oder extreme Gesundheitsgefährdungen. Daneben nahmen sich bürgerliche Sozialreformer der „sozialen Frage" an. Auch paternalistisch inspirierte, innerbetriebliche Sozialarbeit hatte u. a. hier ihren Ursprung.

In Deutschland legten die bismarckschen Sozialgesetze, die einen vorerst noch bescheidenen Schutz gegen die Folgen von Krankheit, Unfall, Alter und Invalidität schufen, in den 1880er-Jahren den Grundstein für die Herauslösung elementarer Lebensrisiken aus der Marktsphäre, auch wenn Bismarck in erster Linie die Arbeiterbewegung schwächen wollte. Im Kernbereich der Arbeitsbeziehungen mischte sich der Staat aber noch nicht ein, und verteidigte zumindest im industriellen Bereich die weitgehende Deregulierung des Arbeitsmarkts, während sich im Handwerk und in der Landwirtschaft überkommene Verhältnisse länger hielten.

Herr-im-Hause-Standpunkt

„Weder Kaiser noch Könige haben in den Betrieben etwas zu sagen. Da bestimmen wir allein."
(Emil Kirdorf, Direktor der Gelsenkirchener Bergwerks-AG, zit. in: Gerhard A. Ritter u. Klaus Tenfelde,
Arbeiter im Deutschen Kaiserreich 1871–1914, Bonn 1992, S. 417.)

Besonders die Großindustriellen des Ruhrgebiets vertraten die Ansicht, dass ihnen das Privateigentum an den Produktionsmitteln ein uneingeschränktes Verfügungsrecht in allen betrieblichen Fragen garantiere. Sie bestanden darauf, die Arbeitsbedingungen gebieterisch festzusetzen, oder doch zumindest ohne „Einmischung" Dritter allein mit „ihren Leuten" auszuhandeln. Paternalistischen Arbeitgebern war der Gedanke unerträglich, mit Betriebsfremden über Interna des „eigenen Hauses" sprechen zu müssen. Alfred Krupp, der den Phänotypus des schwerindustriellen Patriarchen in Reinkultur verkörperte, beharrte darauf, „daß ich in meinem Hause [...] Herr sein und bleiben will". Kritiker des „Herr-im-Hause-Standpunkts" sprachen von „Fabrikfeudalismus".

7.3.2 Anfänge des Tarifvertragswesens

Der firmenspezifische bzw. sogar individuelle Arbeitsvertrag war aber nicht nur aus sozialen Gründen problematisch, sondern bescherte auch den Unternehmen einen erheblichen Aufwand. Er verursachte hohe Transaktionskosten, denn in jedem Unternehmen mussten eigene Regelungen gefunden und ständig aktualisiert werden. Entscheidungen, Verhandlungen, Vereinbarungen und deren Überwachung kosteten Zeit und Geld. Zudem brachten sie in den einzelnen Firmen unterschiedliche Ergebnisse hervor, sodass für die Arbeiter insbesondere auf leer gefegten Arbeitsmärkten ein hoher Anreiz bestand, sich durch den Wechsel ihres Arbeitgebers geringfügige Vorteile zu sichern. Seit 1880 war die Fluktuation in der deutschen Großindustrie allgemein sehr hoch. Im Ruhrgebiet sprach man vom „Zechenspringen" der Bergleute, die als Zuwanderer noch keine lokalen Wurzeln geschlagen hatten und jede Gelegenheit zur Statusverbesserung nutzten. Oftmals protestierten sie mit der Abwanderung auch gegen die Arbeitsbedingungen. In der Terminologie der Koalitionstheorie handelte es sich bei dem firmenspezifischen Arbeitsvertrag um einen „instabilen Konsens", der mit hohen Kosten ständig neu ausgehandelt werden musste.

Eine rationalere Lösung bestand in Tarifverträgen, d. h. in kollektiven Abkommen für die Beschäftigten einer Branche in einer Region oder dem ganzen Land. Der Verhandlungsprozess wurde zentralisiert, was zu erheblichen Transaktionskostenersparnissen nicht nur in Bezug auf die Verhandlungen führte. Vielmehr wurde auch die Benutzung des Arbeitsmarkts billiger, da sich die Bedingungen in unterschiedlichen Unternehmen anglichen und sich für die Arbeiter der Anreiz zur Fluktuation verringerte. Zudem schlossen Tarifverträge während ihrer Laufzeit Streiks und

Aussperrungen aus, schufen also eine berechenbare Phase des Betriebsfriedens. Sie waren, so der Gewerkschaftsführer Theodor Leipart, befristete „Waffenstillstandsverträge", mithin Instrumente zur Verhinderung destruktiver, unkontrollierbarer Arbeitskämpfe.

Der Nachteil des Tarifvertrags besteht darin, dass er für seine Laufzeit den Marktmechanismus zugunsten starrer Regelungen ausschaltet. Spontane Korrekturen, etwa als Reaktion auf Konjunkturschwankungen, sind nicht möglich. Vor allem lassen sich kaum Anpassungen nach unten vornehmen, schon gar nicht kurzfristig. Schließlich verhindert eine zentrale Lösung die Berücksichtigung lokaler und betriebsspezifischer Sonderbedingungen. Der einzelne Unternehmer muss seine Entscheidungsbefugnis an seinen Verband delegieren, d. h. einen Teil seiner betrieblichen Autorität aufgeben. Insgesamt bilden sich also institutionelle Rigiditäten aus, die den Marktmechanismus tendenziell schwächen und zu Lasten der Rentabilität gehen können.

Die Unternehmer des Kaiserreichs lehnten aber Tarifverträge v. a. deswegen ab, da diese die Anerkennung autorisierter Arbeitervertreter notwendig machten. Mit wem sollten sie auf überbetrieblicher Ebene sonst verhandeln, wenn nicht mit den Gewerkschaften? Gegenüber den Vorteilen des Tarifvertrags schien die Akzeptanz der organisierten Gegenmacht der Arbeit ein zu hoher Preis zu sein, zu sehr hing man am uneingeschränkten betrieblichen Herrschaftsanspruch. Der Tarifvertrag war aus Sicht der Unternehmer der „gedeihlichen Fortentwicklung" der deutschen Industrie „überaus gefährlich". Daher setzten sie eher auf paternalistische Methoden der Mitarbeiterbindung, d. h. auf Prämien, Werkswohnungen und Sozialkassen, aber auch auf repressive Mittel wie Aussperrungen und schwarze Listen von „Agitatoren", die nirgendwo mehr eingestellt werden sollten. Die Konsequenz dieser Entscheidung bekamen sie aber in Form erheblicher Verluste durch Arbeitskämpfe zu spüren (siehe Abbildung 7.6). Teure Anlagen standen still, und lukrative Aufträge konnten nicht ausgeführt werden. Auch die Arbeiter zahlten einen hohen Preis. Sie hatten nicht nur Lohnausfälle und z. T. Entlassungen hinzunehmen, sondern gerieten auch in Konflikte mit der Obrigkeit. Streiks waren zwar seit 1869 nicht mehr illegal, aber die Ausübung von Zwang gegenüber Arbeitswilligen galt als Verletzung der Vertragsfreiheit, sodass sich Streikagitatoren der Verfolgung einer schikanösen Justiz aussetzten. Zudem ging die Polizei oft äußerst brutal gegen Streikende vor. Institutionenökonomisch gesprochen konnten die Verhandlungskosten auf beiden Seiten extrem hoch werden.

In Ermangelung friedlicher Mechanismen des Interessenausgleichs häufte sich die unwirtschaftliche Austragung von Tarifkonflikten in Arbeitskämpfen. Besonders in der Hochkonjunktur, die 1895 einsetzte und mit kurzen Unterbrechungen bis 1914 andauerte, stieg die Zahl der Streiks in bislang unvorstellbare Höhen. Sie lag 1903 erstmals bei über 1.000 pro Jahr, 1905 sogar bei 3.059, um sich danach bei über 2.000 einzupendeln. Diese Streikwelle führte zu Lernprozessen auf beiden Seiten, zur zunehmenden Ersetzung individualistischer durch kollektive Handlungsmuster. Die Unternehmer sahen nun immer häufiger die Notwendigkeit, sich in Verbänden zusammenzuschließen und ihr Verhalten bei Arbeitskonflikten abzustimmen. Von den 3.670 Arbeitgeberverbänden des Jahres 1914 waren nur 366 vor 1900 gegründet worden. Die Arbeiter übten ihrerseits Solidarität ein und machten ebenfalls die Erfahrung, dass sie mithilfe kollektiven Handelns mehr erreichten, als wenn sie den Unternehmern einzeln gegenübertraten. Daher führten die Arbeitskämpfe zu Eintrittswellen in die Gewerkschaften.

Abb. 7.6: Der Streik in der Region Charleroi. Gemälde von Robert Koehler (1850–1917) (1886).

Obwohl sie konfliktgeboren waren, handelte es sich bei den deutschen Gewerkschaften keineswegs um streikwütige Organisationen, sondern eher um „Streikvermeidungsvereine" (*Klaus Tenfelde*). Das elementare Interesse der Organisation an ihrem Fortbestand ließ sie teure Arbeitskonflikte auf das finanzierbare Maß begrenzen. Während radikale Minderheiten den Tarifvertrag als „Verrat am Klassenkampf" und „Harmonieduselei" brandmarkten, setzten sich pragmatische Reformer durch. Nach langen, kontroversen Diskussionen entschieden sich die der SPD nahestehenden Freien Gewerkschaften 1899 für den Tarifvertrag „als Beweis der Anerkennung der Gleichberechtigung der Arbeiter seitens der Unternehmer bei der Festsetzung der Arbeitsbedingungen." Die Revolution konnte warten. Die Verbesserung des Lebensstandards hatte Vorrang. Das Eigengewicht der Organisation, insbesondere die Zwänge der Gewerkschaftskasse und die Karrierestrategien der Funktionäre, entfalteten eine disziplinierende Wirkung, erzeugten eine langfristige Perspektive und einen „Zwang zum Kompromiss" (*Klaus Schönhoven*).

Wilde Streiks und eruptiver Protest widersprachen dem an Regeln und durchdachte Kalküle gebundenen Arbeitskampfverhalten der Gewerkschaften. Auch für sie stellte der Tarifvertrag, der Arbeitskämpfe zumeist durch Verhandlungen ablöste, die sinnvollste Lösung dar. Bezeichnenderweise akzeptierten die Arbeitgeber Tarifverträge zuerst dort, wo sich früh starke Gewerkschaften gebildet hatten, Unternehmerverbände schwach waren oder fehlten, und erfolgreiche Streiks tatsächlich stattfanden bzw. glaubhaft angedroht werden konnten. Die Drucker, die als „festgefügte, gesuchte und hochqualifizierte Berufsgruppe" (*Jürgen Kocka*) zu den „Arbeiteraristokraten" und Pionieren der Arbeiterbewegung gehörten, konnten schon 1873 einen Tarifvertrag durchsetzen. Der eigentliche Aufschwung der Kollektivabkommen begann um 1900 als Folge des Aufstiegs der Gewerkschaften zu Massenorganisationen und der eben skizzierten beiderseitigen Lernprozesse in Arbeitskämpfen. Zählte man 1890 in Deutschland erst 51 Tarifverträge, waren es 1905 bereits 1.585 und 1914 sogar 10.840. Sie verbreiteten sich v. a. im Handwerk und in der Leicht- und Fertigwarenindustrie, während sie von den meisten Großindustriellen weiterhin kompromisslos abgelehnt wurden. In der Montanindustrie gab es vor dem Ersten Weltkrieg nicht einen einzigen Tarifvertrag. Die dortigen, gut organisierten Arbeitgeber akzeptierten die Gewerkschaften nicht einmal als Gesprächspartner. 1913 arbeiteten in Deutschland ca. 1,5 Mio. Personen in tarifgebundenen Beschäftigungsverhältnissen, was knapp 14 % der gewerblich oder 6 % aller Beschäftigten entsprach. Am Vorabend des Ersten Weltkriegs entschied der Unternehmer im Normalfall immer noch einseitig über Arbeitsbeziehungen und wehrte sich gegen eine formalisierte, rechtlich abgesicherte Mitwirkung der Belegschaft.

7.3.3 Erster Weltkrieg

Diese Konstellation änderte sich im Ersten Weltkrieg von Grund auf. Die Einberufung von Millionen Arbeitern und die Expansion der Rüstungsindustrie verursachten in vielen Branchen einen eklatanten Arbeitskräftemangel. Die Unternehmer stellten mit Entsetzen fest, dass sie sich immer häufiger gegenseitig Arbeiter mit Locklöhnen abwarben. Die anschwellende Fluktuation und steigende Lohnkosten erschwerten die termingerechte und preisgetreue Ausführung von Rüstungsaufträgen, was die militärischen Behörden alarmierte. Der Versuch, Arbeitsplatzwechsel ohne Freigabe des bisherigen Arbeitgebers zu unterbinden, scheiterte. Daher wurden 1916 auf Druck der militärischen Stellen mehrere paritätisch von Unternehmer- und Gewerkschaftsvertretern besetzte Schlichtungsausschüsse eingerichtet.

Im Sommer 1916 spitzte sich die militärische Lage so zu, dass mit dem Hindenburg-Programm ein rüstungswirtschaftlicher Kraftakt anlief, der u. a. die Aufhebung der freien Arbeitsplatzwahl und die Einführung eines Arbeitszwangs vorsah. In dieser kritischen Situation setzte sich bei den Militärs die Erkenntnis durch, dass ohne direkte Beteiligung der Gewerkschaften die angestrebte Mobilisierung aller Ressourcen von vornherein zum Scheitern verurteilt war. Dieses Kalkül fand im Gesetz über den „Vaterländischen Hilfsdienst" (Dezember 1916) seinen Niederschlag. In allen kriegswichtigen Betrieben waren nun paritätische Schlichtungsausschüsse einzurichten, die über die Freigabe von Arbeitskräften, Löhne und Arbeitsbedingungen entschieden. In alle Schieds- und Einigungsämter bis hinauf zum Kriegsamt rückten Gewerkschaftsvertreter ein. Damit hatten sich die Gewerkschaften zu Disziplinierungsagenturen des Staates instrumentalisieren lassen, aber – gleichsam als Gegenleistung – erstmals die staatliche Anerkennung als legitime Vertreter der Arbeiterschaft und die generelle Akzeptanz von Tarifverträgen erreicht. Die Arbeitgeber sahen in dieser „Niederlage" ein „Gewerkschafts-Hilfsgesetz" und setzten darauf, dass dieses „sozialpolitische Ausnahmegesetz" nach Kriegsende sofort aufgehoben werde.

7.3.4 Überforderte Sozialpartnerschaft Weimars

Tatsächlich aber fanden sich die Unternehmer Ende 1918 nach Bildung der Zentralarbeitsgemeinschaft in einer unerwarteten Bestandssicherungskoalition mit den Gewerkschaften wieder, sodass sie die Fortschreibung des Tarifvertragswesens, nun freilich auf privatrechtlicher Grundlage, durch die Tarifverordnung vom 23.12.1918 vorerst als das kleinere Übel akzeptierten, um der drohenden Sozialisierung zu entgehen. Der sozialpolitische Gründungskompromiss der Weimarer Republik (siehe Kapitel 7.2) mündete in einschlägige Verfassungsartikel ein, in denen der Staat die „Arbeitskraft" unter den „besonderen Schutz des Reiches" stellte und ein kollektives, sozialpartnerschaftliches Arbeitsrecht mit den Eckpfeilern „Koalitionsfreiheit", „Tarifvertrag" und „Mitbestimmung" garantierte. Art. 165 erkannte Unternehmerverbände und Gewerkschaften an und verpflichtete sie, die Lohn- und Arbeitsbedingungen gleichberechtigt zu regeln.

Das Betriebsrätegesetz von 1920 schrieb in Betrieben mit mehr als 20 Beschäftigten die Bildung von Betriebsräten vor, die v. a. in sozialen Fragen und bei Kündigungen Mitspracherechte besaßen. Sie waren auf den Betriebszweck und den Betriebsfrieden verpflichtet und entsandten zwei Vertreter in den Aufsichtsrat von Aktiengesellschaften. Insgesamt blieb die Entscheidungsgewalt der Unternehmer in wirtschaftlichen Fragen unangetastet. Zusammen mit dem Ausbau der Sozialleistungen waren also in Weimar die drei Säulen des sozialpartnerschaftlichen Modells bereits vorhanden, nämlich erstens die betriebliche Mitbestimmung, zweitens das überbetriebliche Tarifvertragswesen und drittens wohlfahrtsstaatliche Interventionen. Allerdings erwies sich die Tragfähigkeit dieser Säulen angesichts der großen Problemlast der krisengeschüttelten Weimarer Wirtschaft vorerst als unzureichend.

Fielen Ende 1918 nur 1,1 Mio. Arbeitnehmer unter Tarifverträge, waren es zwei Jahre später bereits 9,6 Mio. und 1928 sogar 17 Mio. Allerdings handelte es sich keineswegs um eine Erfolgsgeschichte. Ganz im Gegenteil: Zu keiner anderen Zeit des 20. Jahrhunderts fanden in Deutschland mehr Arbeitskämpfe statt (siehe Abbildung 7.7), und sehr häufig traten sich die Kontrahenten völlig kompromisslos gegenüber. Um in den Wirren der Demobilmachung und Inflation ein völliges Chaos zu verhindern, wurden 1919 und erneut 1923 paritätisch besetzte Schlichtungsausschüsse eingerichtet. Kam es zu keiner gütlichen Einigung, fällte der neutrale Vorsitzende einen

Schiedsspruch, den das Reichsarbeitsministerium für verbindlich erklären konnte. Damit gewann das Tarifvertragswesen einen Zwangscharakter, und der Staat geriet mit fatalen Folgen in die Rolle des Schiedsrichters. Das Instrument der Zwangs-schlichtung erschwerte nämlich die angesichts der wirtschaftlichen Turbulenzen ohnehin immens schweren Verhandlungen. Es ließ die Tarifparteien in unversöhnli-chen Positionen erstarren, da ihnen der Staat letztlich die Verantwortung abnahm. Daher kam es zur Diskreditierung des Kompromisses und zum Legitimationsverlust des Staates, der beiden Seiten als Sündenbock galt.

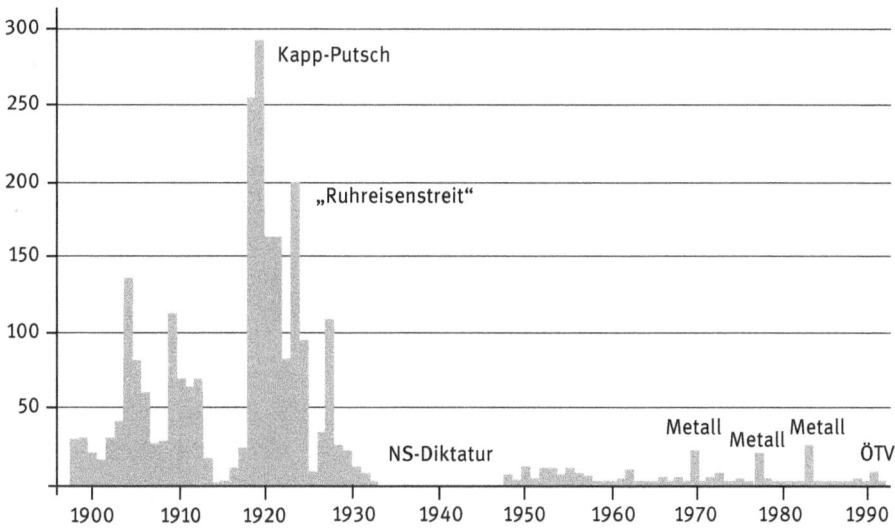

Verlorene Arbeitstage in Tausend je 100.000 nicht landwirtschaftlich Beschäftigte; 1949–1993 West-deutschland

Abb. 7.7: Streiks und Aussperrungen in Deutschland (1899–1993).

In einer Forschungskontroverse über die Auswirkungen des kollektiven Arbeitsrechts der Weimarer Republik wies *Knut Borchardt* darauf hin, dass die Reallöhne 1915–1929 stärker stiegen als die Produktivität und sich die Lohnquote (Anteil der Löhne und Gehälter am Volkseinkommen) erhöht habe. Die staatliche Intervention auf dem Arbeitsmarkt habe somit „politische Löhne" durchgesetzt und die Krise der Weima-rer Wirtschaft erheblich verschärft. Dagegen wandten *Carl-Ludwig Holtfrerich* u. a. ein, dass die unbefriedigende Entwicklung der Produktivität andere Ursachen wie versperrte Exportmärkte, Fehlrationalisierungen sowie die Kartell- und Subventions-mentalität v. a. der Schwerindustrie hatte. Den Anstieg der Lohnquote führte er primär auf strukturelle Ursachen wie das Aufrücken von Arbeitern in besser bezahlte Ange-stelltenstellen zurück. Unbestreitbar ist jedoch, dass reichsweite Tarifverträge die Anreize zur Mobilität verringerten und traditionellen Niedriglohngebieten schadeten.

Die Tatsache, dass es den Arbeitern trotz Tarifverträgen und Sozialstaat nicht gelang, ihren Lebensstandard gegenüber der Vorkriegszeit zu erhöhen, weist auf die Wachstumsschwäche als das Grunddilemma der Weimarer Wirtschaft hin. Tarifkonflikte waren elementare Umverteilungskämpfe geworden, deren Schärfe nicht durch Wachstum gemildert wurde. Insgesamt war das Hauptproblem der Arbeitsbeziehungen Weimars, dass beide Seiten das Potenzial, das in einer regelhaften institutionalisierten Austragung von Interessenkonflikten und einer kooperativen Lösung schwieriger wirtschaftlicher Probleme steckte, nicht zu nutzen vermochten, und sich statt dessen auf unversöhnliche Maximalpositionen zurückzogen, die Konflikte unweigerlich eskalieren ließen, den Staat überlasteten und schließlich infrage stellten.

7.3.5 „Beseitigung des Klassenkampfs" (1933–1945)

Hatten die Unternehmer vom NS-Regime die Befreiung von der „tarifpolitischen Fessel" erhofft, wurden sie auch in dieser Hinsicht enttäuscht. An eine Rückkehr zum Arbeitsrecht des Kaiserreichs war nicht zu denken, denn schon mit Blick auf die politische Loyalität der Arbeiterschaft und die Kosten der Aufrüstung wollte das NS-Regime die lohnpolitischen Zügel nicht aus der Hand geben. Zudem lehnte es aus ideologischen Gründen sowohl ein kollektiv-antagonistisches als ein individualistisch-liberales Modell der Arbeitsbeziehungen ab. Stattdessen propagierte es das nebulöse, aber auch von manchen Arbeitgebern favorisierte Konzept der „Betriebsgemeinschaft" und widersprach mit dem Arbeitsordnungsgesetz von 1934 der „Annahme eines grundsätzlichen Gegensatzes von Arbeitgebern und Arbeitnehmern".

Die gewaltsame Auflösung der Gewerkschaften beseitigte eine autonome Vertretung der Arbeiterschaft sowie das gesamte Tarifvertrags- und Schlichtungswesen. Jedoch durften die Unternehmer nun keineswegs Löhne nach eigenem Gusto festsetzen. Vielmehr entschied das Reichsarbeitsministerium durch die ihm unterstellten „Treuhänder der Arbeit" über die Arbeitsbedingungen. Bei den Treuhändern handelte es sich zumeist um Beamte, Militärs und Verbandsfunktionäre. Ihre Hauptaufgabe bestand in der „Erhaltung des Arbeitsfriedens". Jede Form des Arbeitskampfs, Aussperrungen und Streiks, waren verboten. Die weisungsgebundenen Treuhänder versuchten, die Lohnpolitik auf die Interessen des Staates und insbesondere auf die Rüstungsziele hin auszurichten, d. h. die Löhne möglichst gering zu halten. Eine totale Kontrolle misslang ihnen aber, da die Unternehmen seit 1936 – es herrschte ein Mangel an Arbeitskräften – die staatlichen Vorgaben durch verdeckte Lohnerhöhungen in Form von Prämien, Zulagen, Sozialleistungen und Höherstufungen von Mitarbeitern unterliefen. Selbst das NS-Regime konnte also die Gesetze von Angebot und Nachfrage nicht völlig außer Kraft setzen. Allerdings sank die Lohnquote, sodass sich der Weimarer Trend umkehrte. Die Unternehmer und der Staat gehörten zweifelsohne zu den Nutznießern der NS-Lohnpolitik. In den Betrieben selbst galt das „Führerprinzip", was die Position der Unternehmer gegenüber der Weimarer Zeit stärkte.

Die Deutsche Arbeitsfront (DAF), der über 20 Mio. Beschäftigte und Arbeitgeber angehörten, setzte sich durchaus für die „deutschen Werktätigen" ein und erweiterte das Freizeitangebot durch die Organisation „Kraft durch Freude". Für die Unternehmer konnte es gefährlich werden, sich mit DAF-Funktionären anzulegen. „Ehrengerichte" entschieden darüber, ob die Firmenleitungen die „Ehre" der Arbeiter verletzt hatten. Was das konkret bedeutete, entschied sich im Einzelfall. Häufig waren Werksleitungen und Arbeitern die Aktionen der DAF ausgesprochen lästig. Schließlich hatte die Macht der DAF im polykratischen Chaos des Dritten Reiches klare Grenzen, da sie über keinerlei Kompetenzen auf dem Gebiet der Lohnfestsetzung verfügte.

Die Belegschaften waren gegenüber den „Betriebsführern" zwar zur „Treue" verpflichtet, ließen aber keineswegs alles mit sich machen. Sie setzten z. T. andere Formen der Interessenartikulation ein, wie verdeckte Leistungszurückhaltung und Sabotage. In nicht wenigen Fällen äußerten sie sogar ihren Unmut kurzfristig durch illegale Streiks. Da es kein institutionelles Ventil mehr für soziale Konflikte gab, entlud sich der Unwille der Arbeiter z. T. unkontrolliert und in destruktiven Formen. Das markanteste Kennzeichen der nationalsozialistischen Arbeitswelt war jedoch die Segmentierung der Belegschaften nach rassistischen Kriterien, ihre Aufspaltung nach unterschiedlichen Graden der Entrechtung und Diskriminierung. Am schlechtesten waren die Arbeitsbedingungen derjenigen, die nach NS-Auffassung nicht zur „Volksgemeinschaft" zählten, und seit Kriegsbeginn in immer größeren Zahlen in die Betriebe eingewiesen wurden. Ihre Behandlung entsprach oft, aber nicht immer der rassistischen Rangordnung des Regimes, d. h. Menschen aus Osteuropa und „Nichtarier" wurden am schlechtesten behandelt und überlebten die Zwangsarbeit vielfach nicht oder nur mit schweren gesundheitlichen Schäden. Das Verhalten der Unternehmer, die nicht allein für die Bedingungen des „Arbeitseinsatzes" verantwortlich waren, variierte stark, von moralischer Indifferenz bis zum bewussten Unterlaufen der inhumanen, aber auch ökonomisch unsinnigen „Vernichtung durch Arbeit".

7.3.6 „Goldene Jahre" der Sozialen Marktwirtschaft

Die Sozialordnung der Bundesrepublik knüpfte direkt an das Weimarer Konzept der Sozialpartnerschaft an, wiederholte aber nicht den Fehler, die Tarifparteien aus ihrer Verantwortung zu entlassen. Das Tarifvertragsgesetz von 1949 und Art. 9 des Grundgesetzes wiesen den wieder gegründeten Gewerkschaften und Unternehmerverbänden die Aufgabe zu, sich eigenständig über die Arbeitsbedingungen zu verständigen. Es gilt der Grundsatz der Tarifautonomie, d. h. der staatlichen Abstinenz. Nach 1945 wurden also einige zutreffende Lehren aus der Geschichte gezogen. Dazu gehörte, dass man das problematische Instrument der Zwangsschlichtung nicht wiederbelebte, die Gewerkschaften ihre politische Aufsplitterung überwanden und das Unternehmerlager sie als legitime Vertreter der Arbeiterschaft anerkannte.

Der Interessengegensatz von Kapital und Arbeit wurde in der Bundesrepublik durch das „Superwachstum" der 1950er- und 1960er-Jahre, aber auch durch den Ausbau des Sozialstaats gemildert. Beides entsprach den Prinzipien der Sozialen Marktwirtschaft, die als Antwort auf die Erfahrungen der Zwischenkriegszeit einen Mittelweg zwischen einem „ungezügelten", liberalen Markt und einer staatlichen Planwirtschaft postulierte. Soziale Sicherheit und Gerechtigkeit sollten zwar in erster Linie durch hohes Wachstum erreicht werden, staatliche Interventionen und Transferleistungen aber sozialpolitische Korrekturen vornehmen. Über die Gewichtung der beiden Komponenten wurde stets gestritten.

Der Kompromisscharakter und die inhaltliche Gestaltbarkeit der Sozialen Marktwirtschaft spiegeln sich auch in der betrieblichen Mitbestimmung wider. Im Montanbereich konnten die Gewerkschaften gegen den Widerstand der Unternehmer erhebliche Erfolge erzielen, die weit über das Weimarer Niveau hinausgingen. Dort stellten sie mit dem „Arbeitsdirektor" einen Vorstand und erreichten die paritätische Besetzung des Aufsichtsrats mit Vertretern von Kapital und Arbeit. Eine Ausdehnung der Montanmitbestimmung auf andere Branchen misslang aber. Das Betriebsverfassungsgesetz von 1952 billigte den Arbeitnehmervertretern in Großbetrieben nur ein Drittel der Aufsichtsratssitze zu. Zudem schrieb es die Bildung von Betriebsräten in allen Betrieben mit mehr als fünf Mitarbeitern vor. Deren direkte Mitspracherechte erschöpften sich jedoch in sozialpolitischen Fragen.

BDI-Präsident Fritz Berg über die Mitbestimmung (1965)

„Wer mehr Mitbestimmung fordert, muß sich darüber im klaren sein, daß daraus notwendig der Umsturz unserer erfolgreichen Wirtschaftsordnung folgt. Die sogenannte paritätische Mitbestimmung ist unvereinbar mit Privateigentum, Wettbewerb, Risikofreudigkeit, unternehmerischer Initiative und privatrechtlicher Haftung, den Grundlagen unseres wirtschaftlichen Wiederaufstiegs. Sie ist unvereinbar mit wirtschaftlicher und persönlicher Freiheit."
(Zit. in: Volker R. Berghahn, Unternehmer und Politik in der Bundesrepublik, Frankfurt/M. 1985, S. 308f.)

Die Mitbestimmung durch Arbeitnehmervertreter stand im Widerspruch zum Selbstverständnis der meisten Unternehmer, die gegen die Verletzung der Eigentumsrechte und der unternehmerischen Freiheit protestierten. Aus Sicht der Unternehmertheorie, die ja von einer uneingeschränkten Entscheidungskompetenz in strategischen Fragen ausgeht (siehe Kapitel 2.1), kam es zu Eingriffen in unternehmerische Kernfunktionen. In der Praxis erwies sich die betriebliche Mitbestimmung aber keineswegs als systemwidrig oder dysfunktional. Vielmehr diente sie der Einübung und Intensivierung kooperativen Verhaltens. Die Arbeitnehmervertreter in den Entscheidungsgremien lernten zwangsläufig, auch unternehmerisch zu denken, und gewannen ein unmittelbares Bild von den Sachzwängen des Managements. Umgekehrt flossen die Anliegen und spezifischen Informationen der Mitarbeiter direkt in die Beratungen der Firmenspitze ein, was manche Konflikte erst gar nicht aufkommen ließ.

Diese Beobachtung passt gut zu der These von *Barry Eichengreen* u. a., dass Gewerkschaften, Unternehmer und Staat nach dem Krieg eine Art „Wachstumspakt" schlossen, um im Interesse des Wiederaufbaus scharfe Verteilungskämpfe und prinzipielle Konflikte zu vermeiden. Moderate Lohnzuwächse erlaubten ansehnliche Gewinne, die ihrerseits hohe Investitionsquoten ermöglichten, während ein finanziell gut ausgestatteter Staat für eine soziale Flankierung sorgte. Auf diesem Fundament entwickelte sich in der Bundesrepublik ein sozialpartnerschaftlicher Korporatismus, der Kapital, Arbeit und Staat erfolgreich auf kompromissorientierte Praktiken festlegte. Die starren Fronten der Weimarer Zeit wurden durch eine kontrollierte Konfliktaustragung aufgelöst. Scheiterten Verhandlungen, mussten die Tarifparteien Schlichtungsversuche unternehmen, sodass eine lange Friedenspflicht zu beachten war, und der Arbeitskampf nur als Ultima ratio galt. Schwerpunktstreiks begrenzten die Konflikte mehr, als sie zu eskalieren, denn sie fanden nur in bestimmten Regionen und Branchen wie etwa der Metallindustrie Baden-Württembergs statt. Die Ergebnisse galten dann aber auch anderen Branchen und Regionen als Orientierungspunkte und wurden ohne weitere Auseinandersetzungen im Kern übernommen. Die generelle Akzeptanz und Verbreitung des Tarifvertragssystems, aber auch die Mitbestimmung und der Wohlfahrtsstaat wurden so zu Eckpfeilern eines im internationalen Vergleich überaus erfolgreichen Modells.

Die Bundesrepublik verlor deutlich weniger Arbeitstage durch Arbeitskämpfe (siehe Abbildung 7.7) als die Weimarer Republik und selbst als das späte Kaiserreich. Auch im internationalen Vergleich zeichnete sich die Bundesrepublik durch relativ niedrige Streikziffern und eine geringe Militanz der Arbeitskämpfe aus. Der „Wachstumspakt" unterstützte die Wachstumsdynamik der Nachkriegszeit und stellte für die Bundesrepublik einen wichtigen Wettbewerbsvorteil dar. Man mag jedoch einwenden, dass unter den Bedingungen von Vollbeschäftigung und hohen Wachstumsraten, die den „Wohlstand für alle" (Ludwig Erhard) zumindest mittelfristig realistisch erscheinen ließen, der Interessenausgleich ein vergleichsweise leichtes Unterfangen war. Zudem standen den Akteuren die niederschmetternden Erfahrungen der Jahre 1914 bis 1945 noch unmittelbar vor Augen.

7.3.7 Grenzen und Herausforderungen der Sozialpartnerschaft

Die günstigen makroökonomischen Bedingungen verflüchtigten sich in den 1970er-Jahren im Zeichen der Stagflation, mit der die historisch gesehen relativ kurze Phase der Vollbeschäftigung auslief. Trotzdem gaben die Gewerkschaften ausgerechnet jetzt ihre lohnpolitische Zurückhaltung auf. Wilde Streiks signalisierten ihnen, dass sie sich mit ihren moderaten Lohnforderungen, die lange unter den Produktivitätszuwächsen lagen, zu weit von ihrer Basis entfernt hatten. 1969 erlebte die Bundesrepublik eine ihrer größten Streikwellen (siehe Abbildung 7.7). In den 1970er-Jahren verdreifachte sich die Zahl der durch Arbeitskämpfe ausgefallenen Arbeitstage gegenüber der vorhergegangenen Dekade. Es wäre jedoch falsch, von einer Aushöhlung des Korporatismus zu sprechen. Vielmehr gelang es der Sozialpartnerschaft, einschneidende Rationalisierungen und Strukturbrüche weitgehend friedlich zu gestalten. Weder die Krisen des Bergbaus und der Textilindustrie noch die Automatisierung der industriellen Fertigung und die davon ausgehenden „Dequalifikationsschübe" wurden zu sozialen Sprengsätzen, eine angesichts der Tragweite dieser Umbrüche beachtliche Leistung. Die Gewerkschaften halfen den Arbeitgebern, die Akzeptanz neuer Technologien zu sichern und den Strukturwandel voranzubringen, während der Staat seinerseits die damit verbundenen Härten sozialpolitisch abfederte.

Unter den sozialliberalen Regierungen (1969–1982), in denen mehrere führende Gewerkschafter Ministerposten übernahmen, kam es zum Ausbau von Arbeitnehmerrechten. Unter der Parole „Humanisierung der Arbeitswelt" wurde der Arbeits-, Kündigungs- und Rationalisierungsschutz erweitert und die Frühverrentung erleichtert. Kinder- und Wohngeld, Renten und Lohnersatzleistungen erhöhten sich deutlich. Der „Demokratisierung der Wirtschaft" diente das Betriebsverfassungsgesetz von 1972, das die Mitwirkungsrechte der Betriebsräte erweiterte. Das Mitbestimmungsgesetz von 1976 betraf Großunternehmen mit mehr als 2.000 Beschäftigten, in denen die Aufsichtsräte jetzt paritätisch besetzt wurden. Allerdings erhielten die leitenden Angestellten eine eigene Vertretung, die auf das Kontingent der Arbeitnehmer angerechnet wurde, auch wenn diese Gruppe sich überwiegend mit den Kapitalinteressen identifizierte. Alles in allem blieben die Gewerkschaften weit hinter der von ihnen angestrebten Verallgemeinerung der Montanmitbestimmung zurück. Gleichwohl sahen die Arbeitgeberverbände die Eigentumsgarantie des Grundgesetzes verletzt und riefen das Bundesverfassungsgericht an, das die Klage 1979 zurückwies, jedoch auch eine weitere Ausweitung der Mitbestimmung ausschloss.

Die Gewerkschaften nahmen die Klage der Unternehmer zum Anlass, aus der „Konzertierten Aktion" auszutreten, die 1966 zur Überwindung der Wirtschaftskrise eingerichtet worden war. Sie sollte die korporative Abstimmung von Staat, Wirtschaft und Gewerkschaften intensivieren und institutionalisieren. Die Gewerkschaften verloren allerdings rasch jeden Enthusiasmus, da sie oft einer geschlossenen Front von Arbeitnehmern und Regierungsvertretern gegenüberstanden und nicht den erhofften Einfluss auf die Investitions- und Preispolitik der Unternehmen gewannen.

Ihr Rückzug war ein Symbol für die Grenzen des bundesdeutschen Korporatismus und den Wandel des sozialen Klimas nach dem Ende des „Wirtschaftswunders". Die Reaktion des Staates, einerseits die Sozialleistungen auszubauen und andererseits kreditfinanzierte Beschäftigungsprogramme aufzulegen, stellte nur eine kurzfristige Lösung dar, die sich langfristig als finanzpolitische Zeitbombe und wirtschaftspolitische Illusion erwies. Die Sozialleistungsquote, d. h. der Anteil der Sozialleistungen am Bruttosozialprodukt, wuchs von 20 % (1960) und 26 % (1970) bis auf 31 % (1980). Hinter diesen Zahlen verbirgt sich u. a. eine Erhöhung der Lohnnebenkosten, die zu einem zusätzlichen Beschäftigungshindernis wurden. Auch die gewerkschaftliche

Tarifpolitik, Arbeitszeitverkürzungen ohne entsprechende Lohnsenkungen durchzusetzen sowie Arbeit allgemein und unqualifizierte Arbeit im Besonderen zu verteuern, war arbeitsmarktpolitisch kurzsichtig. Die Arbeitslosenquote stieg von 0,9 % (1969) auf 9,3 % (1985). In gewisser Weise wurde der Erfolg der Sozialpartnerschaft nun zu ihrem Hauptproblem, denn der Primat des Konsenses hemmte die Reformfähigkeit. Ihre besonders schmerzhafte Achillesferse stellte die Unfähigkeit dar, mithilfe korporativer Instrumente neue Arbeitsplätze zu schaffen.

Unter diesen radikal veränderten Rahmenbedingungen geriet das Tarifvertragssystem erneut in die Grundsatzkritik. Es begründe ein Kartell, das sich v. a. gegen Millionen Arbeitslose richte und diese durch künstlich überhöhte Löhne vom Arbeitsmarkt ausschließe. Da die Transferleistungen des Sozialstaats faktisch ein Mindestlohnniveau festlegen, unter dem Arbeit nicht mehr nachgefragt wird, blockieren starre Tarifverträge – so ihre Kritiker – notwendige Anpassungsprozesse und fördern illegale Beschäftigungsverhältnisse. In einer sich globalisierenden Wirtschaft, die in immer kürzeren Taktzeiten auf Veränderungen reagieren muss, seien invariable, dem Marktmechanismus entzogene Arbeitskosten nicht mehr zeitgemäß. Insbesondere der Zusammenbruch Osteuropas, aber auch die Verbilligung der Transportkosten erleichtere ja die Verlagerung von Arbeitsprozessen in Niedriglohngebiete und stelle das deutsche Tarifmodell in einen scharfen Standortwettbewerb.

Die mit dem Siegeszug der Mikroelektronik einhergehenden Veränderungen der Arbeitswelt ließen neue Berufsbilder und Beschäftigungsformen entstehen, die nicht mehr in das Korsett eines Tarifvertragssystems passten, das auf eine klassische Industriegesellschaft mit relativ homogenen und stabilen Statusgruppen zugeschnitten ist. Defragmentierungsstrategien der Großunternehmen und der Bedeutungszugewinn von Netzwerken kleinerer Firmen führten zur Aufsplitterung vormals geschlossener sozialer Einheiten. Schließlich erzwang nach 1990 die besondere Situation in den neuen Bundesländern eine Abkehr von starren Flächentarifverträgen. Angesichts ihres Produktivitätsrückstands drangen die ostdeutschen Unternehmen zu Recht und erfolgreich auf Öffnungsklauseln, die ihnen einen Ausgleich in Form niedrigerer Löhne und längerer Arbeitszeiten sowie eine Anpassung an firmenspezifische Bedingungen erlaubten. Eine wachsende Zahl von Firmen kehrte dem Flächentarifsystem durch den Austritt aus ihren Verbänden den Rücken und ging zu Haustarifen über. Besonders KMUs sahen sich nicht mehr länger durch die oft von Großunternehmen dominierte Verbandspolitik adäquat repräsentiert. Seit Ende der 1990er-Jahre geht der Trend auch in Westdeutschland immer mehr in Richtung Dezentralisierung, ja Verbetrieblichung der Tarifpolitik und Zunahme von Öffnungsklauseln.

Allerdings wurde gleichzeitig deutlich, dass die meisten Unternehmer keineswegs an der Zerschlagung der kollektiven Strukturen und an einer Rückkehr zum „Herr-im-Hause-Standpunkt" interessiert waren und sind, da die Kosten der Benutzung des Arbeitsmarkts und des Clearings divergierender Interessen stark ansteigen würden. Autoritäre Entscheidungen der Firmenspitze ohne Rückkopplung und Akzeptanz der Mitarbeiter entsprachen längst nicht mehr aktuellen Managementtheorien von systemisch-evolutionären bis zu koalitionstheoretischen Konzepten (siehe Kapitel 2.2), die vor den Risiken diktatorischer, unvermittelter Entscheidungen warnen. Von 111 Ende der 1980er-Jahre befragten Topmanagern hielten nur 4 % den Betriebsrat für „überflüssig". Dagegen schätzten ihn 50 % als „Ansprechpartner", 29 % als Interessenvertreter der Mitarbeiter und 11 % als „Informationsvermittler". Während die Unternehmer um das Jahr 2000 dem Tarifvertragssystem ambivalent gegenüberstanden, d. h. seine Starrheiten bekämpften und gleichzeitig die Kosten einer völligen Dezentralisierung des Tarifwesens scheuten, hielten sie mehrheitlich an der einst so vehement bekämpften Mitbestimmung fest.

Wer in der Sozialpartnerschaft bundesdeutscher Spielart einen abzustreifenden Hemmschuh in einer globalisierten Welt sieht, sollte die historische Erfahrung bedenken, dass sozialer Frieden eine „wesentliche Produktivitätsressource" (*Werner Plumpe*) ist, und der Umschlag einer Konsens- in eine Konfliktkultur u. U. hohe Kosten – nicht nur für die Tarifparteien – verursachen kann. Zweifellos ist aber die historische Sondersituation der Nachkriegsjahrzehnte vorbei, in der sich Kompromissfähigkeit und große Verteilungsspielräume gegenseitig bedingten. Insofern steht die Weiterentwicklung der Sozialpartnerschaft auf der Tagesordnung, nicht aber ihre Abschaffung. Es wäre töricht, die historisch gewachsenen, vielfach bewährten Eckpfeiler des deutschen Korporatismus zu zerstören und Modelle anderer Länder zu imitieren. Gleichwohl ist nicht zu übersehen, dass der Ausgleich divergierender Interessen in Zukunft ein deutlich schwierigeres Unterfangen sein wird.

Weiterführende Literatur

Plumpe, Werner, Kapital und Arbeit. Konzept und Praxis der industriellen Beziehungen im 20. Jahrhundert, in: Reinhard Spree (Hg.), Geschichte der deutschen Wirtschaft im 20. Jahrhundert, München 2001, S. 178–199.
Müller-Jentsch, Walther, Lernprozesse mit konträren Ausgängen. Tarifautonomie und Betriebsverfassung in der Weimarer und Bonner Republik, in: Gewerkschaftliche Monatshefte 46, 1995, S. 317–328.
Frese, Matthias, Betriebspolitik im „Dritten Reich". Deutsche Arbeitsfront, Unternehmer und Staatsbürokratie in der westdeutschen Großindustrie 1933–1939, Paderborn 1991.
Schönhoven, Klaus, Die deutschen Gewerkschaften, Frankfurt/M. 1987.
Andresen, Knud, Nach dem Strukturbruch? Kontinuität und Wandel von Arbeitswelt(en) seit den 1970er-Jahren, Bonn 2011.
Silvia, Stephen J., Holding the Shop together. German Industrial Relations in the Postwar Era, Ithaca 2013.

7.4 „All business is local" – zur Bedeutung der Kommunalpolitik

Obwohl die Kommunalpolitik über die Höhe der Gewerbesteuern, über Bebauungspläne und Infrastrukturinvestitionen, Gebühren und Auflagen der Unternehmen entscheidet, hat die Forschung diesen Politikbereich bislang sträflich vernachlässigt. Vor allem Industriebetriebe, für die ein Standortwechsel zumeist nicht infrage kommt, sind direkt von den Produktionsbedingungen ihres Umfelds abhängig. Es ist nicht belanglos, ob Fachkräfte auf dem lokalen Arbeitsmarkt umworben sind, oder ob man als Monopolnachfrager auftritt, was direkt von der Ansiedlungs- und Bodenpolitik der Gemeinde abhängt. Umgekehrt sind die Anliegergemeinden wichtige Stakeholder des Unternehmens, die von seinem Erfolg, aber auch z. B. von seinen Emissionen betroffen sind. Sein Wachstum kann das Gesicht der Gemeinde verändern und weitreichende kommunalpolitische Handlungszwänge auslösen. Städte wie Oberhausen oder Leverkusen wurden gleichsam von Unternehmen geschaffen. Dabei war in Deutschland stets umstritten, ob die Folgekosten der ökonomischen Veränderungen die politische Gemeinde oder die Verursacher zu tragen hatten. „Company towns", d. h. firmeneigene Siedlungen, gab es dagegen v. a. in den USA, wo sie die Schwerindustrie typischerweise in unterentwickelten Regionen ohne jede Infrastruktur anlegte.

7.4.1 Kommunalpolitik in der Industrialisierung

Ein anschauliches Beispiel für die Interdependenz von Kommune und Unternehmen bietet die nach 1860 entstehende deutsche Chemieindustrie. Als neue, rasch wachsende Branche benötigte sie preiswerte Grundstücke, große Flüsse zu Transport- und Entsorgungszwecken sowie eine gute Anbindung an überregionale Verkehrsnetze. Die konservative Handels- und Bankenstadt Frankfurt am Main, die erst 1864 die Gewerbefreiheit eingeführt hatte, stand Industrieansiedlungen generell ablehnend gegenüber, wovon die Kommunen Offenbach und Höchst profitierten. Nach kleinsten Anfängen in Frankfurt entstand daher 1863 die Theerfarbenfabrik Meister, Lucius & Co. in Höchst. Im industriefeindlichen, dicht besiedelten Frankfurt hätte sich die junge Firma nicht gegen die Interessen der alteingesessenen Honoratioren durchsetzen können und genügend Entfaltungsraum gefunden. Die Kleinstadt Höchst begrüßte dagegen jede Initiative und bot große, preiswerte Fabrikareale sowie ein reichhaltiges Arbeitskräftepotenzial. Zudem lag Höchst direkt am Main und besaß hervorragende Anschlüsse an das Straßen- und Eisenbahnnetz. Nach 1880 bürgerte sich für das Unternehmen der Name „Hoechst" ein, was eine Identität mit dem Standort suggerierte.

Die BASF wurde 1865 in der Gewerbe- und Handelsstadt Mannheim gegründet. Obwohl diese ein geeignetes Grundstück bereitstellte, wurde das Werk nicht in Mannheim gebaut. Dort hatte nämlich die Stadt in letzter Minute versucht, den Kaufpreis in die Höhe zu treiben. Die Gründer begaben sich postwendend auf das linke Rheinufer. In der kleinen Nachbarstadt Ludwigshafen, die zur bayerischen Pfalz gehörte, wurden sie mit offenen Armen empfangen und erhielten ein großes Areal, auf dem sie ein nach neusten Gesichtspunkten gestaltetes Chemiewerk aufbauen konnten. Die Betriebskonzession erging mit einem atemberaubenden Tempo. Die Stadt Ludwigshafen baute die Straßen zum Werksgelände auf eigene Kosten. 1866 bekam die BASF erneut kurzfristig Konzessionen für weitere Betriebsteile, obwohl Anwohner protestierten. Das

Gutachten über die gesundheitliche Unbedenklichkeit der Arsenproduktion verfasste der Einfachheit halber der BASF-Werksarzt, der im Hauptberuf Amtsarzt war.

Diese Verwischung der Grenzen zwischen Privatwirtschaft und Obrigkeit lässt sich auch im württembergischen Trossingen nachweisen, wo die Musikinstrumentenindustrie ein agrarisch geprägtes Dorf in einen kleinstädtischen Industriestandort verwandelte. Allerdings betrieb die Gemeinde im Gegensatz zu Höchst und Ludwigshafen keine zielgerichtete Wirtschaftsförderung. Vielmehr betrachteten die alten Eliten des Ortes, d. h. Bauern und Handwerker, die Fabrikanten lange als Konkurrenten beim Kampf um Arbeitskräfte und die Führung der lokalen „Ehrbarkeit". Der Gemeinderat dachte daher nicht daran, junge Unternehmer wie Matthias Hohner mit Steuerkonzessionen oder Vorzugspreisen für Grundstücke zu unterstützen. Stattdessen wurde ihnen mancher Knüppel zwischen die Beine geworfen. Beim Ausbau der Infrastruktur entstand eine eigentümliche öffentlich-private Verbundfinanzierung, um deren Einzelheiten jeweils hart gerungen wurde. Das neue, durch den Zuzug von Arbeitern notwendig gewordene Krankenhaus mussten z. T. die Fabrikanten finanzieren. Dasselbe galt für die Anbindung an das Telegrafie- und Eisenbahnnetz, die für die exportorientierten Firmen unverzichtbar war. Selbst den Bau von Straßen mussten sie bezuschussen. Die den Rat noch lange dominierenden vorindustriellen Eliten stellten sich auf den Standpunkt, dass die Fabrikanten für die Folgen der von ihnen verursachten Veränderungen aufkommen müssten. Tatsächlich profitierten aber auch alle anderen Sozialgruppen von diesen Investitionen.

Wenn der Rat die Hebesätze für die Grund-, Gebäude- und Gewerbesteuern und die Zuschläge zur staatlichen Einkommensteuer festlegte, schalteten sich die Fabrikanten so aktiv wie selten in die Beratungen ein. Aufgrund der Tragweite dieser Entscheidungen engagierten sich die Unternehmer entweder selbst kommunalpolitisch oder entsandten Angestellte in die Gremien. Die Chancen, gewählt zu werden oder Vertrauensleute durchzubringen, waren meist recht gut. Oft ließen sich die Stimmen der eigenen Belegschaften einsetzen oder konkurrierende Kandidaten mithilfe überlegener finanzieller Ressourcen aus dem Feld schlagen.

In Preußen war die Umwandlung von ökonomischer in politische Macht recht einfach. Im Gegensatz zum allgemeinen gleichen Wahlrecht für den Reichstag schloss das Kommunalwahlrecht große Teile der Bevölkerung aus. Zudem gewichtete es die Stimmen nach dem Steueraufkommen der Wähler. Diese wurden in drei Klassen eingeteilt, die jeweils dieselbe Steuersumme entrichteten und dieselbe Zahl von Abgeordneten bestimmten. Die höchst besteuerten Wähler, die ein Drittel der gesamten Steuern aufbrachten, bildeten die erste Klasse. Auch Firmen besaßen z. T. das aktive Wahlrecht. In Städten mit besonders krassen sozialen Unterschieden konnten wenige Reiche genauso viele Abgeordnete wählen wie der Rest der Wahlberechtigten. In Essen bestimmten Alfred und Friedrich Alfred Krupp bis 1894 ein Drittel der Stadtverordneten, da sie allein die erste Klasse bildeten. Auch in Hörde war das Stahlwerk Phoenix mehrfach der einzige Wähler der ersten Klasse. Die SPD sprach daher von „Geldsackwahlrecht".

Neben der Beeinflussung durch Mandatsträger gab es zahlreiche alternative Zugänge zum politischen Prozess. Die württembergische und bayerische Gemeindeordnung räumte z. B. den größten Steuerzahlern des Ortes bei Etatberatungen ein Mitsprache- bzw. Vetorecht ein. So konnten Hohner und die BASF Etats blockieren und Gegenvorschläge einbringen. Da ihnen die Entwürfe im Vorfeld der Beratungen zugingen, besaßen sie einen Informationsvorsprung und stellten über ihre Mandatsträger Weichen. Im Ersten Weltkrieg erwiesen sich gute Kontakte zur Kommunalverwaltung als sehr nützlich, denn diese war die unterste Instanz der Kriegswirtschaftsbehörden, konnte also manches Auge zugunsten lokaler Firmen zudrücken und ihnen das Unterlaufen einschlägiger Vorschriften erleichtern. Allerdings zog der kriegswirtschaftliche Zentralismus die Aufmerksamkeit der Unternehmer nach 1914 auch immer stärker nach Berlin. Waren etwa für die Ruhrindustriellen die Stadträte und Bürgermeister ihrer Gemeinden sowie die Regierungspräsidenten die zentralen politischen Ansprechpartner gewesen, verschob sich jetzt das Gravitationsfeld zugunsten der Ministerien und kriegswirtschaftlichen Stellen der Reichshauptstadt.

Die Einstellung der Wirtschaftsbürger zu ihrer Gemeinde variierte erheblich. Im westfälischen Bochum, wo seit den 1860er-Jahren die „Hüttenpartei", d. h. Vertreter der Zechen und des Bochumer Vereins für Bergbau und Gußstahlfabrikation (BVG), die Kommunalpolitik dominierte, herrschte ein instrumentelles Politikverständnis vor. Die ökonomischen Eliten, so *David Crew*, „identifizierten sich [...] niemals primär mit der Stadt selbst. Sie interessierten sich nicht dafür, welche Rolle ihr Betrieb in der Stadt spielte, sondern umgekehrt, wie die Stadt und ihre Bewohner auf die Anforderungen reagierten, die der Inlands- und Auslandsmarkt an sie stellten."

Das Gegenmodell dazu bildete der Stadtbürger, der sich kraft seiner ökonomischen Potenz in der Verantwortung für das Gemeinwohl sah und sich mit erheblichem Aufwand auch für Anliegen engagierte, die keinen unmittelbaren Bezug zum eigenen Unternehmen aufwiesen. Natürlich gingen stadtbürgerliches Ethos und Selbstdarstellungsbedürfnis, Mäzenatentum und Machtanspruch eine enge Verbindung ein, wenn Parks, Museen, Hochschulen und Stiftungen unterstützt wurden. Offenbar begünstigten gewachsene stadtbürgerliche Traditionen die Herausbildung eines solchen Mäzenatentums. So erlebte in Frankfurt das maßgeblich von Bankiers und Großkaufleuten getragene Stiftungswesen um 1900 einen beeindruckenden Höhepunkt, für den es in den jungen Industriestädten des Ruhrgebiets keine Entsprechung gab.

Unternehmer leiteten von ihrer wirtschaftlichen Kompetenz einen Führungsanspruch in öffentlichen Angelegenheiten ab. In der englischen Industriestadt Birmingham stellten sich nach 1870 Geschäftsleute an die Spitze einer Bewegung, die das Evangelium einer modernen Stadt (*Civic Gospel*) predigte. Die Beseitigung der schlimmsten Slums sowie die Errichtung einer Kanalisation und moderner Versorgungssysteme trugen dazu bei, dass Birmingham zeitweilig zum landesweit gepriesenen Vorbild der Stadtsanierung wurde. Dieser Erfolg, der z. T. bei sinkenden Kommunalsteuern gelang, wäre ohne die Übertragung unternehmerischer Prinzipien auf die Lokalverwaltung unmöglich gewesen. So wurden private Versorgungssysteme kommunalisiert und dann nach privatwirtschaftlichen Prinzipien geführt, sodass der Stadt beträchtliche Gewinne zuflossen. Die Slumbeseitigung finanzierte man durch spekulative Grundstücksverkäufe. Als Bürgermeister definierte der Schraubenfabrikant und spätere Kolonialminister Joseph Chamberlain die Stadt als „enterprise in which every citizen is a shareholder, and of which the dividends are received in the improved health and the increase of comfort and happiness of the community. The members of the Council are the directors of this great business, and their fees consist in the confidence [...] and gratitude of those amongst whom they live." Aus dieser Passage spricht ein naiver, für den Liberalismus typischer Optimismus, soziale Gegensätze qua Fortschritt in einer allgemeinen Harmonie auflösen zu können. Daneben artikuliert sich unmissverständlich ein politischer Führungsanspruch. Die Bürger haben vermeintlich keine Rechte, sondern schulden den Eliten Dankbarkeit und Gehorsam.

Für das Ruhrgebiet war es typisch, dass die Zechen für die beim Wohnungswesen lange untätigen Gemeinden in die Bresche sprangen und mit eigenen „Kolonien" die von ihnen verursachten Ungleichgewichte des Wohnungsmarkts milderten. Der Werkswohnungsbau sollte auch die Fluktuation der Arbeiter eindämmen und sie gegenüber der Arbeiterbewegung immunisieren. Beide Ziele wurden jedoch langfristig verfehlt. Dagegen gelang es den Firmen oft, die räumliche Struktur der Gebietskörperschaften an ihre eigenen Verhältnisse anzupassen. So setzten sie wiederholt Eingemeindungen durch, wenn ihr Werksgelände (Bayer) oder ihre Werkswohnungen (Krupp) über die Gemeindegrenzen hinauswuchsen. Damit wollten sie die Aufsplitterung ihrer politischen Einflusskanäle verhindern und sich die niedrigen Steuersätze der Heimatgemeinden sichern. In Städten, die durch die Industrialisierung erst entstanden, leisteten Unternehmen nicht selten Aufbauhilfe durch die Überlassung von Know-how und die finanzielle Beteiligung an Infrastrukturinvestitionen. Dadurch verwischten sich die Grenzen zwischen öffentlicher und privater Sphäre, ohne dass sich immer eindeutig feststellen lässt, bei wem die meisten Vorteile anfielen. Welches Gewicht Unternehmer in der Kommunalpolitik besaßen, hing wesentlich von den lokalen Verhältnissen ab. Wo ein Unternehmen, wie in Essen oder Leverkusen, dominierte, waren die Verhältnisse andere als in Dortmund oder Köln, wo viele Unternehmer untereinander und mit anderen einflussreichen Gruppen konkurrierten.

Vom Werk zur Stadt Leverkusen

Ein klassischer Fall unternehmerischer Entwicklungsimpulse für ein neues Gemeinwesen findet sich in den Vorläufergemeinden der 1930 entstandenen Stadt Leverkusen, die den Namen des dortigen Bayer-Werks erhielt, das seinerseits auf die 1891 von Bayer übernommene Fabrik Dr. Carl Leverkus zurückging. Bayer stammte aus Barmen bzw. Elberfeld. Das spätere Leverkusen und damalige Wiesdorf war zunächst nur Zweigniederlassung, wurde aber 1912 Hauptsitz.

Auf dem nördlich von Köln am rechten Rheinufer gelegenen Areal fand Carl Duisberg den idealen Standort, um ein modernes, voll integriertes Chemiewerk aufzubauen. Zudem gab es in Elberfeld Umweltproteste und alteingesessene, neuen Branchen gegenüber ablehnend eingestellte

Textilinteressen. Schließlich reduzierte sich die Steuerbelastung des Unternehmens und seiner Führungskräfte durch die Verlegung des Firmensitzes. In Elberfeld betrug der Zuschlag zur Einkommensteuer 215 %, in Wiesdorf dagegen nur 135 %.

Der Standort Wiesdorf war steuerlich günstig und produktionstechnisch optimal, ansonsten aber, so Duisberg, ein „erbärmliches Fischer- und Bauerndorf", in dem es an allem mangelte. Daher engagierte sich Bayer für den Aufbau der Infrastruktur und stellte der überforderten Verwaltung seine Fachleute zur Verfügung. So ließ die Kommune Rechnungen und Verträge durch die Ingenieurabteilungen Bayers prüfen. Bis 1925 bezog sie Gas und bis in die 1980er-Jahre Wasser aus dem Werk. Die gebührenpflichtige Versorgung ermöglichte es dem Unternehmen, „economies of scale" auszunutzen und die Produktionskosten auch für den Eigenverbrauch zu senken. Zudem verbesserte sich die Lebensqualität in Wiesdorf. Im Gegenzug erklärte sich Bayer bereit, den Ausbau der Kanalisation mitzufinanzieren. In anderen Städten bezogen Unternehmen Gas und Strom aus städtischen Werken zu Preisen, die zwei Drittel unter dem privater Haushalte lagen.

Bayer baute wie Hoechst bis 1913 über 1.100 Werkswohnungen. 36 % aller Angestellten und 25 % aller gewerblich Beschäftigten Bayers wohnten 1914 in einer Wohnung ihres Arbeitgebers, was dessen disziplinarischen Zugriff stärkte. Bei einer Kündigung verlor man auch die Wohnung. 1914 gehörten Bayer 54 % aller Wiesdorfer Wohnhäuser. Bei verschiedenen Eingemeindungen nach Wiesdorf erwies sich Bayer als die treibende Kraft, da das Unternehmen eine Kongruenz seiner wirtschaftlichen und politischen Einflussräume anstrebte, die durch die eigene Expansion wiederholt gefährdet wurde.

(Stefan Blaschke, Unternehmen und Gemeinde. Das Bayerwerk im Raum Leverkusen 1891–1914, Köln 1999.)

7.4.2 Demokratisierung der Kommunalpolitik

1918/19 verschoben sich in Deutschland auch die Koordinaten des kommunalpolitischen Kräfteparallelogramms. Der Kreis der Wähler erweiterte sich, da die meisten Wahlrechtsbeschränkungen wegfielen. Das plutokratische Dreiklassenwahlrecht wurde durch den Grundsatz „one man, one vote" ersetzt. Zugleich gewannen die Parteien an Einfluss, und zumindest in den Großstädten drangen die Gesetze des politischen Massenmarkts in die Kommunen vor. Ferner intensivierten sich die Eingriffe des Staates in die Kommunen. Da sich die politische und soziale Basis der Entscheidungsgremien verbreiterte und mit SPD und KPD klassenbewusste Repräsentanten der Arbeiterschaft in die Rathäuser einzogen, wurde es für die Unternehmer schwieriger, ihren Einfluss wie gewohnt zur Geltung zu bringen. Die Zahl ihrer Mandate und Vertreter sank dramatisch, was erneut ihre Distanz zur Weimarer Republik erklärt.

Die Demokratieskepsis hing auch mit der gegenüber dem Kaiserreich erheblichen Mehrbelastung durch kommunale Steuern und Abgaben zusammen. Den Gemeinden wuchsen ja in der Republik zahlreiche neue Aufgaben zu, von der Sozialfürsorge bis zur Arbeitsbeschaffung, vom Wohnungsbau bis zum Ausbau kommunaler Eigenbetriebe, deren Belegschaft sich von 190.000 (1907) auf 466.846 (1925) mehr als verdoppelte. Die Unternehmer protestierten lauthals gegen die angeblichen „Luxusausgaben" und eine wirtschaftlich inkompetente Parteipolitik, die auf die „kalte Sozialisierung" konkurrierender Privatfirmen hinauslaufe.

1932 beklagte die Bochumer IHK den kommunalpolitischen Machtverlust ihrer Mitglieder: „Die Möglichkeit einer Einwirkung auf die Finanzwirtschaft der Gemeinden war der Wirtschaft durch die Neuregelung des kommunalen Wahlrechts [...] völlig genommen." Die wichtigsten Steuerzahler seien „zum Objekt der Gemeindepolitik degradiert worden". *Burkhard Zeppenfeld* hat jedoch nachgewiesen, dass sich die Bochumer Unternehmer trotz der strukturellen Verschiebung zu ihren Ungunsten Gehör verschafften. Zum einen nutzten sie das 1921 in Preußen eingeführte Anhörungsrecht der Steuerzahler. In Bochum nahmen an den öffentlichen Aussprachen nicht nur Verbände teil, sondern Vertreter aller Großunternehmen, deren abgestimmtes Vorgehen nicht wirkungslos blieb. Hinzu kamen Eingaben an die Stadtverwaltung, die Stadtverordneten und die Kommunalaufsicht. 1930 senkte der Regierungspräsident tatsächlich die vom Rat beschlossenen Steuersätze.

Einerseits ist unverkennbar, dass die Unternehmer in die Defensive geraten und die z. T. recht gemütlichen Verhältnisse der Honoratiorenpolitik des Kaiserreichs vorbei waren. Andererseits gab es weiterhin effiziente Einflusskanäle jenseits der Gremien. Wo eine Gemeinde von der Gewerbesteuer eines Unternehmens abhängig war, besaßen direkte Verhandlungen mit der Verwaltung gute Erfolgsaussichten. Persönliche Kontakte, die in Vereinen oder durch gegenseitige Gefälligkeiten gepflegt wurden, taten ein Übriges. In Kleinstädten besaß das Honoratiorenregime eine stärkere Beharrungskraft. In Bochum konnten die Unternehmer mit außerparlamentarischen Mitteln die durch den Systemwechsel von 1919 aufgetretenen Terrainverluste begrenzen und in den Jahren 1922–1929 einen gewissen Einfluss auf die kommunale Finanzpolitik zurückerobern. Mit der Weltwirtschaftskrise kollabierte dieses Arrangement jedoch wieder, als exorbitant steigende Soziallasten mit einbrechenden Gewerbesteuererträgen und Reichszuweisungen zusammentrafen.

7.4.3 Von der NS-Diktatur zur Berliner Republik

Die unternehmerische Kommunalpolitik im NS-Regime ist bislang noch praktisch unerforscht. Das mag an dem allgemeinen Bedeutungsverlust der Gemeinden liegen, deren Selbstverwaltungsrechte radikal beschnitten wurden. Die Deutsche Gemeindeordnung von 1935 degradierte sie zu Erfüllungsgehilfen des Reiches. Bürgermeister und Gemeinderäte wurden nicht mehr gewählt, sondern auf Vorschlag des NSDAP-Kreisleiters ernannt. Ob im Dritten Reich die Brechung lokaler Macht von Unternehmern das vorherrschende Muster war, oder eine Kontinuität der informellen Einflussnahme hinter den Kulissen der neuen Strukturen dominierte, lässt sich aufgrund der großen Forschungsdefizite bislang nicht entscheiden.

Nach 1945 lebte die kommunale Selbstverwaltung wieder auf. Damit wurde die Kommunalpolitik erneut eine wichtige Arena des Interessenkampfs. Ob der Einfluss der Unternehmer nun stärker oder schwächer war als in Weimar, ist kaum zu beurteilen. Die Selbstverständlichkeit, mit der sie im Kaiserreich in vielen Fällen Macht ausgeübt hatten, gehörte ein für alle Mal der Vergangenheit an. Die Professionalisierung der Verwaltung, die voranschreitende Verrechtlichung ihres Handelns und die Intensivierung der Kommunalaufsicht sorgten für erhebliche Gegengewichte.

In kleineren Kommunen scheint aber das aus dem Kaiserreich stammende Modell der Honoratiorenherrschaft im Kern überlebt zu haben. Nach den Rückschlägen der Weimarer Republik war es im NS-Regime offenbar in vielen Fällen geschwächt worden, zumindest wenn der Systemwechsel junge Karrieristen, ideologische Hardliner oder ortsfremde Funktionäre in Schlüsselpositionen gebracht hatte. Gemeindestudien wie diejenige über Wertheim weisen für die 1970er-Jahre wieder eine Situation aus, die in manchem an das Kaiserreich erinnert. Gegen die heimische Wirtschaft ging nichts, ohne sie wenig. Allein und völlig willkürlich konnte sie aber nicht agieren.

Klüngel in Wertheim und anderswo

Die Kommunalpolitik in Wertheim, einer von der Glas- und Metallindustrie geprägten Mittelstadt im Main-Tauber-Kreis, zeichnete sich um 1970 meist durch nicht-öffentliche Diskussionen aus, deren Ergebnisse in öffentlichen Sitzungen lediglich formal abgesegnet wurden. Bürgermeister und Verwaltung stellten den Rat oft vor vollendete Tatsachen. Die Interessen von Industrie und Vereinen fanden stets Berücksichtigung. Während die Vereine eher auf die Öffentlichkeit und den Rat setzten, verhandelte die Industrie lieber direkt mit der Verwaltungsspitze. Die Wirtschaft konnte ihre speziellen Interessen oft nur durchsetzen, wenn sie mit anderen Gruppen „per Klüngel" ein Bündnis schmiedete. Umgekehrt gab es keine Entscheidungen, die den Wirtschaftsinteressen widersprachen. Die Gewerbesteuerabhängigkeit der Gemeinde garantierte einen gleichsam „automatischen Einfluss" der Industrie.
(Ralf Zoll, Wertheim III. Kommunalpolitik und Machtstruktur, München 1974.)

Allgemein drängt sich der Eindruck auf, dass mit dem Ende der Vollbeschäftigung in den 1970er-Jahren die Chancen der Firmen stiegen, an ihren Standortgemeinden Vorzugskonditionen durchzusetzen. Insbesondere erhöhten sich die Aussichten, konkurrierende Standorte gegeneinander auszuspielen und hohe Ansiedlungssubventionen zu erhalten. In den 1950er-Jahren wurden sie nur in Einzelfällen gewährt. Typischer dürfte in der Zeit der Vollbeschäftigung die bewusste Ansiedlungsverhinderung durch ansässige Firmen gewesen sein. Als z. B. Ford in den 1950er-Jahren versuchte, im Ruhrgebiet ein Montagewerk zu errichten, scheiterte das Vorhaben an der fehlenden Bereitschaft der Zechen, Grundstücke zu verkaufen, da sie die neue Konkurrenz auf dem Arbeitsmarkt fürchteten. Sie besaßen eine lange Tradition, durch Flächenbevorratung den Zuzug anderer Industrien in „ihr Revier" zu sabotieren.

Die 1960 erfolgte Eröffnung des Opelwerks auf dem Gelände zweier ehemaliger Zechen war nicht nur ein Symbol für den einsetzenden Strukturwandel des Ruhrgebiets, sondern auch für das Ende der politischen Dominanz der alten Industrien. So führte die Initiative der nordrhein-westfälischen Landesregierung, die 1959 den Kontakt zwischen Opel und der Stadt Bochum hergestellt hatte, zum Erfolg. Da der Arbeitsmarkt in anderen Teilen der Bundesrepublik noch leer gefegt war, und in der einst größten Zechenstadt Europas schon Tausende von Bergleuten freigesetzt wurden, war der Standort Bochum für Opel attraktiv. Zudem versprachen Land und Kommune infrastrukturelle Vorleistungen. Trotzdem erforderte die Ansiedlung Opels erhebliches taktisches Geschick der Politiker, die nämlich die Zechen über die Geheimverhandlungen mit Opel nicht informierten und sich daher unauffällig in den Besitz der Flächen bringen konnten. Mit offenen Karten wäre das Spiel 1960 wohl noch anders ausgegangen.

Mit dem Anstieg der Massenarbeitslosigkeit wuchs die Verhandlungsmacht der Firmen. Als BMW Ende der 1990er-Jahre ankündigte, 1,2 Mrd. Euro in ein neues Werk mit 5.500 Arbeitsplätzen zu investieren, bewarben sich 250 in- und ausländische Standorte. Leipzig erhielt den Zuschlag, nachdem die Stadt mit einer Arbeitslosenquote von 19 % erhebliche Konzessionen gemacht hatte. Entscheidend waren aber die auch auf ihren Druck hin bewilligten Subventionszusagen des Bundes und des Landes in Höhe von 419 Mio. Euro, die nach Einspruch der EU-Kommission um 56 Mio. Euro gekürzt werden mussten. Hinzu kamen erhebliche Investitionen in den Straßenbau. In der Bundesrepublik weiß niemand, welche Subventionen Kommunen für die Ansiedlungsförderung aufwenden, denn sie werden nicht im Subventionsbericht der Bundesregierung erfasst. Zumeist wird Stillschweigen vereinbart, sodass dieser wichtige Politikbereich weitgehend im Verborgenen bleibt. Allein die relative Höhe der BMW-Subventionen, die mindestens einem Drittel des Investitionsvolumens entsprachen, mag verdeutlichen, dass die Kommunalpolitik auch in Zukunft ein wichtiges Aufgabenfeld unternehmerischer Führungskräfte bleiben wird.

Weiterführende Literatur

Süß, Dietmar, Standort, Markt, Betrieb. Unternehmen und Region im 19. und 20. Jahrhundert, in: Geschichte in Wissenschaft und Unterricht 56/3, 2005, S. 148–158.
Frese, Matthias u. Zeppenfeld, Burkhard (Hg.), Kommunen und Unternehmen seit 1918. Wechselwirkungen zwischen öffentlicher und privater Wirtschaft, Essen 1997.
Hippel, Wolfgang von, Auf dem Weg zum Weltunternehmen (1865–1900), in: Werner Abelshauser (Hg.), Die BASF. Eine Unternehmensgeschichte, München 2002, S. 19–116.
Bajohr, Frank, Zwischen Krupp und Kommune. Sozialdemokratie, Arbeiterschaft und Stadtverwaltung in Essen vor 1914, Essen 1988.
Crew, David F., Bochum. Sozialgeschichte einer Industriestadt 1860–1914, Frankfurt/M. 1980.
Schöber, Peter, Wirtschaft, Stadt und Staat. Von den Anfängen bis zur Gegenwart, Köln/Weimar/Wien 2000.

8 Sozial- und Kulturgeschichte des Wirtschaftsbürgertums

8.1 Mythos der offenen Leistungselite

Leistung ist ein zentraler Wert für das Selbstverständnis und die Legitimierung von Unternehmern. Immer dann, wenn ihre Macht und Privilegien kritisiert werden, berufen sie sich auf ihre Leistungskraft und Verdienste für die Allgemeinheit. In der Industrialisierung war allerdings weder der gesellschaftliche Platz der Wirtschaftsbürger noch der Nutzen ihres Handelns generell anerkannt. Vielmehr wurden sie vom Adel und von Teilen der Bürokratie, aber auch von den vermeintlichen Verlierern der Entwicklung, von Handwerkern und Bauern, äußerst misstrauisch beobachtet. Schließlich brachten sie ja die gewohnte Ordnung durcheinander. „Kreative Zerstörung" im Sinne Schumpeters ruft Widerstände hervor.

8.1.1 Aufstiegsmythos

Das zentrale Gegenargument der Unternehmer war ein moralisches, denn sie verwiesen auf die „Laster" und den „Müßiggang" des Adels und beriefen sich auf ihren eigenen Fleiß und ihre Tugendhaftigkeit. Mit ihnen halte der Fortschritt Einzug, und zumindest auf lange Sicht auch der Wohlstand für alle. Dabei stilisierten sich die Unternehmer zum allgemeinen Vorbild, denn mit Selbstkontrolle und Ausdauer könne es jeder so weit bringen wie sie selbst.

Der „self-made man" war der radikale Gegenentwurf zur sozialen Positionierung qua Geburt, wie sie das Ständewesen vorsah. In der bürgerlichen Gesellschaft sollte nicht ein Titel oder ein Stammbaum über die Rangordnung entscheiden, sondern wirtschaftlicher Erfolg. Um die alten, „unverdienten" Vorrechte des Adels zu diskreditieren und die neuen Privilegien der Marktgesellschaft zu legitimieren, war die Behauptung zentral, dass jeder den sozialen Aufstieg – auch von ganz unten – durch Leistung und harte Arbeit schaffen könne. Der sprichwörtliche „Tellerwäscher", der es zum Millionär brachte, zählt zu den erfolgreichsten Heldenmythen des Kapitalismus.

Die Vorstellung, die Industrialisierung habe dem Tüchtigen freie Bahn verschafft, fand auch Eingang in die ältere Forschung. So behauptete *Ludwig Beutin*. „Hier vollzog sich ein reger Aufstieg aus dem Handwerklichen und selbst Bäuerlichen, eben in dem Sinne, wie in einer noch nicht besiedelten [...] Landschaft die ersten Pioniere ganz aus eigener Lebenstüchtigkeit und Zähigkeit [...] sich ein großes Feld zu eigen machen können." Dabei verwies er auf die Geschichte Krupps.

8.1.2 Eine fast geschlossene Gesellschaft

Allerdings stammte diese Familie, die das für lange Zeit größte deutsche Unternehmen schuf, keineswegs aus der Unterschicht. Vor der Firmengründung gehörte die im 16. Jahrhundert aus Holland eingewanderte Kaufmannsdynastie zu den ersten Familien der um 1800 noch kleinen Stadt Essen. Friedrich Krupp (1787–1826) hatte jedoch in der prekären Anlaufphase seiner Firma das Erbe der vermögenden Großmutter fast aufgezehrt. Die finanzielle Notlage, die Gründern aus weniger begüterten Familien das Rückgrat gebrochen hätte, überlebte er aufgrund von Zuschüssen seiner Mutter und Krediten anderer Verwandter. Allerdings kam das Unternehmen aufgrund der noch nicht ausgereiften Produktionstechnik lange nicht aus den roten Zahlen. Bis zu seinem Tod verlor Friedrich praktisch sein ganzes Vermögen, den Status eines „ehrbaren Kaufmanns" sowie sämtliche städtische Ehrenämter. Trotzdem überlebte seine Firma im Wesentlichen dank seines unermüdlichen Engagements und der Vermögenssubstanz der Familie.

Das Konzept des Unternehmers als heldenhafter „self-made man" ist ebenso schillernd wie ambivalent. Zum einen hat diese durchaus typische Anlaufphase überhaupt nichts Heroisches an sich. Man sieht vielmehr Menschen, die um ihre Existenz ringen, Fehler machen und auf die Hilfe anderer angewiesen sind. Oftmals hatten sie schon diverse Konkurse hinter sich und benötigten mehrere Anläufe zum Erfolg. Zum anderen tragen diese Lebensläufe eben doch spektakuläre Züge, denn es entstand aus kleinen Anfängen Großes. Das war weder selbstverständlich noch leicht. Viele Unternehmer, über die wir leider wenig wissen, scheiterten.

Tab. 8.1: Soziale Herkunft deutscher Unternehmer (1800–1933) (in %).

Beruf des Vaters	1800–1870	1871–1914	1918–1933
höhere Beamte	9	9	7
freie Berufe	1	3	3
Berufsoffiziere	1	–	–
Großgrundbesitzer	2	2	4
Unternehmer	54	53	53
Kleingewerbetreibende	24	20	16
Landwirte	2	4	4
mittlere Beamte	5	7	5
Angestellte	1	2	7
Arbeiter	–	–	1
Sonstige	1	–	1
Zahl der Fälle	235	297	232

Selbst in der Frühindustrialisierung fingen die meisten Unternehmer keineswegs mit nichts außer einer guten Idee an, sondern ihr Startpunkt lag irgendwo in der Mitte der sozialen Skala. Um diese Aussage zu präzisieren, muss man kollektivbiografische

Methoden anwenden, die das typische Sozialprofil einer Gruppe rekonstruieren. Für solch ein sozialhistorisches Standardverfahren sind Massendaten zu sammeln und auszuwerten. Zunächst werden größere, möglichst repräsentative Samples zusammengestellt. In einem zweiten Schritt sind die benötigten Informationen zu erfassen und in einem dritten auszuwerten.

Unter den in Tabelle 8.1 erfassten 235 prominenten, zwischen 1800 und 1870 aktiven Unternehmern kamen wie Friedrich Krupp die meisten aus Unternehmerfamilien. 54 % ihrer Väter waren selbst schon Kaufleute, Verleger, Bankiers oder Fabrikanten gewesen. 9 % stammten aus der höheren, 5 % aus der mittleren Beamtenschaft. Mit 24 % war das Kleingewerbe (selbstständige Handwerker und Einzelhändler) die wichtigste Station, von der aus ein Aufstieg in die Unternehmerschaft gelingen konnte.

Gruppiert man die Daten nach dem Kriterium der Schichtzugehörigkeit, gehörten mehr als zwei Drittel der Väter der oberen Mittelschicht an. 85 % der Väter waren selbstständig. Der Befund einer ausgesprochen hohen Selbstrekrutierung v. a. aus dem selbstständigen Bürgertum ist eindeutig. Von ganz unten schaffte praktisch niemand den Aufstieg. Im Rheinland und in Westfalen stammten zwischen 1790 und 1870 fast 90 % aller Industriellen von Selbstständigen ab.

8.1.3 Ursachen der hohen Selbstrekrutierung

Dieser scharfe Gegensatz zum Selbstbild der Unternehmer als offene Leistungselite hat v. a. drei Gründe: 1. das finanzielle Kapital bürgerlicher Familien. Eine Firmengründung erforderte im 19. Jahrhundert zwar zumeist keine großen Investitionen. Die benötigten Summen waren aber für die Unterschichten eben doch viel zu hoch. Die Mittelschichten verfügten über Ersparnisse. Erbschaften, Kredite oder Geschenke unter Verwandten bildeten oft den Grundstock für Gründungen, wie das typische Beispiel Krupp zeigt. 2. die soziale Vernetzung, die, wie bereits gesehen, eine wesentliche Erfolgsbedingung gerade für junge Firmen war. Nützliche Kontakte zu Geschäftsfreunden des Vaters verliehen Unternehmersöhnen einen Startvorteil gegenüber Gleichaltrigen aus anderen Sozialgruppen. 3. das kulturelle Kapital, das die Familie bereitstellte, nämlich in Form bestimmter, für den Unternehmerberuf zentraler Verhaltensmuster. Damit sind Disziplin und Arbeitsethos gemeint, die Fähigkeit zum unternehmerischen Denken, die Hochschätzung wirtschaftlicher Selbstständigkeit und allgemein ein wirtschaftsbürgerlicher Habitus. Selbst wenn ein Unternehmersohn verarmte, besaß er immer noch das von Kindesbeinen an erworbene, kulturelle Kapital und konnte sich leichter auf das Abenteuer Selbstständigkeit einlassen. Wirtschaftsbürgerliche Familien trotzten Misserfolgen. Für viele Unternehmer wurde „nicht akzeptierte Not" zur Hauptantriebskraft. Da man bessere Tage gesehen hatte, suchte man beharrlich in Situationen nach neuen Chancen, in denen Menschen mit anderem Hintergrund schon längst aufgegeben hätten. Die Krupps hatten zu den angesehensten Bürgern Essens gehört und wollten diese Position unbedingt wieder zurückerobern.

Mit dem Konzept des kulturellen Kapitals erklärt *Pierre Bourdieu* die Reproduktion rigider Klassenstrukturen. Sein Ausgangspunkt ist die Beobachtung, dass sich moderne Marktgesellschaften trotz ihrer ökonomischen Dynamik nicht durch eine intensive Elitenzirkulation auszeichnen, sondern es sich bei den Führungskräften um eine relativ „geschlossene Gesellschaft" handelt. Der in den Familien ausgeprägte klassenspezifische Habitus sei der Schlüssel, der den Kindern erfolgreicher Eltern den Weg in ähnlich exklusive Positionen erschließt. Die Relevanz des kulturellen Kapitals ist auch daran abzulesen, dass eine Gruppe, die über nicht unerhebliches finanzielles Kapital verfügte, sich mehrheitlich dem Unternehmerberuf verweigerte: der Adel. Er besaß ein völlig anderes Wertesystem und verachtete die gewerbliche Wirtschaft. Standesgemäß waren die Großlandwirtschaft, das Militär oder die Bürokratie, nicht aber das Bergwerk und die Fabrik. Die schlesischen Magnaten wie die Grafen Ballestrem oder Henckel von Donnersmarck stellten eine regional klar begrenzte Ausnahme dar, die sich aus Sonderfaktoren des erst spät zu Preußen gekommenen Landesteils ergab.

Abb. 8.1: Wohnhaus Friedrich Krupps neben der Gussstahlfabrik (1820er-Jahre).

Die hohe Selbstrekrutierungsquote der Unternehmer war im 19. Jahrhundert keineswegs eine deutsche Besonderheit, sondern ein internationales Phänomen. Selbst in den USA lag die Quote der aus Arbeiterfamilien stammenden Unternehmer je nach Untersuchung zwischen 2 und 8 %. Die meisten Tellerwäscher blieben also in der Küche. Jedoch sollte die hohe Selbstrekrutierung nicht zu dem Missverständnis Anlass geben, dass keinerlei sozialer Aufstieg stattgefunden habe. Zum einen gab es ja eine Öffnung gegenüber dem selbstständigen Kleinbürgertum. Betrachtet man die Abfolge mehrerer Generationen, war das Kleingewerbe eine wichtige Zwischenstation für den

Aufstieg von unten, der innerhalb einer Generation kaum zu schaffen war. Zum anderen handelte es sich bei der Unternehmerschaft keineswegs um eine soziale Gruppe mit einheitlichen Lebenslagen. Vielmehr gab es in ihr erhebliche Bandbreiten. Man konnte also innerhalb ein und derselben Schicht einen erheblichen Aufstieg vollziehen.

Das wird augenfällig beim Vergleich der Wohnhäuser der Familie Krupp zu Beginn ihrer Fabrikantentätigkeit und beim Eintritt in die deutsche Wirtschaftselite (siehe Abbildungen 8.1 und 8.2). Ohne die statistische Kategorie des Wirtschaftsbürgertums zu verlassen, gelang ihnen zwischen den 1820er- und den 1870er-Jahren der Aufstieg von dessen unterster Ebene an die Spitze, vom Häuschen zum Palast. Der Umzug von relativ bescheidenen Wohnungen auf dem Werksgelände in Villen im Grüngürtel der Stadt bildete ein festes Muster derjenigen Familien, welche die zumeist prekäre Gründungsphase ihrer Firmen hinter sich gelassen und sich einen festen Platz im Wirtschaftsbürgertum gesichert hatten.

Abb. 8.2: Villa Hügel, das Domizil der Familie Krupp im Kaiserreich (ca. 1875).

8.1.4 Aufstieg der Manager

Zu den wichtigsten Veränderungen seit dem späten 19. Jahrhundert gehört die voranschreitende Trennung von Eigentum und Entscheidungskompetenz. Dieser Prozess hatte direkte Konsequenzen für die Rekrutierung der Gesamtgruppe, da mit den angestellten Unternehmern (Managern) ein anderer Sozialtypus an Bedeutung gewann. Für ihn war die Abstammung aus dem Wirtschaftsbürgertum weniger wichtig.

Stattdessen benötigte er theoretisch fundiertes Fachwissen aus speziellen, zunehmend auch akademischen Ausbildungsgängen (siehe Kapitel 3.2). Den Hintergrund für diesen Professionalisierungsprozess bildeten die wachsende Kapitalintensität und die beginnende Verwissenschaftlichung der Produktion.

Beides überforderte den traditionellen Eigentümerunternehmer. Emil Rathenau (1838–1915) hatte als Sohn eines wohlhabenden jüdischen Kaufmanns und Rentiers das Licht der Welt erblickt und nach dem Studium am Züricher Polytechnikum als Ingenieur bei Borsig und in England gearbeitet. Nach der Gründung einer Maschinenbaufabrik in Berlin, die 1873 der Gründerkrise zum Opfer fiel, ging Rathenau in die USA, wo er sich in eigenen Worten „Augen, Ohren und Taschen" mit neuen Ideen vollstopfte, bevor er die AEG schuf. Carl Duisberg (1861–1935), Sohn eines kleinen Bandfabrikanten, wurde Generaldirektor beim entstehenden Chemieriesen Bayer und Mitbegründer der IG Farben. Nach dem Studium und der Promotion trat er 1883 im Alter von 23 Jahren in die Dienste von Bayer, wo er die Ablösung einer auf Erfahrungswissen basierenden Farbenproduktion durch moderne, wissenschaftlich fundierte Methoden vorantrieb und die Fundamente für den Aufstieg Bayers zum Weltunternehmen legte. Den Ausschlag für Duisbergs Karriere gab seine naturwissenschaftliche Qualifikation. Im Fall von Georg von Siemens (1839–1901), einem Beamtensohn, waren es Rechtskenntnisse und Verhandlungsgeschick. Nach Jurastudium, Referendariat und Militärdienst trat er in die Dienste von Siemens & Halske, wo er Auslandserfahrung erwarb, bevor er 1870 – allerdings ohne jede Kenntnisse des Bankfachs – zum Direktor der Deutschen Bank ernannt wurde.

Untersuchungen für die 1920er-Jahre zeigen, dass auch Managerunternehmer so gut wie nie aus der Unterschicht stammten, sich aber ihr Rekrutierungsmuster doch signifikant von dem der Eigentümer unterschied. Manager kamen viel häufiger aus der Beamtenschaft und den freien Berufen, dagegen seltener aus dem Wirtschaftsbürgertum. Zudem war der Aufstiegskanal aus den unteren Mittelschichten etwas breiter. Manager vollzogen sozialen Aufstieg primär qua Bildung, wozu sie das kulturelle Kapital der Beamten- und insbesondere der Akademikerfamilien befähigte. Geld an sich spielte dagegen eine geringere Rolle. Insgesamt darf man das Tempo des Vordringens der Managerunternehmer im 20. Jahrhundert und die damit einhergehende leichte soziale Öffnung der Unternehmerschaft nicht überschätzen. Schließlich spielen Familienunternehmen in Deutschland bis heute eine wichtige Rolle, selbst in der Großindustrie. Die Zukunft gehörte aber vorzüglich ausgebildeten Spezialisten, angestellten Unternehmern, für die weder die Traditionen der Eigentümer noch deren familiäre Belange im Vordergrund standen.

8.1.5 Auswirkungen politischer Zäsuren

Das Dritte Reich brachte in Bezug auf die Zusammensetzung der Unternehmerschaft sowohl scharfe Brüche als auch beachtliche Kontinuitäten mit sich. Unternehmer jüdischer Abstammung, die in wirtschaftlichen Spitzenpositionen – gemessen am

Bevölkerungsanteil – stark überrepräsentiert waren, fielen der sogenannten „Entjudung der Wirtschaft" zum Opfer. Ihr Anteil an der deutschen Wirtschaftelite lag in den 1920er-Jahren bei 15–18 %. Es folgten die Verheerungen der Weltwirtschaftskrise und ab 1933 die systematische Ausplünderung, Vertreibung und Ermordung der Juden. Die Nationalsozialisten und ihre Komplizen zerschlugen eine tragende Säule des Wirtschaftsbürgertums und zerstörten eine lange und ungemein erfolgreiche Tradition, die sich nach 1945 nicht einmal ansatzweise wiederbeleben ließ.

Abgesehen von diesem einschneidenden Bruch verblüfft das Ausmaß der Kontinuitäten über die politischen Zäsuren von 1933 und 1945 hinweg. Die Rekrutierungsmuster wurden weder durch die NS-Diktatur noch durch die alliierte Besatzung spürbar verändert. Parteibuchunternehmer, die dank ihrer politischen Verbindungen Blitzkarrieren machten, blieben im NS-Regime insgesamt Ausnahmen, die nach 1945 schnell wieder von der Bildfläche verschwanden. Es gab in der Wirtschaft kein generelles Aufweichen von Leistungskriterien, nicht einmal in Staatsunternehmen. Stattdessen dominierten im Dritten Reich im Großen und Ganzen Eigentümer- und Managerunternehmer, die wohl auch ohne den politischen Systemwechsel in diese Positionen gekommen wären.

Nach 1945 standen für die Unternehmer in Westdeutschland, soweit sie nicht Opfer rassischer Verfolgungen geworden waren, die Zeichen auf Kontinuität und Rekonstruktion, selbst in jenen Fällen, in denen sie sich direkt an den Verbrechen der Nationalsozialisten beteiligt hatten. Nach einer kurzen Zwischenphase, in der die Zukunft vieler Unternehmer in der Schwebe war, verschob der heraufziehende Kalte Krieg die Prioritäten. Wichtiger als eine juristische und politische Aufarbeitung der NS-Zeit schienen nun die wirtschaftlichen Kompetenzen der Unternehmer und ihre Mitwirkung am Wiederaufbau zu sein. Wo sich „neue Leute" durchsetzten, stammten sie aus der zweiten Führungsebene, verfügten über das berufstypische Sozialprofil und nutzten die politischen Umbrüche lediglich zur Beschleunigung der Karrieren, die sie ohnehin gemacht hätten. Bezogen auf das Jahr 1955 stellte *Wolfgang Zapf* fest, dass bei „Großunternehmern und Kirchenfürsten [...] die geringsten Veränderungen [...] während dreier politischer Regimes" aufgetreten waren. Andere Studien, die eine größere Zahl von Unternehmern untersucht haben, betonen dagegen, dass sich die Rekrutierungsbasis durch die Sonderfaktoren der Nachkriegszeit (viele gefallene Männer, hohe Wachstumsraten) vorübergehend erweitert habe.

Die Bedeutung der familiären Sozialisation

„Mein Vater war Händler, [...] Ich bin schon als Kind immer samstags und sonntags – er ging jeden Samstag und Sonntag in die Firma – mit meinem Vater in die Firma gegangen und habe dort mit ihm über die jeweiligen Werbekampagnen diskutiert [...] Das hat mir immer viel Spaß gemacht. Mein Berufsziel war deshalb immer, einmal in einem großen Handelsunternehmen etwas zu sagen zu haben. Ich hätte meinem Vater daher auch keine größere Freude machen können, als Vorstand bei einem solchen Unternehmen zu werden."

(Vorstand eines der größten bundesdeutschen Handelskonzerne, zit. n. Michael Hartmann, Deutsche Topmanager: Klassenspezifischer Habitus als Karrierebasis, in: Soziale Welt 46, 1995, S. 462.)

Ein völlig anderes Bild ergab sich östlich der Elbe. In der sowjetischen Besatzungs-
zone bzw. der DDR kam es im Zuge der politischen „Säuberung" und der Etablierung
eines sozialistischen „Arbeiter- und Bauernstaats", in dem es kein nennenswertes
Privateigentum an den Produktionsmitteln geben sollte, zur massenhaften Enteignung und Vertreibung wirtschaftsbürgerlicher Eliten. Die Folgen für die ökonomische
Leistungsfähigkeit der DDR waren verheerend. Der Verlust an Know-how und Engagement ließ sich nicht kompensieren. Die in volkseigenen Betrieben und Kombinaten
tätigen Führungskader unterschieden sich von westlichen Managern dadurch, dass
ihnen strategische Entscheidungskompetenzen weitgehend fehlten. Die Ziele der von
ihnen geleiteten Betriebe wurden von der Planungsbürokratie vorgegeben, sodass
kaum Spielräume für genuin unternehmerische Entscheidungen blieben. Daher rangierte für sie die Erfüllung des Planes regelmäßig vor der Rentabilität oder der Befriedigung von Kundenwünschen. Es war vorteilhafter, Verluste zu erwirtschaften, als
Planvorgaben zu verfehlen.

8.1.6 Akademisierung

Erst in der zweiten Hälfte des 20. Jahrhunderts setzte sich eine fast flächendeckende
Akademisierung der Führungsetagen durch. In der Bundesrepublik gelangte nach
1970 kaum noch jemand ohne Hochschulstudium in Spitzenpositionen. 1970 bzw. 1995
verfügten 70 bzw. 82 % der Vorstandsvorsitzenden der 100 größten Unternehmen über
ein Studium, wobei fast ausschließlich die drei Studienrichtungen Jura, BWL/VWL
und Ingenieurwissenschaften vertreten waren. Naturwissenschaftler kamen nur in
seltenen Fällen zum Zug, während nicht ein einziger Geisteswissenschaftler einen Vorstand leitete. Zugleich nahm die Bedeutung der Promotion stark zu. 1995 führte bereits
knapp die Hälfte der Vorstandsvorsitzenden einen Doktortitel. Parallel dazu verloren
die bis 1970 nicht seltenen Hauskarrieren an Bedeutung, sodass es kaum noch möglich
war, sich allein mit einer Lehre vom einfachen Angestellten zum Vorstand hochzuar-
beiten.

Akademisierung und Professionalisierung, die mit dem Aufstieg der Manager
einhergingen, sind nicht mit einer durchschlagenden sozialen Öffnung zu verwech-
seln. Der dominante Trend des 20. Jahrhunderts lief lediglich auf eine Verschiebung
von der Selbstrekrutierung innerhalb des Wirtschaftsbürgertums zu einer Erweiterung des Spektrums auf das gesamte gehobene Bürgertum hinaus, worin sich auch
der Abbau von Berührungsängsten des Bildungsbürgertums gegenüber der Wirtschaft widerspiegelt (siehe Tabelle 8.2). *Michael Hartmann* konstatiert in seiner
Studie der deutschen Unternehmereliten des späten 20. Jahrhunderts eine immer
noch sehr geringe Aufstiegsmobilität aus der Arbeiterschaft und dem Kleinbürgertum, auch wenn sie sich gegenüber dem Kaiserreich und der Weimarer Republik
leicht erhöht hat.

Tab. 8.2: Soziale Herkunft der Topmanager der 200 größten westdeutschen Unternehmen (1981) (in %).

Beruf des Vaters		Beruf des Vaters	
Beamte (gehobener/höherer Dienst)	26,5	Landwirte	3,8
akademische Freiberufler	3,1	Beamte (einfacher/mittlerer Dienst)	7,5
Unternehmer (einschl. Manager/Kleingewerbe)	40,9	einfache Angestellte	5,0
leitende Angestellte	8,0	Arbeiter	5,2

Trotz der Öffnung der Hochschulen, welche die Zahl der Studierenden an den bundesdeutschen Universitäten von 120.496 (1955) auf 1,3 Mio. (1985) steigen ließ, und der Förderung sozial Benachteiligter durch das 1971 eingeführte BAföG erhöhten sich die Chancen für Kinder aus der Arbeiterschaft und dem Kleinbürgertum kaum. Die Rekrutierungsbasis für die Spitzenpositionen der deutschen Wirtschaft erweiterte sich lediglich horizontal, d. h. innerhalb des Bürgertums, sodass die Aussichten für Söhne höherer Beamter und leitender Angestellter stark stiegen und die nach wie vor hohe Selbstrekrutierung der Unternehmerschaft spürbar zurückging. Der Anteil von Söhnen des gehobenen Bürgertums lag bei den Vorstandsvorsitzenden der 100 größten Firmen nach 1970 stets über 80 %, mit leicht steigender Tendenz. Bei den Aufsichtsratsvorsitzenden war es ähnlich, jedoch verlief der Trend in die andere Richtung. 1970 stammten noch 94 % aus dem gehobenen Bürgertum, während es 1995 „nur" noch 83 % waren.

Die anhaltend hohe Rekrutierung aus dem höheren Bürgertum erklärt Hartmann primär mit dem bourdieuschen Konzept des kulturellen Kapitals. Zwar sind hohe fachliche Qualifikationen für das Erreichen der Toppositionen unerlässlich. Sie stellen aber nur eine notwendige, nicht eine hinreichende Voraussetzung dar, weil sie viel mehr Bewerber erfüllen, als Spitzenpositionen zu besetzen sind. Selbst bei Kandidaten mit herausragenden Bildungsabschlüssen besteht ein direkter Zusammenhang zwischen sozialer Herkunft und Karriereaussichten. Unter den Promovierten der einschlägigen Fächer lässt sich auf dem Weg in die Vorstandsetagen noch einmal eine soziale Auslese nachweisen. Söhne aus großbürgerlichen Familien, die zwischen 1955 und 1985 promoviert worden waren, erreichten mit einer um 112 % höheren Wahrscheinlichkeit eine hohe Führungsposition als Arbeitersohne mit Doktortitel. Für die Feinauslese unter denjenigen Kandidaten, die vergleichbare fachliche Voraussetzungen besaßen, erwies sich nach Hartmann der Habitus als entscheidendes Kriterium. Damit sind im Einzelnen so schlecht zu fassende Phänomene gemeint wie die Souveränität im Auftreten (Körperhaltung, Mimik, Gesprächsführung), Geschmackssicherheit, soziale Kompetenz, spezielle Hobbys, von der Jagd bis zum Golfen, und eine breite Allgemeinbildung, die sich nicht allein auf die in Schule und Hochschule vermittelten Inhalte beschränkt. Dazu gehören u. U. Kenntnisse der Kunst-, Musik- und Literaturgeschichte sowie Spezialwissen über Weine.

Diese „feinen Unterschiede" basieren auf Eigenschaften, die sich perfekt nur durch eine entsprechende familiäre Sozialisation erwerben lassen. Später kann man zwar Defizite verkleinern, aber eben nicht völlig abbauen. Gerade in Stresssituationen, wie sie Auswahlgespräche darstellen, fällt der Unterschied zwischen künstlich antrainiertem und in Fleisch und Blut übergegangenem Verhalten dem geschulten Blick sofort auf. Anders ausgedrückt: Wer im gehobenen Bürgertum aufgewachsen ist, hat allein schon deshalb einen Riesenvorteil gegenüber Konkurrenten aus anderen Sozialgruppen, weil er die „ausgesprochenen und unausgesprochenen Verhaltens-, Sprach- und Dresscodes dieser Gesellschaftskreise" mit mehr Selbstsicherheit beherrscht. Daher gilt: „Je höher die Position in der Wirtschaft, desto größer ist das Gewicht der sozialen Herkunft." Der Zugang zur Wirtschaftselite blieb daher bislang nur einem schmalen Segment der Bevölkerung vorbehalten. Da der verlangte Habitus auf männlich konnotierte Verhaltensmuster zugeschnitten ist, und die Auswahl überwiegend von Männern getroffen wird, erklärt dieser Ansatz u. a. auch die geringe Zahl von Frauen in wirtschaftlichen Toppositionen.

Weiterführende Literatur

Kaelble, Hartmut, Long-Term Changes in the Recruitment of the Business Elite. Germany Compared to the U.S., Great Britain and France since the Industrial Revolution, in: Journal of Social History 13, 1980, S. 404–423.

Berghoff, Hartmut u. Köhler, Ingo, Redesigning a Class of its Own. Social and Human Capital Formation in the German Banking Elite, 1870–1990, in: Financial History Review, 2007, S. 63–87.

Groppe, Carola, Familienstrategien und Bildungswege in Unternehmerfamilien 1840–1920, in: Zeitschrift für Pädagogik 52, 2006, S. 630–641.

Ziegler, Dieter (Hg.), Großbürger und Unternehmer. Die deutsche Wirtschaftselite im 20. Jahrhundert, Göttingen 2000.

Hartmann, Michael, Der Mythos von den Leistungseliten. Spitzenkarrieren und soziale Herkunft in Wirtschaft, Politik, Justiz und Wissenschaft, Frankfurt/M. 2002.

Berghoff, Hartmut, Adel und Industriekapitalismus im Deutschen Kaiserreich. Abstoßungskräfte und Annäherungstendenzen zweier Lebenswelten, in: Heinz Reif (Hg.), Adel und Bürgertum, Bd. 1: Entwicklungslinien und Wendepunkte im 19. Jahrhundert, Berlin 2000, S. 233–271.

Gall, Lothar, Krupp. Der Aufstieg eines Industrieimperiums, Berlin 2000.

Joly, Hervé, Großunternehmer in Deutschland: Soziologie einer industriellen Elite. 1933–1989, Leipzig 1998.

Schumann, Dirk, Bayerns Unternehmer in Gesellschaft und Staat 1834–1914. Fallstudien zu Herkunft und Familie, politischer Partizipation und staatlichen Auszeichnungen, Göttingen 1992.

Reitmayer, Morten, Bankiers im Kaiserreich. Sozialprofil und Habitus der deutschen Hochfinanz, Göttingen 1999.

Biggeleben, Christof, Das „Bollwerk des Bürgertums". Die Berliner Kaufmannschaft 1870–1920, München 2006.

Daumas, Jean-Claude u. Chatriot, Alain, Dictionnaire Historique des Patrons Français, Paris 2010.

Landes, David S., Die Macht der Familie. Wirtschaftsdynastien in der Weltgeschichte, München 2006.

8.2 Strateginnen im Verborgenen? – die Rolle der Frauen

Die Benachteiligung von Frauen bei der Vergabe von Toppositionen lässt sich nicht leugnen. Ende 2015 stand keinem einzigen im DAX 30 gelisteten Unternehmen eine Frau als Vorstandsvorsitzende (CEO) vor. Hartmanns Studie zeigt, dass die Wahrscheinlichkeit einschlägig qualifizierter, promovierter Frauen, auf eine hohe Führungsposition zu gelangen, Mitte der 1990er-Jahre um 90 % unter derjenigen von Männern mit denselben formalen Voraussetzungen lag.

8.2.1 Bürgerliches Familienideal

Die Zurückdrängung von Frauen aus der Wirtschaft und die Unterschätzung ihrer trotzdem erbrachten Leistungen gehen auf das im 18. Jahrhundert entworfene Ideal der bürgerlichen Familie zurück. Dieses normativ aufgeladene Wunschbild verwies die bürgerliche Frau aus der Berufswelt und erklärte sie allein für die Erziehung der Kinder und die Organisation des Haushalts zuständig. Ein eigenständiges Auftreten in der Öffentlichkeit galt als unschicklich. In den Diskursen über die bürgerliche Familie setzte sich eine Polarisierung der Geschlechtscharaktere durch. Dem als aktiven Rationalisten konstruierten Mann wurde die passive, auf männliche Unterstützung angewiesene Frau gegenübergestellt, deren Stärken in ihrer Emotionalität und sozialen Kompetenz lägen. *Er* sollte in der kalten Marktsphäre die materielle Lebensgrundlage der Familie erkämpfen, während *sie* ihm ein „warmes Heim" bereitete und die psychischen Bedürfnisse der Familie nach emotionaler Zuwendung befriedigte. Der angespannte „männliche Berufsmensch" sollte im geschützten Binnenbereich entlastet werden und unbeschwert seinem Tagewerk nachgehen, wofür er die „Hüterin von Heim und Herd" von den Zwängen des Marktes abzuschirmen hatte.

Diese Norm widersprach der Realität der vor- und frühindustriellen Arbeitswelt, in der die Frauen in der Landwirtschaft und im Gewerbe fest in die Berufswelt integriert waren, die sich noch nicht als separater Bereich vom Haushalt abgegrenzt hatte. Im 18. Jahrhundert genossen Kauffrauen eine rechtlich privilegierte Stellung. In der 1788 erschienenen Ökonomischen Enzyklopädie heißt es: „Handelsfrau, [...], Kauffrau, [...] heißt eine Frau, die in ihrem eigenem Namen Handlung treibt, oder doch an des Mannes [...] Handlung Theil und Gemeinschaft hat." Sie hat „vor anderen Frauen das Vorrecht, daß sie [...] Contracte [...] verbindlich vollziehen kann [...]". Alleinstehende und verwitwete Frauen sorgten für ihr Auskommen regelmäßig auch durch selbstständige Arbeit, während sich verheiratete Frauen oft an der Seite ihrer Männer um das zumeist eng miteinander verschränkte Erwerbs- und Familienleben kümmerten. Dass ihr Name ursprünglich noch mit dem des Mannes im Firmenschild auftauchte, aber seit dem späten 18. Jahrhundert zunehmend weggelassen wurde, reflektiert den Wandel auf der normativen Ebene, der mit der Realität in den Firmen noch lange nicht deckungsgleich war.

Die im 19. Jahrhundert voranschreitende Trennung von Haushalt und Beruf beförderte die schrittweise Umsetzung des Leitbilds polarisierter Geschlechtscharaktere. Seine Akzeptanz und Umsetzung diente Unternehmern zunehmend als Zeichen, mit dem sie ihren sozialen Aufstieg besiegelten. Auf den Weg ins gehobene Bürgertum orientierten sie sich aber meistens nicht an dem dichotomen Ideal, da das Fortkommen des Betriebs oft die Mitwirkung der Ehefrau erforderte. Gerade dort, wo sich der Aufstieg aus dem Handwerk vollzog, war die mitarbeitende und mitentscheidende Ehefrau wohl der Regelfall, über den jedoch spätere Festschriften nicht mehr oder nur am Rande berichteten, um dem Idealbild der bürgerlichen Familie wenigstens in der Erinnerung zu entsprechen und die Leistung des Mannes nicht zu schmälern. Auf diese Weise wurde weibliches Unternehmertum systematisch verschwiegen bzw. marginalisiert. Auch eine lange, fast ausschließlich von Männern betriebene Wirtschaftsgeschichte hatte kein Interesse an der Korrektur des überlieferten Bildes.

8.2.2 Mitunternehmerinnen und heimliche Strateginnen

Ein seltener Glücksfall, in dem die aktive Rolle einer Ehefrau detailliert dokumentiert ist, sind die Aufzeichnungen von Gesprächen mit Barbara Koch (1843–1928), die als „treibende Kraft" zusammen mit ihrem Mann aus einer 1855 eröffneten Werkstatt eines der wenigen Großunternehmen der Musikinstrumentenindustrie aufgebaut hat, nämlich die Andreas Koch AG mit 1.200 Mitarbeitern (1907).

Mitunternehmerinnen in der Musikinstrumentenindustrie (1855–1900)

„Von der ersten Stunde an war Bäbele dabei: beim Planen, Helfen, Sorgen und Arbeiten. [...] Bäbele hatte bald, wenn sie morgens aufstand, einen an Arbeit fast überreichen Tag vor sich. Und sie mußte immer früh aufstehen, denn die Arbeiter kamen schon um 6 Uhr. [...] Die kleinen Kinder spielten und schrieen in der großen Stube, sie wurden trocken gelegt und gefüttert, während daneben ihr Vater und seine Arbeiter am Schraubstock und den Maschinen sassen. [...] Wenn sie abends alle versorgt und zu Bett gebracht waren, sass Bäbile bis tief in die Nacht hinein an ihrer Presse [...] auch während ihrer Schwangerschaften. Jedesmal wenn ihre schwere Stunde kam, schickte Großvater seine Arbeiter nach Hause, [...] Ihr Wochenbett dauerte nie länger als drei Tage. Als einmal ein größerer Auftrag eingegangen war, sass sie schon wieder am vierten Tag an der Presse und hat sich dadurch gesundheitlich so geschadet, daß sie ein Vierteljahr das Bett nicht mehr verlassen konnte."

Standen Geschäftsreisen an, war Barbara Koch lange Zeit auf sich allein gestellt, wie ihre Enkelin festhielt: „Es wurde Grossvater nicht leicht, [...] Grossmutter die ganze Fabrikation und den Versand zu überlassen. Das war nur möglich, weil sie tatsächlich in Allem [...] Bescheid wußte und die Seele des Geschäfts war." Mit der Etablierung des Unternehmens und dem Nachlassen des wirtschaftlichen Druckes begann der Rückzug bzw. wohl eher die Verdrängung der Frauen aus dem Geschäft, wie das in vieler Hinsicht parallele Leben der Konkurrentin Barbara Kochs, Anna Hohner (1836–1907), zeigt.

Ihr Mann entdeckte nach dem Aufblühen der Firma Matthias Hohner und der Ausgliederung des Haushalts aus dem Fabrikgebäude, dass „eine Frau ins Haus gehöre." Der schrittweise Rückzug aus der Geschäftswelt, zu der Anna Hohner durch tägliche Besuche im Unternehmen noch regen Kontakt

hielt, wurde zu einer schmerzhaften Erfahrung, da sie an Einfluss verlor, und es ihr mit Mitte fünfzig nicht mehr gelang, sich in eine großbürgerliche Dame zu verwandeln.
(Zit. n. Ernestine Trichtinger, Manuskript „Erinnerungen an Großmutter Koch", Deutsches Harmonikamuseum Trossingen, S. 14f. u. Hartmut Berghoff, Zwischen Kleinstadt und Weltmarkt. Hohner und die Harmonika 1857–1961. Unternehmensgeschichte als Gesellschaftsgeschichte, Paderborn 1997, S. 130.)

Gerade in der Aufbauphase vieler Firmen – zumal wenn sie aus dem Kleingewerbe herauswuchsen – war das aktive Mitunternehmertum der Ehefrauen ein häufig anzutreffendes Modell, das sich im Mittelstand bis in die Gegenwart gehalten hat. Die Einheit von Haushalt, Familie und Geschäft wurde im Zuge der Industrialisierung keineswegs generell aufgelöst. In vielen Familienunternehmen führen Ehefrauen noch heute die Bücher. Sie bringen nicht nur Kompetenz, Arbeit und Kapital ein, sondern stellen auch die Weichen und ergreifen die Initiative. Wenn man mit Redlich und Casson die Unternehmereigenschaft an das Fällen strategischer Entscheidungen bindet, ist die Einbeziehung der Frauen in solche Prozesse keine anekdotische Lappalie, sondern macht sie eindeutig zu Mitunternehmerinnen.

Den Briefwechsel des Schneidwarenfabrikanten Johannes Abraham Henckels mit seiner Frau, die der aufstrebenden kleinen Firma in dessen Abwesenheit um 1815 vorstand, kommentiert eine Festschrift wie folgt: „Die beiden Eheleute geben einander fortlaufend Kenntnis über Gesundheitszustand, Geschäftslage, ausgeführte und auszuführende Arbeiten, [...]" Über Wilhelmine Reinhardt (1787–1869), die Tochter eines Mannheimer Kaufmanns, schreibt *Lothar Gall*: „Da zu Reinhardts Kummer der Sohn und Geschäftserbe ausblieb, wuchsen mit großer Selbstverständlichkeit schon früh die Töchter in dessen Funktion hinein, vor allem die jüngere, Wilhelmine. [...] Schon bald, als eben erst Heranwachsende, wurde sie zu dessen rechter Hand, reiste mit ihm, führte die Korrespondenz und die Buchhaltung [...]" 1805 schied die „welt- und geschäftskluge Tochter" jedoch nach ihrer Hochzeit aus dem väterlichen Geschäft aus. Obwohl ihr Mann als Kaufmann und Bankier durchaus standesgemäß war, versuchte ihr Vater die Hochzeit zu verhindern, was er u. a. mit „bedrohten Geschäftsinteressen" begründete.

In der frühen Geschichte Krupps spielten Frauen eine Schlüsselrolle. Die Großmutter und die Mutter Friedrich Krupps, beide früh verwitwet, führten mit großem Erfolg ein Handelsgeschäft, das im späten 18. Jahrhundert in den Bergbau und ins Verlagswesen diversifizierte. Ohne die finanzielle Unterstützung der beiden Geschäftsfrauen hätte die Gussstahlfabrik Friedrich Krupps ihre prekäre Anlaufphase nicht überlebt. Hinzu kam die Tatkraft seiner ebenfalls aus einer Kaufmannsfamilie stammenden Frau Therese (1790–1850) (siehe Abbildung 8.3), die um das Potential des jungen Unternehmens wusste, jedoch dessen Verluste mit großen Sorgen betrachtete. Zudem sah sie, dass ihr Gatte zuweilen unglücklich agierte und zunehmend anlehnungsbedürftiger wurde. 1819 schrieb sie ihrem Vater: „Um meinem Manne seine Gußstahlfabrik-Anlage habe ich mich bisher wenig bekümmert, aber jetzt, da sein Gußstahl überall gerühmt wird [...], sehe ich mich zu meinem und meiner Kinder besten genötigt, die jetzige Sorge meines Mannes nach Kräften zu vermindern und zu bewürken, daß sein Unternehmen nicht in Stockung geräth, und er nicht kompromittiert wird." In der Folgezeit verwandte sie ihre Energie darauf, Kredite und Bürgschaften für das konkursgefährdete Unternehmen aufzutreiben. Schließlich übernahm die Mutter, so Friedrich, „zu meiner Erleichterung" das „Cassa-Wesen".

Archiv Krupp, Essen

Abb. 8.3: Therese Krupp (1790–1850).

Nicht alle Unternehmer akzeptierten die weiblichen Geschäftstalente ihrer Familie mit derselben Bereitschaft. Vielmehr stießen Initiativen von Frauen nicht selten auf Verunsicherung und Abwehr. Eine Generation später als bei Krupp diskutierten die Brüder Siemens (siehe Abbildung 8.4) über dieses Thema. Ohne den Druck einer existenzgefährdenden Krise stand dabei die männliche „Ehre" im Mittelpunkt, mit der eine aktive Rolle der Frauen in der Firma nun offenbar nicht mehr vereinbar war. Daher, so Werner Siemens, sei eine „strenge Trennung des Geschäftes" vom „häuslichen Leben" anzustreben.

In die Schranken verwiesen

Carl Siemens (1829–1906) leitete um 1855 die Filiale von Siemens & Halske in Petersburg. Seine Frau, eine Bankierstochter, wollte ihren Mann auch in geschäftlichen Dingen tatkräftig unterstützen. Unmittelbar nach der Hochzeit des jungen Paares las Werner Siemens 1856 seinem dreizehn Jahren jüngeren, spürbar verunsicherten Bruder die Leviten:

„Deine Frau leidet jedenfalls an einer grundfalschen Ansicht [...] Sie betrachtet sich als eine Art Frau Meisterin, die in des Mannes Abwesenheit höchst gebietet. Das mußt Du ihr je eher, desto besser abgewöhnen. Ich würde meiner Frau nicht gestatten, sich an den Kontorjungen anders als bittweise zu wenden, wenn es ihr je mal einfallen sollte, das Kommandopferd zu besteigen! Im Hause soll die Frau gebieten, im Geschäft = Null sein, sonst ist es Pantoffelregiment, was weder ihr noch dem Manne Ehre macht."

(Zit. n. Ute Frevert, „Mann und Weib, und Weib und Mann". Geschlechter-Differenzen in der Moderne, München 1995, S. 150.)

Leider wissen wir noch wenig über die Mitunternehmerschaft von Ehefrauen, die zumeist mit Rücksicht auf das bürgerliche Familienideal und die „Ehre" ihrer Männer im Verborgenen blieb. Diese wollten meist nicht zugeben, dass viele der besten Ideen gar nicht von ihnen selbst stammten, oder sie ohne Unterstützung ihrer Frauen womöglich gescheitert wären. Daher breiteten sie den Mantel des Schweigens über den Beitrag ihrer Frauen zum Geschäftserfolg. Insgesamt dürften die weiblichen Mitunternehmerinnen in der Industrialisierung eine weitaus größere Rolle gespielt haben, als lange angenommen wurde. Im 20. Jahrhundert ist dieser Typus mitnichten ausgestorben. So bauten etwa in der frühen Bundesrepublik Grete Schickedanz und Eva Heine zusammen mit ihren Männern die Versandhäuser Quelle und Heine auf.

Abb. 8.4: Allein unter Männern. Anne Siemens und ihr Mann William (sitzend) zusammen mit dessen Brüdern Walter, Carl, Werner und Otto Siemens (1860).

8.2.3 Überbrückende Erbinnen

Eine eher akzeptierte unternehmerische Tätigkeit von Frauen war die temporäre Überbrückung von Lücken der männlichen Nachfolgekette. Wenn nach dem Tod des Mannes oder Vaters der Sohn oder Bruder noch zu jung war, um die Führung der Firma anzutreten, oder männliche Erben fehlten, übernahmen Frauen die Leitung, um das Unternehmen für die nächste Männergeneration zu erhalten. Bei Krupp trat diese Konstellation 1826 nach dem Tod Friedrich Krupps ein. Sein Sohn Alfred war erst 14 Jahre alt, sodass die ohnehin schon stark involvierte Witwe Therese Krupp die Geschäftsführung übernahm. Dabei erfuhr sie von ihrem Schwager und Geschäftsfreund tatkräftige Unterstützung. Doch bald entpuppte sich der minderjährige Alfred, der schon vor dem Tod des Vaters früh die Schule verlassen und in der Firma gearbeitet hatte, als Vollblutunternehmer und übernahm Leitungsaufgaben. Wenngleich die Durststrecke der Firma noch längst nicht überwunden war, und der Kauf von Material oder die Lohnzahlung ohne finanzielle Hilfen der Verwandtschaft oft unmöglich gewesen wären, trat in den 1830/40er-Jahren eine Konsolidierung ein.

Ein erneutes weibliches Interregnum trat 1902 nach dem Tod Friedrich Alfred Krupps, dem Enkel Friedrichs, ein, als in Ermangelung eines männlichen Nachfolgers seine Witwe Margarethe (1854–1931) das nun über 43.000 Mitarbeiter beschäftigende Unternehmen erbte. 1903 wurde „Fräulein Bertha Krupp" (1886–1957) zum „Inhaber und Leiter" der zur Aktiengesellschaft umgewandelten Firma bestellt. Die minderjährige Tochter Friedrich Alfreds war mit dieser Aufgabe überfordert, sodass ihre Mutter – unterstützt von Vorstand, Aufsichtsrat und leitenden Angestellten – das Großunternehmen führte und die Weichen für die weitere Expansion legte. Bereits 1914 umfasste die Belegschaft 81.000 Mitarbeiter.

Dass es im späten Kaiserreich schlechterdings undenkbar war, einen Konzern dieser Größenordnung, noch dazu ein Rüstungsunternehmen, dauerhaft von einer Frau leiten zu lassen, machte schon unmittelbar nach dem Tod Friedrich Alfreds der Prokurist Ernst Haux deutlich, der in einer Denkschrift auf die „Überzeugung" des Verstorbenen hinwies, dass Margarethe und Bertha „naturgemäß nicht wohl im Stande wären, die Leitung der Fabrik in einer Weise in die Hand zu nehmen, wie das der Umfang und die Bedeutung der Fabrik nöthig machten, daß ihnen mit der Aufgabe [...] eine unerfüllbare Pflicht, eine unerträgliche Last aufgebürdet würde."

Die Lösung dieses Nachfolgeproblems war typisch für Familien ohne männliche Erben. 1906 heiratete Bertha den Diplomaten Gustav von Bohlen und Halbach (1870–1950). Um Kontinuität zu signalisieren, erhielt der Jurist vom Kaiser die Genehmigung, den Namen „Krupp" zu führen. Da Gustav Krupp von Bohlen und Halbach keinerlei Managementerfahrung besaß, stellte er sich nicht an die Spitze des Direktoriums (Vorstands), sondern begnügte sich bis 1909 mit dem stellvertretenden Vorsitz und ab 1909 mit dem Vorsitz des Aufsichtsrats. Die Leitung des Direktoriums lag von 1909 bis 1919 in den Händen des Managers Alfred Hugenberg (1865–1951), der – ebenfalls Jurist – zeitweilig Beamter und Direktor verschiedener Banken gewesen war.

Die Funktion der überbrückenden Erbin lässt sich jedoch nicht immer trennscharf von einer selbstbewussten Unternehmerinnentätigkeit eigenen Rechts trennen. Maria Zanders (1838–1909) übernahm 1870 die Papierfabrik ihres verstorbenen Mannes. Obwohl ihr die Verwandten zum Verkauf rieten, führte die aus einer Tuchfabrikantenfamilie stammende Frau das Unternehmen eigenständig weiter und zog sich auch nach dem Heranwachsen ihrer drei Söhne keineswegs aus dem Geschäft zurück. Die sozial und kulturell engagierte Unternehmerin schrieb über sich: „Es wird bei mir eine solche Energie frei, daß ich nicht weiß, wie hinaus. Mein ganzes Wesen schreit nach Taten! [...] ich muß etwas tun, sonst zerreißt mein Herz [...]"

Die vor Taten- und Geltungsdrang nur so sprühende Frau kaufte u. a. diverse Konkurrenten auf. Dieser für das Kaiserreich ungewöhnliche Lebensweg mag durch die Familiengeschichte, genauer: die Erfahrung der Schwiegermutter, präformiert worden sein. Nach der Gründung des Unternehmens (1829) durch den Förster Johann Wilhelm Zanders war eine ähnliche Situation eingetreten. Der Gründer starb früh, sodass seine junge Frau Julie Zanders (1799–1869) mit sechs Kindern zurückblieb und zeitweilig die Geschäfte allein führte. In dieser Zeit entschuldete sie die Firma und kaufte eine zweite Papiermühle. Nach sechs Jahren entschied sie sich für eine Verpachtung, um ihren Kindern in Bonn eine solide Schulausbildung zu ermöglichen. 1848 kehrte sie mit ihrem inzwischen erwachsenen Sohn zurück, der die Firma übernahm und 1857 Maria heiratete. Die Zanders GmbH hielt es selbst 2015 nicht für nötig, auf ihrer Homepage die Verdienste der beiden Frauen zu erwähnen, geschweige denn, diese zu würdigen. In der dortigen Version der Firmengeschichte gab es nur einen männlichen Gründer.

Die Ausnahmestellung der selbstbewussten Maria Zanders tritt im Vergleich mit Sophie Henschel (1841–1915) noch deutlicher hervor, da die Tochter eines Gutbesitzers sehr darauf achtete, ihren Beruf möglichst unauffällig auszuüben. Oscar Henschel stammte aus einer traditionsreichen Gießereibesitzerfamilie, die seit 1845 Lokomotiven baute. Nach dem frühen Tod des Vaters übernahm Oscar 1860 im Alter von 22 Jahren die Leitung, und konnte sich glücklich schätzen, 1862 mit Sophie eine tatkräftige Frau zu heiraten, die ihn effektiv unterstützte und sich mithilfe von Fachpublikationen führungsrelevantes Wissen aneignete. Während seiner langen Geschäftsreisen leitete sie das Werk. Gemeinsam machten sie Henschel & Sohn zu einem der führenden deutschen Lokomotivenhersteller. Oscar gefiel es, seine Gäste damit zu beeindrucken, sich vor ihnen mit Sophie über technische und geschäftliche Details zu unterhalten. Sie sollte sich, so ihre Erinnerung, „in Geschäften orientiert & als gute Hausfrau [...] zeigen." Ihr machte es offenbar Freude, das Klischeebild „Blaustrumpf & Tochter eines Rittergutsbesitzers" zu widerlegen.

Oscar, der 1894 starb, hatte seiner Lebens- und Geschäftspartnerin testamentarisch „die völlig unbeschränkte Verwaltung [...] meines Nachlasses" zugesprochen. Im Sinne dieses Vermächtnisses führte sie das zunehmend international tätige Großunternehmen (ca. 2.000 Mitarbeiter) von 1894 bis 1910. Jedoch arbeitete sie praktisch im Verborgenen. Ihr Wirkungskreis beschränkte sich aufgrund der im Kaiserreich zusehends restriktiver gehandhabten Konventionen weitgehend auf das „Comptoir" genannte Kontor der Geschäftsleitung. Gleichwohl muss sie der Beruf fasziniert haben. Ansinnen von Bankiers, sie durch die Umwandlung der Firma in eine AG von der „Bürde" der Geschäftsleitung zu befreien, beantwortete sie „sofort verneinend". 1900 erlitt sie infolge von Überarbeitung einen Schlaganfall, kehrte aber unterstützt von ihrem Sohn Karl wieder in das Unternehmen zurück. Karl übernahm erst 1912 die Geschäftsleitung.

In der Öffentlichkeit schlüpfte Sophie Henschel in die allseits akzeptierte Rolle der sozial engagierten Unternehmergattin, die u. a. eine Schule für Lehrlinge, einen Fonds für kranke Arbeiter und eine Witwen- und Waisenkasse gründete. Sie vermied es, ihre Rolle als strategische Entscheiderin in der Öffentlichkeit zu dokumentieren. Sie leitete das Unternehmen mithilfe von Direktoren, die nach außen in Erscheinung traten, aber von ihr an einer kurzen Leine geführt wurden. Bezeichnenderweise übergingen die Nachrufe 1915 ihre Berufsausübung und betonten ihre Verdienste als Wohltäterin. In der 1968 erschienenen Neuen Deutschen Biographie wird sie nur im Vorspann des Artikels über ihren Mann erwähnt, in dem es heißt: Sie „erwarb sich große Verdienste um die soziale Fürsorge für Betriebsangehörige und für die Allgemeinheit".

8.2.4 Gründerinnen in „weiblichen Branchen"

Der völlig andere Typus der Gründerin war v. a. in jenen Branchen anzutreffen, die eine Nähe zu den als „weiblich" definierten Sphären, nämlich Küche und Kinder, Körperpflege, Kosmetik und Mode, aufwiesen. Diese Bereiche haben eine erhebliche volkswirtschaftliche Bedeutung, zumindest wenn man das Kleingewerbe miteinbezieht. Der Einzelhandel war traditionell eine Domäne weiblicher Selbstständigkeit. Dasselbe galt für Dienstleistungen wie Wäschereien, Nähereien und Schneidereien. Im Gastgewerbe waren Wirtinnen eine gewohnte Erscheinung.

Die Überschreitung des kleingewerblichen Zuschnitts kam relativ selten vor, gelang aber doch in einigen Fällen. Die von Charlotte Erasmi 1866 gegründete Fabrik haltbarer Speisen nutzte ein von der Hausfrau entwickeltes Konservierungsverfahren. 1874 trat ihr Sohn in das Geschäft ein, das sie ihm 1882 ganz überließ. Durch den Zusammenschluss mit anderen Lübecker Firmen und die Diversifikation in die industrielle Produktion von „Lübecker Marzipan" entstand ein erfolgreicher Lebensmittelhersteller. Die Hausfrau Melitta Bentz (1873–1950) hatte die innovative Idee, mithilfe eines Papierfilters den unangenehmen Kaffeesatz aus den Tassen zu verbannen und gründete 1908 das nach ihrem Vornamen benannte Unternehmen, das danach u. a. in die Bereiche Kaffee, Keramik und Kunststoff diversifizierte.

Margarete Steiff (1847–1909) und Käthe Kruse (1883–1969) spezialisierten sich auf hochwertige Spielwaren und legten den Grundstock für erfolgreiche Marken. Während Steiff an den Rollstuhl gefesselt war und die Herstellung der Stofftiere aus den Abfällen der großväterlichen Fabrik als eine Art Beschäftigungstherapie begann, handelte es sich bei Käthe Kruse anfangs um ein Hobby. In beiden Fällen wurden die Frauen von ihrem Erfolg überrascht und bald schon von männlichen Verwandten unterstützt. Für den Einstieg und das Entdecken der Marktlücke sind spezifisch „weibliche" Fähigkeiten und Interessen unverzichtbar gewesen.

Maria Birk kam ihre Fingerfertigkeit zugute, als sie in den 1870er-Jahren mit der manuellen Fertigung von Verpackungsschachteln begann. Als die Nachfrage unerwartet stark anzog, stellte sie immer mehr „Freundinnen" und „Mägde" ein. Mit dem Aufblühen des Geschäfts begann sich ihr Mann dafür zu interessieren. Schließlich kaufte er einige Maschinen und gab sein Handwerk auf, weil, so die Gründerin in einem autobiographischen Fragment, „ich auch nicht mehr alles selber bewältigen konnte". Wenig später trug das aufstrebende Geschäft seinen Namen. Allerdings blieb die Gründerin weiter aktiv und tonangebend, da sie um die beschränkten Fähigkeiten ihres Mannes wusste. 1899 übergab sie die Firma schweren Herzens ihren Söhnen, die sie bis 1918 zu einem weltweit exportierenden Unternehmen mit ca. 1.000 Beschäftigten machten.

Schwerer Abschied

Über die 1899 erfolgte Geschäftsübergabe an die Söhne notierte Maria Birk: „[...] es wurde für mich allmählich zu viel & entsprachen meine Kenntnisse dem Geschäft auch nicht mehr, ich war auch den ganzen Tag im Geschäft & Abends besorgte ich das schriftliche. Nun waren wir genötigt Andreas auch heimzurufen [...] Wie war uns das so eine schwere Zeit, [...], ich lag viele Stunden im Bett ohne Schlaf, [...] aller Anfang ist schwer, da er an Vater nicht das hatte, was ein Geschäft braucht im Wissen [...]"
Nach ihrem Ausscheiden stand Maria Birk ihren Söhnen noch lange zur Seite.
(Aufzeichnungen der Maria Birk, Manuskript, Deutsches Harmonika Museum Trossingen.)

Die Chancen für Firmengründungen von Frauen waren dort am größten, wo sie gegenüber Männern komparative Vorteile und spezifisches Wissen besaßen, oder aber sich auf Produkte konzentrierten, die Männern zumindest anfangs uninteressant erschienen. Daher blieb die Gründertätigkeit von Frauen auch im 20. Jahrhundert lange auf haushaltsnahe Branchen und mehr noch auf den Modebereich fokussiert. Helena Rubinstein (1870–1965), die aus Krakau stammte, gründete in Australien einen Laden, in dem sie Cremes verkaufte. Der Erfolg erlaubte es ihr, Rücklagen zu bilden, mit denen sie bis 1914 in London, Paris und New York Kosmetiksalons eröffnete. Von ihrem neuen Lebensmittelpunkt New York aus baute sie nach 1918 ein globales „Schönheitsimperium" auf. Sie erkannte früh die Bedeutung der Werbung. Sie schuf u. a. den „Day of Beauty", der großen Anklang fand, bildete Vertreterinnen aus und bot früh Kosmetika für Männer an. Nach dem Zweiten Weltkrieg eröffnete sie Produktionsstätten auf allen fünf Kontinenten. Mit einem Vermögen von etwa 100 Mio. Dollar reihte sie sich in den internationalen Jetset ein, arbeitete aber gleichwohl bis an ihr Lebensende für ihr Unternehmen, zum Schluss sogar vom Bett aus.

Estée Lauder (1908–2004), Tochter jüdischer Einwanderer aus Ungarn, stellte in New York in ihrer Küche Cremes her, die sie in Schönheitssalons verkaufte. 1946 gründete sie zusammen mit ihrem Mann das nach ihr benannte Unternehmen, das in den 1960er-Jahren weltweit expandierte und im Jahr 2014 in über 150 Ländern mit 25 hochwertigen Marken (u. a. Estée Lauder, Aramis, Clinique, Prescriptives) einen Umsatz von 11 Mrd. Dollar erwirtschaftete.

In Deutschland profilierte sich Jil (Heidemarie Jiline) Sander (geb. 1943) als erfolgreiche Modeschöpferin. Die Textilingenieurin arbeitete zunächst für verschiedene Modezeitschriften und machte sich 1967 im Alter von 24 Jahren mit einer Boutique selbstständig, in der sie auch eigene Entwürfe anbot. 1968 gründete sie die Jil Sander GmbH. Erst Mitte der 1970er-Jahre gelang ihrer Kollektion der Durchbruch. 1978 diversifizierte sie in den Parfümbereich und bewarb ihre erfolgreiche Pflegeserie „Jil Sander Woman Pur" mit dem eigenen Gesicht. In den 1980er-Jahren fassten ihre Produkte in den wichtigsten Modezentren der Welt Fuß, und sie entwarf Accessoires, Brillen, Mäntel und Krawatten, die dank des gelungenen Markentransfers reißenden Absatz fanden. Ihr Stil zeichnete sich durch schlichte Eleganz aus. 1999 ging die Aktienmehrheit an den italienischen Prada-Konzern, und Sander verließ nach Konflikten mit dem neuen Eigentümer das Unternehmen. 2003 kehrte sie auf Wunsch des Prada-Vorstands wieder in ihr früheres Unternehmen zurück, das sie 2004 bereits wieder verließ. Nachdem Prada das Unternehmen 2006 verkauft hatte, kehrte Sanders 2012 kurzfristig in ihr altes Unternehmen als Kreativ-Direktorin zurück. Sie verließ es endgültig im Jahr 2013 kurz vor ihrem siebzigsten Geburtstag.

8.2.5 Innovative Provokateurinnen

Eine der markantesten Modeunternehmerinnen des 20. Jahrhunderts war die „Coco Chanel" genannte Nonkonformistin Gabrielle Bonheur Chasnel (1883–1971), die als uneheliche Tochter eines Straßenhändlers geboren wurde und nach dem Tod der Mutter im Waisenhaus aufwuchs. Mit 16 arbeitete sie zunächst als Näherin, trat dann später in Nachtclubs als Sängerin und Tänzerin auf. Mit der finanziellen Unterstützung ihrer Liebhaber eröffnete sie 1911 in Paris ein Atelier, in dem sie Hüte nach eigenem Design produzierte, und aus dem sich ein Modeunternehmen entwickelte, das Schmuck, Kleider, Schuhe und Parfüm (Chanel No. 5) vermarktete. Die Entwürfe ihrer vom Modernismus inspirierten Kreationen revolutionierten die Mode. Schlichte Kleider in großflächigen Grundfarben sowie das zum Klassiker gewordene „kleine Schwarze" wurden zum edlen Luxusoutfit der Pariser Szene. Die legere Mode war eine hochwillkommene Alternative zu der eher unbequemen konventionellen Damengarderobe, aber auch ein Symbol der Emanzipationsbestrebungen der Zwischenkriegszeit.

Coco Chanel, deren schillerndes Leben mehrfach verfilmt wurde, provozierte ihre Umwelt durch unkonventionelle Kleidung und ihr abwechslungsreiches Liebesleben. Unmittelbar nach Beginn des Zweiten Weltkriegs schloss Chanel ihr Geschäft. Die Beziehung zu einem deutschen Diplomaten veranlasste sie 1944, Paris zu verlassen und in der Schweiz zu leben. Erst 1954 kehrte sie in die Pariser Modeszene zurück. Ihre zu Kriegszeiten entstandenen, z.T. von Uniformen inspirierten Kollektionen wurden nun produziert. Der Erfolg ihrer zweiteiligen Kostüme war v.a. in den USA überwältigend. Auch Chanel blieb bis ins hohe Alter aktiv. Sie starb 1971 während der Vorbereitungen einer neuen Kollektion im Alter von 87 Jahren.

Ebenfalls am Rande der Gesellschaft stand Beate Uhse (1919–2001), die mit dem Vertrieb von Erotikartikeln massiv gegen die Moralvorstellungen der jungen Bundesrepublik verstieß. Die Tochter eines ostpreußischen Gutsbesitzers und einer Kinderärztin, deren Mutter als Erbin eine Brauerei betrieben hatte, ergriff in den 1930er-Jahren einen für Frauen sehr ungewöhnlichen Beruf. Als Pilotin testete sie Flugzeuge. Im Krieg flog sie fabrikneue Jagdflugzeuge an die Einsatzorte der Luftwaffe. Im April 1945 landete die Pilotin nach einer waghalsigen Flucht aus Berlin in Schleswig-Holstein, wo sie sich und ihren Sohn mit dem Vertrieb selbstverfasster Verhütungsratgeber durchschlug. Aus diesen Anfängen ging 1950 das „Versandhaus Beate Uhse" hervor, das in wenigen Jahren 200.000 Kunden gewann und 1962 10 Mio. DM umsetzte. 1962 erfolgte mit dem ersten Sexshop („Fachgeschäft für Ehehygiene") der Einstieg in den stationären Einzelhandel. Es folgten die Produktion und der Verleih von Sexfilmen. Da Pornografie bis 1975 verboten war, wurde Beate Uhse mit Tausenden Verfahren überzogen. 700 Gerichtsverhandlungen endeten fast immer mit Freisprüchen. Gleichwohl und trotz steigender Umsätze galt das Geschäft der Flensburgerin als anrüchig. Konservative warfen ihr die Zerstörung „natürlicher Schamgefühle" vor, Linke und Feministinnen die Kommerzialisierung der Sexualität. In den öffentlichen Auftritten mit ihrem 25 Jahre jüngeren afroamerikanischen Freund sahen Anfang der 1970er-Jahre viele Deutsche einen Skandal. Ein Tennisklub verweigerte ihr die Aufnahme.

Das Moralempfinden liberalisierte sich in den 1970er-Jahren. 1975 erfolgte die Legalisierung der Pornografie. Damit weitete sich Uhses Geschäftsfeld erheblich aus. Als Marktführerin ließ sie bald bis zu 140 Pornofilme pro Jahr drehen. 1981 folgte die Umwandlung des Unternehmens in eine Aktiengesellschaft und 1999 der Börsengang. 2014 beschäftigte der Konzern nach einer erheblichen Verkleinerung in 7 Ländern 620 Mitarbeiter, erzielte einen Umsatz von 143 Millionen Euro und deckte die gesamte Wertschöpfungskette von der Produktion eigener Sex-Toys bis zum Vertrieb auf unterschiedlichen Absatzwegen, vom Laden bis zum E-Commerce, ab. Zur Entertainment-Sparte gehören Kinos, Videotheken und seit 2003 ein eigener TV-Sendeplatz. Beate Uhse, die sich 1992 aus dem operativen Geschäft in den Aufsichtsrat zurückzog, hat die Erotikbranche aus der Schmuddelecke herausgeführt. Sie erfuhr gegen Ende ihres Lebens auch zunehmend Anerkennung für ihre unternehmerische Leistung und ihren Beitrag zur sexuellen Liberalisierung. Seit 2002 wird der Beate-Uhse-Unternehmerinnen-Preis an innovative Geschäftsfrauen verliehen. Schirmherrin ist die Ministerin für Justiz, Frauen, Jugend und Familie in Schleswig-Holstein.

Auch bei Anita Roddick (1942–2007) deutete wenig auf künftigen Ruhm hin, als die ehemalige Hippie-Aussteigerin 1976 mit einem Kleinkredit einen Laden für natürliche Hautpflegemittel mit dem zweideutigen Namen „The Body Shop" (Karosseriewerkstatt) eröffnete. Der örtlichen Geschäftswelt war sie suspekt, stellte sie doch ihr Schaufenster Bürgerinitiativen zur Verfügung. Roddick, eine italienischstämmige Gastwirtstochter, hatte zuvor als Lehrerin gearbeitet, die Welt bereist und ein kleines Hotel geführt. Es schien sich um ein weiteres kurzlebiges Projekt in einer postmodernen Patchworkbiografie zu handeln.

Das Geschäftskonzept der Mutter zweier Kinder, die bald schon von ihrem Mann Gordon unterstützt wurde, war äußerst simpel. Der Body Shop nutzte zwei in den 1970/80er-Jahren auftretende gesellschaftliche Großtrends, den Körperkult und die Ökologiebewegung, mit denen oft eine Sensibilisierung für die Dritte Welt und die Ablehnung von Tierversuchen einhergingen. Der Body Shop stellte sich auf Kunden aus der zahlungskräftigen Mittelschicht ein, denen diese Anliegen wichtig waren. Alle Produkte wurden – so der Anspruch – ausschließlich umweltverträglich, unter Beachtung der Menschenrechte und ohne Tierversuche produziert sowie in wieder-verwendbaren Verpackungen verkauft. Ausgangsstoffe waren überwiegend Natur-substanzen aus der Dritten Welt.

Die Kunst der Motivation

„You educate people [...] by stirring up their passions, so you take every opportunity to grab the ima-gination of your employees, you get them to feel they are doing something important, that they are not a lone voice, that they are the most powerful [...] people on the planet."
(Anita Roddick u. Russell Miller, Body and Soul. Profits with Principles – The Amazing Success Story of Anita Roddick & the Body Shop, London 1991, S. 238.)

Roddick, die sich immer auch politisch engagierte, verstand den Body Shop als radika-len Gegenentwurf zur etablierten Kosmetikindustrie, über die sie schrieb: „I hate the beauty business. It is a monster industry selling unattainable dreams. It lies. It cheats. It exploits women." Ihre etablierten Konkurrenten schossen nicht weniger scharf zurück und verspotteten ihre Strategie als ein „two-for-one sale, [...] buy a bottle of ‚natural' lotion and get social justice for free." Jedoch nahm der Markt dieses Konzept begeistert auf. Die Konsumenten schenkten dem Body Shop großes Vertrauen. Kaum eine andere Marke erreichte in Umfragen eine höhere Glaubwürdigkeit. Aus diesen Gründen ging aus dem linksalternativen Milieu eine der erfolgreichsten europäischen Franchiseketten hervor. Roddick hatte es verstanden, eine zeitgeistbedingte Marktlü-cke zu besetzen. 2015 gab es in 61 Ländern an die 2.500 Body Shops. Die ehemalige Ladenbesitzerin mit Hippievergangenheit gehörte in den 1990er-Jahren zu den reichs-ten, meistausgezeichneten Frauen Großbritanniens.

Sie blieb nicht unkritisiert, insbesondere nachdem sie 2006 den Body Shop für 652 Millionen Britische Pfund an den Großkonzern L'Oréal, der Tierversuche durch-führen ließ, verkauft hatte. Roddick vererbte einen Großteil ihres Vermögens an Wohl-tätigkeitsorganisationen.

8.2.6 Verheiratet mit „seinem" Unternehmen?

Im Gegensatz zum bürgerlichen Familienideal ließ sich die Trennlinie zwischen Privat- und Berufsleben im Alltag oft nicht eindeutig ziehen. Die schon mehrfach angesprochene Finanzierung per Mitgift war für den Geschäftserfolg zentral. In der

Lebensmittelindustrie brachten Frauen wiederholt in Form von Rezepten entscheidendes produktionstechnisches Know-how ein. In vielen Start-ups arbeiteten die Frauen als „mithelfende Familienangehörige" unentgeltlich und vertraten ihren Mann bei Geschäftsreisen und Krankheit. In der Frühindustrialisierung mangelte es vielen Unternehmern zudem an elementaren Kulturtechniken, sodass sie ihre besser ausgebildeten Frauen benötigten, um Geschäftsbriefe schreiben und Bücher führen zu lassen.

So hieß es über einen erfolgreichen britischen Auktionator: „Providence had given him a helpmate who conducted his correspondence, superintended his books, graced his hospitable board, and otherwise, by the ease and unaffected politeness of her demeanour, and the use of good, sound common sense, had contrived to make his name respected [...]" Die namentlich nicht genannte Frau hat ihrem Mann nicht nur im geschäftlichen Bereich entscheidende Hilfen angedeihen lassen, sondern auch das für den beruflichen Erfolg wichtige gesellschaftliche Ansehen aufgebaut.

Selbst dort, wo Frauen Distanz zum Unternehmen hielten und keinerlei Anteil an geschäftlichen Entscheidungen hatten, beschränkten sie sich selten auf den häuslichen Binnenbereich. Beim strategisch bedeutsamen Networking spielten sie eine wichtige Rolle, indem sie Gesellschaften organisierten und Geschäftsfreunde bewirteten. Die Public Relations nahmen sie durch die Gründung von Wohltätigkeits- und Kultureinrichtungen in die Hand. Mit innerbetrieblicher Sozialarbeit, wie etwa Besuchen bei kranken Arbeitern, wirkten sie sozial ausgleichend und kontrollierend zugleich. Ihre gesellschaftlichen und familiären Verbindungen dienten nicht nur der Informations- und Kapitalbeschaffung, sondern auch der Ausübung von Einfluss. So waren für den ungewöhnlich schnellen Aufstieg von Hans-Günther Sohl, der 1941 im Alter von 35 Jahren in den Vorstand der Vereinigten Stahlwerke (303.000 Beschäftigte) berufen wurde, unter anderem die guten Beziehungen zum ehemaligen Studienkollegen Egon Jaeger und die weitreichenden Verbindungen von dessen Frau ausschlaggebend.

Effektive Vernetzung. Der personalpolitische Einfluss zweier Ehefrauen

„Im Sommer 1940 hatte mich mein Freund Egon Jaeger, Inhaber der Firma F. Willich [...] und verheiratet mit Annemarie van der Loo, einer Nichte Albert Vöglers, zu Hause angerufen. ‚Onkel Albert möchte Dich sprechen.' Albert Vögler war der allmächtige Aufsichtsratsvorsitzende der Vereinigten Stahlwerke, zweitgrößter Stahlhersteller der Welt [...] Auf meine Gegenfrage, was er von mir wolle, kam die Antwort: ‚Er will Dir die Stelle von Hermann Wenzel anbieten.' Auf meine weitere Frage, ob Wenzel etwas davon wisse, hörte ich: ‚Nein, aber seine Frau drängt Onkel Albert sehr, weil sie sich wegen der Gesundheit ihres Mannes Sorgen macht."
(Zit. n. Sandra Markus, Bilanzieren und Sinn stiften. Erinnerungen von Unternehmern im 20. Jahrhundert, Stuttgart 2002, S. 215.)

Den Frauen oblag die Stabilisierung der für viele Unternehmen so wichtigen Sozialformation „Familie" sowie das Management des Haushalts und des geselligen Lebens. Die Erziehung des Führungsnachwuchses sowie die Anbahnung bzw. Verhinderung von Ehen waren weitere wichtige Aufgaben mit direkten geschäftlichen Implikationen. Das soziale Kapital und die Arbeitskraft von Frauen besaßen auf dem Heiratsmarkt u. U. einen größeren Wert als die Höhe der Mitgift. Samuel Courtauld (1793–1881), aus dessen Seidenweberei ein Chemiekonzern hervorging, erhielt folgenden Rat: „[...] if a good wife fell in your way I would take her as an assistant even though she may not be rich [...]"

Welche Herausforderung die Organisation des Familienlebens und der gesellschaftlichen Außenbeziehungen darstellte, mag der folgende Bericht über den typischen Tagesablauf des mächtigen Bankiers Adolph von Hansemann (1826–1903) von der Berliner Disconto-Gesellschaft verdeutlichen. Hansemanns Frau hielt ihm in jeder Hinsicht den Rücken frei, kümmerte sich um die Familie, die Gäste, „eine behagliche Lebensführung" und seine Gesundheit.

Der Tagesablauf eines führenden Bankiers des Kaiserreichs

„Sein Leben gehörte der Bank, von morgens früh bis abends spät arbeitete er dort, selbst der Abend zu Hause war mit der Lektüre von Zeitungen und Akten ausgefüllt. [...] Im Sommer wie im Winter erhob er sich um 6 Uhr in der Frühe und begann nach einem kurzen Frühstück sein Tagewerk, und zwar, wie jeder Geschäftsmann, mit der Lektüre von in- und ausländischen Zeitungen [...] Wenn er sich dann gegen 10 bis 11 Uhr in die Bank begab, sprach er nicht selten in der Behrenstraße bei dem befreundeten Hause S. Bleichröder vor [...] Des Mittags kehrte er nicht nach Hause zurück, sondern nahm in seinem Arbeitszimmer ein kleines Frühstück ein, das ihm von zu Hause gebracht wurde und das aus einem Gericht und einer halben Flasche Wein bestand. Die Arbeit ging dann ununterbrochen bis 6 Uhr oder 7 Uhr abends fort, worauf er die Bank verließ, um sich – einem Wunsch seiner Frau folgend – häufig zu Fuß [...] nach Hause zu begeben. Waren keine Gäste da, so wurde um ½8 Uhr im Familienkreise das Abendessen eingenommen [...] Nach dem Essen pflegte Hansemann eine halbe Stunde zu ruhen [...] Nach dieser Ruhe zog er sich dann zurück und pflegte entweder allein oder, bei dringenden Geschäften, mit Herren von der Bank [...] weiter zu arbeiten oder sich der Lektüre von Zeitungen zu widmen, bis er sich gegen 12 oder 1 Uhr zur Ruhe begab. [...]

Die Stellung Hansemanns brachte es natürlich mit sich, daß er eine große Geselligkeit pflegen mußte." Es „fanden in der Woche mindestens zwei geschäftliche Diners statt, und wenn er häufig auch bei den Gegeneinladungen sich zu entschuldigen pflegte und seine Frau ihn vertrat, so blieben doch noch genug Abende aufzuwenden, in denen er notgedrungen ausgehen mußte. [...] Ottilie v. Hansemann, welche ihrem Manne eine kluge und verständnisvolle Lebensgefährtin war und ihm die Erfüllung seiner Aufgaben in jeder Weise erleichterte, hat diesen um 16 Jahre überlebt [...]"
(Hermann Münch, Adolph von Hansemann, München 1932, S. 356, 380f. u. 384f.)

8.2.7 Vorboten des Wandels (1945–1970)

Leider sind die Forschungslücken zur Geschichte der Unternehmerfrauen und Unternehmerinnen noch sehr groß. Es deutet jedoch vieles darauf hin, dass sich die im Kaiserreich zu beobachtenden Konstellationen bis 1960/70 nicht grundsätzlich veränderten. Insgesamt blieb die Unternehmerschaft männlich dominiert, und bei den selbstständigen Frauen standen die skizzierten Muster im Vordergrund. Die Chance auf die Berufsausübung als Unternehmerin sank in dem Maße, in dem die Firmen komplexer und kapitalintensiver wurden. In den wichtigsten Großunternehmen der Zwischen- und Nachkriegszeit gab es keine weiblichen Vorstände, und der Nationalsozialismus verstärkte die Vorstellung von „männlichem Führertum".

Erst in den 1950er-Jahren kündigte sich ein Umbruch an, als einige couragierte Frauen ihre öffentliche Rolle als Unternehmerinnen offensiv verteidigten. 1945 entstand in Frankreich auf Initiative der Maschinenbaufabrikantin Yvonne Edmond Foinant mit dem Femmes Chefs d'Entreprises Mondiales ein Unternehmerinnenverband, dem zahlreiche nationale Organisationen folgten. 1954 gründeten 31 Frauen in Köln die Vereinigung von Unternehmerinnen (VvU). Fritz Berg vom Bundesverband der deutschen Industrie (BDI) erklärte daraufhin unverhohlen: „Die Unternehmerinnen sind eine Kriegsfolgeerscheinung und werden in wenigen Jahren wieder ganz von der Bildfläche verschwunden sein." Gleichwohl unterstützte er den VvU aktiv. Unter Führung von Käte Ahlmann (1890–1963), die 1931 die Carlshütte (Büdelsdorf bei Rendsburg) von ihrem Mann geerbt hatte und bis zu ihrem Tod leitete, nahm der Verband einen beachtlichen Aufschwung. Die Zahl der überwiegend mittelständischen Mitglieder stieg bis 1964 auf ca. 800. 1991 erfolgte die Umbenennung in Verband Deutscher Unternehmerinnen (VdU), dem 2016 ca. 1.600 Frauen angehörten, deren Firmen 85 Mrd. Euro umsetzten und über 500.000 Mitarbeiter beschäftigten.

Ahlmanns Nachfolgerin, Lily Joens (1910–1997), eine promovierte Historikerin und Mutter von fünf Kindern, arbeitete nach ihrer Hochzeit in der Geschäftsführung der Firma ihres Mannes für elektrische Mess- und Regelgeräte. Nach dessen Tod (1955) führte sie diese allein weiter. 1969 wechselte sie in den Aufsichtsrat, nachdem ihr Sohn in die Geschäftsführung eingetreten war. Die Präsidentin des VvU (1962–1979) war in ihren eigenen Worten als „mithelfende Familienangehörige" zur Unternehmerin geworden. Ihre Ehe hatte eine „Verpflichtung gegenüber dem Betrieb" mit sich gebracht, die bald schon in Begeisterung umschlug. „Der ständige Zwang zu Neuentwicklungen, die Sorgen und Wagnisse, die bewältigt werden mußten, um ein Gerät serienreif zu machen, die vielen Kontakte zu den Kunden, und die Probleme der einzelnen Mitarbeiter ergaben Aufgaben, an deren Lösung ich mit Freuden mitarbeitete."

In der Adenauerzeit rief es allerdings vielfach Erstaunen hervor, dass ein Technikunternehmen von einer Frau geleitet wurde. Zudem passierte es selbst noch um 1970, dass ihr auf Geschäftsreisen ohne Herrenbegleitung der Zutritt zu Restaurants verwehrt wurde. Viele Unternehmerinnen litten an einer, so Joens, „Isolierung im eigenen Betrieb", die sie durch die Verbandsarbeit durchbrechen wollte. Dazu diente auch ein in der Männerwelt vielfach erprobtes Mittel gesellschaftlicher Aufwertung, nämlich die Erstellung historischer Festschriften. So schrieb 1970 Hans Roesch auf Anregung von Lily Joens das Buch „Das dritte Talent", mit dem programmatischen Untertitel „Die Leistung der Frau als Unternehmerin". Abgesehen von vielen bis ins Mittelalter zurückreichenden Beispielen bemerkenswerter Unternehmerinnen versuchte der

Autor, das bürgerliche Familienideal mit der Realität weiblichen Unternehmertums zu versöhnen. So wurde bei Erbinnen und Mitunternehmerinnen die „Für- und Vorsorge für die Kinder" betont, und das „mütterliche Unternehmertum" als Kategorie eingeführt. Um Anerkennung zu finden, mussten die Unternehmerinnen auch als Ehefrauen und Mütter erfolgreich gewesen sein.

8.2.8 „Totale Unternehmerinnen"

Nach dieser defensiven Argumentation sprach Roesch aber dem bürgerlichen Familienideal die Zukunftstauglichkeit ab und entwarf mit der „totalen Unternehmerin" einen neuen Phänotypus. „Ihre Aktivität entspringt [...] dem ureigensten Drang nach [...] persönlicher Selbstbetätigung [...] kein Feld [...] erscheint heute den weiblichen Fähigkeiten unzugänglicher [...] als dem Mann [...] es sind ihre autonomen Entschlüsse und nicht so sehr schicksalhafte Konstellationen, die sie auf wirtschaftliche Aktivität verweisen. [...] Ihre Gesinnung ist [...] Folge einer tiefgreifenden psychischen Veränderung der modernen Frau. Die biologische Aufgabe wird keineswegs vernachlässigt [...], aber sie erfüllt das Selbstbewußtsein der heutigen Frau nicht mehr [...]" Trotz der gestelzten Wortwahl entwarf diese Schrift ein bis heute ebenso zukunftsweisendes wie unerfülltes Programm: wirtschaftliche Führungsaufgaben als frei gewählte Lebensaufgabe und Projekt der Selbstverwirklichung von Frauen, die dieses Ziel mit dem Anspruch auf ein erfülltes Familienleben vereinbaren können.

Es ist schwer zu entscheiden, ob vom frühen 21. Jahrhundert aus eher das Scheitern dieses Anspruchs oder die Fortschritte auf dem Weg zu mehr Gleichberechtigung betont werden müssen. Trotz rund einer Million Frauen unter den 3,6 Mio. Selbstständigen in Deutschland (2001) sind sie bislang kaum in die Toppositionen der größten Unternehmen vorgedrungen. Auf der Karriereleiter wird mit harten Bandagen gekämpft, und Frauen sind vielen Diskriminierungen ausgesetzt. In der Phase zwischen 30. und 40. Lebensjahr machen sie oft die Erfahrung, dass die Familiengründung zum Karrierehindernis wird. Die hohen Anforderungen an räumliche Mobilität und Arbeitszeit lassen häufig nicht einmal dauerhafte Partnerschaften zu. Der Preis einer Spitzenkarriere ist mitunter sehr hoch.

Auf der anderen Seite gibt es ermutigende Anzeichen. Die Quote weiblicher Selbstständiger stieg zwischen 1970 und 2000 von 20 auf 28 %. Der seit den 1960er-Jahren erfolgte Ausbau des Bildungswesens erhöhte die Qualifikationen junger Frauen. In den einschlägigen Studienrichtungen stieg der Frauenanteil dramatisch an. In den Wirtschaftswissenschaften lag er an deutschen Universitäten und Fachhochschulen 1998 bei 38 %. Die Elitehochschule Harvard Business School, die bis 1963 Frauen von ihrem MBA-Programm ausgeschlossen hatte, erreichte in den 1980er-Jahren eine Frauenquote von 26 %. In der „class of 2015" lag sie bei 41 %. Die seit ca. 1970 eingetretene Pluralisierung der Lebensstile nahm der Konzentration auf Beruf und Karriere etwas von ihrem traditionellen Makel. Zu den größten Erfolgen der Frauenbewegung zählt es, traditionelle Leitbilder dekonstruiert und Alternativen aufgezeigt zu haben. Daneben inspirierte sie die zielgerichtete Vernetzung und setzte die Frauenförderung auf die politische Tagesordnung. Nach dem Vorbild öffentlicher Institutionen bekennen sich seit den 1990er-Jahren immer mehr Firmen dazu, sich aktiv für die Erhöhung des Frauenanteils an ihren Führungskräften einzusetzen.

Die Erfolge auf der obersten Ebene sind bislang bescheiden, aber keineswegs bedeutungslos. In den USA gab es 1999 unter den Direktoren der 500 größten Unternehmen immerhin 11 % Frauen, wobei es nur dreien gelang, „Chief Executive Director" (CEO) zu werden, nämlich Carly Fiorina (HP), Jill Barad (Mattel) und Marion Sandler (Golden West Financial). In Europa lag diese Quote deutlich niedriger. Die Lebensläufe dieser neuen Generation exzellent ausgebildeter, zielgerichtet und z. T. überaus aggressiv um ihre Karrieren kämpfender Managerinnen unterscheiden sie deutlich von den bislang dargestellten Unternehmerinnen, bei denen die schon im 19. Jahrhundert entstandenen Muster lange vorherrschten.

Erfolgreiche Managerinnen zu Beginn des 21. Jahrhunderts

Cara Carleton (Carly) Fiorina (geb. 1954) (siehe Abbildung 8.5), Tochter einer Malerin und eines Jura-professors, hat nach einem Bachelor-of-Arts-Studium (Stanford) der Geschichte und Philosophie an der Universität Maryland einen Master of Business Administration (MBA) erworben. Danach arbeitete sie bei AT&T und studierte am Massachusetts Institute of Technology bis zum Master of Science. Bei AT&T drang sie bis in die Führungsebene vor und leitete 1996 die Ausgliederung von Lucent Technologies. Von 1997 bis 1999 war sie Präsidentin der sehr erfolgreichen Dienstleistungssparte Lucents, bevor sie 1999 als CEO die Führung von Hewlett-Packard (HP) übernahm und einschneidende Reformen wie die Umstellung des Vertriebs auf das Internet vornahm.

2002 fusionierte HP mit Compaq. Fiorina ging siegreich aus dem Kampf um den Vorstandsvorsitz der neuen Firma hervor. Sie war die erste Frau, die einem Unternehmen des exklusiven Börsenindex Dow-Jones-Industrial Average 30 (Dow 30) vorstand. Während ihrer kurzen Amtszeit verfügte sie Massenentlassungen. Bereits 1998 hatte das Wirtschaftsmagazin „Fortune" sie zur „härtesten Geschäftsfrau Amerikas" gewählt. Auf die Frage nach dem Grund für ihren Erfolg sagte sie Journalisten: „Man darf einfach nicht daran denken, eine Frau zu sein!" Nachdem HP die selbst gesetzten wirtschaftlichen Ziele verfehlte, musste Fiorina 2005 zurücktreten und erhielt mit einer Abfindung in Höhe von 21 Mio. Dollar einen wahrhaft „goldenen Fallschirm." Während ihrer kurzen Amtszeit bei HP soll sie insgesamt mehr als 100 Mio. Dollar von HP erhalten haben. Sie übernahm diverse Direktorenposten und engagierte sich philanthropisch. 2015 kündigte Carly Fiorina an, sich um die Kandidatur der Republikanischen

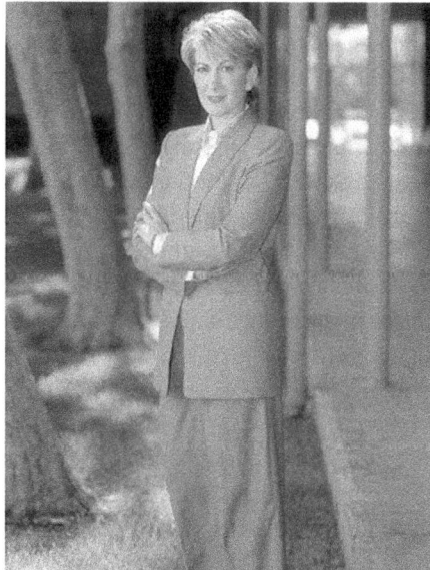

Abb. 8.5: Carly Fiorina (geb. 1954) als CEO von Hewlett-Packard.

Partei für den Wahlkampf um die Präsidentschaft zu bewerben, schied aber 2016 früh in den Vorwahlen aus.

Die Schweizerin Barbara Kux (geb. 1954) schloss ihre Ausbildung 1984 mit einem MBA bei INSEAD (Fontainebleau) ab. Danach arbeitete sie von 1984 bis 1989 bei McKinsey. 1989 folgte sie dem Ruf ihres Klienten Asea Brown Boveri in die Zentrale nach Zürich, wo sie als Vizepräsidentin das Geschäft in Zentral- und Osteuropa aufbaute und die Basis für einen Umsatz von 4 Mrd. DM schuf.

1993–1999 führte sie bei Nestlé als Vizepräsidentin die Zweigunternehmen in 15 Ländern Europas. Ab 1996 war Kux Vorsitzende von Nestlé Polen, ab 1999 Executive Director bei Ford. 2003 wurde Kux Einkaufschefin bei Philips und ab 2005 auch für Nachhaltigkeit verantwortlich. Mit ähnlichen Aufgaben folgte 2008 ihre Berufung in den Vorstand der Siemens AG, den sie 2013 nach der Nichtverlängerung ihres Vertrags wieder verlassen musste. Kux ist Mitglied diverser Aufsichtsräte, u. a. von Total, Henkel und GDF Suez. Barbara Kux bestreitet, als Frau in der Wirtschaft benachteiligt worden zu sein. Die Gründung einer Familie hält sie für unvereinbar mit ihrer Karriere. „It is lying to say: ‚My life is in balance' as a top manager. What gives me the strength to do my work is I enjoy the challenge, I want the success, I want to excel, I want to do more."

In der von der Zeitschrift „Fortune" nach nicht offengelegten Kriterien geführten Liste der 50 „mächtigsten" Unternehmerinnen der Welt, befanden sich 2002 keine Vorstandvorsitzenden globaler Spitzenunternehmen. Es handelte sich eher um Firmen aus der zweiten und dritten Reihe sowie um Vizepräsidentinnen, Vorstandsmitglieder oder CEOs von Sparten, denen noch wenige Schritte auf der Karriereleiter bis zur absoluten Spitze fehlten. Zu dieser Gruppe zählte Barbara Kux, die auf eine Bilderbuchkarriere von der Elitehochschule bis zu verschiedenen Spitzenadressen multinationaler Firmen zurückblicken kann. Einzige Deutsche war Britta Steilmann (geb. 1966), die 2001 von ihrem Vater Klaus Steilmann eines der größten europäischen Textilunternehmen (gegründet 1958, über 18.000 Mitarbeiter im Jahr 1993, Insolvenz 2016) übernommen hatte. Schon zuvor war die studierte Modedesignerin als umweltbewußte Produktmanagerin einer eigenen Marke und durch ihr medienwirksames Auftreten bekannt geworden. Verweist die Stellung als Erbin auf ein altes Karrieremuster von Familienunternehmerinnen, sind ihre vorzügliche Ausbildung, die externen Karrierestationen, die frühe Profilierung durch ihre „Ökokollektion" und die offensive Öffentlichkeitsarbeit moderne Erfolgsfaktoren. In Managerunternehmen fällt Frauen der Aufstieg nach wie vor erheblich schwerer, da die familiäre Protektion fehlt, und der Konkurrenzkampf härter ist. Es steht jedoch außer Zweifel, dass ihn in der Zukunft immer mehr Frauen aufgrund ihrer exzellenten Ausbildung und überlegenen Leistungen gewinnen werden.

2014 verkündete „Fortune" ein eindrucksvolles Zwischenergebnis, das diese Einschätzung unterstreicht. Inzwischen waren 4,6 % aller Vorstandsvorsitzenden der weltweit 500 größten Unternehmen Frauen, die außerdem 14,6 % aller „executive officers" (Vorstandmitglieder) stellten. Mary Barra, CEO von General Motors, stand als erste Frau an der Spitze eines Autokonzerns. Ginni Rometty führte 2014 IBM, Indra Nooyi den Coca-Cola-Rivalen Pepsi, Maria das Graças Silva Foster den brasilianischen Ölgiganten Petrobras, Ellen Kullman den Chemiemulti DuPont, Marillyn Hewson den Rüstungskonzern Lockheed, Meg Whitman HP, Marissa Mayer Yahoo,

Mary Callahan Erdoes J.P. Morgan und Irene Rosenfeld Mondelez, ein Unternehmen, das aus der Aufteilung des Lebensmittelkonzerns Kraft hervorging. Die Liste der weiblich besetzten Spitzenpositionen wird künftig deutlich länger werden.

Weiterführende Literatur

Hlawatschek, Elke, Die Unternehmerin (1800–1945), in: Hans Pohl (Hg.), Die Frau in der deutschen Wirtschaft, Stuttgart 1985, S. 127–154.

Eifert, Christiane, Deutsche Unternehmerinnen im 20. Jahrhundert, München 2011.

Davidoff, Leonore u. Hall, Catherine, Family Fortunes. Men and Women of the English Middle Class, 1780–1850, London 1987, S. 272–289 u. 301–308.

Augustine, Dolores L., Patricians and Parvenus. Wealth and High Society in Wilhelmine Germany, Oxford 1994, S. 103–117.

Bandhauer-Schöffmann, Irene u. Bendl, Regine (Hg.), Unternehmerinnen. Geschichte und Gegenwart selbständiger Erwerbstätigkeit von Frauen, Frankfurt/M. 2000.

Roesch, Hans, Das dritte Talent. Die Leistung der Frau als Unternehmerin. Gestern, Heute, Morgen, Frankfurt/M. 1970.

Lewis, Susan Ingalls, Unexceptional Women. Female proprietors in Mid-Nineteenth-Century Albany, New York, 1830–1885, Columbus 2009.

Barker, Hannah, The Business of Women. Female Enterprise and Urban Development in Northern England, 1760–1830, Oxford 2006.

Treue, Wilhelm, Henschel & Sohn – Ein deutsches Lokomotivbau-Unternehmen 1860–1912, Teil I, in: Tradition 19, 1974, S. 3–27 u. Teil II, in: Tradition 20, 1975, S. 3–23.

Bandhauer-Schöffmann, Irene, Unternehmerinnen. Selbständige Erwerbstätigkeit von Frauen in der österreichischen Nachkriegszeit – Ein Kontinuitätsbruch?, in: Werner Abelshauser, Jan Otmar Hesse u. Werner Plumpe (Hg.), Wirtschaftsordnung, Staat und Unternehmen. Neue Forschungen zur Wirtschaftsgeschichte des Nationalsozialismus, Essen 2003, S. 377–401.

Kwolek-Folland, Angel, Incorporating Women. A History of Women and Business in the United States, New York 1998.

9 Verheißungen und Irrwege der Technologie

9.1 Dynamik und Tücken des technischen Fortschritts

In der Wachstumstheorie spielt der technische Fortschritt eine zentrale Rolle. Wachstum, sofern es nicht auf der Vermehrung der Inputs beruht, d. h. auf der Steigerung der Menge eingesetzter Produktionsfaktoren, speist sich aus der Erhöhung des Outputs pro Inputeinheit, d. h. aus einem Anstieg der Produktivität durch qualitative Verbesserungen der Produktionsfaktoren. Diese sehr weite Definition des technischen Fortschritts umfasst die Fortentwicklung des Humankapitals, etwa durch Erziehung und Ausbildung sowie Effizienzsteigerungen bei der Faktororganisation durch leistungsfähigere Märkte oder besser geführte Unternehmen. Eine engere Definition des technischen Fortschritts bezieht sich dagegen auf die Qualität des Sachkapitals, etwa infolge der Ersetzung älterer durch moderne, produktivere Maschinen oder die Anwendung innovativer Verfahren. Schließlich versteht man unter technischem Fortschritt auch die Schaffung gänzlich neuer Produkte.

Im Folgenden geht es v. a. um die drei letztgenannten Phänomene. Allerdings sind sie mit den vorgenannten Größen eng verzahnt. Der technische Fortschritt hat Folgen für die eingesetzten Mengen an Kapital und Arbeit, die Anforderungen an das Humankapital und die Organisationssysteme. Löschten im Hamburger Hafen um 1900 noch Tausende angelernter Schauerleute die Frachtschiffe, sind heute Containerbrücken auf fast menschenleeren Piers im Einsatz. Die Kapitalintensität ist um ein Vielfaches gestiegen und Arbeit im großen Stil freigesetzt worden (Faktorsubstitution). Die neuen Logistiksysteme haben durchgreifende organisatorische Änderungen erzwungen und die Anforderungen an die verbliebenen Mitarbeiter erhöht. Technisches Know-how und Konzentrationsfähigkeit sind nun wichtiger als Muskeln.

Viele Ökonomen definieren das technische Wissen einer Gesellschaft als eigenständigen Produktionsfaktor und sehen in seiner Vermehrung den eigentlichen Motor der Geschichte. Dabei denken sie oft in Kategorien eines linearen Entwicklungsmodells, in dem die Innovationen auf einer aufsteigenden Kurve aufgereiht sind und eine Einbahnstraße zum Fortschritt führt.

9.1.1 Quantensprünge

Nach Schumpeter und Kondratieff (siehe Kapitel 2.1) lösen Basisinnovationen gewaltige Wachstumsschübe aus. In der Tat waren die technologischen Quantensprünge der letzten 200 Jahre eindrucksvoll. Sie umfassen die Erschließung neuer Energiequellen von der Kohle bis zur Atomkraft, den Weg vom mechanischen Webstuhl zum Roboter, die Entdeckung der Elektrizität mit ihren vielfältigen Anwendungen. Neue Werkstoffe wie Stahl und Zement, Kunststoffe und Silizium veränderten das Antlitz der Welt. Die Landwirtschaft vervielfachte ihre Erträge durch verbesserte Anbaumethoden und Züchtungen, durch Kunstdünger und Landmaschinen. Die Kühl- und Konservierungstechnik, Lebensmittelchemie und Biotechnologie revolutionierten die Ernährung. Eisenbahnen, Autos und Flugzeuge relativierten Entfernungen. Die Kommunikation beschleunigte sich durch Telegrafen, Telefone und das Internet. Neue Medien von der Massenpresse bis zum Fernsehen veränderten das Freizeitverhalten. Der ebenso rasante wie spektakuläre technische Fortschritt führte zur dramatischen Verbilligung der jeweiligen Produkte und der Rekonfiguration ihrer Märkte und Branchen. Diese Innovationen boten Unternehmen enorme Wachstumschancen, sofern sie die neuen Technologien zu nutzen wussten. Andererseits gab es immer auch Verlierer, d. h. technisch rückständige Produzenten, die von den Fortschrittsschüben überrollt und aus dem Markt gedrängt wurden.

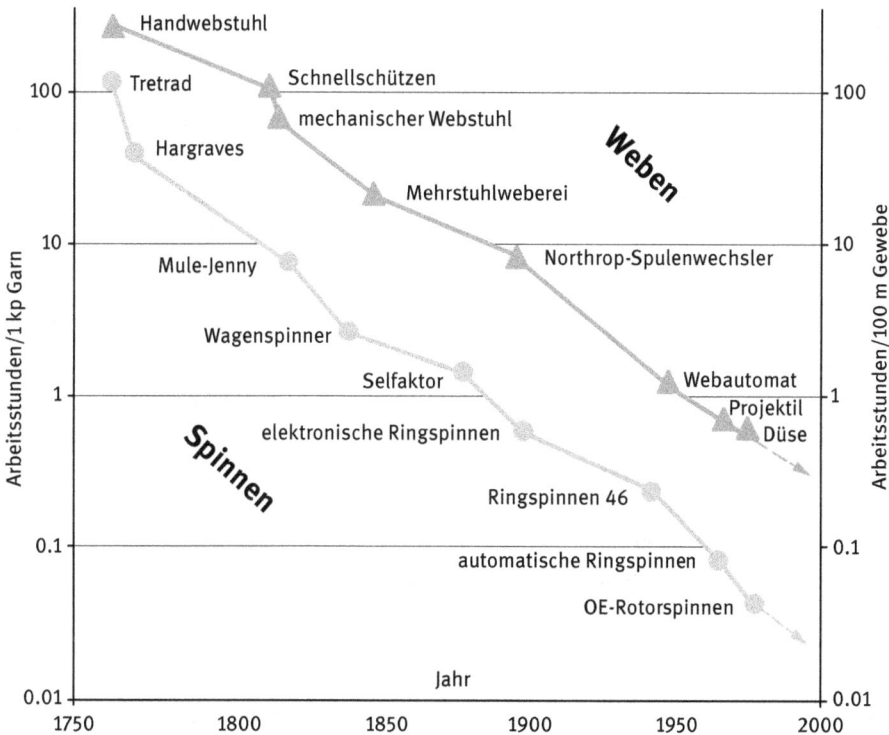

Abb. 9.1: Entwicklung des Arbeitsaufwands beim Spinnen und Weben.

Der klassische Fall eines technologischen Quantensprunges, der eine ganze Branche in neue Dimensionen katapultierte, war die Industrialisierung des Textilgewerbes. Bereits zwischen 1750 und 1800 erhöhte sich der Output pro Zeiteinheit gegenüber der Handarbeit um ein Vielfaches, und zwar bei stark sinkenden Kosten und Preisen. Abbildung 9.1 veranschaulicht die revolutionäre Wirkung der klassischen Spinn- und

Webinnovationen. Seitlich abgetragen sind im logarithmischen Maßstab die Arbeits-
stunden, die für die Produktion von einem Kilopond (kp) Garn bzw. 100 Metern Stoff
benötigt wurden. Beim Spinnen sank die benötigte Zeit schon bis 1800 auf ca. 10 %
und bis 1900 auf unter ein Hundertstel des Ausgangswerts. Mit dem per Fußtritt betriebenen Spinnrad brauchte man Mitte des 18. Jahrhunderts 100 Stunden für 1 kp Garn.
Bis 1800 hatte die „Mule Jenny" die anfallende Zeit auf unter 10 Stunden gedrückt.
Mit den „Selfaktoren" erreichte man eine Stunde. Beim Weben waren die Produktivi-
tätsfortschritte nicht ganz so radikal. Erst nach 1950 schrumpfte der Zeitaufwand auf
unter 1 % des Handwebstuhls von 1750. Handspinner und Handweber verloren aber
bereits im 19. Jahrhundert durch die neuen Maschinen ihre Existenz. Ganze Gewerbe,
wie die komplette indische Textilbranche, gingen zugrunde.

Innovationen werden von der Nachfrage- oder auch der Angebotsseite initiiert. Das
Spinnen war der arbeitsintensivste Prozess des vorindustriellen Textilgewerbes und
daher ein traditioneller Engpass. Die steigende Nachfrage nach Textilien führte im
18. Jahrhundert zu einem eklatanten Garnmangel, auf den die Produzenten mit der
Beschäftigung zusätzlicher Spinnerinnen reagierten. Da das Arbeitskräftereservoir
begrenzt war, entstand ein nachfrageseitiger Druck, eine Spinnmaschine zu konstruieren. Bevor sie zum Einsatz kam, galt es jedoch, beträchtliche Schwierigkeiten zu
überwinden. Beim Spinnen entsteht aus Fasern durch Strecken und Verdrehen ein
Endlosfaden. Das Handspinnen erfordert daher beträchtliche Fingerfertigkeiten. Die
Konstruktion einer Maschine, die qualitativ gleichwertiges Garn in großen Mengen
liefert und mechanisch, d. h. ohne menschliche Muskelkraft, angetrieben wurde,
gelang 1769 nach einer langen Anlaufzeit mit dem wasserbetriebenen „Waterframe".
Er gewährleistete einen kontinuierlichen Prozess. Das Verdrehen und Strecken der
Fasern sowie das Aufwickeln des Fadens erfolgten in einem Arbeitsgang. Diese Erfindung meldete der Friseur und Perückenmacher Richard Arkwright als Patent an. Die
Urheberschaft ist jedoch umstritten. Arkwright verwertete den „Waterframe" umgehend in eigenen Fabriken und durch die Vergabe von Lizenzen. Auf diese Weise wurde
er zu einem der reichsten Unternehmer der frühen Bauwollindustrie.

Arkwrights Baumwollspinnerei in Cromford wurde nicht nur zur „Geburtsstätte
der modernen Massenproduktion", sondern auch zum Prototyp der Fabrik, der
gewerblichen Produktionsstätte der Zukunft. Im Unterschied zum Handwerk und
zum Verlag handelte es sich um zentralisierte Arbeit, die um eine Energiequelle –
zunächst oft noch die Wasserkraft – gruppiert wurde. Die in ihre Einzelteile zerlegten
Arbeitsschritte erledigten überwiegend Maschinen. Das unterschied die Fabrik von
der ebenfalls zentralisierten Manufaktur. Andere Unternehmer imitierten Arkwrights
Spinnerei detailgetreu. Sie übernahmen den „Waterframe" bzw. dessen Weiterent-
wicklungen und sogar die Architektur der Cromforder Fabrik. Die mehrgeschossigen
Backsteingebäude hießen daher auch „Arkwright Mills". Von ihnen gab es 1788 in
Nordengland und Schottland bereits 140.

Baumwollgarn kostete 1830 nur noch 6 % des Preises von 1780. Diese Verbilligung
löste einen Rationalisierungsdruck auf die nächste Produktionsstufe, das Weben,

aus. Nach der Beseitigung des Garnmangels behinderte jetzt die Knappheit an Web-kapazitäten das weitere Wachstum der Textilproduktion. Zunächst kam es zur erheblichen Expansion der Handweberei, der sich die Menschen in Scharen zuwandten. Deshalb und aufgrund von Problemen bei der Umsetzung längst entwickelter Konstruktionsprinzipien zog sich die Maschinisierung der Weberei hin. Mit einer genialen Erfindung allein war es nicht getan.

Abb. 9.2: Maschinenwebstuhl für Teppiche der Firma Henderson & Co (1851).

Das Leben des begnadeten Erfinders und gescheiterten Unternehmers Edmund Cartwright illustriert die Tücken des technischen Fortschritts und seiner kommerziellen Nutzung. Cartwright war ein Theologe, der sich 1784 der Konstruktion von Webstühlen zuwandte und zwar unbelastet von den eingefahrenen Bahnen der Spezialisten. Ausgangspunkt war ein Streitgespräch, bei dem Textilfachleute behaupteten, Webstühle seien prinzipiell nicht zu mechanisieren. In den folgenden zwei Jahren löste er das Problem zunächst theoretisch. Wenig später baute er tatsächlich einen entsprechenden Webstuhl, der aber noch recht teuer und kaum leistungsfähiger als ein Handwebstuhl war. Die in der Weberei tätigen Unternehmer, zumeist Verleger, verhielten sich daher abwartend. Sie schreckten vor den hohen Investitionen für die neuen Webstühle zurück. Sie scheuten den Verlust von Flexibilität und den Aufbau einer zentralisierten Fabrik mit allen ihren Organisations- und v. a. Disziplinproblemen. In Krisenzeiten hatten sie bisher einfach keine Aufträge mehr an die selbstständigen Handweber vergeben. Nach der Anschaffung mechanischer Webstühle wären sie auf hohen Fixkosten sitzen geblieben, denen keine Einnahmen gegenüberstanden. Da die Produktivitätsunterschiede beider Technologien noch relativ gering waren, warteten die meisten Unternehmer vorerst ab.

Nicht so Cartwright, der keinerlei Erfahrung im Geschäftsleben besaß. Er vertraute der überlegenen Technik und investierte in die unausgereifte, kommerziell noch längst nicht tragfähige Innovation. 1787 gründete er in Doncaster eine Weberei, die ihm außer Schulden nichts einbrachte und 1793 schließen musste. Einer anderen, früh mit mechanischen Webstühlen ausgerüsteten Fabrik erging es nicht viel besser, denn sie wurde von aufgebrachten Handwebern abgebrannt, die sehr genau spürten, dass die mechanische Weberei ihre Existenz bedrohte. Entscheidend für die lange Diffusionsphase des mechanischen Webstuhls von 30–40 Jahren war dieser Widerstand jedoch nicht. Vorerst rechtfertigte die Kosten-Nutzen-Relation der neuen Technik noch nicht die erforderlichen Investitionen.

Neue, prinzipiell effektivere Technologien müssen sich erst im Praxistest gegen die Vorgänger durchsetzen und so weit überlegen sein, dass sich die Umstellungskosten amortisieren. Der mechanische Webstuhl wurde erst in den 1830er-Jahren, nachdem ihn Praktiker deutlich verbessert hatten, zum Standard – zunächst in Großbritannien, dann auch auf dem Kontinent (siehe Abbildung 9.2). Jetzt ließen die Produktivitätsgewinne niemanden mehr unbeeindruckt. Konnte eine Arbeitskraft mit einem Handwebstuhl 1760 in einer Stunde 36 cm Baumwolltuch herstellen, waren es 1850 mit einem mechanischen Webstuhl 4,60 m. Diese Sprünge waren die Ursache für die Verelendung derjenigen Weber, die nicht in die entstehenden Fabriken wechseln konnten. Viele Handweber versuchten, unter erhöhter Selbstausbeutung gegen den Preisverfall anzuweben. In den 1840er-Jahren spitzte sich ihre Situation bis hin zu Hungeraufständen zu. In Großbritannien sank die Zahl der Handweber von 240.000 (1830) auf 10.000 (1860). Parallel dazu überschlugen sich die Unternehmer, die nun klar überlegene Technik einzusetzen. Die Zahl der mechanischen Webstühle stieg in Großbritannien von 2.400 (1810) auf 108.000 (1830). 1850 waren es bereits 247.000.

Hinter diesen Zahlen verbirgt sich eine grundlegende Veränderung der Arbeitswelt. Es wurde immer weniger in Heimarbeit gewebt, sondern im zentralisierten Fabrikbetrieb, der zuweilen imposanten Schlössern oder aber großen Kasernen ähnelte. Der Arbeitsablauf wurde kontinuierlicher und vom Takt der Maschinen fremdbestimmt. Die menschliche Tätigkeit diente zunehmend der Erledigung von Arbeitsschritten, die noch nicht mechanisiert waren, etwa das Auswechseln oder Anknüpfen des Fadens. Arbeitsteiligkeit, Tempo und Monotonie wuchsen. Der Anteil der An- und Ungelernten stieg, und damit der Einsatz von Frauen und Kindern. Mit dem Voranschreiten der Industrialisierung und der schrittweisen Durchsetzung der Schulpflicht ging der Anteil der Kinderarbeit aber deutlich zurück.

Kinder besaßen aufgrund ihrer niedrigen Löhne und anatomischer Eigenheiten aus Sicht der Unternehmer erhebliche Vorzüge gegenüber Erwachsenen. Ihre kleinen Körper konnten sich besser zwischen Maschinen bewegen als Männer und Frauen.

Kleine Hände erledigten bestimmte feinmotorische Arbeitsschritte schneller. Die Löhne der Kinder blieben wie auch bei den Frauen weit hinter denen der Männer zurück, da sie – so das zeitgenössische Argument – nicht für den Unterhalt ganzer Familien verantwortlich waren, sondern lediglich „etwas dazuverdienten."

Abb. 9.3: Kinderarbeit im Mule-Spinning-Saal der Chace Cotton Mill, Vermont (1909).

Kinderarbeit ging mit hohen sozialen Kosten einher. Bilder aus Fabriken belegen, dass viele Kinder abgerissene Kleidung trugen und sich noch nicht einmal Schuhe leisten konnten (siehe Abbildung 9.3). Sie liefen barfuß umher, was die Unfall- und Krankheitsgefahr erhöhte. Für die Kinder brachten die vielen Stunden Fabrikarbeit z. T. gesundheitliche Beeinträchtigungen mit sich, ganz zu schweigen von Misshandlungen durch Vorarbeiter und dem verhinderten Schulbesuch sowie der verlorenen Möglichkeit, freie Zeit etwa beim Spielen zu verleben. Während in Deutschland bereits ab 1839 erste Kinderschutzgesetze die Arbeitszeiten begrenzten, Mindestaltersgrenzen einführten (in Fabriken zwölf Jahre ab 1869, dreizehn ab 1891) und die Fabrikarbeit von schulpflichtigen Kindern 1891 gänzlich untersagten, blieb in den USA Kinderarbeit lange völlig unreguliert. Dort wurde das erste Bundesgesetz 1916 erlassen, aber bereits 1918 aufgrund verfassungsrechtlicher Bedenken wieder zurückgenommen. Erst 1938 kam es zum Verbot von Kinderarbeit in den meisten Branchen außerhalb der Landwirtschaft.

9.1.2 Technologietransfer

Sobald aus den Erfindungen wirtschaftlich tragfähige Innovationen geworden waren, gerieten die Unternehmer unter Zugzwang. Wer weiter der Handweberei vertraute, ging unter. Auch außerhalb Großbritanniens wurde es zu einem klaren Wettbewerbsvorteil, möglichst frühzeitig mechanische Webstühle einzuführen. Unternehmer aus Belgien, Deutschland und Frankreich ließen sich daher viel einfallen, um an diese Maschinen zu gelangen. Die Methoden des Technologietransfers reichten von der Anstellung britischer Fachleute bis zur Industriespionage, vom Schmuggel britischer Maschinen mit anschließendem Nachbau bis zum Aufbau technischer Hochschulen und der Verbreitung von Konstruktionsplänen in Fachpublikationen. Dieser Transfer war jedoch nicht einfach, denn bis 1842 verboten britische Gesetze den Export von Maschinen, Blaupausen und Modellen sowie die Auswanderung von Fachkräften.

Trotzdem nahm das Tempo des Technologietransfers im 19. Jahrhundert zu. Das zeigte sich in der Schwerindustrie. Das Puddeln, ein Verfahren zur Gewinnung von Stahl aus Roheisen, wurde 1784 von Henry Court entwickelt. Es dauerte 40 Jahre, bis es Deutschland mithilfe britischer Facharbeiter erreichte. Das erste deutsche Puddelwerk eröffnete Friedrich Christian Remy in Neuwied am Rhein. 1826 zogen Eberhard Hoesch in Lendersdorf (Eifel) und Friedrich Harkort in Wetter (Ruhr) nach. In den 1830er-Jahren verbreitete sich das Puddeln im ganzen Ruhrgebiet.

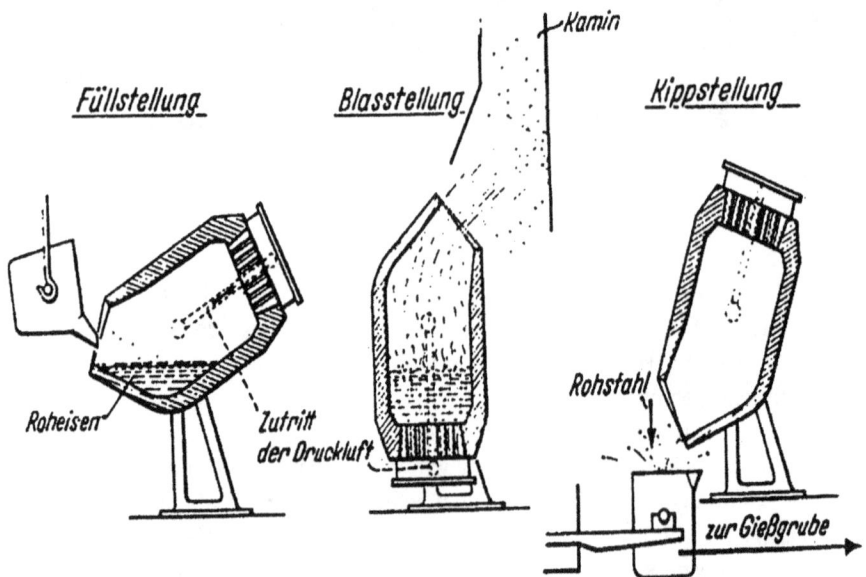

Abb. 9.4: Der Bessemerprozess.

Den nächsten Schritt markierte ein 1855 von dem englischen Ingenieur und Berufs-erfinder Henry Bessemer entwickeltes, zunächst von Hüttenbesitzern belächel-tes Verfahren, das die preiswerte Produktion großer Mengen Stahls ermöglichte (siehe Abbildung 9.4). Dabei presste man Luft in ein mit flüssigem Roheisen gefüll-tes Gefäß (Bessemerbirne bzw. Konverter). Dadurch verbrannten die im Rohei-sen enthaltenen Unreinheiten wie Kohlenstoff. Der ganze Vorgang dauerte nur 20 Minuten, was eine enorme Zeitersparnis gegenüber dem mühevollen Puddeln bedeutete.

Bereits 1861 sicherte sich Alfred Krupp das Recht zur Nutzung des Patents, und seit 1862 produzierte sein Essener Werk unter strengster Geheimhaltung Bessemer-stahl. Zunächst machten Krupp aber noch technische Probleme zu schaffen. In den 1870er-Jahren war die Technik so weit ausgereift, dass viele andere Unternehmen v. a. im Ruhrgebiet Bessemeranlagen errichteten. Von ihnen ging in dreifacher Hin-sicht ein Sachzwang zur Größe aus. Erstens konnten sich nur kapitalkräftige Firmen die gewaltigen Investitionen leisten. Zweitens waren Synergien mit den Händen zu greifen. Fand die Roheisenproduktion, d. h. das Schmelzen von Erzen zu Roheisen, im selben Werk wie die Stahlproduktion statt, konnte man „in einer Hitze" arbei-ten. Da das Roheisen nicht erkaltete, ergaben sich erhebliche Energieeinsparungen. Dieser Vorteil wiederholte sich beim Walzen noch nicht erkalteten Stahls. Drittens realisierten die kombinierten Werke der Schwerindustrie Transaktionskostenvorteile. Die teuren Anlagen erforderten eine hohe Kapazitätsauslastung. Deshalb mussten die wichtigsten Vorprodukte, also Erze und Kohlen, immer in der erwünschten Menge und Qualität sowie zu einem akzeptablen Preis verfügbar sein. Entsprechend glie-derten sich viele Stahlproduzenten die wichtigsten vorgelagerten Produktionsstufen an und bezogen fortan Kohle und Erze aus eigenen Gruben. Aufgrund der systema-tischen Nutzung solcher „SST-economies" wuchs die Belegschaft Krupps in dieser Zeit, die einen schier unersättlichen Bedarf an Stahl hatte, von 2.100 (1861) auf 81.000 (1914) Mitarbeiter. Andere integrierte Unternehmen kamen ebenfalls auf beein-druckende Belegschaftsgrößen, so die Gelsenkirchener Bergwerks-AG auf 31.200, Phoenix (Hörde) mit 31.000 und die Gutehoffnungshütte (Oberhausen) auf 21.657 (jeweils 1907) Mitarbeiter.

Das Bessemerverfahren hatte aus Sicht der deutschen Stahlwerke den großen Nachteil, nur mit phosphorarmem Roheisen zu funktionieren, das von weit her impor-tiert werden musste. Ergiebige Vorkommen phosphorreicher Erzsorten befanden sich dagegen in Elsaß-Lothringen, das seit 1871 zum Deutschen Reich gehörte. So zögerte man an der Ruhr nicht lange, als der Brite Sidney Gilchrist Thomas 1879 ein Verfahren der Öffentlichkeit präsentierte, mit dem sich phosphorhaltiges Erz problemlos ver-hütten ließ. Noch im selben Jahr wurde das sogenannte „Thomasverfahren" auch in Deutschland eingeführt. Die Dauer des Technologietransfers von Großbritannien war auf wenige Monate geschrumpft, nachdem sie zuvor noch 40 (Puddeln) bzw. sechs Jahre (Bessemer) betragen hatte.

9.1.3 Technik im internationalen Vergleich

Jedoch ist vor linearen Modellen zu warnen, die alle Unternehmen in eine Art Wettlauf mit demselben Ziel zwingen. Tatsächlich kamen die verschiedenen Verfahren noch lange nebeneinander zum Einsatz. Je nach Stahlsorte und Umfeld des Unternehmens gestalteten sich die Vor- und Nachteile unterschiedlich. Wer gerade in die eine Technik investiert hatte, zögerte die Umstellung eher heraus als derjenige, den keine „sunk costs" belasteten. Ersatz- und Erweiterungsinvestitionen haben unterschiedliche Rentabilitätsschwellen.

Gerade im internationalen Vergleich war es keineswegs sinnvoll, überall dieselbe Technologie einzusetzen. Vielmehr mussten die Unternehmen auf ihre spezifischen Rahmenbedingungen achten, d. h. auf die Qualifikation und Löhne ihrer Arbeiter, auf die Kundenwünsche und Kapitalkosten sowie die verfügbaren Rohstoffe. Lange wurde etwa der britischen Stahlindustrie vorgeworfen, ihren Vorsprung gegenüber der deutschen Konkurrenz im späten 19. Jahrhundert leichtfertig verspielt und auf veraltete Technologien gesetzt zu haben. *Ulrich Wengenroth* konnte jedoch zeigen, dass beide Industrien grundsätzlich verschiedene Konstellationen vorfanden. Da es für britische Hüttenwerke einfacher war, phosphorarme Erze zu kaufen, gab es keine so großen Anreize wie in Deutschland, das Thomasverfahren einzuführen. Da in Großbritannien primär hochwertige Stahlsorten, zumeist für den Schiffbau, nachgefragt wurden, setzten die dortigen Werke eher auf höhere Qualitätsstufen und das Siemens-Martin-Verfahren. Die deutschen Stahlproduzenten optierten dagegen überwiegend für das für ihre Erze geeignetere Thomasverfahren und den von ihren Kunden nachgefragten billigeren Massenstahl. Bei den divergierenden Entscheidungen handelte es sich also um rationale Reaktionen auf unterschiedliche Umweltbedingungen. Das in der Literatur verbreitete Bild des unfähigen britischen Unternehmers, der die Zeichen der Zeit verkannt habe, führt also in die Irre.

In der Textilindustrie lässt sich derselbe Sachverhalt an den Ringspindeln demonstrieren, die den Spinnprozess radikal veränderten und seit den 1880er-Jahren deutlich produktiver als die „mules" waren. Dieser bereits 1828 erfundene Spindeltyp wurde in den USA relativ schnell, in Großbritannien jedoch nur zögerlich eingesetzt, worin einige Historiker unternehmerisches Versagen sehen. Die Detailanalyse enthüllt jedoch, dass die Ringspindeln genau auf die Rahmenbedingungen in den USA zugeschnitten waren. Sie konnten von ungelernten Kräften bedient werden und liefen sehr schnell. Gleichzeitig erforderten sie hohe Investitionen, verbrauchten viel Energie und lieferten zunächst eine schlechtere Garnqualität. Diese Konfiguration passte zu einem Land mit hohen Löhnen und wenigen Facharbeitern, preiswerter Energie und einem nicht so qualitätsbewussten Massenmarkt. Großbritannien dagegen hatte früh und massiv in „mules" investiert, musste also „sunk costs" berücksichtigen. Daneben besaß das Pionierland der industriellen Moderne genügend qualifizierte Facharbeiter und ein niedrigeres Lohnniveau. Ferner verlangten dort die Kunden hochwertige Garne. Schließlich mussten die britischen Unternehmer mit hartnäckigen Widerständen der gewerkschaftlich organisierten Facharbeiter rechnen, die ja beim Wechsel der Spinntechnologie überflüssig geworden wären. Der Konservatismus der britischen Spinnereibesitzer hatte also im 19. Jahrhundert gute Gründe. Im 20. Jahrhundert wären sie jedoch zweifelsohne besser gefahren, wenn sie die nach 1913 perfektionierte Ringspindel stärker und früher genutzt hätten.

Abb. 9.5: Himmelstürmender Fortschrittsoptimismus. Werbeplakat der AEG (1888).

Ein drittes Beispiel für die Umweltbedingtheit angemessener technologischer Optionen findet sich im deutschen Maschinenbau. Als der Berliner Kaufmann Ludwig Loewe 1870 von einer USA-Reise mit der Idee zurückkam, den im Bereich der standardisierten Massenproduktion weltweit führenden amerikanischen Nähmaschinenbau nicht nur zu imitieren, sondern die „größte" und „besteingerichtetste" Nähmaschinenfabrik der Welt zu errichten, musste er die Erfahrung machen, dass es mit dem Kauf modernster amerikanischer Werkzeugmaschinen nicht getan war. Erfolgreiche Strategien lassen sich nun einmal nicht einfach von einem Land auf das andere übertragen. Es stellte sich nämlich heraus, dass in Deutschland noch keine Massennachfrage nach Nähmaschinen bestand. So verlegte sich Loewe auf kleinere Serien von Qualitätsprodukten und stieg schließlich auf die Herstellung von Gewehrteilen um. Nur bei ihnen ließen sich die amerikanischen Maschinen wirtschaftlich einsetzen. Loewe erlag nicht der naheliegenden Versuchung, das technisch Machbare zu erreichen und die „economies of scale" auszureizen. Vielmehr übte er sich in der Kunst der „weisen Beschränkung" und der Anpassung der verfügbaren Technik an die deutschen Verhältnisse. Mit dieser Maxime wurde Loewe zu einem führenden deutschen Maschinenbauunternehmen.

Es ist keineswegs immer sinnvoll, an der Spitze des technischen Fortschritts zu marschieren und das Optimum des Machbaren anwenden zu wollen. Abwarten, bis andere teure Experimente mit halb ausgereiften Verfahren gemacht oder sich Märkte entwickelt haben, kann eine überlegene Strategie sein. Oftmals geht es nicht um die Technik an sich, sondern um den richtigen Einstiegszeitpunkt. Erfolg basiere in seiner Branche, so der Lampenfabrikant James Swinburne 1886, „not on secret processes but on good business management, not only in making lamps but in selling [...] lamps."

Technische und unternehmerische Qualifikationen gehen nicht zwangsläufig Hand in Hand. Die wichtigsten Innovationen etwa in der frühen Textilindustrie stammten von Außenseitern. Der AEG-Gründer Emil Rathenau setzte ganz im Gegensatz zu Siemens nicht auf Eigenentwicklungen, sondern auf den Zukauf von externem Know-how. Seine Leistung bestand in der Abschätzung kommerzieller Potenziale neuer Technologien, ihrer Finanzierung, organisatorischen Umsetzung und dem Verkauf (siehe Abbildung 9.5). Rathenau machte keinen Hehl aus seiner Geringschätzung der Naturwissenschaften. 1892 schrieb er: „Chemie ist keine Wissenschaft. Das Zeug lernt man gelegentlich vor dem Einschlafen oder in der Eisenbahn." Es entbehrt nicht einer gewissen Ironie, dass ausgerechnet die AEG zu einem Pionier der industriellen Elektrochemie werden sollte.

9.1.4 Gefahren der Technikorientierung

Der umgekehrte Fall, in dem sich Unternehmer primär als Techniker und Wissenschaftler verstehen, birgt wohl noch größere Gefahren. Koryphäen neigen oft dazu, ohne Rücksicht auf Kosten und Marktchancen technisch anspruchsvolle Lösungen vorzuziehen. Spitzentechnik, so ihr Fehlurteil, werde sich quasi von selbst durchsetzen. Der ebenso erfahrene wie kluge Bankier Georg von Siemens (Deutsche Bank) tadelte 1900, zu Beginn eines Konjunktureinbruchs, das von seinem Vetter Werner Siemens gegründete Unternehmen Siemens & Halske, in dem Ingenieure den Ton angaben und das kaufmännische Management vernachlässigt wurde: „Die Herren können nicht rechnen: daher kommt, daß sie sich so häufig verrechnen. Sie haben keinen strammen Juristen und keinen strammen Kaufmann im Geschäft [...] Trotz des Umstandes, daß sie wissenschaftlich *à la tete* stehen, sind sie geschäftlich ins Hintertreffen geraten."

Unvergleichbar größer waren die Probleme bei den Mannesmann-Röhrenwerken Anfang der 1890er-Jahre. Im Gegensatz zu Siemens handelte es sich um ein labiles, hochdefizitäres Start-up-Unternehmen. Seine Grundlagen hatten die Brüder Reinhard und Max Mannesmann mit einer bahnbrechenden Erfindung gelegt. Ihre aus Stahl gewalzten nahtlosen Röhren waren den bisherigen geschweißten Röhren überlegen, da sie höheren Drücken und Temperaturen standhielten. Im Vertrauen auf diese grandiose Innovation stürzten sich die Brüder in einen atemberaubenden Aktionismus. Bevor das Verfahren ausgereift war, und die Röhren ihren Markt gefunden hatten, entwickelten sie eine Produktidee nach der anderen. Die Liste der Projekte reichte von Heizungsrohren bis zu Möbeln aus Mannesmann-Röhren, von Servietten-ringen bis zu mobilen Aussichtstürmen für das Militär.

Die unbekümmerte Entwicklungsfreude der „Mannesmänner" alarmierte den persönlich mit einer beträchtlichen Kapitaleinlage engagierten Georg von Siemens. Zudem hatte die Deutsche Bank knapp 40 % der Mannesmann-Aktien übernom-men. Entsetzt über das virtuose Treiben der jungen Gründer, die ohne marktgängige Röhren beängstigende Verluste erwirtschafteten, bekniete der Bankier 1890 Werner von Siemens, die Leitung des Aufsichtsrats zu übernehmen und den Brüdern Ver-nunft beizubringen: „Keiner von uns hegt den geringsten Zweifel an der Genialität der Ingenieure Mannesmann; aber wir haben ebenso begründete Zweifel, daß die beiden Direktoren über den interessanten technischen Fragen nicht die langweilige Admi-nistration vergessen werden." In der Tat gab es weder eine ordnungsgemäße Lager-haltung noch eine Selbstkostenrechnung oder überhaupt ein verbindliches Buchhal-tungssystem. Angesichts dieser Zustände ergriff die Kapitalgeber die nackte Angst um ihr Geld. Mit entschiedenen Maßnahmen gelang es ihnen jedoch, das Steuer herum-zureißen und einen Konkurs des an sich vielversprechenden Technologieunterneh-mens abzuwenden. Der Preis bestand allerdings in der Ausbootung seiner Gründer. Ihnen wurden vom Aufsichtsrat zunächst Kommissionen mit weitreichenden Ein-griffsrechten vor die Nase gesetzt.

Werner von Siemens über die Anlaufprobleme bei Mannesmann (1891)

„Der Irrtum [...] war der, daß die mit kleinen Apparaten gemachten Versuche [...] wohl die Richtigkeit des Prinzips darlegten, aber noch lange keine practisch ausgebildeten Apparate für den Geschäftsbe-trieb waren! [...] Der große Fehler der Herren Mannesmann war nun der, daß sie als junge erfolgreiche Erfinder immer fertig zu sein glaubten und aus Eitelkeit [...] immer neue Anwendungen auf den Markt brachten, bevor die Bedingungen für deren regelrechte Fabrikation sämtlich vorhanden waren! [...] Es muß Stetigkeit und auf Erfahrung gestützte Technik in dem gesamten Betrieb herrschend werden. Die jungen Herren [...] sind sehr genial, unternehmenslustig und sanguinisch [hitzköpfig]. Sie bedürfen des älteren, erfahrenen Technikers als Leiter und, wo es sein muß, als Hemmschuh."
(Zit. n. Horst A. Wessel, Kontinuität im Wandel. 100 Jahre Mannesmann 1890–1990, Düsseldorf 1990, S. 67.)

Es verwundert wenig, dass die von den Kapitalgebern erzwungenen Maßnahmen Konflikte mit den selbstbewussten Erfindern entfachten. 1893 mussten sie aus dem Vorstand ausscheiden. Ihre endgültige Trennung von dem Unternehmen erfolgte 1900 nach einem Gerichtsprozess, der in einen Vergleich mündete. Obwohl die tech-nische Überlegenheit der nahtlosen Röhren in den 1890er-Jahren voll zum Tragen kam und fast Monopolpreise erzielt wurden, durchlief Mannesmann eine lange Kon-solidierungsphase. Die erste Dividende konnte erst 1906 ausgeschüttet werden.

Sowohl die Erfindung der technisch brillanten Brüder als auch ihr „Rauswurf" waren Voraussetzungen für den Aufstieg Mannesmanns. Aussichtsreiche Erfindungen allein sind kein Garant für unternehmerischen Erfolg. Zuweilen ist das Bremsen von Entwicklungsaktivitäten betriebswirtschaftlich notwendig. Schließlich demonstriert der Fall Mannesmann auch den Wert der Erfahrung gestandener Unternehmer und gewiefter Bankiers, die den wunden Punkt des Unternehmens scharfsinnig erkannten und ebenso zielgerichtet wie rücksichtslos geeignete Gegenmaßnahmen ergriffen.

9.1.5 „Video 2000" – der Niedergang von Grundig

Auch Max Grundig, der Vorzeigeunternehmer des Wirtschaftswunders, musste die schmerzhafte Erfahrung machen, dass das Streben nach technischer Überlegenheit zur strategischen Sackgasse werden kann. Bei der wichtigsten medientechnischen Innovation der 1970er-Jahre, dem Videorekorder, konkurrierten anfangs drei Systeme miteinander. Das technisch bei Weitem überlegene, von Grundig und Philips entwickelte „Video 2000" setzte sich jedoch gegenüber dem japanischen VHS-System nicht durch, da es mit einem Rückstand von ca. zwei Jahren auf den Markt kam. Sowohl die Zeitverzögerung als auch der um 20–30 % höhere Preis waren dem Bemühen um technische Exzellenz geschuldet, die der Markt aber nicht honorierte. Da die Systeme unterschiedliche Kassetten erforderten, schreckten die Konsumenten und v. a. die Videotheken vor den hohen Umstellungskosten zurück. Auf Dauer konnte nur ein System überleben, in diesem Fall das technisch inferiore und billigere Produkt des „first mover". Das Scheitern von „Video 2000" ist ein geradezu klassischer Fall für die Bedeutung von Pfadabhängigkeiten. Hat sich erst einmal ein Standard am Markt durchgesetzt, ist der Zug für Anbieter anderer Systeme gleichsam abgefahren, unabhängig von der Qualität ihres Produkts. In Bereichen, in denen ineinandergreifende Standards eine große Rolle spielen und technische Alternativen praktisch ausschließen, ist der „first mover" nur schwer zu schlagen.

Für Grundig hatte seine Fehleinschätzung fatale Konsequenzen. „Video 2000" brachte ca. 1 Mrd. DM Verlust ein. Das von Grundig persönlich geleitete Unternehmen schrieb jahrelang Verluste und verringerte die Belegschaft von 38.460 (1978) auf 19.000 (1984). 1984 musste der autokratische Patriarch die Führung seines Unternehmens an Philips abgeben. Am Desaster „Video 2000" trug er persönlich eine nicht geringe Verantwortung, denn er traf alle strategischen Entscheidungen allein und duldete keine starken Persönlichkeiten neben sich. Er setzte ganz auf die technische Perfektionierung seiner Produkte und beschäftigte um 1980 mehr als 1.000 Ingenieure und Techniker mit Forschungs- und Entwicklungsaufgaben. Dagegen vernachlässigte er das Marketing. Grundig, der für seine herablassende Art der Mitarbeiterführung berüchtigt war, nannte seine Vertriebler die „Blödels vom Verkauf". Hätte er sie ernster genommen, wäre ihm womöglich rechtzeitig aufgefallen, dass es nicht ausreicht, ein technisch überlegenes Produkt anzubieten.

Unternehmerportrait

Max Grundig (1908–1989), Sohn eines Lagerverwalters, eröffnete 1927 in Fürth ein kleines Radiogeschäft und begann 1946 mit dem Bau von Radios. Da die amerikanische Besatzungsmacht den Verkauf von Radios bewirtschaftete, stellte Grundig den Baukasten „Heinzelmann" her, der nicht den Rationierungsvorschriften unterlag, aus dem sich aber jeder selbst einen Radioapparat zusammensetzen konnte. Infolge des großen Bedarfs an Radios wurde der „Heinzelmann" ein Verkaufsschlager.

Abb. 9.6: Max Grundig (links) und seine Frau feiern die Produktion des einmillionsten Grundig-Fernsehgeräts „Zauberspiegel" (1961).

1947 errichtete Grundig seine erste richtige Fabrik, in der 1948 schon 650 Beschäftigte arbeiteten und das erste komplette Radio (Modell „Weltklang") herstellten. In den 1950/60er-Jahren schwamm Grundig auf den großen Wellen der Unterhaltungselektronik, produzierte hochwertige Radios, Kofferradios, Tonbandgeräte und Fernseher und wurde zum wichtigsten deutschen Hersteller von Unterhaltungselektronik. Um 1960 war das Fernsehgerät „Zauberspiegel" ein Verkaufsschlager (siehe Abbildung 9.6).

In den 1970er- und 1980er-Jahren überschwemmten japanische und koreanische Anbieter den europäischen Markt mit billigen Geräten. Grundig produzierte infolge einer verfehlten Produktpolitik wie beim „Video 2000" teure Gerätehalden. Der selbstherrliche Grundig erlebte an seinem Lebensabend den Zerfall seines selbstgeschaffenen Imperiums.

9.1.6 Entwicklungswettläufe

Es lässt sich allerdings nicht verleugnen, dass auch die Geschwindigkeit des Innovationsprozesses ausschlaggebend sein kann. In wissenschaftsbasierten Branchen wie der pharmazeutischen Industrie kommt es regelmäßig zu Entwicklungswettläufen.

Hier ist es entscheidend, ein bestimmtes Medikament früher als der Konkurrent zu haben und sich qua Patent ein zeitweiliges Monopol zu sichern. Nur so lassen sich die exorbitanten Entwicklungskosten erwirtschaften. Alexander Bell, der Erfinder des Telefons, kam 1876 der Patentvoranmeldung eines Konkurrenten lediglich um zwei Stunden zuvor. Ohne diesen Vorsprung hätten es Bells Firmen nicht geschafft, sich zu etablieren und den kapitalstarken Telegrafiegiganten Western Union in die Schranken zu weisen. Immerhin konnte Bell mit seinem Patent mehr als 600 Prozesse gegen Konkurrenten gewinnen. In der Mikroelektronikindustrie findet seit den 1970er-Jahren eine gnadenlose Hetzjagd nach immer größeren Speichern und Rechnergeschwindigkeiten statt, der von Preisstürzen begleitet wird. Wo gänzlich neue Produkte angeboten werden, für die Märkte erst erschlossen werden müssen, sichern u. U. „first-mover advantages" den Unternehmenserfolg mittel- bis langfristig. Beispiele sind bei Fotokopierern Xerox und bei Hygienetüchern Kimberley-Clark, dessen Markenname „Kleenex" – wie auch der von Xerox –, zum Synonym für das Produkt selbst wurde.

Viele Festschriften präsentieren das Klischee eines genialen Erfinderunternehmers, dessen Innovationskraft allein den Geschäftserfolg erklärt. Die hier angeführten Fallstudien haben aber gezeigt, dass der Weg von der Invention (Erfindung) zur Innovation (praktische Anwendbarkeit und Marktfähigkeit) und schließlich zur Diffusion (Verbreitung) eines neuen Produkts oder Prozesses ein überaus langer und holpriger sein kann, auf dem mit Umwegen und Sackgassen zu rechnen ist. Die meisten Erfindungen lassen sich gar nicht kommerziell verwerten. Andere setzen sich am Markt nicht durch. In der Geschichte der Technik dominieren auf das Ganze gesehen weder Heldengeschichten noch lineare Fortschrittslinien. Auch wird die Bedeutung bahnbrechender Großinnovationen häufig überschätzt. Wahrscheinlich sind die unzähligen kleinen, kaum dokumentierten Detail- und Verbesserungsinnovationen, die sich über einen längeren Zeitraum erstreckten, in ihrer Summe für den technischen Wandel wichtiger.

9.1.7 Zufälle und Nebeneffekte

Des Weiteren verläuft der Innovationsprozess keineswegs immer zielgerichtet. Zufälle und nicht intendierte Nebeneffekte haben in der Industrialisierung eine kaum zu überschätzende Rolle gespielt. Der achtzehnjährige Student William Henry Perkin suchte 1856 nach einem Äquivalent für das knappe Malariamittel Chinin. Von seinem Professor, August von Hofmann, wusste er, dass zwischen Chinin und Kohlenteerderivaten Ähnlichkeiten bestehen. Seine Experimente brachten jedoch lediglich ein scheinbar nutzloses, schwarzes Pulver hervor. Als er es zu Analysezwecken in Alkohol auflöste, wurde dieser purpurrot. Perkin kam nun auf die Idee, mit dieser Flüssigkeit Seide zu färben. Nachdem sich dieser Farbstoff als waschfest erwiesen hatte, gründete Perkin eine Teerfarbenfabrik, die ihm Seidenfabrikanten für viel Geld abkauften. Mit seiner

Zufallsentdeckung wurde Perkin nicht nur reich, sondern legte den Grundstein für die Farbstoffsynthese und löste eine Nachahmungswelle aus. Viele andere Chemiker suchten nun gezielt nach weiteren Teerfarbstoffen.

Der entscheidende Durchbruch zur Massenproduktion von Stahl gelang dem hüttentechnischen Laien Bessemer, der weder über profunde metallurgische Kenntnisse noch über ein theoretisches Verständnis des nach ihm benannten Verfahrens verfügte. Aber es funktionierte, auch wenn er nur zufällig phosphorarmes Roheisen benutzt hatte. Mit anderen Sorten wäre er gescheitert.

Auch heute hat der Zufall als Förderer des technischen Fortschritts noch längst nicht ausgedient. Als Pfizer, der 1849 gegründete Arzneimittelhersteller, 1998 als erstes Pharmaunternehmen ein Mittel zur Behandlung erektiler Dysfunktionen einführen konnte, war das keineswegs einer zielgerichteten Entwicklungsarbeit geschuldet. Vielmehr hatte Pfizer nach einem neuen Herzmittel gesucht und bei männlichen Probanden unbeabsichtigte Nebenwirkungen festgestellt. Daher änderte Pfizer kurzerhand die Indikation des Präparats, auf das sich schlagartig 15 Mio. Männer stürzten. Pfizer erzielte mit Viagra, „one of the fastest-selling drugs in the history of medicine", bereits im ersten Jahr 1 Mrd. Dollar Umsatz. Viagra wurde über Nacht zum bekanntesten Medikament überhaupt und erhöhte den Wert der Firma so sehr, dass Pfizer 1998 zum Pharmaunternehmen mit der weltweit höchsten Marktkapitalisierung aufstieg.

9.1.8 Vom Tüftler zur Entwicklungsabteilung

Ein zentraler langfristiger Trend ging in Richtung der Ersetzung des individuellen Erfinders durch Laborkollektive sowie der Systematisierung und Verwissenschaftlichung der industriellen Forschung und Entwicklung. Die Industrialisierung stand noch ganz im Zeichen handwerklicher Tüftler. Auch traten immer wieder Außenseiter und Autodidakten mit bemerkenswerten Innovationen hervor. Sie alle akkumulierten praktische Kenntnisse und gingen nach dem Prinzip von Versuch und Irrtum vor. Absolventen von Akademien und Hochschulen spielten dagegen nur eine Nebenrolle.

Selbst in der zweiten Hälfte des 19. Jahrhunderts war die aus der Praxis hervorgehende Innovation sogar im Hochtechnologiesektor keineswegs obsolet geworden. Noch in den 1860/70er-Jahren entwickelte der Belgier Ernst Solvay mit dem Ammoniakverfahren eine dem bisherigen Leblance-Prozess überlegene Methode der Herstellung von Soda, einem zentralen Ausgangsstoff der anorganischen Chemie. Solvays Kenntnisse stammten nicht aus Chemiebüchern, sondern von seinem Vater, einem Kochsalzraffineur, und seinem Onkel, dem Leiter eines Gaswerks. Noch in den 1870er-Jahren entwarf Siemens seine Maschinen ohne vorherige Berechnungen. Es wurde „rein gefühlsmäßig entwickelt und getastet; wurden die Wicklungen zu heiß, dann wurde eben ein stärkerer Draht genommen."

Thomas Alva Edison (1847–1931), der mit 1.093 zu Lebzeiten angemeldeten und genehmigten Patenten der wohl bekannteste Erfinder überhaupt, ging „rein empirisch, ohne jede Systematik" vor. Er glaubte an den Erfolg harter Arbeit, die bei ihm bis zu 20 Stunden am Tag dauerte, und verspottete den um Erfinder betriebenen Geniekult. Edison hielt formale Bildung und ein Universitätsstudium für überflüssig. Und doch gelangen seinem in den 1870er-Jahren gegründeten Entwicklungslabor bahnbrechende Erfindungen auf verschiedensten Gebieten, von der Elektrotechnik bis zum Maschinenbau. Zu Edisons bekanntesten Innovationen gehörten die Glühbirne, komplette Beleuchtungssysteme einschließlich der Elektrizitätswerke und das Kinetoskop, das den Weg zum modernen Kino ebnete.

Thomas Alva Edison über Erfindung und Innovation

„Genius is one per cent inspiration and 99 per cent perspiration. As a result, a genius is often a talented person who has simply done all of his homework."

„My principal business is giving commercial value to the brilliant but misdirected ideas of others [...] because I readily absorb [...] ideas from every source – frequently starting where the last person left off – I am sometimes accurately described as‚more of a sponge than an inventor [...]."

(http://www.thomasedison.com/quotes.html, abgefragt am 10.03.2016.)

Edison war der „Erfinder der Erfindungsindustrie". Er kümmerte sich aktiv um die Vermarktung seiner Innovationen und betrieb gezielte Öffentlichkeitsarbeit. Um die zukunftsträchtige Glühlampe gegen die bis dahin vorherrschende Beleuchtung mit Gas und Petroleum durchzusetzen, verkaufte er Glühlampen jahrelang unter Herstellungskosten. Das hielt er nur durch, da er sich die Unterstützung finanzstarker „venture capitalists" gesichert hatte.

Der Übergang von der empirisch-praktischen zur wissenschaftsbasierten Innovation setzte im großen Stil erst im letzten Drittel des 19. Jahrhunderts ein. In Deutschland wirkte das Patentgesetz von 1877 als starker Anreiz zur Intensivierung firmeneigener Entwicklungsaktivitäten, da es die bis dahin übliche Praxis des wilden Imitierens erschwerte. Die Unternehmen mussten jetzt also verstärkt selbst tätig werden, wurden dafür aber durch zeitlich begrenzte Exklusivrechte an ihren Erfindungen belohnt. In der Elektro- und Chemieindustrie entstanden Forschungs- und Entwicklungslabors. In der optischen Industrie, aber auch in der Kältetechnik (Linde), erwuchsen Produktinnovationen direkt aus der Theorie. Bei Zeiss und Schott gingen Wissenschaft, Technik und handwerkliches Können eine fruchtbare Synthese ein. Besonders die großen Chemie- und Elektrounternehmen begannen, mit den Hochschulen zu kooperieren und förderten deren Hinwendung zur praxisnahen Forschung. In den USA entstanden erste Firmen wie Arthur D. Little (1886), die Auftragsforschung für industrielle Kunden durchführten. Nach 1900 engagierten sich auch die Großunternehmen in der Grundlagenforschung. Die Bell Laboratories von AT&T nahmen hier eine Vorreiterrolle ein.

Trotz der eindrucksvollen Größe der Entwicklungsabteilungen vieler Konzerne sowie der im 20. Jahrhunderts stark steigenden Entwicklungsbudgets sollte man auch heute nicht das Ausmaß der unmittelbar aus der Praxis erwachsenden Innovationen unterschätzen. Selbst im Zeitalter der Biotechnologie hat der Tüftler noch seinen festen Platz in der industriellen Entwicklung, v. a. in KMUs. Bei Toyota wurden 2001 z. B. über 600.000 Detailverbesserungen vorgenommen.

9.1.9 Unwägbarkeiten des Marktes

Die kritische Schwelle für Innovationen bleibt letztlich der Markttest, an dem sie meistens scheitern. Bei Konsumgütern erzeugen die unberechenbaren Größen „Mode" und „Geschmack" erhebliche Unwägbarkeiten. Welche Farbtöne sich in der nächsten Saison durchsetzen werden, lässt sich nicht zuverlässig prognostizieren. Verbraucher beurteilen in hoch entwickelten Konsumgesellschaften technische Produkte zunehmend nach dem Erlebnisfaktor, nicht nach dem Gebrauchsnutzen. Hoch motorisierte, geländegängige Autos für den Stadtverkehr werden genau aus diesem Grund nachgefragt. Sie sind „life-style products", nicht technische Gebrauchsgüter. Für ihre Vermarktung sind das subjektive Wertempfinden der Verbraucher („Wohlfühlfaktor") und volatile Modeströmungen von zentraler Bedeutung, was produktpolitische Entscheidungen über den Einsatz bestimmter Technologien ungemein verkompliziert.

Resultaten durchgreifender Verfahrensinnovationen und gänzlich neuen Produkten hängt anfangs oft das Stigma der Minderwertigkeit oder Nutzlosigkeit an. So galten industriell hergestellte Möbel und Kleider lange gegenüber der Handarbeit als „billiger Schund", selbst wenn ihre Qualität objektiv gesehen besser war. Die synthetischen Anilinfarben aus Steinkohleteer ersetzten teure Naturfarbstoffe wie Indigo. Das „Wunder", aus dem Abfallprodukt Teer leuchtende Farben hervorzuzaubern, löste anfangs keineswegs allgemeine Begeisterung aus. Noch in den 1880er-Jahren wurden die synthetischen Farben als künstlich und gefährlich kritisiert. Die preußische Militärverwaltung lehnte bis 1894 ihre Verwendung für Uniformen ab. Danach setzten sie sich aber auf breiter Front durch. Zugleich wandelte sich das Image des Produkts. Auf Grundlage der „unechten" Essenzen entwickelten sich Ikonen deutscher Wirtschaftskraft. Da das Deutsche Reich den Weltmarkt für synthetische Farbstoffe dominierte, standen sie nun für dessen Fähigkeit, Rohstoffmangel durch Erfindungsreichtum auszugleichen und mit dem britischen Kolonialreich gleichzuziehen, das über viel mehr Ressourcen verfügte. Die deutsche Industrie schien „aus Dreck Geld machen" zu können. Daher traute man ihr zu, auch die Importabhängigkeit bei Öl, Kautschuk und sogar Nahrungsmitteln mit synthetischen Verfahren überwinden zu können.

Bewertung und Wahrnehmung der Technik beruhen also keineswegs auf objektiven Grundlagen, sondern sind hochgradig subjektiv und mit ganz anderen Diskursen verwoben. Es gibt keinen Determinismus des technischen Wandels. Er folgt nicht vorgezeichneten Bahnen, ist nur schwer zu prognostizieren und wartet regelmäßig mit Alternativen auf. Die Technik schafft keine unwiderstehlichen Sachzwänge.

Vielmehr bleibt sie immer eingebunden in ökonomische und soziale, kulturelle und politische Kontexte. Deren Missachtung hat sich stets als Nachteil erwiesen.

Weiterführende Literatur

Radkau, Joachim, Technik in Deutschland: Vom 18. Jahrhundert bis zur Gegenwart, Frankfurt/M. 1989.
Kleinschmidt, Christian, Technik und Wirtschaft im 19. und 20. Jahrhundert, München 2007.
Hughes, Thomas P., Die Erfindung Amerikas. Der technische Aufstieg der USA seit 1870, München 1991.
Bohnsack, Almut, Spinnen und Weben. Entwicklung von Technik und Arbeit im Textilgewerbe, Reinbek 1981.
Braun, Hans-Joachim u. Kaiser, Walter, Energiewirtschaft, Automatisierung, Information. Seit 1914 (Propyläen Technikgeschichte, Bd. 5), Berlin 1992.
Gerwin, Joachim u. Höcherl, Ingrid, Video 2000: Strategische Produktpolitik bei internationalem Wettbewerb, in: Klaus Brockhoff (Hg.), Management von Innovationen. Planung und Durchsetzung – Erfolge und Mißerfolge, Wiesbaden 1995, S. 17–44.
König, Wolfgang u. Weber, Wolfhard, Netzwerke – Stahl und Strom, 1840–1914. (Propyläen Technikgeschichte, Bd. 4), Berlin 1990.
Paulinyi, Akos u. Troitzsch, Ulrich, Mechanisierung und Maschinisierung, 1600 bis 1840. (Propyläen Technikgeschichte, Bd. 3), Berlin 1991.
Bruland, Kristine, Industrialisation and Technological Change, in: Roderick Floud u. Paul Johnson (Hg.), The Cambridge Economic History of Modern Britain, Cambridge 2004, S. 117–146.
Girschik, Katja, Als die Kassen lesen lernten. Eine Technik- und Unternehmensgeschichte des Schweizer Einzelhandels 1950–1975, München 2010.
Smil, Vaclav, Creating the Twentieth Century. Technical Innovations of 1867–1914 and their Lasting Impact, Oxford 2005.

9.2 Vorläufer, Aufstieg und Krise des Fordismus

Die technikhistorisch orientierte Unternehmensgeschichte hat sich traditionell sehr für die Optimierung der „economies of scale" durch Massenproduktionsmethoden interessiert. Frühe Beispiele finden sich in der Textil- und Stahlindustrie. Für simple Schüttgüter wie Getreide gab es sogar schon im späten 18. Jahrhundert voll mechanisierte Mühlen. Die Diskussion um die Massenproduktion bezieht sich aber überwiegend nicht auf solche homogene Güter, sondern auf komplexe, aus vielen Komponenten zusammengesetzte Stückgüter aus Metall. Da Metall nicht gerade leicht zu bearbeiten ist, müssen die Teile exakt aufeinander abgestimmt werden, was filigrane Einpassarbeiten bzw. mit großer Präzision gefertigte Standardteile erfordert.

Ein Meilenstein in der Geschichte der Massenproduktion war die Einführung des Fließbands bei Ford im Jahr 1913. Dieser Schritt markiert nicht nur einen produktionstechnischen Durchbruch, sondern auch den Beginn einer neuen, auf Massenproduktion und Massenkonsum ausgerichteten Gesellschaft. Das Auto wurde vom exklusiven Spielzeug der Reichen zum Konsumgut für jedermann. In den 1920er-Jahren blickten

Ingenieure aus aller Welt voller Bewunderung nach Detroit, dem Standort der Ford Motor Comp. Ein deutscher Ingenieur schrieb nach einem Besuch, „jeder Betriebsmann" solle „zu den Fordwerken wallfahren, wie der Gläubige zum Grabe des Propheten in Mekka." Die dort angewandten Prinzipien seien „geradezu eine Offenbarung". Der Fordismus wurde zu einer Heilslehre, mit der man glaubte, die Probleme der Industriegesellschaft lösen zu können. Der sogenannte „weiße Sozialismus" versprach, allein durch Produktivitätszuwächse Klassenkampf und Armut zu überwinden.

Das Massenproduktionssystem des Fordismus baute auf einer Reihe von Vorläufern auf, mit denen der Übergang von arbeitsintensiven, handwerklichen Verfahren der Einzelstückfertigung zur mechanisierten Großserienproduktion standardisierter Fabrikate einsetzte. Im 19. Jahrhundert kam der stärkste Impuls in diese Richtung aus den USA. Die Einwanderergesellschaft ohne ständische Traditionen stand normierten Massenfabrikaten aufgeschlossen gegenüber. Der Mangel an qualifizierten Handwerkern und Facharbeitern machte es zudem notwendig, Arbeitsplätze für angelernte Kräfte zu schaffen.

9.2.1 „American System of Manufactures"

Das *American System of Manufactures* steht für die Anfänge der modernen Massenproduktion im frühen 19. Jahrhundert. Es reagierte auf die großen Fortschritte der Verhüttungstechnologien, durch die das Angebot an preiswertem Stahl wuchs. Die Metallverarbeitung erhielt also von der ihr vorgelagerten Branche einen starken Impuls, ihrerseits die Produktivität zu erhöhen. Der Schlüssel zur effizienteren Verarbeitung immer größerer Mengen von Stahl zu komplexen technischen Produkten lag in der Normierung der Teile. Nur so konnten sie in Serien wesentlich schneller hergestellt werden als dieselbe Anzahl individuell gestalteter Einzelstücke. Zudem eröffnete sich die Option, mit spezialisierten Zulieferern zu kooperieren. Schließlich ergaben sich Vorteile bei der Montage. Austauschbare, perfekt aufeinander abgestimmte Teile machten das zeitraubende, manuelle Anpassen etwa durch Feilen überflüssig. Dadurch veränderte die Arbeit ihren Charakter. Nicht mehr der Stil des einzelnen Handwerkers war gefragt, sondern gleichförmige Präzision. Exakt zu kopierende Modellwerkstücke, Kontrollschablonen und Standardmaße ersetzten die Irregularität und Individualität des Handwerkers. Er wurde zum Produzenten normierter Komponenten, die ein anderer montierte.

Der Pionier des „American System" war die Waffenindustrie. Die handwerkliche Produktion großer Mengen von Gewehren beanspruchte sehr viele Arbeitskräfte und dauerte gleichwohl noch recht lange. Schon im 18. Jahrhundert verlangten französische Militärs daher standardisierte Waffen mit austauschbaren Teilen. Das hatte Vorteile im Gefecht, denn aus zwei beschädigten Gewehren konnte selbst ein technisch unbeschlagener Soldat wieder ein funktionierendes machen. Vor allem aber verlangte das Militär mehr Waffen in kürzerer Zeit, d. h. eine schnellere Produktion. Das konnte kriegsentscheidend sein. Diese Ideen fanden Eingang in die US-Army, die das Prinzip der Austauschbarkeit im frühen 19. Jahrhundert zum Ideal erhob und entsprechend auf die Hersteller einwirkte.

Bis ca. 1860 gelangen v. a. in der staatlichen Gewehrfabrik in Springfield erhebliche Fortschritte in Richtung einer standardisierten, teilmechanisierten Komponentenproduktion. Man setzte dazu Metallbearbeitungsmaschinen wie Fräsen, Drehbänke, Bohrer und Stanzen ein und entwickelte exakte Messwerkzeuge. Da die Army einen sicheren Absatz bei hohen Preisen garantierte, ließen sich die hohen Kosten dieser Experimente auffangen. Lange war nämlich die traditionelle, manuelle Fertigung noch preiswerter. Mit anderen Worten, die zeitweilige Suspendierung des Wirtschaftlichkeitsprinzips ermöglichte technische Fortschritte, die unter Marktbedingungen undenkbar gewesen wären. Dieses Muster der Technikentwicklung findet sich bis heute in der Rüstungs- und Raumfahrtindustrie.

Die Prinzipien der Austauschbarkeit und Mechanisierung fanden seit 1830 auch in andere Industrien Eingang. In der Uhrenindustrie erforderten der Guss und das manuelle Feilen der Zahnrädchen einen enormen Aufwand, der sich durch ihre Standardisierung erheblich mindern ließ. Ein ebenfalls technisch komplexes, in großen Stückzahlen nachgefragtes Produkt waren Nähmaschinen. Ihre Hersteller profitierten ungemein von den Fortschritten der Waffenfabrikation, denn es kamen dieselben oder ähnliche Maschinen zum Einsatz. Es ging ja um die Produktion normierter Metallteile und deren Montage, um Präzision trotz hoher Stückzahlen. Zu diesem Zweck warben die Nähmaschinenhersteller Spezialisten aus der Waffenindustrie ab.

Der 1851 gegründete spätere Weltmarktführer Singer ließ die Nähmaschinen noch lange einzeln und von Hand fertigen. Als 1863 ein neuer Chefkonstrukteur aus der Waffenindustrie in das Unternehmen eintrat, begann eine eher langsame Standardisierung und Mechanisierung der Produktion. Die Strategie, hochwertige Qualität zu hohen Preisen und mit geschickten Marketingstrategien anzubieten, kompensierte die relativ langsame Modernisierung der Fertigung. Allerdings wuchs die Nachfrage nicht zuletzt infolge der eigenen Werbung so sehr, dass die Produktion hinter den Bestellungen zurückblieb. Daher wurde Singer in den 1870er- und 1880er-Jahren immer mehr in Richtung des „American System" gedrängt, blieb aber für viele Prozesse noch auf manuelle Nacharbeit angewiesen. Das Stadium der Massenproduktion war noch längst nicht erreicht. Henry Fords klassischer Definition zufolge ist sie gleichbedeutend mit der Montage perfekt abgestimmter Teile. Zeitaufwendiges Einpassen und Nacharbeiten sind demnach mit den Prinzipien der Massenproduktion unvereinbar.

Henry Fords Definition der Massenproduktion

„Mass production begins [...] in the conception of a public need of which the public may not as yet be conscious and proceeds on the principle that the use-convenience must be matched by price-convenience. [...] Mass production is not merely quantity production [...] Nor is it merely machine production [...] Mass production is the focussing upon a manufacturing project of the principles of power, accuracy,

economy, system, continuity and speed. [...] The early factory system was uneconomical in all its as-
pects. [...] More hours, more workers, more machines did not improve conditions [...] Mere massing of
men and tools was not enough."
(Henry Ford, Artikel „Mass Production", in: Encyclopaedia Britannica, 13. Aufl., Supplement Bd. 2,
London 1926, S. 821ff.)

In den 1890er-Jahren trieb v. a. die Fahrradindustrie die Weiterentwicklung des „American System" voran. Das um 1860 in Frankreich erfundene Fahrrad wurde seit 1880
ein Modeartikel, um den sich Zeitschriften, Klubs und Radrennen gruppierten. Binnen
weniger Jahre entstand – angeheizt durch die Werbung – ein regelrechter Kult. In
den USA wurden Fahrräder in den 1860er-Jahren zunächst handwerklich hergestellt.
Danach nutzte man die Fortschritte der Waffen- und Nähmaschinenfertigung. Pope,
der führende Fahrradproduzent, gründete sein Unternehmen auf dem Gelände eines
Nähmaschinenherstellers. Man benutzte ja dieselben Werkzeugmaschinen. Die Weiterentwicklung von Stanzen und Pressen markierte einen entscheidenden Fortschritt,
der das aufwendige, fehlerträchtige Schleifen und Fräsen überflüssig machte. Hinzu
kam die Einführung des Elektroschweißens. Mit anderen Worten, die Verformung
und das Zusammenfügen von Metallteilen wurden rationalisiert. Diese Innovationen
sollten eine fundamentale Bedeutung für den entstehenden Automobilbau erlangen.

Diese Beispiele widersprechen übrigens der Vorstellung Chandlers, dass massive
Investitionen in Massenproduktionstechnologien die Firmen zur Anwendung moder-
ner Marketingmethoden zwangen. Bei Singer, Pope u. a. war es genau andersherum.
Modernes Marketing bzw. unkalkulierbare Modewellen lösten Nachfrageschübe aus,
die Fertigungsvolumina erforderten, die sich mit den bisherigen handwerklichen
Verfahren nicht erreichen ließen und den Einstieg in die Massenproduktion erzwangen.
Die Dreizackinvestitionen gingen also nicht zwingend von der Produktionsseite aus.

9.2.2 Taylors „Scientific Management"

Der Fordismus baute nicht nur auf den Fortschritten des teilmechanisierten Aus-
tauschbaus auf, sondern profitierte auch von der als Reaktion auf die Depression der
1870er-Jahre entstandenen Rationalisierungsbewegung des *Scientific Management*.
Ihr führender Kopf wurde Frederick W. Taylor, der sich in der Midvale Steel Comp.
vom Lehrling zum Betriebsleiter hochgearbeitet hatte, aber 1890 nach Streitigkeiten mit der Firmenleitung selbstständiger Rationalisierungsberater wurde. Für die
Metallverarbeitung hatten die von ihm in den 1890er-Jahren entwickelten Schneid-
werkzeuge aus legiertem und daher härterem Stahl große Bedeutung. Sie ermöglichten mindestens eine Verdoppelung der Schnittgeschwindigkeiten. Daher sprach man
auch vom „taylorschen Schnellstahl".

Noch wichtiger wurden die von Taylor entwickelten Methoden der Arbeitsorganisation, die er 1911 in seinem bald zum Klassiker avancierten Buch „The Principles

of Scientific Management" zusammenfasste. Taylor, der auf allen Hierarchieebenen eines Stahlwerks gearbeitet hatte, wusste aus eigener Anschauung, dass Arbeiter Leistung zurückhielten. Das Problem der Vorgesetzten bestand darin, nicht genau zu wissen, wo überhaupt die Obergrenze lag, also wieviel Arbeit das Unternehmen verlor. Daher empfahl Taylor als ersten Rationalisierungsschritt, den Arbeitsprozess wissenschaftlich zu analysieren, um die „Kenntnisse [...], die früher Alleinbesitz der einzelnen Arbeiter waren, [...] zu klassifizieren und in Tabellen zu bringen." Aus diesen Informationen seien „Regeln, Gesetze und Formeln zu bilden." Die Anforderungen sollten objektiviert und damit kontrollierbar werden. An die Stelle der traditionellen „Faustregel-Methode" und der Selbstbestimmung der Arbeiter setzte Taylor ein vermeintlich mit wissenschaftlicher Exaktheit zu bestimmendes Pensum. Er glaubte, dass es für jede Verrichtung „the one best way" gebe, also die optimale Ausführung. Um diese zu finden, beobachtete er Arbeitsprozesse systematisch, zerlegte sie in ihre Einzelteile und maß den Zeitaufwand mit der Stoppuhr. Sein Schüler Frank Gilbreth führte fotografische Bewegungsstudien ein. Auf der Basis solcher „time and motion studies" entstanden Leistungsvorgaben, die eine Verdichtung der Arbeit und Erhöhung der Leistung des Einzelnen zum Ziel hatten. Die Entlohnung erfolgte nun im Akkordsystem.

Damit wurde aber die Eigenverantwortung der Arbeitskräfte geschwächt. Hatten etwa in der Metallverarbeitung bislang Erfahrung und Geschick eine große Rolle gespielt, diktierten nun Ingenieure die Arbeitsmethoden. Mit Spezialrechenschiebern legten sie die wichtigsten Parameter der Metallverarbeitung wie den Vorschub und die Schnittgeschwindigkeit fest. Grundlage der Berechnung waren die Schnitttiefe, die Lebensdauer des Werkzeugs und die Härte des Werkstoffs. Am Ende erhielten die Arbeiter auf Anweisungskarten penible Vorgaben. Diese symbolisierten die vom Taylorismus propagierte Trennung von Kopf- und Handarbeit, von Planung und Ausführung.

Taylor über Hilfsarbeiter

„[...] one of the very first requirements [...] is that he shall be so stupid and so phlegmatic that he more nearly resembles [...] the ox than any other type. [...] He is so stupid that the word ‚percentage' has no meaning to him. [...] he must be consequently trained by a man more intelligent than himself into working in accordance with the laws of this science before he can be successful."
(Frederick Winslow Taylor, The Principles of Scientific Management, New York 1911, S. 48.)

Nicht zufällig demonstrierte Taylor die Vorzüge seines Systems anhand eines seiner Meinung nach geistig zurückgebliebenen Arbeiters namens Schmidt. Schmidt konnte und sollte nicht selbstständig denken, sondern nur die ihm vorgegebenen Bewegungen exakt ausführen. Verhielt er sich entsprechend, stieg seine Tagesleistung auf 269 % des Ausgangswerts. Als Gegenleistung wurde sein Lohn um 63 % angehoben. Diese Diskrepanz bestätigte die Befürchtungen der Arbeiter, durch das neue System der Arbeitsbewertung benachteiligt zu werden. Werkzeuge und Materialien wurden standardisiert, sämtliche Handgriffe geplant und kontrolliert. Der Taylorismus verkörpert geradezu ein System des Misstrauens, denn der Einzelne verlor jeden Freiraum. Es erforderte eine ausgeprägte Bürokratie, denn die Vorgaben mussten aufgeschrieben, überwacht und aktualisiert werden. Teile bekamen jetzt auf ihrem Weg durch die Fabrik Begleitpapiere. Jeder Prozess musste per Formular erfasst werden. Da die traditionellen Vorarbeiter und Meister dazu nicht willens bzw. in der Lage waren, entstanden Planungsbüros unter der Leitung von Ingenieuren.

Taylor hoffte, die Arbeitsbeziehungen durch Objektivierung und Rationalisierung zu harmonisieren. Tatsächlich wurden die tayloristischen Methoden selbst zum Anlass für Konflikte, denn nicht wenige Arbeiter und Meister bekämpften sie. Erstere scheuten die „Arbeitshetze", letztere fürchteten um ihre relative Autonomie im Fertigungsprozess. Den Ingenieuren dagegen diente der Taylorismus zum sozialen Aufstieg. Allerdings wurden seine Prinzipien nur in wenigen Firmen vollständig eingeführt. In vielen Fällen schafften es die Arbeiter auch, die Zeitnehmer durch Manipulationen der Messungen auszutricksen oder durch andere Formen des Widerstands die gewohnten, ihrer Wahrnehmung nach angemessenen Arbeitsnormen zu verteidigen. Für die Unternehmer war der Taylorismus ungemein attraktiv, denn er versprach Rationalisierungsgewinne ohne größere Investitionen. Er redete nämlich weniger der Maschinisierung das Wort als vielmehr der Optimierung bestehender Prozesse.

9.2.3 Anfänge der Massenproduktion bei Ford (1908–1913)

Autos sind komplexe Stückgüter, die aus vielen Tausend Teilen zusammengesetzt sind und höchste Anforderungen an die Passgenauigkeit stellen. Daher griff der frühe Automobilbau unmittelbar auf die Erfahrungen der Waffen-, Nähmaschinen- und Fahrradindustrie zurück, musste aber das dort erreichte Standardisierungs- und Rationalisierungsniveau deutlich überschreiten. Henry Ford nahm diese Herausforderung erfolgreich an und legte die Fundamente der modernen Automobilindustrie. Obwohl sein Hauptanliegen die Optimierung der Fertigungstechnik war, griff er auch auf Versatzstücke des Taylorismus zurück. Ford misstraute aber bürokratischen Verfahren und versuchte, die Zahl von Formularen möglichst gering zu halten. Wollte Taylor ein modernes Konzept der Betriebsführung etablieren, ging es Ford darum, ein überlegenes Auto zu bauen und in hohen Stückzahlen zu verkaufen.

Zunächst deutete wenig darauf hin, dass Henry Ford ein neues Kapitel der Industriegeschichte aufschlagen sollte. Als Sohn einer aus Irland eingewanderten Farmerfamilie erhielt er nur eine rudimentäre Schulbildung. Seiner Abneigung gegenüber der Farmarbeit stand das Interesse an der Technik gegenüber. Nach einer Lehre als Maschinist schlug er sich mit Reparaturen, Gelegenheitsjobs und als Betreiber eines Sägewerks durch. 1891 wurde er Techniker im Beleuchtungswerk von Edison in Detroit. Zwei Jahre später hatte er es bereits zum „chief engineer" gebracht, was ihm

Zeit und Geld verschaffte, seinem eigentlichen Interesse nachzugehen, der Nutzung kompakter Motoren für Transportzwecke. 1896 gelang ihm der Bau eines motorgetriebenen Vierrads. 1899 verließ Ford Edison und arbeitete vorübergehend für die Detroit Automobile Comp., die er mit Elementen des „American System" zu rationalisieren versuchte. Als daraus Konflikte erwuchsen, schied er 1901 aus und bemühte sich um die Gründung eines eigenen Unternehmens, was 1903 im dritten Anlauf gelang.

Ford baute zunächst wie viele andere Hersteller mehrere Modelle in kleinen Serien, die sich nur betuchte Kunden leisten konnten. Jedoch entwickelte Ford eine unternehmerische Vision, nämlich die Umwandlung des Autos vom Luxusgut zum Massenartikel. Um Ford nicht zum genialen Helden zu stilisieren, sei darauf hingewiesen, dass diese Vision gleichsam in der Luft lag. Die amerikanische Automobilindustrie holte nach 1900 gegenüber den bis dahin führenden europäischen, v. a. französischen Herstellern auf und nahm bereits die Chancen der Massenmotorisierung wahr. Für ein so weites Land und eine so individualistische Gesellschaft wie die USA war das Auto wie geschaffen. Daher träumten schon mehrere Hersteller von einer „nation on wheels" und begannen mit der Entwicklung billigerer Wagen für breite Käuferschichten.

Henry Fords Vision

„I will build a motor car for the great multitude […] constructed of the best materials, […] after the simplest designs […] so low in price that no man making a good salary will be unable to own one and enjoy with his family the blessing of hours of pleasure in God's great open spaces."
(https://www.thehenryford.org/collections-and-research/digital-resources/popular-topics/henry-ford-quotes/, abgefragt am 10.03.2016.)

Ford radikalisierte diese Ansätze, als er sich 1908 entschloss, mit dem legendären Modell T nur noch ein einziges Auto zu bauen und seine Fabrik ganz darauf zuzuschneiden. Ford perfektionierte die Komponentenfertigung, um die totale Austauschbarkeit der Teile zu gewährleisten und Nacharbeiten bei der Montage abzuschaffen. Eine enorme Leistung, wenn man bedenkt, aus wie vielen Teilen ein Auto besteht. Alles war normiert und exakt aufeinander abgestimmt. Spezialmaschinen für jedes Teil erreichten eine hohe Präzision. Alle Arbeitsschritte waren so weit zerlegt, dass sie angelernte Kräfte durchführen konnten. „Simplicity", „accuracy" und „speed" lauteten die Leitbegriffe. Ford erhöhte den Materialfluss mithilfe von Förderbändern und Rutschen. In der 1910 eröffneten Fabrik in Highland Park wurden die Maschinen konsequent so angeordnet, dass keine unnötigen Wege anfielen und Zwischenlager überflüssig wurden. Bis 1912 gelang eine Steigerung der Jahresproduktion auf fast 82.000 Autos und eine Preisreduktion um fast ein Drittel. Weitere Zuwächse verhinderte jedoch der Flaschenhals der noch traditionell vollzogenen Montage. Monteure gingen in Gruppen von einem aufgebockten Chassis zum nächsten und bauten einzelne Teile ein. Da die Gruppen nicht gleich schnell waren, blockierten sie sich z. T. gegenseitig.

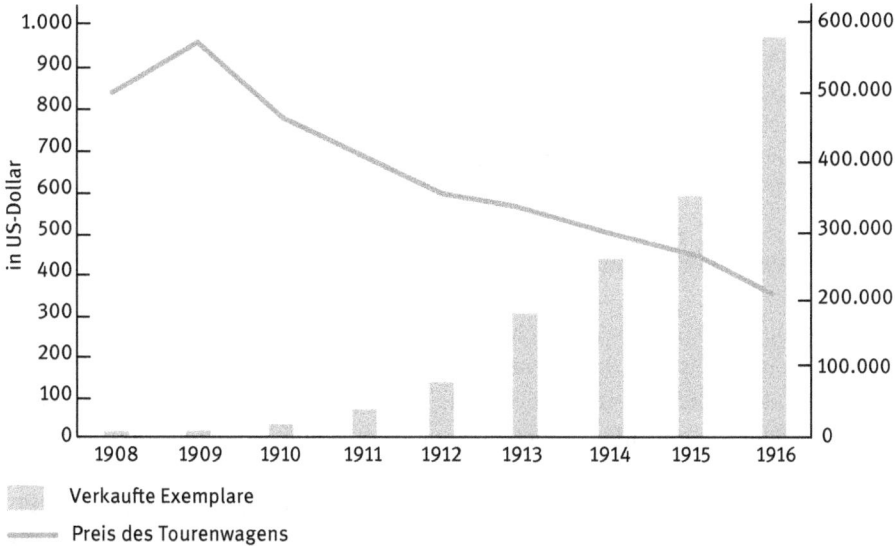

Abb. 9.7: Preise und Verkaufszahlen von Fords Modell T (1908–1916).

Die Lösung bestand 1913 in der Einrichtung von Montagebändern, d. h. Fließbändern, auf denen sich die Chassis gleichmäßig von einer Gruppe zur nächsten bewegten. Sie synchronisierten das Arbeitstempo der Monteure. Die schnellen Arbeiter wurden gebremst, die langsamen angetrieben. Das ebenso einfache wie ungeheuer effizienzsteigernde Prinzip des Fließbands besteht darin, die Arbeit zu den Menschen zu bringen, anstatt wie bisher die Menschen zur Arbeit gehen zu lassen. Der Wegfall unnötiger Wege war der Kern dieser Produktivitätsrevolution. Hinzu kam die Verstetigung und Beschleunigung des Materialflusses, die Erhöhung der Arbeitsteiligkeit und die bessere Koordination und Kontrolle der einzelnen Arbeitsschritte. Die Produktivitätsgewinne waren atemberaubend. Die Montagezeit des Modells T sank bis 1914 von 12,5 auf 1,5 Stunden. Die Verkaufszahlen schossen bis auf eine halbe Million Stück pro Jahr hoch, während sich der Preis noch einmal fast halbierte (siehe Abbildung 9.7). Ford erreichte nun erstmals die Bezieher mittlerer Einkommen. Das robuste Auto sprach anfangs v. a. Farmer an, die so der Isolation ihrer verstreut liegenden Höfe entflohen und dank der großen Bodenfreiheit des Wagens auch holprige Straßen befahren konnten. Niemand verkaufte 1916 mehr Autos als Ford.

Ford hatte das Fließband keineswegs erfunden. Es wurde bereits seit Langem in großen Getreidemühlen sowie für einfachere Prozesse wie Pack- und Füllarbeiten eingesetzt. Ford selbst gab an, vom Besuch der großen Schlachthöfe Chicagos inspiriert worden zu sein. Dort wurden die Schweine an einem Band aufgehängt und zerlegt, sodass jeder Schlachter nur für einen Teilprozess zuständig war. Bei der Würdigung der Leistung Fords ist die Unternehmertheorie Joseph Schumpeters hilfreich, der in der Neukombination bereits bekannter Faktoren eine Variante der Innovation sieht.

Auch ohne Erfindungen kann man grundlegende Veränderungen initiieren. Ford war ein schumpeterscher Unternehmer, denn er kombinierte das „American System of Manufactures", Elemente des Taylorismus und das in anderen Kontexten erprobte Fließband. Nichts war an sich neu, aber die Summe dieser Elemente revolutionierte den Automobilbau und die industrielle Fertigung schlechthin.

9.2.4 Triumph des Fordismus (1914–1922)

Die Situation der Arbeiter verschlechterte sich durch das Fließband zunächst massiv. Monotonie und Leistungsdruck machten ihnen zu schaffen. Sie sahen sich zum Anhängsel des Bandes degradiert, dessen Tempo und Taktung sie ja nicht beeinflussen konnten. Ein Kritiker sprach von „automatischen Halbaffen", die nur noch diejenigen Arbeiten ausführten, für die es vorerst keine Maschinen gab. Einseitig belastet und fremdbestimmt reagierten sie mit Abstumpfung und Kündigung. 1913 erreichte die Fluktuationsrate bei Ford 380 %. Fast viermal pro Jahr wechselte die gesamte Belegschaft, die zwischen 1909 und 1913 von 1.548 auf 13.667 anschwoll. Bis zu 10 % erschienen im Durchschnitt nicht zur Arbeit. Henry Ford griff angesichts dieser bedrohlichen Zustände zu einem ebenso radikalen wie erfolgreichen Maßnahmenbündel. Er verdoppelte die Löhne auf fünf Dollar pro Tag, reduzierte die tägliche Arbeitszeit auf acht Stunden und führte ein Bonussystem sowie betriebliche Sozialarbeit ein. In der Folge sanken Fluktuation und Absentismus.

Besonders die Lohnerhöhungen beeindruckten alle Besucher der Fabrik, insbesondere die Gewerkschafter. Fords Löhne ließen es realistisch erscheinen, dass der technische Fortschritt allein den Lebensstandard der Arbeiter nachhaltig erhöhen könnte. Am Ende würden sie sich gar selbst ein Auto leisten können. Diese geradezu utopische Vorstellung faszinierte ungemein und erklärt die zeitweilige Glorifizierung des Fordismus.

Im Werk wurden Fließbänder für die Fertigung praktisch aller Komponenten eingeführt und die Teilprozesse immer besser synchronisiert (siehe Abbildung 9.8). Das funktionierte auch deshalb so gut, da die Fertigung der Teile überwiegend im eigenen Haus stattfand. Das gesamte Werk erhielt nach und nach eine Struktur, die vollständig auf das Modell T zugeschnitten war. Am Rouge River in Dearborn, Michigan, entstand seit 1917 der größte Industriekomplex der Welt, in dem Ford ab 1927 praktisch sämtliche Vorprodukte des Autos herstellte. Von der Erzverhüttung bis zur Endmontage machte Ford alles selbst. Das Werk am River Rouge erzeugte Strom, walzte Stahlbleche, produzierte Glas, baute Motoren, Kupplungen usw. Auf 607 qkm arbeiteten über 100.000 Menschen. Die Werkseisenbahn hatte eine Streckenlänge von 145 km. Alle Fließbänder zusammen waren 43,5 km lang. Wie im institutionenökonomischen Modell vorgesehen, erfolgte auch eine Integration vor- und nachgelagerter Teile der Wertschöpfungskette. So erwarb Ford Kohle- und Erzbergwerke sowie Schiffe und eine Eisenbahngesellschaft. Hinzu kam der Aufbau eines flächendeckenden Händlernetzes. Die Marktanteile Fords in den USA erreichten 1921 mit 55 % ihren

Höhepunkt. 1922 wurden insgesamt 2 Mio. Autos vom Typ Modell T produziert. Der Abstand zwischen den boomenden USA und Europa, das unter den Folgen des Ersten Weltkrieges litt, war riesengroß geworden. Daimler produzierte 1921 im ganzen Jahr weniger Autos als Ford an einem Tag.

Abb. 9.8: Fließband bei Ford (1913).

Die Philosophie Henry Fords lautete, dem Massenmarkt ein zuverlässiges Standardauto anzubieten, immer gleich und immer billiger. Dieses Einheitsauto bot er in „any colour as long as it was black" an. Ford ging es um die Perfektionierung der Herstellung des Modells T, nicht aber um dessen Weiterentwicklung. Ein Modellwechsel war nicht vorgesehen, hatte man doch gerade eine perfekt abgestimmte Maschinerie für die Produktion des Modells T geschaffen. Ford verschwieg sogar die ständig vorgenommenen Detailverbesserungen, um das Image des „perfekten Autos" nicht zu gefährden. Etwas „Perfektes" lässt sich ja nicht verbessern.

9.2.5 Krise des Fordismus

Die extreme Standardisierung erwies sich zunächst als immens erfolgreich. Allerdings geriet die fordsche Massenproduktion im Augenblick ihres größten Triumphs in eine Krise, da sich der Markt zu wandeln begann. Kaum hatten die Massen das Autofahren erlernt, verschmähten sie das schwarze Einheitsauto. Insbesondere die wachsende Zahl der Zweitkäufer verlangte Abwechslung und Auswahl. Der undifferenzierte Massenmarkt spaltete sich in verschiedene Segmente auf.

Die Konkurrenten Fords begriffen das viel schneller als der Pionier. General Motors etwa bot „a car for every purse and purpose" an, d. h. für jeden Geldbeutel und Zweck das passende Modell, vom Chevrolet bis zum exklusiven Cadillac. Zu diesem Zweck gründete General Motors vier auf unterschiedliche Preissegmente ausgerichtete, relativ autonome Divisionen, betrieb viel mehr Werbung als Ford und offerierte Ratenkäufe. Entscheidend war, dass der leitende Angestellte nicht dasselbe Auto wie sein Untergebener oder sein Nachbar fahren wollte. Die Marktsegmentierung nach sozialen Kriterien wurde durch eine nach Geschmack und Mode ergänzt. In den 1920er-Jahren boomte die US-Wirtschaft. Mit dem Wohlstand stiegen die Ansprüche. Immer mehr Amerikaner gingen ferner dazu über, Anschaffungen per Kredit zu finanzieren. Ford lehnte Konsumentenkredite jedoch als Gefahr für den Kunden ab.

Fords Konkurrenten brachten bereits Mitte der 1920er-Jahre jedes Jahr ein leicht verändertes Modell und alle drei Jahre ein völlig neues Modell auf den Markt. General Motors gab intern das Motto aus: „Keep the consumer dissatisfied". Kaum hatte der Kunde ein neues Auto gekauft, sollte er das Gefühl haben, ein altes Auto zu fahren. Laut Vorstandsvorsitzendem Albert P. Sloan waren die „Gesetze der Pariser Modeindustrie" in die Autoindustrie vorgedrungen. Es reichte nicht mehr aus, nur ein technisch zuverlässiges Auto anzubieten.

Solchen Marketingüberlegungen begegnete Henry Ford zunächst mit Unverständnis. Für ihn standen Gebrauchsnutzen und Kosten des Autos im Vordergrund. Er kontrastierte das „Blendwerk" der „salesmanship" mit den soliden „values in terms of utility and dollars". Sein Auto war gut und billig. Daher sollte es weiterhin nur mit minimalen Veränderungen und ohne „modischen Schnickschnack" gebaut werden. Allerdings belehrten ihn die Käufer eines Besseren. Fords Marktanteil sank bis 1926 auf 30 %. Die Preise der Konkurrenten näherten sich trotz ihrer Modellvielfalt denen Fords an. Wurden 1924 erst 280.000 Chevrolets gebaut, waren es 1929 1,5 Mio. Auch technisch erwiesen sich die Konkurrenzfahrzeuge gegenüber dem Modell T zunehmend als überlegen.

Diese Entwicklung bescherte Ford alarmierende Ertragseinbußen. Aufgrund der hohen Fertigungstiefe stiegen die Stückkosten bei sinkenden Seriengrößen rasant an. Der Fixkostenblock war infolge der ausgeprägten Eigenproduktion einfach zu groß. Schließlich lenkte Henry Ford 1927 ein. Als er feierlich den 15-millionsten Ford des Modells T vom Band laufen ließ, hatte er sich längst für die Einstellung des Erfolgswagens und den Bau des gänzlich neuen Modells A entschieden.

Allerdings wurde der Modellwechsel in einem Unternehmen, das diesen nicht vorgesehen hatte, zum Alptraum. Die extreme Standardisierung mithilfe von Einzweckmaschinen erwies sich jetzt als Fluch. Da alles ineinandergriff, zog jede Veränderung einen Wust an Folgeproblemen nach sich. Nichts passte mehr zusammen. Die meisten

Maschinen mussten ersetzt werden. Sie standen so eng beieinander, dass der Umbau viel Zeit kostete. Im Endeffekt lag die gesamte Produktion ein halbes Jahr lahm und lief danach erst wieder mit großen Schwierigkeiten an. Ein absolutes Desaster! 1928 baute Ford 800.000 Autos, weniger als die Hälfte dessen, was man sechs Jahre früher geschafft hatte. General Motors gelang der von vornherein geplante Modellwechsel innerhalb weniger Wochen. Dort gab es schnell umrüstbare Mehrzweckmaschinen. Man musste nicht die gesamte Maschine austauschen, sondern nur einzelne Werkzeuge, z. B. Bohrköpfe. Zudem arbeitete man stärker mit unabhängigen Zulieferern zusammen, die flexibler reagieren konnten als das integrierte Mammutwerk am River Rouge.

Abb. 9.9: Endmontage im Volkswagenwerk (1953).

Modell A wurde schließlich ein Erfolg und nach 1932 bereits von einem Nachfolger abgelöst. Der Marktanteil erreichte wieder 45 %, bevor die Weltwirtschaftskrise die Autokonjunktur abwürgte. Ford hatte aber bis 1929 einen schmerzhaften Lernprozess durchlaufen und achtete von nun an auf die Anforderungen des Marktes und vergab sogar Kundenkredite. In Umkehrung der bisherigen Verhältnisse orientierte sich die Produktion fortan an der Nachfrage.

Die deutsche Automobilindustrie lag in jeder Hinsicht weit hinter den USA zurück. Obwohl in den frühen 1930er-Jahren mehrere Firmen mit preiswerten Autos für breite Käuferschichten experimentierten und die „Volksmotorisierung" nach

US-Vorbild eine Lieblingsidee Hitlers war, entstand erst im bundesdeutschen Wirtschaftswunder ein Massenmarkt für private Pkws. Der bereits im NS-Staat konzipierte VW-Käfer stellte 1972 den Produktionsrekord des T-Modells ein und wurde für fast 30 Jahre zum meistverkauften Auto der Welt. Der Käfer war im Grunde genommen das deutsche Modell T, da ihm das fordistische Paradigma zugrunde lag (siehe Abbildung 9.9). Er wurde über Jahrzehnte hinweg nur unwesentlich modifiziert, in sehr großen Serien und wenigen Ausstattungsvarianten gebaut. Als Kaufargumente dienten einerseits Gebrauchseigenschaften wie Sparsamkeit und Zuverlässigkeit, andererseits der niedrige Preis. Erst 1974 führte VW mit dem Golf ein Nachfolgemodell ein, ohne aber die Käferproduktion vollends aufzugeben.

9.2.6 Flexible Massenproduktion – Erbe oder Ende des Fordismus?

Was sich in den USA bereits in den späten 1920er-Jahren andeutete, war um 1970 auch in Deutschland nicht mehr zu übersehen. Die Zukunft gehörte der sogenannten *flexiblen Massenproduktion*, welche die Erstarrung des Fordismus zu überwinden versprach und mit der die japanische Automobilindustrie spektakuläre Erfolge erzielte. Sie weist vier Kernelemente auf:

1. ein laufender, vorausgeplanter Modellwechsel, der nicht mehr als Reaktion auf Absatzeinbrüche erfolgt, sondern Ergebnis systematischer Produktentwicklung ist; er wird von einer Notstandsmaßnahme zur Routineoperation. Langwierige Testläufe vermindern sein Störpotenzial.
2. die Flexibilisierung der Fertigungstechnik, zunächst v. a. durch Universalwerkzeugmaschinen, die eine schnelle Umrüstung erlauben; einen weiteren großen Schritt markierte die Einführung mikroelektronisch gesteuerter Werkzeugmaschinen seit den 1960er-Jahren. Sie verkürzten die Umrüstzeiten dramatisch und ermöglichten eine rentable Massenfertigung bei wesentlich kleineren Serien als bisher. Neue, ebenfalls durch die revolutionären Fortschritte der Informationsverarbeitung ermöglichte Logistikkonzepte wie die Anlieferung just in time beseitigten Starrheiten, die aus großen Lagerbeständen resultierten.
3. die Auslagerung der Komponentenfertigung an eigenständige Zulieferer, auf die ein Teil des Umstellungsaufwands abgewälzt wurde; auf diese Weise schmolz Ford um 1930 seinen großen Fixkostenblock ab. Die Lieferfirmen erwirtschafteten durch die Arbeit für mehrere Automobilhersteller Skalenerträge.
4. systematische Strategien der Produktdifferenzierung und Marktsegmentierung, um verschiedene Kundengruppen mit spezifischen, auf ihre jeweiligen Wünsche zugeschnittenen Produkten bedienen zu können; VW brachte 1973 mit dem Passat und 1974 mit dem Golf eine neue Autogeneration auf den Markt. Sie zeichnete sich nicht nur durch tief greifende konstruktionstechnische Änderungen (Leichtbauweise, Frontantrieb, Wasserkühlung und Ganzstahlkarosse) aus, sondern auch durch die Erhöhung der Ausstattungsvarianten und der Modellvielfalt, die

des Weiteren durch den Kauf anderer Hersteller gesteigert wurde. 2002 bot der VW-Konzern eine breite Pkw-Palette an, die von Luxuswagen wie Bentley, Lamborghini und dem VW Phaeton bis zu den weniger prestigeträchtigen Marken Seat und Skoda sowie Kleinwagen wie dem VW Lupo reichte. Beim Golf konnten die Kunden 2002 zwischen 1,1 Mrd. Ausstattungsvarianten wählen.

Trotz der Erhöhung der Anzahl von Fahrzeugtypen und Modellvarianten fand keine prinzipielle Abkehr von der Massenproduktion statt, sondern lediglich ihre Flexibilisierung. Dazu trug ganz entscheidend das Baukastenprinzip (Modularbauweise) bei, das die Verwendung standardisierter, in verschiedenen Modellen einsetzbarer Bauteile erlaubte. Quasi durch die Hintertür – denn der Kunde bemerkte die Verwendung identischer Komponenten in der Regel nicht – wurden die durch die Differenzierung der Kundenwünsche verloren gegangenen „economies of scale" zurückgeholt. Wer weiß schon, dass „grundverschiedene" Fahrzeuge auf identischen Plattformen aufgebaut sind und mit denselben Motoren, Tachos, Lampen und Bremsen fahren? Daneben bemühen sich die Hersteller um eine Verringerung der Komponentenanzahl. Endprodukte bestehen tendenziell aus immer weniger Teilen, die zudem leichter zu montieren sind. Schließlich ergeben sich bei den „economies of scope" neue Chancen. Bezugsquellen und Absatzkanäle sowie Forschungs- und Entwicklungsaktivitäten lassen sich bündeln. Innovationen kommen mehreren Modellreihen zugute.

Unter dem Begriff „CIM" (*computer integrated manufacturing*) werden einstmals voneinander getrennte Funktionen wie Konstruktion, Arbeitsplanung, Materialwirtschaft und Produktion miteinander vernetzt. Der Konstrukteur kann seine Pläne direkt in den Maschinensaal einspielen. CIM besteht aus verschiedenen Bausteinen wie „computer aided design" (CAD), „computer aided manufacturing" (CAM), „computer aided planning" (CAP) oder „computer aided quality control" (CAQ). Da die einst zeitraubenden Umrüstarbeiten dank mikroelektronischer Steuerungselemente entfallen, müssen Teile nicht mehr in homogenen Losen gefertigt und aufwendig zwischengelagert werden, sondern können just in time produziert und zum Einbau bereitgestellt werden. Dank dieser flexiblen Fertigungssysteme werden auf den Fließbändern der Automobilindustrie bereits heute unterschiedliche Modelle und Modellvarianten nebeneinander montiert.

Trotz aller Fortschritte der flexiblen Massenproduktion bleibt es bis heute ein grundlegendes Dilemma des Industriekapitalismus, dass einerseits Unternehmen Skalenerträge nutzen und auf Masse setzen müssen. Andererseits wenden sich die Kunden von standardisierten Einheitsprodukten ab und verlangen maßgeschneiderte Angebote. Die einseitige Konzentration auf die „economies of scale" – wie bei Ford gesehen – führt zur Zementierung der Produktionsstrukturen und der Vernachlässigung der Markterfordernisse. Mikroelektronikgestützte Technologien entschärfen den Gegensatz von hochproduktiver Massenproduktion und einer sich zunehmend differenzierenden Nachfrage, ohne ihn aber aufheben zu können. Insofern sind dem Paradigma der Massenproduktion auch weiterhin klare Grenzen gesetzt.

Weiterführende Literatur

Hounshell, David A., From the American System to Mass Production, 1800–1932. The Development of
    Manufacturing Technology in the United States, Baltimore 1984.
König, Wolfgang, Geschichte der Konsumgesellschaft, Stuttgart 2000, S. 33–90.
König, Wolfgang u. Weber, Wolfhard, Netzwerke – Stahl und Strom, 1840–1914. (Propyläen Technik-
    geschichte, Bd. 4), Berlin 1990, S. 85–110 u. 449–475.
Braun, Hans-Joachim u. Kaiser, Walter, Energiewirtschaft, Automatisierung, Information. Seit 1914
    (Propyläen Technikgeschichte, Bd. 5), Berlin 1992, S. 103–126.
Tolliday, Steven u. Zeitlin, Jonathan (Hg.), The Automobile Industry and its Workers: Between
    Fordism and Flexibility, Cambridge/New York 1987.
Hachtmann, Rüdiger u. Saldern, Adelheid von, „Gesellschaft am Fließband". Fordistische Produktion
    und Herrschaftspraxis in Deutschland, in: Zeithistorische Forschungen 6/2, 2009, S. 186–208.

9.3 Klasse statt Masse? – Alternativen zur Massenproduktion

Lange Zeit hat die Forschung die Industriegeschichte mit der Geschichte der Massenproduktion gleichgesetzt und alle anderen Formen der Produktion vernachlässigt. Das lag zum einen an der Faszination großer technischer Systeme. Die spektakuläre Massierung von Kapital, Material, Technik und Menschen übt einen Reiz eigener Art aus. In den gigantischen Automobilwerken scheint dem Betrachter das Archetypische der industriellen Moderne entgegenzutreten. Die Zuspitzung ihrer Prinzipien in der hyperrationalisierten Massenfertigung provoziert Grundsatzfragen. Was sind die Folgen des technischen Fortschritts und der Kapitalkonzentration? Was bedeuten Basisinnovationen wie das Fließband oder das Internet für die Arbeits- und Lebenswelten der Menschen? Welcher Zusammenhang besteht zwischen Massenproduktion und Massenkonsum?

Die Erhebung der Massenproduktion zu einer der großen Meistererzählungen der Wirtschaftsgeschichte hat aber auch theoretische Gründe. Ihr liegt das wesentlich von Smith und Marx geprägte Bild des Industriekapitalismus zugrunde. Smith betonte das Fortschrittspotenzial der Arbeitsteilung. In seinem berühmten Stecknadelbeispiel demonstrierte er die mit der Spezialisierung einhergehenden Produktivitätszuwächse. Während ein Arbeiter allein 20 Nadeln pro Tag herstellte, kamen zehn angeblich auf 48.000, da sie sich jeweils auf Teilprozesse konzentrierten und diese schneller als die Universalisten erledigen konnten. Außerdem wandte sich jeder Arbeiter der Aufgabe zu, die seinen Fähigkeiten am besten entsprach.

Das Wesen der Industriearbeit nach Marx
„In der Manufaktur und im Handwerk bedient sich der Arbeiter des Werkzeugs, in der Fabrik dient er der Maschinerie. [...] In der Manufaktur bilden die Arbeiter Glieder eines lebendigen Mechanismus. In der Fabrik existiert ein toter Mechanismus unabhängig von ihnen, und sie werden ihm als lebendige Anhängsel einverleibt. [...] Während die Maschinenarbeit das Nervensystem aufs äußerste angreift, unterdrückt sie das vielseitige Spiel der Muskeln und konfisziert alle freie körperliche und geistige

Tätigkeit. Selbst die Erleichterung der Arbeit wird zum Mittel der Tortur, indem die Maschine nicht den Arbeiter von der Arbeit befreit, sondern seine Arbeit vom Inhalt."
(Karl Marx, Das Kapital. Kritik der politischen Ökonomie, Bd. 1, 11. Aufl., Berlin 1962 (1. Aufl. Hamburg 1867), S. 445f.)

Daran anknüpfend analysierte Marx die Ablösung der Handarbeit durch die „große Industrie", deren Grundlage die zunehmende Bedeutung des Produktionsfaktors Kapital gegenüber der Arbeit sei, d. h. die Ersetzung menschlicher durch maschinelle Arbeit. Die voranschreitende Arbeitsteilung und der Einsatz „zyklopischer Maschinen" mache den kapitalintensiven Großbetrieb zum Prototyp der kapitalistischen Produktionsstätte und zum Ausgangspunkt der „Verwandlung vieler kleinerer in wenige größere Kapitale." Schließlich ging Marx von der totalen Entfremdung und Dequalifikation der Menschen im industriellen Arbeitsprozess aus. Im fordistischen Großunternehmen schienen alle diese Momente zusammenzukommen. Es stellt sich aber die Frage, wie typisch der Fordismus für die gewerbliche Wirtschaft insgesamt ist.

9.3.1 Industrieller Dualismus

Von *Michael Piore* und *Charles Sabel* stammt eine vielbeachtete Kritik am Paradigma der Massenproduktion. Sie ist definiert als Kombination von Einzweckmaschinen und unqualifizierter Arbeit zur Herstellung großer Mengen einheitlicher Produkte. Starre Fertigungsstrukturen sind die Folge. Riesige Serien identischer Waren erfordern zudem eine entsprechend umfangreiche und homogene Nachfrage. Hier gilt Adam Smiths Diktum, dass das Ausmaß der Arbeitsteilung von der Größe des Marktes abhängt. Bei den meisten Produkten, so Piore und Sabel, war trotz Industrialisierung die Nachfrage weder groß noch einheitlich oder stabil genug, um Massenproduktionsmethoden zu ermöglichen. Vielmehr blieb die Nachfrage klein, differenziert und erratisch, sodass die Hersteller auf der Hut sein mussten, nicht am Bedarf vorbeizuproduzieren und in großen Lagern Berge unverkäuflicher Waren anzuhäufen.

Es verbietet sich demnach, von „der Industrialisierung" zu sprechen, zu unterschiedlich waren die Verhältnisse in den jeweiligen Branchen. Die Wirtschaftsgeschichte folgt nicht einem geraden, eng an die Logik der Massenproduktion angelehnten Pfad, sondern ist am besten als „branching tree" mit mannigfaltigen Entwicklungsvarianten zu beschreiben. Viele Produkte ließen sich nämlich nicht oder nur teilweise maschinell herstellen, oder aber die Nachfrage war so gering bzw. verlangte so viele unterschiedliche Ausführungen, dass sich nur kleine Serien lohnten. Selbst fordistische Großunternehmen benötigten flexible Zulieferer, die sehr spezielle Produkte bereitstellten. Die meisten Maschinen in River Rouge waren in kleinen Serien gefertigt worden, da Ford spezifische Anforderungen stellte. Insofern bestand und besteht eine symbiotische Beziehung zwischen starrer Massen- und flexibler Spezialproduktion.

Das Handwerk, dessen Tod Marx und viele seiner Zeitgenossen vorausgesagt haben, überlebte die Industrialisierung und stellte eine bemerkenswerte Vitalität und Anpassungsfähigkeit unter Beweis. Es bediente überwiegend Märkte, die einen engen lokalen Zuschnitt aufwiesen, persönlichen Service oder qualifizierte Handarbeit verlangten. Branchen wie der Maschinenbau, die Kleineisenindustrie, die Porzellan- und Haushaltswarenherstellung, der Musikinstrumentenbau oder die Spielwarenindustrie zeichneten sich durch breit gefächerte Sortimente und eine entsprechend flexible Kleinserienfertigung aus. Die meisten ihrer Arbeitsplätze hatten keinerlei Ähnlichkeit mit dem marxschen bzw. fordistischen Modell. Hier dominierten hochqualifizierte Fachkräfte, die mit Augenmaß, Erfahrungswissen (*tacit knowledge*) und Eigenverantwortung zu Werke gingen. Spezialprodukte und die Prozesse ihrer Herstellung mussten häufig modifiziert werden. Daher waren Arbeitskräfte mit breiten Qualifikationen gefragt, die in der Regel einer handwerklichen Ausbildung entstammten. Da sie das wichtigste Kapital ihrer Arbeitgeber darstellten, wurden sie nur selten rücksichtslos ausgebeutet. Sie arbeiteten überwiegend in überschaubaren, werkstattähnlichen Einheiten.

Die Absage an die Massenproduktion korrespondierte keineswegs mit technologischer Rückständigkeit. Vielmehr haben flexible Kleinproduzenten moderne Technologien immer dann eingesetzt, wenn sie zu ihren Bedürfnissen passten. Damit standen sie z. T. sogar an der Spitze des technischen Fortschritts, ohne damit zur Expansion in Richtung Großbetrieb gezwungen gewesen zu sein. Der um 1900 aufkommende Elektromotor mag das Paradebeispiel einer solchen angepassten Technologie sein, die sich für kleine Betriebe besser eignete als die schwerfällige und zudem explosionsgefährdete Dampfmaschine. Er passte als Antriebsaggregat gut zu kleineren Maschinen und ließ sich auch für diskontinuierliche Prozesse rentabel einsetzen.

Die stark modeabhängige Seidenweberei setzte bereits zu Beginn des 19. Jahrhunderts auf eine wegweisende Technologie, die ihr eine schnelle und kostengünstige Flexibilisierung der Produktion ermöglichte. Große Ballen eines bestimmten Seidentuchs zu weben, bedeutete ein hohes Risiko. Die Kunden liebten die Abwechslung, und keine Frau wollte ein teures Seidenkleid kaufen, dessen Muster ihr allenthalben begegnete. Auch wussten die Produzenten nie genau, ob sie nun die Herren oder Sklaven der Mode waren, d. h. sie konnten die Trends nicht vorhersagen. Der Großhandel weigerte sich daher, große Mengen eines bestimmten Stoffes zu kaufen und auf Lager zu nehmen.

Entsprechend begierig nahm die Seidenweberei daher eine Innovation auf, die diese Problemlage entschärfte. 1805 erfand Joseph Marie Jacquard eine Apparatur, die mit Lochkarten die Wahl der Kettfäden automatisch steuerte. Um ein neues Muster zu weben, brauchte man nur noch die Lochkarten auszutauschen. Auch wenn das Gerät zunächst auf Handwebstühlen aufgesetzt wurde, war es in gewisser Weise ein Vorläufer computergesteuerter Webstühle. Es verbilligte und vereinfachte nicht nur die Musterweberei, sondern trug auch zu einer Verbreiterung der Sortimente bei. In diesem Fall kam es zu einer Kombination einer alten Technik, dem Handwebstuhl, mit einer zukunftsträchtigen Erfindung. Von der Lochkartensteuerung führt ein direkter Weg zur modernen EDV.

Kombinationen handwerklicher Fähigkeiten und industrieller Verfahren sind häufiger anzutreffen, als es lineare Fortschrittsmodelle vermuten lassen. Die Kleineisenindustrie brauchte Dampfhämmer und Stanzen, zugleich aber auch das manuelle Geschick von Designern, Schmieden, Ziseleuren und Schleifern. In Solingen, neben Sheffield das Zentrum der europäischen Schneidwarenherstellung, wurden laufend neue Messer und Scheren entworfen, um eine hochdifferenzierte, sich stetig wandelnde Nachfrage zu befriedigen. Dieser Musterreichtum und die hohen Qualitätsansprüche der Kunden verhinderten den Ausstoß großer Serien gleichförmiger, maschinengefertigter Produkte. Gleichwohl wurde ein Teil der Produktion zwischen 1860 und 1880 rationalisiert, als mechanische Gesenkschmieden das umständliche Handschmieden der Rohlinge ersetzten.

Die Endstufe der Produktion, das Schleifen, wurde weiterhin von formal selbstständigen Handwerkern durchgeführt, die Rohlinge von den Gesenkschmieden, d. h. von Fabriken, erhielten. Sie arbeiteten in mit Wasserkraft betriebenen Schleifkotten bzw. zunehmend in Dampfschleifereien. Die Zentralisierung der Arbeit entsprang der Notwendigkeit, eine gemeinsame Energiequelle zu nutzen. Diese technische Unteilbarkeit verwandelte die hoch qualifizierten Schleifer aber keineswegs in abhängige Lohnarbeiter. Diese blieben eigenständige Kleinstproduzenten, die dem Eigentümer der Schleifereien lediglich Miete für den Schleifplatz und die Energienutzung zahlten, aber keiner Fabrikordnung unterworfen waren. In den 1920er-Jahren erfolgte durch den Elektromotor die Auflösung der Schleifereien zugunsten dezentraler Heimarbeit. Die bis in die 1960er-Jahre hinein bestehenden Kleinproduzenten waren aus Sicht der Fabrikanten Konjunkturpuffer, die lange Zeit die Auswirkungen von Nachfrageschwankungen abfederten und das System als Ganzes flexibilisierten.

Auch in der Homer Laughlin China Comp. (West Virginia) ergänzten sich starre fordistische und flexible handwerkliche Fertigungsprozesse. Für die Formgebung und das Brennen der Teller und Gefäße wurden in der Zwischenkriegszeit Fließbänder und sogenannte „King-Kong-Maschinen" eingeführt, die bis zu 174.000 Teller pro Tag automatisch töpferten. Um solche Rohprodukte in attraktives Geschirr zu verwandeln, mussten langjährig geschulte Fachkräfte dekorative Muster von Hand aufmalen. Den Kundenwünschen entsprechend wurden Hunderte von Variationen angeboten. Für sehr teures Porzellan zog man noch in den 1940er-Jahren fast rein handwerkliche Töpfertechniken vor.

9.3.2 Scrantons „Endless Novelty"

Der Wirtschaftshistoriker *Philip Scranton* hat in seiner 1998 erschienenen Studie „Endless Novelty" die in vielem noch vagen Vorstellungen von Piore und Sabel präzisiert und zugleich Chandlers Sicht der Industriegeschichte widersprochen. Ein solches Buch, das sich dezidiert gegen die Fixierung der Forschung auf Skalen- und Verbundeträge wendet, erschien nicht zufällig in den späten 1990er-Jahren, sondern war ein Reflex auf aktuelle Erfahrungen. Angesichts der Krisen vieler Großunternehmen war es unmöglich geworden, mit Chandler deren in den 1960/70er-Jahren erreichte Struktur als das historische Optimum zu bewerten. Die Großunternehmen hatten ihren Nimbus als die Inkarnation ökonomischer Rationalität verloren, und das Meinungsklima in Politik und Öffentlichkeit schlug zugunsten kleinerer Einheiten um. Es überrascht daher keineswegs, dass sich nun auch die historische Forschung des Themas „KMUs" annahm und die Parole „Small is beautiful!" ausgab.

Um die Vielfalt der US-Industrie zu analysieren, hat Scranton eine Typologie von Produktionsregimen entwickelt. Bei der *custom production* erfolgt die Fertigung erst auf Bestellung und nach Spezifikation des Endabnehmers. Solche Produkte kann man nur einmal oder in sehr kleinen Mengen absetzen. Maßanzüge und Zahnersatz sind extreme Beispiele, aber auch Schiffe und Lokomotiven werden nicht auf Verdacht gefertigt.

Die *batch production* ist weniger individuell und bezieht sich auf die spezifische Nachfrage bestimmter Käufergruppen. Daher erreichen die Produzenten ebenfalls keine Großserien. Die Notwendigkeit, flexibel auf Veränderungen der Mode und spezielle Kundenwünsche zu reagieren, sowie die mangelnde Planbarkeit des Absatzes machen es sinnvoll, lediglich überschaubare Kontingente zu produzieren. Der Zwischenhandel, der erst nach der Inspektion von Mustern bestellt, übernimmt einen Teil des Risikos. Konfektionsschmuck, Kleidung und fast alle ausgesprochenen Modeartikel fallen in diese Kategorie. *Mass production* im Sinne Scrantons ist die kapitalintensive, technisch anspruchsvolle Fertigung komplexer, weitgehend standardisierbarer Güter wie Autos. Die Fertigung erfolgt allein aufgrund von Prognosen, wodurch ein Überproduktionsrisiko entsteht. Noch stärker standardisiert und kaum differenzierbar ist die *bulk production*. Hier werden mit relativ simplen Techniken sehr große Mengen homogener Güter wie Zement oder Kohle erzeugt.

Sowohl in der Bulk- als auch in der Mass-Produktion spielen „economies of scale" eine Schlüsselrolle, während sie für die Custom-Produktion keine und für die Batch-Produktion nur eine geringe Bedeutung haben. Umgekehrt verhält es sich mit dem Grad der Flexibilität. Die Gefahr, am Markt vorbeizuproduzieren, steigt in Tabelle 9.1 von links nach rechts. Dieses Modell ist jedoch keineswegs trennscharf. Es gibt viele fließende Übergänge und „Brückenfirmen", in denen verschiedene Fertigungstypen unter einem Dach koexistieren. Die Elektroindustrie baute z. B. Kraftwerksanlagen auf Bestellung und zugleich Massenprodukte für Haushalte.

So fruchtbar der Ansatz ist, in der Natur der Nachfrage bzw. des Produkts die entscheidende Variable für die Wahl der Produktionstechnik und der Organisationsform zu sehen, so viele zusätzliche Probleme wirft das Klassifikationsschema auf. Zum einen entspricht es nicht gängigen Industriestatistiken. Zum anderen erzeugt die große Bedeutung der „Brückenfirmen" eine erhebliche Unsicherheit bei der Einordnung einzelner Branchen und Firmen.

Tab. 9.1: Vier Produktionsregime nach Scranton (1880–1930).

	custom production	batch production	mass production	bulk production
Anlass der Produktion	Bestellung und Spezifikation des Endabnehmers	Bestellung des Zwischenhandels	erwartete Nachfrage (anonymer Markt)	erwartete Nachfrage (anonymer Markt)
Seriengröße	Einzelstück- bzw. Kleinserienfertigung	Kleinserienfertigung	Großserienfertigung heterogener Güter	Großserienfertigung homogener Güter
vorherrschende Technologie	hochspezifische, z. T. handwerk-liche Technik	spezifische, z. T. handwerkliche Technik	komplexe Techniken der Massenproduktion	relativ einfache Techniken der Massenproduktion
Beispiele typischer Produkte	Schiffe, Zahnersatz, hochwertige Luxuswaren (Maßanzüge)	Konfektionsschmuck und -kleidung, Musikinstrumente	Uhren, Fahrräder, Nähmaschinen ,Autos	Zement, Kohle, Holz, Standardschrauben

Trotzdem hat es Scranton gewagt, die Custom- und Batch-Produktion quantitativ zu gewichten. Nach seinen Angaben entfielen auf sie 1909 ein Drittel der Wertschöpfung und der Beschäftigung der verarbeitenden Industrie der USA. Sektoren mit mehreren Produktionsregimen hatten einen Anteil von 27 % an der Beschäftigung und von ca. einem Drittel an der Wertschöpfung. Die eindeutig der Bulk- und Mass-Produktion zuzuordnenden Sektoren vereinten auf sich dagegen nur 20 % der Arbeitsplätze und 31 % der Wertschöpfung. Hier ermöglichten zwar die eingesetzten Großtechnologien eine signifikant höhere Wertschöpfung pro Beschäftigtem. Insgesamt waren diese Sektoren aber für die US-Industrie nicht repräsentativ. Scranton hat ferner mithilfe der Wertschöpfungsdaten die Wachstumsdynamik beider Bereiche verglichen. Demnach wuchsen die Custom- und Batch-Produzenten zwischen 1899 und 1909 schneller als die Bulk- und Mass-Produzenten, was erneut das auf Größe fixierte Geschichtsbild Chandlers infrage stellt.

Nach diesen allgemeinen Ausführungen wendet sich Scranton der Geschichte der lange vernachlässigten Custom- und Batch-Produzenten zu. In seinem Buch geht es u. a. um so heterogene Sektoren wie den Maschinenbau, die Möbel- und Lederwarenindustrie sowie um die Bekleidungs- und Schmuckbranche. Der Titel „Endless Novelty" deutet an, dass die Konsumenten ständig neue Produkte und vielfältige Produktvarianten verlangten, also eine Großserienfertigung von vornherein ausschied. Nicht Standardisierung, Massenproduktion und Hochgeschwindigkeitsdurchsatz waren hier gefragt, sondern Differenzierung, spezielle Ausführungen und das schnelle Aufgreifen wechselnder Modetrends. Anstelle von Skalenerträgen kam es auf flexible Produktionsstrukturen an, die rasch auf Marktsignale reagieren und die Produkte entsprechend anpassen konnten. Hier dominierten das Werkstattprinzip und vielseitig verwendbare Universalmaschinen.

Erfolg durch Produktdifferenzierung

„[...] there are instances where the *multiplication* of *varieties* [...] has proven to be the key to success-ful business operation. [...] Standardization [...] cannot be expected to perform miracles. It will not prove a substitute for marketing acumen. [...] Standardization *per se* does not create wealth.“
(Industrial Management 65, 1923, S. 32f.)

Um einen Eindruck der schier unendlichen Vielfalt der um 1900 nachgefragten Konsumgüter zu erhalten, genügt schon ein flüchtiger Blick in die Warenhäuser oder die Versandhauskataloge. Hier wurden keine uniformen Einheitsprodukte angeboten, sondern Millionen unterschiedlicher, mit großer Sorgfalt entworfener Waren. Auf der kulturellen Agenda standen Distinktion, die Konstruktion sozialer Identitäten und die Ausbildung „persönlichen Geschmacks". Vor allem die Mittelschichten nutzten zielgerichtet Größen wie Stil, Mode und Qualität, um sich gesellschaftlich zu positionieren. Allein die Logik des Demonstrationskonsums verurteilte jeden Versuch der Standardisierung zum Scheitern. Selbst bei Tischen verlangten die Kunden viele individuelle Variationen. Wegen der entsprechend geringen Seriengrößen spielte Handarbeit noch lange eine große Rolle. Erfahrene Tischler waren unverzichtbar.

Es ist nur ein Vorurteil, dass Industriearbeit per definitionem dequalifiziert und entfremdet. In der Custom- und Batch-Produktion trifft im Gegensatz zu den Bulk- und Mass-Industrien das von Marx geprägte Bild der Fabrikarbeit nicht zu. Hier spielten qualifizierte Spezialarbeiter eine Schlüsselrolle. Oft stammten sie aus dem Handwerk und stellten das wichtigste Kapital des Unternehmens dar. Die langfristige Bindung solcher Mitarbeiter war die wichtigste Aufgabe der Personalpolitik, nicht aber die Minimierung der Lohnsumme. Im Maschinenbau blieben erfahrene Schlosser und Mechaniker unersetzlich. Sie leisteten v. a. Handarbeit, blieben Handwerker in der Fabrik. In der Musikinstrumentenindustrie werden teure Instrumente bis heute von Stimmern abgestimmt, die in langjähriger Praxis ein hochsensibles Gehör entwickelt haben. Ein klassischer „batch producer" wie die 1880 gegründete WMF war und ist auf geschulte Metalldrücker und Graveure, Glasbläser und Kristallschleifer, Modellziseleure und Galvanoplastiker angewiesen (siehe Abbildung 9.10), um ein breites Sortiment hochwertiger Metallwaren anzubieten. In allen feinmechanischen Branchen von der Medizin- bis zur Messtechnik ist handwerkliche Präzisionsarbeit unverzichtbar. Im Druckgewerbe hat sich ein traditionelles Berufsbild wie das des Setzers bis in das letzte Drittel des 20. Jahrhunderts gehalten, bevor es durch die Digitalisierung entwertet wurde.

Allerdings ist auch die Heterogenität der Arbeitserfahrungen zu betonen. In vielen Firmen gab es gemischte Belegschaften, und die Handwerker-Spezialisten blieben auf die Kooperation mit weniger qualifizierten Arbeitern angewiesen, deren Arbeitsbedingungen schwer und monoton waren. Die Bekleidungsindustrie ist für ihre „sweatshops" („Schwitzbuden") bekannt, in denen zumeist Frauen unter erbärmlichen Bedingungen eine unsichere Beschäftigung fanden. Außerdem ging die

Flexibilität hier selbst noch im 20. Jahrhundert auf Kosten sozial benachteiligter Heimarbeiterinnen. Man muss sich also vor holzschnittartigen Vereinfachungen oder gar vor einer Idealisierung der Arbeitsweit in der Custom- und Batch-Produktion hüten.

Abb. 9.10: Handwerk im Industriebetrieb. Poliererin bei WMF (1930er-Jahre).

Kam es bei Bulk- und Mass-Waren darauf an, die Standardisierung und den Durchsatz pro Zeiteinheit zu erhöhen, mussten die Hersteller von Spezialprodukten Vielfalt beherrschen, d. h. die Produktion unterschiedlichster Artikel koordinieren. Ihre Produkte waren starken Nachfrageschwankungen ausgesetzt. Unter solchen Bedingungen wäre Größe ein Existenzrisiko gewesen. Daher entschieden sich viele Custom- und Batch-Produzenten bewusst für die Konzentration auf ihre Kernkompetenzen und einen geringen Internalisierungsgrad, den sie aber durch die Einbindung in Netzwerke (siehe Kapitel 6.3) kompensierten.

Wie beim Mittelstand (siehe Kapitel 4) ist auch bei Custom- und Batch-Produzenten vor Pauschalurteilen zu warnen. Scrantons Buch enthält eine verwirrende Vielfalt heterogener Branchen- und Firmengeschichten, die im Gegensatz zu den griffigen Schablonen Chandlers kaum auf einen Nenner zu bringen sind. Die Welt außerhalb der Massenproduktion war und ist buntscheckig und unübersichtlich. Scranton hütet sich daher vor der Idealisierung seines Untersuchungsobjekts. Seine Botschaft lautet nicht, dass die Custom- und Batch-Produktion per se effizienter war. Vielmehr weist er auf ihre enorme Bedeutung hin. Die ökonomischen Resultate variierten jedoch stark, wie ein Blick auf zwei sehr unterschiedliche Branchen zeigt.

9.3.3 Werkzeugmaschinenbau versus Schmuckindustrie

Im Werkzeugmaschinenbau herrschte eine schwindelerregende Vielfalt von Typen und Anforderungen. Ironischerweise waren die Maschinen, die im Automobilbau die Massenproduktion ermöglichten, selbst keine Massenprodukte, sondern wurden als Einzelstücke bzw. in kleinen Serien gefertigt. Ein Hersteller entwickelte allein in den fünf Jahren zwischen 1912 und 1916 ca. 2.000 unterschiedliche Werkzeugmaschinen, wobei Einzelanfertigungen noch gar nicht mitgezählt sind. Die Teilprozesse fanden in spezialisierten Werkstätten statt. In ihnen dominierten Allroundhandwerker, die in schneller Abfolge sehr verschiedene Maschinen bauten. Zwar fanden auch hier standardisierte Komponenten Eingang in die Produktion, aber die Notwendigkeit ständiger Neuentwicklungen beschränkte deren Einsetzbarkeit.

Die von den Kunden verlangte Flexibilität konservierte einerseits traditionelle Produktionsmethoden. Andererseits erwies sich dies gerade in Krisenzeiten als Vorteil. Als nach 1918 staatliche Großaufträge schlagartig wegfielen, drängten die meisten Firmen den Zwischenhandel zurück und traten in direkten Kontakt zu den Endabnehmern. Auch mussten sie ihre Produkte nicht unter den Gestehungskosten verkaufen. Viele Bulk- und Mass-Produzenten saßen dagegen auf überquellenden Lagern und hatten keine Wahl. Da die Produktion erst auf Bestellung begann, oder doch nur wenige, sehr gängige Modelle auf Vorrat gefertigt wurden, überlebte der amerikanische Werkzeugmaschinenbau die Weltwirtschaftskrise trotz gravierender Umsatzeinbrüche relativ unbeschadet. Das Fehlen vertikal integrierter Strukturen ersparte ihnen große Fixkostenblöcke. Die variablen Kosten ließen sich durch Lohnsenkungen und Entlassungen der Konjunktur anpassen.

Die Schmuckindustrie weist auf den ersten Blick viele Ähnlichkeiten mit dem Maschinenbau auf. Das gilt für die eingeschränkte Standardisierbarkeit, die regionale Konzentration und die Bedeutung der Handarbeit. Allerdings war die Vielfalt der Produkte noch höher. Schmuck hat ja die Funktion, Individualität zu artikulieren. Hinzu kommt, dass er starken Schwankungen der Mode unterliegt. Daher dominierten in der Schmuckproduktion um 1900 handwerkliche Verfahren vom Entwurf des Designs über die Anfertigung einer Gussform, vom Guss eines Schmuckstücks bis zu den Einsetzarbeiten.

Gleichwohl war die Schmuckindustrie aus vier Gründen notorisch instabil: 1. die niedrige Markteintrittsbarriere; die Kapitalanforderungen für Firmengründungen waren minimal. Eigentlich konnte sich jeder, der die Technik beherrschte, selbstständig machen. Kleinstunternehmen mieteten Zimmer in Werkstattfabriken, die Elektrizitätsanschlüsse, Fallhämmer und Schmiedewerkstätten bereitstellten. 2. die extreme Saisonabhängigkeit; 60 % der Schmuckumsätze fielen in den letzten zehn Wochen des Jahres an, sodass eine regelmäßige Produktion hohe Lagerbestände und das Risiko unverkäuflicher Ware schuf. 3. die Einkommenselastizität der Schmucknachfrage; sie brach in Krisen ein, da die Konsumenten bei Luxusartikeln zuerst sparten. Als Alternative tauchte seit den 1890er-Jahren verstärkt billiger Modeschmuck ohne

Edelmetalle auf, der mit bloßem Auge von „richtigem" Schmuck nicht zu unterscheiden war. 4. das Fehlen von Marktmacht; aufgrund ihrer geringen Größe und der extremen Heterogenität ihrer Produkte gelang es der Schmuckindustrie im Gegensatz zum Maschinenbau nicht, eigene Marketingstrukturen aufzubauen und ihre Preise zu verteidigen. Sie geriet somit gegenüber dem Zwischenhandel in eine drückende Abhängigkeit. Dieser spielte die vielen Anbieter gegeneinander aus, sodass ein mörderischer Preisdruck entstand. In jeder Krise kam es zu Konkurswellen, in jedem Aufschwung zu vielen Gründungen. Der Konsumboom der 1920er-Jahre bescherte der Branche hohe Umsatzzuwächse bei bescheidenen Gewinnen. Die US-Schmuckindustrie erlebte eine „profitless prosperity". In der Weltwirtschaftskrise ging fast jedes zweite Unternehmen bankrott.

Die Custom- und Batch-Produktion zeichnete sich also durch extreme Heterogenität aus. Es hieße, die historische Erfahrung zu ignorieren, wollte man diese Produktionsregimes zu einem allgemeinen Vorbild stilisieren. „Historical variation [...] and technological and market diversity shipwreck efforts to fashion theoretical elegant narratives."

9.3.4 Die These vom „second industrial divide"

Im Gegensatz zum skeptisch differenzierenden Scranton vertreten Piore und Sabel eine optimistische These. Sie glauben, dass die flexible Spezialisierung den erlahmenden Industriekapitalismus revitalisieren könnte. Für sie stellen die 1970er-Jahre die zweite wirtschaftshistorische Epochenschwelle nach der Industrialisierung dar. Der auf die Krise von Fordismus und Taylorismus folgende Paradigmenwechsel führte zur Aufwertung von KMUs mit flexiblen, spezialisierten Fertigungstechniken und nicht standardisierten Produkten. Zwar hätten sich Massen- und Spezialfertigung seit dem 19. Jahrhundert ergänzt, aber um 1970 sei eine Trendumkehr zugunsten der flexiblen Spezialisierung eingetreten. Sie könnte künftig zum dominanten Modell der industriellen Produktion werden.

Diese neue und zugleich alte Produktionsform basiert nicht mehr primär auf handwerklichen Qualifikationen (siehe Abbildung 9.11), sondern auf den Fortschritten der Mikroelektronik. Werkzeugmaschinen, die früher mithilfe von Handrädern und Schablonen und nach Maßgabe von Konstruktionsplänen mühevoll eingerichtet werden mussten, ließen sich zuerst durch extern entwickelte Programme (NC-Maschinen) und seit den 1970er-Jahren durch integrierte Prozessrechner (CNC-Maschinen) steuern und in kürzester Zeit umstellen. Um ein anderes Produkt oder eine Produktvariante herzustellen, musste man nur noch ein neues Programm laden. Den Rest erledigte die Maschine selbsttätig. Die Minimierung der Umrüstzeiten erhöhte die Flexibilität der Unternehmen exponentiell und verringerte die für eine wirtschaftliche Fertigung benötigte Mindestseriengröße. Letzteres wird nach Piore und Sabel die Bedeutung von KMUs in Zukunft nachhaltig erhöhen, da in vielen Branchen der technologische Zwang zur Größe entfällt. CNC-Maschinen lassen sich auch in kleinen Betrieben rentabel einsetzen und erhöhen deren Chancen zur Spezialisierung und Verankerung in Netzwerken.

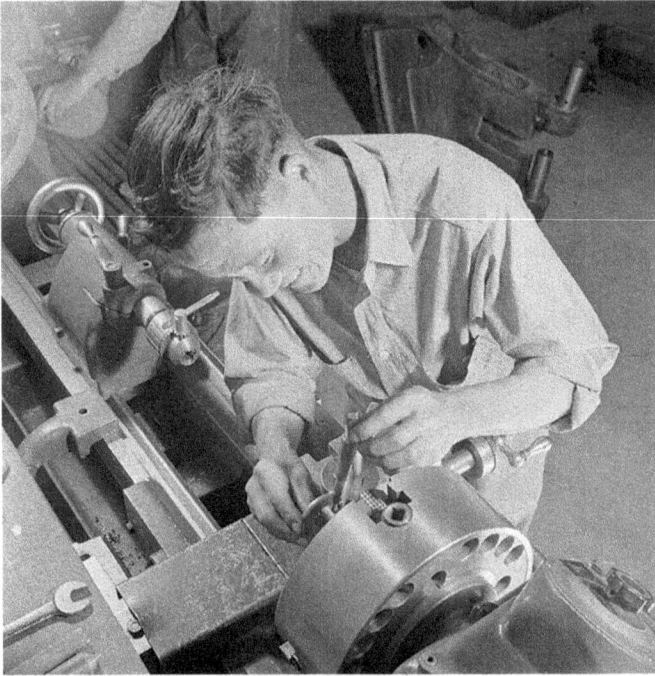

Abb. 9.11: Präzisionsarbeit ohne Computer. Drehbank im „machine shop" der Santa Fe Railroad (1943).

Als neues Vorbild, das eine ähnliche Faszination wie Fords River Rouge ausübte, diente das Silicon Valley. Das südlich von San Francisco gelegene Mikroelektronik-Cluster symbolisiert seit den 1970er-Jahren das ökonomisch wieder erstarkende Amerika. Im Silicon Valley gab und gibt es nur wenige Großunternehmen, aber Tausende von KMUs. Diese profitierten von der Nähe zu führenden Universitäten und Forschungsinstituten, von der engen Zusammenarbeit mit gemeinsamen Zulieferern, „venture capitalists" und spezialisierten Beratern, von hoch qualifizierten und motivierten Mitarbeitern und – nicht zu vergessen – von weichen Standortfaktoren wie der Sonne und den Stränden Kaliforniens. Die Vitalität der Region spiegelte sich in der großen Bereitschaft zu Firmengründungen wider, aber auch im Jobhopping der Fachkräfte. Auf diese Weise wurden Informationen und Know-how über Firmengrenzen hinweg ausgetauscht, sodass sich Innovationen schnell verbreiteten. Auch wenn die Goldgräberstimmung im Silicon Valley nicht anhielt, wurde es doch lange als Vorzeigemodell einer regionalen, von flexiblen KMUs getragenen Netzwerkökonomie gefeiert.

Michael Porter sieht in solchen verdichteten Clustern innovativer Spezialisten aufgrund der dort wirksamen synergetischen Dynamik nicht nur Keimzellen nationaler Wettbewerbsvorteile, sondern auch ein mögliches Modell für das 21. Jahrhundert. Die Zukunft werde nicht mehr von schwerfälligen Großorganisationen mit starren Massenproduktionstechniken geprägt, sondern von Bündeln interagierender, einander ergänzender und mit hochflexiblen Techniken ausgestatteter KMUs, die sich durch schnelle Anpassungsfähigkeit und stete Evolution auszeichnen.

Allerdings ist vor jeder Euphorie und Dramatisierung der Umbrüche zu warnen. Der Industriekapitalismus hat in seiner langen Geschichte immer sowohl austauschbare als auch unverwechselbare Produkte hergestellt und unterschiedliche Produktionsregimes hervorgebracht, um den Widerspruch zwischen der Notwendigkeit standardisierter Massenprodukte und der vom Markt verlangten Vielfalt aufzulösen. Insofern besitzt die moderne Unternehmensgeschichte neben dem Paradigma der Großserienfertigung auch das der Kleinserien- und Spezialproduktion.

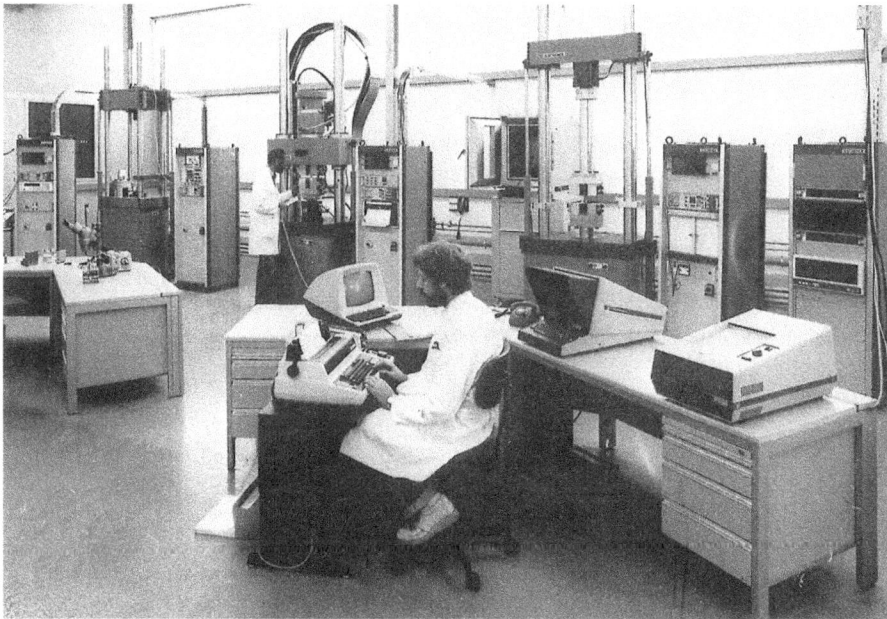

Abb. 9.12: Automation. Arbeitsvorbereitung mit Mikroprozessoren (um 1970).

Stimmt die These von Piore und Sabel, wird Letzteres zur Schlüsselgröße künftigen Wohlstands. Allerdings sollte man sich vor seiner Überschätzung hüten und sich eher auf eine Fortsetzung des Nebeneinanders unterschiedlicher Produktionsregimes einstellen. Unverkennbar geht ein Trend zu deren Kombination, d. h. der Befriedigung spezifischer Kundenwünsche mit Verfahren, die an klassische

Massenproduktionstechniken anschließen. Insofern könnte sich das historisch schon lange bestehende Nebeneinander verschiedenster Produktionsformen fortsetzen, auch wenn sich die Gewichte verschieben mögen.

Weiterführende Literatur

Scranton, Philip, Manufacturing Diversity. Production Systems, Markets, and an American Consumer Society, 1870–1930, in: Technology and Culture 35, 1994, S. 476–505.

Scranton, Philip, Endless Novelty. Specialty Production and American Industrialization, 1865–1925, Princeton 1998.

Sabel, Charles u. Zeitlin, Jonathan, Historical Alternatives to Mass Production: Politics, Markets and Technology in Nineteenth-Century Industrialization, in: Past and Present 108, 1985, S. 133–176.

Piore, Michaele u. Sabel, Charles F., The Second Industrial Divide. Possibilities for Prosperity, New York 1984.

Sabel, Charles F. u. Zeitlin, Jonathan (Hg.), World of Possibilities. Flexibility and Mass Production in Western Industrialization., Cambridge 1997.

Porter, Michael, The Competitive Advantage of Nations, London 1990, S. 132–238.

Fallstudien

Hamlin, David, Flexible Specialization and the German Toy Industry, 1870–1914, in: Social History 29, 2004, S. 30–40.

Richter, Ralf, Innovations-Cluster und flexible Spezialisierung. Die Netzwerke der Werkzeugmaschinenbau-Industrie in Chemnitz (Deutschland) und Cincinnati (USA), 1870–1933, in: Akkumulation. Informationen des Arbeitskreises für kritische Unternehmens- und Industriegeschichte 22, 2005, S. 1–8.

Blaszczyk, Regina Lee, „Reign of the Robots". The Homer Laughlin China Company and Flexible Mass Production, in: Technology and Culture 36, 1995, S. 863–911.

Berghoff, Hartmut, Marketing Diversity. The Making of a Global Consumer Product: Hohner's Harmonicas, 1857–1930, in: Enterprise and Society 2, 2001, S. 338–372.

Boch, Rudolf, Handwerker-Sozialisten gegen Fabrikgesellschaft. Lokale Fachvereine, Massengewerkschaft und industrielle Rationalisierung in Solingen 1870 bis 1914, Göttingen 1985.

Blaszczyk, Regina Lee, Imagining Consumers. Design and Innovation from Wedgwood to Corning, Baltimore 2000.

Putsch, Jochen, Vom Ende qualifizierter Handarbeit. Entwicklung und Strukturwandel der Solinger Schneidwarenindustrie von 1914 bis 1960, Köln 1989.

10 Produktivkräfte jenseits der Produktion

In der Ökonomie galt die Produktion lange als das entscheidende Element der Wertschöpfungskette. Der Absatz schien dagegen eine nachgeordnete, fast schon triviale Funktion zu sein. Damit reproduzierten sich Vorurteile, die auch in der Praxis vorkamen. Viele Unternehmer waren einer einseitigen Produktionsorientierung verhaftet und glaubten, dass sich ein gutes Produkt gleichsam von selbst verkaufe. Absatzförderung durch Werbung kam ihnen selbst noch im 20. Jahrhundert als Geldverschwendung und unseriöse Geschäftspraxis vor. Zudem gab es die Vorstellung, dass es beim Absatz primär auf Intuition ankomme und sich diese einer wissenschaftlichen Analyse entziehe. Da die Betriebswirtschaftslehre lange um ihre akademische Etablierung kämpfen musste, setzte sie primär auf das theoretisch leichter zu fundierende und daher eher als „wissenschaftlich" zu vermittelnde Rechnungswesen. Die mathematisch-theoretische Annäherung an das Innenleben des Unternehmens wurde jedoch von der Wirtschaft z. T. scharf kritisiert.

Eugen Schmalenbach (1873–1955), einer der Gründerväter der modernen Betriebswirtschaftslehre, vernachlässigte in der Zwischenkriegszeit bewusst absatznahe Themen zugunsten der Schwerpunkte „Bilanzierung" und „Kostenrechnung". *Erich Gutenberg* (1887–1984) dagegen definierte das Unternehmen in den 1950er-Jahren als die Gesamtheit der Teilfunktionen „Produktion", „Absatz" und „Finanzen" und widmete dem Absatz den gesamten zweiten Band seiner dreibändigen „Grundlagen der Betriebswirtschaftslehre". Gleichwohl stand er vorerst noch allein auf weiter Flur und behandelte den Absatz als eine von der Produktion abhängige Variable. Bezeichnenderweise nannte er die Produktion „Leistungserstellung" und den Absatz „Leistungsverwertung". Insgesamt befassten sich in den 1950er-Jahren nur wenige Betriebswirte mit absatzwirtschaftlichen Themen.

Erst in den 1960/70er-Jahren wurde der Absatz aus zwei Gründen als zentrale Funktion der Unternehmenssteuerung anerkannt. Erstens traten seit den 1960er-Jahren in der Praxis vermehrt Absatzprobleme auf, nachdem die vom Mangel an allem bestimmten Verkäufermärkte der Nachkriegszeit durch Käufermärkte, auf denen der Konsument auswählen konnte, abgelöst worden waren. Zweitens rezipierte man das aus den USA stammende Konzept des Marketing. Demnach war der Absatz nicht eine betriebliche Teilfunktion neben anderen, die für den Abfluss der produzierten Ware sorgte, sondern die Kernaufgabe der Unternehmenssteuerung. Das gesamte Unternehmen sei vom Markt her zu führen, und alle betrieblichen Teilbereiche konsequent auf die Wünsche der Kunden auszurichten. Diese grundlegende Verschiebung spiegelte sich in der Ersetzung des Begriffs „Absatz" durch den des „Marketing" wider. Gleichwohl benötigte die Durchsetzung dieses Perspektivenwechsels erhebliche Zeit. Noch in den 1960er-Jahren erschienen in der Bundesrepublik BWL-Lehrbücher, in denen weder der Begriff noch das Konzept „Marketing" vorkamen. Der erste Marketing-Lehrstuhl an einer deutschen Universität wurde 1969 in Münster eingerichtet.

Erst in den 1970er-Jahren etablierte sich Marketing als Kernfach wirtschaftswissenschaftlicher Fakultäten.

Marketing als Maxime der Unternehmensführung

„The customer is the foundation of a business and keeps it in existence. [...] Markets are not created by God, nature or economic forces, but by business men. [...] Marketing is not only much broader than selling, it is not a specialized activity at all. It is the whole business seen from the point of view of its final result, that is, from the customer's point of view. Concern and responsibility for marketing must therefore permeate all areas of the enterprise."

(Peter F. Drucker, The Practice of Management, Melbourne 1955, S. 29–31.)

Dieser Hintergrund erklärt auch die traditionelle Vernachlässigung des Marketings in der Wirtschafts- und Unternehmensgeschichte. Seit den 1990er-Jahren hat sich deren Ausrichtung jedoch erweitert, und es erschienen viele Arbeiten zu einzelnen Aspekten der Marketinggeschichte, insbesondere zur Werbung und zum Einzelhandel. Daneben finden sich in Firmengeschichten immer häufiger Ausführungen zur Absatzpolitik. Spezialstudien, die das Marketing in seiner ganzen Breite von der Preis- und Produkt- bis zur Distributions- und Kommunikationspolitik in den Mittelpunkt stellen oder gar mehrere Firmen vergleichen, sind dagegen vorerst noch selten. Ebenso fehlt eine umfassende Geschichte des Marketings, sowohl seiner Theorie als auch seiner Praxis.

10.1 Von der Produkt- zur Kundenorientierung – Grundzüge der Marketinggeschichte

Angesichts der Herkunft des Marketings aus den USA verwundert es wenig, dass sich die wichtigsten Arbeiten zu seiner Geschichte auf die USA beziehen. Nach *Richard Tedlow* war es das Marketing der Massenproduzenten, das der entstehenden, zunächst diffusen Nachfrage der Konsumenten eine feste Form gab, und damit den Markt strukturierte. Tedlow teilt die Entwicklung des amerikanischen Marketings seit dem 19. Jahrhundert in drei bzw. vier Phasen ein (siehe Tabelle 10.1). Dieses Modell – das liegt in der Natur der Sache – generalisiert stark. Trotzdem ist es hilfreich, da es einen allgemeinen Rahmen entwirft und sich viele dieser Trends auch in anderen westlichen Ländern wiederfinden.

10.1.1 Fragmentierung

Bevor die Logistik- und Kommunikationsrevolution des 19. Jahrhunderts nationale Märkte schuf, wurden die meisten Produkte nur in der Nähe ihrer Herstellungsorte angeboten. Die Märkte waren aufgrund der eingeschränkten Transportmöglichkeiten lokal bzw. regional begrenzt. Die Firmen blieben entsprechend klein. Sie favorisierten den Umsatz relativ geringer Stückzahlen und kalkulierten daher mit großen Gewinnspannen. Die hohen Preise schränkten ihrerseits die Absetzbarkeit ein. Nur Waren mit einer günstigen Wert-Größe- bzw. Wert-Gewicht-Relation konnten überregional vertrieben werden. Tedlow erwähnt den Pelzhandel, der schon lange international organisiert war. Schaut man genauer hin, findet man eine Vielzahl anderer Produkte von den Kolonialwaren Tee und Kaffee bis zu Gewürzen und Farbstoffen, von Uhren bis zu Textilien und Schneidwaren. Tedlow unterschätzt die Komplexität des vorindustriellen Handels.

Tab. 10.1: Phasen der Marketinggeschichte nach Tedlow.

Phase	Merkmal	Zeit
1. Fragmentierung (*fragmentation*)	regional begrenzte Märkte, hohe Gewinnspannen, niedrige Umsätze	bis ca. 1880
2. Unifikation (*unification*)	Ausbildung nationaler u. internationaler Märkte, Aufkommen von Markenartikeln, niedrige Gewinnspannen, hohe Umsätze	ca. 1880 bis ca. 1920/50
3. Segmentierung (*segmentation*)	soziale und psychografische Segmentierung, Zielgruppendefinition, höhere Gewinnspannen (*value pricing*), hohe Umsätze	ca. 1920/50 bis ca. 1980
4. Hypersegmentierung (*hyper-segmentation*)	Mikromarketing (immer kleinere Segmente), EDV-gestützte „customisation", höhere Gewinnspannen (*value pricing*), hohe Umsätze	seit ca. 1980

Gleichwohl entfaltete sich zwischen ca. 1850 und 1880 eine neue Welt. Die Möglichkeiten des überregionalen Handels nahmen exponentiell zu. Das Aufkommen von Eisenbahn und Dampfschifffahrt markiert auch eine marketinghistorische Epochenschwelle. Es gibt heute kaum einen erfolgreichen Markenartikel, der vor 1870 entstanden ist. Zwischen 1870 und 1914 jedoch etablierten sich zahlreiche langfristig erfolgreiche Marken wie in den USA Kellogg's, Colgate, Kodak und Wrigley sowie in Deutschland Persil, Maggi, Dr. Oetker, Odol und 4711.

10.1.2 Unifikation

Im letzten Drittel des 19. Jahrhunderts griffen drei fundamentale Veränderungen ineinander:

1. Eisenbahn und Telegrafie schufen für immer mehr Güter nationale und internationale Märkte.
2. Massenproduktionstechniken ermöglichten die Nutzung von „SST-economies".
3. Umbrüche der Produktion und der Logistik erforderten neue Vermarktungsmethoden.

Die traditionelle Distributionskette mit mehreren Zwischenhändlern erwies sich als zu schwerfällig für das neue Tempo der Produktion und die gewachsene geografische Reichweite des Marktes. Zudem konnten es sich die Hersteller angesichts ihrer Investitionen nicht mehr erlauben, keine Kontrolle über ihre Absatzwege zu besitzen. Die Produzenten verbesserten ihre Position gegenüber dem Handel u. a. durch die Einführung von *Marken*. Diese Basisinnovation des modernen Marketings setzte sich nicht zufällig parallel zur Entstehung nationaler Märkte durch.

Allerdings gab es schon seit der Antike Warenzeichen, die meist die regionale Herkunft der Produkte wiedergaben. Sie dienten der Identifikation der Hersteller und enthielten ein Qualitätsversprechen, nahmen also schon Schlüsselfunktionen moderner Marken wahr. Weitere zentrale Eigenschaften traten aber erst im späten 19. Jahrhundert hinzu, sodass es gerechtfertigt ist, von einer neuen Entwicklungsstufe zu sprechen. Die moderne Marke verleiht dem Hersteller einklagbare Exklusivrechte an seinem Produkt. Durch die Erweiterung und Präzisierung seiner Eigentumsrechte kann er Imitatoren abwehren. Dieser Schutz ist im Gegensatz zu Patenten zeitlich unbegrenzt. Ohne eine solche Privilegierung wären langfristige Investitionen in Marken nicht sinnvoll, denn die Erträge würden nicht oder zumindest nicht in voller Höhe beim Investor anfallen. Die alten Herkunftszeichen verfügten über keine vergleichbare rechtliche Fundierung. In den wichtigen Industrieländern wurden nach 1870 moderne Markenschutzgesetze erlassen. Die Gleichzeitigkeit lässt sich auf das parallele Auftreten identischer Probleme zurückführen. Mit der geografischen Ausdehnung der Märkte verschärfte sich nämlich die Produktpiraterie, auf die der Gesetzgeber nun reagierte. Wer seine Marke als Erster in ein Register eintrug bzw. die Erstverwendung nachwies, konnte fortan Imitatoren verklagen.

Neben dem rechtlichen Schutz ist Vertrauensbildung eine weitere konstitutive Funktion der Marke. Die Beziehung des Kunden zum Produzenten hatte sich grundlegend verändert. Ersterer konnte nicht mehr wie auf den fragmentierten Regionalmärkten persönlich mit dem Hersteller in Kontakt treten, also den Handwerker in seiner Werkstatt besuchen. Der neue, großflächige Markt war weitgehend anonym. Der Kunde kannte den Produzenten nicht und konnte die Qualität der von weither kommenden Produkte nicht mehr unmittelbar beurteilen. Er musste auf Verdacht kaufen, wodurch er ein hohes Betrugsrisiko einging. Der Markenartikel entschärfte diese Problematik, denn der Hersteller verband sein Zeichen, meist sogar den eigenen Namen, mit dem Produkt und nahm damit seinerseits ein hohes Risiko auf sich, nämlich dass seine Reputation im Fall gravierender Qualitätsmangel dauerhaften

Schaden nahm. Der Kunde besaß die empfindliche Sanktionsmöglichkeit, den Ruf der Marke zu ruinieren und auf andere Marken auszuweichen. Daher haben Markenartikler einen hohen Anreiz, ihre Qualitätsversprechen einzuhalten.

Das lässt sich eindrucksvoll anhand der Lebensmittelindustrie zeigen. Ihre Geschichte belegt zugleich, dass moderne Marketingmethoden nicht notwendigerweise – wie von Chandler dargestellt – als Reflex auf angebotsseitige Veränderungen, d. h. Massenproduktionsmethoden, aufkamen. Vielmehr konnten sie auch eine Reaktion auf nachfrageseitige Impulse sein. Als die Urbanisierung immer mehr Menschen die Möglichkeit zur Versorgung mit selbst erzeugten Nahrungsmitteln nahm, entstand eine Massennachfrage nach haltbaren, abgepackten Lebensmitteln. Die sich entwickelnde Industrie baute daraufhin überregionale Vertriebsstrukturen auf. Damit stellte sich aber sofort die brisante Frage nach der Produktqualität. Bislang hatten die Konsumenten Lebensmittel entweder selbst hergestellt oder doch zumindest auf dem Markt oder im Geschäft direkt begutachtet. Es erforderte sehr viel Vertrauen, Nahrungsmittel, die man nicht sehen, riechen oder anfassen konnte, zu kaufen. Tatsächlich waren die ersten abgepackten Lebensmittel oft verdorben oder sogar gesundheitsgefährdend. Zudem schmeckten sie jedes Mal anders.

Abb. 10.1: Maggiflaschen (1914 und 1957).

Alle erfolgreichen Lebensmittelfabrikanten entschieden sich dafür, mithilfe aufwendiger Markenartikelstrategien das Misstrauen der Verbraucher zu überwinden und sich von den zahllosen unseriösen Produzenten abzugrenzen. Heinz, Nestlé, Procter & Gamble (Crisco), Dr. Oetker und Maggi (siehe Abbildung 10.1) investierten viel Geld und Energie in den Aufbau starker Marken. Dabei erwiesen sich die Durchsetzung hoher Hygienestandards und die massive Bewerbung der z. T. völlig neuen Produkte wie Babynahrung, Backpulver oder Fleischbrühwürfel als unverzichtbar.

„Pure food for the table": Die Heinz-Story

Henry John Heinz (1844–1919), ein Pionier der US-Nahrungsmittelindustrie, vertrieb seit 1869 Soßen, Gewürze und andere Beilagen in Flaschen und Büchsen. Von Anfang an legte er größten Wert auf Reinheit und Qualität. Auf kostenlosen Proben und zahlreichen Werbemitteln befand sich das Motto „Pure food for the table". Mit fantasievollen Anzeigen und garantierter Kaufpreiserstattung bei Nicht-gefallen führte er die Kunden an seine Produkte heran. Dem systematischen Aufbau seines Images als Qualitätsproduzenten diente u. a. ein großer Heinz-Pier im Ferienort Atlantic City, auf dem bis zu 15.000 Menschen pro Tag Kostproben verspeisten. Auf Besichtigungstouren durch die Fabrik be-staunten die Besucher die Sauberkeit der Fertigung. Alle Arbeiterinnen trugen blaue Uniformen mit makellos weißen Hauben (siehe Abbildung 10.2).

Eine kleine Armee sorgfältig geschulter Vertreter besuchte den Einzelhandel. Zur Pflege des Reinlichkeitsimages mussten sie stets ein Tuch bei sich führen und in den Geschäften den Staub von Heinz-Büchsen entfernen. 1886 fuhr Heinz persönlich mit einem Musterkoffer nach London, um den europäischen Markt zu erschließen. Bis 1914 baute er einen weltweiten Vertrieb auf. 1919 beschäftig-te Heinz 6.500 Mitarbeiter. Bis 2002 wuchs die Belegschaft auf 45.800.

Der Geschäftsgrundsatz von Henry John Heinz lautete: „To do a common thing uncommonly well brings success". 1896 etablierte er das bis heute verwandte Markenzeichen. Das Heinz-Logo signali-sierte den Kunden stets gleichbleibende Qualität. Das war eine in ihrer Bedeutung nicht zu überschät-zende Funktion, denn in den Büchsen vieler anderer Anbieter befanden sich anfangs Verunreinigun-gen durch Kalk, Blei, Holzsplitter oder andere Streckungsmaterialien. Die Konsumenten verlangten hygienisch einwandfreie Produkte und fassten Vertrauen in das Markenprodukt. Dafür waren sie zur Zahlung eines Preisaufschlags bereit.

(Nancy F. Koehn, Henry Heinz and Brand Creation in the Late Nineteenth Century: Making Markets for Processed Food, in: Business History Review 73, 1999, S. 349–393.)

Abb. 10.2: Werbepostkarten. Heinz inszeniert sich als Unternehmen mit höchsten hygienischen und sozialen Standards (ca. 1907).

Markenartikel, die das Vertrauen der Kunden gewinnen und rechtfertigen – und nur solche haben langfristig Bestand – bringen viele Vorteile mit sich. Der Ver-braucher spart Such- und Informationskosten und findet mit Leichtigkeit die Pro-dukte des bewährten Herstellers, denn das Markenzeichen ermöglicht gezielte

Wiederholungskäufe, ohne dass man sich erneut über die Güte der Ware Gedanken machen muss. Vor der Einführung von Markenartikeln wurde Schokolade aus großen Fässern verkauft und im Einzelhandelsgeschäft portioniert und eingepackt, sodass der Konsument nicht immer wusste, wer die Schokolade eigentlich hergestellt hatte. Er musste sich auf die Auskunft des Händlers verlassen. Mit dem Übergang zum Markenprinzip konnte der Verbraucher die verschiedenen Sorten auf einen Blick unterscheiden. Die Botschaft der Marke lautet: Dieses Produkt ist einmalig. Seine Qualität ist überall und zu jeder Zeit gleich.

Marken wurden zu Wegweisern in einer zunehmend unübersichtlichen Warenwelt. Sie brachten Transparenz und Zuverlässigkeit in einen ansonsten nur schwer zu durchschauenden Markt. Für den Verbraucher wurde es einfacher, Produkte zu identifizieren und deren Eigenschaften zu beurteilen. Der Hersteller gewann die Möglichkeit, sein Produkt abzugrenzen und zu profilieren sowie die Markentreue der Käufer zu nutzen. Letztere wurde oft von Generation zu Generation weitergegeben, weshalb viele Markenzeichen lange Zeit nicht oder nur geringfügig modifiziert werden.

Die Verpackung und Kennzeichnung durch den Hersteller hatte auch eine banale, aber nicht minder wichtige Funktion, nämlich Produkte ohne Beschädigung transportierbar und lagerfähig zu machen. Des Weiteren verschoben sich die Machtverhältnisse zwischen Produzenten und Einzelhändlern. Vor dem Aufkommen des modernen Markenartikels hatten die Händler einen großen Einfluss auf das Kaufverhalten der Konsumenten. Danach verlangte der Kunde eine bestimmte Marke, und der Einzelhändler musste sie führen, ob er wollte oder nicht. An die Stelle der Beratung trat die Werbebotschaft. Insofern sind Markenartikel auch Machtinstrumente der Hersteller gegenüber dem Handel. Der Wert von Marken übersteigt z. T. denjenigen des Sachvermögens ihrer Unternehmen (siehe Abbildung 10.3). Ohne die Markenrechte wären diese Firmen uninteressant. Viele Marken überleben sogar ihre Ursprungsfirmen und werden von anderen Anbietern gekauft.

Markenmacht wurde u. a. durch überregionale Werbekampagnen aufgebaut. So ist es kein Zufall, dass die Entstehung der modernen Wirtschaftswerbung den Siegeszug des Markenartikels begleitete. Seit 1870 schwoll der Strom der Werbung an. Neue Medien wie die Massenpresse, elektrische Leuchtreklame und seit den 1920er-Jahren das Radio eröffneten der Werbung neue Räume. Der Produzent wandte sich mit ihrer Hilfe direkt an den Konsumenten, wodurch der Einzelhandel umgangen und geschwächt wurde. Positiv formuliert trat eine Rationalisierung ein, denn die zeitraubende Beratung und das Um- und Einpacken entfielen. Der Kaufakt wurde beschleunigt. Ein Blick auf das Etikett genügte.

Laut Tedlow setzten die Unternehmen in dieser Phase darauf, ein Produkt oder wenige angrenzende Produkte am Markt durchzusetzen, indem sie die Gewinnmargen senkten und die Umsätze erhöhten. Die Nachfrage wurde dabei als uniform angesehen. Die Produkte sollten daher möglichst standardisiert sein und die größtmögliche Zahl von Kunden ansprechen. Dass der Standardisierung Grenzen gesetzt waren, zeigt die Geschichte der „custom production" und „batch production" (siehe Kapitel 9.3). Für die „mass production" stimmt die Beschreibung Tedlows weitgehend. Wer über großtechnische Anlagen verfügte, dachte auch in Marketingfragen in den Kategorien der Standardisierung. Ford versuchte, alle Kunden mit ein und derselben Werbung zu erreichen. Er verweigerte sich der Definition spezifischer Zielgruppen. Das Modell T ist das archetypische Produkt der Phase der „unification". Ein Autotyp für alle Amerikaner. Dass es im Gegensatz zum Modell Tedlows zur selben Zeit auch andere Strategien gab, zeigten die erfolgreiche Marktsegmentierung von General Motors und zahlreichen anderen, stärker auf den Ausdruck von Individualität und Prestige abzielenden Konsumgüterproduzenten.

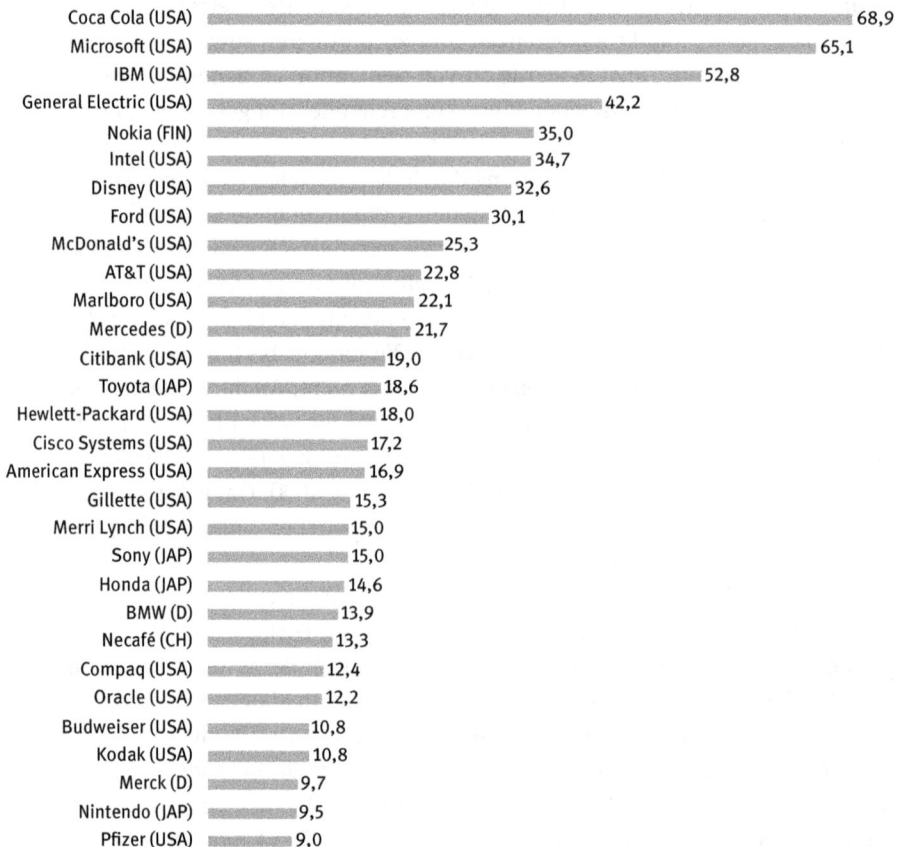

Marke	Wert
Coca Cola (USA)	68,9
Microsoft (USA)	65,1
IBM (USA)	52,8
General Electric (USA)	42,2
Nokia (FIN)	35,0
Intel (USA)	34,7
Disney (USA)	32,6
Ford (USA)	30,1
McDonald's (USA)	25,3
AT&T (USA)	22,8
Marlboro (USA)	22,1
Mercedes (D)	21,7
Citibank (USA)	19,0
Toyota (JAP)	18,6
Hewlett-Packard (USA)	18,0
Cisco Systems (USA)	17,2
American Express (USA)	16,9
Gillette (USA)	15,3
Merri Lynch (USA)	15,0
Sony (JAP)	15,0
Honda (JAP)	14,6
BMW (D)	13,9
Necafé (CH)	13,3
Compaq (USA)	12,4
Oracle (USA)	12,2
Budweiser (USA)	10,8
Kodak (USA)	10,8
Merck (D)	9,7
Nintendo (JAP)	9,5
Pfizer (USA)	9,0

Abb. 10.3: Die wertvollsten Marken der Welt (in Mrd. Dollar) (2001).

Bei ihnen ging mit dem Siegeszug des Markenartikels auch die Überwindung der Produktionsorientierung einher, die von der Prämisse ausging, dass Abnehmer dann kaufen, wenn ein gutes Produkt zu einem günstigen Preis zu erhalten ist. Erfolgreiche

Markenartikler lernten aber, dass ein preiswerter Produktkern nicht ausreichte. Mit dem Begriff der Verkaufsorientierung meint *Fritz Blaich*, dass die Kunden nicht von selbst zum Kauf bereit sind, sondern es einer besonderen Verkaufsanstrengung bedarf, sie zur Geldausgabe zu motivieren. Ein Produkt wird nicht gekauft, sondern muss aktiv verkauft werden. Bei neuen Produkten gehört auch die Schulung der Verbraucher zum Marketing.

Eine Folge der Verkaufsorientierung war die Entstehung der Marktforschung. In den USA reichen ihre Anfänge in die Zeit vor 1914 zurück, obwohl sie sich erst in den 1920er-Jahren etablierte. General Motors richtet 1923 ein „customer research department" ein, um „definite knowledge of the actual consumer" zu gewinnen und dessen Vorlieben gezielter anzusprechen. Zugleich begannen Behörden, Beratungsfirmen, Markt- und Meinungsforschungsinstitute wie Gallup Jahr für Jahr Hunderte von Umfragen durchzuführen.

In Deutschland gab es zu dieser Zeit ebenfalls erste, aber noch sehr bescheidene Ansätze. *Wilhelm Vershofen* gründete 1924 das Institut für Wirtschaftsbeobachtung an der Handelshochschule Nürnberg, an dem in den 1930er-Jahren *Erich Schäfer*, *Georg Bergler* und der spätere Bundeswirtschaftsminister *Ludwig Erhard* arbeiteten. 1934/35 entstand auf Initiative des Instituts die ebenfalls in Nürnberg beheimatete Gesellschaft für Konsumforschung (GfK). Die Konstruktion als Verein, der von Konsumgüterproduzenten, einigen Verbänden und der Deutschen Arbeitsfront getragen wurde, ist charakteristisch für das deutsche Modell des kooperativen Kapitalismus. Anstatt wie in den USA dem Markt und einzelnen Firmen die Marktforschung zu überlassen, vertraute man kollektiven Strukturen. Zu den Aufgaben der GfK gehörten regionale Kaufkraftmessungen, Konsumentenbefragungen und Marktanalysen. Bis 1939 entstand ein Netz mit Hunderten von Korrespondenten, die aus allen Teilen Deutschlands konsumrelevante Daten zusammentrugen.

Das Phänomen „Marktforschung" lässt sich gut mithilfe der luhmannschen Systemtheorie beschreiben. Der von dem System „Unternehmen" scharf durch eine organisatorische Grenze getrennte Absatzmarkt hatte eine so hohe Komplexität gewonnen, dass das System seine Umwelt nicht mehr ohne Weiteres verstand. Daher musste es die Umwelt beobachten bzw. beobachten lassen und die so gewonnenen, nach Relevanz gefilterten Informationen in das System zurückspielen. Erst auf Grundlage dieser Daten konnten absatzpolitische Entscheidungen getroffen werden.

Das Ende der Unification-Phase datiert Tedlow auf die 1950er-Jahre. Diese Periodisierung ist problematisch, da sich in vielen Märkten die Strategie, auf standardisierte Massenprodukte zu setzen, schon früher überlebt und in vielen Branchen zu keinem Zeitpunkt dominiert hatte. General Motors war ja bereits in den 1920er-Jahren zur Abstufung der Produktpalette nach sozialen Kriterien übergegangen. Es wäre daher realistischer, das Ende dieser Phase nicht auf ein bestimmtes Jahrzehnt zu legen, sondern von einem fließenden Übergang auszugehen, der je nach Branche zu einem anderen Zeitpunkt vollzogen wurde, zumeist zwischen den 1920er- und 1950er-Jahren.

10.1.3 Marktsegmentierung

Die dritte Phase ist laut Tedlow durch die voranschreitende Ausdifferenzierung der Märkte gekennzeichnet. Die Kunden erhielten Produkte, die stärker auf ihre persönlichen Bedürfnisse zugeschnitten waren. Zu diesem Zweck unterteilte man sie nach demografischen, sozialen und psychologischen Kriterien in Gruppen, denen jeweils andere Produkte oder aber Varianten des ursprünglichen Einheitsprodukts angeboten wurden. Daher griffen die Unternehmen zur Segmentierung ihrer Märkte und zur Differenzierung ihrer Produkte, d. h. sie verbreiterten und vertieften ihre Sortimente. Im Softdrinkmarkt tauchten einerseits neue Getränke wie „7 Up" auf, und andererseits wurde die altbewährte Cola in diversen Varianten vom Kirschgeschmack bis zum zuckerfreien Diätgetränk angeboten. Allerdings mussten die angesprochenen Segmente noch groß genug für die Nutzung von „SST-economies" sein. Zugleich erlaubte die zielgenauere Ansprache der Kunden eine andere Preispolitik, das sogenannte „value pricing". Da die neuen Produkte den Vorlieben der Kunden mehr entsprachen als standardisierte Einheitswaren, akzeptierten sie höhere Preise.

Dieser neue Ansatz hatte v. a. drei Ursachen:

1. Das Aufkommen der elektronischen Massenmedien, seit den 1920er-Jahren das Radio und seit den 1940er-Jahren das Fernsehen, erlaubte es, Kunden gezielt anzusprechen. Da die Programme auf unterschiedliche Gruppen zugeschnitten waren, und Hausfrauen, Rentner und Jugendliche jeweils andere Musik bevorzugten, erwuchs aus den Sendeschemata die Chance zur zielgruppenorientierten Werbung. Wenn zu einer bestimmten Zeit überwiegend sportbegeisterte Männer vor den Geräten saßen, ließ sich relativ leicht an deren spezielle Bedürfnisse appellieren. Die Werbung fand also gleichsam vorsortierte Konsumenten vor.

2. Die Zunahme des Wohlstands brachte es mit sich, dass der Subsistenzkonsum zur Befriedigung physiologischer Grundbedürfnisse wie der Ernährung zugunsten des Dispositionskonsums an Bedeutung verlor. Letzterer zielt auf psychosoziale Bedürfnisse ab, die in der maslowschen Bedürfnispyramide weiter oben angesiedelt sind, also auf Lustgewinn, soziale Anerkennung und Selbstverwirklichung (siehe Abbildung 10.4). Diese Verschiebung veranlasste die Verbraucher, Produkte nicht länger primär nach ihrem Gebrauchsnutzen zu beurteilen. Stattdessen achteten sie auf den emotionalen Zusatznutzen. Funktionalität war nicht mehr das entscheidende Kaufargument, sondern die mit dem Produkt verbundene Aussage über Status und Persönlichkeit des Käufers.

3. Allgemeine gesellschaftliche Trends wie der Zerfall relativ geschlossener Sozialmilieus mit einheitlichen Lebensformen zugunsten einer voranschreitenden Individualisierung bzw. der Entstehung stark aufgefächerter Subkulturen und Freizeitszenen führten dazu, dass sich undifferenzierte Werbekampagnen zunehmend als ineffizient erwiesen. Dieser Trend schlug zuerst bei der Jugend durch. Seit den 1950er-Jahren vergrößerte sich als Folge des Wohlstands die Kluft zwischen den Generationen. Die Jugend grenzte sich verstärkt u. a. durch Kleidung

und Musikgeschmack von den Erwachsenen ab. Davon profitierten Firmen wie Levis, die Jeans nun nicht mehr mit dem Gebrauchsnutzen der strapazierfähigen Arbeitskleidung verkauften, sondern als Kultobjekt der rebellierenden Jugend. Aber auch ethnische Minderheiten wurden nun zu Zielgruppen. So drehte Coca-Cola erstmals Werbespots mit Afroamerikanern.

Abb. 10.4: Die maslowsche Bedürfnispyramide.

Für Tedlow symbolisiert die in den 1960er-Jahren sehr erfolgreiche Werbekampagne „Pepsi Generation" das Zeitalter der Segmentierung. Der Erzrivale von Coca-Cola pries sein Getränk nicht mehr als preiswertere Alternative zum Produkt des Marktführers an, sondern als das Getränk für die flippige Jugend. Die TV-Spots benutzten aktuelle Hits und nahmen die medialen Codes der Jugendkultur auf. Mit großem Erfolg verlegte Pepsi sein Schwergewicht vom Preiswettbewerb zur Marktsegmentierung nach Generationen und Lebensstilen.

Der Grundgedanke der Marktsegmentierung, die häufig mit der Produktdifferenzierung einherging, bestand darin, dass die zielgenauere Ansprache des Konsumenten latente Wünsche wecke und somit die Gesamtnachfrage erhöhe. In dieser Entwicklungsstufe der Konsumgesellschaft kam es nicht mehr darauf an, ob jemand ein Auto fuhr oder nicht, sondern welches Auto er besaß und wie er sich in ihm fühlte. Die Firmen hatten von Anfang an den Wohlfühlfaktor des Kunden zu bedenken und etwa durch subtile technische Manipulationen wie das „sound engineering" bei Autos deren Erlebnischarakter zu erhöhen. Demgegenüber verblasste der Gebrauchsnutzen. Der linksdrehende Joghurt erbringt ebenso wenig einen Beitrag zur gesunden Ernährung, wie die 250 PS des Sportwagens den Berufsverkehr beschleunigen. Jedoch leisten beide als Lifestyleprodukte einen erheblichen Beitrag zur Konstruktion der Identität des Konsumenten. In manchen Werbespots tauchen die beworbenen

Produkte gar nicht oder nur am Rande auf. Es geht v. a. um ihre Emotionalisierung und Semiotisierung.

Unter solchen Bedingungen gewann das Marketing in den Unternehmen selbst einen erhöhten Stellenwert, denn das Ziel war nicht mehr, wie bei der Verkaufsorientierung der Unification-Phase, ein Massenprodukt mit einer uniformen Strategie im Markt zu verankern. Jetzt wurden diese Bemühungen komplexer und erforderten mehr Aufmerksamkeit. Betrieben die Firmen ihre Werbung lange noch nebenher, richteten sie nun spezielle Werbeabteilungen ein, oder suchten verstärkt den Rat externer Agenturen. Die Werbefachleute, die in den 1950er-Jahren noch einen schweren Stand gehabt hatten und in Deutschland als „Reklamefritzen" verspottet worden waren, konnten nun ihre betriebliche und gesellschaftliche Position wesentlich verbessern.

In den Unternehmen erfuhr das Marketing eine erhebliche Funktionserweiterung. Vom absatzpolitischen Instrument wurde es zur Kernfunktion der Unternehmenssteuerung. Es hatte nicht mehr nur die Aufgabe, die Produktion zu unterstützen und für einen Abfluss der Lagerbestände zu sorgen. Vielmehr wurde erst dann produziert, wenn ein Marketingkonzept vorlag, und die Nachfrage identifiziert oder geschaffen worden war. Die Wertschöpfungskette sollte jetzt vom Absatz her gesehen und restrukturiert werden (Marketingorientierung). Die relativ simplen Methoden der Absatzförderung in der Phase der „unification" (Verkaufsorientierung) reichten nicht mehr aus. Gefragt waren nun systematische, von professionellen, im Unternehmen an zentraler Stelle tätigen Marketingexperten entwickelte Strategien.

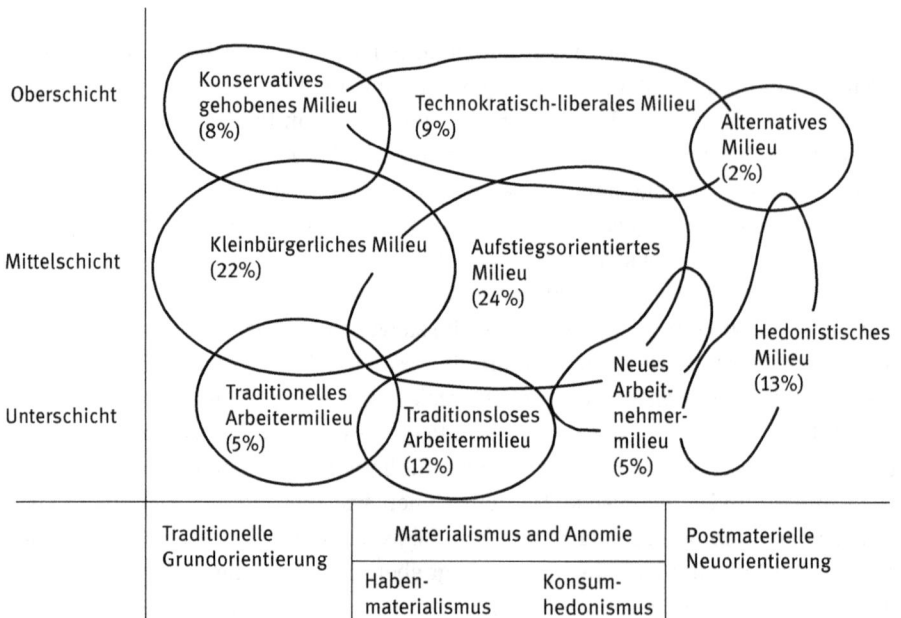

Abb. 10.5: Die Milieustruktur in Westdeutschland (1991).

Marketingorientierung und Marktsegmentierung erforderten genaue Informationen über die Konsumenten, was der Marktforschung einen gewaltigen Aufschwung bescherte. Die unter bescheidensten Umständen 1950 neu gegründete GfK entwickelte sich nach 1960 zu einem aufstrebenden, international tätigen Unternehmen, dessen Mitarbeiterzahl von 32 (1955) über 4.700 (2002) auf 13.380 (2016) stieg. 2010 war die GfK das viertgrößte Marktforschungsunternehmen der Welt. 2015 unterhielt sie in über 100 Ländern Niederlassungen und Beteiligungen. Als internationaler Marktführer etablierte sich ACNielsen (USA).

Zeitgleich mit dem Bedeutungszuwachs der Marktforschung verfeinerte sich ihre Methodik. Zufallsstichproben, die auf Repräsentativität abzielen, und Panels, die sich auf bestimmte soziale Gruppen konzentrieren, verbreiteten sich nach 1945 auch in Europa. In den 1970er-Jahren stellte sich heraus, dass es nicht mehr ausreichte, formale Kriterien wie die soziale Lage oder den Beruf für die Marktsegmentierung heranzuziehen, sondern dass Lebensstile und -ziele, Interessen und Geschmacksrichtungen auch innerhalb sozialer Schichten unterschiedlich ausfielen.

Von der „unification" zur „segmentation": Beiersdorf

Der Markenartikelpionier Beiersdorf setzte im Kosmetikbereich lange auf ein einziges Produkt, nämlich auf die Nivea-Creme in der bekannten blauen Dose. Nivea war eine Universalcreme für alle Kunden vom Baby bis zum Greis und wurde seit 1911 mit einer einprägsamen, künstlerisch ansprechenden Werbung weltweit verkauft. Das erfolgreiche Standardprodukt, und damit die bewährte Verkaufsorientierung, geriet in den 1960er-Jahren in die Krise, als Konkurrenzprodukte wie Henkels Creme 21 auftauchten und die Kunden speziellere Pflegecremes verlangten. Daher schlug Beiersdorf ab 1969 neue Wege ein und stärkte die Stellung der Marketingspezialisten im eigenen Haus. Bislang besaßen ihre Vorschläge nur ein geringes Gewicht, und folglich arbeitete niemand gern in diesem Bereich. Nach 1972 erlangte das Marketing aber eine strategische Schlüsselstellung.

Die Produktpolitik wurde binnen kurzer Zeit revolutioniert. Zum einen traten im Zuge der Produktdifferenzierung neben die alte Universalcreme Après-Lotionen und Babycremes, Produkte für verschiedene Hauttypen usw. Zum anderen betrieb man jetzt einen systematischen Markentransfer, indem man das Nivea-Image auf neue Kosmetikprodukte übertrug. So kamen Seifen, Badezusätze, Deodorants, Shampoos, Babypflegemittel usw. auf den Markt. Insgesamt setzten sich zwischen 1971 und 1992 36 neue Nivea-Produkte durch. Die Tatsache, dass fast jeder Verbraucher Nivea kannte und etwas Positives damit verband, erwies sich als idealer Ausgangspunkt für die Schaffung neuer Submarken.

Die Produktdifferenzierung unter einem Markendach war sehr erfolgreich. Beiersdorf erhielt nicht nur 1981 den Deutschen Marketingpreis, sondern verfünffachte zwischen 1973 und 1992 den Umsatz der gesamten Nivea-Linie. Der frühere Kernbereich, die traditionelle Creme, verdoppelte ihre Umsätze in einem gesättigten Markt. Die viel dynamischeren neuen Submarken stießen dagegen in Neuland vor, profitierten dabei aber von dem seit 1911 verankerten Markenimage, das Zuverlässigkeit, Gesundheit und Preiswürdigkeit signalisierte. 1992 entfiel auf den Markenkern weniger als 20 % des Umsatzes. 1994 überrundete erstmals eine einzige Submarke, Nivea-Visage, die Traditionscreme. Die in den 1970er-Jahren eingeführte Segmentierungspolitik wurde durch spezielle Pflegeserien für Männer und ältere Kunden fortgesetzt.

(Harm Schröter, Erfolgsfaktor Marketing: Der Strukturwandel von der Reklame zur Unternehmenssteuerung, in: Wilfried Feldenkirchen u. a. (Hg.), Wirtschaft, Gesellschaft, Unternehmen, Stuttgart 1995, S. 1099–1127.)

Das vom Marktforschungsinstitut Sinus entwickelte Milieu-Modell kombiniert soziale Stratifikationskriterien und lebensweltliche Präferenzen miteinander und benennt größere soziokulturelle Milieus (siehe Abbildung 10.5). Jedes dieser Segmente lässt sich weiter differenzieren, um homogenere, aber auch kleinere Zielgruppen zu identifizieren. Das Sammeln großer Mengen von Kundendaten etwa durch die Erfassung früherer Einkäufe oder die Auswertung von Fragebögen ermöglichte es, die Zielgruppen zunehmend exakter zuzuschneiden und durch Maßnahmen des Direktmarketings (Briefe, Einladungen usw.) punktgenau anzusprechen.

10.1.4 Hypersegmentierung – Mikromarketing

Nach Tedlow könnte man der dritten Phase eine vierte folgen lassen, obwohl sich in ihr die Segmentierung fortsetzte und lediglich intensivierte. Der um ca. 1980 einsetzende Trend in Richtung Hypersegmentierung zeichnet sich durch die systematische Verkleinerung der Marktsegmente bis hin zur gezielten Ansprache des einzelnen Käufers (*segment of one*) aus. Die Anzahl der Produktvarianten erhöhte sich dadurch nachhaltig. Diese Entwicklung hatte vier Ursachen:

1. Es handelte es sich um eine Reaktion auf die Stagflation der 1970er-Jahre und allgemeine Sättigungstendenzen einer fortgeschrittenen Konsumgesellschaft.
2. Die Datenverarbeitung machte große Fortschritte, die umgehend von der Verbrauchsforschung genutzt wurden. Sie konnte immer mehr Informationen über das Konsumverhalten sammeln und daher differenzierte Kundenprofile erstellen. Scannerkassen, Kreditkarten und Kundendateien erleichterten die Datenerhebung. Das Internet war auch in dieser Hinsicht ein Meilenstein, denn es ermöglichte, die Interessen der einzelnen User exakt zu erfassen. Kein Klick ohne elektronische Spuren, die einer solchen Profilbildung dienen. Die Ausgaben für die Marktforschung wuchsen in den 1990er-Jahren überproportional.

Haßloch: „behavior scan"

In der rheinland-pfälzischen Mittelstadt Haßloch, die soziodemografisch ungefähr dem westdeutschen Durchschnitt entspricht, führt die GfK seit 1986 elaborierte Markttests durch. Sie orientieren sich methodisch an Vorbildern, die in den 1970er-Jahren in den USA erstmals zum Einsatz kamen und parallel Daten zu Einkaufsverhalten, Marketingmaßnahmen und Mediennutzung erfassen und durch multivariate Analysemethoden gegenseitige Abhängigkeiten bestimmen. 3.000 Haushalte wickeln die meisten ihrer Käufe über elektronisch lesbare Identifikationskarten ab, sodass jeder Einkauf registriert wird. Zugleich zeichnet die GfK mit der sogenannten „Targetable-TV-Technologie" den Fernsehkonsum der einzelnen Testhaushalte auf. Daneben werden – ohne Wissen der Zuschauer – einzelne Werbespots des regulären Programms überblendet. Eingespeist wird stattdessen Werbung für neue Produkte, für die auch auf zusätzlich montierten Seiten in Zeitschriften geworben wird, die diese Haushalte kostenlos erhalten. Aufgrund dieser „Totalerfassung" der „gläsernen Konsumenten" besteht die Möglichkeit zu kontrollierten Feldexperimenten unter Realbedingungen, etwa in Bezug auf die Bildung von Segmenten oder die Einführung neuer Produkte. Durch die Aufteilung in Test- und Kontrollgruppen lassen sich verschiedene Budgets oder Kampagnen miteinander vergleichen.

---

3. Der gesellschaftliche Trend beschleunigte sich in Richtung Individualisierung und Ausbildung kleinerer Konsummilieus bzw. Freizeitszenen. Daher verlangten die Kunden immer mehr Differenzierung bzw. nahmen entsprechende Angebote wahr. Infolge der langjährigen Wohlstandserfahrung wurden sie anspruchsvoller. Schätzungen zufolge scheiterten in den 1990er-Jahren zwischen 70 und 90 % aller neuen Produkte, was erneut die gewachsene Bedeutung schlüssiger Marketingkonzepte unterstreicht.

4. Es flexibilisierten sich die Produktionstechnologien, sodass Sonderwünsche zu geringeren Kosten zu erfüllen waren. Von Mikroprozessoren gesteuerte Maschinen haben kurze Umrüstzeiten, sodass sich schon kleinere Serien lohnen. Das zeigt sich anschaulich in der Automobilindustrie, die ihre Modelle nicht mehr wie in den 1960er-Jahren nur in wenigen Varianten lieferte. Der Ford Thunderbird war 1982 bereits in 69.120 Variationen erhältlich. Um 2000 stellten Autokäufer wie selbstverständlich ihre individuellen Ausstattungskonfigurationen vor der Produktion zusammen. Maßgeschneiderte Bekleidung wurde erstmals mithilfe von Bodyscannern in das Massengeschäft eingeführt. Laserstrahlen tasteten den Körper des Kunden ab, ein Rechner erstellte das Schnittmuster, und einige Tage später wurde ein perfekt sitzendes Kleidungsstück zu einem Preis ausgeliefert, der nicht wesentlich über dem für Konfektionsware von der Stange lag. Procter & Gamble bot „persönliche" Shampoos an. Die Kunden mussten zuvor einen von Dermatologen entwickelten Fragebogen ausfüllen. Dieser Trend zur „mass customization" hat für die Unternehmen trotz des erhöhten Aufwands viele Vorteile. Sie können Lagerbestände und Personal abbauen sowie ihre Margen erhöhen. Der Aufwand für Beratung, Anprobieren und Umtausch reduziert sich.

Gibt es eine Grenze der Hypersegmentierung? Es ist zwar theoretisch denkbar, dass jedes Individuum ein eigenes Segment darstellt und nur noch individuell zugeschnittene Produkte kauft. Tedlow wendet aber ein, dass sich zum einen praktische Probleme bei der Produktion und der Logistik ergeben werden, v. a. beim verfügbaren Lager- und Verkaufsraum. Viele Produkte müssen eben doch vor der Kaufentscheidung, d. h. auf Verdacht und zumindest in „batches", hergestellt werden, was die Zahl der sinnvollen Varianten begrenzt. Daneben erhöhen sich die Transaktionskosten des Kaufes. Die Informationsverarbeitungskapazitäten des Verbrauchers sind begrenzt, da er für seine Kaufentscheidung nur eine bestimmte Zeitspanne zur Verfügung hat und nicht stundenlang Tausende von Varianten vergleichen kann und will. Auch an dieser Stelle tritt erneut der bereits angesprochene Grundwiderspruch des Industriekapitalismus zu Tage, nämlich der Gegensatz von standardisierter Produktion und individuellen Bedürfnissen.

10.1.5 Alternative Ansätze

Die Vorzüge des Tedlow-Modells liegen in seiner Übersichtlichkeit und der Benennung klarer Kriterien. Sein Hauptproblem ist die mangelnde Generalisierbarkeit. Die empirische Basis besteht nur aus einer Handvoll von Beispielen aus der Konsumgüterindustrie. Die Vielfalt der Branchen und Produkte gerät aus dem Blick. Ihre Geschichte lässt sich häufig nicht in das Periodisierungsschema einpassen. So betrieb schon der britische Porzellanfabrikant Josiah Wedgwood im 18. Jahrhundert eine systematische Produktdifferenzierung, bot seine luxuriösen Produkte in einer Vielzahl von Varianten an, und nahm gezielt unterschiedliche soziale Gruppen ins Visier. Auch im 19. Jahrhundert lassen sich viele Beispiele für eine frühe Produktdifferenzierung und Marktsegmentierung finden, v. a. bei Haushaltswaren, Schmuck und Kosmetik. Entscheidend für die Wahl der Marketingstrategie ist die Art des Produkts und der Nachfrage, was auf die Klassifizierung Scrantons (siehe Tabelle 9.1) zurückverweist.

1923 formulierte *Melvin Copeland* eine Warentypologie, die vier Produktarten unterschied:

1. „Convenience goods" wie Schokoladenriegel verursachen dem Kunden beim Einkauf geringen Planungs- und Suchaufwand. Er kennt sie und kauft sie ohne langen Entscheidungsprozess in leicht zugänglichen Geschäften, wann immer er sie braucht.

2. „Shopping goods" wie Autos oder Haushaltsgeräte wecken beim Kunden den Wunsch, sich genauer zu informieren. Er vergleicht Preise und Qualitäten in verschiedenen Geschäften.

3. „Speciality goods" wie Sammlerstücke oder hoch spezialisierte Ausrüstungsgegenstände veranlassen Kunden dazu, sogar schwer zu erreichende Fachgeschäfte aufzusuchen und die Waren ohne Preis- und Qualitätsvergleiche zu erwerben. In diesem Fall ist das Renommee der Marke oder des Geschäfts ausschlaggebend. Der Kunde hat ein besonderes Verhältnis zum Produkt.

4. „Unsought goods" wie neuartige Versicherungen oder Enzyklopädien kennt der Kunde entweder nicht oder hat sie nie für sich in Betracht gezogen. Der Kauf ist fremdinitiiert und erfordert raffinierte Verkaufsmethoden.

Eine andere, informationsökonomisch inspirierte Unterscheidung stammt von *Phillip Nelson*, der Such- und Erfahrungsgüter unterscheidet. Jede Kaufentscheidung erfordert die Bewältigung von Unsicherheitsproblemen. Bei Suchgütern lassen sich die Eigenschaften des Produkts mit vertretbaren Informationskosten im Voraus bestimmen. Möbel und Kleidung kann man begutachten und gewinnt so einen relativ guten Eindruck von der Qualität. Erfahrungsgüter wie Autos, langlebige technische Konsumgüter wie Waschmaschinen, aber auch Nahrungsmittel und Medikamente enthüllen ihre wesentlichen Eigenschaften erst nach dem Kauf. Kein Konsument hat die Zeit und das Geld, Erfahrungsgüter im Voraus zu testen. Selbst ein Fehlkauf wäre billiger. Solche Informationsasymmetrien, die im Wesentlichen produktgattungsspezifisch sind, erklären die unterschiedlichen Marketingstrategien der Hersteller. Bei Suchgütern müssen sie an erster Stelle Informationen über das Produkt bereitstellen, bei Erfahrungsgütern dagegen stärker emotionalisieren. Eine historisch-empirische Überprüfung dieses Ansatzes steht noch aus.

Obwohl die Informationskosten des Kunden eine zentrale Variable darstellen, vermag Nelsons Klassifizierung nicht zu überzeugen. *Klaus Peter Kaas* betont, dass ein und dasselbe Produkt verschiedene Eigenschaften haben kann. Farbe, Sitz und Preis eines Kleidungsstücks (Sucheigenschaften) lassen sich schnell per Inspektion feststellen. Erfahrungswerte wie Wasch- und Trageigenschaften sind beim Kauf nicht verfügbar. Ob das Produkt umweltfreundlich und ethisch einwandfrei hergestellt worden ist (Vertrauenseigenschaften), ließe sich nur durch extrem aufwendige Recherchen feststellen. Kaas, der Marketing als „unternehmerisches Handeln zur Überwindung von Informations- und Unsicherheitsproblemen bei [...] Markttransaktionen" definiert, grenzt in Anlehnung an Williamson völlig standardisierte, für den anonymen Markt hergestellte Austauschgüter von Kontraktgütern ab, die zumindest von einer Seite spezifische Investitionen und das Einlassen auf Unsicherheiten beinhalten, die aus dem fehlenden Wissen über das künftige Verhalten des Vertragspartners resultieren. Drittens gibt es Geschäftsbeziehungen, in deren Rahmen eine Reihe zusammenhängender Transaktionen stattfinden und beide Partner spezifische Ressourcen investieren. Je nach Art der Geschäftsbeziehung und des Produkts treten andere Risiken auf, was die Wahl unterschiedlicher Marketingansätze nahelegt. Solche Ansätze sind alles andere als passgenaue Schlüssel zu Marketingmethoden. Sie veranschaulichen aber die ungeheure Komplexität des Marktgeschehens und verweisen auf die von Tedlow übersehene Bedeutung produktspezifischer Unterschiede.

Weiterführende Literatur

Berghoff, Hartmut (Hg.), Marketinggeschichte. Die Genese einer modernen Sozialtechnik, Frankfurt/M./New York 2007.
Kleinschmidt, Christian u. Triebel, Florian (Hg.), Marketing. Historische Aspekte der Wettbewerbs- und Absatzpolitik, Essen 2004.
Berghoff, Hartmut; Scranton, Philip u. Spiekermann, Uwe (Hg.), The Rise of Marketing and Market Research. Information, Institutions and Markets, New York 2012.
Blaich, Fritz, Absatzstrategien deutscher Unternehmen im 19. und in der ersten Hälfte des 20. Jahrhunderts, in: Hans Pohl (Hg.), Absatzstrategien deutscher Unternehmen, Wiesbaden 1982, S. 5–46.
Church, Roy Anthony, New Perspectives on the History of Products, Firms, Marketing, and Consumers in Britain and the United States since the Mid-19th Century, in: Economic History Review 52, 1999, S. 405–435.
Tedlow, Richard S., New and Improved. The Story of Mass Marketing in America, Oxford 1990.
Wilkins, Mira, The Neglected Intangible Asset. The Influence of the Trade Mark on the Rise of the Modern Corporation, in: Business History 34, 1992, S. 66–95.

Ausgewählte Fallstudien

Berghoff, Hartmut, „This is an Age of Advertisement". Absatzwerbung und Unternehmenswachs-
   tum am Beispiel Hohner, 1900–1914, in: Zeitschrift für Unternehmensgeschichte 40, 1995,
   S. 216–234.
McKendrick, Neil, Josiah Wedgwood. An Eighteenth-Century Entrepreneur in Salesmanship and
   Marketing Techniques, in: Economic History Review 12, 1959/60, S. 408–433.
Rossfeld, Roman, Schweizer Schokolade. Industrielle Produktion und kulturelle Konstruktion eines
   nationalen Symbols 1860–1920, Baden 2007.
Pfiffner, Albert, Henri Nestlé (1814–1890). Vom Apothekergehilfen zum marktorientierten Pionierun-
   ternehmer, Zürich 1993.
Berghoff, Hartmut u. Kolbow, Berti, Flourishing in a Dictatorship: Agfa's Marketing and the Nazi
   Regime, in: Journal of Historical Research in Marketing 5/1, 2013, S. 71–96.
Cross, Gary S. u. Proctor, Robert N., Packaged Pleasures. How Technology and Marketing Revolutio-
   nized Desire, Chicago 2014.
Fitzgerald, Robert, Products Consumption and Firms: Cadbury and the Development of Marketing,
   1900–1939, in: Business History 47/4, 2005, S. 511–531.
Godley, Andrew, Selling the Sewing Machine Around the World. Singer's International Marketing
   Strategies, 1850–1920, in: Enterprise & Society 7/2, 2006, S. 266–341.
Jones, Geoffrey, Beauty Imagined. A History of the Global Beauty Industry Oxford 2010.
Köhler, Ingo, Overcoming Stagnation. Product Policy and Marketing in the German Automobile
   Industry of the 1970s, in: Business History Review 84/1, 2010, S. 53–78.

10.2 Geheime Verführung? – Werbung als Signum der Moderne

10.2.1 Konzepte der Werbung

Die Geschichte der Werbung lässt sich analog zu derjenigen des Marketings nach ihren Konzepten und Methoden periodisieren. Stark simplifizierend ergibt sich ein Dreierschema.

1. Bis zur ersten Hälfte des 19. Jahrhunderts dominierte spärlich eingesetzte *Ankündigungswerbung* vom Stil: „Hier gibt es ..." oder „Neu eingetroffen ist ..." Solche Hinweise fanden sich auf Geschäftskarten, in Kleinanzeigen und auf Plakaten. Ausrufer, Auslagen auf Märkten und Zeichen von Handwerkern hatten eine ähnliche Orientierungsfunktion in einer noch recht übersichtlichen Welt. In ihr waren der Konkurrenzkampf und die auf Verdrängung des Wettbewerbers abzielende Werbung verpönt oder sogar, wie im zünftigen Handwerk, verboten. Einer der wichtigsten Vertreter der Handlungswissenschaft, des Vorläufers der Betriebswirtschaftslehre, *Carl Günther Ludovici* (1707–1778) akzeptierte als Methoden der Verkaufsförderung lediglich „gute Waare, leidlichen Preis, richtiges Maaß und Gewicht, freundliches und höfliches Bezeigen gegen die Käufer". Das „Abrufen" zählte er zu den „unerlaubten Hülfsmitteln des Verkaufs". Damit meinte er die Abwerbung von Kunden durch „Kunststücke".

2. Von diesem, durch ständische, wettbewerbsaverse Normen gezügelten Ankündigungswesen ist die Werbung als *Mittel des produktbezogenen Konkurrenzkampfs* zu unterscheiden, die sich im Zuge der Industrialisierung durchsetzte. Zunächst folgte diese neue Werbung dem bürgerlichen Ideal der Rationalität. Sie appellierte an die Vernunft des Käufers und erklärte ihm das Produkt und dessen Vorzüge. Anzeigen aus dem späten 19. Jahrhundert haben oft einen langen Textteil, der den Gebrauchsnutzen und die Preiswürdigkeit herausstellt. Das Irrationale und Schockierende, das Spiel mit Emotionen und Lüsten besaß anfangs noch wenig Entfaltungsraum. Diese vom rationalen Appell dominierte Phase der Werbegeschichte, die um 1840 einsetzte, dauerte mindestens bis 1900. Bereits um die Jahrhundertwende schlugen die Wogen der Kritik an einer neuartigen, viel aufdringlicheren Werbung hoch.

3. Zu Beginn des 20. Jahrhunderts setzte sich ein *konsumentenbezogenes Werbekonzept* durch, das weniger Worte über den Gebrauchsnutzen verlor und stattdessen auf den psychosozialen Zusatznutzen für den Käufer abhob. Immer häufiger appellierte man an irrationale, mit den Produkten selbst nicht direkt verbundene Wünsche der Konsumenten. Mithilfe von Marktforschung, Werbeagenturen und Psychologie setzte sich zwischen 1900 und 1930 eine Werbung durch, die sich dem Verbraucher im Gewand der Lebensberatung näherte. *Susan Strasser* und *Roland Marchand* beschreiben, wie Werbekampagnen Produkte semiotisch aufluden und sie mit den schillernden Verheißungen des „amerikanischen Traumes" assoziierten. Sie versprachen Prestige, Anerkennung, Gesundheit und sexuelle Attraktivität. Die städtische Massenkultur fand in dieser Werbung ihr kongeniales Ausdruckmittel. Die Anzeigen spiegelten und verstärkten Rollenklischees, Lebensentwürfe und alltagskulturelle Normen. Sie nahmen sich der Unsicherheit der Verbraucher in Fragen von Geschmack und Takt an und boten Orientierungshilfen in der unübersichtlichen, den Einzelnen verunsichernden Lebenswelt der großstädtischen Moderne.

10.2.2 Menschenbilder der Werbung

Zu ähnlichen Resultaten kam *Merle Curti* durch ihre Analyse des in der führenden US-Werbefachzeitschrift „Printers' Ink" vorherrschenden Menschenbilds. Sie unterteilt ihren Zeitraum in drei Abschnitte:

1. *1890–1910* ging die Werbewirtschaft überwiegend von der Rationalität der Beworbenen aus. Werbung schien ein Mittel der Information und Aufklärung zu sein. Nur eine Minderheit behauptete bereits, dass es die Aufgabe der Werbung sei, neue Bedürfnisse zu schaffen und sie den Konsumenten auch gegen ihren Willen nahezubringen.

2. *1910–1930* setzte sich die Vorstellung des irrationalen Konsumenten durch, der qua Suggestion manipulierbar sei. Tatsächlich gewann jetzt die angewandte

Psychologie Einfluss auf die Werbung, die sich in Form von Agenturen professionalisierte. Das gewachsene Selbstbewusstsein der Werbebranche kam in folgender Ermahnung zum Ausdruck, die eine Agentur ihren Textern unter die Glasplatte der Schreibtisch legte: „It's your job to shape the thoughts of your [...] customer. Your power over his thoughts can be stupendous [...] Make his thoughts simple, sane, conservative and so dynamic that they will lead to confidence and action."

3. *1930–1950* kam es zunächst als Folge der Weltwirtschaftskrise zu einer kurzen Wiederkehr der Rationalitätsannahme. Jedoch setzte sich das Konzept der massenhaften Beeinflussbarkeit von Menschen durch, deren Emotionalität stärker als ihr Verstand sei. Die faschistischen und stalinistischen Diktaturen schienen diese Auffassung zu bestätigen. Die Werbung öffnete sich daher immer mehr den Sozialwissenschaften, insbesondere der Psychologie, und glaubte, mit immer ausgefeilteren Methoden und höheren Werbebudgets letztlich alles verkaufen zu können. Kritische Stimmen, die mehr Bescheidenheit anmahnten und Grenzen der Manipulierbarkeit sahen, verstummten aber keineswegs.

    Eine Fortsetzung der Arbeit von Curti über 1950 hinaus steht noch aus. Jedoch ist es notwendig, ihre Periodisierung um zwei Phasen zu ergänzen.

4. *1950–1965* wuchs zumindest in der Öffentlichkeit der Glaube an die Allmacht der Werbung weiter. Ihre Kritiker hielten es für selbstverständlich, dass sie beliebig „falsche Bedürfnisse" zu produzieren in der Lage sei. Der prominente Soziologe *Herbert Marcuse* (1898–1979) verstieg sich gar zu der Behauptung, dass die „meisten der herrschenden Bedürfnisse, sich im Einklang mit der Reklame zu entspannen [...] und zu konsumieren", in die „Kategorie falscher Bedürfnisse" fielen. Damit sprach er den Verbrauchern jedes kritische Urteilsvermögen ab. Die Werbebranche selbst glaubte an behavioristische Verhaltensmodelle und nahm den Konsumenten oft nur als passiven Stimulusempfänger wahr, den sie lediglich mit den „richtigen" Impulsen „füttern" musste. Allerdings hatte die Wirkungsforschung seit den 1940er-Jahren durchaus die Grenzen der Werbemacht aufgezeigt. In den 1950er-Jahren wurde die Theorie der kognitiven Dissonanz, der zufolge Stimuli einander widersprechende Reaktionen auslösen können, auch in der Werbebranche rezipiert. Hans Domizlaff, eine der markantesten Figuren der deutschen Werbewirtschaft, drängte bereits in der frühen Nachkriegszeit darauf, Kampagnen von den Kundenwünschen her zu konzipieren.

Hans Domizlaff über wirkungsvolle Werbung
„Wir sollen [...] ganz vorurteilslos in das Gehirn der Masse kriechen [...]" Es gelte, „sich langsam in die Seele des Publikums hineinzufühlen, und dabei darf man weder an seine eigenen Vorteile, seine Gewinne und Eitelkeiten denken noch an die Vorurteile des Auftraggebers ... Wichtig ist es, die richtige Schwingung zu finden."
(Hans Domizlaff, Ethik im Werbefach. Festvortrag am 14.9.1956, Hamburg o. J., S. 11f.)

---

5. *1965–2000*: Der Glaube an die unbegrenzte Manipulationsfähigkeit der Werbung verschwand seit den späten 1960er-Jahren nicht zuletzt infolge empirischer Forschungen, in denen die relative Immunität der Konsumenten gegen viele Werbebotschaften offen zutage trat. Komplexe kommunikationstheoretische Modelle bescheinigten nun dem umworbenen Kunden größere Autonomie und Rationalität. Damit verschwand die Vorstellung seiner umfassenden Steuerbarkeit, die angesichts hoher Flopraten bei der Einführung neuer Produkte ohnehin auf wackeligen Beinen stand.

10.2.3 Produktfunktionen

Das Autorenteam um *William Leiss* legte für die USA ein alternatives, mit kürzeren Zeitabschnitten operierendes Modell vor, das eine Periodisierung nach den Arten des Umgangs mit Produkten vornimmt:

1. *Bis ca. 1920* habe die Werbung im Zeichen der *Produktvergötterung* gestanden. Sie stellte die Ware in den Mittelpunkt und argumentierte v. a. mit dem Gebrauchsnutzen. In oft textlastigen Anzeigen herrschte ein sachlicher, logisch-rationaler Ton vor. Es ging dabei um Vorteile und Gefahren, Preise und Qualität. Die Werbung fügte sich nahtlos in vorgegebene soziale Rollenklischees ein und wagte noch nicht, an ihnen zu rütteln oder mit ihnen zu spielen.

2. *1920–1945* war die Phase der *Produktikonologie*, in der stark mit Symbolen für Status, Anerkennung und Gesundheit operiert wurde. Der unmittelbare Gebrauchsnutzen trat gegenüber der Beruhigung außengeleiteter, verängstigter Individuen in den Hintergrund. Der Diskurs wurde suggestiver: Mit dem Kauf eines bestimmten Produkts würde man von der Umwelt als attraktiv und erfolgreich wahrgenommen. Frauen fänden Ehemänner, Männer Jobs und Kinder Spielkameraden, wenn sie eine bestimmte Seife benutzten. Jedoch blieb die Werbung nach wie vor stark produktorientiert, denn die suggerierten Eigenschaften gingen immer direkt von den Produkten aus. Autos standen für Fortschrittlichkeit, Seife für Respektabilität usw. Die abgebildeten Figuren traten noch nicht als Individuen auf, sondern als Repräsentanten bestimmter Statusgruppen. Es ging nicht um Befindlichkeit des Einzelnen, sondern um produktgebundene Zeichen. Die Marktsegmentierung nutzte v. a. soziale Kriterien, wobei die Ideale der Mittelschicht auch Arbeiter anzogen.

3. *1945–1965* verbreitete sich der *Narzissmus*. Die Werbung arbeitete nicht mehr mit den von außen an das Individuum herangetragenen Ängsten, sondern wies ihm den Weg zur vermeintlichen Selbstverwirklichung. Der Einzelne sollte sich nun nicht mehr mithilfe von Produkten nahtlos in seine Schicht oder Referenzgruppe einfügen, sondern sich ureigenste, persönliche Bedürfnisse erfüllen. Die Werbung musste daher näher an die Psyche der Konsumenten herantreten. Sie nutzte dazu prototypische Leitmotive oder -figuren wie etwa den Marlboro-Cowboy.

Insgesamt erhöhten sich die Möglichkeiten der Marktsegmentierung im Sinne der dritten Phase Tedlows.

4. *1965* begann die Phase des *Totemismus*, in der sich die symbolische, semiotische Qualität der Produkte nochmals steigerte. Sie zielte jetzt auf den Kern der Identität des Individuums ab. Unter einem Totem verstehen Naturvölker Objekte, die Zugehörigkeit und übersinnliche Kräfte signalisieren. Sie besitzen eine emblematische Qualität, geben also schnell Auskunft über In- bzw. Exklusion, Beziehungen und Hierarchien. Fortgeschrittene Konsumgesellschaften setzen Waren zu ähnlichen Zwecken ein. Sie erlauben Aussagen über die Bedeutung und Stellung von Personen, Organisationen und Veranstaltungen. Ihr Konsum ist ein öffentliches Spektakel. „Product-related images fulfill their totemic potential in becoming emblems for social collectivities, principally by means of their associations with lifestyles." Gesundheit, Freizeit, Mode, Glücksverheißungen und die Zugehörigkeit zu Submilieus rückten in den Mittelpunkt der Werbung, die sich nun auf immer stärker fragmentierte Märkte einstellte. Die Gesellschaft wurde vielgestaltiger und bunter als jemals zuvor. Die „postmoderne Unübersichtlichkeit" ist das Hauptmerkmal der „Multioptionsgesellschaft". Ein ständig steigendes Maß an Freizeit musste bewältigt und gestaltet werden. Einst geächtete Subkulturen wie die Homosexuellen fanden Anerkennung, und die Pluralisierung der Familien-, Partnerschafts- und Lebensformen sowie ein gnadenloser Körper- und Jugendkult schritten voran.

10.2.4 Periodisierungskritik

So hilfreich diese Kategorien auch sind, so problematisch ist jede generalisierende Periodisierung. Noch heute lassen sich Beispiele für ankündigende, informativ-gebrauchsnutzenorientierte Werbung finden. *Neil McKendrick* dagegen behauptet, dass bereits im 18. Jahrhundert moderne Werbemethoden angewandt worden seien, das Spiel mit Mode, sozialer Distinktion und Emotionen keineswegs erst im 20. Jahrhundert erfunden wurde. Wie bei Strasser, bei der die Herausbildung der modernen Werbung in den USA bereits in den 1920er-Jahren abgeschlossen gewesen sein soll, stellt sich die Frage, ob seitdem kein grundsätzlicher Wandel mehr stattgefunden habe.

Wer sich mit der Werbung einzelner Firmen befasst, tut gut daran, die in den Periodisierungsschemata genannten Kriterien zu nutzen und sie empirisch zu überprüfen. Dabei werden manche Diskrepanzen auffallen, die auf die besonderen Umstände des Einzelfalls zurückgehen. Egointensive Produkte wie Kosmetika oder Hygieneartikel wurden schon früh emotionalisiert und semiotisiert. Schrauben und Werkzeuge werden bis heute eher über ihren Preis und Gebrauchsnutzen verkauft. Neue technische Geräte benötigen weiterhin wortreiche Erklärungen. Verhaltene Werbung galt in Branchen wie dem Arzneimittelsektor, in dem zweifelhafte Patentmedikamente schon seit ca. 1860 mit marktschreierischen, oft unlauteren Methoden angepriesen wurden, als Ausweis von Seriosität. Mit anderen Worten, es gibt allgemeine, in Periodisierungsmodellen erfasste Trends, aber auch viele individuelle Abweichungen je nach Zielgruppe und Produktart.

10.2.5 Mediale, politische und ökonomische Zäsuren

Ein weiteres, nicht an Inhalten und Methoden, sondern an den Medien und der Politik orientiertes Periodisierungsmodell der deutschen Werbegeschichte stammt von *Dirk Reinhardt*:

1. *1850–1870*: Nach Reinhardt begann die Geschichte der modernen Werbung in den 1850er-Jahren. Zu den Haupttriebkräften zählten die ordnungspolitische Deregulierung nach der Revolution von 1848, insbesondere die Freigabe des Pressemarkts und der Übergang von der „konkurrenzarmen Zunftwirtschaft zur liberalen Marktwirtschaft". Zugleich entgrenzte der Durchbruch der Industrialisierung die Märkte. Als Leitmedien der Werbung fungierten Plakate und Zeitungsanzeigen. Sie ließen zunehmend den schlichten Ankündigungsstil hinter sich und versuchten, sich durch Bilder, grafische Elemente und einprägsame Slogans von der Werbung der Konkurrenz abzuheben.

2. *1870–1890*: Trotz Gründerkrise (1873) und nachfolgender Stagnation erlebte die Werbung nach der Reichsgründung einen starken Aufschwung. Gerade durch die Erfahrung von Absatzstockungen lernten immer mehr Unternehmer, den Wert gezielter Werbung zu schätzen. Insbesondere in der Konsumgüterindustrie verdrängte die Verkaufs- die Produktionsorientierung. Die Urbanisierung anonymisierte die Marktbeziehungen und erzwang die massenmediale Vermittlung von Angebot und Nachfrage. Auch wurde das Warenangebot immer unübersichtlicher. Die neuen Markenartikel bedurften der werblichen Unterstützung, um überhaupt wahrgenommen zu werden und sich gegenüber Konkurrenzprodukten zu profilieren. Zugleich heizten sich der Werbe- und der Presseboom gegenseitig an. 1874 hatte sich die Pressefreiheit endgültig etabliert, und neue werbeintensive Medien wie Zeitschriften, Generalanzeiger und Boulevardzeitungen eroberten ein Millionenpublikum.

3. In der Phase *1890–1914* verstärkten sich diese Trends massiv. Werbung wurde zum integralen Bestandteil des Alltags, da die Reallöhne stiegen und ein sozial breiter verankerter Massenkonsum einsetzte. Angestellte und selbst Arbeiter konnten sich erstmals mehr als nur die Befriedigung elementarer Bedürfnisse erlauben. Sie verfügten über disponible Überschüsse, auch wenn diese noch gering waren. In den wohlhabenderen Schichten wurde der Konsum jedoch immer mehr zum Mittel der Distinktion. Prunkvolle Warenhäuser und Fachgeschäfte reagierten auf diese Bedürfnisse. Die Werbetreibenden intensivierten den Kampf um die knappe Ressource „Aufmerksamkeit". Plakate und Anzeigen reagierten einerseits mit

künstlerischen Elementen und andererseits mit der Verdichtung der Kommunikation. Langatmige Werbetexte wichen zunehmend prägnanten Bildmotiven, Symbolen oder Slogans. Die nervöse Hektik des großstädtischen Lebens spiegelte sich zunehmend in der Werbung, die ihre Botschaften in immer kürzeren Intervallen herausschrie. Dabei drang sie in neue Räume vor, eroberte sich einen Platz an Bussen und Bahnen, Häusergiebeln und in der freien Landschaft. Der Abdruck von Fotos, v. a. im neuen Genre der Illustrierten, machte Anzeigen „realistischer". 1896 wurde sowohl der erste Werbefilm gedreht als auch die erste größere Lichtwerbeanlage installiert. Werbung wurde allgegenwärtig und zunehmend aggressiver, was die Intensität der dadurch provozierten Kritik erklärt. Besonders das Bildungsbürgertum verabscheute die Reklame. Selbst Werner Sombart als einer der führenden Ökonomen des Kaiserreichs verdammte sie.

Ein Klassiker der Werbekritik

„Die Reklame ist jene Erscheinung der modernen ‚Kultur', an der auch beim besten Willen nichts als Widerwärtiges gefunden werden kann. Sie ist als Ganzes wie in ihren Teilen und in allen ihren Formen für jeden Menschen von Geschmack rundweg ekelhaft. [...] Und wie es überhaupt eine Aufdringlichkeit ist, mir etwas anzubieten, wonach ich gar keinen Bedarf geäußert habe: den Reisenden, der so etwas tut, wirft man zur Tür hinaus: Dem Reklamemacher bin ich schonungslos ausgeliefert. [...] Ich zweifele nicht [...], daß wir eine Stunde am Tage weniger zu arbeiten brauchten, hätten wir keine Reklame nötig. [...] zur Verwüsterin und Zerstörerin wird die Reklame, wenn sie sich [...] an landschaftlich schönen Punkten breit macht."

(Werner Sombart, Die Reklame, in: Morgen 10, 1908, S. 284ff.)

---

4. *1914–1933*: Krieg und Inflation ließen das Werbeaufkommen zunächst stark sinken, bevor sich die Trends der Hochindustrialisierung fortsetzen konnten. In der Stabilitätsphase 1924–1929 schossen die Werbeumsätze wieder in die Höhe, und der zurückgestaute technische Fortschritt ergoss sich auf die verunsicherte Weimarer Gesellschaft. Der vermehrte Einsatz von Fotografien ermöglichte das Spiel mit Realitätsillusionen. Die Lichtwerbung wurde zum dauerhaften Signet der großstädtischen Nacht. Sie war genau wie die im Zeichen des Kinobooms explosionsartig wachsende Filmwerbung beweglich, erhöhte also die optischen Reize und gestalterischen Möglichkeiten um ein Vielfaches. Hinzu kam die Radiowerbung als ganz neue, unmittelbar in die häusliche Sphäre eindringende Werbeform. Alle diese Entwicklungen wurden durch das schillernde Vorbild USA inspiriert bzw. verstärkt. Dazu gehörte auch die beginnende Verwissenschaftlichung der Werbung durch betriebswirtschaftliche und psychologische Analysen. Die Weltwirtschaftskrise traf die Werbung aber sehr hart. Die Umsätze brachen ein und viele Agenturen mussten schließen.

5. *1933–1945*: Das NS-Regime wusste um die ökonomische und politische Relevanz der Werbung und erhob daher einen totalitären Regulierungsanspruch. Allerdings erwies sich sein Zugriff als nicht wirklich effizient, zu dynamisch

und vielgestaltig war das Werbegeschehen und zu klein der Überwachungs-
apparat, um alle politischen Vorgaben durchzusetzen. Daneben bestand im
NS-System ein nie aufgehobener Gegensatz zwischen Kräften, die eine Modernisierung und Professionalisierung der Werbung nach US-Vorbild anstrebten, und
rückwärtsgewandten Ideologen, die aus kulturpessimistischen Ressentiments
heraus die Wirtschaftswerbung am liebsten abschaffen oder doch zumindest
stark zurückdrängen wollten. Zudem verfolgten sie obskure Germanisierungs-
ziele und versuchten, mithilfe altdeutscher Bildmotive und Schrifttypen sowie
mit dem Verbot ausländischer Begriffe und „amerikanischer Methoden" einen
„artgerechten" Werbestil zu prägen. Entsprechende Vorgaben scheiterten meist
schon an ihrer grotesken Substanzlosigkeit, aber auch am Widerstand der Werbeprofis. Aus diesen Gründen ließ sich die Werbung nur bedingt zum Instrument der Verbrauchslenkung umformen. Zwar erlebte sie nach Überwindung
der Weltwirtschaftskrise einen starken Aufschwung, der jedoch infolge der rüs-
tungsbedingten Benachteiligung der Konsumgüterindustrie deutlich hinter der
in einer freien Wirtschaft möglichen Dynamik zurückblieb. Zudem wurde die
Kreativität der Werbung durch die Ausgrenzung jüdischer und ausländischer
Werber und die ständige Gängelung des Staates geschwächt. Das Verbot der
Radiowerbung (1936) schnitt die Branche von einem der modernsten Werbemedien der Zeit ab. Zukunftsweisende Methoden wie die Werbung mit Sportstars
oder die Herausgabe von Anzeigenblättern wurden ebenfalls untersagt. Die
künstliche Konservierung kleinbetrieblicher Strukturen, der Schutz vor ausländischer Konkurrenz und die Ausschaltung von Preiswettbewerb verhinderten
die Herausbildung leistungsstarker Großunternehmen. Im Zweiten Weltkrieg
verlor die Werbung angesichts des um sich greifenden Warenmangels zusehends an Bedeutung.

Reinhardts Darstellung bricht 1945 ab. Daher sind zwei weitere Phasen zu ergänzen:
6. *1945–1970*: Die ersten Jahre nach dem Kriegsende standen noch ganz im Zeichen
   von Not und Mangel. Die Werbung reagierte darauf mit eher zurückhaltenden,
   anspruchslosen Anzeigen im Ankündigungsstil à la „Es gibt wieder ..." Im Ver-
   käufermarkt war der Konkurrenzkampf noch moderat. Mit wachsendem Wohlstand gewann die Werbung im „Wirtschaftswunder" jedoch wieder an Dynamik.
   Im Gegensatz zu den 1930er-Jahren wuchsen die Werbeumsätze nun schneller als
   die Wirtschaft insgesamt. Das große Potenzial des sich entwickelnden deutschen
   Marktes zog viele US-Agenturen an. Der öffentlich-rechtliche Rundfunk öffnete
   sich wieder der Werbung. Jedoch blieb deren Sendezeit eng begrenzt. Die bedeutendste mediale Innovation dieses Zeitraums war das Fernsehen, das rasch ein
   Millionenpublikum fand und zu einem wichtigen Werbeträger wurde. 1956 begann
   der Bayerische Rundfunk mit der Ausstrahlung von insgesamt sechs Minuten
   Werbespots pro Tag, bei einem vierstündigen Gesamtprogramm. Andere Sen-
   deanstalten der ARD folgten. 1963 trat das ZDF als zweiter öffentlich-rechtlicher

Kanal hinzu. Beide Sender zogen in diesem Jahr bereits 11 % der gesamten west-deutschen Werbeausgaben auf sich. Trotz oder gerade wegen des großen Erfolgs des neuen Werbemediums legte ihm die bundesdeutsche Politik ein enges regu-latorisches Korsett an. Sie betonte in erster Linie den Bildungsauftrag der Sender. Das Fernsehen, wie auch weiterhin das Radio, durfte nur zu bestimmten Zeiten werben. Fernsehwerbung, der viele Menschen misstrauten, war nur werktags vor 20.00 Uhr zulässig. Ihre Höchstdauer lag um 1965 bei ca. 20 Minuten pro Tag. Pläne für einen werbefinanzierten, regierungsnahen Fernsehsender scheiter-ten 1961 vor dem Bundesverfassungsgericht. Die ersten TV-Spots waren mit Text unterlegte Diaeinblendungen. Zunächst dominierten biedere, häufig gezeichnete Sequenzen mit gereimten Werbeslogans. Danach setzten sich einfache dramatur-gische Formen durch, in denen bestimmte Produkte Alltagsprobleme (*slice of life*) lösten, oder sich Experten wie Ärzte und Wissenschaftler für Qualität verbürgten. Noch ging es nicht primär um Hedonismus und Lifestyle. Die frühe Bundesrepub-lik verstand sich v. a. als Arbeitsgesellschaft, in der Funktionalität und Preiswür-digkeit wichtige Kaufargumente waren. „Handlich, praktisch, preiswert, unver-wüstlich und vielseitig", lauteten die Leitadjektive der Werbung. Konsum musste begründet werden. Entsprechend brav bis verklemmt kam die Werbung daher, die lange brauchte, um sich von den Stilvorgaben der 1920/30er-Jahre zu eman-zipieren. Noch einmal entbrannten Grundsatzdebatten über die Legitimation der Werbung. Die Kirchen und Kulturpessimisten aller Couleur beklagten die „Ver-massung" und „Entseelung" sowie den „Materialismus" der Konsumgesellschaft. Der „Untergang des Abendlandes" schien unmittelbar bevorzustehen. Werbung wurde als „geheime Verführerin" und Speerspitze der „Reizüberflutung" gegei-ßelt. In den 1960er-Jahren verschob sich der Schwerpunkt der kulturkritischen Gegenwartsdiagnostik vom konservativen zum linksintellektuellen Lager. Die Frankfurter Schule der Soziologie und die Studentenbewegung kritisierten die manipulatorische Potenz der „ausufernden" Werbung. 1964 wurde eine Tagung des Bundes Deutscher Werbeleiter und Werbeberater von der Gruppe „Subversive Aktion" gesprengt, der u. a. der spätere Studentenführer Rudi Dutschke ange-hörte. Zur Begründung der Aktion verteilten sie ein Flugblatt, das die Werbeprofis als „Seelenmasseure" beschimpfte.

Studentische Werbekritik (1964): „Aufruf an die Seelenmasseure"
„*Ihr* suggeriert den Leuten die Bedürfnisse ein, die sie nicht haben! *Ihr* stopft sie voll mit Produkten, damit sie sich ihrer wahren Bedürfnisse nicht mehr bewußt werden! *Ihr* sorgt dafür, daß die Men-schen nur noch arbeiten müssen, um konsumieren zu können, [...] *Ihr* habt erreicht, daß der subtile Zwangskonsum die Möglichkeiten einer Welt ohne Arbeit verschleiert! Ihr habt die Lüge *consumo, ergo sum* zur Wahrheit inthronisiert! Deshalb seid *Ihr die Prediger der Unterdrückung. Wir* fordern Euch auf: Hört auf mit der totalen Manipulation des Menschen! Hört auf, den durch Euch verblödeten Menschen auszunützen durch das Einpeitschen immer neuer Parolen!"
(Flugblatt der Subversiven Aktion, Mai 1964, abgedruckt in: Albrecht Goeschel (Hg.), Richtlinien und Anschläge. Materialien zur Kritik der repressiven Gesellschaft, München 1968, S. 56f.)

In diesem Zeitklima besaß die Werbebranche nicht nur im intellektuellen Milieu einen ausgesprochen schlechten Ruf. In der Industrie war nach einer Zeitzeugen-aussage die Position des Werbeleiters „häufig das Sammelbecken für verkrachte Existenzen". Die Werbewirtschaft besaß noch nichts von ihrem späteren Glanz. Ihre zumeist sehr kleinen Firmen waren international in keiner Weise konkur-renzfähig. Das erklärt nicht zuletzt, warum große US-Agenturen wie Young & Rubicam, J. Walter Thompson, McCann und Ogilvy & Mather in den 1960er-Jahren in der Bundesrepublik Fuß fassen und zahlreiche deutsche Firmen übernehmen konnten. Mit ihnen setzte sich die moderne Full-Service-Agentur durch, die alle mit der Werbung verbundenen Dienstleistungen aus einer Hand anbot.

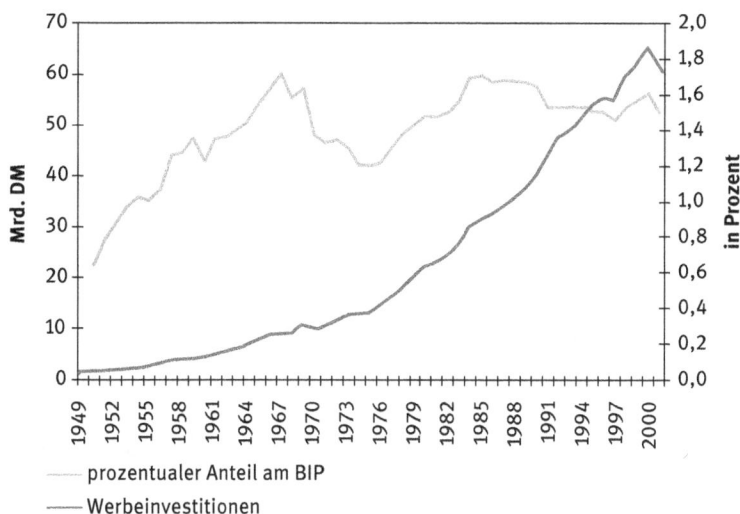

Abb. 10.6: Bundesdeutsche Werbeinvestitionen (1950–2001).

7. *1970–2000*: Der Blick auf die Entwicklung der Werbeinvestitionen (Werbeaus-gaben) belegt ein von Konjunkturen und Krisen relativ unabhängiges, anhalten-des Wachstum in absoluten Zahlen, das zwischen 1950 und 2001 nur zweimal (1970 und 2001) durch Rückgänge unterbrochen wurde (siehe Abbildung 10.6). Bereits in den 1950er-und 60er-Jahren bildete sich ein stetiges Wachstum heraus, das nach 1975 eine wesentliche, ebenfalls dauerhafte Erhöhung erfuhr. Der Anteil der Werbeinvestitionen am Bruttoinlandsprodukt stieg von 0,6 % (1950) bis zur Rezession von 1967 auf 1,7 %, brach dann bis 1975 auf 1,2 % ein und erreichte in den 1980/90er-Jahren ein relativ stabiles Plateau mit kleinen Schwankungen, zwischen 1,5 und 1,7 %. Mit anderen Worten, die Werbung wuchs 1950–1967 und 1975–1985 deutlich schneller als die Volkswirtschaft insgesamt. Danach folgte sie im Wesentlichen der allgemeinen Wirtschaftsentwicklung. Im Jahr 2000 wurde mit 33 Mrd. Euro in der Bundesrepublik eine Summe für Werbung ausgegeben, die das Bruttoinlandsprodukt kleinerer Bundesländer überstieg.

Der absolute und relative Bedeutungszuwachs der Werbung stellte eine Reaktion auf das Ende der Nachkriegsrekonstruktion dar. Es gab schon um 1960 kaum noch Verkäufermärkte, auf denen den Herstellern ihre Waren aus den Händen gerissen wurden. Sie mussten daher buchstäblich um Kunden „werben". Zudem ging der bereits dargestellte Übergang der Unternehmen zur Marketingorientierung meist mit der Erhöhung ihrer Werbebudgets einher. Im Einzelhandel vollzog sich eine fundamentale Restrukturierung. Großbetriebe verdrängten kleine Läden (siehe Kapitel 10.3). Die damit entfallende Möglichkeit zur persönlichen Beratung und Beeinflussung wuchs den Werbemedien zu. Zudem wandelte sich mit der langjährigen Wohlstandserfahrung, dem Generationswechsel und den Jugendprotesten das gesellschaftliche Klima von Grund auf. Die Verklemmtheit und Biederkeit, die Konsum- und Genussfeindschaft der Wirtschaftswunderjahre gehörten der Vergangenheit an. Das arbeits- und berufsfixierte Lebensmodell bekam Konkurrenz von einer, v. a. in der jüngeren Generation um sich greifenden Freizeit- und Konsumorientierung.

Schließlich differenzierten sich die Märkte. Die Kunden „individualisierten massenhaft" und ließen sich immer schwerer zielgenau ansprechen. Streuverluste waren die Folge. Erfolgreiche Kampagnen erforderten daher immer mehr Aufwand. Trendscouts loteten die jeweils neuesten Entwicklungen der immer stärker zersplitterten Szenen und Subkulturen aus, um geeignete Motive für Werbekampagnen zu identifizieren. Nach 1970 entgrenzte sich die Werbung in jeder Hinsicht. Ihre Erotisierung überschritt bislang beachtete Tabugrenzen. Seit den späten 1980er-Jahren mussten auch männliche Werbemodels die Hüllen fallen lassen. 1973 erfolgte die extrem umstrittene Zulassung der Trikotwerbung im Fußball. Binnen weniger Jahre mutierte der als „wandelnde Litfaßsäule" verspottete und „in seiner Menschenwürde gefährdete" Sportler zum allgemein akzeptierten Erscheinungsbild. Nach 1985 explodierten die Honorarsätze der Sportwerbung geradezu. Die Fernsehübertragungsrechte für die Fußball-Bundesliga, die 1965/66 noch 650.000 DM pro Jahr kosteten, wurden 2000 mit 750 Mio. DM gehandelt.

Die Hauptursache für diesen Anstieg um den Faktor 1115 bestand in der 1984 erfolgten Zulassung kommerzieller, vorrangig von Werbeeinnahmen abhängiger Fernseh- und Radiosender. Diese politische Entscheidung, die das Mediensystem der Bundesrepublik zutiefst veränderte, vervielfältigte und verbilligte TV-Werbezeiten. Die privaten Sender durften 20 % der Sendezeit werben, während es bei den öffentlich-rechtlichen Sendern nur 3 % waren. Zudem erhöhten sich die Möglichkeiten für zielgruppengenaue Werbung, da es immer mehr Programme für spezielle Interessengruppen gab. Die Sender betrachteten diese Programme nicht mehr als ihre Hauptaufgabe, sondern als Umrahmung der für ihre Einnahmen entscheidenden Werbespots. Programm und Werbung vermischten sich daher in Form gesponserter Ratespiele und „Informationssendungen". Zudem nahm die auch auf die öffentlich-rechtlichen Sender übergreifende, zum Product-Placement aufgewertete Schleichwerbung stark zu.

Des Weiteren entgrenzten sich die gestalterischen Möglichkeiten als Folge des Farbfernsehens. Werbespots wurden nicht nur bunt, sondern auch technisch aufwendiger und dramaturgisch subtiler. Künstlerische Elemente und zunehmend sogar Humor hielten Einzug. Schockwerbung mit eklatanten Tabubrüchen wie die Darstellung von Kriegsopfern durch die Textilkette Benetton provozierten in den 1990er-Jahren scharfe Proteste. Insgesamt wurde die Visualisierung immer wichtiger. Viele Spots und Anzeigen verzichteten völlig auf Text, vermieden jedweden Bezug auf den Gebrauchsnutzen und zeigten z. T. nicht einmal mehr die beworbenen Produkte. Der Aufbau eines Konnotationsfelds reichte aus. Ein Cowboy vor der Kulisse des Grand Canyon verwies auf eine bestimmte Zigarette. Gänzlich neue Gestaltungselemente wie Computeranimationen eröffneten der Werbung virtuelle Kunstwelten.

In dem Maße, in dem der Erlebniskonsum gegenüber dem Versorgungskonsum an Bedeutung gewann und ersterer zur zentralen Variable vieler Lebensentwürfe wurde, erwarteten die Verbraucher von immer mehr Produkten einen Erlebnischarakter. Diesen musste die Werbung erfinden und inszenieren. Es kam nicht mehr auf die Qualität und den Gebrauchsnutzen an, da der Konsument beides als selbstverständlich voraussetzte, sondern auf die „ästhetische Aktualität". Die Werbung lieferte nicht mehr Produktinformationen, sondern Orientierungsangebote, Lifestyleempfehlungen und Trendberichte. Werbung versuchte, eine Aura für ein Produkt zu erfinden und in die Lebenswelt der Zielgruppen zu infiltrieren. Die Lifestylespots von Bacardi oder Langnese verkörpern diesen Trend in Reinkultur. Bilder ausgelassener junger Menschen in einer paradiesischen Natur vermitteln die Illusion, Freiheit, Abenteuer, Glück und Erotik ständen im Zusammenhang mit dem Konsum von Rum oder Speiseeis.

Als Gegentrend etablierte sich in den späten 1970er-Jahren das „advocacy advertising". Hier traten Firmen in einen vermeintlich „sachlichen Dialog" mit der Öffentlichkeit. Topmanager erläuterten ihre „ökologisch sensible" Einkaufspolitik oder die Sorge um die Sicherheit ihrer Familien, die in der Nähe von Atomkraftwerken und Chemiefabriken wohnten. Sie bekannten sich offen zu Umweltproblemen, erläuterten ihr „verantwortungsvolles" Tun oder entschuldigten sich mit der Formel „Wir haben verstanden."

1997 folgte mit der Legalisierung vergleichender Werbung ein weiterer Entgrenzungsschritt, der aggressivere, direkt gegen den Wettbewerber gerichtete Kampagnen erlaubte. Parallel dazu trat als neues Medium das Internet hinzu, das Werbung wesentlich zielgruppenspezifischer und ohne zeitliche Beschränkungen ermöglichte. Seine Bedeutung nahm rasch zu, bei allerdings zunächst noch minimalen Umsätzen. Gleichzeitig erlebte der Werbebrief, der jetzt auf der Basis spezifischer Kundenprofile an bestimmte, nach Interessen gefilterte Adressaten geschickt wurde (Direktwerbung), eine kleine Renaissance.

Die Statistik der Werbeträger (siehe Tabelle 10.2) belegt, dass selbst noch zu Beginn des 21. Jahrhunderts die Printmedien unangefochten an der Spitze lagen und 2011 mehr als die Hälfte aller bundesdeutschen Werbeeinnahmen auf sich vereinten. Das wichtigste Medium stellten Zeitungen dar. Mit den Adressbüchern und Branchenverzeichnissen behauptete ein anderes traditionsreiches Werbemedium mit 7,1 % einen Platz im Mittelfeld. Insgesamt verlief der langfristige Trend aber gegen die Printmedien. Der große Gewinner war das Fernsehen, das seinen Anteil von 7 % (1962) bzw. 14 % (1971) auf 24,8 % (2011) spektakulär steigerte. Die erst ab 2001 erfasste Onlinewerbung war zunächst umsatzmäßig unbedeutend, wuchs aber bis 2011 rasch und sprang mit dann 6,2 % in den Bereich der wichtigen Werbeträger. Ihre Bedeutung wird zweifelsohne in der Zukunft weiterwachsen. Dagegen waren der Hörfunk und das Kino stets relativ unbedeutend.

Tab. 10.2: Netto-Werbeeinnahmen und Marktanteile erfasster Werbeträger (1971–2011).

Werbeträger	1971		1981		1991		2001		2011	
Fernsehen	627	(14 %)	1.165	(9 %)	3.705	(13 %)	8.741	(21 %)	3.981	(24,8 %)
Hörfunk	167	(4 %)	455	(4 %)	848	(3 %)	1.326	(3 %)	709	(4,4 %)
Kino	60	(1 %)	114	(1 %)	226	(1 %)	333	(1 %)	85	(0,5 %)
Zeitungen	2.330	(51 %)	5.418	(42 %)	9.910	(35 %)	11.738	(28 %)	3.854	(24,0 %)
Publikums-zeitschriften	–	–	2.283	(18 %)	3.246	(11 %)	4.092	(10 %)	1.440	(8,9 %)
Anzeigenblätter	–	–	–	–	2.176	(8 %)	3.407	(8 %)	2.060	(12,9 %)
Fachzeitschriften	–	–	1.076	(8 %)	2.206	(8 %)	2.067	(5 %)	875	(5,5 %)
Verzeichnis-medien	176	(4 %)	517	(4 %)	1.643	(6 %)	2.483	(6 %)	1.139	(7,1 %)
Werbung per Post	927	(20 %)	1.374	(11 %)	3.515	(12 %)	6.368	(15 %)	–	–
Außenwerbung	257	(6 %)	408	(3 %)	773	(3 %)	1.486	(4 %)	896	(5,9 %)
Onlineangebote	–	–	–	–	–	–	362	(1 %)	990	(6,2 %)
Gesamt	**4544 (100 %)**		**12.809 (100 %)**		**28.248 (100 %)**		**42.403 (100 %)**		**16.032 (100 %)**	

Alle Angaben bis 2001 in Mio. DM, 2011 in Mio. Euro, gerundeten Werten und laufenden Preisen.

Nach 1980 stiegen Angehörige der Werbeberufe in der Prestigeskala der Berufe weit nach oben. Selbstbezeichnungen wie „Artdirector", die fulminante Verbesserung der Werbeästhetik, Wettbewerbe wie die Werbefilmspiele in Cannes und die Musealisierung von Werbung unterstrichen das gewachsene Selbstbewusstsein der Branche und ihren Anspruch, Kulturschaffende zu sein. Auch wenn die Werbekritik nie ganz verstummte, erfreute sich die Werbung am Ende des 20. Jahrhunderts allgemeiner Akzeptanz als notwendiger Bestandteil einer wettbewerbsintensiven Marktwirtschaft und wichtiger Seismograf gesellschaftlichen Wandels.

Weiterführende Literatur

Borscheid, Peter u. Wischermann, Clemens (Hg.), Bilderwelt des Alltags. Werbung in der Konsumgesellschaft des 19. und 20. Jahrhunderts, Stuttgart 1995.
Swett, Pamela E.; Wiesen, Jonathan S. u. Zatlin, Jonathan R. (Hg.), Selling Modernity. Advertising in Twentieth-Century Germany, Durham 2007.

Gasteiger, Nepomuk, Konsum und Gesellschaft. Werbung, Konsumkritik und Verbraucherschutz in der Bundesrepublik der 1960er- und 1970er-Jahre, in: Zeithistorische Forschungen/Studies in Contemporary History 6, 2009, S. 35–57.

Church, Roy Anthony, Advertising Consumer Goods in Nineteenth-Century Britain: Reinterpretations, in: Economic History Review 53, 2000, S. 621–645.

Schröter, Harm, Die Amerikanisierung der Werbung in der Bundesrepublik Deutschland, in: Jahrbuch für Wirtschaftsgeschichte 1997/1, S. 93–115.

Curti, Merle, The Changing Concept of „Human Nature" in the Literature of American Advertising, in: Business History Review 41, 1967, S. 335–357.

Reinhardt, Dirk, Von der Reklame zum Marketing. Geschichte der Wirtschaftswerbung in Deutschland, Berlin 1993.

Marchand, Roland, Advertising the American Dream. Making Way for Modernity, 1920–1940, Berkeley 1986.

Nevett, Terry, Advertising in Britain. A History, London 1982.

Berghoff, Hartmut, Von der „Reklame" zur Verbrauchslenkung. Werbung im nationalsozialistischen Deutschland, in: ders. (Hg.), Konsumpolitik. Die Regulierung des privaten Verbrauchs im 20. Jahrhundert, Göttingen 1999, S. 77–112.

Strasser, Susan, Satisfaction Guaranteed. The Making of the American Mass Market, Washington 1989.

Ilgen, Volker u. Schindelbeck, Dirk, Am Anfang war die Litfaßsäule. Illustrierte deutsche Reklamegeschichte, Darmstadt 2006.

10.3 Zwischen Kramladen und E-Commerce – Wandel und Vielfalt des Einzelhandels

Lange ließ sich die Forschung von dem Vorurteil leiten, dass der Einzelhandel lediglich ein Erfüllungsgehilfe der Hersteller sei. Er kaufe vorhandene Produkte auf und biete sie Endverbrauchern an. Der Handel galt mithin als eine von der Produktion abhängige Variable. Seine Geschichte schien sich daher von derjenigen der Industrie ableiten zu lassen. Tatsächlich aber handelt es sich beim Einzelhandel um ein ebenso unverzichtbares wie eigenständiges Glied der Volkswirtschaft, das diese entscheidend prägt und eine eigene Geschichte besitzt. Diese Erkenntnis hätte bei einer Auseinandersetzung mit der Handelbetriebslehre nicht so lange auf sich warten lassen müssen, denn bereits 1930 arbeitete *Karl Oberparleiter* die Funktionen des Handels klar heraus. Er überbrückt die Distanz zwischen Produzenten und Konsumenten auf sechs Ebenen.

Überbrückungsfunktionen des Warenhandels

1. Räumliche Funktion

Der Handel überbrückt die räumliche Distanz zwischen Produktion und Konsum. Er bringt die Waren in die Nähe des Verbrauchers. Viele Hersteller besitzen selbst nicht die Möglichkeiten, die flächendeckende Distribution ihrer Waren zu gewährleisten.

2. Zeitliche Funktion

Der Handel kompensiert die Ungleichzeitigkeit von Produktion und Konsum. Er disponiert im Voraus, bevorratet Waren und nimmt Bestellungen entgegen.

3. Quantitätsfunktion

Der Handel kauft große Mengen und verkauft sie in kleinen, haushaltsgerechten Portionen. Er bündelt die Nachfrage und führt eine mengenmäßige Abstimmung mit dem Angebot der Hersteller herbei.

4. Qualitätsfunktion

Der Handel kennt die Qualitätswünsche der Konsumenten und stellt bedarfsgerechte Sortimente zusammen. Der Hersteller verfügt oft über keinen direkten Kundenkontakt, sodass ihm wichtige Informationen fehlen. Daher erbringt der Handel eine wichtige Beratungsleistung und glättet durch seine Spezialkenntnisse, Kontakte und Erfahrungen den Fluss der Güter.

5. Kreditfunktion

Der Handel überbrückt Kapitalengpässe und übernimmt z. T. erhebliche Kreditrisiken. Er bezahlt Produzenten, ehe er deren Waren verkauft. Der Endverbraucher erhält einen Konsumentenkredit für den Erwerb des Produkts.

6. Werbefunktion

Der Handel vermittelt zwischen Produzenten und Konsumenten, indem er Letzteren mit neuen Produkten bekannt macht und somit zusätzliche Nachfrage schafft. Zu seinen Aufgaben gehört auch die Kontaktanbahnung und Kundenbindung.

(nach: Karl Oberparleiter, Funktionen- und Risikenlehre des Warenhandels, Berlin 1930.)

Die Geschichte des deutschen Einzelhandels seit dem frühen 19. Jahrhundert gliedert sich in sechs Abschnitte:

10.3.1 Frühindustrialisierung

Bis ca. 1840 befand sich der Einzelhandel aus zwei Gründen auf einer niedrigen Entwicklungsstufe. Zum einen war der Grad der Arbeitsteilung noch gering, da die Menschen v. a. auf dem Land viele Produkte selbst herstellten. Sie hatten einen Garten, vielleicht etwas Vieh und eine Werkstatt, in der sie Hausrat anfertigten. Technisch gesprochen war die Marktquote sehr niedrig. Zum anderen gab es infolge der geringen Kaufkraft kaum Spielräume für eine bedeutende Ausweitung der Nachfrage.

Die am Markt umgeschlagenen Waren durchliefen unterschiedliche Handelsformen. In den Städten verkauften zünftisch gebundene Handwerker ihre eigenen, vor Ort hergestellten Produkte, und Krämer fremde, v. a. von auswärts kommende Waren. Wochenmärkte und Höker brachten die Agrarprodukte des Umlands in die Stadt, Jahrmärkte Waren von weiter entfernten Orten. Auf dem Land füllten umherziehende Höker bzw. Hausierer die Lücken, welche die Selbstversorgung ließ. Es gehörte zu ihren Stärken, dass sie direkt ins Haus kamen und als „wandelnde Zeitungen" agierten, die Neuigkeiten verbreiteten. Einkaufen war ein soziales Event, bei dem es um mehr als den bloßen Tausch von Waren gegen Geld ging. Ferner machte der Hausierhandel neue Produkte bekannt, generierte also zusätzliche Nachfrage, und bot marginalisierten Gruppen wie Juden oder Bewohnern von Armutsregionen eine Beschäftigung.

10.3.2 „Take-off" der Industrialisierung

Zwischen 1840 und 1873 dynamisierte sich der Einzelhandel, da er jetzt seine letzten ständischen Fesseln abstreifte und der Ausbau der Infrastruktur, v. a. der Bau der Eisenbahn, den überregionalen Handel erleichterte. Mit dem endgültigen Sieg der Gewerbefreiheit fielen auch die letzten Relikte des Zunftschutzes fort, mit dem Handwerker und Krämer Konkurrenten abgewehrt hatten. Die anschwellenden Industriestädte ließen sich ohnehin nicht mehr von den weiterhin stattfindenden Wochen- und Jahrmärkten sowie von den Hausierern, Hökern und Krämern versorgen. Die Städter besaßen immer weniger Möglichkeiten zur Selbstversorgung, und die Ansprüche der wohlhabenderen Bürger stiegen.

Aus diesen Gründen entstand das moderne Ladengeschäft, das nun jedermann führen konnte. Vor allem arbeitslose Bauern und Handwerker drängten in den Handel. Die Läden gewannen die uns noch heute vertraute Form. Aus Buden wurden Geschäfte mit Schaufenstern und Verkaufstheken. Besonders in den Städten gewannen sie eine dominante Stellung. Da man bei ihnen oft anschreiben lassen konnte, waren sie für Arbeiterfamilien von existenzieller Bedeutung, um die Tage zwischen den Lohnzahlungen zu überstehen.

Zugleich tauchten die ersten Großbetriebe auf. Magazine vergaben Großaufträge an Handwerker und andere Produzenten und nahmen erhebliche Warenmengen auf Lager. So erwirtschafteten sie „economies of scale" und konnten das einzelne Produkt preiswerter als Läden oder Handwerker anbieten. Der Kunde hatte den Vorteil, die Waren billiger und schneller zu erhalten. Die Magazine gewannen eine große Bedeutung im Möbel- und Bekleidungssektor. In Berlin ließen Magazine Tausende von Frauen für sich nähen. Ihre Geschichte zeigt, dass der Handel keineswegs passiv auf die Industrialisierung reagierte, sondern von sich aus die Produktionsstrukturen beeinflusste. Er erzeugte durch attraktive Formen der Warenpräsentation neue Kaufwünsche, schuf also zusätzliche Nachfrage, auf welche die entstehende Industrie angewiesen war.

10.3.3 Hochindustrialisierung

Die Überbrückungsfunktionen des Einzelhandels traten in der Hochindustrialisierung (1873–1914) immer stärker zutage, da sich die bereits laufenden gesellschaftlichen Modernisierungstrends erheblich verstärkten. Die Nähe von Herstellern und Verbrauchern verschwand und zwischen ihnen tat sich nicht nur eine räumliche Kluft auf. Die Rahmenbedingungen hatten sich gegenüber 1840 von Grund auf verändert. Der Aufbau des Eisenbahnnetzes war abgeschlossen, und es wurde immer dichter. Die Telegrafie ermöglichte eine rasche Abstimmung von Bedarf und Produktion. Mit der rasant voranschreitenden Urbanisierung wuchs die Marktquote und schuf die Existenzgrundlage für einen immer größeren sesshaften Einzelhandel. Die

Realeinkommen stiegen seit den 1890er-Jahren deutlich an, wodurch die Nachfrage insbesondere beim Dispositionskonsum zunahm. Angebotsseitig drängte ein immer größeres Warenangebot auf den Markt. Immer mehr Produkte wurden industriell, d. h. billig und in großen Stückzahlen hergestellt. Für sie mussten Bedarf und Absatzkanäle geschaffen werden. Die moderne Werbung setzte sich also nicht zufällig in den 1890er-Jahren durch.

Deshalb durchlief der Handel bis zum Ersten Weltkrieg eine sehr dynamische Expansionsphase. Die jetzt entstehenden, aus den Magazinen bzw. Textilfachgeschäften hervorgehenden Kauf- und Warenhäuser wurden zum Symbol einer neuen Einkaufskultur. Ihre mehrgeschossigen Prachtbauten veränderten die Innenstädte und traten in Konkurrenz zu älteren quartiergebundenen Geschäften. Lichthöfe, Spiegel und elektrisches Licht schufen „Konsumtempel", die Waren zur Bedarfsweckung geschickt inszenierten. In diesem Ambiente veränderte sich das Einkaufen. Hier konnte man ohne Kaufzwang flanieren. Frauen fanden im Warenhaus einen öffentlichen Raum, in dem sie sich ohne männlichen „Begleitschutz" bewegen durften. Die Produkte waren frei zugänglich, was ungeplante Impulskäufe provozierte. Begleitende Kunstausstellungen und Konzerte machten das Einkaufen zu einem Event.

Das Warenhaus nutzte „economies of scale", da es beim Großeinkauf Rabatte erzielte und die Ware massenhaft und schnell umschlug. Das schiere Volumen senkte die Stückkosten. Das Motto des Warenhauses lautete: „Großer Umsatz, kleiner Nutzen". Daneben erzielte es „economies of scope", da es die Fixkosten für Gebäude und Werbung auf viele Waren aufteilte. Schließlich sparte es Transaktionskosten durch eine gegenüber dem Markt überlegene Koordinationsleistung. Die Einkaufsabteilungen der Warenhäuser nahmen Funktionen wahr, die traditionell dem Groß- und Zwischenhandel oblagen. Dieser wurde nun umgangen. Daneben organisierten Warenhäuser z. T. auch die Produktion, ließen für sich fertigen oder betrieben gar eigene Fabriken. Zwei weitere, uns heute selbstverständliche Prinzipien senkten ebenfalls Transaktionskosten, nämlich die Barzahlung und der Festpreis. Auf diese Weise entfiel das zeitaufwendige Feilschen ebenso wie das risikoreiche Anschreiben. Die Reduktion der Verhandlungs- und Vertragsdurchsetzungskosten hatte ihren Preis, nämlich die Verwandlung des Einkaufens von einem individuellen, in vertraute Nachbarschaftsmilieus eingebundenen Vorgang zu einer standardisierten, unpersönlichen Transaktion.

Unter den Warenhausgründern befanden sich viele jüdische Unternehmer wie Hermann Tietz (Hertie) oder Abraham Wertheim. Allgemein ist es eine vielversprechende Strategie von Minderheiten, mithilfe von Innovationen ihren Außenseiterstatus abzustreifen. Die Feindschaft des kleinen Einzelhandels gegenüber den Warenhäusern war daher auch antisemitisch aufgeladen. Er warf den Warenhäusern unlauteres Wettbewerbsverhalten vor. Sondersteuern reagierten auf diese Agitation, ohne den Warenhäusern ernsthaften Schaden zuzufügen. So etablierten sie sich bis 1914 in nahezu jeder größeren und vielen mittleren Städten Deutschlands, ohne jedoch den gesamten Handel zu dominieren. Insgesamt entfielen auf sie 1913 erst 2,5 % der gesamten Einzelhandelsumsätze.

Auch die Versandgeschäfte nutzten die Chancen der Transport- und Kommunikationsrevolution. Dank spezieller postalischer Arrangements vom Einheitsporto bis zur Nachnahme boten sie einen flächendeckenden Service an. Sie nutzten ebenfalls „SST-economies" und profitierten zusätzlich von niedrigeren Fixkosten, da sie auf Verkaufsräume und Verkaufspersonal verzichteten. Die größten Versender entstanden in den USA, wo die Weite des Staatsgebiets und die kostenlose Paketzustellung auf dem Lande ideale Voraussetzungen boten. Im dicht besiedelten Deutschland blieb der Versandhandel wesentlich kleiner, keineswegs aber unbedeutend. Der 1890 gegründete Einbecker Universalversender August Stukenbrok besaß 1910 nach eigenen Angaben 700.000 Kunden. Der Katalog war mehrere Hundert Seiten stark und wurde über eine Million Mal gedruckt. Zudem gliederten sich einige der großen Warenhäuser Versandabteilungen an. Der deutsche Versandhandel beschränkte sich oft auf einzelne Waren- oder Berufsgruppen. Standesorganisationen wie der „Deutsche Offiziersverein" oder das „Waarenhaus für deutsche Beamte" versuchten, ihre Klientel exklusiv und preiswert zu versorgen. Trotz der vergleichsweise geringen Rolle in den zeitgenössischen Debatten, dürfte der Versandhandel um 1914 insgesamt höhere Umsätze als die Warenhäuser erzielt haben.

„Cheapest Supply House on Earth". Sears, Roebuck & Co.
Der lange Zeit größte Versandhändler der Welt war 1886/87 in den USA als Uhren- und Schmuckversand von Richard Sears und Alvah Roebuck gegründet worden. Nach dem Vorbild von Montgomery Ward, dem anderen 1872 zunächst als Textilversender entstandenen Großversender, weitete Sears Roebuck das Sortiment schrittweise aus. Um 1900 lieferte man nahezu alles von Unterwäsche bis zur Mähmaschine, vom Revolver bis zum Musikinstrument. 1911 umfasste der Katalog 1.300 dicht bedruckte Seiten. Die Auflage betrug 5,2 Mio. Exemplare. 1927 waren es 15 Mio. Dieser Reiseführer in den Massenkonsum brachte dem Farmer „New York an seine Türschwelle". Tatsächlich gehörte die Landbevölkerung, die oft keinen alternativen Zugang zu den abgebildeten Produkten besaß, zu den Stammkunden. Sears wurde zum typischen Unternehmen der „unification phase", denn es profitierte unmittelbar von der Herausbildung des nationalen Marktes und lebte vom Massenumsatz bei niedrigen Margen. Die Überbrückung der geografischen Distanz (räumliche Funktion), konkurrenzlos günstige Preise und das vertrauensbildende uneingeschränkte Rückgaberecht erklären die große Popularität des Universalversenders.
Der phänomenale Erfolg basiert auch auf dem Organisationsdesign. Sears hatte sämtliche Intermediäre ausgeschlossen. Die gesamte Wertschöpfungskette zwischen Produzenten und Endverbrauchern lag in den eigenen Händen. Der hohe Warenumschlag, oder nach Williamson die hohe Tauschfrequenz, machten die Internalisierung der Groß- und Zwischenhandelsfunktion sinnvoll. Sears erbrachte eine eindrucksvolle Koordinationsleistung. Die Einkaufsorganisation war nach Produktgruppen unterteilt und mit eigenverantwortlichen Spezialisten besetzt, die Hersteller in aller Welt persönlich aufsuchten, ihnen exakte Qualitätsvorgaben machten und bei gigantischen Abnahmemengen die Preise gnadenlos drückten. Besonders umsatzstarke Produkte wie Textilien oder Schuhe produzierte Sears selbst in eigenen Fabriken.
Sears besaß eines der modernsten Logistiksysteme der Zeit. Die Zentrale am Eisenbahnknotenpunkt Chicago befand sich auf einem riesigen Areal, das kilometerlange Tunnel, Eisenbahnlinien,

Rutschen, Fließbänder und Rohrpostleitungen durchzogen. Der Bahnhof nahm Züge mit bis zu 60 Waggons auf. 1906 wickelte Sears pro Tag bis zu 100.000 Bestellungen ab. Selbstentwickelte Maschinen öffneten bis zu 27.000 Briefe pro Stunde. Die eingehende Post füllte 900 Säcke pro Tag. In diesem perfekt synchronisierten Räderwerk waren alle Vorgänge standardisiert. In den weitverzweigten Katakomben der Versandzentrale gewann der Begriff „Hochgeschwindigkeitsdurchsatz" eine konkrete Bedeutung. Karteikarten registrierten jeden Einkauf und diverse Kundendaten.

In den 1920er-Jahren kam das rasante Wachstum zunächst zum Erliegen, denn die Urbanisierung und die Motorisierung der Landbevölkerung hatten zentrale Vorteile des Versandhandels entwertet. Sears reagierte mit dem Einstieg in den stationären Einzelhandel, der bereits ab 1931 mehr Umsatz als das Versandgeschäft generierte. Nach 1945 wurde Sears zum sechstgrößten Unternehmen und nach 1960 zum größten Einzelhändler der USA. Allerdings geriet das Unternehmen nun durch Fachmärkte, Spezialgeschäfte und Malls unter Druck, da die Kunden sich von den Universal- zu den Fachanbietern umorientierten und anstelle der Sears-Hausmarken, die für ein gutes Preis-Leistungs-Verhältnis standen, erlebnisintensivere Markenartikel verlangten, die sie aus TV-Spots kannten. Es fiel dem typischen Unternehmen des Massenmarktes (*unification phase*) schwer, sich auf die segmentierten Märkte der Erlebnisgesellschaft einzustellen. Die Strategie „Gewinn durch den Massenabsatz billiger und praktischer Waren" zog nicht mehr.
(Boris Emmet u. John E. Jeuck, Catalogues and Counters. A History of Sears, Roebuck and Company, Chicago 1950 u. Richard S. Tedlow, New and Improved. The Story of Mass Marketing in America, Oxford 1990, S. 259–343.)

Einen Sondertypus des großbetrieblichen Einzelhandels stellten die Konsumgenossenschaften dar. Gegründet worden waren sie v. a., um städtische Handwerker, Beamte und zunehmend Arbeiter mit billigen, gesundheitlich unbedenklichen Lebensmitteln zu versorgen. Bald schon führten sie aber zusätzlich andere Waren. Auch hier fielen Größenvorteile an, v. a. im Einkauf, den sie zumeist durch die 1894 gegründete Großeinkaufs-Gesellschaft abwickelten. Die Handelsspanne entfiel, denn die Überschüsse wurden an die Mitglieder ausgeschüttet bzw. reinvestiert. Dieses Selbsthilfemodell hob die Trennung von Käufer und Verkäufer ein Stück weit auf. Die Konsumgenossenschaften wurden zum Kristallisationspunkt einer mit utopischen Elementen durchsetzten Alltagskultur, die sich v. a. im Milieu der Arbeiterbewegung entfaltete. Unter dem Motto „Einigkeit macht stark" entstand eine Gegenwelt zur kapitalistischen „Profitwirtschaft". Solidarität ersetzte die „Ausbeutung" der Kunden und des Verkaufspersonals. Letzteres profitierte von vorbildlichen Arbeitsbedingungen und Sozialleistungen. Dieser Ansatz erwies sich als sehr erfolgreich. 1913 gab es in Deutschland 2.400 Konsumgenossenschaften mit 2,2 Mio. Mitgliedern. Sie erzielten ca. 5 % der Umsätze des gesamten Lebensmitteleinzelhandels.

Alle Formen des Großbetriebs wurden allerdings im Kaiserreich auf das Schärfste bekämpft, v. a. vom Kleinhandel, der sich zum Opfer übermächtiger, unfairer Konkurrenten stilisierte. Tatsächlich wuchs aber auch er. Trotz lauter Klagen verdoppelte sich während der Hochindustrialisierung die Zahl der Läden. Als Reaktion auf die zunehmende Vielfalt der industriell produzierten Waren spezialisierten sie sich auf bestimmte Produktgruppen. Vor allem in den Großstädten entstanden immer neue Fachgeschäfte, die keine Ähnlichkeit mehr mit dem alten, kunterbunt gemischten Kramladen besaßen.

Abb. 10.7: Kaisers lachende Kaffeekanne im Wandel der Zeit.

Der Laden spielte seine traditionellen Stärken aus, v. a. die Nähe zur Kundschaft, aber auch seine Fachkompetenz und die Möglichkeit des Anschreibens. Zugleich bemühte er sich um die Rationalisierung seiner Betriebsführung, indem er mithilfe von Rabattmarken auf Festpreise und Barzahlung hinarbeitete oder die Schaufenstergestaltung verbesserte. Einkaufsgenossenschaften wie die 1907/11 gegründete Edeka bündelten die Einkaufsmacht der Kleinen nach dem Vorbild der Konsumvereine und setzten niedrigere Einkaufspreise durch.

Einige Läden waren so erfolgreich, dass aus ihnen seit den 1880er-Jahren Massenfilialisten hervorgingen. Solche Ketten entstanden v. a. dort, wo einfache Ladengeschäfte die erwünschte Qualität nicht garantieren konnten. Bei Nahrungs- und Genussmitteln kam es entscheidend auf die fachgerechte Aufbewahrung (Kühlung) oder die Endverarbeitung an. Der Kolonialwarenhändler Josef Kaiser erblickte in der schlechten Qualität der Kaffeeröstung, die bislang überwiegend in den Haushalten erfolgte, eine vielversprechende Marktlücke. Seit 1880 bot er gerösteten Kaffee an und stieß auf Begeisterung. Binnen weniger Jahre wurden Hunderte von Filialen errichtet, Großröstereien gebaut und Fabriken für Schokolade, Süß- und Backwaren gegründet. Kaisers Kaffee warb für seine 1.422 Filialen (1914) mit einem einheitlichen Erscheinungsbild. Alle Läden hatten einmal pro Woche das Schaufenster neu zu dekorieren. Als Erkennungszeichen und Firmensymbol diente eine lachende Kaffeekanne (siehe Abbildung 10.7).

1912 wurde in Berlin mehr als die Hälfte aller Tabakwaren von Massenfilialisten verkauft. Die 1865 als Einzelhandelsgeschäft gegründete Firma Loeser & Wolff errichtete rasch in ganz Berlin Filialen. 1874 folgte eine eigene Tabakherstellung, in der 1910 4.500 Menschen arbeiteten. Die Zahl der Filialen lag in diesem Jahr bei 102. Andere Massenfilialisten wie Singer oder Salamander, aber auch Fahrrad- und Büromaschinenketten wuchsen aus Industrieunternehmen heraus. Für die Wahl dieser Vertriebsform sprach, dass der Handel bei den genannten Produkten spezielle Beratungs- und Reparaturleistungen erbringen und hohe Investitionen tätigen musste, was kleine Detaillisten überforderte. Für die Industrie erwies es sich als Vorteil, die gesamte Distributionskette unmittelbar zu kontrollieren. So ließen sich einheitliche Preise, Qualitätsnormen und Standards etwa bei der Außendarstellung und Inneneinrichtung qua Autorität besser als gegenüber eigenständigen Vertragspartnern, d. h. auf dem Markt, durchsetzen. Unzuverlässige und inkompetente Gemischtwarenhändler konnten den Ruf des Herstellers nicht mehr ruinieren. Wiedererkennungseffekte senkten die Werbekosten, und die Standardisierung von der Verpackung bis zur Buchhaltung barg ein hohes Rationalisierungspotenzial. Auf der anderen Seite verursachte die Internalisierung der Einzelhandelsfunktionen erhebliche Organisationsnutzungskosten. Das mag erklären, warum nicht alle Firmen einer Branche eigene Filialgeschäfte einrichteten, sondern oftmals nur die Marktführer mit besonders hohen Qualitätsansprüchen und entsprechenden Gewinnspannen.

Ältere Akteure des Einzelhandels wie Hausierer und Straßenhändler verschwanden keineswegs. Vielmehr wuchs auch ihre Zahl im Zuge des allgemeinen Aufschwungs. Ihnen blieben – zumal auf dem Land – genügend Nischen, in denen ihre Dienste gefragt waren. Der gesamte Einzelhandel zeichnete sich durch eine ungeheure Heterogenität aus. Expansion war nicht in jedem Fall gleichbedeutend mit Wohlstand, da in der Hochindustrialisierung die Gewinnmargen als Folge der scharfen Konkurrenz sanken. Das hatte hohe Konkurs- und Fluktuationsraten gerade bei den kleinen Läden zur Folge. Der Kleinhandel diente ja weiterhin auch als Auffangbecken für sozial Schwache und besaß so gut wie keinerlei Zugangsbarrieren. Daher erklangen allenthalben Klagen über die „Übersetzung" des Handels mit unqualifizierten „Elementen". Tatsächlich standen viele gut geführte, leistungsstarke Ladengeschäfte einer großen Zahl prekärer Kümmerbetriebe gegenüber. Die Verwischung dieser Differenzierung führte zur weitverbreiteten, von der Agitation der Einzelhändler geschürten Fehlwahrnehmung eines insgesamt instabilen Kleinhandels und verlieh der Kritik an den Großbetrieben eine ökonomisch nicht zu rechtfertigende Schärfe.

10.3.4 „Katastrophenzeitalter"

Die politischen und wirtschaftlichen Krisen der Jahre 1914 bis 1945 bremsten die Entwicklung, ohne sie jedoch umzukehren. Großbetriebe befanden sich weiter auf dem Vormarsch. Die Mitgliedschaft der Konsumgenossenschaften umfasste um 1925 ca. ein Fünftel aller deutschen Haushalte, wobei die Quoten in Industriestädten deutlich höher lagen. Immer mehr Filialisten drangen in die Geschäftsstraßen vor. Kaffeegeschäfte wie Kaisers und Tengelmann verbreiterten ihre Sortimente und wurden Lebensmittelfilialisten. Die US-Kette Woolworth und diverse Warenhauskonzerne etablierten sogenannte „Einheitspreisgeschäfte" im Niedrigpreissektor, die rasch expandierten. Das aus den USA stammende Konzept verzichtete auf Fachberatung und konzentrierte sich auf umsatzstarke Artikel, die in wenigen Preisgruppen angeboten wurden. Bei Markenartikeln gelang ihnen wie den Konsumgenossenschaften die Durchbrechung der Preisbindung seitens der Hersteller.

Auch wenn Anfang der 1930er-Jahre noch 78 % der Einzelhandelsumsätze auf kleine Ladengeschäfte entfielen, baute sich auf sie ein hoher Druck auf. Auf der einen Seite konkurrierten sie mit finanzkräftigen Großbetrieben. Auf der anderen Seite stießen sie v. a. in der Weltwirtschaftskrise auf viele Notgründungen von Arbeitslosen, deren instabile Alleinbetriebe ihnen die Kunden abwarben und allgemein die Preise drückten. Da sich der Mittelstand als tragende Säule der Gesellschaft wahrnahm, fühlten sich die Kleinhändler berechtigt, besondere Schutzmaßnahmen des Staates einzufordern. Die verhassten Großbetriebe dienten als Sündenböcke für die Not vieler kleiner Einzelhändler und als Symbole für einen Kapitalismus, dem man zutiefst misstraute. Die NSDAP griff diese Ängste und Ressentiments taktisch geschickt auf und versprach dem kleinen Einzelhandel eine Existenzgarantie.

Bereits unter den Präsidialkabinetten in der Selbstauflösungsphase der Weimarer Republik kam es zu einem ordnungspolitischen Kurswechsel. 1930 wurde die 1919 weitgehend abgeschaffte Warenhaussteuer de facto wieder eingeführt und ausgeweitet, da nun landesweit und für alle Einzelhandelsbetriebe mit mehr als einer Mio. RM Umsatz eine erhöhte Umsatzsteuer galt. 1932 erging ein Verbot der Errichtung und Erweiterung bestehender Einheitspreisgeschäfte. Für die NSDAP symbolisierten Warenhäuser das „raffende jüdische Kapital", den Gegenspieler des „ehrbaren deutschen Kaufmanns". Diese Polarisierung ließ sich propagandistisch gut ausschlachten, weil Unternehmer jüdischer Herkunft in vier der fünf führenden deutschen Warenhauskonzerne die Mehrheit der Vorstände stellten. Die NSDAP hatte die Zerschlagung der Warenhäuser in ihr Parteiprogramm von 1920 aufgenommen und organisierte sofort nach der Machtergreifung Boykottaktionen. In den Folgejahren wurden jüdische Warenhaus- und Versandhandelsunternehmer Opfer von „Arisierungen", d. h. erzwungener Verkäufe meist weit unter Wert zugunsten „arischer Volksgenossen".

Das NS-Regime hemmte das Wachstum der Warenhäuser durch restriktive Maßnahmen. Die Sondersteuern für Großbetriebe wurden erhöht, Neuerrichtungen und Erweiterungen unterbunden. Beamte und Mitglieder der NSDAP sowie deren Angehörige durften in Warenhäusern nicht einkaufen. Die angekündigte Abschaffung der Warenhäuser unterblieb aber, da sie für die Versorgung der Bevölkerung unverzichtbar waren. 1933 hatte das NS-Regime sogar aus arbeitsmarktpolitischen Erwägungen den Konkurs von Tietz und Karstadt mit Staatskrediten abgewendet. Insgesamt entpuppte sich die NS-Mittelstandspolitik als halbherzig und widersprüchlich. Bei den Warenhäusern lief sie letztlich auf die Duldung der bestehenden Firmen gepaart mit empfindlichen Behinderungen hinaus. Die Konsumgenossenschaften dagegen erlitten aufgrund ihrer Nähe zur Arbeiterbewegung einen schweren Schlag, von dem sie sich nie mehr erholten. Ihre Selbstverwaltung wurde zerstört und unter Führung von NS-Funktionären zentralisiert. 1935 mussten 82 große Genossenschaften schließen. Die Beschränkung der Ausschüttung an die Mitglieder auf 3 % des Umsatzes verminderte die Attraktivität der verbleibenden Genossenschaften. 1941 gingen sie auf die Deutsche Arbeitsfront über. Die Mitglieder wurden abgefunden und die selbstständigen Konsumgenossenschaften liquidiert.

Der Kleinhandel profitierte von dem Errichtungsverbot und ab 1935 von der Konzessionspflicht für alle neuen Betriebe. Diese Maßnahmen verhinderten die Vermehrung der Großbetriebe und das unkontrollierte Wachstum prekärer Kleinstbetriebe. Das Rabattgesetz, das Preisnachlässe auf maximal 3 % beschränkte, beseitigte einen wichtigen Wettbewerbsvorteil der Großbetriebe und milderte insgesamt den Konkurrenzdruck im Handel. Die Ladenbesitzer hatten sich weiterzubilden, und die Ausbildung des Nachwuchses verbesserte sich. 1939 erzwang die Einführung der Buchhaltungspflicht eine systematischere, aber auch besser zu kontrollierende Geschäftsführung. Des Weiteren zeitigte die zwangsweise Senkung der Handelsspannen gewisse Rationalisierungserfolge. Sie waren allerdings begrenzt und hatten einen hohen Preis. So wurden bereits 1933 alle Einzelhändler in das Korsett einer regimetypischen Zwangsorganisation gesteckt, die sie fortan mit Vorschriften überschüttete und im Krieg massenhafte Schließungen („Auskämmaktionen") vornahm.

10.3.5 „Goldenes Zeitalter"

Nach dem Zweiten Weltkrieg beschleunigte sich die Dynamik wieder. Sie speiste sich aus dem „Superwachstum" der Wirtschaft, der steigenden Kaufkraft und dem hohen Ersatzbedarf nach den Verlusten und Entbehrungen des Krieges (siehe Abbildung 10.10). Konsum wurde zu einem Wert an sich, der an die Stelle ideologischer Bindungen trat.

Insgesamt fand der Handel also geradezu optimale Bedingungen vor, zumal die wichtigsten Restriktionen der Jahre 1930–1945 mit Ausnahme des bis 2001 geltenden Rabattgesetzes aufgehoben wurden. Die Unterschiede der Vor- und Nachkriegszeit lassen sich gut anhand zweier Warenhäuser vor und nach dem Krieg illustrieren (siehe Abbildung 10.8).

In den 1930er-Jahren misslang es sowohl Kaufhof als auch Karstadt, zu dem vor der Weltwirtschaftskrise erreichten Beschäftigungsstand zurückzukehren. Stattdessen bauten sie Personal ab. Nach der Währungsreform von 1948 begann für beide Häuser jedoch ein stetiges Wachstum, das in den späten 1950er-Jahren in einen Boom umschlug.

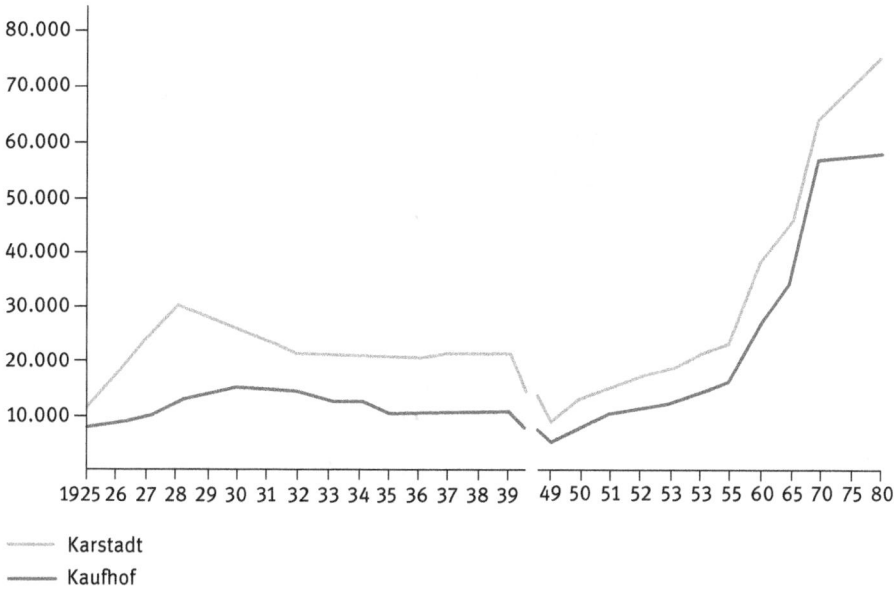

Abb. 10.8: Zahl der Beschäftigten bei Kaufhof und Karstadt (1925–1980).

Gleichzeitig fasste der Versandhandel erstmals im großen Stil Fuß. Neugründungen wie Otto und ältere Firmen wie Quelle und Neckermann, die beide von „Arisierungen" profitiert hatten, wurden zu den „Sendboten" der entstehenden Wohlstandsgesellschaft. „Neckermann macht's möglich", lautete ein populärer Slogan, denn die Versender popularisierten bisher für die breite Masse unerschwingliche Güter. Mit diesem Erfolgsrezept zogen sie dem Umsatz nach sogar an den Warenhäusern vorbei.

Die tiefstgreifende Veränderung vollzog sich im Lebensmittelsektor, wo sich nach dem Vorbild der USA die Selbstbedienung durchsetzte (siehe Abbildung 10.10). Erste Experimente in der NS-Zeit waren folgenlos geblieben. In den USA hatte sich die von den Piggly-Wiggly-Stores 1916 eingeführte Verkaufsform bereits in den 1920er-Jahren etabliert. Nach Verkaufsflächen gerechnet überrundete das Selbstbedienungsgeschäft in der Bundesrepublik 1961 die traditionellen Geschäfte, bezogen auf den Umsatz 1964. Noch in den 1950er-Jahren herrschten starke Vorbehalte gegen die Selbstbedienung. Die Kunden beklagten die Anonymität und Unübersichtlichkeit, die Einzelhändler hohe Investitionen und die Diebstahlsgefahr.

Letztlich überwogen aber die Vorteile. Es ließ sich Personal einsparen, dessen Löhne auf dem leer gefegten Arbeitsmarkt stark stiegen. Im Bedienungsgeschäft musste sich ein Angestellter 20 bis 30 Minuten mit einem Kunden befassen, im SB-Geschäft nur einen Bruchteil dieser Zeit. Die Quote der Personalkosten am Umsatz sank dramatisch. Für die Kunden vergrößerte sich die Auswahl. Ferner könnte man auch sagen, dass die alten Läden einfach zu klein waren, um das immer

Abb. 10.9: Lebensmittelladen in Bochum-Werne, Boltestr. 19 (1950er-Jahre).

Abb. 10.10: Einführung der Selbstbedienung in einem Konsumgenossenschaftsladen (1952).

differenziertere Angebot aufzunehmen. Zugleich beschleunigte sich das Einkaufen. *Arne Andersen* verglich die Selbstbedienung mit der industriellen Massenproduktion. Der Kunde „zieht mit dem Einkaufswagen wie auf einem Fließband an unzähligen Produkten vorbei. [...] Der Stau an der Kasse ist nicht mehr die Chance zur Kommunikation, sondern wird als Stockung der bis dahin reibungslos verlaufenden Einkaufsarbeit wahrgenommen." Im Supermarkt kauft man fordistisch ein, schnell, standardisiert und in großen Mengen. Schließlich sanken Stückkosten und Preise als Folge von „economies of scale and scope".

Die kleinen selbstständigen Läden (siehe Abbildung 10.10) gerieten seit den 1960er-Jahren in einen scharfen Verdrängungswettbewerb, der zum Massensterben der sogenannten „Tante-Emma-Läden" führte. Ein zentraler Faktor war die flächendeckende Verbreitung von Kühlschränken. Mussten zuvor frische Lebensmittel täglich beim „Laden um die Ecke" gekauft werden, war nun eine Bevorratung für mehrere Tage und das Zurücklegen weiterer Wege möglich. Die scharfen Angriffe gegen die Großen waren zwar keineswegs verstummt, hatten aber an Massenwirksamkeit eingebüßt, da die Schließung eines Ladens für die Inhaber nicht mehr einer sozialen Katastrophe gleichkam, sondern sie entweder leicht alternative Beschäftigungen fanden oder in den Ruhestand eintraten. Der Trend ging eindeutig in Richtung größerer Betriebsformen. Im Lebensmittelbereich setzten sich Supermärkte gegen Läden durch. Im Schuh-, Drogerie-, Elektro- und Fotohandel verdrängten Ketten den selbstständigen Einzelhändler und verliehen den deutschen Einkaufsstraßen ein immer uniformeres Aussehen.

10.3.6 Letztes Viertel des 20. Jahrhunderts

Nach der Ölkrise setzten sich diese Trends ungebrochen fort. Die großbetrieblichen Handelsformen gewannen weiter stark an Gewicht. Der SB-Sektor weitete sich aus und differenzierte sich. So entstanden Discounter, die nur wenige, haltbare Artikel in karg ausgestatteten Verkaufslokalen zu Niedrigpreisen anboten. Sie verzichteten auf Markenartikel und führten stattdessen Hausmarken. Damit unterliefen sie die bis 1974 in Kraft befindliche vertikale Preisbindung der Markenartikelhersteller, die dem Handel einen einheitlichen, obligatorischen Verkaufspreis vorgab und v. a. kleinen Geschäften genützt hatte. 1962 eröffnete der Trendsetter Aldi seinen ersten Laden. Das Prinzip setzte sich in den krisengeschüttelten 1970er-Jahren durch.

„Auf der grünen Wiese" entstanden immer mehr und größere Super- und Verbrauchermärkte sowie Einkaufszentren mit unterschiedlichen Geschäften. Der optimale Standort lag nun nicht mehr in der Innenstadt oder in der Nachbarschaft. Vielmehr wurde die Erreichbarkeit mit dem Auto zum maßgeblichen Kriterium, war doch zwischenzeitlich die Massenmotorisierung erfolgt. Da zugleich immer mehr Frauen einer außerhäuslichen Erwerbstätigkeit nachgingen, gewann der mit solchen Einkaufsformen und den dort erhältlichen Fertiggerichten verbundene Zeitgewinn an Bedeutung. Zugleich stieg die Ausstattung der Haushalte mit Gefriertruhen an, was die langfristige Lagerung größerer Mengen an Nahrungsmitteln erlaubte und die Ernährungsgewohnheiten durchgreifend veränderte. Tiefkühlkost ersetzte in immer mehr Familien frisch zubereitete Speisen.

Zu den technischen und sozialen Faktoren traten kulturelle Trends hinzu. Die Bundesrepublik verwandelte sich seit den 1970er-Jahren zunehmend in eine Erlebnisgesellschaft (*Gerhard Schulze*). In ihr ist differenzierter Dispositionskonsum prägend für die Identität des Einzelnen. Die Sortimente wurden breiter und tiefer, sodass der Flächenbedarf stieg. Führte ein Selbstbedienungsladen 1954 durchschnittlich 1.400 Artikel, waren es 1974 im Supermarkt bereits 3.400 und 1991 6.600. Die Erlebnisgesellschaft erforderte immer mehr Wahlmöglichkeiten, was sich letztlich in Regalmetern und Artikelzahlen niederschlug. Daher griff das Prinzip des Supermarkts auch auf den Non-Food-Bereich über. Fachmärkte für Heimwerker- und Gartenbedarf, Unterhaltungselektronik, Möbel, Textilien, Drogerieartikel usw. waren in den 1990er-Jahren in allen mittelgroßen Städten vertreten. Sie umrahmten den Einkauf zunehmend mit Events und Erlebniswelten, und verbanden ihn mit Freizeitangeboten vom Kino bis zum Wellenbad.

Parallel dazu machte der Handel Rationalisierungssprünge. In den 1970/80er-Jahren revolutionierten Computer und elektronische Registrierkassen die Geschäftsabläufe und synchronisierten die Wertschöpfungskette. Der Einkäufer konnte nun in Sekundenschnelle und von ferne Lagerbestände und Verkaufszahlen abgleichen. So gelang eine Beschleunigung des Warenumschlags und eine Verbesserung der Lagerhaltung. Zugleich stieg die Personalproduktivität erheblich. Lag der Umsatz pro Beschäftigtem 1970 noch bei 110.300 DM pro Jahr, erreichte er 1988 inflationsbereinigt 129.000 DM. Der Hochgeschwindigkeitsdurchsatz der Großen zwang viele Kleine zur Aufgabe. Mit ihrer Verdrängung begann ein bis heute anhaltender Konzentrationsprozess. Entfielen 1980 noch 31 % der Lebensmittelumsätze auf die größten 10 Unternehmen, waren es 1992 bereits 69 %. Die zunehmende Konzentration ließ den Handel gegenüber den Produzenten an Macht gewinnen. Er nutzte nun seine geballte Nachfrage als Hebel zur Durchsetzung niedriger Preise und günstiger Konditionen.

Ähnliche Effekte ergaben sich durch den Zusammenschluss von Einzelhändlern zu Verbundgruppen. Die Bandbreite reicht von Einkaufsgenossenschaften wie Edeka oder Rewe bis zu Einzelhandelsringen wie Intersport oder Garant Schuh. Gerade kleinere Einzelhändler sicherten durch den Beitritt ihr Überleben und realisierten erhebliche Synergien ohne vollständige Integration. Sind Verbundgruppen eine erfolgreiche Antwort auf Konzentration und Verdrängungswettbewerb, lässt sich das von den parallel entstandenen Franchisenetzwerken nicht mit derselben Eindeutigkeit behaupten. Zwar sicherten sie ebenfalls die Existenz kleiner Händler. Jedoch waren diese gegenüber den Franchisegebern oft ähnlich weisungsgebunden wie Angestellte einer Kette.

In den späten 1960er-Jahren breitete sich mit den Boutiquen ein neuer Typ kleiner Läden aus, der durch seine Aufmachung spezielle Konsumentengruppen ansprach und Einkaufserlebnisse inszenierte. Häufig spezialisierten sich Boutiquen auf Modeartikel, aber auch auf Antiquitäten. Nicht selten gingen sie sogar Allianzen mit dem früheren Erzfeind ein. Nach dem Shop-in-the-Shop-Prinzip mieteten sie in Warenhäusern und anderen Großbetrieben Flächen an und profitierten von den dortigen Kundenströmen. Kleine und große Einzelhändler verfolgen also nicht zwangsläufig konträre Interessen, sondern können sich gegenseitig ergänzen.

Ende der 1990er-Jahre entstand mithilfe des Internets der Business-to-Consumer-Electronic-Commerce, der im Wesentlichen eine Weiterentwicklung des Versandhandels ist.

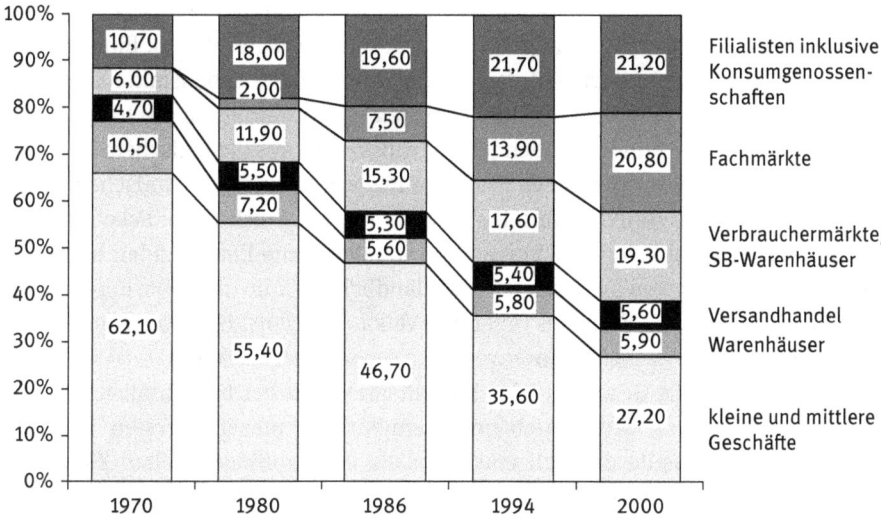

Abb. 10.11: Marktanteile wichtiger Betriebsformen des bundesdeutschen Einzelhandels (1970–2000).

Der Katalog steht im Netz, und die Bestellung per Mausklick ersetzt die Postkarte. Die leichtere Vergleichbarkeit der Preise erhöht den Konkurrenzdruck. Der E-Commerce besitzt zweifelsohne in bestimmten Segmenten große Expansionschancen. Einerseits erhöht er die traditionellen Vorteile des Versandhandels, andererseits übernimmt er aber auch viele seiner Nachteile. Das Einkaufen fällt aus sozialen Bezügen heraus und ist definitiv kein Event. Die Kundenbindung bleibt aufgrund der Flüchtigkeit des Mediums problematisch. Je nach Verbrauchertyp und Produkt entscheidet sich, ob der unpersönliche, beratungslose Kauf gegenüber einem Geschäftslokal vorgezogen wird, das ein bestimmtes Fluidum ausstrahlt, in dem man Waren begutachten und sich beraten lassen kann. Standardisierte Artikel wie Bücher und CDs sind einfacher per Internet zu verkaufen als komplexe, beratungsintensive Produkte wie Versicherungspolicen oder Autos. 2002 war nach dem Buchhändler Amazon der Universalversender Otto der größte deutsche E-Commerce-Anbieter. Der Versandhandel konnte zwischen 2000 und 2012 seinen Anteil am Gesamtumsatz fast verdoppeln, wobei Onlinebestellungen dominierten.

Ein Blick auf die Marktanteile der verschiedenen Einzelhandelstypen (siehe Abbildung 10.11) zeigt, dass sich die Großbetriebe nach 1980 auf breiter Front durchsetzten. Kleine und mittlere Geschäfte erzielten 2000 nur noch 27,2 % der Einzelhandelsumsätze, waren aber trotz gravierender Verluste gegenüber 1970 (62,1 %) nach wie vor die umsatzstärkste Betriebsform. Es folgten mit sehr großem Abstand Filialgeschäfte (21,2 %), die spät entstandenen und nach 1980 schnell wachsenden Fachmärkte (20,8 %), Verbrauchermärkte (19,3 %), die an Bedeutung deutlich eingebüßten Warenhäuser (5,9 %) und schließlich der Versandhandel (5,6 %). Diese Aufstellung zeigt allerdings zugleich, dass kleine Betriebsformen entgegen allen Kassandrarufen auch im Internetzeitalter Seite an Seite mit Malls und Hypermärkten überleben können. Sie haben sich als anpassungsfähig und sogar revitalisierbar erwiesen. Einwanderer v. a. aus der Türkei gründeten seit den 1970er-Jahren kleine Lebensmittelläden mit landestypischen Spezialitäten für ihre Landsleute und gewannen nach und nach immer mehr deutsche Kunden. Läden für Nahrungsmittel aus ökologischem Landbau entwickelten sich von idealistischen Nischenanbietern zu einem dynamischen Spezialsegment des Lebensmittelhandels. Der unverwüstliche „Kiosk an der Ecke" und seit den 1990er-Jahren Tankstellen schlossen die von den Tante-Emma-Läden hinterlassenen Versorgungslücken im Nahbereich. Im ländlichen Raum überlebte der Hausierhandel in der modernen Form des rollenden Verkaufswagens. 1988 waren immerhin 15.300 dieser Fahrzeuge täglich unterwegs und setzten 8 Mrd. DM um.

Blickt man auf die Geschichte des Einzelhandels seit der Industrialisierung, ist der Trend in Richtung Großbetrieb unverkennbar. Die umsatzstärksten Handelsunternehmen sind heute deutlich mächtiger als ihre großindustriellen Zulieferer. Jedoch ergibt sich nicht das Bild eines linearen Prozesses, in dem ein Betriebstyp den anderen ablöste oder gar, wie immer wieder befürchtet wurde, vernichtete. Das markanteste Merkmal der Einzelhandelsgeschichte ist der beständige Wandel und das Nebeneinander sehr unterschiedlicher, sich ergänzender Betriebsformen. Der Handel war immer eingebunden in ein komplexes Bedingungsgefüge ökonomischer, technischer, aber auch sozialer und kultureller Faktoren. Er reagierte jedoch keineswegs nur auf deren Veränderungen, sondern gestaltete sie auch aktiv mit.

Weiterführende Literatur

Haupt, Heinz Gerhard, Konsum und Handel. Europa im 19. und 20. Jahrhundert, Göttingen 2003.
Haverkamp, Michael u. Teuteberg, Hans-Jürgen (Hg.), Unterm Strich. Von der Winkelkrämerei zum E-Commerce, Bramsche 2000.
Pfister, Ulrich, Vom Kiepenkerl zu Karstadt. Einzelhandel und Warenkultur im 19. und frühen 20. Jahrhundert, in: Vierteljahrhefte für Wirtschafts- und Sozialgeschichte 87, 2000, S. 1–36.
Kopper, Christopher, Handel und Verkehr im 20. Jahrhundert, München 2002.
Spiekermann, Uwe, Basis der Konsumgesellschaft. Entstehung und Entwicklung des modernen Kleinhandels in Deutschland 1850–1914, München 1999.

Spiekermann, Uwe, From Neighbour to Consumer. The Transformation of Retailer-Consumer Relationships in Twentieth-Century Germany, in: Frank Trentmann (Hg.), The Making of the Consumer. Knowledge, Power and Identity in the Modern World, Oxford 2006, S. 147–174.

Girschik, Katja, Als die Kassen lesen lernten. Eine Technik- und Unternehmensgeschichte des Schweizer Einzelhandels, 1950–1975, München 2010.

Gellately, Robert, An der Schwelle der Moderne. Warenhäuser und ihre Feinde in Deutschland, in: Peter Alter (Hg.), Im Banne der Metropolen. Berlin und London in den zwanziger Jahren, Göttingen 1993, S. 131–156.

Ullmann, Hans-Peter, „Der Kaiser bei Wertheim" – Warenhäuser im wilhelminischen Deutschland, in: Christof Dipper u. a. (Hg.), Europäische Sozialgeschichte, Berlin 2000, S. 223–236.

Prinz, Michael, Brot und Dividende. Konsumvereine in Deutschland und England vor 1914, Göttingen 1996.

Ditt, Karl, Rationalisierung im Einzelhandel: Die Einführung und Entwicklung der Selbstbedienung in der Bundesrepublik Deutschland, in: Michael Prinz (Hg.), Der lange Weg in den Überfluss. Anfänge und Entwicklung der Konsumgesellschaft seit der Vormoderne, Paderborn 2003, S. 315– 356.

Zukin, Sharon, Point of Sale. How Shopping Changed American Consumer Culture, New York/London 2004.

11 Unternehmensgeschichte als akademische Disziplin

11.1 Geschichte und Institutionen der Unternehmensgeschichte

Die moderne Unternehmensgeschichte hat zwei Wurzeln: Erstens schuf das Bedürfnis von Firmen und Unternehmern nach Selbstdarstellung und Selbstvergewisserung seit dem 19. Jahrhundert eine steigende Zahl von Biografien und Festschriften. Zweitens stammten wissenschaftliche Impulse v. a. von der Historischen Schule der Nationalökonomie, die dem klassischen Liberalismus historisch-genetische Gegenentwürfe entgegensetzte, in denen der Unternehmer eine Schlüsselrolle spielte (siehe Kapitel 2.1). Mit diesem theoretischen Verständnis begannen um 1900 Gelehrte, wissenschaftliche Firmengeschichten zu schreiben und ein Gegengewicht zu dem zuerst von Banken und Verlagen, dann aber auch von großen Industriefirmen gepflegten Festschriftenbrauch zu bilden. Beide Genres reagierten auch auf die zunehmende Kritik an den Unternehmern, an ihren Gewinnen und an der „Ausbeutung" der Arbeiterschaft. Die Unternehmensgeschichte diente somit u. a. der Legitimation einer aufsteigenden, rasch an Reichtum und Einfluss gewinnenden, im öffentlichen Ansehen aber noch lange, v. a. im Bildungsbürgertum umstrittenen Sozialformation und bezog in der Debatte um die „soziale Frage" Stellung zugunsten der Arbeitgeber.

Richard Ehrenberg, der mit dem 1906 erschienenen Buch über die *Unternehmungen der Brüder Siemens* eine der ersten wissenschaftlichen, auf Dokumenten basierenden Firmengeschichten geschrieben hatte, verteidigte z. B. mit der 1912 zusammen mit *Hugo Racine* vorgelegten Studie über *Krupp'sche Arbeiterfamilien* die betriebliche Sozialpolitik der Schwerindustrie. In diese Zeit fiel auch die Gründung erster systematisch gepflegter Unternehmensarchive (Krupp 1905, Siemens 1907). In Großbritannien trat *George Unwin* 1904 mit einer Pionierarbeit über den Ursprung des modernen Unternehmens hervor, die einen Bogen vom Zerfall der Zünfte bis zur Entstehung funktional differenzierter Leitungsstrukturen im 17. Jahrhundert schlug.

Weitere Impulse erhielt die wissenschaftliche Unternehmensgeschichte von der Technikgeschichte und der entstehenden „Privatwirtschaftslehre". Hier verbanden sich die Profilierungsinteressen neuer akademischer Disziplinen mit historischen Fragestellungen. Beide Fachrichtungen wollten aber nicht nur ihre akademische Dignität sichern, sondern hegten auch die aus heutiger Sicht naive Hoffnung, aus der Geschichte allgemeingültige Entwicklungsgesetze ableiten zu können.

In den USA erschienen im 19. Jahrhundert ebenfalls außerhalb der Wissenschaft zahlreiche Firmengeschichten, wobei Kanal- und Eisenbahngesellschaften neben Banken im Vordergrund standen. Die akademische Etablierung des Faches begann in den 1920er-Jahren v. a. an der *Graduate School of Business Administration* der Harvard University, welche die Unternehmensgeschichte als unverzichtbar für die Ausbildung des Führungsnachwuchses ansah. Historische Fallstudien und der Vergleich aktueller und vergangener Führungsmethoden sollten künftigen Managern Entscheidungshilfen an die Hand geben. Mit der Berufung von *Norman Gras* auf den ersten Lehrstuhl für Business History im Jahr 1927 legte Harvard den Grundstein für die Institutionalisierung der amerikanischen Unternehmensgeschichte. Es folgten eigene Publikationsorgane *(Journal of Economic and Business History, 1928–1932; Bulletin of the Business Historical Society, 1926–1953; Business History Review, seit 1954)*.

In seinem Hauptwerk *Business and Capitalism* (1939) gliederte Gras, der stark von Sombart, Ehrenberg und Unwin inspiriert worden war, die Wirtschaftsgeschichte der USA in folgende, jeweils von spezifischen Unternehmertypen geprägte Entwicklungsstadien: „petty, mercantile, industrial, financial, and national capitalism". Ebenfalls 1939 erschien ein von Gras zusammen mit seiner auch in Harvard lehrenden Kollegin *Henrietta M. Larson* geschriebenes Lehrbuch *Casebook in American Business History*. 1947 erreichten Gras and Larson mit der formalen Gründung der *Business History Foundation* eine weitere wichtige Etappe auf dem Weg zur Etablierung des Faches. 1954 entstand mit der *Business History Conference* (BHC) die bis heute zentrale Organisation des Faches in den USA. In Großbritannien nimmt diese Position die *Association of Business Historians* (ABH) ein, in Deutschland die *Gesellschaft für Unternehmensgeschichte* (GUG).

Einen zusätzlichen Impuls erhielt die amerikanische Unternehmensgeschichte durch die Rezeption der Unternehmer- und Innovationstheorie *Joseph Schumpeters* (siehe Kapitel 2.1). Schumpeter selbst beteiligte sich nach einer programmatischen Rede vor der *Economic History Association* an der Gründung des *Research Centre in Entrepreneurial History* in Harvard (1948–1958), das von der *Rockefeller Foundation* und der *Carnegie Corporation* unterstützt wurde. *Arthur H. Cole*, der erste Direktor, sowie *Thomas C. Cochran, Leland H. Jenks* und der 1936 aus Deutschland emigrierte *Fritz Redlich* gruppierten ihre Arbeiten um das Konzept „Entrepreneurship", das sie in einem breiten sozialen Kontext verankerten. Mit den *Explorations in Entrepreneurial History* erhielt das Zentrum eine eigene Zeitschrift. 1959 fasste Cole die wichtigsten Ergebnisse der zehnjährigen Arbeit zusammen, die weit über biografische Studien hinausging. Die Hauptarbeitsgebiete betrafen die Entwicklung von Unternehmertypologien sowie das Verhältnis des Unternehmers zum Unternehmen und seiner Umwelt.

Mitte der 1950er-Jahre entstanden mit *Business History* (1958, England), *Tradition* (1956, Bundesrepublik Deutschland, seit 1977 *Zeitschrift für Unternehmensgeschichte*), *Technology and Culture* (1958, USA), *Histoire des Entreprises* (1958–1963, Frankreich, seit 1996 *Histoire & Entreprises*) zahlreiche neue Zeitschriften, die das wachsende Interesse am Fach widerspiegeln. In der Bundesrepublik dieser Zeit gehörte *Wilhelm Treue* (Hannover) zu den aktivsten Unternehmenshistorikern, dessen Initiative auch die Gründung der *Tradition* zu verdanken ist.

Ironischerweise erhielt die Unternehmensgeschichte auch durch Krisen ihres Gegenstands weiteren Auftrieb. Zum einen sahen sich Firmen und Unternehmer seit den späten 1960er-Jahren im Gefolge der Studentenbewegung scharfer Kritik ausgesetzt, wodurch ein neuer Legitimationsdruck entstand, dem die Firmen mit verstärkter Public-Relations-Arbeit begegneten. Auch die Pflege der eigenen Geschichte war unzweifelhaft ein Teil des Versuchs, aus der gesellschaftspolitischen Defensive herauszukommen.

Zum anderen gerieten die alten Industrieländer seit den 1960er-Jahren in Strukturkrisen, in deren Verlauf die lange dominierenden Hauptbranchen der industriellen Revolution (Bergbau, Eisen, Stahl, Textil) binnen weniger Jahre massiv schrumpften. Diese tiefgreifenden Umbrüche führten zur Gründung zahlreicher Industriemuseen und Archive, die zu Stätten lebhafter unternehmenshistorischer Forschung geworden sind. Das abrupte Abbrechen lebensweltlich prägender Traditionen schuf das Bedürfnis nach Sicherung und Auswertung der Überreste. In den 1970er- und 1980er-Jahren gehörte der Bonner Wirtschaftshistoriker *Hans Pohl* zu den einflussreichsten Vertretern des Faches in der Bundesrepublik.

Eine Sonderentwicklung nahm die Unternehmensgeschichte in den sozialistischen Ländern Osteuropas. Dort genoss sie die besondere Wertschätzung der Staats- und Parteiführungen, da sie als ein Instrument zur Erziehung und Motivation der Werktätigen galt. Die Leistungen der Arbeiter sollten glorifiziert und der proletarische Klassenstolz gepflegt werden. Damit stellte man sich der westlichen Geschichtsschreibung entgegen, die sich in vielen Fällen dem wirtschaftsbürgerlichen Klassenstolz verpflichtet hatte und v. a. die Leistungen der Unternehmer würdigte.

Wegweisend war das 1931 verkündete Projekt „Geschichte der Fabriken und Werke" des Zentralkomitees der KPdSU. Arbeiter sollten unter Anleitung von Wissenschaftlern und nach inhaltlichen Vorgaben des Zentralkomitees die Geschichte der wichtigsten Industriewerke der Sowjetunion selbst verfassen. Diese durch die stalinistischen Säuberungen 1938 unterbrochene Initiative wurde in den späten 1950er-Jahren wieder aufgegriffen und in der DDR unter dem Begriff *Betriebsgeschichte* etabliert. Deren Aufgabe war es, einen Beitrag zur „Schlacht der Ideologien" zu liefern, d. h. der westlichen Unternehmensgeschichte entgegenzutreten und „den heroischen [...] Kampf der Arbeiter [...] in den Betrieben" und „das Wirken der revolutionären Partei" zu untersuchen. Trotz offizieller Förderung durch die SED und die Gewerkschaften scheiterte die Einbeziehung der Arbeiter, die zumeist weder in der Lage noch willens waren, die Geschichte ihrer Werke zu schreiben und damit ihre im Alltag erfahrene Gängelung auch noch auf die Freizeit auszudehnen. Daher verlagerte sich der Schwerpunkt der Betriebsgeschichte seit den 1960er-Jahren in den akademischen Bereich. Am Institut für *Wirtschaftsgeschichte* der Akademie der Wissenschaften der DDR gab es eine eigene Abteilung für Betriebsgeschichte. Das 1960 begründete wirtschaftshistorische Zentralorgan der DDR, das *Jahrbuch für Wirtschaftsgeschichte*, widmete sich regelmäßig betriebsgeschichtlichen Themen und dokumentierte die große Zahl einschlägiger Publikationen.

In den 1960er-Jahren erhielt die Betriebsgeschichte auch den Auftrag, die Modernisierungsversuche der DDR-Wirtschaft im Rahmen des Neuen Ökonomischen Systems der Planung und Leitung (NÖSPL) zu unterstützen. Damit traten verstärkt betriebswirtschaftliche Fragen neben ideologische Vorgaben. „Vor allem müssen die

Betriebsgeschichten [...] Kenntnisse vom [...] Produktionsablauf [...] vermitteln [...] und die Liebe zur Arbeit fördern helfen." Daher kam es zu einer Professionalisierung der Betriebsgeschichte und im Klima der politischen Entspannung der 1980er-Jahre zu einem Abbau der ideologischen Überfrachtung. Methodisch blieb die Betriebsgeschichte weit hinter den führenden westlichen Unternehmenshistorikern zurück. Keinesfalls sollte man jedoch die Niveauunterschiede überbetonen. Auch im Westen orientierten sich viele Unternehmenshistoriker an wissenschaftsfremden Vorgaben. Isolierte Einzelfallstudien, die weder systematische Vergleiche ermöglichten noch allgemeine Fragestellungen aufgriffen oder sich mit der Theorie auseinandersetzten, bestimmten noch lange das Bild. Hinzu kam die Nähe mancher Autoren zu den Unternehmen, die gut dotierte Auftragsarbeiten vergaben und sich kritische Ausführungen verbaten.

Internetadressen unternehmenshistorischer Fachvereinigungen

Arbeitskreis für kritische Unternehmensgeschichte (AKKU):
http://www.kritische-unternehmensgeschichte.de

Association of Business Historians: http://www.abh-net.org

Business History Conference (BHC): http://www.thebhc.org

Committee for the History of Retailing and Distribution (CHORD):
http://www.wlv.ac.uk/research/research-institutes-and-centres/centre-for-historical-research/centre-for-the-history-of-retailing-and-distribut

Conference on Historical Analysis & Research in Marketing (CHARM): http://www.charmassociation.org

Economic and Business Historical Society (EBHS): http://www.ebhsoc.org

European Association for Banking History (EABH): http://www.bankinghistory.de

European Business History Association (EBHA): http://www.ebha.org

The Exchange. The Business History Conference Weblog: http://exchange-bhc.blogspot.de

Gesellschaft für Unternehmensgeschichte (GUG): http://www.unternehmensgeschichte.de

Institut für bankhistorische Forschung: http://www.ibf-frankfurt.de

Vereinigung deutscher Wirtschaftsarchivare (VdW): http://www.wirtschaftsarchive.de

In der Bundesrepublik wurde 1976 die *Gesellschaft für Unternehmensgeschichte* (GUG) gegründet, in der Wissenschaftler, Unternehmer, Mitarbeiter von Firmen und Angehörige des öffentlichen Lebens die unternehmenshistorische Forschung fördern. Einen engeren, stärker akademischen Fokus besitzt der *Arbeitskreis für kritische Unternehmensgeschichte* (AKKU), der 1989 von jüngeren Forschern als Kontrapunkt zur GUG ins Leben gerufen wurde und sich um eine verstärkte theoretische Fundierung und interdisziplinäre Ausrichtung der Forschung bemüht. Der AKKU publiziert seit 1991 das Mitteilungsblatt *Akkumulation*. Beide Vereinigungen geben eigene Schriftenreihen heraus. Sowohl die *Schriftenreihe zur Zeitschrift für Unternehmensgeschichte* als auch die *Bochumer Schriften zur Unternehmens- und Industriegeschichte* dokumentieren eindrucksvoll die Vielfalt und die steigende Qualität der deutschen Unternehmensgeschichtsschreibung. Die bereits seit 1957 existierende *Vereinigung deutscher Wirtschaftsarchivare* (VdW), die seit 1967 die Zeitschrift *Archiv und Wirtschaft* herausgibt, richtete 1999 einen *Arbeitskreis für Unternehmensgeschichte* ein. In den USA wurde 1975 *The Economic and Business Historical Society* (EBHS) gegründet, deren Zeitschrift *Essays in Economic and Business History* heißt.

In den 1990er-Jahren differenzierte sich die Unternehmensgeschichte aus, indem spezielle Vereinigungen und Zeitschriften für einzelne Teilgebiete entstanden wie *Accounting, Business & Financial History* (1991), *Financial History Review* (1994) und *Journal of Industrial History* (1998). Seit 1983 richten Marketinghistoriker regelmäßige Treffen aus. 1997 haben sie sich zur *Conference on Historical Analysis & Research in Marketing* (CHARM) zusammengeschlossen. Das *Committee for the History of Retailing and Distribution* (CHORD), gegründet 1998, widmet sich der Geschichte des Einzelhandels und des Absatzes. Die seit 2000 in Nachfolge der *Business and Economic History Review* (1962–1999) erscheinende *Enterprise and Society* vertritt dagegen einen weiten Ansatz, der bewusst sozial- und kulturgeschichtliche Fragestellungen einbezieht. Dasselbe trifft auch auf die 1992 in Frankreich neu gegründete *Entreprises et Histoire* zu.

Ein weiterer neuer Trend ist die zunehmende Internationalisierung des Faches. Die 1994 gegründete *European Business History Association* (EBHA) ist der mitgliederstärkste europäische Forscherverbund. 1997 wurde die *Society for European Business History* (SEBH) ins Leben gerufen, die seit 1998 das thematisch breit angelegte *European Yearbook of Business History* herausgibt. Zusammen mit der 1990 entstandenen *European Association for Banking History* (EABH) und der GUG hat sich die SEBH zum *Centre for European Business History* (CEBH) in Frankfurt/Main zusammengeschlossen.

Wichtige Internetforen und Links

H-Business: https://networks.h-net.org/h-business
Größtes Forum des Faches. Rezensionen, Diskussionszirkel, Newsletter, Fachzeitschriften. Zielgruppe: Unternehmensgeschichte

Economic History Services: http://www.eh.net
Ankündigungen und Berichte von Tagungen, Datenbanken, Links zu Fachgesellschaften. Zielgruppe: Allgemeine Wirtschaftsgeschichte

Humanities. Sozial- und Kulturgeschichte. Kommunikation und Fachinformation für die Geschichtswissenschaften: http://hsozkult.geschichte.hu-berlin.de
Ankündigungen und Berichte von Tagungen, Rezensionen, Diskussionsforen. Zielgruppe: Allgemeine Geschichtswissenschaft

Aus den regionalen Bezügen der Unternehmensgeschichte erwuchsen zahlreiche Initiativen, die in Museen und Archiven sowie regionalen Fachgesellschaften ihren Kristallisationspunkt fanden. Als prominente Beispiele sind das *Centre for Business History in Scotland* (Glasgow), das *Hagley*

Museum mit dem angeschlossenen *Centre for the History of Business, Technology, and Society* in Wilmington, Delaware (USA) oder die *Gesellschaft für Westfälische Wirtschaftsgeschichte* im Ruhrgebiet zu nennen.

Regionale Wirtschaftsarchive

Baden-Württemberg, Stuttgart-Hohenheim: http://wabw.uni-hohenheim.de

Bayern, München: http://bwa.archiv.net

Berlin-Brandenburg, Berlin: http://www.bb-wa.de

Hamburg, Hamburg: https://www.hk24.de/servicemarken/ueber_uns/hk_gruppe/wirtschaftsarchiv

Hessen, Darmstadt: http://www.hessischeswirtschaftsarchiv.de

Mecklenburg-Vorpommern, Schwerin, ohne Website

Niedersachsen, Braunschweig: www.nwa.niedersachsen.de

Nord-West-Niedersachsen, Emden: http://www.wirtschaftsarchiv-nordwest.de

Rheinland, Köln: http://www.archive.nrw.de/wirtschaftsarchive/RWWAKoeln/wir_ueber_uns/index.php

Sachsen, Leipzig: http://www.swa-leipzig.de

Thüringen, Erfurt: http://www.twa-thueringen.de/www/twa

Westfalen, Dortmund: http://www.archive.nrw.de/wirtschaftsarchive/WWADortmund/wir_ueber_uns/index.php

Viele der in verschiedenen Bundesländern existierenden, zumeist von den Industrie- und Handelskammern getragenen Wirtschaftsarchive arbeiten eng mit regionalen Arbeitskreisen und Vereinigungen zusammen. Ihre Hauptaufgabe ist die fachgerechte Aufbewahrung und Erschließung der historischen Dokumente von Firmen und Kammern, die kein eigenes Archiv haben. Sie sind zugleich die wichtigsten Partner der Forschung. Hier finden Unternehmenshistoriker Geschäftskorrespondenzen, Buchhaltungsunterlagen, Werbematerialien und andere Originalunterlagen, die geordnet und durch Findbücher erschlossen sind, sodass ein schneller, systematischer Zugriff möglich ist. Ohne qualifiziert geführte Archive könnten Publikationsvorhaben und Projekte nicht durchgeführt werden. Die Errichtung von Wirtschaftsarchiven in allen Bundesländern ist unbedingt erforderlich. Daneben wird zahlreiches Schriftgut von Unternehmen in staatlichen, kommunalen oder firmeneigenen Archiven aufbewahrt.

Archivführer

Verzeichnis von Archiven mit Internetauftritt weltweit:
http://www.archivschule.de/DE/service/archive-im-internet

Verzeichnisse von Wirtschafts- und Unternehmensarchiven:
http://www.wirtschaftsarchive.de/wap/wirtschftsarchivportal-wap
http://www.euroarchiveguide.org/links/Business-History.htm

Wirtschafts- und Unternehmensarchive in Hessen:
https://arcinsys.hessen.de/arcinsys/start

Wirtschafts- und Unternehmensarchive in Nordrhein-Westfalen:
http://www.archive.nrw.de/wirtschaftsarchive/index.php

Unternehmensüberlieferungen in britischen Archiven:
http://www.nationalarchives.gov.uk/help-with-your-research/research-guides/companies-and-businesses-further-research

Deutsche Wirtschaftsarchive, 3 Bde, hg. v. der Gesellschaft für Unternehmensgeschichte:
–Bd. 1: Schwärzel, Renate (Bearb.), Nachweis historischer Quellen in Unternehmen, Körperschaften des Öffentlichen Rechts (Kammern) und Verbänden der Bundesrepublik Deutschland, Stuttgart 1994.
–Bd. 2: Pohle, Monika u. a. (Bearb.), Kreditwirtschaft, Stuttgart 1988.
–Bd. 3: Duda, Ulrike (Bearb.), Bestände von Unternehmen, Unternehmern, Kammern und Verbänden der Wirtschaft in öffentlichen Archiven der Bundesrepublik Deutschland, Wiesbaden 1991.

Richmond, Lesley u. Stockford, Bridget, Company Archives. A Survey of the Records of 1000 of the first Registered Companies in England and Wales, Aldershot 1986.

Orbell, John, A Guide to Tracing the History of a Business, Aldershot 2009.

Snyder, Terry (Hg.), Business History in the United States: A Guide to Archival Collections, (Reference Guide des Deutschen Historischen Instituts, 25), Washington DC 2010.

Unter den vielen Museen mit unternehmenshistorischen Bezügen sind in Deutschland das Rheinische und das Westfälische Industriemuseum in Oberhausen bzw. Dortmund, das Hamburger Museum der Arbeit, das Deutsche Museum in München, das Berliner Museum für Technik und Verkehr, das Landesmuseum für Technik und Arbeit in Mannheim oder die Sächsischen Industriemuseen zu nennen. Daneben gibt es diverse von Unternehmen betriebene Museen.

Technik- und Industriemuseen

Technik- und Industrie-Museen: http://www.stroetgen.de/VL-Museen

Links zu Industrie- und Technikmuseen im deutschsprachigen Raum
Netzwerk Unternehmensmuseen: http://www.unternehmensgeschichte.de/?seite=netzwerk_unternehmensmuseen

Unternehmensmuseen online – UMO: http://www.unternehmensmuseen.de

Wikipedia-Artikel, Industrial Archeology, https://en.wikipedia.org/wiki/Industrial_archaeology
Informationen zur Geschichte des Faches und Links zu Industrie- und Technikmuseen und industriearcheologischen Fachgesellschaften weltweit

Mikus, Anne u. Schwärzel, Renate, Firmenmuseen in Deutschland. Von Automobilen bis Zuckerdosen, Bremen 1996.
Verzeichnis von Unternehmensmuseen

Seit den 1940er-Jahren gingen im angloamerikanischen Raum immer mehr Universitäten, Colleges und Business Schools dazu über, Unternehmensgeschichte zu lehren und entsprechende Professuren, Studiengänge oder auch Zentren einzurichten. An der Universität Reading (Großbritannien) gibt es mit dem *Centre for International Business History* eine renommierte, europaweit beachtete Institution. Weitere Zentren an europäischen Hochschulen befinden sich u. a. in Glasgow, Leeds, Manchester, London (LSE), Kopenhagen, Rotterdam, und Oslo.

In Deutschland konnte das Fach noch keine eigenen universitären Zentren und Studiengänge einrichten. Unternehmensgeschichte wird überwiegend an geschichts-, wirtschafts- und sozialwissenschaftlichen Fakultäten unterrichtet, oft als Wahlfach oder als Teilgebiet der Wirtschafts- und Sozialgeschichte. Schwerpunkte der Lehre sind u. a. Frankfurt, Marburg, Göttingen und Bayreuth. Daneben befasst sich die Technikgeschichte, die an ingenieurwissenschaftlichen Fakultäten gelehrt wird, mit unternehmensgeschichtlichen Inhalten. Die Vielzahl der interdisziplinären Anknüpfungspunkte des Faches, die bis in die Ethnologie und die Rechtswissenschaften reichen, gehört zu seinen großen Vorzügen und Potenzialen. In einer Wissenschaftslandschaft, die trotz anderslautender Beteuerungen immer noch eng durch die klassischen Fächergrenzen strukturiert wird, ist die Stellung „zwischen allen Stühlen" ein großer Wettbewerbsnachteil im Kampf um knappe Ressourcen. Daher gehört die bessere institutionelle Verankerung des Faches zu den Hauptaufgaben der Zukunft.

Weiterführende Literatur zur Geschichte des Faches

Berghoff, Hartmut, Business History, in: James D. Wright (Hrsg.), International Encyclopedia of the Social and Behavioral Sciences, 2. Ausg., 3. Band, Oxford 2015, S. 21–26.

Amatori, Franco u. Jones, Geoffrey (Hg.), Business History Around the World, Cambridge 2003.

Pierenkemper, Toni, Unternehmensgeschichte. Eine Einführung in ihre Methoden und Ergebnisse, Stuttgart 2000, S. 28–64.

Redlich, Fritz, Anfänge und Entwicklung der Firmengeschichte und Unternehmerbiographie. Das deutsche Geschäftsleben in der Geschichtsschreibung, Würzburg 1974.

Kluge, Arnd, Betriebsgeschichte in der DDR – ein Rückblick, in: Zeitschrift für Unternehmensgeschichte 38, 1993, S. 49–62.

11.2 Wegweiser zur Fachliteratur

Vier unverzichtbare Zeitschriften

Business History
Business History Review
Enterprise and Society
Zeitschrift für Unternehmensgeschichte

Weitere unternehmenshistorische Zeitschriften

Accounting. Business and Financial History
Akkumulation
Archiv und Wirtschaft
Bankhistorisches Archiv
Business Archives. Sources and History
Business and Economic History On-Line: http://www.thebhc.org/beh-online
Entreprises et Histoire
Essays in Economic and Business History
Industrial and Corporate Change
Jahrbuch der Gesellschaft für mitteleuropäische Banken- und Sparkassengeschichte
Journal of Industrial History
Journal of Historical Research in Marketing
Journal of Management History
Scottish Industrial History Journal

Wirtschafts- und technikhistorische Zeitschriften

Economic History
Economic History Review
European Review of Economic History
Explorations in Economic History
Financial History Review
Jahrbuch für Wirtschaftsgeschichte/Journal of European Economic History
Scandinavian Economic Review
Scripta Mercaturae
Technikgeschichte
Technology and Culture
Vierteljahrschrift für Sozial- und Wirtschaftsgeschichte

Historische Zeitschriften

Archiv für Sozialgeschichte
Geschichte und Gesellschaft
Historische Zeitschrift
Neue Politische Literatur
Vierteljahrshefte für Zeitgeschichte
Zeithistorische Forschungen/Studies in Contemporary History

Bibliografien

Corsten, Hermann u. Walb, Ernst (Hg.), Hundert Jahre Deutscher Wirtschaft in Fest- und Denkschriften. Eine Bibliographie, Köln 1937.
Aubin, Hermann, Verzeichnis der Fest- und Denkschriften von Unternehmungen und Organisationen im Hamburger Weltwirtschaftsarchiv, Hamburg 1961.

Larson, Henrietta Melia, Guide to Business History. Materials for the Study of American Business
    History and Suggestions for their Use, Cambridge/Mass. 1948.
Goodall, Francis u. a. (Hg.), International Bibliography of Business History, London 1997.

Sammelrezensionen und Literaturberichte

Jaeger, Hans, Unternehmensgeschichte in Deutschland seit 1945. Schwerpunkte – Tendenzen –
    Ergebnisse, in: Geschichte und Gesellschaft 18, 1992, S. 107–132.
Erker, Paul, Aufbruch zu neuen Paradigmen. Unternehmensgeschichte zwischen sozialgeschicht-
    licher und betriebswirtschaftlicher Erweiterung, in: Archiv für Sozialgeschichte 37, 1997,
    S. 321–365.
Bührer, Werner, Neue Forschungen zur deutschen Wirtschafts- und Unternehmensgeschichte der
    ersten Hälfte des 20. Jahrhunderts, in: Neue Politische Literatur 44, 1999, S. 25–39.
Erker, Paul, „A New Business History"? Neuere Ansätze und Entwicklungen in der Unternehmens-
    geschichte, in: Archiv für Sozialgeschichte 42, 2002, S. 557–604.
Banken, Ralf, Kurzfristiger Boom oder langfristiger Forschungsschwerpunkt? Die neuere deutsche
    Unternehmensgeschichte und die Zeit des Nationalsozialismus, in: Geschichte in Wissenschaft
    und Unterricht 56, 2005, S. 183–196.
Erker, Paul, „Externalisierungsmaschine" oder „Lizenznehmer der Gesellschaft"? Trends, Themen
    und Theorien in der jüngsten Unternehmensgeschichtsschreibung, in: Archiv für Sozialge-
    schichte 46, 2006, S. 605–658.

Biografische und unternehmenshistorische Sammelwerke

Deutsche Biographie: http://www.deutsche-biographie.de
Neue Deutsche Biographie (NDB) – *Informationen zu mehr als 130.000 verstorbenen Persönlichkei-
    ten, die durch ihre Leistungen politische, ökonomische, soziale, wissenschaftliche, technische
    oder künstlerische Entwicklungen wesentlich beeinflusst haben. Für den deutschen Sprach- und
    Kulturraum gilt die NDB als das maßgebliche biografische Lexikon.*
Rheinisch-Westfälische Wirtschaftsbiographien, Münster 1931ff.
Daniels, Lorna M., Studies in Enterprise. A Selected Biography of American and Canadian Companies
    and Biographies of Businessmen, Boston 1957.
Ingham, John N., Biographical Dictionary of American Business Leaders, 4 Bde, Westport 1983.
Jeremy, David J. (Hg.), Dictionary of Business Biography, 6 Bde, London 1984–1986.
Slaven, Anthony u. Checkland, Sydney George (Hg.), Dictionary of Scottish Business Biography,
    2 Bde, Aberdeen 1986–1990.
Derdak, Thomas (Hg.), International Directory of Company Histories, bislang 171 Bde, Chicago
    1988ff.
Liedtke, Rüdiger, Wem gehört die Republik? Die Konzerne und ihre Verflechtungen. Namen, Zahlen,
    Fakten, Frankfurt/M. 1991ff.
Immigrant Entrepreneurship. German-American Business Biographies (online dictionary),
    http://www.immigrantentrepreneurship.org

Wirtschaftshistorische Überblicksdarstellungen

Buchheim, Christoph, Industrielle Revolutionen. Langfristige Wirtschaftsentwicklung in Großbritan-
    nien und Übersee, München 1994.

Spree, Reinhard (Hg.), Geschichte der deutschen Wirtschaft im 20. Jahrhundert, München 2001.

Spoerer, Mark u. Streb, Jochen, Neue deutsche Wirtschaftsgeschichte des 20. Jahrhunderts, München 2013.

Cameron, Rondo E., Geschichte der Weltwirtschaft, Bd. 1 u. 2, Stuttgart 1991/92.

Eichengreen, Barry J., Globalizing Capital. A History of the International Monetary System, Princeton 1996.

Foreman-Peck, James, A History of the World Economy. International Economic Relations since 1850, 2. Aufl., New York 1995.

Henning, Friedrich-Wilhelm, Handbuch der Wirtschafts- und Sozialgeschichte Deutschlands, Bd. 1–3/II, Paderborn 1991–2013.

North, Michael (Hg.), Deutsche Wirtschaftsgeschichte. Ein Jahrtausend im Überblick, München 2000.

Walter, Rolf, Wirtschaftsgeschichte. Vom Merkantilismus bis zur Gegenwart, 5. Aufl., Köln 2011.

Einführungen in die Geschichtswissenschaft

Freytag, Nils, Kursbuch Geschichte, 5. Aufl., Stuttgart 2011.

Eibach, Joachim u. Lottes, Günther (Hg.), Kompass der Geschichtswissenschaft. Ein Handbuch, 2. Aufl., Göttingen 2011.

Goertz, Hans-Jürgen (Hg.), Geschichte. Ein Grundkurs, Reinbek b. Hamburg 1998.

Borowsky, Peter u. a., Einführung in die Geschichtswissenschaft I. Grundprobleme, Arbeits-organisation, Hilfsmittel, 5. Aufl., Opladen 1989.

Evans, Richard J., In Defence of History, London 2011.

Jordan, Stefan, Theorien und Methoden der Geschichtswissenschaft, 2. Aufl., Stuttgart 2013.

Carr, Edward H., Was ist Geschichte?, Stuttgart 1977.

Einführungen in die Wirtschaftsgeschichte

Ambrosius, Gerold u. a. (Hg.), Moderne Wirtschaftsgeschichte. Eine Einführung für Historiker und Ökonomen, 2. Aufl., München 2006.

Buchheim, Christoph, Einführung in die Wirtschaftsgeschichte, München 1997.

Plumpe, Werner (Hg.), Wirtschaftsgeschichte, Stuttgart 2008.

Pierenkemper, Toni, Wirtschaftsgeschichte. Eine Einführung oder: Wie wir reich wurden, München/ Wien 2005.

Cipolla, Carlo M., Between History and Economics. An Introduction to Economic History, Oxford 1991.

Einführungen in die Betriebswirtschaftslehre

Pepels, Werner (Hg.), Betriebswirtschaftslehre im Nebenfach. Das Kernwissen der BWL für Nicht-Ökonomen, Stuttgart 1999.

Albach, Horst, Allgemeine Betriebswirtschaftslehre, 3. Aufl., Wiesbaden 2001.

Wöhe, Günter u. Döring, Ulrich, Einführung in die Allgemeine Betriebswirtschaftslehre, 25. Aufl., München 2013.

Neus, Werner, Einführung in die Betriebswirtschaftslehre aus institutionenökonomischer Sicht, 9. Aufl., Tübingen 2015.

Einführungen in die Volkswirtschaftslehre

Siebert, Horst u. Lorz, Oliver, Einführung in die Volkswirtschaftslehre, 15. Aufl., Stuttgart 2007.

Baßeler, Ulrich; Heinrich, Jürgen u. Utech, Burkhard, Grundlagen und Probleme der Volkswirtschaft, 19. Aufl., Stuttgart 2010.

Grundzüge der Volkswirtschaftslehre: Eine Einführung in die Wissenschaft von Märkten, 4. Aufl., München 2015.

Mankiw, Gregory u. Taylor, Mark P., Grundzüge der Volkswirtschaftslehre, 5. Aufl., Stuttgart 2012.

Nachschlagwerke: Volks- und Betriebswirtschaftslehre

Kompakt-Lexikon Wirtschaft: 5.400 Begriffe nachschlagen, verstehen, anwenden, 12. Aufl., Wiesbaden 2014.

Wagner, Adolf, Volkswirtschaft für jedermann. Die marktwirtschaftliche Demokratie, 3. Aufl., München 2009.

Rürup, Bert, Fischer Wirtschaftslexikon, 3. Aufl., Frankfurt/M. 2004.

Pepels, Werner (Hg.), Das neue Lexikon der BWL. Betriebswirtschaft, Wirtschaftsinformatik, Wirtschaftsrecht, Berlin 2002.

Gabler Wirtschafts-Lexikon, 18. Aufl., Wiesbaden 2011.

Albers, Willi u. a. (Hg.), Handwörterbuch der Wirtschaftswissenschaften, 10 Bde, Stuttgart 1976–1983.

Quellenverzeichnis

Grafiken und Bilder

Abb. 1.1: Henry Ford with Model T, 1921 by Unbekannt, New York, https://commons.wikimedia.org/wiki/File%3AFord_1921.jpg, is licensed under a Creative Commons license: https://creativecommons.org/publicdomain/zero/1.0/deed.de; **Abb. 1.2:** Kristall 15, 1960, S. 365; **Abb. 2.1:** Gustav von Schmoller by Nicola Perscheid (1864–1930) published in Berliner Illustrirte Zeitung 25/1908, http://www.gettyimages.co.uk/photos/schmoller-gustav?family=editorial&assettype=image&excludenudity=false&page=1&phrase=Schmoller,%20Gustav&sort=best, Public Domain: https://commons.wikimedia.org/wiki/File%3AGustav_von_Schmoller_by_Nicola_Perscheid_c1908.jpg; **Abb. 2.2:** Eigene Darstellung nach Nikolai D. Kondratjew, Die langen Wellen der Konjunktur. in: Archiv für Sozialwissenschaft und Sozialpolitik 56, 1926, S. 573–609; **Abb. 2.3:** Picture of F. A. Hayek by DickClarkMises, übertragen aus en.wikipedia nach Commons durch JohnDoe0007, https://commons.wikimedia.org/wiki/File%3AFriedrich_Hayek_portrait.jpg , is licensed under a Creative Commons license: https://creativecommons.org/licenses/by-sa/3.0/deed.de; **Abb. 2.4:** Eigene Darstellung nach Wolfgang H. Staehle, Management. Eine verhaltenswissenschaftliche Perspektive, 4. Aufl., München 1989, S. 389; **Abb. 2.5:** Scanned photo of Ronald Coase from UChicago Law archives by University of Chicago Law School, Coase-Sandor Institute for Law and Economics, University of Chicago Law School, https://commons.wikimedia.org/wiki/File%3ACoase_scan_10_edited.jpg; **Abb. 2.6:** Waaren-Bestand by Soter Keskari, Own Family, Public Domain: https://commons.wikimedia.org/wiki/File:1868_02_13_Soter_Keskari_Warenbestand-1.jpg; **Abb. 2.7:** Eigene Darstellung; **Abb. 3.1:** Eigene Darstellung; **Abb. 3.2:** Eigene Darstellung; **Abb. 3.3:** Consolidated B-32-1-CF (S/N 42-108471), the first B-32 built after modification to Block 20 standards. U.S. Air Force photo by National Museum of the U.S. Airforce, Public Domain: https://en.wikipedia.org/wiki/Consolidated_B-32_Dominator#/media/File:B32.jpg; **Abb. 3.4:** Eigene Darstellung; **Abb. 3.5:** MAN. Historisches Archiv und MAN-Museum; **Abb. 3.6:** Werksarchiv MAN; **Abb. 3.7:** Maschinenfabrik Esslingen Mitte des 19. Jahrhunderts by Unknown, Scan from Bernd Beck: Schwäbische Eisenbahn. Bilder von der Königlich Württembergischen Staatseisenbahn. ISBN 3-921580-78-1, page 78, Public Domain: https://commons.wikimedia.org/wiki/File%3AMaschinenfabrik_Esslingen_Mitte_19_Jhdt.png; **Abb. 3.8:** Maschinenfabrik Esslingen 1906 by Unknown, Scan from Bernd Beck: Schwäbische Eisenbahn. Bilder von der Königlich Württembergischen Staatseisenbahn. ISBN 3-921580-78-1, page 97, Public Domain: https://commons.wikimedia.org/wiki/File%3AMaschinenfabrik_Esslingen_1906-2.jpg; **Abb. 3.9:** Eigene Darstellung nach Alfred D. Chandler, The Visible Hand. The Managerial Revolution in American Business, Cambridge/Mass. 1977, S. 108; **Abb. 3.10:** Historisches Archiv Krupp, Essen; **Abb. 3.11:** thyssenkrupp Konzernarchiv, Duisburg; **Abb. 3.12:** Eigene Darstellung; **Abb. 3.13:** Eigene Darstellung nach Wilfried Feldenkirchen, Siemens 1918–1945, München 1995, S. 45; **Abb. 3.14:** Eigene Darstellung; **Abb. 3.15:** Siemens Corporate Archives; **Abb. 3.16:** Siemens Corporate Archives; **Abb. 4.1:** Eigene Darstellung nach Hans-Eduard Hauser (Hg.), SMEs in Germany. Facts and Figures 2000, Bonn 2000, S. 5; **Abb. 4.2:** Eigene Darstellung nach Statistische Jahrbücher der Bundesrepublik Deutschland, 1955–2002; **Abb. 4.3:** Weiterentwicklung von Stephan A. Jansen u. Günter Müller-Stewens, Pre- und Post-Merger-Integration bei grenzüberschreitenden Zusammenschlüssen, in: Stephan A. Jansen u. a. (Hg.), Internationales Fusionsmanagement – Erfolgsfaktoren grenzüberschreitender Zusammenschlüsse, Stuttgart 2001, S. 3. u. 4; **Abb. 4.4:** Heinz Nixdorf, deutscher Computerpionier und Unternehmer, HeinzNixdorfForum/Heinz-Nixdorf-Stiftung, https://commons.wikimedia.org/wiki/File:NIXDORF_SW.jpg, is licensed under a Creative Commons license: https://creativecommons.org/

licenses/by-sa/2.0/de/deed.en; **Abb. 4.5:** nixdorf portabel, 8010/25 aus dem Bestand des Computermuseums der HTW Berlin; **Abb. 4.6:** Wirtschaftsarchiv Baden-Württemberg, Stuttgart; **Abb. 4.7:** Diverse Publikationen Statistisches Bundesamt und Deutsche Bundesbank; **Abb. 5.1:** Siemens Corporate Archives; **Abb. 5.2:** 1892 Singer sewing machine advertisement card, distributed at World Columbian Exposition, Chicago, 1893, showing six people from Zululand (South Africa) with Singer sewing machine by Library of Congress Prints and Photographs Division Washington, D.C. 20540 USA, http://loc.gov/pictures/resource/cph.3g02763/, Printed for Singer Manufacturing Co. by J. Ottmann Lith. Co., New York, Public Domain: https://commons.wikimedia.org/wiki/File:Zululand,_advertisement_card_for_Singer_sewing_machines,_1892.jpg; **Abb. 5.3:** IBM Photo; **Abb. 5.4:** Eigene Darstellung nach Horst Siebert, The World Economy, London 1999, S. 12; **Abb. 6.1:** Eigene Darstellung nach Terrence E. Deal u. Allan A. Kennedy, Corporate Cultures. The Rites and Rituals of Corporate Life, Reading/Mass 1982; **Abb. 6.2:** Pressebildarchiv der Robert Bosch GmbH; **Abb. 6.3:** Portal der Villa Bosch in Stuttgart by Stefan Klage, Own Work, https://commons.wikimedia.org/wiki/File:Portal_zur_Villa_Bosch_%28Stuttgart%29.JPG, is licensed under a Creative Commons license: https://creativecommons.org/publicdomain/zero/1.0/deed.en; **Abb. 6.4:** Historisches Archiv Krupp, Essen; **Abb. 6.5:** Die Woche 7, 1905, S. 2074 und Kristall 4, 1949, Nr. 14, S. 20; **Abb. 6.6:** Eigene Darstellung; **Abb. 7.1:** Rheinisch Westfälisches Wirtschaftsarchiv, Köln; **Abb. 7.2:** Eigene Darstellung nach Mark Spoerer, Von Scheingewinn zum Rüstungsboom. Die Eigenkapitalrentabilität der deutschen Industrieaktiengesellschaften 1925–1941, Stuttgart 1996, S. 147, 176–179; **Abb. 7.3:** Bundesarchiv, Bild 102-16145, Fotograf: Georg Pahl; **Abb. 7.4:** Arno Breker, Albert Speer (1940) by Jos43 at Dutch Wikipedia, Transferred from nl.wikipedia to Commons, https://upload.wikimedia.org/wikipedia/commons/0/09/Arno_Breker%2C_Albert_Speer_%281940%29.jpg, is licensed under a Creative Commons license: http://creativecommons.org/licenses/by-sa/2.5/; **Abb. 7.5:** thyssenkrupp Konzernarchiv, Duisburg; **Abb. 7.6:** Der Streik, Robert Koehler (1850–1917), München, 1886, Öl/Leinwand, Inv.Nr.: 1990/2920 © Deutsches Historisches Museum, Berlin; **Abb. 7.7:** Eigene Darstellung nach Ludger Lindlar, Das mißverstandene Wirtschaftswunder, Tübingen 1997, S. 203; **Abb. 8.1:** Historisches Archiv Krupp, Essen; **Abb. 8.2:** Historisches Archiv Krupp, Essen; **Abb. 8.3:** Historisches Archiv Krupp, Essen; **Abb. 8.4:** Siemens Corporate Archives; **Abb. 8.5:** Helwett-Packard; **Abb. 9.1:** Eigene Darstellung nach Almut Bohnsack, Spinnen und Weben. Entwicklung von Technik und Arbeit im Textilgewerbe, Reinbek 1981, S. 235; **Abb. 9.2:** The Illustrated London News, 1851; **Abb. 9.3:** Department of Commerce and Labor. Children's Bureau. 1912–1913 by U.S. National Archives and Records Administration Public Domain, https://commons.wikimedia.org/wiki/File:Mule-spinning_room_in_Chace_Cotton_Mill._Raoul_Julien_a_%22back-roping_boy.%22_Has_been_here_2_years._Burlington,_Vt._-_NARA_-_523189.jpg; **Abb. 9.4:** Verein Deutscher Eisenhüttenleute (Hg.), Gemeinfaßliche Darstellung des Eisenhüttenwesens, 14. Aufl., Düsseldorf 1937, S. 104; **Abb. 9.5:** Stiftung Deutsches Technikmuseum Berlin/Foto: Historisches Archiv; **Abb. 9.6:** Grundig und sein Werk. Ein Leistungsbericht, 1960, Nürnberg o. J. [1961], S. 44; **Abb. 9.7:** Eigene Darstellung nach Wolfgang König (Hg.), Propyläen Technikgeschichte, Bd. 4, Berlin 1990, S. 469; **Abb. 9.8:** Workers on the first moving assembly line put together magnetos and flywheels for 1913 Ford autos, Highland Park, Michigan by Unbekannt, http://www.archives.gov/exhibits/twww/assets/img/4.6.jpg, Public Domain: https://commons.wikimedia.org/wiki/File%3AFord_assembly_line_-_1913.jpg; **Abb. 9.9:** Volkswagen Aktiengesellschaft, Wolfsburg; **Abb. 9.10:** Wirtschaftsarchiv Baden-Württemberg, Stuttgart; **Abb. 9.11:** Poston, Arizona. Taketora Yamamoto, evacuee from Winslow, Arizona, is shown here at work in the machine shop. by Stewart, Francis, War Relocation Authority photographer, Photographer, U.S. National Archives and Records Administration, https://catalog.archives.gov/id/537116, Public Domain: https://commons.wikimedia.org/wiki/File%3APoston%2C_Arizona._Taketora_Yamamoto%2C_evacuee_from_Winslow%2C_Arizona%2C_is_shown_here_at_work_in_the_mac_._._._-_NARA_-_537116.jpg; **Abb. 9.12:** MAN.

Historisches Archiv und MAN-Museum; **Abb. 10.1:** Maggi GmbH (Hg.), Magginalien von A bis Z. 100 Jahre Maggi GmbH, Frankfurt a. M. 1996, S. 70; **Abb. 10.2:** H. J. Heinz Co., Bottling Heinz Pickles, Pittsburg, Pennsylvania, ca. 1907, Miami University Libraries-Digital Library Program, http://digital. lib.muohio.edu/cdm/ref/collection/tradecards/id/815; H. J. Heinz Co., One of the Roof Gardens, Pittsburg, Pennsylvania, ca. 1907, Miami University Libraries-Digital Library Program, http://digital. lib.muohio.edu/cdm/ref/collection/tradecards/id/1547; **Abb. 10.3:** Eigene Darstellung nach Niedersächsische Wirtschaft 9/2001, S. 9; **Abb. 10.4:** Eigene Darstellung nach Abraham Maslow, A Theory of Human Motivation, in: Psychological Review, 1943, 50/4, S. 370–396; **Abb. 10.5:** Eigene Darstellung angelehnt an Sinus-Institut (Hg.), Lebensweltforschung und soziale Milieus in West- und Ostdeutschland, Heidelberg 1002, S. 3f; **Abb. 10.6:** Zentralverband der deutschen Werbewirtschaft, Werbewirtschaft in Deutschland, 1950–2002; **Abb. 10.7:** Kaiser's Kaffee-Geschäft (Hg.), 1990–1980, 100 Jahre Kaiser's, Viersen 1980, o. P.; **Abb. 10.8:** Klassischer Einzelhändler Ende der 1950iger in Bochum-Werne, Boltestr. 19 by No machine-readable author provided. Jty assumed (based on copyright claims), is licensed under a GNU-Lizenz für freie Dokumentation: http://www.gnu.org/ copyleft/fdl.html, and under a Creative Commons license: https://creativecommons.org/licenses/ by-sa/3.0/deed.de, or https://creativecommons.org/licenses/by/2.5/deed.de; **Abb. 10.9:** Eigene Darstellung nach Heidrun Homburg, The First Large Firms in German Retailing. The Chains of Department Stores from the 1920s to the 1970/80s: Structures, Strategies, Management, in: Jahrbuch für Wirtschaftsgeschichte 2000/1, S. 179; **Abb. 10.10:** Der Verbraucher 9, 1955, S. 395; **Abb. 10.11:** Ifo Institut für Wirtschaftsforschung, diverse Publikationen, 1972–2005.

Tabellen

Tab. 1.1: Sarah Anderson u. John Cavanagh, Top 200. The Rise of Corporate Global Power, Washington 2000, S. 9; **Tab. 2.1:** Eigene Darstellung; **Tab. 2.2:** Eigene Darstellung; **Tab. 2.3:** Eigene Darstellung nach Oliver E. Williamson, The Economic Institutions of Capitalism, New York 1985, S. 79; **Tab. 5.1:** Eigene Darstellung; **Tab. 6.1:** Eigene Darstellung; **Tab. 8.1:** Hartmut Kaelble, Soziale Mobilitat und Chancengleichheit im 19. und 20. Jahrhundert. Deutschland im internationalen Vergleich, Göttingen 1983, S. 104; **Tab. 8.2:** Zusammengestellt nach Michael Hartmann, Topmanager – Die Rekrutierung einer Elite, Frankfurt a. M. 1996, S. 31; **Tab. 9.1:** Eigene Darstellung; **Tab. 10.1:** Modifizierte Fassung von Richard S. Tedlow, New and Improved. The Story of Mass Marketing in America, Oxford 1990, S. XXII u. S. 8; **Tab. 10.2:** Zentralverband der deutschen Werbewirtschaft, Werbewirtschaft in Deutschland, 1972–2013.

Personenregister

Unternehmensregister

A

ABB (Asea Brown Boveri) Ltd. 177, 280
ACNielsen Corp. (seit 2007 Nielsen
    Holdings plc) 339
Adam Opel AG 141, 251, 252
AEG (Allgemeine Elektricitäts-Gesellschaft)
    AG 81, 99, 12, 140, 258, 291, 292
Aesculap AG 120
AG Reichswerke „Hermann Göring" 104, 215
Agrippina-Versicherung 194
Ahlmann-Carlshütte K. G. 277
Airbus S.A.S. 154
Aldi GmbH & Co. KG 369
Allianz Versicherungs-AG 212
Allianz SE 10
Amazon.com, Inc. 371
American Tobacco Company 63, 66, 93
Andreas Koch AG 264
Apple Inc. 115, 116
Arthur D. Little Inc. (ADL) 298
A. Schaaffhausen'scher Bankverein AG 194
Atchison, Topeka and Santa Fe Railroad
    Company (kurz: Santa Fe) 324
AT&T (American Telephone and Telegraph
    Company) 23, 92, 279, 298
August Stukenbrok Einbeck (ASTE) 361
August-Thyssen-Hütte AG 223
Austin Motor Company 162
Automobili Lamborghini Holding S. p. A. 313

B

Baader Gruppe 118
Bacardi Limited 355
Bahlsen GmbH & Co. KG. 126
Bankhaus J. H. Stein 183
Barings Bank plc. 170
BASF, Ammoniakwerk Merseburg (1916) 203
BASF (Badische Anilin- & Soda-Fabrik
    Aktiengesellschaft) 88, 94, 99, 136,
    22, 23, 224, 245, 247
BAT (British American Tobacco) Plc 63
Bayer AG 88, 94, 99, 115, 136, 141, 143, 169, 22,
    224, 248, 249, 258
Beiersdorf AG 339
Bell Telephone Laboratories Inc. 296, 298
Bell Telephone Company 92, 296

Benetton Group S.p.A. 355
Bentley Motors Ltd. 313
Berliner Handels-Gesellschaft KGaA 199
Bertelsmann SE & Co. KGaA 173
BIRK Rundkartonagen GmbH & Co. KG 271
Bizerba GmbH & Co. KG 120
BMW (Bayerische Motoren Werke) AG 252
Bochumer Verein für Bergbau und Gußstahlfab-
    rikation (BVG) 247
Böwe Systec GmbH 118
Borsig GmbH 192, 258
British East India Company (BEIC) 83, 134
British Leyland Motor Corporation Ltd. 162, 163
BP (British Petroleum Company) plc. 23, 95, 137
BSL (Buna SOW Sächsische Olefinwerke Böhlen
    Leuna) GmbH 230

C

Cadbury plc. 95, 170–172, 175, 178, 183
Calico Printers' Association Ltd. 94
Carl Zeiss AG 115, 298
Cassella Farbwerke Mainkur AG 224
Casio Computer Co., Ltd. 190
Chematec AG 229
Compagnie des Chemins de fer du Nord
    (NORD) 85
Chevron Corporation 137
Citizen Watch Co., Ltd 190
Chanel S.A.S. 272
Colgate & Company (seit 1926:
    Colgate-Palmolive) 329
Commerzbank AG 224
Compaq Computer Corporation 279
Concordia Versicherungsverein auf
    Gegenseitigkeit 194
Courtaulds Ltd. 94, 276
Chemische Fabrik Dr. Carl Leverkus 248
Chrysler (seit 2014 FCA US LLC) 23, 92
C. & E. Fein GmbH 109

D

Daimler-Motoren-Gesellschaft AG 17, 23–25,
    186, 309
Daimler-Benz Aktiengesellschaft 91, 228
DaimlerChrysler AG (seit 2007: Daimler AG und
    seit 2014 FCA US LLC (Chrysler)) 22, 148

MG Car Company Limited (Morris Garages) 162
Microsoft Corporation 92, 115
Midvale Steel Company 303
Miele & Cie. KG 81
Minol Mineralölhandel AG 228, 230
Mitsubishi 23, 148
Mobil Oil 137
Mondelēz International, Inc. 281
Montgomery Ward 361
Morris Motor Company 23, 162

N

National Armory, Springfield 302
Neckermann Versand KG 367
Nestlé and Anglo Swiss Condensed Milk Co. 331
Nestlé S.A. 23, 140, 176, 280, 331
Neue Berliner Gießerei (Egells-Woderb) 192
Niederländische Ostindien-Kompanie 83
Nixdorf Computer AG 115–117, 162
N M Rothschild & Sons Ltd. 24, 182
Norddeutsche Mende Rundfunk KG 121

O

Odol (Dresdner Chemisches Laboratorium Lingner) 329
Ogilvy & Mather Worldwide Inc. 353
OSRAM GmbH KG 102
Otto-Versand GmbH & Co KG 367
Otto Group GmbH & Co KG 371

P

Papierfabrik J. W. Zanders (1829) 268, 269,
Papierfabrik Scheufelen GmbH + Co. KG 120
Pelikan AG 126
Pennsylvania Railroad (PRR) 85, 86
PepsiCo, Inc. 281, 337
Petrobras (Petróleo Brasileiro S.A.) 281
Pfizer Inc. 297
Philips (Koninklijke Philips N. V.) 280, 294
Phoenix Aktiengesellschaft für Bergbau und Hüttenbetrieb 246, 289
Piggly Wiggly LLC 367
Pilkington Group Limited 95
Pope Manufacturing Company 303
Prada S.p.A. 272
Putzmeister Concrete Pumps GmbH 120

R

REWE-Zentral-AG 370
Rheinische Eisenbahn-Gesellschaft 194
Rheinische Zeitung für Politik, Handel und Gewerbe 194
Rheinisch-Westfälische Kohlen-Syndikat (RWKS) AG 199
Rheinmetall AG 213
Robert Bosch GmbH 17, 109, 115, 156, 157
Rover Company Limited 162
Rowntree 95, 183
Royal Dutch Petroleum Company 137
Royal Dutch Shell plc 23, 95, 137, 175, 176
Rubinstein Inc. 271
Ruhrkohle AG 104

S

SABA (Schwarzwälder Apparate-Bau-Anstalt August Schwer Söhne) GmbH 121, 122, 124
SAP SE 115
Salamander-Schuhverkaufsgesellschaft mbH 364
Sartorius AG 120
Scott Bader Ltd. 173
Sears, Roebuck & Co. 361, 362
Seiko Holdings (Corporation) 190
Seven Up Company 336
Siemens Aktiengesellschaft 22,23, 80, 81, 83, 99–102, 108, 109, 114–116, 135, 136, 140, 143, 195, 213, 258, 266, 267, 280, 292, 293, 297, 374
Siemens Nixdorf Informationssysteme AG 116
Siemens-Schuckert-Werke GmbH 101
Sinus Markt- und Sozialforschung GmbH 340
Sony Corporation 22, 23
Standard Oil Company 63–67, 69, 92, 118, 137, 143, 286, 294
Starbucks Corp. 90
Steilmann SE 280
St. John d'el Rey Mining Company 135
Stihl Holding AG & Co. KG 109

T

Tabulating Machine Company 143
Telegraphen Bau-Anstalt von Siemens & Halske 83, 11, 258, 266, 292
Telefunken Gesellschaft für drahtlose Telegraphie m.b.H. 12, 121, 122
The Body Shop International plc. 273, 274

www.ingramcontent.com/pod-product-compliance
Lightning Source LLC
Chambersburg PA
CBHW081041220326
41598CB00038B/6955